Arnd Jebbink
Sept. 76

Kleine Bibliothek 58

Politik Wissenschaft Zukunft

prv

Jutta von Freyberg
Georg Fülberth
Jürgen Harrer
Bärbel Hebel-Kunze
Heinz-Gerd Hofschen
Erich Ott
Gerhard Stuby

Geschichte der deutschen Sozialdemokratie 1863–1975

Mit einem Vorwort
von Wolfgang Abendroth

Pahl-Rugenstein

Gesamtherstellung: Plambeck & Co., Neuss.
Umschlagentwurf: Wolfgang Freitag, Düsseldorf.
ISBN 3-7609-0157-3.

Inhalt

Vorwort von Wolfgang Abendroth 6

I. Die Entwicklung der deutschen Sozialdemokratie von ihrer Gründung bis zum Ende des Sozialistengesetzes
Von Georg Fülberth 11

1. Die Konstituierung der deutschen Sozialdemokratie als selbständige Klassenbewegung 1863–1878 11
2. Vom Sozialistengesetz bis zum Revisionsversuch Eduard Bernsteins 1878–1899 28

II. Vom Reformismusstreit bis zum Ausbruch des Ersten Weltkrieges
Von Georg Fülberth 37

III. Die deutsche Sozialdemokratie im Ersten Weltkrieg 1914–1918
Von Georg Fülberth 51

IV. Die Sozialdemokratie in Novemberrevolution und Weimarer Republik 1918–1933
Von Jügen Harrer 65

1. *Die Novemberrevolution* 65
2. *Rolle und Funktion der Sozialdemokratie in der Weimarer Republik* 83
3. *Die revolutionäre Nachkriegskrise 1919–1923* 102
4. *Die Periode relativer politischer und ökonomischer Stabilität 1924–1929* 127
5. *Weltwirtschaftskrise und Zerstörung der Weimarer Republik 1929–1933* 151

V. Die deutsche Sozialdemokratie in der Zeit des Faschismus

Von Jutta von Freyberg und Bärbel Hebel-Kunze 180

1. *Die SPD zwischen Januar und Juni 1933* 180
   a) Die Politik der Parteiführung bis zum Parteiverbot 180
   b) Die Entwicklung in den sozialdemokratischen Parteiorganisationen 195
2. *Sozialdemokratischer Widerstand während der Zeit des Faschismus* 203
   a) Anfänge des illegalen Kampfes von Sozialdemokraten 203
   b) Hauptformen sozialdemokratischen Widerstandes in der Zeit zwischen 1934 und 1938 209
   c) Widerstand von Sozialdemokraten während des Krieges 215
3. *Die Entwicklung im sozialdemokratischen Exil* 220
   a) Allgemeine Merkmale der sozialdemokratischen Emigration 220
   b) Sozialdemokratische Exilpolitik in der Zeit zwischen 1933 und 1938 223
      – Politik des Prager Parteivorstandes 223
      – Sozialdemokratische Exilgruppen zur Frage der Aktionseinheit mit der KPD 226
   c) Organisatorische und politische Entwicklung der sozialdemokratischen Emigration von 1939–1945 232

VI. Die SPD nach der Niederlage des Faschismus bis zur Gründung der BRD (1945–1949)
Von Gerhard Stuby 242

1. *Die Auseinandersetzung um die Einheit der Arbeiterklasse und ihre Verhinderung in den Westzonen* 242
a) Die historische Chance für eine antifaschistisch-demokratische Entwicklung in Gesamtdeutschland 242
b) Der Kampf des integrationistisch-reformistischen Flügels innerhalb der SPD gegen die Aktionseinheit in den Westzonen 258
c) Exkurs: Die Vereinigung von SPD und KPD in der SBZ zur SED 266
2. *Die Rolle der SPD in den Auseinandersetzungen um die ökonomische, soziale und staatsrechtliche Gestaltung Deutschlands in der Vorphase der Gründung der Bundesrepublik* 273
a) Die Neukonstituierung der SPD im Jahre 1946 und ihr Programm der »dritten Kraft« 273
b) Die SPD und die Frage der Einheit Deutschlands 279
c) Die Auseinandersetzung innerhalb der SPD um die Konzeption der »positiven Mitarbeit« am Staat 284
3. *Die Rolle der SPD bei der Konstituierung der Bundesrepublik* 290
a) Das Verhalten der SPD-Führung zur Volkskongreßbewegung 290
b) Der Anteil der SPD an der Konstituierung des westdeutschen Staates 295
c) Die Durchsetzung der integrationistischen Linie innerhalb der SPD 299

VII. Die SPD während der Phase des kalten Krieges bis zum Godesberger Parteitag (1949–1959)
Von Gerhard Stuby 307

1. Die Funktion der SPD als Opposition 307
a) Das sozialdemokratische Oppositionsprogramm nach der Gründung der BRD 307
b) Die Stellung der SPD zur westeuropäischen Integration 312
2. Die Stellung der SPD zur Wiederaufrüstung der BRD und zum Ausbau des inneren Herrschaftssystems 316
a) Die SPD und die Wiederherstellung der »Wehrhoheit« 316
b) Das Verhalten der SPD beim Ausbau des inneren Herrschaftssystems der Bundesrepublik Deutschland 322
c) Die Auseinandersetzung um die Bonner und Pariser Verträge und die sozialdemokratische Deutschlandpolitik 328
d) Das Dortmunder Aktionsprogramm und die Bundestagswahl von 1953 332
e) Die innerparteilichen Auseinandersetzungen und der Parteitag in Westberlin 337
f) Die SPD und die Paulskirchenbewegung 342
3. Die Stellung der SPD zu den gesellschaftlichen Grundfragen auf dem Höhepunkt des kalten Krieges (1955–1959) 346
a) Die SPD gegenüber den neuen Anforderungen der wissenschaftlich-technischen Revolution 346
b) Die SPD und der Widerstand der Bevölkerung gegen die wachsende Remilitarisierung, insbesondere die Kampf-dem-Atomtodbewegung 351
c) Die Vorbereitungen zur programmatischen Anpassung der SPD an die neuen Bedürfnisse des bestehenden Gesellschaftssystems der BRD 354
d) Der programmatische Sieg des integrationistischen Flügels auf dem Parteitag von Godesberg 358

VIII. Die SPD nach 1959. Wandlungen und innere Differenzierung sozialdemokratischer Politik
Von Heinz-Gerd Hofschen und Erich Ott 364

1. Die Phase weitestgehender Anpassung 1959–1966 364
2. Die Krise 1966/67 und die SPD in der Großen Koalition 374
a) Zur ökonomischen und politischen Bedeutung der Krise 1966/67 374
b) Die Regierungsbeteiligung der SPD und die Entwicklung zur Großen Koalition 378
c) Durchsetzung der Großen Koalition innerhalb der SPD 382
d) Die Funktion der SPD bei der Krisenbewältigung 385
e) Ansätze zur neuen Ostpolitik 391
3. Die Zunahme der gesellschaftlichen Auseinandersetzungen in der Folge der Krise und ihre Auswirkungen auf die Entwicklung in der SPD 395
a) Ansätze innerparteilicher Oppositionsbildung 395
b) Streikbewegungen in der Folge der Krise – Wiederbelebung der Klassenauseinandersetzungen 398
4. Die Politik und Entwicklung der Sozialdemokratie seit der sozialliberalen Koalition 1969 400
a) Der Regierungswechsel 1969 400
b) Die Regierungspolitik der SPD bis 1972 406
c) Vom zweiten Kabinett Brandt/Scheel zur Regierung Schmidt/Genscher 418
d) Innere Differenzierung der Sozialdemokratie nach 1969 423

Abkürzungen 430
Auswahl-Literaturliste 431
Zeittafel 438
Namensregister 454

Vorwort

Die SPD ist unter den Parteien der Bundesrepublik heute das zwar zweifellos nicht immer konsequenteste, wohl aber größte Demokratisierungspotential. Von ihren Mitgliedern und Anhängern gehen immer wieder Initiativen zur Verbesserung der Lage der arbeitenden Massen und zum Ausbau des sozialen und demokratischen Rechtsstaates aus, auch wenn in bitteren Zwischenperioden – man denke an die ersten Jahre des Ersten Weltkriegs, an die Periode der »Tolerierungspolitik« gegenüber Brüning und der Zerstörung des Weimarer Verfassungsrechts, an die volle Kapitulation vor Hitler am 17. Mai 1933 und an die Jahre zwischen dem Godesberger Parteitag 1959 und der Bildung der Großen Koalition 1966 – alles politische Leben und jeder Kampfgeist in ihr erloschen zu sein scheint. Die Fortschritte im System der sozialen Sicherung, die in den vergangenen Jahrzehnten gemacht wurden und die in der gegenwärtigen Krise allerdings – und dies sogar durch die Mithilfe sozialdemokratischer Spitzenpolitiker – wieder in Frage gestellt werden, wären ohne die Arbeit der Gewerkschaften und der Sozialdemokratie nicht denkbar. Durch die Friedenspolitik der von ihr führend mitgetragenen ersten sozialliberalen Koalition hat die SPD gezeigt, daß sie auch heute noch zu großen historischen Initiativen in der Lage ist. Die Sozialdemokratische Partei ist nach wie vor in der Gewerkschaftsbewegung der Bundesrepublik fest verankert und auf die Unterstützung der Arbeiterwähler angewiesen. Dies setzt Versuchen zur völligen Identifizierung ihrer Politik mit den Interessen der kapitalistischen Systemerhaltung und jeweils bestimmbarer monopolkapitalistischer Gruppen eine zwar weitgesteckte, doch immer wieder spürbare Grenze. Auch die sozialdemokratischen Mandatsträger in

Staatsfunktionen werden in ihrer praktischen Politik die Impulse, die von den abhängig Arbeitenden ausgehen, berücksichtigen und – wenn auch nur partiell und oft ihres eigentlichen Sinnes beraubt – umsetzen müssen.

Allerdings geht die Reformpolitik der sozialdemokratischen Führungen seit Jahrzehnten schon von dem Axiom aus, sie könne nur unter Erhaltung des Wohlwollens der großkapitalistischen Machtträger und ihrer politischen Interessenvertreter realisiert werden. Spätestens seit dem 4. August 1914, verschärft seit der Novemberrevolution 1918/19 ist so der Typus sozialdemokratischer »Koalitionspolitik« entstanden, welcher die Durchsetzung politischer und sozialer Reformen vom Mitspielen der Kapitalseite im »Klassenkompromiß« abhängig macht und die offene Konfrontation der Klassen in unverhüllten Kämpfen fürchtet. Zielkonflikte wurden dabei stets zugunsten der Systemerhaltung entschieden. Dies Axiom der Klassenzusammenarbeit hat dazu geführt, daß immer dann, wenn die großkapitalistischen Machteliten entschlossen waren, eine kompromißlos reaktionäre Variante ihrer Politik durchzusetzen, sozialdemokratische Politiker, um die bislang bestehende oder auch nur angestrebte Kooperation zu retten und in der vorgeblichen oder auch – meist – subjektiv ehrlichen Absicht, »Schlimmeres« zu verhüten, diesen Weg eine Strecke lang mitgegangen sind, bis es zu spät war und die Substanz sozialdemokratischer Reformpolitik oder gar – wie 1933 – die organisatorische Weiterexistenz verspielt war. Dies gilt für die Phase des Ersten Weltkriegs und – viel ausgeprägter noch – für die Schlußperiode der Weimarer Republik. Mindestens einmal in der deutschen Geschichte (nämlich 1918/19, aber auch, jedoch wegen der Machtstellung der Besatzungsmächte nicht so eindeutig, in den ersten Jahren nach dem Zweiten Weltkrieg) wurde dieser Politik die Chance einer revolutionären Entwicklung geopfert. Eine solche Anpassungstaktik hat sozialdemokratische Politiker immer wieder dazu veranlaßt, Gegner ihres Kurses innerhalb und außerhalb der Partei auch unter Einsatz staatlicher Machtmittel brutal zu verfolgen und damit – bewußt oder unbewußt – das Geschäft der schlimmsten Gegner der Sozialdemokratie mitzubetreiben. Diese Tradition ist in der heutigen SPD leider immer noch lebendig. Die Gustav Noske und Otto Wels, unter deren Verantwortung – der eine als Volksbeauftragter, also quasi Minister, der andere als Stadtkommandant von Berlin – 1919 Karl Liebknecht und Rosa Luxemburg ermordet wurden, haben ihre Nachfolger in Politikern wie Georg Leber und Hans Krollmann gefunden. Der eine betet als Verteidigungsminister der Bundesrepublik Deutschland US-amerikanische Atomkriegsdrohungen Schlesingers nach und deckt Bundeswehrgenerale, die sich zur Pinochet- und zur Franco-Diktatur bekennen. Der andere betreibt eine antidemokratische Berufsverbotspolitik gegen junge Sozialisten – darunter Kinder von antifaschistischen Widerstandskämpfern –, die sogar das keineswegs verfassungskonforme Urteil des Bundesverfassungsgerichts vom 22. Mai 1975 – veröffentlicht am 25. Juli 1975 – noch von rechts her überholt.

Die innere Widersprüchlichkeit sozialdemokratischer Politik spiegelt sich unvermeidlich auch in ihrer sehr gegensätzlichen wissenschaftlichen Darstellung. Die in der Bundesrepublik heute vorherrschende historiographische Richtung leistet ein gerütteltes Soll an Apologie der (jeweiligen) Koalitionspolitik, die – einschließlich der regelmäßig nachfolgenden Kapitulation – entweder als grundsätzlich richtig oder doch als historisch unvermeidlich behauptet wird. Führend auf diesem Gebiet betätigen sich die Friedrich-Ebert-Stiftung und zahlreiche Hochschullehrer. Die marxistische Geschichtsschreibung – besonders in der DDR – hat in vielen Einzeluntersuchungen die wissenschaftliche Unhaltbarkeit dieser Position nachgewiesen. Dabei kommt es allerdings nicht allein darauf an, die historischen Fehlurteile derjenigen Wissenschaftler wie Erich Matthias, Hans Mommsen usw., welche die Politik des Klassenkompromisses verteidigen, selbst kritisch zu korrigieren, sondern auch die Darlegung des zur Urteilsfindung notwendigen Faktenmaterials zu erweitern. So werden die zahlreichen, oft sogar von breiten Massenbewegungen getragenen Initiativen und Strömungen in der Geschichte der Sozialdemokratie, die jeweils der Politik der Führung zuwiderliefen und Alternativen formulierten, ebenfalls sichtbar gemacht und eingehender analysiert werden müssen, als es auch in der bisherigen Arbeit der Geschichtsschreibung der DDR meist geschehen ist. Es bleibt eine weitere Aufgabe, die auch in diesem Grundriß noch nicht voll geleistet werden kann, das jeweilige dialektische Verhältnis zwischen den Organisationen und der Politik des revolutionär-marxistischen Flügels der Arbeiterbewegung in den Jahrzehnten nach ihrer Spaltung im Ersten Weltkrieg und der Sozialdemokratie zu untersuchen. Die Lösung dieser Aufgabe setzt jedoch eine genauere Untersuchung der Geschichte der KPD voraus, als wir sie in der bisherigen westdeutschen Literatur haben.

Das hier vorliegende Buch unternimmt den Versuch, die Geschichte der Sozialdemokratie (zunächst isoliert) darzustellen. Einerseits wird die seit über sechzig Jahren dominante prokapitalistische Linie sozialdemokratischer Führungsinstanzen nachgezeichnet, andererseits wird gezeigt, daß diese ihre Partei niemals allein und ausschließlich beherrscht haben, sondern daß das demokratische und sozialistische Potential der deutschen Sozialdemokratie, das in den letzten zehn Jahren (spätestens seit dem Nürnberger Parteitag 1968) wieder aktiver hervorgetreten ist, in der SPD einen legitimen Platz und eine starke Tradition hat. Deshalb ist dieses Buch nicht nur für den wissenschaftlichen Gebrauch bestimmt. Es gehört auch – und vor allem – in die Hand jener aktiven Sozialdemokraten und Gewerkschafter, die innerhalb ihrer Organisationen für die Stärkung demokratischer und sozialistischer Positionen kämpfen. Sie werden hier u. a. nachgewiesen finden, daß die Politik des Antikommunismus und des Abbaus demokratischer Rechte, die von Teilen der gegenwärtigen SPD-Führung betrieben wird, die deutsche Sozialdemokratie immer ins Unglück geführt hat und daß deshalb gerade diejenigen in Wirklichkeit die Interessen der SPD verteidigen, die sich – und sei es auch aus einer Minderheitsposition heraus – gegen die Strategie des historischen Selbstmords (und der Wiederholung aller Fehler, wie sie zum Jahr 1933 geführt haben) wenden.

Daß eine »Geschichte der deutschen Sozialdemoktatie 1863 bis 1975« jetzt endlich erscheint, ist ein Grund zur Ermutigung. Die Friedrich-Ebert-Stiftung und die parteioffizielle oder -apologetische Geschichtsschreibung der SPD war bis heute nicht imstande, eine solide Gesamtgeschichte dieser Partei vorzulegen. Die von Susanne Miller und Heinrich Potthoff verfaßte »Kleine Geschichte der SPD« kann diesen Anspruch – wie auch von der internationalen Kritik bescheinigt wurde[1] – in keiner Weise erfüllen. Als ich 1964 mit meinem Buch »Aufstieg und Krise der deutschen Sozialdemokratie« einer

SPD, deren Führung um augenblicklicher taktischer Interessen willen den politischen und sozialen Auftrag der sozialdemokratischen Bewegung zu opfern bereit war, den Spiegel ihrer eigenen Geschichte vorhielt, stand ich in der westdeutschen (nicht in der internationalen) wissenschaftlichen Literatur weitgehend allein. Zumindest gab es kaum einen akademischen Fachkollegen, mit dem ich in diesem Problembereich hätte kooperieren können (sieht man einmal von der sich gerade in dieser Zeit bildenden Bewegung sozialistischer Nachwuchswissenschaftler im damaligen – allerdings noch winzigen – Sozialistischen Deutschen Studentenbund und dessen Förderern ab). Die »Geschichte der deutschen Sozialdemokratie 1863 bis 1975« dagegen ist das Produkt eines *Teams* von Wissenschaftlern. Diese Ausweitung der Zahl derer, die bereit sind, die Geschichte der deutschen Sozialdemokratie von einer marxistischen und streng wissenschaftlichen Position aus zu schreiben, zeigt, daß die Arbeit, die einst in der Isolierung des kalten Krieges vorbereitet und geleistet werden mußte, nicht vergebens war. Daran werden auch die Georg Leber und Hans Krollmann nichts mehr ändern, selbst wenn wir noch so viele Rückschläge erleben werden.

Frankfurt am Main, im September 1975

Wolfgang Abendroth

1 Vgl. die Rezension von Kenneth Dyson in: International Affairs, Vol. 51, Nr. 3, London, July 1975, S. 421.

I. Die Entwicklung der deutschen Sozialdemokratie von ihrer Gründung bis zum Ende des Sozialistengesetzes

Von Georg Fülberth

1. Die Konstituierung der deutschen Sozialdemokratie als selbständige Klassenbewegung 1863–1878

Die deutsche Arbeiterbewegung ist älter als die deutsche Sozialdemokratie. Sie begann mit der Industriellen Revolution in Deutschland in den dreißiger und vierziger Jahren des 19. Jahrhunderts und war bis über ihren ersten Höhepunkt in der Revolution von 1848/49 hinaus ein Teil der demokratisch-revolutioären Bewegung des deutschen Bürgertums. Die Geschichte der deutschen Sozialdemokratie setzt mit der Konstituierung einer *selbständigen*, von der bürgerlichen Demokratie unabhängigen politischen Organisation der deutschen Arbeiterklasse in den sechziger Jahren durch die Gründung des Allgemeinen Deutschen Arbeitervereins (1863) und der Sozialdemokratischen Arbeiterpartei (1869) ein. Die organisatorische und politische Unabhängigkeit der politischen Arbeiterbewegung in ihrem Verhältnis zum Liberalismus war bis 1917 ein zentraler Definitionspunkt der deutschen Sozialdemokratie, die sich allerdings bereits seit den neunziger Jahren mit wachsender Intensität der Forderung aus den eigenen Reihen nach einer Revision der Entscheidungen von 1863 und 1869, nach einer neuerlichen Verschmelzung mit dem (Sozial-)Liberalismus konfrontiert sah. Der Sieg dieser Konzeption während des Ersten Weltkrieges führt zur Konstituierung eines neuen Begriffs von Sozialdemokratie. Die deutsche Sozialdemokratie ist von nun an jener Teil der deutschen Arbeiterbewegung, der entweder die Sicherung und Verbesserung der Arbeits- und Lebensbedingungen der Lohnabhängigen mit der Interessenwahrnehmung der Kapitalistenklasse für grundsätzlich vereinbar hält oder für den die Realisierung darüber hinausgehender sozialistischer Forderungen an bestimmte politische Voraussetzungen – insbesondere die Beschränkung der Kampfmittel auf parlamentarische Aktionen – gebunden ist. Das Verhältnis von Widerspruch und Übereinstimmung zwischen diesen vor allem in Abgrenzung zu den Kommunisten getroffenen Festlegungen einerseits, den Interessen der sozialen Basis (Lohnabhängige) der Sozialdemokratie andererseits ist von nun an das zentrale Thema der Geschichte der SPD.

Von einer einheitlichen Geschichte der deutschen Sozialdemokratie kann also in keiner Weise gesprochen werden, sondern lediglich von gegensätzlichen Kontinuitätslinien, wobei sich die Forderung nach einer selbständigen Klassenpolitik sozialdemokratischer Politik bis heute in einer Minoritätsposition innerhalb der mehrheitlich vom Sozialliberalismus beherrschten westdeutschen Sozialdemokratie gehalten hat.

Allerdings findet sich der Konflikt zwischen einer mehr bürgerlich orientierten und einer selbständigen Arbeiterpolitik bereits in der vorsozialdemokratischen Phase der Geschichte der deutschen Arbeiterbewegung. Dabei differierten die Bestrebungen nach einer von der bürgerlichen Demokratie organisatorisch geschiedenen Arbeiterbewegung in zwei Punkten von der späteren Sozialdemokratie: einmal erfaßten sie noch keine größeren Massen von Arbeitern, und vor allem definierten diese ersten Arbeiterorganisationen ihre Aufgabe noch nicht innerhalb eines Konzepts von Realisierung, Erweiterung und Aufhebung der bürgerlichen Demokratie, das erst im »Kommunistischen Manifest« von 1848 thematisiert worden ist. Unter diesem Gesichtspunkt ist der »Bund der Kommunisten« diejenige der vorsozialdemokratischen Organisationen innerhalb der deutschen Arbeiterbewegung, welche am ehesten noch als unmittelbarer Vorläufer der sich 1863 und 1869 konstituierenden deutschen Sozialdemokratie begriffen werden kann.

Die ersten radikaldemokratischen und sozialistischen Verbände deutscher Arbeiter wurden in den dreißiger Jahren in Frankreich und der Schweiz von politischen Emigranten und wandernden Handwerkern gegründet. In Paris entstand 1834 der »Bund der Gerechten«, welcher in enger Verbindung zu der französischen »Gesellschaft der Menschenrechte« stand. In der Schweiz rief der italienische bürgerliche und nationalistische Revolutionär Giuseppe Mazzini die Organisation »Junges Europa« ins Leben, welcher auch eine deutsche Abteilung – »Junges Deutschland« – angehörte.[1] Das »Junge Deutschland« wurde vornehmlich von Handwerksgesellen getragen.

Diese beiden ersten, wesentlich von Lohnabhängigen gestützten, ihrer Programmatik nach aber ausschließlich radikal-demokratischen, nichtsozialistischen Organisationen gerieten in der zweiten Hälfte der dreißiger Jahre in schwere Krisen. Das »Junge Deutschland« wurde von den schweizerischen Behörden auf Drängen des Deutschen Bundes scharf verfolgt und fast vernichtet. Vom »Bund der Gerechten« trennte sich 1836 ein »Bund der Geächteten«; für diesen war politische Demokratie nur durch die Realisierung sozialer Gleichheitsforderungen zu schaffen. Er arbeitete eng mit Blanquis »Gesellschaft der Jahreszeiten« zusammen. Beide Organisationen – die »Gesellschaft der Jahreszeiten« und der »Bund der Gerechten« – wurden nach einem gescheiterten Aufstandsversuch Blanquis 1839 hart verfolgt. Zwei Mitglieder des »Bundes der Gerechten« – Karl Schapper und Heinrich Bauer – wichen nach London aus, gründeten dort zusammen mit dem Uhrmacher Joseph Moll einen Arbeiterbildungsverein und konstituierten den »Bund der Gerechten« neu. Dessen Arbeit wurde nach einiger Zeit auch in Paris – durch August Hermann Ewerbeck – und in der Schweiz – von Wilhelm Weitling – fortgesetzt. Weitlings kommunistische, durch seine Schriften »Die Menschheit, wie sie ist und wie sie sein sollte« (1838), »Garantien der Harmonie und der Freiheit« (1842) und »Das Evangelium der armen Sünder« (1843) auch theoretisch vertretene, die sofortige Realisierung der Gütergemeinschaft propagierende Agitation geriet in scharfe Auseinandersetzungen mit dem neubelebten, jetzt stark atheistisch argumentierenden »Jungen Deutschland«. Beide Organisationen waren seit 1843 mehreren Verfolgungswellen durch die Regierungen einzelner Kantone ausgesetzt. Die jungdeutsche Agitation kam infolgedessen endgültig zum Erliegen, Wilhelm Weitling wurde aus der Schweiz ausgewiesen.

Als zweiter Ansatzpunkt einer proletarischen Bewegung können

1 Dieses »Junge Deutschland« ist nicht identisch mit jenen liberalen deutschen Schriftstellern (Karl Gutzkow, Heinrich Heine, Heinrich Laube, Theodor Mundt), die durch einen Beschluß des Deutschen Bundestages 1835 als ›Junges Deutschland‹ bezeichnet und diskriminiert wurden.

die Protestaktionen von Arbeitern in Elendsindustrien, besonders der schlesischen Weber 1844, gelten.

In gleicher Weise, wie sich unter dem Einfluß des französischen Sozialismus und Kommunismus bereits in den dreißiger Jahren des 19. Jahrhunderts aus der von Arbeitern getragenen revolutionär-demokratischen Bewegung eine sozialistische und kommunistische Richtung abspaltete und weiterentwickelte, kam es in den vierziger Jahren zu einer inneren Differenzierung der radikalen philosophischen Richtung der Junghegelianer:[2] Karl Marx und Friedrich Engels konzipierten zwischen 1844 und 1847 – vor allem in ihren Schriften »Die Heilige Familie« (1844), »Die deutsche Ideologie« (1845/46) und »Das Elend der Philosophie« (1847) – die Grundzüge des Historischen Materialismus. Seit 1847 arbeiteten sie mit der Zentralbehörde des »Bundes der Gerechten« zusammen. Es gelang ihnen, diese von der Notwendigkeit einer Umorientierung zu überzeugen. Er arbeitete jetzt nicht mehr als Geheimbund, sondern als Propagandagesellschaft und wandte sich vom utopischen Kommunismus Etienne Cabets und Wilhelm Weitlings zugunsten einer Konzeption, die im von Marx und Engels verfaßten »Manifest der Kommunistischen Partei« niedergelegt war, ab. Dieses wurde zum offiziellen Programm des »Bundes der Kommunisten«, welcher 1847 aus dem »Bund der Gerechten« hervorging.

»Der Bund der Kommunisten« ist in der deutschen Revolution von 1848/49 nicht als gesonderte Organisation aufgetreten, sondern seine Mitglieder haben sich – zum Teil an führender Stelle – in die demokratische Bewegung als Einzelne eingereiht. Die von Marx geleitete »Neue Rheinische Zeitung« verstand sich als »Organ der deutschen Demokratie«. Während der Revolution entstanden die beiden ersten deutschen Gewerkschaften: Organisationen der Buchdrucker und der Zigarrenmacher. Als dritte Komponente der Arbeiterbewegung bildete sich die von dem Schriftsetzer Stephan Born geleitete »Arbeiterverbrüderung«, die sich vor allem sozialpolitische Aufgaben stellte. Im Zusammenhang ihrer Organisation

2 Gustav Mayer, Die Anfänge des politischen Radikalismus im vormärzlichen Preußen, in: Gustav Mayer, Radikalismus, Sozialismus und bürgerliche Demokratie, herausgegeben und mit einem Nachwort versehen von Hans-Ulrich Wehler, 2. Aufl. Frankfurt/Main 1969, S. 7–107.

wurde zum ersten Mal – in Anlehnung an französische Vorbilder – der Begriff »Sozialdemokratie« verwandt.[3]

Die Reaktionsperiode versetzte diesen ersten Arbeiter- und sozialistischen Organisationen nahezu vernichtende Schläge. Vom »Bund der Kommunisten« spaltete sich 1850 eine Fraktion ab, welche die durch den Sieg der Konterrevolution veränderten Bedingungen revolutionärer Arbeit negierte und auf eine sofortige gewaltsame Umwälzung lossteuerte. Er wurde 1852 in den »Kölner Kommunistenprozeß« verwickelt und löste sich bald danach auf. Die beiden ersten Gewerkschaften wurden vernichtet. Die »Arbeiterverbrüderung« konnte sich etwas länger halten, war jedoch ebenfalls wachsenden Verfolgungen ausgesetzt und erlag 1854 einem Beschluß des Deutschen Bundes, wonach politische Organisationen keine überörtlichen Verbindungen eingehen dürften und auch auf lokaler Ebene alle sozialistischen Bestrebungen zu verhindern seien.

Die Kontinuität der deutschen Arbeiterbewegung war in der zweiten Hälfte der fünfziger Jahre – was die praktische Arbeit betraf – nur in reduzierter Weise gesichert: unmittelbar vor der großen Wirtschaftskrise von 1857 brachen zahlreiche Streiks aus, einige Gruppen von ehemaligen Mitgliedern des »Bundes der Kommunisten« wahrten den Zusammenhalt. Zugleich aber wurde durch Marx und Engels in der englischen Emigration die ökonomische Theorie des Historischen Materialismus entwickelt.[4]

Ende der fünfziger Jahre kam es zu einer Neuaktivierung der Arbeiter- und demokratischen Bewegung. Die deutsche Bourgeoisie konnte auf die Dauer mit den spärlichen Ergebnissen der ansonsten gescheiterten Revolution sich nicht zufrieden geben. Sie benötigte die Herstellung eines einheitlichen, auch politisch verfaßten Wirtschaftsgebietes und Zugang zu politischen Entscheidungen zumindest in dem Maße, das zur Wahrnehmung ihrer wirtschaftlichen In-

3 Frolinde Balser, Sozial-Demokratie 1848/49–1863, Die erste deutsche Arbeiterorganisation »Allgemeine Arbeiterverbrüderung« nach der Revolution, 2 Bde, Stuttgart 1962, S. 144.

4 Zur Kontinuität der deutschen Arbeiterbewegung in den fünfziger Jahren des 19. Jahrhunderts vgl. Geschichte der deutschen Arbeiterbewegung, 8 Bde, Berlin 1966, Hrsg. vom Institut für Marxismus-Leninismus beim Zentralkomitee der SED (hinfort zitiert als: GdA), Band 1: Von den Anfängen der deutschen Arbeiterbewegung bis zum Ausgang des 19. Jahrhunderts, S. 190–196.

teressen erforderlich war. Allerdings bestand keine Klarheit darüber, in welchen Formen diese Ziele angestrebt werden sollten, ob die Einheit unter preußischer Führung und unter Ausschluß Österreichs (kleindeutsche Lösung) verwirklicht werden oder der preußisch-österreichische Dualismus auch in das neue Staatsgebilde eingehen sollte (großdeutsche Lösung). In der Verfassungsfrage herrschte von Anfang an Unklarheit in der Frage des allgemeinen Wahlrechts, hier traten Differenzen zwischen einer liberalen und einer eher radikal-demokratischen Richtung auf, wobei die erstere in hohem Maße mit den Anhängern der kleindeutschen Lösung zusammenging.

1859 wurde von der liberalen Bourgeoisie zur Förderung der deutschen Einheit der »Deutsche Nationalverein« gegründet. Da der Mitgliedsbeitrag nicht ratenweise gezahlt werden konnte, sondern jährlich einmal entrichtet werden mußte, war Arbeitern der Zugang kaum möglich. 1861 wurde in Preußen die liberale Fortschrittspartei gegründet, welche bald in einen schweren Konflikt mit der Krone über das Budgetrecht geriet.

Die neubelebte bürgerliche Bewegung suchte sich des Rückhalts der quantitativ anwachsenden Arbeiterklasse durch die Initiierung von Arbeiter(-bildungs-)vereinen zu versichern. Diese sollten die Arbeiter ideologisch an die Bourgeoisie binden, andererseits ihnen Kenntnisse vermitteln, welche in der Volksschule noch nicht gelehrt wurden, aber zur Wahrnehmung von Arbeitsfunktionen in der industriellen Produktion in wachsendem Maße unerläßlich waren. Viele Arbeiter wurden Mitglieder in den Arbeitervereinen und Arbeiterbildungsvereinen, teils aus Interesse an den Bildungsstoffen, die ihnen das öffentliche Schulwesen vorenthielt, teils aber auch deshalb, weil unter den harten Bedingungen des Vereinsrechts der einzelnen Länder diese Organisationen ihnen ein gewisses Maß an Kommunikation sicherten.

Die liberale Bourgeoisie der preußischen Fortschrittspartei und des Nationalvereins versuchte den Arbeitern nicht nur eine ideologische, sondern auch eine ökonomische Perspektive zu geben. Hermann Schulze-Delitzsch propagierte die Gründung von Sparkassen und von Konsumvereinen, die aus den Ersparnissen ihr Startkapital beziehen könnten.

1862 schickte der Nationalverein zwölf Arbeiter zur Londoner Weltausstellung. Nach ihrer Rückkehr berichteten sie auf einer Berliner Arbeiterversammlung. Dort wurde auch der Plan diskutiert, einen allgemeinen deutschen Arbeitertag einzuberufen, dessen Vorbereitung nach einiger Zeit einem dem Leipziger Arbeiterverein »Vorwärts« nahestehenden, aus öffentlichen Versammlungen hervorgegangenen »Zentralkomitee« übertragen wurde. Bald entstanden Differenzen in den einzelnen Zentren der Arbeitervereine (Leipzig, Berlin, Nürnberg, Hamburg) über Schulze-Delitzschs Genossenschaftspläne, das Verhältnis von Unternehmern und Arbeitern (insbesondere über die Frage, inwieweit Nicht-Lohnabhängige als »Arbeiter« gelten könnten) sowie das Problem des allgemeinen Wahlrechts, über welches die Liberalen sich nicht klar äußerten. Zur theoretischen Klärung dieser Konfliktpunkte wandte sich das Leipziger Zentralkomitee an den in Berlin lebenden Publizisten Ferdinand Lassalle mit der Bitte um eine Stellungnahme.

Ferdinand Lassalle (1825–1864)[5] hatte an der Revolution 1848 im Rheinland teilgenommen, war den Zeitgenossen bis dahin aber vor allem bekannt als Anwalt der Gräfin Hatzfeld in einem skandalträchtigen Scheidungsprozeß. Im preußischen Verfassungsstreit zwischen Bismarck und den Liberalen stand er auf der Seite der Fortschrittspartei, aber mit einer eigenen Konzeption. Er versuchte, die politischen Interessen des Proletariats als treibende Kraft der demokratischen Bewegung zu definieren – so in seinem 1862 publizierten »Arbeiterprogramm«, das er in einem Vortrag vor den liberal orientierten Maschinenbauarbeitern der Oranienburger Vorstadt (bei Berlin) entwickelt hatte, und erklärte, Gegenstand des Konflikts dürfe im Interesse der Fortschrittspartei nicht die Interpretation der oktroyierten Verfassung von 1848 sein, sondern die Schaffung neuer Machtverhältnisse, welche eine Neuformulierung der rechtlichen Grundlagen zugunsten der demokratischen Bewegung ermögliche.

Lassalle antwortete dem Leipziger Komitee in seinem »Offenen Antwortschreiben an das Zentralkomitee zur Berufung eines allgemeinen deutschen Arbeiterkongresses zu Leipzig«.[6]

5 Zur Biographie und Politik Lassalles vgl. Shlomo Na'aman, Lassalle, Hannover 1970.

6 Ferdinand Lassalle, Offenes Antwortschreiben an das Zentralkomitee zur Beru-

Hier erklärte er, die preußische Fortschrittspartei habe sich im Verfassungsstreit als inkonsequent erwiesen. Deshalb müßten die Arbeiter eine eigene Partei gründen. Deren Hauptzweck sei die Erkämpfung des allgemeinen, gleichen und direkten Wahlrechts. Sie müsse der Fortschrittspartei gegenüber selbständig sein und sie in Fragen des gemeinsamen Interesses vorwärtsdrängen. Ausführlich nahm Lassalle zu Schulze-Delitzschs Genossenschaftsplänen Stellung. Produktivgenossenschaften seien zweifellos geeignet, den Verfall des Handwerks aufzuhalten oder zu verlangsamen. Doch stehe den Arbeitern kein Kapital zur Verfügung, um solche Genossenschaften zu gründen. Konsumvereine seien nicht geeignet, die materielle Lage des Proletariats durch Verbilligung des Einkaufs – also durch eine Steigerung des Reallohns – zu verbessern. Dem stehe das »eherne Lohngesetz« entgegen, welches Lassalle in folgender Weise formulierte:

»2. *Das eherne ökonomische Gesetz,* welches unter den heutigen Verhältnissen, unter der Herrschaft von Angebot und Nachfrage nach Arbeit, den *Arbeitslohn bestimmt,* ist dieses: daß der *durchschnittliche Arbeitslohn immer auf den notwendigen Lebensunterhalt reduziert bleibt, der in einem Volke gewohnheitsgemäß zur Fristung der Existenz und zur Fortpflanzung erforderlich ist.* Dies ist der Punkt, um welchen der wirkliche Tageslohn in Pendelschwingungen jederzeit herum gravitiert, ohne sich jemals lange weder über denselben erheben, noch unter denselben hinunterfallen zu können. Er kann sich nicht dauernd *über* diesen Durchschnitt erheben – denn sonst entstünde durch die leichte, bessere Lage der Arbeiter eine Vermehrung der Arbeiterehen und der Arbeiterfortpflanzung, eine Vermehrung der Arbeiterbevölkerung und somit des Angebots von *Händen,* welche den Arbeitslohn wieder *auf und unter* seinen früheren Stand herabdrücken würde.

Der Arbeitslohn kann auch nicht dauernd tief unter diesen notwendigen Lebensunterhalt fallen, denn dann entstehen Auswanderungen, Ehelosigkeit, Enthaltung von Kindererzeugung und endlich eine durch *Elend erzeugte Verminderung der Arbeiterzahl.*

Dieses Gesetz *kann von niemand bestritten* werden. Ich könnte Ihnen für dasselbe *ebenso viele Gewährsmänner anführen, als es große und berühmte Namen* in der nationalökonomischen Wissenschaft gibt, und zwar *aus der liberalen Schule selbst,* denn gerade die *liberale ökonomische Schule ist es, welche selbst dieses Gesetz entdeckt und nachgewiesen hat.*

fung eines allgemeinen deutschen Arbeiterkongresses zu Leipzig, Mit Anhang: Die französischen Nationalwerkstätten von 1848, in: Ferdinand Lassalle, Gesammelte Reden und Schriften, Herausgegeben und eingeleitet von Eduard Bernstein, 12 Bde, Berlin 1919, 3. Bd., S. 39–107.

Dieses eherne und grausame Gesetz, meine Herren, müssen Sie sich vor allem tief in die Seele prägen und bei allem Ihrem Denken von ihm *ausgehen.«*[7]

Das Verhältnis zwischen Arbeiter und Unternehmer bestimmte Lassalle durch seine Lehre vom »Arbeitsertrag«: die Arbeiter erhielten nur denjenigen Teil ihres Arbeitsprodukts, der durch das »eherne Lohngesetz« bestimmt sei. Das Übrige eigne sich der Unternehmer an. Um den ihnen rechtmäßig zustehenden Arbeitsertrag zu erhalten, müßten sich die Arbeiter in »Produktivassoziationen« (= Produktionsgenossenschaften) zusammenschließen, da dort der Unterschied zwischen Arbeitern und Unternehmern aufgehoben sei. Diese Genossenschaften könnten allmählich die gesamte Produktion eines Landes bestimmen. Ihre Errichtung sei allerdings an die Voraussetzung staatlichen Kredits (»Staatshilfe«) gebunden, da die Arbeiter aus ihren Löhnen nicht die nötigen Mittel für den Anfang aufbringen könnten. Die Gewährung dieser Kredite entspreche der kulturfördernden und Gerechtigkeit garantierenden Funktion, die der Staat in der gesamten bisherigen Geschichte wahrgenommen habe[8] und die durch die Einführung des allgemeinen Wahlrechts wieder aktualisiert werden könne. Eine solche Wahlreform werde erst den tatsächlichen Charakter des preußischen Staates zum Ausdruck bringen, der ja zur Mehrheit aus armen oder in gedrückten Verhältnissen lebenden Menschen bestehe.[9]

Lassalles Konzeption, insbesondere das eherne Lohngesetz und sein Staatsbegriff, ist in der Folgezeit häufig von Marxisten kritisiert worden. Tatsächlich müßte das eherne Lohngesetz in der von Lassalle formulierten Fassung für alle Gesellschaften, nicht nur für die kapitalistische, gelten und damit selbst die von Lassalle geplante Reform vereiteln. An der Definition der Momente, welche die Lohnhöhe konstituieren (Angebot und Nachfrage auf dem Arbeitsmarkt oder die Reproduktionskosten der Arbeitskraft), schieden sich von Anfang an die Lassallesche und die in der gleichen Zeit entwickelte Marxsche Theorie. Im Lassalleschen Staatsbegriff wird der Staat als eine neutrale Instanz begriffen, auf welche die einzelnen Bevölkerungsgruppen mit Hilfe des allgemeinen Wahlrechts Einfluß neh-

7 Ebd., S. 58 f.; Hervorhebungen durch Lassalle.
8 Ebd., S. 72 f.
9 Ebd., S. 77–81.

men könnten. Dem widersprachen die Erfahrungen und Urteile gerade der radikal demokratisch gesinnten Zeitgenossen Lassalles angesichts der prokapitalistischen Funktion des allgemeinen Wahlrechts im bonapartistischen Frankreich. Lassalles Urteil, es sei lediglich den »schlechten Wahlen« der Arbeiter zuzuschreiben, wenn es zu reaktionären Wahlergebnissen komme, verkannte ebenso die tatsächliche Sozialstruktur etwa des damaligen preußischen Staates wie mögliche Ursachen eines etwaigen konservativen Wahlverhaltens von Lohnabhängigen. Die Lehre vom »Arbeitsertrag« ist durch Marx noch 1875 einer scharfen Kritik unterzogen worden.[10]

Unter den politisch interessierten deutschen Arbeitern weckte Lassalles »Offenes Antwortschreiben«, das im März 1863 vom Leipziger Zentralkomitee mehrheitlich akzeptiert und veröffentlicht wurde, ein sehr zwiespältiges Echo. Arbeiterversammlungen in Leipzig, Hamburg und Solingen im März und April 1863 bekannten sich zu Lassalle.[11]

Eine Absage erhielt Lassalle von Arbeiterversammlungen in Nürnberg und Berlin, auf denen sich weiterhin die Konzeption der Fortschrittspartei und des Nationalvereins halten konnte. Im Mai 1863 gewann Lassalle große Arbeiterversammlungen in Rödelheim (bei Frankfurt) und Mainz für sich. Die Mehrheit der Mitglieder der Arbeitervereine in Deutschland blieb aber noch an der liberalen Politik orientiert.

Die Minorität, welche sich während einer Versammlungskampagne im Frühjahr 1863 zu Lassalle bekannt hatte, erschien immerhin massiv genug, um den Versuch einer Organisationsgründung auf der Basis der Positionen des »Offenen Antwortschreibens« zu wagen. So erfolgte am 23. Mai 1863 in Leipzig die Konstituierung des »Allgemeinen Deutschen Arbeitervereins« (ADAV) durch zwölf Delegierte aus elf Städten (Barmen, Dresden, Düsseldorf, Elberfeld, Frankfurt/Main, Hamburg, Harburg, Köln, Leipzig, Mainz, Solin-

10 Karl Marx, Randglossen zum Programm der deutschen Arbeiterpartei, in: Karl Marx, Friedrich Engels, Werke. Hrsg. vom Institut für Marxismus-Leninismus beim ZK der SED. 39 Bde, Berlin 1964–1968 (hinfort zitiert als: MEW), Bd. 19, S. 15–32, hier: S. 18–21.

11 Zu Lassalles Kampagne vgl. Franz Mehring, Geschichte der deutschen Sozialdemokratie, 2 Bde, Berlin 1960, Zweiter Teil [= 2. Bd.]: Von Lassalles »Offenem Antwortschreiben« bis zum Erfurter Programm, 1863 bis 1891, S. 7–156.

gen). Sitz des Vereins wurde Leipzig. Der Verband erhielt eine sehr straffe Struktur: an seiner Spitze standen ein Präsident und ein 24köpfiger Vorstand, welche von der jährlich stattfindenden Generalversammlung gewählt werden sollten. Jedoch sollte die erste Amtszeit des 1863 zu wählenden Präsidenten fünf Jahre dauern. Der Präsident erhielt die Befugnis, Zeit und Ort der Vorstandssitzungen festzusetzen, mußte den Vorstand aber innerhalb von vier Wochen einberufen, wenn es dessen Mehrheit verlangte. Der Kassierer hatte alle Ausgaben zu tätigen, welche der Präsident anordnete. An der Spitze der örtlichen Mitgliederschaften des ADAV standen Bevollmächtigte, welche vom Vorstand ernannt wurden und durch diesen auch jederzeit abgesetzt werden konnten. Der Präsident konnte ihre vorläufige Suspendierung aussprechen. Die Vorstandsmitglieder waren über ganz Deutschland verteilt, so daß in Zukunft de facto die Ernennung des Bevollmächtigten auf den Präsidenten überging. Zum Präsidenten wurde Lassalle gewählt, doch regte sich bereits auf der Gründungsversammlung und danach in Hamburg und Harburg Opposition gegen die starke Stellung des Präsidenten. Ende August 1863 hatte der ADAV etwa 1000 Mitglieder.

Die Fortschrittspartei reagierte auf die Gründung des »Allgemeinen Deutschen Arbeitervereins« durch die Zusammenfassung derjenigen Arbeiterbildungsvereine, welche ihr verbunden blieben, zum »Verband deutscher Arbeitervereine«. Eine führende Rolle spielte in dieser Organisation, bei deren Gründung der Drechsler August Bebel (1840–1913) mitwirkte, der Frankfurter Bankier Leopold Sonnemann. Die Fortschrittspartei hat in der Folgezeit Lassalle scharf bekämpft. Teils wohl aufgrund dieser Erfahrungen, teils in Auswertung der Tatsache, daß die Fortschrittspartei je länger je mehr einem positiven Bekenntnis zum allgemeinen Wahlrecht aus dem Wege ging, vollzog Lassalle im Herbst 1863 eine folgenreiche »taktische Wendung«:[12] er sah eine Aufgabe des Allgemeinen Deutschen Arbeitervereins nicht mehr darin, die Fortschrittspartei im preußischen Verfassungsstreit nach vorn zu drängen und aus der Bundesgenossenschaft mit ihr auch Unterstützung für die Ziele des ADAV, allgemeines Wahlrecht und Produktivassoziationen mit Staatskredit,

12 Ebd., S. 89–95.

zu gewinnen. Da gerade in diesen beiden Punkten keine Übereinstimmung mit den Liberalen zu erzielen sei, müsse der Allgemeine Deutsche Arbeiterverein sich eine unabhängige Stellung sowohl gegenüber der Fortschrittspartei als auch gegenüber der preußischen Regierung sichern. In der Folgezeit hat diese Wendung allerdings dazu geführt, daß Lassalle in politischer Tuchfühlung mit dem preußischen Ministerpräsidenten Bismarck stand. Er hat Gespräche mit ihm geführt, ihm seine Schriften zusenden lassen und Bismarck telegrafisch um Intervention gebeten, als der Bürgermeister von Solingen, welcher der Fortschrittspartei angehörte, eine seiner Versammlungen auflöste.[13] Lassalle mochte bei diesem Verhalten, das ihn teilweise kompromittierte, davon ausgehen, daß von Bismarck das allgemeine Wahlrecht eher zu erlangen sei als von den Liberalen. Diese Hoffnung war insofern realistisch, als Bismarck zumindest fürs erste von einer Wahlreform eine gefügige Kammermehrheit (vor allem durch die Stimmen der Bauern und des politisch in seiner Mehrheit – nach starker Aktivität in der Revolution 1848/49 – noch kaum in Bewegung geratenen ostelbischen Landproletariats) erwarten konnte, während das aufgrund des Dreiklassenwahlrechts zustandegekommene Abgeordnetenhaus bis 1866 in Opposition zu ihm stand.

Lassalle starb am 31. August 1864 in einem Duell. Der Allgemeine Deutsche Arbeiterverein zählte im Herbst dieses Jahres 4610 Mitglieder. Er geriet nach Lassalles Tod zunächst in eine Nachfolgekrise, in deren Verlauf sich 1867 eine kleine Minderheit unter Führung der Gräfin Hatzfeld als »Lassallescher Deutscher Arbeiterverein« abspaltete. Diese neue Gruppierung hielt besonders starr an Lassalles Statut fest und orientierte sich deutlich an dem taktischen Konzept antiliberaler Agitation und eines etwaigen Bündnisses mit Bismarck. Im ADAV gewann bald der Chefredakteur des seit Dezember 1864 erscheinenden Verbandsorgans »Sozialdemokrat«, Johann Baptist von Schweitzer (1834–1875), eine zentrale Stellung.

13 Vgl. Ferdinand Lassalle, Die Feste, die Presse und der Frankfurter Abgeordnetentag, Drei Symptome des öffentlichen Geistes, Eine Rede, gehalten in den Versammlungen des Allgemeinen Deutschen Arbeitervereins zu Barmen, Solingen und Düsseldorf, in: Lassalle, Gesammelte Reden und Schriften, a. a. O., 3. Bd., S. 333–402, hier: S. 395 f.

Am »Sozialdemokrat« arbeiteten zunächst auch Marx, Engels und Wilhelm Liebknecht (1826–1900) mit. Sie trennten sich bereits im Februar 1865 von dieser Zeitung, der sie vorwarfen, gegenüber Bismarck nicht ebenso scharf Front zu machen wie gegenüber der Fortschrittspartei.[14] Bei der Wahl des Konstituierenden Norddeutschen Reichstags (Februar 1867) gewann der ADAV kein Mandat, im regulären Norddeutschen Reichstag (August 1867) dagegen zwei (in Hagen und in Lennep-Mettmann). 1867 wurde Schweitzer Präsident des »Allgemeinen Deutschen Arbeitervereins«.

In dem Maße, in dem sich Mitte der sechziger Jahre herausstellte, daß die Fortschrittspartei und der Nationalverein sich auf eine kleindeutsche Lösung unter preußischer Führung hinorientierten, sahen sich die demokratischen Kräfte und die Liberalen, welche einen deutschen Nationalstaat mit Einschluß Österreichs auf demokratischer Grundlage anstrebten, zur Schaffung einer eigenen politischen Organisation gezwungen. Sie gründeten in Darmstadt die »Deutsche Volkspartei«, die jedoch sehr schwach blieb und lediglich in Württemberg eine relative Massenbasis besaß. Der Verband deutscher Arbeitervereine löste sich allerdings von Nationalverein und Fortschrittspartei und wandte sich der »Deutschen Volkspartei« zu. 1866 schlossen sich die sächsischen Arbeiterbildungsvereine unter Führung August Bebels zu einem Gauverband zusammen. Er bildete die proletarische Basis einer weiteren demokratischen Partei: der im August 1866 gegründeten Sächsischen Volkspartei, die sich selbst als Teil der Deutschen Volkspartei verstand. Sie gewann 1867 bei der Wahl zum Verfassunggebenden Norddeutschen Reichstag zwei Mandate (in Glauchau-Meerane und in Zwickau-Crimmitschau). Als im August 1867 dann der reguläre Norddeutsche Reichstag gewählt wurde, erhielt die Sächsische Volkspartei vier Sitze. Der »Lassallesche Allgemeine Deutsche Arbeiterverein« brachte ebenfalls einen Kandidaten durch, so daß die drei Organisationen, welche eine Arbeiterbasis hatten, unter Einschluß der zwei Sitze des ADAV sieben Abgeordnete hatten.

Der ADAV und der Verband deutscher Arbeitervereine setz-

14 Karl Marx/Friedrich Engels, Erklärung, MEW 16, S. 79; Marx an Engels in Manchester [London,] 18. Febr.[uar 18] 65, MEW 31, S. 75–77, hier: S. 75.

ten sich in der zweiten Hälfte der sechziger Jahre mit der neu beginnenden Gewerkschaftsbewegung auseinander, die durch die Einführung der Koalitionsfreiheit in Sachsen (1861), einen Setzerstreik in Leipzig (1865) und andere Ausstände mächtig vorangetrieben wurde. Wieder waren es die Drucker und die Zigarrenmacher, die in der gewerkschaftlichen Organisierung vorangingen. Die 7. Generalversammlung des Allgemeinen Deutschen Arbeitervereins (1868) war nicht bereit, Schweitzer und Friedrich Wilhelm Fritzsche, dem führenden Mitglied des neuen Zigarrenarbeiterverbandes, den Auftrag zur Einberufung eines Arbeiterkongresses, auf dem die Gewerkschaftsfrage beraten werden sollte, zu erteilen, da nach dem »ehernen Lohngesetz« Arbeiterkoalitionen und Lohnkämpfe ohnehin sinnlos sein mußten. Schweitzer dagegen ging davon aus, daß Streiks und gewerkschaftliche Organisierung wichtige Durchgangserfahrungen der Arbeiter auf dem Weg zum politischen Kampf seien. Schweitzer und Fritzsche beriefen *in ihrer Eigenschaft als Abgeordnete des Norddeutschen Reichstags* und mit Zustimmung der Generalversammlung (welche ihre Ablehnung gewerkschaftlicher Organisierung dadurch relativierte, daß sie den *Reichstagsabgeordneten* Schweitzer und Fritzsche erlaubte, was sie den *ADAV-Funktionären* Schweitzer und Fritzsche versagte) für den September 1868 einen Arbeiterkongreß ein, auf welchem ein »Arbeiterschaftsverband« gegründet wurde. Er sollte sich aus mehreren »Arbeiterschaften« (= Berufsgewerkschaften) zusammensetzen, doch sollte in ihm das dreiköpfige Präsidium eine ähnlich bestimmende Rolle spielen wie der Präsident im ADAV. Einige bereits bestehende Gewerkschaften schlossen sich dem Arbeiterschaftsverband an. Die Fortschrittspartei reagierte auf die Gründung des Arbeiterschaftsverbandes mit der Schaffung von wirtschaftsfriedlichen »Gewerkvereinen«, denen Arbeiter und Unternehmer beitreten konnten. Sie haben als »Hirsch-Dunckersche Gewerkschaften« bis 1933 eine gewisse Rolle gespielt. August Bebel veröffentlichte im »Demokratischen Wochenblatt«, dem gemeinsamen Organ des »Verbandes deutscher Arbeitervereine« und der »Sächsischen Volkspartei«, Musterstatuten für nicht wirtschaftsfriedliche »Gewerkvereine«, welche besonderen Wert auf starke Berufsgewerkschaften legten, die in sich zentralisiert, jedoch nicht in einem starken Dachverband zusammengefaßt waren.

In der zweiten Hälfte der sechziger Jahre löste sich der »Verband deutscher Arbeitervereine« allmählich von der »Deutschen Volkspartei«.[15] Eine wichtige Rolle in diesem Prozeß spielte dabei sein Verhältnis zur 1864 gegründeten »Internationalen Arbeiterassoziation« (I. Internationale). Der fünfte Vereinstag des Verbandes deutscher Arbeitervereine übernahm 1868 zentrale Punkte des Statuts der Internationale.[16] Die organisatorische Verselbständigung der Arbeitervereine gegenüber der »Deutschen Volkspartei« wurde durch innere Differenzierungen im ADAV beschleunigt. Dessen 8. Generalversammlung hatte 1869 – offensichtlich gestützt durch die Konkurrenz des »Verbandes deutscher Arbeitervereine« – die Stellung des Vorstandes gegenüber dem Präsidenten gestärkt.[17] Schweitzer versuchte diese Schwächung seiner Position dadurch aufzuheben, daß er eine Vereinigung mit der Hatzfeldschen Organisation (welche sich zwischenzeitlich dem Allgemeinen Deutschen Arbeiterverein noch einmal angeschlossen, sich bald aber wieder von ihm getrennt hatte) herbeiführte und aus diesem Anlaß die von der 8. Generalversammlung beschlossene Statutenänderung suspendierte. Daraufhin erließen einige opponierende Funktionäre des ADAV zusammen mit der inzwischen von August Bebel geführten Leitung des »Verbandes deutscher Arbeitervereine« und drei Mitgliedern der Organisation Hatzfeldscher Richtung einen Aufruf zu einem »Allgemeinen deutschen sozialdemokratischen Arbeiterkongreß« am 7. und 8. August 1869 in Eisenach. Hier wurde die »Sozialdemokratische Arbeiterpartei« gegründet. Ihr Programm[18] enthielt u. a. die Forderung nach dem allgemeinen, direkten und ge-

15 Hierzu vgl. Gustav Mayer, Die Trennung der proletarischen von der bürgerlichen Demokratie in Deutschland, 1863–1870, in: Mayer, Radikalismus, Sozialismus und bürgerliche Demokratie, a. a. O., S. 108–178.

16 Vgl. Programm des Verbandes deutscher Arbeitervereine, angenommen auf dem Vereinstag in Nürnberg am 6. September 1868, GdA 1, S. 568 f.

17 Auf derselben Generalversammlung wurde auf Antrag Schweitzers auch der enge Anschluß des ADAV an die I. Internationale beschlossen, vgl. Mehring, Geschichte der deutschen Sozialdemokratie, a. a. O., 2. Bd., S. 335. Korporative Mitgliedschaft von ADAV oder Sozialdemokratischer Arbeiterpartei in der IAA war wegen der Vereinsgesetze nicht möglich.

18 Programm der Sozialdemokratischen Arbeiterpartei, in: Wolfgang Abendroth, Aufstieg und Krise der deutschen Sozialdemokratie, Das Problem der Zweckentfremdung einer politischen Partei durch die Anpassungstendenz von Institutionen an vorgegebene Machtverhältnisse, Frankfurt/Main 1964, S. 91 f.

heimen Wahlrecht und nach Produktivgenossenschaften mit Staatskredit »unter demokratischen Garantien«, jedoch noch keine Vorschläge zur Eigentumsfrage. Die Sozialdemokratische Arbeiterpartei (die sogenannten »Eisenacher«) hatte als Leitung einen »Ausschuß« in Braunschweig. Parteiorgan wurde der aus dem »Demokratischen Wochenblatt« hervorgegangene »Volksstaat« (nachmals »Vorwärts«). Der Verband deutscher Arbeitervereine löste sich einen Tag nach der Gründung der neuen Partei auf. Die nach Bebels Musterstatuten organisierten, der Sozialdemokratischen Arbeiterpartei nahestehenden Gewerkschaften nannten sich »Internationale Gewerksgenossenschaften«.

1869 war die Koalitionsfreiheit im Gebiet des Norddeutschen Bundes eingeführt worden. 1870 bekannte sich die Sozialdemokratische Partei zum Beschluß des Baseler Kongresses der Internationalen Arbeiterassoziation von 1869 über die Forderung nach der Überführung von Grund und Boden in Gemeineigentum.[19] Dies bedeutete die endgültige Trennung von der ausschließlich radikaldemokratischen Programmatik der »Deutschen Volkspartei«, die damit ihre Massenbasis verlor und bald aufhörte zu bestehen.

Anfang 1870 beschloß die Generalversammlung des Arbeiterschaftsverbandes auf Vorschlag Schweitzers gegen sehr starke Widerstände die Auflösung der Einzel-Arbeiterschaften und die Gründung eines zentralisierten »Allgemeinen Unterstützungsverbandes«. Diese Entscheidung mußte schon ein Jahr später zugunsten der Möglichkeit, nach Bedarf Berufsgewerkschaften zu gründen, abgeschwächt werden. Sie hatte auch zwischenzeitlich nicht voll realisiert werden können.

Die Sozialdemokratische Arbeiterpartei und der Allgemeine Deutsche Arbeiterverein bekämpften sich in der Folgezeit heftig. Beim Beginn des deutsch-französischen Krieges 1870 nahmen sie eine unterschiedliche Haltung ein: Während sich die Abgeordneten der »Eisenacher« Partei, Bebel und Liebknecht, in der Frage der Kriegskredite (wahrscheinlich im Gegensatz zur Mehrheit der Par-

19 Beschluß des Kongresses der Sozialdemokratischen Arbeiterpartei in Stuttgart zur Grund- und Boden-Frage, angenommen am 6. Juni 1870, in: GdA 1, S. 582.

teimitglieder, die den Krieg offenbar bejahten), der Stimme enthielten, da sie weder die französischen Kriegstreiber noch den preußischen Despotismus unterstützen wollten, stimmten die Abgeordneten des ADAV dafür. Der Braunschweiger Ausschuß mißbilligte die Empfehlung des von Wilhelm Liebknecht geleiteten »Volksstaat«, in diesem Krieg nicht Partei zu ergreifen. Als nach der Niederlage Napoleons III. Preußen und die mit ihm verbündeten Staaten den Krieg nunmehr auch gegen die neue Republik fortsetzten, wandten sich der Allgemeine Deutsche Arbeiterverein und die Sozialdemokratische Arbeiterpartei gegen diese Politik. Der Braunschweiger Ausschuß wurde durch preußisches Militär verhaftet. Bei den Wahlen zum neuen deutschen Reichstag (März 1871) erhielten beide Parteien zusammen knapp 3 Prozent der Stimmen. Die Lassalleaner hatten zwar mehr Stimmen, bekamen jedoch keines der Direktmandate. (Es wurde nach dem absoluten Mehrheitswahlrecht gewählt.) Die Sozialdemokratische Arbeiterpartei brachte zwei Kandidaten durch. Einer von ihnen, August Bebel, bekannte sich am 25. Mai 1871 im Reichstag zu den Betrebungen der gerade niedergeworfenen Pariser Kommune. 1871 erklärte Schweitzer seinen Rücktritt vom Präsidentenamt des ADAV. Sein Nachfolger wurde Wilhelm Hasenclever. Bei den Reichstagswahlen 1874 erzielten beide Parteien zusammen mehr als 6 Prozent der Stimmen. Der ADAV gewann drei Mandate, die Sozialdemokratische Arbeiterpartei sechs.

Beide Organisationen hatten sich auch nach der Reichsgründung heftig bekämpft, waren aber auch gleichermaßen staatlichen Repressionen ausgesetzt, unter anderem Gefängnis- und Festungshaft für ihre führenden Funktionäre. Im gewerkschaftlichen Bereich wirkte sich die Spaltung besonders schwächend aus. Diese Tatsachen veranlaßten die Leitungen des Allgemeinen Deutschen Arbeitervereins und der Sozialdemokratischen Arbeiterpartei, Verhandlungen miteinander aufzunehmen, welche auf dem Einigungskongreß von Gotha (22.–27. Mai 1875) zur Gründung der Sozialistischen Arbeiterpartei Deutschlands führten. Die ADAV hatte zuletzt 15 322 Mitglieder, die SDAP 9121.[20]

20 Mehring, Geschichte der deutschen Sozialdemokratie, a. a. O., 2. Bd., S. 451.

Auch der Allgemeine Unterstützungsverband war noch stärker als die Internationalen Gewerksgenossenschaften. Der ADAV hatte seine Schwerpunkte während der ganzen Zeit seines Bestehens in Norddeutschland gehabt, die Sozialdemokratische Arbeiterpartei vor allem in Sachsen und – in geringerem Maße – in Württemberg.

Das vom Einigungskongreß verabschiedete Gothaer Programm[21] enthielt einige der Hauptthesen der Lassalleaner, so die Forderung nach dem vollen Arbeitsertrag, Produktivassoziationen mit Staatskredit (wie ja auch das Eisenacher Programm von 1869), die Nennung des »ehernen Lohngesetzes« sowie die von Lassalle nicht explizit aufgestellte, aber in der Tradition des ADAV insbesondere durch die Vermittlung Schweitzers auf ihn zurückgeführte Behauptung, gegenüber dem Proletariat seien alle anderen Klassen nur eine reaktionäre Masse«.[22] Karl Marx und Friedrich Engels haben das Gothaer Programm scharf kritisiert, zugleich aber die Hoffnung ausgesprochen, daß die realen Kämpfe der neuen Partei diese über die Unklarheiten ihres Programms aufklären würden.

Die Sozialistische Arbeiterpartei war in der Folgezeit harten staatlichen Verfolgungen ausgesetzt, die bald über die Verhängung von Strafen gegen einzelne Mitglieder hinausgingen, zunächst zu Teilverboten der Organisationen führten und mit dem Sozialistengesetz 1878 ihren Höhepunkt erreichten.

2. *Vom Sozialistengesetz bis zum Revisionsversuch Eduard Bernsteins 1878–1899*

Mit dem »Gründerkrach« von 1873 trat die Wirtschaft des Deutschen Reiches in eine bis 1896 andauernde Phase verlangsamten wirtschaftlichen Wachstums ein, welche durch mehrere schwere Krisen, die jeweils durch schwache Aufschwünge abgelöst wurden,

21 Programm der Sozialistischen Arbeiterpartei Deutschlands, in: Abendroth, Aufstieg und Krise der deutschen Sozialdemokratie, a. a. O., S. 93 f.

22 Zur Entstehung dieses Schlagwortes vgl. Mehring, Geschichte der deutschen Sozialdemokratie, a. a. O., 1. Bd., S. 211.

charakterisiert war. Diese »Große Depression«,[1] in welcher das Kapital nur schwer Anlagemöglichkeiten im Deutschen Reich fand, wies folgende Merkmale auf: Konzentrations- und Zentralisierungsprozesse, wachsender Kapitalexport, eine verstärkte Politik staatlicher Anleihen und das Bestreben der Unternehmer in Schwer- und Textilindustrie, Reichstag und Regierung zu einer Politik der Schutzzölle zu veranlassen, um sich den Binnenmarkt gegen ausländische Konkurrenz sichern zu können. In der Mitte der siebziger Jahre setzte eine schwere Agrarkrise ein, die durch die billigen Getreideimporte aus den USA und Rußland hervorgerufen wurde und die Großgrundbesitzer zu massiven Forderungen nach hohen Zolltarifen veranlaßte. Die gemeinsamen Interessen von Agrariern, Schwer- und Textilindustriellen an einer protektionistischen Politik führten diese während der siebziger Jahre zu einem Klassenkartell zusammen, welches 1879 Schutzzölle für Getreide, Eisen und Eisenprodukte durchsetzte.[2] Die hierdurch zu erwartende Verteuerung der Lebenshaltungskosten ließ eine massive Gegenwehr der nach der Einigung der Arbeiterbewegung 1875 erstarkten Gewerkschaften und der Sozialistischen Arbeiterpartei befürchten. So muß das »Gesetz gegen die gemeingefährlichen Bestrebungen der Sozialdemokratie« vom 21. Oktober 1878,[3] welches die sozialdemokratische Organisation und – mit Ausnahme der Teilnahme an Wahlkämpfen und der Wahrnehmung von Parlamentsmandaten – jedes öffentliche politische Auftreten ihrer Mitglieder verbot, als Präventivmaßregel gegen etwaige künftige verschärfte Massenbewegungen verstanden werden. Ein besonderes Repressionsmittel, welches von nun an eingesetzt wurde, war die Verhängung des Ausnahmezustandes über einzelne Städte und Gebiete, aus denen der sozialdemokratischen Agitation verdächtige Personen ausgewiesen werden konnten. Obwohl die Gewerkschaften durch das Sozialistengesetz

1 Zu diesem Begriff: Hans Rosenberg, Große Depression und Bismarckzeit. Wirtschaftsablauf, Gesellschaft und Politik in Mitteleuropa, Berlin 1967.

2 Karl W. Hardach, Die Bedeutung wirtschaftlicher Faktoren bei der Wiedereinführung der Eisen- und Getreidezölle in Deutschland 1879, Berlin 1967.

3 Auszug vgl. Institut für Marxismus-Leninismus beim Zentralkomitee der SED (Hrsg.), Geschichte der deutschen Arbeiterbewegung, Hrsg. vom Institut für Marxismus-Leninismus beim Zentralkomitee der SED, 8 Bde, Berlin 1966 (hinfort zitiert als: GdA), Bd. 1, S. 603–605.

nicht verboten wurden und Bismarck sich sogar für ihr Weiterbestehen aussprach, wurden sie in der Folgezeit ebenso vernichtet wie die offizielle sozialdemokratische Organisation.

Der Arbeiterbewegung war somit eine Reduktion ihrer Tätigkeit auf parlamentarische Politik gesetzlich vorgeschrieben. Sie hat zwar in der Folgezeit unter diesem Druck die Möglichkeiten, welche die Wahlkämpfe und das Auftreten im Reichstag ihr boten, voll ausgeschöpft und zur Propaganda benutzt, zugleich aber – nach einer etwa halbjährigen Phase der Verwirrung, in der ihre Organisation sich sehr lockerte und in welcher sich Marx und Engels durch einen »Zirkularbrief« gegen einen publizistischen Angriff auf die politische Selbständigkeit der Sozialdemokratischen Partei wandten[5] – zahlreiche neue Formen des außerparlamentarischen Kampfes entwickelt. Eine der wichtigsten war die Herausgabe der illegalen Zeitung »Der Sozialdemokrat«, die im Ausland hergestellt und über ein konspiratives Verteilernetz im Reich verbreitet wurde. Zuweilen wurden demonstrativ rote Fahnen auf hohen Bäumen und Schornsteinen gehißt.[6] Die Ausweisung des sozialdemokratischen Reichstagsabgeordneten Paul Singer 1886 aus Berlin wurde durch mehrere geschickte, polizeilich nicht faßbare Demonstrationen auf den Bahnhöfen beantwortet.[7] In großen illegalen Flugblattaktionen trieb die Partei ihre Propaganda voran.[8] Dieses Kampfmittel wurde auch in die Wahlagitation eingebracht.[9] Starb ein bekannter Sozialdemokrat, dann wurde oft sein Leichenzug zur Demonstration.[10] Weitgehend unabhängig von sozialdemokratischer Beeinflussung, aber die Agitation der Sozialistischen Arbeiterpartei fördernd, entwickelten sich zwischen 1885 und 1889 große Streiks.[11] Erst auf dieser Basis konnte die Sozialdemokratie den parlamentarischen Kampf

4 Ernst Engelberg, Revolutionäre Politik und Rote Feldpost 1878–1890, Berlin 1959.

5 Marx/Engels an August Bebel, Wilhelm Liebknecht, Wilhelm Bracke u. a. in Leipzig (Zirkularbrief) (Entwurf), in: Karl Marx und Friedrich Engels, Werke, 39 Bde, Berlin 1957 ff., S. 394–408.

6 GdA 1, S. 361 f.; 406.

7 Ebd., S. 396.

8 Ebd., S. 396; 408.

9 Ebd., S. 391.

10 Ebd., S. 361; 407 f.

11 Ebd., S. 389; 409.

entfalten, in den Wahlkämpfen erfolgreich um Stimmen werben und durch die Reichstagsreden ihrer Abgeordneten, die auch in der bürgerlichen Presse abgedruckt wurden, propagandistisch wirken.

Das Sozialistengesetz veranlaßte eine Umgestaltung der sozialdemokratischen Organisation. Die legale und illegale Aktivität mußte von einem geheimen Funktionärskörper angeleitet werden, genannt »Corpora, Zirkel, Interne oder die innere Organisation«.[12] Er war vom Verteilerapparat des »Sozialdemokrat« aus Sicherheitsgründen formal getrennt. Erst die illegale Organisation ermöglichte überhaupt der Partei noch öffentliches Auftreten in den verschiedenartigsten Formen: »Ob es sich um die Organisierung legaler Wahlvereine, um Verteilung von Flugblättern, möglichst engen Kontakt mit der Bevölkerung in den Wohngebieten, das Verteilen von Wahlzetteln oder um die systematische Agitation in legalen Fachvereinen, in Arbeiterlokalen und an den Arbeitsstellen sowie die Organisierung von Gesangvereinen, Rauchklubs oder sonstigen Interessenklubs handelte – immer setzte das die illegale Beratung und Arbeit voraus.«[13]

Auf die großen Streikkämpfe der achtziger Jahre, die Verbindung von parlamentarischem und außerparlamentarischem Kampf der Sozialdemokratie und die Tatsache, daß trotz der Unterdrückung der Gewerkschaften diese ihre Tätigkeit in neuen Formen fortsetzen konnten, sowie darauf, daß die Große Depression mit einem langandauernden Preisverfall[14] einherging, ist es zurückzuführen, daß der mit den Schutzzollgesetzen von 1879 unter der Dekkung des Sozialistengesetzes geplante Lohnraub nicht durchgesetzt werden konnte. Im Gegenteil: Durchschnittlich stiegen die Löhne zwischen 1873 und 1896 sogar an, allerdings mit großen Unterschieden zwischen den einzelnen Branchen. Gleichzeitig existierten einige Elendsindustrien fort oder entstanden neu. Die Lohnentwicklung blieb hinter der sich weit schneller steigernden Produktivität zurück. Die Arbeitszeit konnte allmählich verkürzt werden. Zu-

12 Thomas Nipperdey, Die Organisation der deutschen Parteien vor 1918, Berlin 1965, S. 317.

13 Engelberg, a. a. O., S. 143.

14 Hans-Ulrich Wehler, Bismarck und der Imperialismus, 3. Aufl., Köln 1972, S. 75 ff.

gleich herrschte häufig große Arbeitslosigkeit, der Produktionsprozeß wurde intensiviert (dies konnte an der relativen Zunahme der Unfälle und Krankheitstage abgelesen werden). Die Wohnbedingungen verschlechterten sich ständig. Die Bismarcksche Sozialgesetzgebung konnte einige der schlimmsten Auswirkungen der intensivierten Produktion dämpfen, nicht aber kompensieren. Die Invaliden- und Altersversicherung war nach der Auffassung der zeitgenössischen Arbeiterbewegung wegen ihres geringen materiellen Ertrags lediglich eine moderne Form der Armenpflege.[15]

Auf politischem Gebiet konnte die deutsche Sozialdemokratie unter dem Sozialistengesetz ihren Einfluß kontinuierlich steigern. Dies zeigte sich an der Zunahme der für sie bei Reichstagswahlen abgegebenen Stimmen (1881, bei der ersten Wahl unter dem Ausnahmegesetz: 311 961 = 6,1 Prozent; 1890: 1 427 298 = 19,7 Prozent).[16] Sie bewies deutlich die Erfolglosigkeit der Repressionstaktik, so daß das Sozialistengesetz 1890 nicht mehr verlängert wurde. Die Freien (= die nichtkonfessionellen und nichtliberalen) Gewerkschaften zählten 1877: 49 055 Mitglieder,[17] 1890: 301 200 und 1899: 580 473).[18]

Die sehr unterschiedliche Entwicklung der politischen Verhältnisse und der Arbeits- und Lebensbedingungen drückte sich auch in einer widersprüchlichen Situation der sozialdemokratischen Partei aus, wobei ein Prozeß der Radikalisierung überwog. Sein Träger war die illegale Organisation – also das System der »Corpora« –, eine seiner Voraussetzungen das Mißverhältnis zwischen Lohn- und Produktivitätsentwicklung, sein deutlichster publizistischer Ausdruck »Der Sozialdemokrat«. Die theoretische Konsequenz der Radikalisierung war einmal die Streichung der Aussage des Gothaer Programms, daß die Sozialistische Arbeiterpartei ihre Ziele allein mit

15 Eine Zusammenstellung von Daten über die Entwicklung der Arbeits- und Lebensbedingungen der Arbeiterklasse findet sich – mit weiteren Literaturangaben – bei Georg Fülberth und Jürgen Harrer, Die deutsche Sozialdemokratie 1890–1933, Darmstadt und Neuwied 1974, S. 40–47; 65–67.

16 Dieter Fricke, Die deutsche Arbeiterbewegung 1869–1890, Ihre Organisation und Tätigkeit, Leipzig 1964, S. 255.

17 Ebd., S. 307.

18 Dieter Fricke, Zur Organisation und Tätigkeit der deutschen Arbeiterbewegung (1890–1914), Dokumente und Materialien, Leipzig 1962, S. 208; 212. Angaben über die Mitgliederzahlen der Sozialdemokratischen Partei im ganzen Reich gibt es erst seit 1906: ebd., S. 64.

»gesetzlichen« (legalen) Mitteln durchzusetzen strebe (auf dem Parteitag in Wyden 1880),[19] zum anderen die – vor allem von Friedrich Engels vermittelte – Rezeption des Marxismus durch die Kader der Partei. Einen wichtigen Anstoß gab Engels' 1877 veröffentlichte Schrift »Herrn Eugen Dührings Umwälzung der Wissenschaft«. Die Durchsetzung des Marxismus wurde am deutlichsten im 1891 verabschiedeten Erfurter Programm[20] der Sozialdemokratischen Partei Deutschlands (das war der neue Parteiname) sichtbar.

Die Repressionen des Sozialistengesetzes förderten für eine kurze Zeit auch anarchistische, vor allem von Wilhelm Hasselmann und Johann Most verfochtene Tendenzen, die sich jedoch nicht durchsetzen konnten. Die kleinen Anarchistenzirkel bestanden in ihrer Mehrheit aus subjektiv ehrlichen Sozialisten und aus halbpolitischen Abenteurern. Ihre voluntaristische Taktik gab Verleumdungen gegen die Arbeiterbewegung Vorschub und schädigte diese. Hinzu kam, daß sich in der Regel Polizeispitzel in die Zirkel schlichen (zum Teil diese wohl erst gründeten) und deren Mitglieder zu abenteuerlichen Gewaltaktionen animierten.[21]

Zugleich gab es während des gesamten Sozialistengesetzes reformistische, auf Anpassung an die bestehenden Klassen- und politischen Verhältnisse zielende Tendenzen in der deutschen Sozialdemokratie. Solche Strömungen wird es in der Arbeiterbewegung immer so lange geben, wie ein großer Teil der Arbeiterklasse – oder gar, wie im gesamten wilhelminischen Reich, ihre Mehrheit – unter dem ideologischen Einfluß der Bourgeoisie (in diesem Zeitraum überdies auch noch – in Ostelbien – der Junkerklasse) steht und/oder die Kapitalisten aktiv versuchen, größere Arbeitermassen, welche schon ein politisches und ökonomisches proletarisches Klassenbewußtsein entwickelt haben, für Positionen der Klassenversöhnung und des

19 Über diesen Kongreß berichtet sehr anschaulich: August Bebel, Aus meinem Leben, Berlin 1964, S. 727–742, wie überhaupt dieses Buch für jeden, der sich über die Entwicklung der deutschen Arbeiterbewegung zwischen 1863 und 1882 informieren will, als historisches, politisches und persönliches Dokument unentbehrlich ist.

20 Wiederabgedruckt bei Abendroth, Aufstieg und Krise der deutschen Sozialdemokratie, a. a. O., S. 95–98.

21 Mehring, Geschichte der deutschen Sozialdemokratie, 2 Bde, Berlin 1960, Zweiter Teil [= 2. Bd.]: Von Lassalles »Offenem Antwortschreiben« bis zum Erfurter Programm, 1863 bis 1891, S. 554–559; 587–589.

Verzichts auf Klassenkampf zurückgewinnen. Die sehr zahlreichen bürgerlich beeinflußten Arbeiter, Halbproletarier und Kleinbürger wurden oft zu einer Massenbasis der Bourgeoisie. Von hier ging – gerade unter Bedingungen, in denen dem parlamentarischen Kampf eine wichtige Bedeutung zukam – ein starker indirekter Druck auf die jeweilige Arbeiterpartei und die Gewerkschaften, welche diese Arbeiter und Mittelschichten ebenfalls als Anhänger, Wähler und Mitglieder gewinnen wollten, aus. Vor 1900 war diese Tatsache offensichtlich die hauptsächliche Voraussetzung des Reformismus. Er wurde in der Partei selbst vor allem durch solche Mitglieder, die ihrer unmittelbaren Lebenslage nach Kleinbürger waren, artikuliert. Sein Kristallisationspunkt war die Reichstagsfraktion, in welcher die Reformisten in der Regel die Mehrheit hatten.[22] Deren soziale Zusammensetzung entsprach nicht derjenigen der Partei. Da keine Reichstagsdiäten gezahlt wurden, stellte die Sozialdemokratie, um ihre Mittel für andere Bereiche des Kampfes in hohem Maße verfügbar halten zu können, gern solche Kandidaten auf, die auf Unterstützung nicht angewiesen waren. Hinzu kamen Parteigenossen, welche aufgrund ihrer politischen oder gewerkschaftlichen Aktivität durch die Unternehmer gemaßregelt waren, auf Schwarzen Listen standen, also keine Arbeit mehr fanden und eine Versorgung durch die Partei (etwa als Wirte in vor allem von Sozialdemokraten besuchten Gaststätten, Redakteure von Parteizeitungen oder eben auch als Parlamentarier) erhielten. Friedrich Engels hat in dieser Situation eine Gefahr für die revolutionäre Klarheit der Parlamentspolitik gesehen.

Die beiden Strömungen in der deutschen Sozialdemokratie lieferten sich immer wieder teils offene, teils (meistens) latente Kämpfe, aus denen jedoch bis lange nach der Jahrhundertwende immer wieder die marxistische Richtung, deren Stellung sich sogar zunehmend festigte, als Sieger hervorging. Ein Höhepunkt war 1884/85 ein Streit darüber, ob die Reichstagsfraktion einer staatlichen Subventionierung von Dampferlinien nach Ostasien, Australien und Afrika zustimmen sollte.[23] Er verband sich mit der Kontroverse

22 Fülberth/Harrer, Die deutsche Sozialdemokratie 1890–1933, a. a. O., S. 58 f.
23 Ebd., S. 59.

über den – schließlich zurückgewiesenen – Anspruch der Fraktion, über den »Sozialdemokrat« eine Zensur ausüben zu dürfen. In diesen Konflikten ergriff Friedrich Engels – wie in seinen Briefen an August Bebel nachzulesen ist – die Partei derjenigen Fraktionsmitglieder, welche die Subvention ablehnten, und des »Sozialdemokrat«. 1891 – nach dem Fall des Sozialistengesetzes – stellte der bayerische Sozialdemokrat Georg von Vollmar die These auf, die Sozialdemokratie könne auf einigen Gebieten, insbesondere auf dem der Außenpolitik, mit den herrschenden Klassen kooperieren.[24] Dieser Vorstoß wurde durch die Mehrheit der Partei ebenso zurückgewiesen wie Vollmars 1894 unternommener Versuch, ein Agrarprogramm, welches sich nicht an den Interessen des Proletariats, sondern ausschließlich an denen der bäuerlichen Eigentümer orientierte, durchzusetzen.[25] Von 1896 an machte schließlich der im Londoner Exil lebende sozialdemokratische Publizist Eduard Bernstein, der unter dem Sozialistengesetz den »Sozialdemokrat« redigiert hatte, nun aber einen Kurswechsel vollzog, den Versuch, die Prinzipien der Marxschen Erkenntnistheorie, der Kritik der Politischen Ökonomie und der marxistischen politischen Strategie zu revidieren. Er behauptete in seiner Artikelserie »Probleme des Sozialismus« und in seinem 1899 erschienenen Buch »Die Voraussetzungen des Sozialismus und die Aufgaben der Sozialdemokratie«,[26] die deutsche Sozialdemokratie sei in ihrer gesamten bisherigen Geschichte lediglich eine Reformpartei gewesen, deren praktischer Politik das revolutionäre Erfurter Programm niemals entsprochen habe. Die marxistischen »Dogmen« hinderten allerdings die Partei daran, ihre Reformpolitik mit letzter Konsequenz durchzuführen. Es sei u. a. nötig, daß die sozialdemokratische Bewegung die Inhalte und die Form ihrer Politik einem Bündnis mit der liberalen Bourgeoisie einordne. So seien durch schrittweise Reformen jene Ziele gesellschaftlicher

24 Georg von Vollmar, Über die nächsten Aufgaben der deutschen Sozialdemokratie, München 1891.

25 Zum Verhalten der Parteimajorität in der Agrarfrage vgl. Hans Georg Lehmann, Die Agrarfrage in der Theorie und Praxis der deutschen und internationalen Sozialdemokratie, Vom Marxismus zum Revisionismus und Bolschewismus, Tübingen 1970, S. 174–190.

26 Eduard Bernstein, Die Voraussetzungen des Sozialismus und die Aufgaben der Sozialdemokratie, Hrsg. von Günther Hillmann, Reinbek bei Hamburg 1968.

Gleichberechtigung der Arbeiter erreichbar, welche man sich von einer Revolution völlig vergebens erhoffe. Bernsteins Ratschläge liefen letztlich darauf hinaus, den Prozeß der Loslösung der Arbeiterbewegung vom Liberalismus, welche 1863 und 1869 stattgefunden hatte, zu revidieren. Sie wurden zwar zunächst von der Mehrheit der Partei abgelehnt, doch blieb die Auseinandersetzung zwischen Marxismus und »Revisionismus« (wie Bernsteins Theorie bald genannt wurde) das beherrschende Thema der Parteidebatten auch nach 1900.

II. Vom Reformismusstreit bis zum Ausbruch des Ersten Weltkrieges

Von Georg Fülberth

Nach 1896 begann im Deutschen Reich eine bis 1913 andauernde – durch Krisen 1902/03 und 1907/08 unterbrochene – Phase schnellen wirtschaftlichen Aufschwungs.

Inzwischen war der – in wachsendem Maße über die Banken vermittelte – Prozeß der Konzentration und Zentralisierung von Kapital im Deutschen Reich so weit vorangetrieben, daß man von einer in hohem Maße monopolbestimmten Struktur der deutschen Volkswirtschaft seit dieser Zeit sprechen kann.[1] Das politische Kartell von Großgrundbesitzern und Kapitalisten vor allem der Schwer- und Textilindustrie wurde gegen Ende der neunziger Jahre bei der Vorbereitung neuer Zolltarife, welche die Hochschutzzollpolitik fortsetzten, erneuert. Es nahm nunmehr eine neue Qualität an: waren die Schutzzollgesetze von 1879 noch von den Interessen beider Partner gleichermaßen geprägt, so sicherte das Bündnis jetzt zwar nach wie vor die Privilegien der Junker (vor allem durch Steuervorteile und Getreidezölle), zugleich aber verschaffte es Teilen des Monopolkapitals die Möglichkeit, der Politik des Reiches – insbesondere auf dem Gebiet der Rüstung und der Auswärtigen Beziehungen – neue Ziele zu vermitteln. Der Bau einer großen Flotte – der seit Ende der neunziger Jahre in Angriff genommen wurde – war eine sichere und langfristige Kapitalanlage für die Schwerindustrie.[2] Sie war zu-

1 Hans Mottek, Walter Becker, Alfred Schröter, Wirtschaftsgeschichte Deutschlands, Ein Grundriß, Band III, Von der Zeit der Bismarckschen Reichsgründung 1871 bis zur Niederlage des faschistischen deutschen Imperialismus 1945, Berlin 1974, S. 68–88.

2 Eckart Kehr, Schlachtflottenbau und Parteipolitik 1894–1901, Versuch eines Querschnitts durch die innenpolitischen, sozialen und ideologischen Voraussetzungen des deutschen Imperialismus, Berlin 1930.

gleich Teil jenes militärischen Instrumentariums, durch welches der Staat mit Hilfe von Annexionen und der Öffnung von Einflußgebieten dem Großkapital neue internationale Expansionsmöglichkeiten schaffen sollte.[3] Die zentrale außenpolitische Aufgabe war eine Veränderung der kolonialen und europäischen Machtverteilung zwischen den Großmächten zugunsten Deutschlands, welche nur im Krieg zu erlangen war.

Monopolistische Beherrschung der Wirtschaft, tendenzielle Verschmelzung von Kapital- und Staatsentscheidungen, wachsende Aggressivität nach außen: dies waren drei entscheidende Merkmale einer neuen Machtstruktur des Deutschen Reiches, des Imperialismus.[4] Die neuen Ziele der deutschen Außen- und Rüstungspolitik mußten durch Verbrauchssteuern und durch eine Bremsung des Massenkonsums (u. a. durch die Zollpolitik) finanziert werden.

Um der Bevölkerung die angebliche Notwendigkeit der Rüstungspolitik zu demonstrieren, wurden parallel zu deren Forcierung – teilweise ihr auch vorangehend – große chauvinistische Propagandagesellschaften geschaffen, so etwa der »Alldeutsche Verband«, der »Deutsche Flottenverein«, der »Kyffhäuserbund« (der Zentralverband der Kriegervereine), der »Wehrverein« und der

3 Ausdruck dieser Politik waren die in Vorbereitung und während des Ersten Weltkrieges formulierten Kriegsziele des Deutschen Reiches: Fritz Fischer, Griff nach der Weltmacht, Die Kriegspolitik des kaiserlichen Deutschland 1914/18, 2. Aufl. Düsseldorf 1962; Ders., Krieg der Illusionen, Die deutsche Politik von 1911 bis 1914, 2. Aufl. Düsseldorf 1968.

4 Diesen Begriff gebrauchen sowohl marxistische wie nichtmarxistische Geschichtsschreiber für die gesellschaftlichen Verhältnisse und die Außenpolitik des wilhelminischen Reiches. Dabei betont allerdings lediglich die marxistische Richtung den Monopolkapitalismus und seinen Einfluß auf die Staatstätigkeit als Charakteristikum des Imperialismus, während die nichtmarxistischen Historiker in erster Linie die expansiven Bestrebungen des Deutschen Reiches mit dem Imperialismusbegriff verbinden. Vgl. Lenins zentrale Schrift zur Imperialismustheorie: Der Imperialismus als höchstes Stadium des Kapitalismus, Gemeinverständlicher Abriß, in: W. I. Lenin, Werke, Hrsg. vom Institut für Marxismus-Leninismus beim ZK der KPdSU, Ins Deutsche übertragen nach der vierten russischen Ausgabe, besorgt vom Institut für Marxismus-Leninismus beim ZK der SED, 40 Bde., Berlin 1961–1971, hier: 22. Bd., S. 189–309. Einen informativen Überblick über den Stand der bürgerlichen Imperialismustheorien, die erst neuerdings im Imperialismus mehr als nur ein außenpolitisches Problem sehen, gibt Hans-Ulrich Wehler, Probleme des Imperialismus, in: Wehler, Krisenherde des Kaiserreichs, Studien zur deutschen Sozial- und Wirtschaftsgeschichte, Göttingen 1970, S. 113–134.

»Jungdeutschlandbund«. Der 1904 gegründete »Reichsverband gegen die Sozialdemokratie« sollte den Masseneinfluß der Sozialdemokratie brechen. Insgesamt kann festgestellt werden, daß seit dem Übergang in den Imperialismus die Bourgeoisie sich nicht mehr mit der passiven Loyalität derjenigen Bevölkerungsteile, auf die sie noch Einfluß hatte, begnügte, sondern daß sie jetzt zu deren Mobilisierung und zu ihrer Erfassung in eigenen Massenorganisationen überging.

Auch die Kapitalisten selbst organisierten sich jetzt in neuer Weise. In der Großen Depression hatten sie Unternehmerverbände gegründet, welche ihre Interessen gegenüber den staatlichen Instanzen vertreten sollten. An deren Seite traten jetzt »Arbeitgeberverbände« zur Bekämpfung der Gewerkschaften.

Allerdings gehörte noch nicht die gesamte Bourgeoisie zum junkerlich-kapitalistischen Machtkartell: ausgeschlossen blieben neben dem größeren Teil der Fertigungsindustrie auch die Unternehmer der schon hochgradig monopolisierten, jedoch noch relativ jungen Industrien im Chemie- und Elektrobereich. Diese Teile der Kapitalistenklasse waren nicht an Schutzzöllen, sondern an einem verstärkten internationalen Warenaustausch interessiert und gerieten so in Opposition zur Schwerindustrie und den Agrariern.[5] Politischer Ausdruck dieses Widerstandes war die 1910 gegründete linksliberale »Fortschrittliche Volkspartei«.

Die Kampfbedingungen der Arbeiterbewegung wurden durch diese neuen Konstellationen gründlich verändert. Die Drohung mit neuen Ausnahmegesetzen blieb zwar bestehen, doch wurde sie jetzt durch die Schaffung chauvinistischer Massenorganisationen und durch die mit Hilfe der Arbeitgeberverbände gesteigerte Aktionsfähigkeit der Unternehmer im ökonomischen Kampf wirksam ergänzt. Die Gewerkschaften erlitten häufiger als in der Großen Depression Streikniederlagen.

Die dadurch bedingte Hemmung der *Nominal*lohnsteigerung und die Belastung durch indirekte Steuern und hohe Zölle verlangsamten nach 1896 auch die Entwicklung der *Real*löhne erheblich.

5 Helga Nußbaum, Unternehmer gegen Monopole, Über Struktur und Aktionen antimonopolistischer bürgerlicher Gruppen zu Beginn des 20. Jahrhunderts, Berlin 1966.

Die Sozialgesetzgebung kam bald nach 1900 zum Stillstand. Dagegen konnte die Arbeitszeit kontinuierlich weiter verkürzt werden, auch die Wohnungssituation der Arbeiter verbesserte sich. Doch wurden deren politische Rechte nicht ausgeweitet, im Gegenteil: in Sachsen war es schon in den neunziger Jahren zu einer Wahlrechtsverschlechterung gekommen, das Gleiche geschah 1906 in Hamburg.[6] Die Zahl der sozialdemokratischen Parteimitglieder wuchs zwischen 1905/06 und 1913/14 von 384 327 auf 1 085 905 (seit 1908 konnten sich auch Frauen Parteien anschließen), die der Gewerkschaftsmitglieder zwischen 1897 und 1914 von 412 359 auf 2 483 661.[7] Bei der Reichstagswahl 1898 hatte die Sozialdemokratische Partei 2 107 076 Stimmen, 1912 waren es 4 250 329[8]. Der Anstieg resultierte nicht nur aus einem gesteigerten Einfluß in der Arbeiterklasse, sondern auch aus dem Zustrom von Angehörigen anderer werktätiger Schichten, die auf diese Weise gegen die steigenden Massenbelastungen Front machten.

Die veränderten Kampfbedingungen der deutschen Arbeiterbewegung führten nach dem Beginn von Bernsteins Revisionsversuch zu einer starken Polarisierung innerhalb der Sozialdemokratie. Es bildeten sich nun zwei Hauptströmungen in der Partei heraus, welche beide von der Tatsache ausgingen, daß die Kampfmittel der Partei der neuen Situation angepaßt werden müßten.

Aus der marxistisch-revolutionären Komponente der deutschen Sozialdemokratie differenzierte sich eine Richtung heraus, deren Vertreter eine Aktualisierung und Realisierung des Erfurter Programms durch die Entwicklung offensiver Parolen und die Ausweitung und Intensivierung des außerparlamentarischen Kampfes, insbesondere die Anwendung des Massenstreiks, forderten. Diese Richtung war keineswegs auf ein paar linke Intellektuelle beschränkt, sondern stützte sich auf eine starke Strömung unter denjenigen Industriearbeitern, die sowohl in der Sozialdemokratie als

6 Zur Entwicklung der Lage der Arbeiterklasse nach 1900 weitere Angaben und spezielle Literatur bei Georg Fülberth und Jürgen Harrer, Die deutsche Sozialdemokratie 1890–1933, Darmstadt und Neuwied 1974, S. 77–80; 102 f.

7 Dieter Fricke, Zur Organisation und Tätigkeit der deutschen Arbeiterbewegung (1890–1914), Dokumente und Materialien, Leipzig 1962, S. 65; 212.

8 Ebd., S. 110.

auch gewerkschaftlich organisiert waren. Ihre Voraussetzung waren die krisenhafte Entwicklung der deutschen Politik, die etwa 1909/10 in eine objektiv vorrevolutionäre Situation geriet,[9] und die veränderten Kampfbedingungen der Arbeiterbewegung. Lokale Schwerpunkte dieser radikalen Komponente waren Stuttgart, Göppingen, das Gebiet am Niederrhein, Braunschweig, Bremen, Teile und Vororte Berlins und Breslau. Die breite Kampfaktivität der deutschen Arbeiterbewegung nach 1900 äußerte sich vor allem in großen Streiks,[10] deren Zahl und Intensität gegenüber den Jahrzehnten vor 1900 ungemein zunahm (allein von 1910 bis zum Kriegsausbruch streikten insgesamt 1,5 Millionen Arbeiter),[11] 1905/06 in Solidaritätskundgebungen für die erste russische Revolution,[13] in Wahlrechtsbewegungen in Sachsen 1905,[12] Hamburg 1906[14] und Preußen 1910[15] sowie in großen Manifestationen gegen die Kriegsgefahr.[16] 1909 wurde im Mansfeldischen Revier Militär gegen einen Streik von 10 000 Bergarbeitern zusammengezogen.[17] 1910 kam es zu Polizeieinsätzen bei Wahlrechtsdemonstrationen in Preußen,[18] im gleichen Jahr zu Straßenkämpfen – die durch Lohnkämpfe ausgelöst worden waren – in Berlin-Moabit und Berlin-Wedding.[19] 1906 traten 80 000 Hamburger Arbeiter im Kampf gegen die Wahlrechtsverschlechterung in den ersten politischen Streik.[20] Am 23. Februar 1910 kam es

9 Annelies Laschitza, Deutsche Linke im Kampf für eine demokratische Republik, Der Kampf der deutschen Linken für eine demokratische Republik und die Anwendung des politischen Massenstreiks in Deutschland, Zur Entwicklung der deutschen Linken als politisch-ideologische Strömung in der deutschen Sozialdemokratie (1909/1910), Berlin 1966, S. 33–65.

10 Geschichte der deutschen Arbeiterbewegung. Hrsg. vom Institut für Marxismus-Leninismus beim Zentralkomitee der SED, 8 Bde., Berlin 1966 (hinfort zitiert als: GdA), Band 2: Vom Ausgang des 19. Jahrhunderts bis 1917, Berlin 1966, S. 75–77; 83–85; 101; 142; 147; 156–158; 178; 197; 344 f.

11 Ebd., S. 147.

12 Ebd., S. 85 f.; 104–106; 342–350.

13 Ebd., S. 101 f.

14 Ebd., S. 102.

15 Ebd., S. 147; 149–151.

16 Ebd., S. 144; 147; 167; 170; 208 f.

17 Ebd., S. 145.

18 Ebd., S. 150.

19 Ebd., S. 157 f.

20 Ebd., S. 102. Johannes Schult, Geschichte der Hamburger Arbeiter 1890–1919, Hannover 1967, S. 69–78.

in Frankfurt zu einem halbtägigen politischen Streik gegen einen Polizeieinsatz bei einer Wahlrechtsdemonstration und gegen das preußische Dreiklassenwahlrecht. Hier beteiligten sich 25 000 Arbeiter.[21] Im März 1910 folgten politische Streiks in Hanau (5000 Teilnehmer) und auf zwei Kieler Werften (Howaldt und Krupp, 10 000 Streikende).[22] Diese Massenaktionen und das Beispiel der russischen Revolution gehören zu den Voraussetzungen für die Beiträge von Rosa Luxemburg, Anton Pannekoek und anderen zur Weiterentwicklung der marxistischen Strategie: Rosa Luxemburg, die an der russischen Revolution teilgenommen hatte, forderte 1906 in ihrer Schrift »Massenstreik, Partei und Gewerkschaften« die Einfügung des politischen Streiks in das Arsenal der proletarischen Kampfmittel.[23] Er sei die Durchgangsstufe zwischen den Straßendemonstrationen und einer weitergetriebenen, nun bereits mit Waffengewalt auszutragenden Kampfweise, habe militantes proletarisches Klassenbewußtsein in einer historischen Krisensituation gleichermaßen zur Voraussetzung, wie er es in der Aktion weiterentwickele, und sei geeignet, die Arbeiterorganisationen so umzuformen, daß sie ihren neuen Aufgaben gerecht würden, ja, in Rußland seien durch die Massenstreiks neue Gewerkschaften geschaffen worden. 1910 erklärte Rosa Luxemburg, daß die deutsche Sozialdemokratie die großen Wahlrechtsdemonstrationen in den Massenstreik überleiten und die Forderung nach der demokratischen Republik als Kampflosung aufstellen müsse. Ihre Schrift »Die Akkumulation des Kapitals« (1913) versuchte einen Beitrag zur ökonomischen und politischen Analyse des Imperialismus zu geben. Zu gleicher Zeit entwickelte Anton Pannekoek Theorien zum Imperialismus und zum Generalstreik, und marxistische Journalisten wie Johann Knief in Bremen und Karl Radek (zeitweilig in Göppingen) trugen zur publizistischen Verbreitung des neuen Radikalismus bei. Rudolf Hilferding, der politisch dieser Richtung nicht zugerechnet werden kann, hatte

21 GdA 2, S. 150.

22 Ebd.

23 Rosa Luxemburg, Massenstreik, Partei und Gewerkschaften, in: Luxemburg, Ausgewählte politische Schriften in drei Bänden, Frankfurt/Main 1971, Band 2, S. 27–101.

bereits 1909 in seinem Werk »Das Finanzkapital« die neue Qualität des Kapitalismus analysiert. An diese Arbeit konnte 1916 Lenins Imperialismusschrift anschließen.

Eine zweite wichtige Strömung innerhalb der Sozialdemokratie bildete sich nach 1900 mit einer neuen Form des Reformismus heraus, dessen erste ausformulierte Theorie Eduard Bernstein geliefert hatte. Sie beruhte nun nicht mehr allein auf dem Anpassungsdruck, welchen die noch von Bourgeoisie und Junkern beeinflußten Lohnabhängigen und kleinen Selbständigen auf die Arbeiterbewegung ausübten, obwohl auch dieses Moment – wenngleich in veränderter Form – von Wichtigkeit blieb: die zahlreichen Proletarier und Kleinbürger, die angesichts der wachsenden Kriegsgefahr und unter der Last der Steuern und Zölle als Wähler, Anhänger und Mitglieder zur Sozialdemokratie fanden, trugen ihre vor- und nichtsozialistischen, teilweise sogar in zentralen Punkten noch bürgerlichen oder konservativen Bewußtseinselemente an die Arbeiterbewegung heran oder in diese hinein, ohne daß diese durch die ideologische und politische Arbeit der Partei zu proletarischem Klassenbewußtsein transformiert worden wären. Dazu war die Partei sowohl aufgrund ihrer Organisationsstruktur, die – teilweise durch die Vereinsgesetze erzwungen – politische Erziehungsarbeit und Kaderbildung in zu engen Grenzen realisierte, als auch durch theoretische Unklarheiten in wichtigen Punkten – so etwa über die Realisierbarkeit von Arbeiterinteressen im Rahmen des bestehenden Staates oder einer demokratischen Republik – kaum in der Lage. Die Diskrepanz zwischen wachsendem Massenanhang der Partei und ihrer organisatorischen Struktur mußte objektiv die Organisation nichtsozialistischen Einflüssen öffnen. (Der Parteiaufbau blieb bis 1905 im wesentlichen unverändert; danach wurde die hauptamtliche Leitung personell verstärkt, doch konzentrierte sich diese immer mehr auf die Verfestigung und pure Verwaltung der innerparteilichen Machtverhältnisse.) Eine weitere Voraussetzung für das Erstarken der reformistischen Strömung war die Chance einer partiellen Bündnismöglichkeit mit den vom junkerlich-schwerindustriellen Machtkartell ausgeschlossenen Kapitalistengruppen und ihrem parteipolitischen Ausdruck, der Fortschrittlichen Volkspartei. Die soziale Basis des Reformismus waren – neben großen Teilen der Unorganisierten –

diejenigen beruflich avancierten Arbeiterschichten, welche lediglich gewerkschaftlich, nicht aber parteipolitisch organisiert waren. Doch waren diese keineswegs ausschließlich auf reformistisches Verhalten festgelegt, wie die großen Streiks und politischen Massenaktionen zeigen, an welchen sich immer in hohem Maße, ja mehrheitlich parteilose Arbeiterinnen und Arbeiter beteiligten. Dennoch muß festgehalten werden, daß Entlohnung und Funktion der besserbezahlten Arbeiter *in ihrem Verhältnis zu anderen Arbeiterkategorien*, also im Zuge einer fortschreitenden inneren Differenzierung der Arbeiterklasse, die zentrale Voraussetzung des neuen, unter spezifisch imperialistischen Bedingungen sich entwickelnden, nunmehr auch mit einer eigenen Theorie (Revisionismus) auftretenden Reformismus waren. Eine solche Aufspaltung der Arbeiterklasse nach Entlohnung und Funktionen im Arbeitsprozeß selbst fand zunächst im Bergbau und in der Chemie- und Elektroindustrie statt. Im Bergbau waren die Belegschaften gespalten: es gab einen hohen Anteil ausländischer und fremdsprachiger Arbeiter (Italiener, Polen aus Rußland, aber auch aus Preußisch-Polen), die schlechter bezahlt wurden als die deutschen Bergleute. In der Chemie- und Elektroindustrie bestand aufgrund des hohen Anwendungsgrades fortgeschrittener Fertigungsweisen eine starke Funktionsdifferenzierung im Produktionsprozeß sowie die Möglichkeit der Zahlung von Vorzugslöhnen aufgrund monopolistischer Extraprofite. Bezeichnenderweise wurde sowohl im Bergbau als auch in Teilen der Elektroindustrie die Bildung von wirtschaftsfriedlichen (»gelben«) Werkvereinen besonders energisch vorangetrieben. Diese gehörten nicht zur reformistischen Strömung in der Arbeiterbewegung, sondern zur politischen Rechten. Ihre Stärke in bestimmten Industriezweigen zeigt aber die Chancen zur politischen Spaltung der Arbeiterklasse in diesen Branchen. Die – monopolistische oder nichtmonopolistische – Struktur eines Wirtschaftssektors, die davon bestimmte Politik des Kapitals sowie die Art der inneren Differenzierung seiner Belegschaften war somit mitentscheidend dafür, ob die besserbezahlten Arbeiter jeweils zur reformistischen »Arbeiteraristokratie« gehörten oder nicht. In der Maschinenbauindustrie, die bis weit nach dem Ersten Weltkrieg nicht monopolisiert war und deren Belegschaft nicht nach Funktionen und Bezahlung gespalten waren, gehörten die Facharbeiter

beiter z. B. zur revolutionären Avantgarde der deutschen Arbeiterbewegung.

Die Polarisierung in der deutschen Sozialdemokratie nach 1900 führte zu schweren innerparteilichen Auseinandersetzungen. Deren Dauer und Intensität sowie die Tatsache, daß sie die Einheit der Partei immer mehr in Frage stellten, brachten schließlich eine dritte – etwa 1906 beginnende, ab 1910 offen hervortretende – Richtung hervor: den »Zentrismus«, der grundsätzlich an der marxistischen Orientierung des Erfurter Programms festhielt, in der Praxis jedoch keine alternative Position zum Reformismus einnahm. Der führende Vertreter des Zentrismus war seit 1910 Karl Kautsky, bis dahin der prominenteste marxistische Theoretiker der deutschen Sozialdemokratie.

Der Beginn des Kampfes zwischen Reformisten und Marxisten war durch eine heftige Gegenoffensive der Radikalen gekennzeichnet. 1903 verurteilte der Parteitag in Dresden den Revisionismus. Der Parteitag von Jena 1905 verabschiedete eine Resolution, in welcher der Massenstreik als politisches Kampfmittel zumindest zur Abwehr von Wahlrechtsverschlechterungen anerkannt wurde. Ausserdem wurde ein neues Organisationsstatut angenommen, das eine Stärkung der zentralen Instanzen durch die Anstellung von »Sekretären« des Vorstands vorsah. Im gleichen Jahr wurde die revisionistische Redaktion des »Vorwärts« entlassen.

Doch diese Maßnahmen reichten nicht aus, um den Einfluß der Reformisten nachhaltig zu schwächen. Das von Rosa Luxemburg und Clara Zetkin formulierte Ziel, sie aus der Partei zu drängen, wurde nicht nachdrücklich verfochten. Das neue Organisationsstatut wurde nicht zum Mittel des Kampfes der Marxisten gegen die Revisionisten.

Bereits vor dem Parteitag von Jena hatte der Kongreß der Gewerkschaften in Köln sich gegen eine Diskussion der Massenstreikfrage gewandt. Die Differenzen zwischen Partei und Gewerkschaften wurden Anfang 1906 in einem Geheimabkommen zwischen der zentralen Gewerkschaftsvertretung, der »Generalkommission der Gewerkschaften Deutschlands«, und dem sozialdemokratischen Parteivorstand dadurch beigelegt, daß die Partei jede Entscheidung für den Generalstreik von der vorherigen Zustimmung der Gewerkschaften abhängig machen sollte. Formal eine Selbstverständlichkeit, bedeutete dieser Beschluß, der 1906 zumindest in seiner entscheidenden Substanz vom Parteitag in Mannheim bestätigt wurde, eine Unterordnung der Sozialdemokratie unter den Reformismus der Gewerkschaftsführungen. Von da an verschob sich das Kräfteverhältnis auch in der Partei rapide nach rechts. Auf dem Stuttgarter Kongreß der Zweiten Internationale 1907 vertrat die Mehrheit der deutschen Delegation eine Position, die auf eine bedingte Akzeptierung der Kolonialpolitik hinauslief. Allerdings hat der Internationale Sozialistenkongreß diese Haltung nicht übernommen, sondern sich gegen den Kolonialismus ausgesprochen. Er fällte eine weitere bedeutsame Entscheidung, indem er in einer Resolution, die August Bebel entwarf und auf deren endgültige Form W. I. Lenin und Rosa Luxemburg Einfluß nahmen, den sozialistischen Parteien einen Auftrag für ihr Verhalten gegenüber der Kriegsgefahr erteilte:

»Droht der Ausbruch eines Krieges, so sind die arbeitenden Klassen und deren parlamentarische Vertretungen in den beteiligten Ländern verpflichtet, unterstützt durch die zusammenfassende Tätigkeit des internationalen Büros, alles aufzubieten, um durch die Anwendung der ihnen am wirksamsten erscheinenden Mittel den Ausbruch des Krieges zu verhindern, die sich je nach der Verschärfung des Klassenkampfes und der Verschärfung der allgemeinen politischen Situation naturgemäß ändern. Falls der Krieg dennoch ausbrechen sollte, ist es die Pflicht, für dessen rasche Beendigung einzutreten und mit allen Kräften dahin zu streben, die durch den Krieg herbeigeführte wirtschaftliche und politische Krise zur Aufrüttelung des Volkes auszunutzen und dadurch die Beseitigung der kapitalistischen Klassenherrschaft zu beschleunigen.«[24] Im selben Jahr stimmte die sozialdemokratische Fraktion im württembergischen Landtag für das Budget, das gleiche taten 1908 die Fraktionen in Bayern und Baden. 1908 wurde die sozialistische Jugendbewegung unter die Kuratel einer reformistisch dominierten »Zentralstelle für die arbeitende Jugend Deutschlands« gestellt. 1909 stoppte der Par-

24 Internationaler Sozialistenkongreß zu Stuttgart, 18. bis 24. August 1907, Berlin 1907, S. 66.

teivorstand die Auslieferung von Karl Kautskys Schrift »Der Weg zur Macht«, in welcher Kautsky als eines der Mittel, mit denen die Arbeiterbewegung in dem bevorstehenden »Zeitalter der Revolutionen« operieren müsse, wiederum den Massenstreik genannt und die Notwendigkeit der Anwendung von Gewalt im revolutionären Kampf nicht prinzipiell ausgeschlossen hatte. Das Buch wurde erst verbreitet, nachdem Kautsky in einer Vorbemerkung erklärt hatte, es gebe nur seine persönliche Meinung wieder. Im Frühjahr 1910 fand eine große Demonstrationskampagne gegen das preußische Dreiklassenwahlrecht statt. Sie wurde vom Vorstand unterbunden. Darüber kam es zum Konflikt zwischen Rosa Luxemburg, welche die Überleitung der Straßendemonstrationen in den Massenstreik gefordert hatte, und Kautsky, welcher den Vorstand unterstützte, eine Verhinderung der Massenaktionen begrüßte und eine ausschließliche Orientierung der Parteipolitik auf die nächsten Reichstagswahlen propagierte. Während der Marokko-Krise von 1911 mußte die Parteileitung unter dem Druck des Protestpotentials in der Sozialdemokratie schließlich darauf verzichten, die großen Demonstrationen gegen die Kriegsgefahr, welche während der zweiten Marokko-Krise zustandekamen, zu bremsen, obwohl sie dies ursprünglich geplant hatte.[25] 1912 schrieb sie aufgrund eines Stichwahlabkommens mit der Fortschrittlichen Volkspartei insgesamt 16 Wahlkreisorganisationen, deren Kandidat in der Stichwahl zum Reichstag einem Fortschrittlichen gegenüberstand, vor, den Wahlkampf zu »dämpfen«. Diese Anweisung konnte jedoch nicht voll realisiert werden, da zwei Organisationen die Wahl ihres Kandidaten gegen den Bewerber der Fortschrittlichen Volkspartei durchsetzten (Hagen, Nordhausen). 1913 stimmte die sozialdemokratische Reichstagsfraktion der Deckungsvorlage für den Wehretat zu, da hier die Erfüllung einer alten Forderung der Partei: die Einführung direkter Reichssteuern, möglich war. Die Vertreter eines konsequenten Marxismus wurden entweder zum Kotau gezwungen (wie Kautsky, der sich seit 1910 voll anpaßte) oder aus den Redak-

25 Fritz Klein, Deutschland von 1897/98 bis 1917 (Deutschland in der Periode des Imperialismus bis zur Großen Sozialistischen Oktoberrevolution), 3., überarbeitete und erweiterte Auflage, Berlin 1972, S. 237 f.

tionen verdrängt, wie Franz Mehring, der die »Leipziger Volkszeitung« verlassen und auch seine Arbeit für das zentrale theoretische Organ der Partei, »Die Neue Zeit«, einstellen mußte. Die neue starke Figur im Parteivorstand wurde Friedrich Ebert, der Einfluß August Bebels auf die Parteigeschäfte schwand schon lange vor seinem Tod (1913). Ebert setzte die Auflösung oppositioneller Karl-Marx-Clubs[26] in Baden und die Liquidierung der oppositionellen, von Karl Radek und August Thalheimer redigierten Göppinger »Freien Volkszeitung« durch.

Die allmähliche Rechtsentwicklung der deutschen Sozialdemokratie wurde von den Reformisten in den Partei- und Gewerkschaftsleitungen gegen den heftigen Widerstand eines Teils der Mitglieder vorangetrieben. Dieser äußerte sich im immer neuen Aufleben der Massenstreikthematik bis kurz vor dem Ersten Weltkrieg, aber auch – im gleichen Maße, in dem der Rechtskurs sich stabilisierte – in einer Stagnation des Parteilebens: unmittelbar vor Kriegsausbruch ging die Mitgliederzahl der Partei leicht zurück, die Abonnentenzahlen der Parteipresse sanken (dazu kontrastierte die ständige Aufwärtsentwicklung der von Clara Zetkin redigierten Frauenzeitschrift »Gleichheit«).[27]

Auch in den Gewerkschaften stieß der reformistische Kurs auf Protest. So opponierten 1905 in einigen Städten Gewerkschafter gegen den Anti-Massenstreik-Beschluß des Kölner Gewerkschaftskongresses.[28] 1913 kam es in Bremen gegen den Willen der Gewerkschaftsleitung zu einem Werftarbeiterstreik.[29] Den Sieg der Reformisten konnten diese Gegenaktionen nicht mehr verhindern. Zu den Ursachen für die Niederlage der Marxisten gehört die Tatsache, daß diese auf organisatorische Konsequenzen ihres Gegensatzes zu den Reformisten verzichteten. Als sie noch die Mehrheit der Partei bil-

26 Hierzu vgl. Annelies Laschitza, Deutsche Linke im Kampf für eine demokratische Republik, a. a. O., S. 256–261.

27 Dieter Groh, Negative Integration und revolutionärer Attentismus, Die deutsche Sozialdemokratie am Vorabend des Ersten Weltkrieges, Frankfurt/Main, Berlin und Wien 1973, S. 472 f.

28 GdA 2, S. 98.

29 Karl-Ernst Moring, Die Sozialdemokratische Partei in Bremen 1890 bis 1914, Reformismus und Radikalismus in der Sozialdemokratischen Partei Bremens, Hannover 1968, S. 172 f.

deten, versäumten sie es, die prononciertesten Wortführer des Revisionismus aus der Partei auszuschließen. Bald darauf in die Minderheit gedrängt, hielten sie eine feste Fraktionierung innerhalb der Partei, welche zum Kristallisationskern einer neuen Organisation hätte werden können, offensichtlich nicht für nötig. Erst ab 1910 gab es hierfür einige schwache, durch die Parteileitung teilweise bald wieder unterbundene Ansätze. Der Verzicht auf organisatorische Konsequenz hatte einen Teil seiner Ursachen in mangelnder Klarheit darüber, daß die Partei ohnehin organisatorisch umgestaltet werden mußte, um die in den letzten Jahren vor dem Krieg sichtbarer werdenden neuen revolutionären Situationen aktiv gestalten zu können. Hierzu hätte auch eine genaue Herausarbeitung der nächsten Ziele (Bestimmung der Formen des Staates, in denen eine Umwälzung vollzogen werden konnte) gehört. Auch hier war Rosa Luxemburgs Republiklosung nur ein zunächst nicht weitergeführter Anfang.

Diese Versäumnisse, die unmittelbar nach dem Ersten Weltkrieg korrigiert wurden, können aber nicht nur als subjektives Versagen interpretiert werden. Sie sind vielmehr Ausdruck einer Ungleichzeitigkeit der Strategieentwicklung zwischen Bourgeoisie und Proletariat, welche vor 1914 lediglich in der Schaffung der Partei neuen Typs in Rußland überwunden wurde. Der Bourgeoisie war es vor dem Ersten Weltkrieg gelungen, Strategien zu entwickeln, welchen die Arbeiterbewegung zunächst nicht gewachsen war und denen sie erst mit und nach der russischen Oktoberrevolution durch die Herausbildung einer neuen Partei und die Weiterentwicklung ihrer Staatstheorie zu antworten wußte: weitgehende Monopolisierung, objektive Spaltung der Arbeiterbewegung, eine bis dahin nicht gekannte Instrumentalisierung des Staatsapparates für die Zwecke des Monopolkapitals, eine neue außenpolitische Konzeption. Das Ergebnis dieses Vorsprungs der Bourgeoisie war die Tatsache, daß die Arbeiterbewegung – anders als die Antikriegresolution des Stuttgarter Sozialistenkongresses 1907 es gefordert hatte – nicht imstande war, den Ersten Weltkrieg zu verhindern. Die Ungleichzeitigkeit der Strategieentwicklung kann darauf zurückgeführt werden, daß die Kapitalistenklasse im Deutschen Reich und weltweit noch ungebrochen über die zentralen ökonomischen, politischen und ideologischen Machtpositionen verfügte, welcher die Arbeiterbewegung nur schwächere Gegenstrukturen entgegenzustellen vermochte.

Durch den Sieg der Bolschewiki 1917 und die Errichtung eines internationalen sozialistischen Systems nach 1945 haben sich die Chancen der Arbeiterbewegung in der Strategiebildung entscheidend verbessert. Doch findet diese Veränderung des Kräfteverhältnisses in den je spezifischen nationalen Bedingungen der Klassenkämpfe vorerst ihre Grenze. Wenn die Bourgeoisie zum Beispiel ab 1922 in zahlreichen Fällen den Faschismus zunächst erfolgreich den revolutionären Alternativen entgegenstellen konnte, dann ist dies bereits wieder eine Antwort auf die neue Qualität, welche die Arbeiterbewegung seit etwa 1917 nicht nur durch die russische Revolution, sondern auch durch die Weiterentwicklung der Parteitheorie und -praxis und die Präzisierung der marxistischen Staatstheorie in den kapitalistischen Ländern gewonnen hat. Auch im Verhältnis zu dieser Reaktion des Monopolkapitals kann ja zunächst ein Zurückbleiben in der Strategiebildung der Arbeiterbewegung beobachtet werden, das erst durch die Entwicklung antimonopolistischer und antifaschistischer Bündniskonzeptionen – insbesondere auf dem VII. Weltkongreß der Kommunistischen Internationale – überwunden wurde. So wiederholen sich auch in der Geschichte der kommunistischen Arbeiterbewegung nach 1917 Erfahrungen, welche die Sozialdemokratie bereits vor 1914 machen mußte.

III. Die deutsche Sozialdemokratie im Ersten Weltkrieg 1914–1918

Von Georg Fülberth

Nach der Entfesselung des Ersten Weltkrieges durch das Deutsche Reich am 1. August 1914 bewilligte die sozialdemokratische Reichstagsfraktion am 4. August 1914 einstimmig die von der Regierung geforderten Kriegskredite. In dieser Entscheidung kam zwar in erster Linie lediglich der inzwischen erfolgte Übergang der Parteiführung auf proimperialistische Positionen zum Ausdruck, ihre Geschlossenheit war jedoch auf mehrere zusätzliche Ursachen zurückzuführen.

Eine kleine Gruppe besonders rigoroser Revisionisten unter den Parlamentariern, zu welcher neben den Gewerkschaftsfunktionären Gustav Bauer und Theodor Leipart unter anderen die Abgeordneten Cohen-Reuß und Eduard David gehörten, begrüßte den Krieg als die einzige Möglichkeit, mit der Reichsleitung in ein Kooperationsverhältnis zu kommen und als Gegenleistung für die sozialdemokratische Kriegsunterstützung das allgemeine Wahlrecht in Preußen und die Parlamentarisierung des Reiches erlangen zu können.[1] In-

1 Diese Bestrebungen kommen sehr deutlich zum Ausdruck in: Das Kriegstagebuch des Reichstagsabgeordneten Eduard David 1914 bis 1918, in Verbindung mit Erich Matthias bearbeitet von Susanne Miller (Quellen zur Geschichte des Parlamentarismus und der politischen Parteien, Erste Reihe, Bd. 4) Düsseldorf 1966. Allerdings waren selbst die Ziele »Parlamentarisierung« und »gleiches Wahlrecht« bei einer Minderheit in dieser Gruppe nicht unbestritten: Es konnte vorkommen, daß der Sozialdemokrat Heilmann während des Krieges statt ihrer »die Übernahme von Regierungsämtern durch in praktisch-organisatorischen Aufgaben erprobte Arbeitervertreter« in einem »reinen Verwaltungsstaat« als ausreichendes Ergebnis der Kooperation erklärte. Vgl. Das Kriegstagebuch des Reichstagsabgeordneten Eduard David 1914 bis 1918, a. a. O., S. 252. Der Abgeordnete Cohen-Reuß machte 1914 im Gespräch mit dem Staatssekretär des Reichskolonialamtes, Solf, Zugeständnisse, indem er sich mit dem Pluralwahlrecht einverstanden erklärte. Ebd., S. 44.

nenpolitisch erhofften sie sich von dieser Politik die endgültige Umwandlung der Sozialdemokratie »von der Handarbeiterpartei zur Volkspartei«.[2] Sie waren bereit, dafür auch eine Spaltung der Partei hinzunehmen.[3]

Die Vertreter eines solch massiven Vorgehens waren allerdings eine Minderheit in der Fraktion. Andere Revisionisten, wie Friedrich Ebert und Philipp Scheidemann, stellten die Zusammenarbeit mit der Reichsregierung lediglich als eine durch die Macht der Tatsachen infolge des Kriegsausbruchs nunmehr unumgängliche Notwendigkeit dar. (In den späteren Phasen des Krieges empfahl sich von ihrem Standpunkt aus ein solches pragmatisches Vorgehen deshalb, weil die Durchsetzung der Konzeption Eduard Davids und seiner Freunde zu einer schnellen Isolierung der Parteiführung von den nach anfänglicher Kriegsbegeisterung nunmehr zunehmend unzufriedenen Massen führen mußte.[4] Diesen Aspekt berücksichtigte die rabiateste Gruppe der Revisionisten um David, der lediglich die Unvermeidbarkeit, ja Wünschbarkeit der Parteispaltung im Auge hatte, nicht.)

Diese beiden reformistischen Gruppierungen machten gemeinsam noch nicht die Mehrheit der Fraktion aus. Entscheidend für deren Votum mußte die Haltung der Zentristen werden. Dieses wurde durch mehrere Faktoren gleichzeitig bestimmt. Dabei spielte zweifellos auch die Haltung der Volksmassen eine Rolle. Während der ganzen Vorkriegsperiode stand die Mehrheit der deutschen Arbeiterklasse immer noch unter bürgerlichem – das hieß seit der Jahrhundertwende aber auch: unter zunehmend imperialistisch-chauvinistischem – Einfluß.[5] Die nationalistische Propaganda der letzten Jahre und ihre Steigerung zur akuten Kriegshysterie nach dem Attentat von Sarajewo wirkten sich jetzt in einem militaristischen Taumel aus, der offensichtlich auch große Teile der sozialdemokra-

2 Ebd., S. 157; 223.
3 Ebd., S. 157; 168.
4 Ebd., S. 50; 83; 91; 109; 147; 148; 161; 188; 191; 194; 207; 208.
5 Geschichte der deutschen Arbeiterbewegung, Hrsg. vom Institut für Marxismus-Leninismus beim Zentralkomitee der SED, 8 Bde., Berlin 1966 (hinfort zitiert als: GdA), Band 2, S. 52.

tisch organisierten oder orientierten Arbeiter erfaßte. Hier wurde ein weiteres Mal der Anpassungsdruck der nichtsozialistischen Massen auch auf die Arbeiterbewegung deutlich. Hinzu kam, daß schon seit mehreren Jahren – besonders ausgeprägt seit etwa 1907 – im Zuge der Rechtswendung der Sozialdemokratie promilitaristische und chauvinistische Tendenzen (vertreten etwa durch Gustav Noske) auch in der Sozialdemokratischen Partei erstarkt waren. Dennoch war es im Juli 1914 noch einmal zu großen antimilitaristischen Kundgebungen der Arbeiterbewegung gekommen. Ihre Entschiedenheit wurde aber bereits durch eine desorientierende Politik des Parteivorstandes beeinträchtigt. Dieser fürchtete eine etwaige Illegalisierung bei Kriegsausbruch und versuchte ihr durch eine partielle Anpassung an die Reichspolitik auszuweichen, indem er als Demonstrationslosungen nur Angriffe auf die österreichischen und russischen, nicht aber die deutschen Kriegstreiber ausgab. Diese Dämpfungstaktik mußte auf die eigenen Anhänger irritierend wirken und deren Widerstandskraft gegen den nun gewaltig hochgetriebenen akuten Chauvinismus schwächen. Der mit Kriegsausbruch verhängte Belagerungszustand wirkte überdies einschüchternd oppositionellen Aktivitäten entgegen und nahm den Kriegsgegnern zunächst ihre traditionellen Artikulationsmöglichkeiten. Die Massenhysterie benutzten viele zentristische Abgeordnete, aber auch Vertreter des linken Parteiflügels wie Konrad Haenisch und Paul Lensch unter Hinweis auf eine sonst drohende »Isolierung« von ihren Wählern als Anlaß oder Vorwand für einen raschen Postionswechsel. Die Parteiführung operierte erfolgreich mit dem Hinweis auf eine drohende Illegalisierung im Falle einer Ablehnung der Kriegskredite. Dabei handelte es sich allerdings um reine Manipulation: In den letzten Julitagen hatte der sozialdemokratische Reichstagsabgeordnete Albert Südekum bereits ein Arrangement mit dem Reichskanzler Bethmann-Hollweg angebahnt, wonach die Arbeiterorganisationen bei einem Verzicht auf die Anwendung des Massenstreiks nicht verboten werden sollten.[6] Die Reichsleitung selbst nahm nicht an, daß

6 Hans Radandt, Neue Dokumente über die Rolle Albert Südekums, in: Zeitschrift für Geschichtswissenschaft (ZfG) 4. Jg. (1956) S. 757–765.

die sozialdemokratische Fraktion den Kriegskrediten zustimmen werde und stellte in dieser Hinsicht auch keine Forderungen.[7]

Ein weiteres wichtiges Entscheidungsmoment auch für die Reichstagsabgeordneten war der Beschluß der gewerkschaftlichen Spitzengremien vom 2. August 1914, alle Streiks einzustellen und sich voll auf eine Politik der Klassenkooperation – des »Burgfriedens« – zu orientieren. Hier war neben Legalitätserwägungen der Gesichtspunkt mit ausschlaggebend, daß, nachdem einmal die Entscheidung der Regierung für den Krieg gefallen sei, die Gewerkschaften die materielle Interessenvertretung ihrer Mitglieder den veränderten Umständen anpassen müßten. Die Klassenkooperation erschien deshalb als der politischen Situation angemessen, weil die Reichsleitung in der Absicht, die Loyalität der Gewerkschaften zu gewinnen, sehr rasch andeutete, daß sie diese nunmehr als Partner anerkennen werde. So schienen sich neue Perspektiven für eine effektive Gewerkschaftspolitik in einem offiziellen Rahmen, der den Gewerkschaften bislang verweigert worden war, zu eröffnen.[8]

Eine Minderheit von 14 Abgeordneten – unter ihnen Karl Liebknecht – hielt allen diesen sehr verschiedenartigen Scheinargumenten und Beeinflussungen in der Fraktionssitzung am 3. August noch stand und sprach sich gegen die Kreditbewilligung aus.[9] Am 4. August aber beugten sie sich der in der deutschen Sozialdemokratie bis dahin traditionellen Fraktionsdisziplin.

Trotz der von Presse, Regierung und Propagandaorganisationen entfachten Kriegshysterie regte sich in Teilen der Arbeiterbewegung Protest gegen die Entscheidungen der Gewerkschaften, der Reichstagsfraktion und auch des Parteivorstandes. Dies galt vor allem für

7 Dieter Groh, Negative Integration und revolutionärer Attentismus, Die deutsche Sozialdemokratie am Vorabend der Ersten Weltkrieges, Frankfurt/Main, Berlin und Wien 1973, S. 690 f.

8 Zur Haltung der Gewerkschaften im Ersten Weltkrieg vgl. Werner Richter, Gewerkschaften, Monopolkapital und Staat im Ersten Weltkrieg und in der Novemberrevolution (1914–1918), Berlin 1959; G. D. Feldman, Army, Industry and Labor in Germany 1914–1918, Princeton 1966.

9 Vgl. Die Reichstagsfraktion der deutschen Sozialdemokratie 1898–1918, Bearbeitet von Erich Matthias und Eberhard Pikart (Quellen zur Geschichte des Parlamentarismus und der politischen Parteien, Erste Reihe, Bd. 3/I und 3/II) Düsseldorf 1966, Zweiter Teil (3/II) S. 3 f.

die Zentren der linken Opposition der Vorkriegszeit Bremen, Stuttgart, Berlin und Umgebung, Braunschweig, die Niederrheingegend und Gotha.[10]

Mit Kriegsausbruch wurden die bereits in den vergangenen Jahren sehr weitgetriebenen Kriegszieldiskussionen in den herrschenden Klassen intensiviert. Die beiden Richtungen, welche sich hier gegenüberstanden, entsprechen im wesentlichen dem Vorkriegsgegensatz zwischen dem Kartell von Junkern und Schwerindustriellen einerseits, der Fertigwarenindustrie und den Chemie- und Elektromonopolen andererseits. Die erste Gruppe forderte umfangreiche Annexionen in Belgien, Frankreich und Rußland, die zweite arbeitete – ohne auf Eroberungen völlig zu verzichten – auf die Schwächung Rußlands durch Ablösung von Randstaaten, die wirtschaftliche Durchdringung Südosteuropas und die Errichtung einer politisch-ökonomischen Hegemonie des Deutschen Reiches in Mittel- und Westeuropa (»Mitteleuropa«-Konzeption) hin. Beide befürworteten eine Ausdehnung des deutschen Kolonialbesitzes. Die Sozialdemokratische Partei hat sich offiziell an diesen Diskussionen nicht beteiligt. Doch waren die entschlossensten Revisionisten wie David Anhänger der Mitteleuropa-Konzeption, befürworteten kleinere Annexionen und die Errichtung neuer deutscher Kolonien.[11] David versprach sich von einer deutschen Hegemoniestellung und kolonialen Eroberungen die Etablierung der deutschen Arbeiterklasse als einer nationalen Arbeiteraristokratie durch die Ausbeutung der Arbeiter anderer europäischer Länder und der unterdrückten Völker in den Kolonien.

Die Umstellung der deutschen Volkswirtschaft auf Kriegsproduktion trieb die Monopolisierungsprozesse auf eine neue Stufe. Zugleich wurde die ökonomische Staatstätigkeit ungemein intensiviert: durch Teilverstaatlichungen, die Zusammenfassung der Betriebe ganzer Industriezweige zu »Kriegsgesellschaften« unter der Leitung von Staatskommissaren, die Beauftragung von Monopolvertretern – wie etwa des Aufsichtsratsvorsitzenden der AEG, Wal-

10 GdA 2, S. 227.

11 Das Kriegstagebuch des Reichstagsabgeordneten Eduard David 1914 bis 1918, a. a. O., S. 15; 65 f.; 138.

ther Rathenau – mit wirtschaftsleitenden Staatsfunktionen.[12] Die gesamte Kriegsproduktion wurde im »Kriegsamt« unter der Leitung des Generals Groener koordiniert, die Versorgung durch das »Reichsernährungsamt«. In beiden Institutionen amtierten Sozialdemokraten als Staatssekretäre: der Vorsitzende des Metallarbeiterverbandes, Alexander Schlicke, im Kriegs-, der Genossenschafter August Müller im Ernährungsamt.[13]

Der Krieg brachte sofort eine rapide Verschlechterung der Arbeits- und Lebensbedingungen für die deutsche Arbeiterklasse mit sich. Die Umstellung der Wirtschaft auf Kriegsproduktion führte zunächst zum Brachliegen von Kapazitäten in den »Friedensindustrien« und zu sehr hoher Arbeitslosigkeit. Diese und die Einstellung der Arbeitskämpfe hatten ein starkes Absinken der Nominallöhne zur Folge, während die Preise schnell stiegen. Durch den Einsatz riesiger Proletariermassen an den Fronten entstand ab April 1915 großer Arbeitskräftemangel. Die Nominallöhne stiegen von nun an – zumal trotz des Burgfriedens wieder Streiks ausbrachen –, doch sank die Kaufkraft wegen der Teuerung ständig. Hinzu kam, daß zahlreiche Güter auf dem Markt nicht mehr erhältlich waren. Viele Errungenschaften der Arbeiterbewegung gingen im Krieg wieder verloren: so wurden die Arbeiterschutzbestimmungen für Frauen und Kinder, die jetzt verstärkt zum Arbeitseinsatz kamen, teilweise aufgehoben. Das »Gesetz über den vaterländischen Hilfsdienst« von 1916 hob die Freizügigkeit der Arbeitskräfte auf. Die Unfall- und Krankenzahlen stiegen ständig: aufgrund der Arbeitshetze, der überlangen Arbeitszeit, der schlechten Ernährung der Werktätigen und auch aufgrund der Tatsache, daß viele ungeübte Arbeitskräfte plötzlich in den Arbeitsprozeß eingegliedert wurden.[14]

12 Hans Mottek, Walter Becker, Alfred Schröter, Wirtschaftsgeschichte Deutschlands, Ein Grundriß. Band III: Von der Zeit der Bismarckschen Reichsgründung 1871 bis zur Niederlage des faschistischen deutschen Imperialismus 1945, Berlin 1974, S. 198–225, Deutsche Akademie der Wissenschaften zu Berlin, Arbeitsgruppe Erster Weltkrieg (Leitung: Fritz Klein), Deutschland im Ersten Weltkrieg, 3 Bde., Berlin 1969/70, 1. Bd., S. 399 f.; 401; 402 ff.; 2. Bd., S. 124 ff.

13 Richter, Gewerkschaften, Monopolkapital und Staat im Ersten Weltkrieg und in der Novemberrevolution (1914–1919), a. a. O., S. 83 ff.; GdA 2, S. 284.

14 Zur Lage der deutschen Arbeiterklasse im Ersten Weltkrieg vgl. Jürgen Kuc-

Die politische Bewegungsfreiheit der einzelnen Komponenten der Arbeiterbewegung war höchst unterschiedlich. Die reformistischen Gewerkschafts- und Parteifunktionäre konnten sich ungehindert politisch betätigen, die sozialistische Antikriegsopposition, welche sich seit 1915 aktivierte, wurde dagegen – teilweise unter denunziatorischer Mitwirkung von Reformisten – scharf verfolgt. Erstmals konnten reformistische Sozialdemokraten in kommunale Ämter gewählt werden, hohe Posten in der Staatsbürokratie bekleiden und Offiziere werden.

Rosa Luxemburg und der seit Dezember 1914 prominenteste deutsche Kriegsgegner, Karl Liebknecht, wurden inhaftiert. Kooperationsbereite Gewerkschafter wurden vom Kriegsdienst freigestellt, Oppositionelle an die Front geschickt.[15] Diese Kombination von Zusammenarbeit und Repression stärkte die Reformisten in den Arbeiterorganisationen ungemein: seit dem Kriegsbeginn regierten die Reichsbehörden in der Sozialdemokratischen Partei und in den Gewerkschaften mit. So wurde der »Vorwärts« erst dann wieder von einem Verbot freigegeben, als seine pazifistische Redaktion abgesetzt und sein Kurs auf die Kriegsunterstützung ausgerichtet war.

Die kooperationsbereiten Kräfte in der Sozialdemokratie und den Gewerkschaften unterstützten die Reichsregierung auf vielfältige Weise. 1914 halfen die Gewerkschaftsleitungen bei der Umlenkung der Arbeitsströme auf die Bergung der Ernte und die Rüstungsindustrie. Sie stellten ihre Streikkassen für die Unterstützung der Ange-

zynski, Die Geschichte der Lage der Arbeiter in Deutschland von 1789 bis zur Gegenwart, Band 4: Darstellung der Lage der Arbeiter in Deutschland von 1900 bis 1917/18, Berlin 1967, S. 329 f; 348–358; 364–373; 382–384; 389–394; 397 f.; 400–406; 408–413; Jürgen Kocka, Klassengesellschaft im Krieg, Deutsche Sozialgeschichte 1914–1918, Göttingen 1973, S. 12–21.

15 Deutsche Akademie der Wissenschaften, Arbeitsgruppe Erster Weltkrieg (Leitung: Fritz Klein), Deutschland im Ersten Weltkrieg, a. a. O., 1. Bd., S 432 f.; Das Kriegstagebuch des Reichstagsabgeordneten Eduard David 1914 bis 1918, a. a. O., S. 104; 190; Walter Bartel, Die Linken in der deutschen Sozialdemokratie im Kampf gegen Imperialismus und Krieg, Berlin 1958, S. 293 f.; 412; 431; 507 f.; Eugen Prager, Geschichte der USPD. Entstehung und Entwicklung der Unabhängigen Sozialdemokratischen Partei Deutschlands, Berlin 1921, S. 111; Militär und Innenpolitik im Weltkrieg 1914–1918, Bearbeitet von Wilhelm Deist (Quellen zur Geschichte des Parlamentarismus und der politischen Parteien, Zweite Reihe, Bd. I/I und I/II) Düsseldorf 1970, Bd. I/II, S. 762 f.; 1209 f.

hörigen von Kriegsteilnehmern zur Verfügung und entlasteten so die staatlichen Finanzen.[16]

Sozialdemokratische Funktionäre hatten ständige Kontakte zu den Behörden; sie reisten mit Pässen der Regierung ins Ausland, um bei den sozialdemokratischen Parteien der neutralen Staaten für den Standpunkt der Reichsleitung zu werben. Albert Südekum übernahm den Auftrag, innerhalb des »Revolutionierungsprogramms« der Reichsregierung Umsturzbestrebungen in den Randstaaten des russischen Reiches zu fördern.[17] Zugleich mußte die Parteiführung aber auch bestrebt sein, angesichts seit 1915 zunehmender Kriegsmüdigkeit der Bevölkerung sich Massenloyalität zu sichern. So startete sie 1916 eine große Unterschriftenaktion für einen baldigen Frieden und richtete im Reichstag Anfragen nach den Kriegszielen und nach den Möglichkeiten eines Friedensschlusses an die Regierung. Doch Scheidemann sprach die Interpellationen vorher mit dem Reichskanzler Bethmann-Hollweg ab, so daß dieser Gelegenheit erhielt, seine Beteuerungen über die Friedensbereitschaft des Reiches so abzufassen, daß durch sie eine angebliche außenpolitische Verständigungsbereitschaft der kaiserlichen Regierung demonstriert werden konnte. Zugleich vermochte sich in diesem Zusammenspiel die sozialdemokratische Führung als eine – scheinbare – Friedenskraft zu profilieren.[18] Seit 1917 wurde zwischen den einzelnen Monopolgruppen, den Junkern und ihren politischen Vertretern der Charakter des anzustrebenden Friedens zum Gegenstand heftiger

16 Werner Raase, Die freien deutschen Gewerkschaften in den Jahren des Ersten Weltkrieges, Die Große Sozialistische Oktoberrevolution und die freien deutschen Gewerkschaften in der Novemberrevolution (Zur Geschichte der deutschen Gewerkschaftsbewegung 1914–1917 und 1917–1919), Hrsg. vom Institut für Geschichte an der Hochschule der Deutschen Gewerkschaften »Fritz Heckert«, Berlin o. J., S. 40 f.; Richter, Gewerkschaften, Monopolkapital und Staat im Ersten Weltkrieg und in der Novemberrevolution (1914–1919), a. a. O., S. 51.

17 Deutsche Akademie der Wissenschaften, Arbeitsgruppe Erster Weltkrieg (Leitung: Fritz Klein), Deutschland im Ersten Weltkrieg, a. a. O., 1. Bd., S. 269; 378; 495; 499; 2. Bd., S. 262; 709 f.; 711 ff.; Fritz Fischer, Griff nach der Weltmacht, Die Kriegspolitik des kaiserlichen Deutschland 1914/18, 2. Aufl. Düsseldorf 1962, S. 168; Das Kriegstagebuch des Reichstagsabgeordneten Eduard David 1914 bis 1918, a. a. O., S. 86; 137 f.

18 GdA 2, S. 287; Deutsche Akademie der Wissenschaften, Arbeitsgruppe Erster Weltkrieg (Leitung: Fritz Klein), Deutschland im Ersten Weltkrieg, a. a. O., 2. Bd., S. 282.

Kontroversen. Den strikten Befürwortern eines annexionistischen »Siegfriedens« (Großgrundbesitzer, Schwerindustrie, Teile der Chemieindustrie, die während des Krieges ihre politische Position modifiziert hatten)[19] standen die politischen Protagonisten der Elektroindustrie und der Majorität der Chemieindustrie gegenüber, welche unter einem »Verständigungsfrieden« »gemäßigte Annexionen« verstanden. Die sozialdemokratische Führung kooperierte in wachsendem Maße mit der zweiten Richtung.

Als Erfolg der Burgfriedenspolitik mochte es erscheinen, daß auf die Intervention der Generalkommission der Gewerkschaften hin in das »Gesetz über den Vaterländischen Hilfsdienst« eine Bestimmung eingefügt wurde, welche es einer relativ schmalen Schicht von Rüstungsarbeitern erlaubte, sich in individuellen Verhandlungen Vorzugslöhne zu sichern. Tatsächlich wurden hier in einem Zeitpunkt, als die Massenloyalität der organisierten Arbeiter gegenüber der Sozialdemokratischen Partei und den Gewerkschaften nicht mehr voll gesichert war, Ansätze einer neuen Arbeiteraristokratie geschaffen, auf die im Fortgang des Krieges allerdings ebenfalls nicht fest gerechnet werden konnte.[20]

Ein weiteres Ergebnis des Burgfriedens und der Klassenkooperation schien es, daß der Kaiser in seiner »Osterbotschaft« 1917 die Aufhebung des preußischen Dreiklassenwahlrechts in Aussicht stellte. Im gleichen Jahr begannen Verhandlungen zwischen den Unternehmerverbänden und der Generalkommission der Gewerkschaften. Sie mündeten in das »Arbeitsgemeinschaftsabkommen« vom 15. November 1918, welches den Gewerkschaften die Aner-

19 Willibald Gutsche, Zum Funktionsmechanismus zwischen Staat und Monopolkapital in Deutschend in den ersten Monaten des Ersten Weltkrieges (1914–1915), in: Jahrbuch für Wirtschaftsgeschichte 1973, I, S. 63–98. Hier: S. 92 f.

20 Richter, Gewerkschaften, Monopolkapital und Staat im Ersten Weltkrieg und in der Novemberrevolution (1914–1919), a. a. O., S. 80 f. Unter »Arbeiteraristokratie« ist nicht eine Schicht zu verstehen, die aufgrund ihrer ökonomischen Besserstellung quasi automatisch und selbständig eine reformistische Ideologie aus sich hervorbringt und in der Arbeiterklasse verbreitet, sondern sie ist die Funktion einer gezielten »Arbeiterpolitik« des Monopolkapitals, die über Teile der Gewerkschafts- und sozialdemokratischen Parteiführung – und manchmal sogar an ihnen vorbei! – vermittelt wird und privilegierte Gruppen der Arbeiterklasse für sich gewinnt. Diese Gruppen können in je verschiedenen historischen Phasen wechseln.

kennung als Tarifpartner der Unternehmer sicherte und den Achtstundentag festgelegte.

Diese Erfolge aber waren in Wirklichkeit nicht Ergebnisse der Burgfriedenspolitik, sondern ihres Gegenteils: der wachsenden revolutionären Erregung der Volksmassen, welche das wilhelminische System erschütterte. Die Anerkennung von Sozialdemokratie und Gewerkschaften durch die alten Gewalten war ein Zugeständnis zum Zweck der Revolutionsverhinderung. Damit wurde versucht, Teile der Arbeiterbewegung in das bestehende Gesellschaftssystem zu integrieren, um die aktuelle historische Alternative: Bodenreform mit Enteignung des Großgrundbesitzes, Sozialisierung der Schlüsselindustrien, Entwaffnung der kaiserlichen Offiziere, Entfernung der Vertrauensleute der Agrarier und Monopole aus der Exekutive, Demokratisierung der Justiz – zu vermeiden.

Eine solche Alternative war in dem Augenblick aktuell, in dem das kaiserliche Heer geschlagen war, in seinen Reihen bewaffnete Arbeiter standen und das wilhelminische System seine Massenbasis verloren hatte.

Diese revolutionäre Situation wurde durch die politischen Volksbewegungen und Streiks gegen die elende Situation der meisten Arbeiter und den Krieg vorangetrieben. Die von 1915 an immer wieder auflebenden und an Heftigkeit zunehmenden Lohnkämpfe gewannen seit Mai 1916 den Charakter von politischen Massenstreiks und erreichten ihre Höhepunkte im April 1917 – hier offensichtlich stimuliert durch die Februarrevolution in Rußland –, im Januar 1918 und schließlich im Herbst 1918. Im Januarstreik 1918 spielten die »Revolutionären Obleute« eine wichtige Rolle. So hieß das illegale Netz betrieblicher Vertrauensleute der Berliner Großbetriebe (vor allem der Metallindustrie), welche in der Regel der 1917 von der herrschenden Richtung der Sozialdemokratie abgespalteten Unabhängigen Sozialdemokratischen Partei angehörten und mit der radikalsten Komponente der damaligen deutschen Arbeiterbewegung, der Spartakusgruppe, kooperierten. Von 1915 an kam es zu pazifistischen Frauenkundgebungen. Ein ständiger Unruheherd war die sozialistische Jugendbewegung. Im Sommer 1917 brach eine erste Revolte auf der deutschen Kriegsflotte aus. Auf der 13. Generalversammlung des deutschen Metallarbeiterverbandes 1917 protestierte eine starke Opposition gegen die Burgfriedenspolitik.[21]

Die politische Krise des Reformismus zeigte sich auch im Verfall der von ihm beherrschten Organisationen. Die Gewerkschaften und die Sozialdemokratische Partei waren bereits 1916 stark dezimiert. Die Sozialdemokratische Partei hatte bis dahin 64 Prozent ihrer Mitglieder verloren.[22]

Die Einbußen waren zum Teil Folge des Kriegseinsatzes vieler Arbeiter (den sozialdemokratischen Soldaten war schon seit 1894 ausdrücklich jede politische Betätigung untersagt), doch in offensichtlich nicht geringem Ausmaß auch Ausdruck von Protest. In jedem Fall widerlegte die Schwächung der Organisationen jene Funktionäre, die 1914 durch die Burgfriedenspolitik Partei und Gewerkschaften gerade auch in ihrem formalen Bestand hatten retten wollen.

Der Protest gegen den Krieg äußerte sich rasch auch in der Reichstagsfraktion. Im Dezember 1914 brach Karl Liebknecht die Fraktionsdisziplin und stimmte gegen die Kriegskredite. Am 5. März 1915 wurde als Organisation der radikalsten marxistischen Kriegsgegner die ›Gruppe Internationale‹ gegründet. Aus ihr ging im Januar 1916 die »Spartakusgruppe« hervor.[23] Diese orientierte sich an der Antikriegsresolution des internationalen Sozialistenkongresses: Aufrüttelung der Massen gegen den Krieg, Ausnützung der durch den Krieg herbeigeführten Krise des kapitalistischen Systems, um seine Beseitigung zu beschleunigen, Sturz der Regierung. Die Mitglieder der »Spartakusgruppe« – unter ihnen Karl Liebknecht, Rosa Luxemburg und Wilhelm Pieck – setzten sich zugleich das Ziel, eine Mehrheit in der Sozialdemokratischen Partei für sozialistische Positionen zurückzuerobern und faßten die Gründung einer neuen Par-

21 GdA 2, S. 282; 303 f.; 313–316; 320–323; Band 3, S. 28 ff.; 66 f.; 85 f.; 87 ff.

22 Bartel, Die Linken in der deutschen Sozialdemokratie im Kampf gegen Militarismus und Krieg, a. a. O., S. 382.

23 Karl Liebknecht, Abstimmungsbegründung, in: Dokumente und Materialien zur Geschichte der deutschen Arbeiterbewegung, Herausgegeben vom Institut für Marxismus-Leninismus beim Zentralkomitee der Sozialistischen Einheitspartei Deutschlands, Reihe II, Band I: Juli 1914 – Oktober 1917, Berlin 1958, S. 64 f.; Bartel, Die Linken in der deutschen Sozialdemokratie im Kampf gegen Militarismus und Krieg, a. a. O., S. 222 ff.; 269 ff.

tei nicht ins Auge. Als am 20. März 1915 Karl Liebknecht und Otto Rühle gegen den Etat stimmten, hatte sich inzwischen das Unbehagen über die Klassenkollaboration in der sozialdemokratischen Fraktion so verstärkt, daß 30 Abgeordnete vor der Abstimmung den Saal verließen. Am 15. Dezember stimmten zusammen mit Liebknecht und Rühle weitere 18 Abgeordnete der sozialdemokratischen Fraktion gegen die Kredite, 22 entzogen sich der Abstimmung.

Am 12. Januar 1916 wurden Karl Liebknecht die Rechte eines Fraktionsmitglieds aberkannt, er trat danach aus der Reichstagsfraktion aus. Otto Rühle folgte ihm bald danach.[24] Die 18 Abgeordneten, welche mit Liebknecht und Rühle gestimmt hatten, verweigerten am 24. März 1916 auch ihre Zustimmung zum Notetat. Sie wurden nun ebenfalls aus der Fraktion gedrängt und bildeten die »Sozialdemokratische Arbeitsgemeinschaft«. Ihr gehörten mehrheitlich Mitglieder der zentristischen Richtung an. Am 7. Januar 1917 trafen sich die Vertrauensleute aller oppositionellen Richtungen – einschließlich der Spartakusgruppe – zu einer Konferenz in Berlin. Der Parteiausschuß der Sozialdemokratischen Partei nahm dies zum Anlaß, am 16. Januar 1917 die Sozialdemokratische Arbeitsgemeinschaft aus der Partei auszuschließen. Darauf gründete die Opposition im April 1917 die »Unabhängige Sozialdemokratische Partei Deutschlands« (USPD).[25] Dieser schloß sich auch die Spartakusgruppe an, während ein anderer oppositioneller Zirkel, die »Internationalen Sozialisten Deutschlands« (welcher seinen Schwerpunkt in Bremen hatte und die Zeitschrift »Arbeiterpolitik« herausgab), der neuen Partei fernblieb. Der von der Fraktionsmehrheit repräsentierte Teil der Sozialdemokratie nannte sich von nun an »Mehrheitssozialdemokratische Partei Deutschlands« (MSPD). In der USPD sammelte sich die gesamte zentristische Richtung und die marxistische Linke der Vorkriegszeit. (Allerdings gehörte ihr auch der Revisionist Bernstein, vornehmlich aus pazifistischen Gründen und aus Opposition gegen die Führungspraxis der Mehrheit der Reichstagsfraktion, an.) Sie war in sich widersprüchlich:

Die Majorität der USPD forderte sofortigen Friedensschluß,

24 Prager, Geschichte der USPD, a. a. O., S. 90 f.
25 Ebd., S. 129 ff.; 143 ff.

wandte sich gegen die Burgfriedenspolitik und bekannte sich weiter zu den offiziellen sozialistischen Endzielvorstellungen der Vorkriegssozialdemokratie. Doch beschränkte sie ihre Aktivität weitgehend auf den parlamentarischen Kampf, und sie unternahm keine Anstrengungen, die Erschütterung des kapitalistischen Systems zur Vorbereitung einer revolutionären Umwälzung zu nutzen.

Von dieser Politik unterschied sich die auf vornehmlich außerparlamentarische Aktion und Vorantreibung des revolutionären Prozesses gerichtete Konzeption der Spartakusgruppe. Doch entschloß sie sich nicht, sich als eigene Partei zu konstituieren und damit eine organisatorische Alternative zur USPD zu bieten. So wurde diese zum Kristallisationspunkt, an dem sich die anwachsende Massenunzufriedenheit orientierte. In dem Maße, in dem sich die politische Situation zuspitzte, gewann sie die Funktion, eine weitere Linkswendung der Massenopposition aufzufangen, doch wurde ihr dies durch das Fehlen einer organisatorischen Alternative entscheidend erleichtert. Beide Komponenten der pazifistischen und sozialistischen Linken in Deutschland – Spartakusgruppe und USPD-Mehrheit – nahmen an den internationalen Konferenzen der sozialistischen Kriegsgegner (den sog. »Zimmerwalder Konferenzen«) teil, doch unterstützten auch die Spartakusvertreter nicht vollständig die Losungen der Bolschewiki für eine organisatorische Trennung der revolutionären Marxisten von der rechtssozialdemokratischen und zentristischen Politik.[26]

Die Mehrheitssozialdemokratie hatte mit der Gründung der USPD zweifellos einen erheblichen Teil ihrer bisherigen Massenbasis und ihres Funktionärskörpers verloren. Doch wuchs ihr ein neues Potential durch die weitere Linkswendung von bisher konservativ orientierten Lohnabhängigen, die einerseits durch die Oppositionspolitik von USPD und Spartakus noch nicht gewonnen werden konnten, andererseits in den offiziellen Vertretern des wilhelminischen Systems und der bürgerlichen Parteien nicht mehr ihre Repräsentanten sehen konnten, zu.

26 GdA 2, S. 259 f.; Bartel, Die Linken in der deutschen Sozialdemokratie im Kampf gegen Militarismus und Krieg, a. a. O., S. 309 ff.; Deutsche Akademie der Wissenschaften zu Berlin, Arbeitsgruppe Erster Weltkrieg (Leitung: Fritz Klein), Deutschland im Ersten Weltkrieg, a. a. O., 2. Bd., S. 717 f.

Seit dem April 1917 waren die integrationistische und die reformsozialistische Richtung der sozialdemokratischen Bewegung für fünf Jahre organisatorisch getrennt. Die dezidiert revisionistische Richtung orientierte sich – unbehindert durch die bisherige innerparteiliche Opposition – auf die Integration in den bürgerlichen Staat. Im Juli 1917 fand sie sich mit der Zentrumspartei und der Fortschrittlichen Volkspartei auf dem Boden der von dem Zentrumsabgeordneten Matthias Erzberger konzipierten »Friedensresolution« zu einer parlamentarischen Koalition zusammen, die sich im »Interfraktionellen Ausschuß« institutionalisierte[27] und ab Oktober 1918 die parlamentarische Regierung des Prinzen Max von Baden trug. Dieser Regierung gehörten zwei MSPD-Mitglieder an: Philipp Scheidemann wurde Staatssekretär, der Gewerkschaftsführer Gustav Bauer Leiter des »Reichsarbeitsamtes«.[28]

Die bisherige zentristische Richtung beherrschte die zweite sozialdemokratische Partei, die USPD. Die jetzt hergestellte Doppelstruktur des nichtrevolutionären Teils der deutschen Sozialdemokratie – auf der einen Seite der sozialliberale Integrationalismus, auf der anderen der verbalsozialistische Reformismus – wurde von nun an typisch für die sozialdemokratische Bewegung in Deutschland. Nach der Abtrennung des Spartakusbundes von der USPD und seiner Konstituierung als Kommunistische Partei 1918/1919, vor allem aber nach der Spaltung der USPD 1920 erhielt der bis 1922 noch selbständig in der USPD organisierte, danach eine besondere Komponente der wieder vereinigten SPD bildende Reformsozialismus seine endgültige Prägung, welche ihn von der revolutionären Arbeiterbewegung unterscheidet.

27 Der Interfraktionelle Ausschuß 1917/18, Bearbeitet von Erich Matthias und Rudolf Morsey (Quellen zur Geschichte des Parlamentarismus und der politischen Parteien. Erste Reihe, Bd. I/I und I/II), Düsseldorf 1959. Hier auch – Bd. I/I, S. 114 f. – der Wortlaut der Friedensresolution.

28 Karl Dietrich Erdmann, Die Zeit der Weltkriege, in: Bruno Gebhardt, Handbuch der deutschen Geschichte. Achte, völlig neubearbeitete Auflage, hrsg. von Herbert Grundmann, Band 4, Stuttgart 1959, Verbesserter Nachdruck 1960, S. 75.

IV. Die Sozialdemokratie in Novemberrevolution und Weimarer Republik 1918/1933

Von Jürgen Harrer

1. Die Novemberrevolution

Ende September 1918 stand das Deutsche Reich vor dem militärischen Zusammenbruch.[1] Gleichzeitig waren im Inneren die Opposition gegen den Krieg und revolutionäre Massenstimmungen gewaltig angewachsen. Nach der Niederschlagung des Januarstreiks kam es ab Sommer 1918 zu neuen großen Streikwellen. Von Juni bis September folgten einander Massenstreiks in Schlesien, Ruhrgebiet und Sachsen für die Verbesserung der Arbeits- und Lebensbedingungen und die Beendigung des Krieges.[2] Doch nicht nur die Arbeiterklasse war in großem Umfang in Bewegung gekommen. Auch bei den städtischen und ländlichen Mittelschichten hatten das kaiserliche Regime und die herrschenden Klassen ihren Rückhalt verloren. Ihr maßgebliches Machtinstrument, die Armee, war geschlagen und schwer erschüttert. Auf die Truppen im Osten, die Marine und die Ersatztruppen im Reich hatten die revolutionären Stimmungen übergegriffen. Selbst bei den noch einsatzfähigen Truppen der Westfront machten sich Überdruß mit dem aussichtslos gewordenen Krieg und vereinzelte Zersetzungserscheinungen bemerkbar.[3] Seit Anfang Herbst 1918 wuchs unverkennbar eine schwere innenpolitische Krise heran.

Einer solchen Entwicklung war mit bloßer Gewaltpolitik nicht beizukommen. Um einer innenpolitischen Umwälzung zu begegnen und die Machtpositionen der herrschenden Klassen abzusi-

1 Vgl. Bruno Gebhardt, Handbuch der deutschen Geschichte, 9. Aufl., hrsg. von Herbert Grundmann, Bd. 4: Die Zeit der Weltkriege, 1. Teilband: Der Erste Weltkrieg. Die Weimarer Republik, bearb. von Karl Dietrich Erdmann, Stuttgart 1973, S. 134 f.

2 Vgl. GdA 3, S. 66 f.

3 Vgl. Hagen Schulze, Freikorps und Republik 1918–1920, Boppard am Rhein 1969, S. 8 ff.

chern, wurde deshalb auf Initiative der Obersten Heeresleitung eine sogenannte Parlamentarisierung eingeleitet.[4] In ihrem Zusammenhang wurde Anfang Oktober eine neue Reichsregierung unter Max von Baden auf der Grundlage der Reichstagsmehrheit der Parteien der Friedensresolution gebildet. In ihr wurden für die SPD Philipp Scheidemann, Mitglied des Parteivorstands, und Gustav Bauer, zweiter Vorsitzender der Generalkommission der Gewerkschaften, zugelassen. Ebenfalls auf Drängen der Obersten Heeresleitung suchte die neue Regierung beim Präsidenten der USA, Woodrow Wilson, um sofortigen Waffenstillstand nach.[5]

Im Innern wurden nach Absprache mit dem Kaiser auf Beschluß des Reichstags die Parlamentsrechte erweitert.[6] Diese Maßnahmen hielten sich im Rahmen einer kosmetischen Verschönerung. An den realen Machtverhältnissen änderten sie nichts. Sie sollten im Gegenteil die heranreifende revolutionäre Umwälzung auffangen und der Entmachtung der für den imperialistischen Krieg verantwortlichen gesellschaftlichen Kräfte zuvorkommen, also die Entwaffnung des kaiserlichen Offizierskorps, die Verdrängung der großagrarischen und großkapitalistischen Kräfte aus ihren sonstigen staatlichen Machtpositionen, eine tiefgreifende Demokratisierung des gesamten staatlichen Bereichs – insbesondere von Armee, Polizei und Justiz, die Aufhebung des junkerlichen Großgrundbesitzes und die Sozialisierung der großen Unternehmen in Industrie und Handel sowie des Bankwesens verhindern. Es lag durchaus in der Konsequenz der Kriegspolitik des Burgfriedens, mit der sich die mehrheitssozialdemokratische Parteiführung an die kapitalistische Gesellschaftsordnung und ihre wirtschaftlichen und politischen Grundlagen gebunden hatte, daß sich die maßgeblichen Vertreter der SPD diesem Zweck in vollem Bewußtsein unterordneten.[7] Bis zum Ausbruch

4 Vgl. Gebhardt, Handbuch der deutschen Geschichte, Bd. 4/1, a.a.O., S. 137 f.

5 Vgl. Prinz Max von Baden, Erinnerungen und Dokumente, Leipzig 1927, S. 351f. Die Regierung des Prinzen Max von Baden, bearb. von Erich Matthias und Rudolf Morsey, Düsseldorf 1962, S. 65 ff.

6 Vgl. Gebhardt, Handbuch der deutschen Geschichte, Bd. 4/1, a.a.O., S. 138. Die Regierung des Prinzen Max von Baden, a.a.O., S. 352 ff.

7 Vgl. z. B. Die Reichstagsfraktion der deutschen Sozialdemokratie 1898–1918, bearb. von Erich Matthias und Eberhard Pikart, 2 Teile, Düsseldorf 1966, Teil 2, S. 466. Philipp Scheidemann, Der Zusammenbruch, Berlin 1921, S. 176.

der Revolution in Berlin am 9. November 1918 stand ihre Politik ausschließlich unter dem Zeichen der Rettung der Monarchie und der Revolutionsverhinderung.

Als sich am 3. November die Matrosen der Hochseeflotte in Kiel zum Aufstand erhoben und ihnen die Kieler Arbeiter und Soldaten folgten, entsandte die Regierung den Sozialdemokraten Gustav Noske nach Kiel. Er sollte die revolutionäre Bewegung eindämmen, damit Zeit gewonnen würde für die Heranführung neuer Truppen und die militärische Absperrung der Stadt.[8] Zwar gelang es Noske, die Situation in Kiel unter Kontrolle zu bekommen. Die Revolution ließ sich hierdurch jedoch nicht mehr aufhalten. Nachdem sie einen großen Teil Deutschlands mit Ausnahme Berlins erfaßt hatte, forderte die SPD-Führung am 7. November 1918 schließlich die Abdankung des Kaisers.[9] Damit war die Vorstellung verbunden, die Monarchie zu retten, indem man ihren exponiertesten Vertreter fallenließ. Den Zweck dieses Schritts hat der Parteivorsitzende Friedrich Ebert in seiner bekannten Äußerung gegenüber Max von Baden selbst ausgedrückt: »Wenn der Kaiser nicht abdankt, dann ist die soziale Revolution unvermeidlich. Ich aber will sie nicht, ja, ich hasse sie wie die Sünde.«[10]

Die Bemühungen der SPD-Führung sind freilich gescheitert. Die revolutionäre Gärung der Massen des deutschen Volkes war nach den fürchterlichen Erfahrungen des imperialistischen Krieges durch einige belanglose Scheinkonzessionen nicht mehr zu dämpfen. Ausbruch und Entwicklung der Revolution vollzogen sich aber weitgehend spontan, ohne die klare und zielbewußte Führung durch eine massenwirksame marxistische Arbeiterpartei. Während sich die SPD-Führung einer revolutionären Umwälzung von Anfang an widersetzte, verfügte die USPD in ihrer Mehrheit über keine klaren Vorstellungen. Sie hatte kein eindeutiges Programm, das der Situation angemessen gewesen wäre, und konnte die revolutionäre Massenbewegung nicht zum Ziel einer gesellschaftlichen Umwälzung führen. Die Spartakusgruppe hatte zwar ein revolutionäres Programm und eine klare Vorstellung über die nächsten praktischen

8 Vgl. Die Regierung des Prinzen Max von Baden, a.a.O., S. 538, 588.
9 Vgl. ebd., S. 577.
10 Prinz Max von Baden, Erinnerungen und Dokumente, a.a.O., S. 599.

Schritte,[11] doch war sie organisatorisch schwach, in den Massen nicht einflußreich genug und als politisch selbständige Kraft zunächst noch zu wenig sichtbar. Obwohl in einigen Großstädten wie Stuttgart, Braunschweig, Bremen und schließlich vor allem Berlin die Spartakusgruppe und andere linke Kräfte innerhalb bzw. weitere revolutionäre Gruppierungen außerhalb der USPD maßgeblichen Anteil an der Auslösung der Revolution hatten,[12] blieb ihr Gesamtverlauf doch in erster Linie durch ihren überwiegend spontanen Charakter bestimmt. Diese Umstände waren schließlich entscheidend für das Ergebnis der Revolution.

Als am 9. November 1918 auf Initiative der Spartakusgruppe und der revolutionären Obleute[13] auch in Berlin die Revolution erfolgreich begonnen hatte, verkündete Max von Baden schließlich die Abdankung des Kaisers. Gleichzeitig kündigte er Wahlen für eine verfassunggebende Nationalversammlung an. Ferner erklärte er seinen Rücktritt und beauftragte Friedrich Ebert, die Geschäfte des Reichskanzlers weiterzuführen. Als eine seiner ersten Amtshandlungen appellierte Ebert an die kaiserlichen Behörden, weiterzuarbeiten und forderte die Berliner Bevölkerung auf, die kaum begonnene Revolution wieder abzubrechen.[14] Doch blieb auch dieser Versuch, noch fünf Minuten nach zwölf die Monarchie zu retten, ohne Erfolg.

Wenige Stunden nach seinem Beginn hatte der Aufstand in Berlin vollständig gesiegt. Mit dieser Tatsache mußte sich auch die SPD-Führung abfinden. Vom Reichstagsgebäude aus proklamierte nunmehr Philipp Scheidemann die »freie deutsche Republik«. Dieser Schritt war jedoch keineswegs Ausdruck einer veränderten politischen Orientierung, sondern entsprang der schlichten Notwendig-

11 Vgl. Dokumente und Materialien zur Geschichte der deutschen Arbeiterbewegung, Reihe II, Band 2, Berlin 1957, S. 230 ff, 324 f.

12 Vgl. J. S. Drabkin, Die Novemberrevolution 1918 in Deutschland, Berlin 1968, S. 118 ff. GdA 3, S. 90 ff. Illustrierte Geschichte der deutschen Revolution, Berlin 1929 (Neudruck Frankfurt/M. 1968), S. 190 ff.

13 Die revolutionären Obleute bildeten ein illegales System von Vertrauensmännern der Berliner Großbetriebe. Sie standen auf dem linken Flügel der USPD. Vgl. Richard Müller, Vom Kaiserreich zur Republik. Ein Beitrag zur Geschichte der revolutionären Arbeiterbewegung während des Weltkrieges, Wien 1924 (Neudruck Westberlin 1974), S. 125 ff.

14 Vgl. Dokumente und Materialien, Reihe II, Band 2, a.a.O., S. 333, 334.

keit zu taktischer Anpassung an die veränderte Lage. Scheidemann wollte lediglich die Losung der Republik nicht mehr den revolutionären Kräften allein überlassen.[15] Nachdem die führenden Vertreter der SPD den Ausbruch der Revolution schon nicht hatten verhindern können, kam es ihnen nunmehr darauf an, ihren Masseneinfluß wieder zu festigen und weitere revolutionäre Erfolge zu verhindern. Hierzu hieß es aber nach einem Wort Philipp Scheidemanns, »sich an die Spitze der Bewegung stellen«.[16]

In einem ersten Schritt hatte die Erhebung der Volksmassen die Monarchie gestürzt und die Republik erzwungen. Nirgendwo war sie auf ernsthaften Widerstand gestoßen. Die Soldaten schlossen sich ihr in der Regel entweder an oder verhielten sich zumindest neutral. Gegenmaßnahmen des reaktionären Offizierskorps blieben isoliert und brachen schnell zusammen. Der kaiserliche Staatsapparat war weitgehend gelähmt, vor allem fiel die Armee als gegenrevolutionäres Machtinstrument vollständig aus. Allenthalben waren Arbeiter- und Soldatenräte gebildet worden, die anfangs in Städten und Betrieben oftmals reale Macht ausübten. Entscheidend für den weiteren Gang der Entwicklung war nunmehr die Frage, ob es gelang, die errungenen Positionen zu festigen und auszubauen. Sie wurde wesentlich davon bestimmt, welche politische Richtung sich in den Räten durchsetzen würde. Aufgrund der Schwäche der Spartakusgruppe und der anderen revolutionären Gruppen war deren Einfluß in den Räten gewöhnlich relativ gering. Die Räte blieben deshalb meist führungs- und konzeptionslos. In ihrer Mehrzahl gelangten sie darum schnell unter reformistische Vorherrschaft, repräsentiert von Anhängern der Parteiführung der SPD und teilweise auch der USPD. Mehr noch als für die Arbeiterräte galt dies für die Soldatenräte.[17]

Oberstes Ziel der führenden SPD-Politiker um Friedrich Ebert war es, die Revolution möglichst rasch zu beenden, weitere Massen-

15 Vgl. Philipp Scheidemann, Memoiren eines Sozialdemokraten, 2 Bde., Dresden 1930, Bd. 2, S. 313. Friedrich Stampfer, Die ersten 14 Jahre der deutschen Republik, 2. Aufl. Offenbach/Main 1947, S. 65.

16 Scheidemann, Der Zusammenbruch, a.a.O., S. 205.

17 Vgl. Drabkin, die Novemberrevolution 1918 in Deutschland, a.a.O., S. 208 ff, 220 ff. GdA 3, S. 119 ff, 130 ff, Eberhard Kolb, Die Arbeiterräte in der deutschen Innenpolitik 1918–19, Düsseldorf 1962, S. 86 ff.

aktionen zu verhindern und die Massenbewegung in bürgerlich-parlamentarische Bahnen zu lenken. Zu diesem Zweck war ihnen daran gelegen, die erschütterte Staatsmacht wieder zu festigen und vor allem ihr militärisches Machtinstrument zu erhalten. Ebenso kam es ihnen darauf an, die Arbeiter- und Soldatenräte schrittweise zurückzudrängen, die Organisierung revolutionärer Militärformationen wie alle revolutionären Eingriffe im staatlichen und wirtschaftlichen Bereich zu verhindern. War dies gelungen, so konnte in einer zweiten Phase die militärische Zerschlagung von Räten und Revolution eingeleitet werden. Friedrich Ebert hat diese Konzeption von Anfang an verfolgt.[18] Sie fand Rückhalt bei der Obersten Heeresleitung und beim kaiserlichen Offizierskorps. Ihre Realisierung kann anhand der Politik des Rats der Volksbeauftragten und der Entwicklung in Berlin beispielhaft nachvollzogen werden.

Am 10. November handelten führende Vertreter von SPD und USPD eine paritätische »Revolutionsregierung« und die paritätische Besetzung aller Revolutionsorgane aus.[19] Die USPD-Vertreter waren zu einer solchen Zusammenarbeit bereit. Sie ließen ihre ursprünglichen Bedingungen fallen und waren damit einverstanden, daß die (Ministern vergleichbaren) kaiserlichen Staatssekretäre weiteramtierten und dadurch allen Einschränkungen zum Trotz faktisch an der Regierungsgewalt partizipierten. In diesem Verhalten wird die Alternativlosigkeit der USPD-Führung offenkundig. Es hatte lediglich den Effekt, den erschütterten Masseneinfluß der Führung der SPD zu konsolidieren und den Eindruck zu wecken, als seien die Spaltung der Arbeiterbewegung und ihre Ursachen wieder überwunden.

Ebenfalls am 10. November bestätigte eine Vollversammlung der Berliner Arbeiter- und Soldatenräte den Rat der Volksbeauftragten

18 Vgl. Aus dem Kreuzverhör W. Groeners im Dolchstoßprozeß, in: Lothar Berthold, Helmut Neef, Militarismus und Opportunismus gegen die Novemberrevolution. Das Bündnis der rechten SPD-Führung mit der Obersten Heeresleitung November und Dezember 1918. Eine Dokumentation, Berlin 1958, S. 203 ff.

19 Vgl. Die Regierung der Volksbeauftragten 1918/19, eingel. von Erich Matthias, bearb. von Susanne Miller und Heinrich Potthoff, 2 Teile, Düsseldorf 1969, Teil 1, S. 30 f. (Die Einleitung dieses Bandes wird nach ihrer selbständigen Publikation wie folgt zitiert:) Erich Matthias, Zwischen Räten und Geheimräten. Die deutsche Revolutionsregierung 1918/19, Düsseldorf 1970, S. 25 f.

in der vereinbarten Zusammensetzung von jeweils drei Vertretern der SPD (Friedrich Ebert, Otto Landsberg, Philipp Scheidemann) und der USPD (Emil Barth, Wilhelm Dittmann, Hugo Haase) als provisorische Regierung.[20] Ferner beschloß die Versammlung einen Aufruf, welcher dem Rat der Volksbeauftragten einen unmißverständlichen sozialistischen Auftrag erteilte, aber keine konkreten Maßnahmen zur Entmachtung der gegenrevolutionären Kräfte, insbesondere des Offizierskorps, und zum Ausbau der Rätemacht enthielt.[21] Daneben wählte sie einen Vollzugsrat aus jeweils sieben Vertretern von SPD und USPD sowie vierzehn Soldatenvertretern, die mehrheitlich der SPD verbunden waren, als oberstes Revolutionsorgan. Bereits wenige Tage danach erkannte der Rat der Volksbeauftragten den Vollzugsrat jedoch nicht mehr als oberstes Revolutionsorgan an, sondern gestand ihm nur noch beratende Funktion zu. In der Folgezeit kam es zwar immer wieder zu Reibungen zwischen beiden Institutionen, doch war der Vollzugsrat außerstande, sich gegen den Anspruch der Volksbeauftragten und ihre Politik zu behaupten.[22]

Am gleichen 10. November, an dem ihn die Berliner Arbeiter- und Soldatenräte als Mitglied der provisorischen Revolutionsregierung bestätigt hatten, ging Friedrich Ebert bereits mit dem Vertreter der Obersten Heeresleitung, General Wilhelm Groener, ein geheimes Bündnis ein. Sein Zweck war nach Groeners eigener Aussage »die restlose Bekämpfung der Revolution, Wiedereinsetzung einer geordneten Regierungsgewalt, Stützung dieser Regierungsgewalt durch die Macht einer Truppe, und baldigste Einberufung einer Nationalversammlung«.[23] In diesem Sinne stellte der Rat der Volksbeauftragten die Befehlsgewalt der kaiserlichen Offiziere wieder her und gestand den Soldatenräten nur noch beratende Stimme in nebensächlichen Fragen zu.[24] Oberste Heeresleitung, d. h. Generalstab,

20 Vgl. Drabkin, Die Novemberrevolution 1918 in Deutschland, a.a.O., S. 165 ff. GdA 3, S. 108 ff.

21 Vgl. Dokumente und Materialien, Reihe II, Band 2, a.a.O., S. 348 f.

22 Vgl. Drabkin, Die Novemberrevolution 1918 in Deutschland, a.a.O., S. 229 ff. Matthias, Zwischen Räten und Geheimräten, a.a.O., S. 92 ff, 98 ff.

23 Aus dem Kreuzverhör W. Groeners im Dolchstoßprozeß, in: Berthold, Neef, Militarismus und Opportunismus gegen die Novemberrevolution, a.a.O., S. 204.

24 Vgl. Dokumente und Materialien, Reihe II, Band 2, a.a.O., S. 369 f.

und Offizierskorps, deren angeschlagene Machtstellung die Volksbeauftragten zu restaurieren beitrugen, wurden zu den wesentlichen Stützen der Gegenrevolution. Die alte Armee sollte sich hierzu freilich als unbrauchbar erweisen. Auch die nach dem Waffenstillstand vom 11. November zurückkehrenden Fronttruppen ließen sich in ihrer Masse nicht gegen die Revolution einsetzen.[25] Deshalb ließ die Oberste Heeresleitung seit Ende November/Anfang Dezember mit Billigung Eberts und unter Duldung der übrigen Volksbeauftragten sogenannte »Freikorps« organisieren.[26] Sie setzten sich aus den gegenrevolutionären Elementen der alten Armee zusammen und wurden schließlich zum ausschlaggebenden Machtfaktor, mit dessen Hilfe die gewaltsame Unterdrückung der Revolution in Angriff genommen werden konnte. Hatte der Rat der Volksbeauftragten der militärischen Gegenrevolution also die Gelegenheit verschafft, sich zu reorganisieren, so bemühte er sich andererseits mit Erfolg, die Aufstellung revolutionärer Truppenteile zu verhindern.[27] Als einzige revolutionäre Truppe wurde in Berlin unter dem Einfluß von Spartakusbund und linken Kräften der USPD am 11. November aus revolutionären Matrosen die Volksmarinedivision gebildet.[28]

Ähnlich wie in der Militärfrage verhielten sich die Volksbeauftragten gegenüber dem kaiserlichen Justiz-, Regierungs- und Verwaltungsapparat. Sie verhinderten nicht nur dessen Demokratisierung, sondern gewährleisteten sogar bei Spitzen- und Schlüsselpositionen seine personelle und politische Kontinuität. Unter dem Vorwand, es fehle an Fachkräften, bestätigte der Rat der Volksbeauftragten die kaiserlichen Staatssekretäre, die in etwa Ministerfunktion ausübten, ausdrücklich im Amt. Er gab ihnen lediglich Unterstaatssekretäre und Beigeordnete zu einer wirkungslosen Kontrolle bei.[29] Wenige Tage nach Ausbruch der Revolution verboten die Volksbe-

25 Vgl. Schulze, Freikorps und Republik, a.a.O., S. 10 ff.

26 Vgl. Drabkin, Die Novemberrevolution 1918 in Deutschland, a.a.O., S. 423 ff. Erwin Könnemann, Einwohnerwehren und Zeitfreiwilligenverbände, Berlin 1971, S. 74 f. Schulze, Freikorps und Republik, a.a.O., S. 25 ff.

27 Vgl. Drabkin, Die Novemberrevolution 1918 in Deutschland, a.a.O., S. 231 f.

28 Vgl. Kurt Wrobel, Die Volksmarinedivision, Berlin 1957, S. 20 ff.

29 Vgl. Wolfgang Elben, Das Problem der Kontinuität in der deutschen Revolution, Düsseldorf 1965, S. 37 ff. Matthias, Zwischen Räten und Geheimräten, a.a.O., S. 61ff, 68 ff.

auftragten den Arbeiter- und Soldatenräten jeden Eingriff in die Befugnisse der Justizorgane.[30]

Am 12. November gaben die Volksbeauftragten in einem Aufruf ihr faktisches Regierungsprogramm bekannt.[31] Dieses »sozialistische Programm« der »Regierung, deren politische Leitung rein sozialistisch ist«, klammerte die entscheidenden Probleme samt und sonders aus. Es verkündete politische Maßnahmen wie die Aufhebung des Belagerungszustands und der Zensur, unbeschränktes Vereins- und Versammlungsrecht u. a., die zum großen Teil von der Massenbewegung praktisch schon realisiert worden waren. Daneben versprach es die Einführung einer staatlichen Erwerbslosenunterstützung und bis spätestens zum Jahreswechsel den achtstündigen Arbeitstag. Damit knüpfte es an traditionellen sozialpolitischen Teilforderungen der Arbeiterbewegung an, die bislang von den Unternehmern bekämpft worden waren, unter dem Druck der Situation jetzt aber zugestanden werden mußten. Ferner kündigte das Regierungsprogramm eine Wahlrechtsreform und – erstmals seit dem Sturz der Monarchie – Wahlen für die Nationalversammlung an. Es machte sich also eine Parole zueigen, die bereits Max von Baden ausgegeben hatte. In der Eigentumsfrage erteilte das Programm dagegen eine kaum verhüllte Absage an alle Sozialisierungsbestrebungen. Ebenso versicherten die Volksbeauftragten am gleichen Tag, die bestehende Agrarstruktur und damit den Großgrundbesitz erhalten zu wollen.[32] Tatsächlich blieb dieses Programm weit hinter den Möglichkeiten der konkreten Situation zurück. Keine der angekündigten Maßnahmen ging über den Charakter von Reformen innerhalb der kapitalistischen Staats- und Gesellschaftsordnung hinaus. Sie zielten nicht darauf ab, die Revolution zu vertiefen, sondern sie von gesellschaftsverändernden Schritten abzulenken, auf die Nationalversammlung auszurichten und also in bürgerlich-parlamentarischen Rahmen zurückzudrängen.

Angesichts dieses realen Gehalts des Regierungsprogramms erweisen sich alle sozialistischen Parolen der Volksbeauftragten, die in der Folgezeit immer häufiger wurden, als hohle Phraseologie. Sie er-

30 Vgl. Wolfgang Ruge, Deutschland von 1917 bis 1933, Berlin 1967, S. 68.
31 Vgl. Dokumente und Materialien, Reihe II, Band 2, a.a.O., S. 365 f.
32 Vgl. ebd., S. 367 f.

füllten allerdings eine unersetzbare Funktion zur Beschwichtigung der Arbeitermassen. Derselbe Beschwichtigungscharakter, der aus der noch ungefestigten militärischen Macht von Regierung und Oberster Heeresleitung zu erklären ist, kam auch der sogenannten »Sozialisierungskommission« zu. Seit Ende November steigerten sich die Forderungen der Arbeiter nach Absicherung der in der Revolution errungenen Rechte der Betriebsräte, Mitbestimmung und Sozialisierung der Großbetriebe vor allem des Bergbaus und der Schwerindustrie zu ausgedehnten Streikbewegungen. Angesichts dieser Massenstimmung sah sich die Regierung genötigt, ihre starre Haltung in der Eigentumsfrage äußerlich zu modifizieren. So wurde am 24. November eine »Sozialisierungskommission« eingesetzt, der außer Vertretern von SPD, USPD (u. a. Karl Kautsky und Rudolf Hilferding) und Gewerkschaften auch bürgerliche Mitglieder angehörten.[33] Sie hatte keine realen Kompetenzen und erschöpfte sich in papiernen Entwürfen, die trotz ihrer Beschränktheit niemals verwirklicht wurden. Nachdem sie ihre Aufgabe erfüllt hatte, löste sie sich im April 1919 auf.[34] Bemerkenswert ist auch in diesem Falle die Rolle der USPD-Vertreter. Ähnlich wie ihrer Beteiligung am Rat der Volksbeauftragten kam ihrer Mitarbeit in der Sozialisierungskommission die Funktion zu, Illusionen über deren Charakter zu bestärken und die notwendige politische Alternative zu verdecken.

Das Regierungsprogramm der Volksbeauftragten fand auf gewerkschaftlicher Seite seine Entsprechung im Arbeitsgemeinschaftsabkommen mit den maßgeblichen Unternehmerorganisationen vom 15. November 1918. Unter dem Druck der Revolution zeigten sich die Unternehmer, die sich bislang gegen derartige Regelungen gesträubt hatten, zu Vereinbarungen bereit, welche ebenfalls

33 Vgl. Die Regierung der Volksbeauftragten 1918/19, a.a.O., Tl. 1, S. 104. Heinz Habedank, Um Mitbestimmung und Nationalisierung während der Novemberrevolution und im Frühjahr 1919, Berlin o.J., S. 120 ff.

34 Vgl. Habedank, Um Mitbestimmung und Nationalisierung, a.a.O., S. 279. Einziges Ergebnis der »Sozialisierung« waren das Sozialisierungsrahmengesetz, das Kohlen- und das Kaliwirtschaftsgesetz, die der Reichstag im März/April 1919 verabschiedete. Sie beschränkten sich aber auf staatsmonopolistische Regelungen. Vgl. auch Ludwig Preller, Sozialpolitik in der Weimarer Republik, Stuttgart 1949, S. 239 ff. Zur Tätigkeit der Sozialisierungskommission vgl. auch Hans Schieck, Die Behandlung der Sozialisierungsfrage in den Monaten nach dem Staatsumsturz, in: Eberhard Kolb (Hrsg.), Vom Kaiserreich zur Weimarer Republik, Köln 1972, S. 138–164, hier: S. 148 ff.

langjährigen Teilforderungen der Arbeiterbewegung entsprachen. So akzeptierten sie den Achtstundentag, die Koalitionsfreiheit, die Einführung von Tarifverträgen und erkannten die Gewerkschaften als wirtschaftliche Interessenvertretung der Lohnabhängigen an.[35] Diese Zugeständnisse waren angesichts der politischen Lage schlechterdings nicht zu umgehen, wurden aber auf Gewerkschaftsseite als Erfolg der Burgfriedenspolitik interpretiert. Dementsprechend waren sie mit Abmachungen zur Fortsetzung der wirtschaftsfriedlich-sozialpartnerschaftlichen Zusammenarbeit der Gewerkschaften mit den Unternehmern in Gestalt einer Zentralarbeitsgemeinschaft verbunden. Von den führenden Gewerkschaftsvertretern wurde das Arbeitsgemeinschaftsabkommen gegenüber den Arbeitern als Erfüllung ihrer sozialistischen Ziele ausgegeben, womit weitere gesellschaftliche Veränderungen als überflüssig erschienen.

Es ist bemerkenswert, daß diese Abmachungen von Vertretern aller maßgeblichen Richtungen des Großkapitals einmütig unterstützt wurden. Diese Einmütigkeit erstreckte sich auch auf Gruppen wie die rheinisch-westfälische Schwerindustrie.[36] Die tradierten Differenzen innerhalb des Großkapitals waren vorübergehend der einhelligen Ansicht gewichen, daß die gemeinsame Bedrohung nur noch durch eine Verständigung mit den kooperationswilligen Kräften in der Arbeiterbewegung gebannt werden könne. Eine solche Taktik setzte aber bestimmte Konzessionen voraus, da ansonsten die verständigungsbereiten Gruppen in SPD- und Gewerkschaftsführung kaum in der Lage waren, ihre Politik gegenüber ihren Anhängern zu legitimieren.

Da die Arbeiter- und Soldatenräte tatsächliche oder potentielle Machtorgane der revolutionären Massenbewegung zur Durchsetzung einer gesellschaftlichen Umwälzung waren, kristallisierte sich von Anfang an die Alternative der möglichst raschen Konstituierung einer Nationalversammlung, die von systemkonformen Kräften bestimmt sein würde, als Brennpunkt heraus, an dem sich das weitere Schicksal der Revolution entscheiden mußte. Die Alternative von

35 Vgl. Dokumente und Materialien, Reihe II, Band 2, a.a.O., S. 393 ff.

36 Vgl. Jürgen Kuczynski, Die Geschichte der Lage der Arbeiter unter dem Kapitalismus, Teil I, Band 5, Berlin 1966, S. 108 ff.

Räteherrschaft oder Nationalversammlung war die konkrete Form, in der sich in der Novemberrevolution die Frage nach der politischen Macht stellte. Von ihrer Lösung hing es ab, ob die Republik bürgerlichen oder sozialistischen Charakter haben würde. Die Forderung, eine Nationalversammlung einzuberufen, bevor die Revolution gesellschaftsverändernde Gestalt annehmen und die gegenrevolutionären Kräfte ihrer Machtinstrumente berauben konnte, wurde nicht nur von Unternehmerverbänden, Oberster Heeresleitung und sich reorganisierenden bürgerlichen Parteien, sondern auch von den Führungsgruppen von SPD, USPD und Gewerkschaften vertreten. Nur Spartakusbund und Teile des linken Flügels der USPD propagierten die Räteherrschaft.[37] Da die militärische Macht von Oberster Heeresleitung und Volksbeauftragten noch nicht ausreichte, um den Konflikt ausschließlich gewaltsam zu lösen, galt es, bei den Räten selbst eine Mehrheit für ihre freiwillige Selbstaufgabe und zugunsten der Nationalversammlung zu gewinnen.

Gelegenheit dazu bot der erste Reichskongreß der Arbeiter- und Soldatenräte, der vom 16. bis 21. Dezember 1918 in Berlin tagte. Die absolute Mehrheit der Teilnehmer gehörte der SPD an, deren Einfluß auch bei den Soldatenvertretern bestimmend war. Diese Delegierten folgten in der entscheidenden Frage der Nationalversammlung ihrer Parteiführung. Ähnlich stimmte die Mehrzahl der übrigen Delegierten ab, die in ihrer Majorität der USPD angehörten.[38] Trotz energischer Gegenwehr einer Minderheit von Spartakusanhängern und Vertretern des linken Flügels der USPD entschied sich der Kongreß mit großer Mehrheit also für die Nationalversammlung. Der Termin für die Wahlen wurde für den 19. Januar 1919 festgesetzt.[39] Die Vertreter der Räte hatten somit die Selbstabdankung beschlos-

37 Dasselbe gilt für kleinere, vorwiegend regional und lokal tätige revolutionäre Gruppen wie die Bremer Linken, die später mit dem Spartakusbund gemeinsam die KPD bildeten. Vgl. GdA 3, S. 124 f.

38 Daneben gab es unter den Delegierten – außer Parteilosen – sogar Angehörige bürgerlicher Parteien. Vgl. Allgemeiner Kongreß der Arbeiter- und Soldatenräte Deutschlands vom 16. bis 21. Dezember 1918 im Abgeordnetenhause zu Berlin. Stenographische Berichte, Berlin o.J., S. 198 ff. Vgl. auch Walter Tormin, Zwischen Rätediktatur und sozialer Demokratie, Düsseldorf 1954, S. 92 ff.

39 Vgl. Allgemeiner Kongreß der Arbeiter- und Soldatenräte Deutschlands, a.a.O., S. 141 f, 150.

sen. Ihre Mehrheit hatte sich zum »politischen Selbstmörderklub«[40] gemacht und für die bürgerliche Republik entschieden. Obwohl die Delegiertenwahlen zum Reichsrätekongreß und der Kongreßverlauf selbst von erheblichen Manipulationen begleitet waren, demonstriert dieses Abstimmungsergebnis, daß die SPD-Führung ihren Masseneinfluß im bisherigen Verlauf der Revolution wieder gefestigt und ausgedehnt hatte. Die Mehrheit der Arbeiterklasse glaubte sich tatsächlich noch immer auf dem Weg zum Sozialismus unter Führung der Volksbeauftragten und der Parteispitze der SPD. Dieser Widerspruch reflektierte sich im Verhalten der Delegiertenmehrheit auf dem Reichsrätekongreß. Ihre Zustimmung zur Nationalversammlung verstand sie nicht als Abstimmung gegen den Sozialismus. So beauftragte der Kongreß[41] die Regierung, »mit der Sozialisierung aller hierzu reifen Industrien, insbesondere des Bergbaus, unverzüglich zu beginnen«.[42] Bezeichnenderweise wurde außerdem ein Antrag angenommen, der die Ausschaltung von Oberster Heeresleitung und kaiserlichem Offizierskorps bezweckte und die beschleunigte »Abschaffung des stehenden Heeres und die Errichtung der Volkswehr«[43] forderte. Gleichzeitig wurde »bis zur anderweitigen Regelung durch die Nationalversammlung die gesetzgebende und vollziehende Gewalt dem Rat der Volksbeauftragten«[44] übertragen. Der bisherige Vollzugsrat wurde durch einen Zentralrat abgelöst, dem nur noch »die parlamentarische Überwachung des deutschen und des preußischen Kabinetts«[45] oblag.

Nach dem Reichsrätekongreß forcierten sich die Bestrebungen

40 So drückte sich Ernst Däumig als Wortführer des linken Flügels der USPD aus. Allgemeiner Kongreß der Arbeiter- und Soldatenräte Deutschlands, a.a.O., S. 114.

41 Er folgte damit einem Antrag der führenden SPD-Vertreter Hermann Lüdemann und Carl Severing, für die es sich hierbei fraglos um eines jener demagogischen Manöver vom Schlage der Sozialisierungskommission handelte. Dennoch bleibt die Notwendigkeit solcher taktischen Winkelzüge aufschlußreich für eine breite Stimmung im Lande wie auf dem Kongreß selbst.

42 Allgemeiner Kongreß der Arbeiter- und Soldatenräte Deutschlands, a.a.O., S. 182, 171 f.

43 Ebd., S. 70, 95, 181. Es braucht nicht erst betont zu werden, daß dieser Beschluß so wenig wie derjenige zur Sozialisierung jemals verwirklicht wurde.

44 Allgemeiner Kongreß der Arbeiter- und Soldatenräte Deutschlands, a.a.O., S. 88, 181.

45 Ebd., S. 88, 181. Vgl. auch ebd., S. 145 ff, 184.

von Oberster Heeresleitung und Regierung, der Revolution gegebenenfalls auch mit militärischen Mitteln ein Ende zu setzen, um die politische Situation noch vor den Wahlen zur Nationalversammlung zu klären. Nachdem bereits Anfang Dezember 1918 ein erster militärischer Anschlag in Berlin noch kläglich zusammengebrochen war,[46] galt der nächste Zugriff der Volksmarinedivision. Auch dieser Versuch, am 24. Dezember 1918 die einzige revolutionäre Truppe Berlins zu zerschlagen, scheiterte. Dies hatte einen doppelten Grund. Zum einen griffen die Berliner Arbeiter in die bewaffnete Auseinandersetzung ein, zum anderen aber waren auch die aus regulären Einheiten der alten Armee bestehenden Regierungstruppen zu einer Fortsetzung der Kämpfe nicht mehr bereit.[47] Nachdem dieser Fehlschlag erneut die Unbrauchbarkeit der alten Armee für einen gegenrevolutionären Einsatz hatte evident werden lassen, wurde ihre Demobilisierung nunmehr rasch zu Ende geführt. Dafür wurde der Aufbau der Freikorps beschleunigt.[48] Sie bildeten den Grundstock für die 1919 auf der Basis einer Berufsarmee reorganisierten Reichswehr und stellten von Anfang an Keimzellen des Rechtsextremismus und Faschismus dar.

Der forcierte gegenrevolutionäre Kurs der Regierung und der Angriff auf die Volksmarinedivision zwangen die Vertreter der USPD, aus dem Rat der Volksbeauftragten auszuscheiden. An ihre Stelle traten Gustav Noske und Rudolf Wissell, so daß die Regierung jetzt von der SPD allein gestellt wurde.[49] Der Regierungsaustritt der USPD-Vertreter verweist auf die zunehmende Unruhe innerhalb dieser Partei. In ihr kündigten sich bereits das Erstarken des linken Flügels und die Ausbreitung revolutionär-sozialistischer Strömungen sowie eine sich vertiefende Polarisierung innerhalb der USPD an. Dieser Prozeß machte es der Mehrheit der führenden Unabhängigen unmöglich, sich trotz ihrer Affinität zur SPD-Führung in den

46 Vgl. Drabkin, Die Novemberrevolution 1918 in Deutschland, a.a.O., S. 329 f, 332 ff.

47 Vgl. Ebd., S. 407 ff. GdA 3, S. 164 f. Aus dem Kreuzverhör W. Groeners im Dolchstoßprozeß, in: Berthold, Neef, Militarismus und Opportunismus gegen die Novemberrevolution, a.a.O., S. 207 f.

48 Vgl. Könnemann, Einwohnerwehren und Zeitfreiwilligenverbände, a.a.O., S. 74 f. Schulze, Freikorps und Republik, a.a.O., S. 72 f.

49 Vgl. Die Regierung der Volksbeauftragten, a.a.O., Tl. 2, S. 137 f, 143 f.

entscheidenden Fragen der Revolution an deren Politik weiterhin zu beteiligen.

Anfang Januar 1919 waren Regierung und Oberste Heeresleitung genügend gerüstet, um zum entscheidenden Schlag auszuholen. Um die Berliner Polizei ihrer Botmäßigkeit zu unterwerfen und um die Arbeiterschaft Berlins zu provozieren, erklärte die hierzu nicht befugte Regierung den Polizeipräsidenten Emil Eichhorn, einen Repräsentanten des linken Flügels der USPD, für abgesetzt. Die Berliner Arbeiter reagierten mit breiten Massenprotesten gegen diesen Handstreich, unter deren Eindruck die revolutionären Obleute, die Berliner USPD und die – am 29. Dezember 1918 aus dem Spartakusbund hervorgegangene – KPD zum Sturz der Regierung aufriefen.[50] Trotz einer Reihe von Solidaritätsaktionen in anderen Großstädten gelang es jedoch nicht, die Bewegung auf das übrige Reichsgebiet auszudehnen. Nur in Bremen schloß sich der dortige Arbeiter- und Soldatenrat an und proklamierte die Räterepublik.[51] Ansonsten sah sich Berlin jedoch weitgehend allein der zum Handeln entschlossenen Gegenrevolution gegenüber. Da die führenden Berliner Unabhängigen nunmehr zu schwanken begannen, die Masse der Soldaten aber und sogar selbst die Volksmarinedivision sich der Bewegung fernhielten, traf der Angriff der Regierungstruppen unter dem Oberbefehl Gustav Noskes auf keine geschlossene und einheitliche Abwehrfront. Die zahlenmäßig unterlegenen und schlechtbewaffneten Verteidiger, die sich insbesondere im Zeitungsviertel verschanzt hatten, waren der Übermacht nicht lange gewachsen. Trotz ihres erbitterten Widerstands befand sich ganz Berlin nach wenigen Tagen unter Kontrolle der Freikorps. Diese errichteten ein brutales Mord- und Terrorregiment. Daß dies von den Volksbeauftragten und der Parteiführung der SPD durchaus einkalkuliert war, zeigt allein schon die berüchtigte Äußerung, mit der Noske den Oberbefehl

50 Vgl. Dokumente und Materialien zur Geschichte der deutschen Arbeiterbewegung, Reihe II, Band 3, Berlin 1958, S. 9 f, 11. Zu den Januarkämpfen in Berlin vgl. Drabkin, Die Novemberrevolution 1918 in Deutschland, a.a.O., S. 483 ff. GdA 3, S. 183 ff. Illustrierte Geschichte der deutschen Revolution, a.a.O., S. 273 ff.

51 Drabkin, a.a.O., S. 531 ff. GdA 3, S. 188. Peter Kuckuk (Hrsg.), Revolution und Räterepublik in Bremen, Frankfurt/M. 1969, S. 23 ff, 52 f, 53 f.

52 Noske, Von Kiel bis Kapp. Zur Geschichte der deutschen Revolution, Berlin 1920, S. 68.

über die Regierungstruppen akzeptiert hatte: »Meinetwegen! Einer muß der Bluthund werden, ich scheue die Verantwortung nicht!«[52]

Am Abend des 15. Januar fielen Karl Liebknecht und Rosa Luxemburg in die Hände der Regierungstruppen. Als Führern von Spartakusbund und KPD galt ihnen der besondere Haß der Gegenrevolution, die bereits seit Wochen offen zum Mord an ihnen aufrief. Am 13. Januar war sogar im »Vorwärts«, dem unter der Chefredaktion Friedrich Stampfers stehenden Zentralorgan der SPD, jenes Gedicht eines Artur Zickler erschienen, das mit den Worten endete: »Vielhundert Tote in einer Reih – Proletarier! Karl, Rosa, Radek und Kumpanei – es ist keiner dabei, es ist keiner dabei! Proletarier!«[53] Dem sollte abgeholfen werden. In der Nacht vom 15. zum 16. Januar 1919 wurden Karl Liebknecht und Rosa Luxemburg von Offizieren der Gardekavallerieschützendivision ermordet. Den Januarkämpfen in Berlin, der blutigen Niederschlagung der Berliner Arbeiter, der Ermordung Karl Liebknechts und Rosa Luxemburgs und Dutzenden weiterer Morde folgte ein ähnliches Nachspiel in vielen Städten des Reichs.[54] Diese Ereignisse entschieden nicht nur das Ergebnis der Revolution, sondern bereiteten zugleich die Wahlen zur Nationalversammlung und die endgültige Konstituierung der bürgerlichen Republik vor. Zwar kam es noch während des ganzen Frühjahrs 1919 zu heftigen Auseinandersetzungen. In ihrem Verlauf wurde im März in Berlin mit Leo Jogiches ein weiterer führender Vertreter der KPD ermordet.[55] Ihren Höhepunkt und Abschluß fanden sie in der Zerschlagung der Münchner Räterepublik

53 Das Leichenhaus, Vorwärts vom 13. Januar 1919. Karl Radek war Mitglied der sowjetischen Delegation, die auf Einladung des Vollzugsrats am Reichsrätekongreß teilnehmen sollte. Nachdem die Volksbeauftragten der sowjetischen Delegation die Einreise verweigert hatten, überschritt Radek illegal die Grenze. Er trat auf dem Gründungsparteitag der KPD auf und hielt sich seitdem in Berlin auf. Er hatte vor einem Aufstandsversuch gewarnt und der KPD sogar empfohlen, den Arbeitern von einer aussichtslosen Erhebung abzuraten. Vgl. Illustrierte Geschichte der deutschen Revolution, a.a.O., S. 282.

54 Vgl. Drabkin, Die Novemberrevolution 1918 in Deutschland, a.a.O., S. 538. GdA 3, S. 215 f. Illustrierte Geschichte der deutschen Revolution, a.a.O., S. 314 f, 320 ff. Kuckuk (Hrsg.), Revolution und Räterepublik in Bremen, a.a.O., S. 30 f. Rudolf Lindau, Revolutionäre Kämpfe 1918–1919. Aufsätze und Chronik, Berlin 1960, S. 68 ff, 101 ff.

55 Vgl. GdA 3, S. 217. Lindau, Revolutionäre Kämpfe, a.a.O., S. 142 f.

bis zum 1. Mai 1919.[56] Drückte sich in diesen Bewegungen und Massenkämpfen auch eine einsetzende Linksentwicklung in der Arbeiterklasse aus, so blieben sie doch noch immer weitgehend ohne einheitliche zentrale Führung und konnten deshalb isoliert voneinander der Reihe nach von Regierungstruppen unterdrückt werden. Am Resultat der Revolution vermochten sie somit nichts mehr zu ändern.

Die Revolution hatte also mit einer Niederlage der sozialistischen Arbeiterbewegung geendet. Zwar konnte sie eine veränderte Staats- und Regierungsform herbeiführen, doch wurden weder eine Sozialisierung der Großbetriebe noch eine Beseitigung des Großgrundbesitzes und eine Bodenreform erreicht. Auch eine tatsächliche Demokratisierung des staatlichen Bereichs wurde verhindert. Damit blieben nicht nur die sozialökonomischen Machtgrundlagen von Großkapital und Großagrariern, sondern auch deren politische Vormachtstellung gewahrt. Sie behielten ihre Schlüsselpositionen in Militär, Polizei, Justiz und Verwaltung. Dies wurde der Republik schließlich zum Verhängnis, denn damit blieben die wesentlichen staatlichen Bereiche von Kräften beherrscht, die überwiegend sogar der bürgerlich-parlamentarischen Demokratie feindselig gegenüberstanden und sich nur unter dem Druck der Revolution zu ihrer Duldung bereitgefunden hatten. Andererseits hatte die Revolution aber wichtige politische Rechte und soziale Errungenschaften durchsetzen können: Allgemeines, gleiches und geheimes Wahlrecht für alle parlamentarischen Körperschaften, Frauenwahlrecht, Streikrecht, Koalitions-, Versammlungs- und Pressefreiheit, Anerkennung der Gewerkschaften, Verbindlichkeit von Tarifverträgen, Achtstundentag und staatliche Erwerbslosenfürsorge. Zwar handelte es sich dabei um Reformen, die den bürgerlichen Rahmen nicht überschritten, doch konnten sie der Arbeiterbewegung im Sinne eines verbesserten Kampfbodens bei der Verwirklichung ihrer weiterreichenden sozialistischen Ziele dienen. Deshalb entzündete sich schon frühzeitig der

56 Zur (zweiten) Räterepublik in München und ihrer Niederschlagung vgl. Hans Beyer, Von der Novemberrevolution zur Räterepublik in München, Berlin 1957, S. 93–138. Allan Mitchell, Revolution in Bavaria 1918–1919. The Eisner Regime and the Soviet Republic, Princeton 1965, S. 318–331. Helmut Neubauer, München und Moskau 1918/1919. Zur Geschichte der Rätebewegung in Bayern, München 1958, S. 64–92.

Konflikt um Erhaltung und Ausbau oder Einschränkung und Beseitigung der politischen und sozialen Revolutionserrungenschaften.

Die Parteiführung der SPD und insbesondere ihre Vertreter, die am Vorabend und während der Revolution in Staatsämter eingerückt waren, trugen unter der Losung, ein »bolschewistisches Chaos«[57] zu vermeiden, wesentlich zur Verhinderung einer gesellschaftlichen Umwälzung und zur Absicherung der bestehenden Macht- und Herrschaftsverhältnisse bei. Sie waren ein Bündnis mit dem gegenrevolutionären Militärapparat und der kaiserlichen Bürokratie eingegangen und hatten an deren Festigung entscheidend mitgewirkt. Um diese Politik vor ihren Anhängern zu legitimieren, beanspruchten sie die Teilerfolge der Revolution als Resultat ihrer eigenen Tätigkeit. Auf diese Weise verdeckten sie den fundamentalen Zusammenhang zwischen der sich entfaltenden Massenbewegung und der plötzlich erwachenden Bereitschaft der herrschenden Klassen, unvermeidbare Zugeständnisse hinzunehmen.

Die gegenrevolutionäre Rolle der Führungsgruppen der SPD wurde begünstigt durch das Verhalten einer Mehrheit der maßgeblichen Vertreter der USPD. Diese deckten aufgrund eigener Konzeptionslosigkeit in der ersten Phase der Revolution die Beschwichtigungs- und Hinhalteparolen gegenüber den spontanen sozialistischen Hoffnungen der Massen ab. Auf dem Reichsrätekongreß wirkten sie mit den führenden Repräsentanten der SPD in der entscheidenden Frage der Nationalversammlung zusammen. Die unabhängigen Volksbeauftragten waren zwar durch die Verhältnisse innerhalb der eigenen Partei gezwungen, aus der Regierung auszutreten, als sich deren Bestrebungen, die Revolution gewaltsam zu beenden, nach dem Reichsrätekongreß verschärften. Doch vertrat die Parteiführung der USPD auch jetzt keine politische Alternative, die der Weiterentwicklung der Revolution gedient hätte.

57 Dokumente und Materialien, Reihe II, Band 2, a.a.O., S. 253.

2. *Rolle und Funktion der Sozialdemokratie in der Weimarer Republik*

In den Wahlen zur Nationalversammlung spiegelte sich bereits das durch die Niederlage der Revolution veränderte politische Kräfteverhältnis. Sie erbrachten eine Mehrheit für die bürgerlichen Parteien. Während sich die KPD nicht an den Wahlen beteiligte, erzielten SPD und USPD knapp 46 Prozent der abgegebenen Stimmen. Davon entfielen etwa 38 Prozent auf die SPD.[58] Die große Mehrheit der Arbeiter stand also noch hinter der SPD. Mit der neuerlichen Festigung der Staatsmacht wurde jedoch offenkundig, daß die Errichtung der Republik an den realen Machtverhältnissen nichts geändert hatte. Ebenso wurde evident, daß damit auch alle Sozialisierungshoffnungen vorläufig gescheitert waren. Die Enttäuschung hierüber und die fortgesetzten Erfahrungen mit der unvermindert repressiven Politik der in maßgebliche Staats- und Regierungspositionen aufgerückten führenden Vertreter der SPD gegenüber den Massenbewegungen der Jahre 1919 und 1920, die auf Absicherung und Erweiterung der Errungenschaften der Revolution angelegt waren, beschleunigten die nunmehr in der Arbeiterklasse einsetzende Linksentwicklung. Diese kam nicht unmittelbar der KPD zugute, sondern führte zunächst zu einem immensen Erstarken der USPD. Bis Sommer und Herbst 1920 war die USPD sowohl an Mitgliedern als auch an Wählerstimmen der SPD nahezu ebenbürtig geworden. Ihre Mitgliederzahl stieg von knapp 100 000 im November 1918 auf 300 000 im Januar 1919, 750 000 im Dezember 1919 und 890 000 im Oktober 1920.[59] Die SPD wuchs ihrerseits im gleichen Zeitraum von etwa 250 000 auf rund 1,2 Millionen Mitglieder.[60] Der Schluß liegt nahe, daß sie sich bei Schichten, welche sich bislang der Arbeiterbewegung ferngehalten hatten, neue Mitgliederreserven erschlos-

58 Vgl. Alfred Milatz, Wähler und Wahlen in der Weimarer Republik, Bonn 1965, S. 37.

59 Vgl. Richard N. Hunt, German Social Democracy 1918–1933, New Haven, London 1964, S. 198. Eugen Prager, Geschichte der USPD. Entstehung und Entwicklung der Unabhängigen Sozialdemokratischen Partei Deutschlands, Berlin 1921, S. 207.

60 Vgl. Hunt, German Social Democracy, a.a.O., S. 100. Siegfried Vietzke, Heinz Wohlgemuth, Deutschland und die deutsche Arbeiterbewegung in der Zeit der Weimarer Republik 1919–1933, Berlin 1966, S. 324.

sen hatte. Demgegenüber folgte ein großer Teil der alten sozialdemokratischen Mitglieder und Kader aus der Vorkriegszeit der USPD. Ähnlich ging ein erheblicher Teil des sozialdemokratischen Wählerstamms zur USPD über. Bei den Wahlen zum ersten Reichstag vom Juni 1920 wurde die USPD in zahlreichen traditionellen industriellen Hochburgen der Sozialdemokratie zur stärksten Arbeiterpartei. Insgesamt verdoppelte sich ihre Stimmenzahl, während die SPD etwa die Hälfte ihrer Wähler verlor.[61] In Teilen der freien Gewerkschaften, insbesondere im Deutschen Metallarbeiter-Verband, verfügte die USPD über starken Einfluß.[62] Sie hatte sich somit nach der Novemberrevolution zu einem maßgeblichen Faktor in der deutschen Arbeiterbewegung entwickelt.

Gleichwohl war die USPD die labilste der drei Parteien, die aus der Vorkriegssozialdemokratie hervorgegangen waren. Durch den massenhaften Zustrom hochgradig politisierter Arbeiter und das Erstarken des linken Parteiflügels wurde die von Anfang an bezeichnende Differenzierung innerhalb der USPD verstärkt. Ihr politischer Charakter als Sammelbecken gegensätzlicher Strömungen trat immer stärker hervor. Die Führungsgruppen der USPD hatten während der Revolution in entscheidenden Fragen prinzipiell gleichartige Positionen bezogen wie die Parteiführung der SPD. Dies galt insbesondere hinsichtlich der verfassunggebenden Nationalversammlung. Die Mehrheit der führenden Unabhängigen trat ebenfalls für deren Konstituierung ein, wollte die Nationalversammlung allerdings verbinden mit der Weiterexistenz der Arbeiterräte.[63] Wie die SPD-Führung wandte sie sich mit der Begründung, zuerst müsse das Wirtschaftsleben wieder in Gang kommen, gegen die Sozialisierung der Großunternehmen in Bankwesen, Industrie und Handel.

61 Vgl. George Eliasberg, Der Ruhrkrieg von 1920, Bonn-Bad Godesberg 1974, S. 254. Cuno Horkenbach (Hrsg.), Das Deutsche Reich von 1918 bis heute (Bd. 1), Berlin 1930, S. 405–418. Milatz, Wähler und Wahlen in der Weimarer Republik, a.a.O., S. 151.

62 Vgl. Hunt, German Social Democracy, a.a.O., S. 196 f. Fritz Opel, Der Deutsche Metallarbeiter-Verband während des ersten Weltkrieges und der Revolution, Hannover, Frankfurt/M. 1962, S. 65 ff, 91, 97 ff.

63 Vgl. Eberhard Kolb, Die Arbeiterräte in der deutschen Innenpolitik 1918–19, a.a.O., S. 164 ff. Peter von Oertzen, Betriebsräte in der Novemberrevolution, Düsseldorf 1963, S. 199 f. Tormin, Zwischen Rätediktatur und sozialer Demokratie, a.a.O., S. 71 ff, 84 ff.

Zwar wurden Bergbau und Schwerindustrie für »reif« zur Sozialisierung gehalten, doch nahm beispielsweise Rudolf Hilferding in seinem Referat auf dem Reichsrätekongreß alle übrigen Wirtschaftszweige und sogar die Großbanken hiervon ausdrücklich aus.[64] In einer Situation, in der die politische und wirtschaftliche Macht des Großkapitals noch geschwächt war, hielt auch die USPD-Führung in ihrer Mehrheit energische Sozialisierungsmaßnahmen für nicht angeraten. Solche Eingriffe wollte sie bis zu einer wirtschaftlichen Rekonsolidierung verschoben wissen, die bei unveränderten gesellschaftlichen Bedingungen aber notwendigerweise ein Wiedererstarken großkapitalistischer Kräfte bedeuten mußte und somit sozialistischen Maßnahmen den Boden entzog. Dementsprechend gingen die unabhängigen Volksbeauftragten, trotz gelegentlicher Reibungen, mit den Regierungsvertretern der SPD in zentralen praktischen Entscheidungen weitgehend einig. Stärker noch als bei der SPD wurde dieses politische Verhalten jedoch durch eine radikal anmutende Sprache verdeckt.

Wenn sich trotzdem SPD und USPD seit Ende 1918 immer mehr auseinanderentwickelten und die politischen Differenzen zwischen beiden Parteien zunahmen, so lag dies daran, daß die linken Tendenzen innerhalb der USPD rasch an Boden gewannen und sich ihrerseits zugleich in revolutionär-sozialistischer Richtung weiterentwickelten. Noch Mitte Dezember 1918 hatte sich eine Generalversammlung der Berliner USPD, in welcher linke Kräfte starken Einfluß hatten, für die Nationalversammlung ausgesprochen und die Vorbereitung der Wahlen zur politischen Hauptaufgabe der USPD erklärt.[65] Anfang März 1919 verabschiedete ein außerordentlicher Parteitag der USPD in Berlin eine »Programmatische Kundgebung«, in deren Widersprüchen der sich anbahnende Wandel der innerparteilichen Verhältnisse bereits sichtbar wird. Das Dokument bekannte sich einerseits zu den Räten, forderte aber gleichzeitig ihre Einordnung in die Verfassung.[66] Es lehnte die Räte also nicht rund-

64 Vgl. Allgemeiner Kongreß der Arbeiter- und Soldatenräte Deutschlands, a.a.O., S. 156 ff, 171 f.

65 Vgl. GdA 3, S. 155. Dokumente und Materialien, Reihe II, Band 2, a.a.O., S. 607. Kolb, Die Arbeiterräte, a.a.O., S. 166 f.

66 Vgl. Unabhängige Sozialdemokratische Partei Deutschlands. Protokoll über die

weg ab, ging aber noch von ihrer Unterordnung unter die Nationalversammlung aus. Dagegen findet sich im Aktionsprogramm der USPD, welches ein Parteitag in Leipzig Ende 1919 verabschiedete, das eindeutige Bekenntnis zur revolutionären Eroberung der politischen Macht in Gestalt der Räte.[67] Daneben beschloß der Parteitag, Beitrittsverhandlungen mit der Kommunistischen Internationale aufzunehmen.[68] Die Frage des Verhältnisses zur Kommunistischen Internationale wurde immer mehr zum Kristallisationspunkt des innerparteilichen Polarisierungsprozesses. An ihr sollte sich schließlich die Unvereinbarkeit zentristisch-reformistischer und revolutionär-sozialistischer Komponenten der USPD erweisen. Als sich die Mehrheit der Delegierten des Parteitags, der im Oktober 1920 in Halle stattfand, nach heftigen Debatten für den Beitritt zur Kommunistischen Internationale und damit auch für die Vereinigung mit der KPD entschied, verließ die rechte Minderheit den Parteitag und vollzog die organisatorische Spaltung.[69] Dem Parteitag waren entsprechende Auseinandersetzungen auf allen Organisationsebenen voraufgegangen. Damit war die Voraussetzung für die Vereinigung der USPD-Linken mit der KPD im Dezember 1920 geschaffen.[70]

Obwohl der rechten Rest-USPD die große Mehrheit von Reichstagsfraktion, Parteiapparat und Parteizeitungen verblieb, konnte sie keine selbständige politische Rolle spielen. Ihre Führungsgruppen näherten sich zunehmend der SPD an. Somit stand der schließlichen Fusion im September 1922 nichts mehr im Wege.[71] Mit dem Anschluß der Rest-USPD an die SPD hatte sich der sozialdemokratische Reformismus wieder in einer gemeinsamen Organisation zusammengefunden. Die USPD hatte auf Dauer keine selbständige Existenz quasi als dritte Kraft in der Arbeiterbewegung zwischen dem Reformismus der SPD und dem revolutionären marxistischen

Verhandlungen des außerordentlichen Parteitages vom 2. bis 6. März 1919 in Berlin, Berlin o.J., S. 3 f.

67 Vgl. Unabhängige Sozialdemokratische Partei Deutschlands. Protokoll über die Verhandlungen des außerordentlichen Parteitages in Leipzig vom 30. November bis 6. Dezember 1919, Berlin o.J., S. 532.

68 Vgl. ebd., S. 534 f.

69 Vgl. Prager, Geschichte der USPD, a. a. O., S. 223 ff.

70 Vgl. GdA 3, S. 306 ff.

71 Vgl. GdA 3, S. 366 f. Hunt, German Social Democracy, a.a.O., S. 204 ff.

Sozialismus der KPD zu führen vermocht. In einem mehrjährigen Prozeß erwies sie sich vielmehr als Übergangs- und Durchgangsstadium zu einer dieser beiden Grundrichtungen. Von den Mitgliedern der USPD schlossen sich 200 000–300 000 der KPD an,[72] etwa 200 000 folgten der Parteirechten zur SPD.[73]

Wenige Tage nach ihrem Zusammentritt, Anfang Februar 1919, wählte die Nationalversammlung Friedrich Ebert zum Reichspräsidenten. Kurz danach wurde eine neue Reichsregierung gebildet, der Philipp Scheidemann als Kanzler vorstand.[74] Sie beruhte auf der »Weimarer Koalition« zwischen der SPD und den Parteien der bürgerlichen Mitte, der Deutschen Demokratischen Partei (DDP) und dem Zentrum. Ähnliche Regierungskonstellationen ergaben sich in den meisten Ländern, so vor allem in Preußen. Eine starke Stellung gewann die SPD auch in zahlreichen Kommunen. In der gemeinsamen Regierungsbildung mit bürgerlichen Parteien und in der Regierungspräsenz der SPD in Reich und Ländern drückte sich die neue Stellung zum und im herrschenden politischen System aus. Allein aufgrund der parlamentarischen Regierungsform hatte der Weimarer Staat für die sozialdemokratische Parteiführung seinen bürgerlichen Klassencharakter verloren. Obwohl sich die realen Machtverhältnisse nicht geändert hatten, sah man in ihm die langjährige Forderung der Arbeiterbewegung nach der demokratischen Republik schon verwirklicht. Mit Errichtung der bürgerlich-parlamentarischen Republik habe sich der »Obrigkeitsstaat« zur Demokratie gewandelt. Demzufolge erschien auch der Übergang zum Sozialismus nur noch als eine Frage parlamentarischer Mehrheiten. Kurz- wie langfristige sozialdemokratische Ziele schienen sogar nurmehr mit Hilfe des Weimarer Staates und seiner Indienstnahme durch die SPD

72 Vgl. Ossip K. Flechtheim, Die KPD in der Weimarer Republik, Frankfurt/M. 1969, S. 157, 347. GdA 3, S. 310. Vietzke, Wohlgemuth, Deutschland und die deutsche Arbeiterbewegung in der Zeit der Weimarer Republik, a.a.O., S. 324. Hermann Weber, Die Wandlung des deutschen Kommunismus. Die Stalinisierung der KPD in der Weimarer Republik, 2 Bde., Frankfurt/M. 1969, Bd. 1, S. 40, 362. Die Differenzen in den Zahlenangaben ergeben sich vermutlich aus der Differenz von erfaßten und zahlenden Mitgliedern. Ähnliches gilt für die Zahl der sich der SPD anschließenden Mitglieder der Rest-USPD.

73 Vgl. Hunt, German Social Democracy, a.a.O., S. 100, 202 f.

74 Vgl. Horkenbach (Hrsg.), Das Deutsche Reich von 1918 bis heute, Bd. 1, a.a.O., S. 54 f.

realisierbar. Seine Festigung galt somit als wesentliche Aufgabe der SPD.

Seit Weltkrieg und Novemberrevolution war die Klassenzusammenarbeit mit liberalisierenden Kräften des Großkapitals, welche angesichts erstarkender revolutionär-sozialistischer Bestrebungen in der Arbeiterklasse ihrerseits flexiblere Herrschaftsmethoden und eine Kooperation mit den Führungsgruppen der SPD für tunlich hielten, zur Maxime (mehrheits-)sozialdemokratischer Politik geworden. Diese Ausrichtung verfestigte sich noch in der Weimarer Republik. Vor allem in politischen Krisensituationen wurde deutlich, daß demzufolge Systemstabilisierung das bestimmende Moment in der Politik der sozialdemokratischen Führungsgruppen war. Ebenso dominierte dann eine gegen selbständige Aktivitäten der Arbeiterklasse gerichtete repressive Komponente als notwendige Begleiterscheinung systemstabilisierender Politik. In gesellschaftlichen Ruhelagen dagegen knüpfte die sozialdemokratische Politik an Tagesbedürfnissen der Lohnabhängigen an. Auch unter politisch und ökonomisch stabilen Bedingungen fand diese partielle Interessenvertretung indes stets dort ihre Grenze, wo sie durch ernsthafte Konflikte mit ihren bürgerlichen Partnern die Bündnisfähigkeit der SPD in Frage gestellt hätte.

Eine grundsätzliche Ausrichtung auf Klassenzusammenarbeit lag allen – je nach Situation wechselnden – Formen der Politik der sozialdemokratischen Parteiführung zugrunde. Den Bedingungen eines parlamentarischen Systems entsprechend handelte es sich dabei um »Koalitionspolitik«, »Tolerierungspolitik« und parlamentarische Oppositionspolitik. Während mit Tolerierungspolitik eine zumindest indirekte parlamentarische Unterstützung bürgerlicher Regierungen bezeichnet wurde, bezog sich der Begriff Koalitionspolitik auf die gemeinsame Regierungsbildung mit den Parteien der bürgerlichen Mitte und schließlich sogar mit der rechtsgerichteten Deutschen Volkspartei (DVP). In der Frage sozialdemokratischer Regierungsbeteiligung prägten sich Grundlagen und Prinzipien der von der SPD-Führung vertretenen Politik besonders deutlich aus. Die Kriterien, nach denen diese Frage zu entscheiden sei, kleidete der Berichterstatter des Parteivorstands, Franz Krüger, auf dem sozialdemokratischen Parteitag in Görlitz von 1921 in die geradezu klassischen Worte: »Wenn heute noch manche Parteigenossen die Frage des Eintritts in eine Regierung von dem Gesichtspunkte aus betrachten, daß die Sozialdemokratie nur in eine Regierung hineingehen kann, um bestimmte Forderungen durchzusetzen, daß sie wieder aus der Regierung austreten kann, wenn die Voraussetzungen nicht mehr bestehen, so war das vielleicht früher gerechtfertigt, wo die Regierung vollkommen unabhängig vom Parlament war. Aber heute, wo nach der republikanisch-demokratischen Verfassung jede Regierungsmacht vom Volke ausgeht, ist diese Einstellung nicht mehr möglich. (. . .) Die Sozialdemokratie ist heute ein Faktor allerersten Ranges in Deutschland. Sie vertritt in den arbeitenden Schichten die Grundlage unseres ganzen wirtschaftlichen und staatlichen Lebens. Sie vertritt den Kreis der Bevölkerung, der zur Mitarbeit im und am Staate herangezogen werden muß, wenn wir zu gesunden politischen Verhältnissen kommen wollen.«[75] Die Entscheidung über einen möglichen Regierungseintritt wurde also nicht vom Ausgangspunkt der Interessen der Lohnabhängigen her gefällt, sondern unter dem Gesichtspunkt der Stützung des Weimarer Staates durch die sozialdemokratisch orientierten Teile der Arbeiterklasse und der Klassenzusammenarbeit. Diese Ausrichtung wirkte aber auch bei formeller sozialdemokratischer Oppositionsstellung im Reich, zumal die SPD im weitaus größten und bedeutendsten Land, Preußen, von einer halbjährigen Unterbrechung 1921 abgesehen, durchgängig bis Juli 1932 führend in der Regierung vertreten war.[76]

Die Tätigkeit führender Sozialdemokraten in Regierungs- und Staatspositionen zielte auf Systemstabilisierung und Klassenzusammenarbeit. Sie richtete sich nicht an der sozialen Basis der SPD und deren gesellschaftlichen Interessen aus. Auf dieser Grundlage stellte die Übernahme einflußreicher staatlicher Funktionen kein einseitiges Eindringen der SPD in den Staatsapparat dar, sondern ermöglichte umgekehrt ebenso ein Eindringen des bürgerlichen Staats in die SPD. Im Verlauf dieses wechselseitigen Prozesses bil-

75 Protokoll über die Verhandlungen des Parteitages der Sozialdemokratischen Partei Deutschlands, abgehalten in Görlitz vom 18. bis 24. September 1921, Berlin 1921, S. 146 f.

76 Vgl. Vietzke, Wohlgemuth, Deutschland und die deutsche Arbeiterbewegung in der Zeit der Weimarer Republik, a.a.O., S. 366 f.

dete sich innerhalb der SPD eine Personengruppe heraus, die eng mit bürgerlichen Staatsinteressen verbunden war und die Politik der Partei entscheidend beeinflußte. Dies war auch dann der Fall, wenn solche Personen keine leitenden Parteiämter ausübten.

Die Politik der Weimarer SPD war keine zwangsläufige Folge einer zentralisierten Parteiorganisation mit ihren zahlreichen Nebenorganisationen und einem entsprechenden hauptamtlichen Funktionärskörper. Sie kann auch nicht damit erklärt werden, daß sich die »Sorge«, die Organisation »vor Gefahren der Vernichtung zu schützen (. . .) zum Selbstzweck«[77] verselbständigt habe. Sie findet ihre wichtigste Erklärung vielmehr in der Verflechtung sozialdemokratischer Führungsgruppen mit bürgerlichen Staatsinteressen, in der Unterordnung der SPD unter das bürgerliche Herrschaftssystem und in der deswegen gewandelten politisch-sozialen Funktion der sozialdemokratischen Organisation. Davon lenkt eine Kritik nur ab, welche die sozialdemokratische Politik nach 1918 aus einer organisationssoziologischen Eigengesetzlichkeit herzuleiten versucht, der jede soziale Bewegung unterliege, sobald sie sich in zentralisierten Organisationen institutionalisiere.

Darüber hinaus verkennt eine solche Kritik, daß das breit entfaltete und – zumindest zeitweilig – auf aktiver Massenpartizipation

77 Sigmund Neumann, Die deutschen Parteien. Wesen und Wandel nach dem Kriege, Berlin 1932, S. 31. Eine solche Erklärung mag zwar durch die Argumentation, welche die Parteiführung zur Legitimation vor ihren Anhängern oftmals vortrug, teilweise als gerechtfertigt erscheinen. Dennoch traf das Gegenteil zu. Wäre Sorge um die Organisation die bestimmende Triebkraft der sozialdemokratischen Führung gewesen, so hätte diese ihre Politik spätestens ab 1930 radikal umstellen müssen. Sie hat dies nicht getan und damit selbst die Partei der Vernichtung preisgegeben, da nicht Sorge um deren Rettung, sondern Sorge um ihre künftige Bündnisfähigkeit gegenüber dem Großkapital und Antikommunismus die Politik der sozialdemokratischen Führungsgruppen bestimmten. Ähnliche Erklärungen wie bei Neumann finden sich auch bei zeitgenössischen linkssozialdemokratischen Kritikern. Vgl. Fritz Bieligk, Ernst Eckstein, Otto Jenssen, Kurt Laumann, Helmut Wagner, Die Organisation im Klassenkampf, Berlin-Britz o.J. (Neudruck: Frankfurt/M. 1967; darin vor allem die Beiträge von Bieligk, Die Entwicklung der sozialdemokratischen Organisation in Deutschland, a.a.O., S. 31–81; Wagner, Organisation und Klasse, a.a.O., S. 83–130; Laumann, Organisation und Apparat, a.a.O., S. 131–152). Eine solche Argumentation findet sich in der gegenwärtigen Literatur etwa bei Hans Mommsen, Die Sozialdemokratie in der Defensive: Der Immobilismus der SPD und der Aufstieg des Nationalsozialismus, in: Ders. (Hrsg.), Sozialdemokratie zwischen Klassenbewegung und Volkspartei, Frankfurt/M. 1974, S. 106–133, hier bes.: S. 117 ff, 131 ff.

beruhende[78] Organisationsleben der Weimarer SPD deren janusgesichtiger politischen Erscheinung entsprach. Die beinahe alle gesellschaftlichen Bereiche umfassende sozialdemokratische Organisationswelt war sowohl von den prokapitalistischen Führungsgruppen gehandhabtes Integrationsvehikel als auch Relikt der organisierten Arbeiterbewegung. Dementsprechend reflektierte sich etwa in der Organisationsverbundenheit sozialdemokratischer Arbeiter nicht einfach nur unpolitische »Vereinstreue«, sondern eben auch fehlgeleitete Einsicht in die Notwendigkeit organisierten gemeinsamen Auftretens und starker Organisationen. Dem entsprach eine latente Oppositionsbereitschaft gegenüber der Politik der Parteiführung. Diese Momente boten Ansatzmöglichkeiten zur Einbeziehung sozialdemokratischer Organisationen in außerparlamentarische Massenaktionen der Arbeiterbewegung. Solche Erwägungen gehen in die erwähnte Organisationskritik, die sich außerdem oftmals nur gegen den sozialdemokratischen Parteiapparat richtet und die staatlichen Funktionsträger der SPD ausspart,[79] nicht ein. Diese Kritik stellt letztendlich die potentiellen Vorteile einer straff organisierten und zentralisierten Arbeiterpartei – nämlich erhöhte Aktionsfähigkeit und Schlagkraft durch einheitliches Handeln – generell in Frage, indem sie gewöhnlich von Programmatik, Funktion und politischer Ausrichtung der jeweiligen Organisation abstrahiert. Darüber hinaus richtet sie sich gegen die politische und organisatorische Selbständigkeit der Arbeiterbewegung überhaupt.

Die von der SPD-Führung praktizierte Klassenzusammenarbeit setzte die parlamentarische Regierungsform voraus und wurde auf sozialdemokratischer Seite als Versuch zu deren Absicherung gewertet. Dennoch waren führende Sozialdemokraten bereit, Einschränkungen der parlamentarischen Ordnung zu dulden oder sogar zu befürworten, wenn sie zum Hindernis der Systemstabilisierung

78 Vgl. Eugen Varga (Hrsg.), Die sozialdemokratischen Parteien. Ihre Rolle in der internationalen Arbeiterbewegung der Gegenwart, Hamburg 1926, S. 40 f.

79 Diese Organisationskritik wird von der Literatur, die an der gegenwärtigen SPD orientiert ist und von sozialliberalen Positionen her argumentiert, wieder vorgetragen. Sie konzentriert sich dabei auf den Parteiapparat. Zu Funktion und Kritik dieser Argumentation vgl. Georg Fülberth und Jürgen Harrer, Zur Kritik der sozialdemokratischen Hausgeschichtsschreibung, in: Blätter für deutsche und internationale Politik, Heft 5, 1975, S. 526–544, hier: S. 531 f. Heft 6, 1975, S. 660–677, hier: S. 666 f.

wurde. Solche Tendenzen machten sich vor allem in den Krisenjahren 1923 und 1930 bis 1933 bemerkbar. Derartige Anpassungsversuche beruhten aber auf illusionären Voraussetzungen. Denn wenn das Großkapital politisch stark genug war, seine offene Diktatur zu errichten, konnte es auch der Stützungsfunktion der sozialdemokratischen Führungsgruppen entraten und sich der sozialen und ökonomischen Zugeständnisse entledigen, die hiermit notwendig verbunden waren.

Die Verflechtung sozialdemokratischer Führungsgruppen mit dem bürgerlichen Staat bewirkte zugleich eine relative Differenzierung innerhalb der SPD-Führung selbst. Deren in Staats- und Regierungsämtern tätigen Repräsentanten waren gewöhnlich am meisten bereit, gegebenenfalls auch alltägliche Bedürfnisse der sozialdemokratischen Massenbasis zu verletzen. Ebenso konnten Beschränkungen der parlamentarischen Demokratie bei dieser Personengruppe am ehesten Zustimmung finden. Solch starres und rigoroses Verhalten konnte sich die Parteiführung im engeren Sinne nicht erlauben. Freilich führte dies keineswegs zu grundsätzlichen Konflikten. Dennoch entsprach der unterschiedlichen Stellung von maßgeblichen Staats- und Regierungsfunktionären einerseits, Parteiführung im engeren Sinne andererseits eine gewisse Differenzierung, die sich daraus ergab, daß die leitenden Parteigremien zu größerer Rücksichtnahme gegenüber der Partei und ihrer Massenbasis gezwungen waren. Bei Carl Legien – bis 1920 Vorsitzender des ADGB und einflußreiches Mitglied der Reichstagsfraktion – schlug sich dies in der Forderung nieder, die SPD dürfe nicht zum »Annex der Regierung« werden; vielmehr sei zu gewährleisten, »daß wir eine selbständige Partei bleiben«.[80] Solchen Erwägungen folgend erklärte sich der Kasseler Parteitag von 1920 damit einverstanden, daß die Mitgliedschaft im Parteivorstand bei Übernahme von Ministerämtern im Reich oder in Preußen ruhen solle.[81] Eine derartige Funktionstei-

80 Zit. nach: Susanne Miller, Die Sozialdemokratie in der Spannung zwischen Oppositionstradition und Regierungsverantwortung in den Anfängen der Weimarer Republik, in: Mommsen (Hrsg.), Sozialdemokratie zwischen Klassenbewegung und Volkspartei, a.a.O., S. 84–105, hier: S. 101.

81 Vgl. ebd. Protokoll über die Verhandlungen des Parteitages der Sozialdemokratischen Partei Deutschlands, abgehalten in Kassel vom 10. bis 16. Oktober 1920, Berlin 1920, S. 258 f.

lung verbesserte die Manövrierfähigkeit der Parteiführung gegenüber Oppositionsstimmungen an der Mitgliederbasis und erleichterte es ihr, Proteste gegen die Politik sozialdemokratischer Regierungsvertreter aufzufangen und zu kanalisieren. Ein ausgeprägtes Beispiel hierfür sind die Auseinandersetzungen um den Bau des Panzerkreuzers ›A‹ von 1928.[82]

Der gegenüber der Vorkriegszeit veränderten Stellung der SPD im politischen System und ihrer Profilierung zur systemerhaltenden »staatstragenden« Kraft entsprachen Modifikationen in Mitglieder- und Wählerstruktur der Sozialdemokratie. Nach der Novemberrevolution stieg die Mitgliederzahl zunächst sehr schnell wieder an. Sie lag schon 1920 bei 1,2 Millionen, stagnierte bis 1923 und war danach stark rückläufig. 1926 erreichte sie mit etwa 800 000 ihren Tiefpunkt und wuchs dann bis 1930 wieder auf eine Million.[83] Während ein erheblicher Teil der Mitglieder und Anhänger der alten Sozialdemokratie nach 1918 zur USPD abwanderte, schlossen sich der SPD – nach Aussage von Otto Wels, Mitglied des Parteivorstands – zahlreiche neue Mitglieder an, »die während des Krieges im konservativen, liberalen und alldeutschen Lager gestanden haben«.[84] Daneben mochte die langjährige Regierungspräsenz der SPD in Preußen und anderen Ländern sowie ihre starke Stellung in zahlreichen Kommunen für Angehörige des öffentlichen Dienstes eine Parteimitgliedschaft aus beruflichen Gründen als opportun erscheinen lassen. Insgesamt wurden Tausende[85] von SPD-Mitgliedern nicht nur auf der Spitzen-, sondern auch auf mittlerer und unterer Ebene mit dem Weimarer Staat verflochten. Außerdem war der nichtproletarische Mitgliederanteil gegenüber der Vorkriegssozialdemokratie angewachsen.[86] Daneben nahm die Zahl der hauptamtlich Beschäftigten der sozialdemokratisch beeinflußten Massenorganisationen (freie

82 Vgl. Anmerkungen 284 ff.

83 Vgl. Hunt, German Social Democracy, a.a.O., S. 100. Vietzke, Wohlgemuth, Deutschland und die deutsche Arbeiterbewegung in der Zeit der Weimarer Republik, a.a.O., S. 324.

84 Protokoll über die Verhandlungen des Parteitages der Sozialdemokratischen Partei Deutschlands, abgehalten in Weimar vom 10. bis 15. Juni 1919, Berlin 1919, S. 142.

85 Die vorliegenden Schätzungen hierzu weichen erheblich voneinander ab. Vgl. Anmerkung 87.

86 Vgl. Hunt, German Social Democracy, a.a.O., S. 204.

Gewerkschaften, Genossenschaften, Sport- und Kulturvereinigungen u. ä.) und Sozialeinrichtungen (Krankenkassen, Volksfürsorge u. ä.) stark zu.[87] Diese Institutionen waren aber in hohem Maße reformistisch geprägt. Ihre maßgeblichen Funktionäre waren gewöhnlich eng mit den Führungsgruppen der SPD verbunden. Dies schlug sich in einer entsprechenden Personalpolitik nieder. Zusammen bewirkten diese Entwicklungen, daß sich innerhalb der SPD die Basis reformistisch-integrationistischer Politik[88] wesentlich verbreiterte.

Im Jahr 1930, als die Mitgliederzahl der SPD erstmals seit 1923 wieder die Millionengrenze überschritt, gehörten nur noch 21 Prozent der Parteimitglieder seit mehr als fünfzehn Jahren der Sozialdemokratie an.[89] Dies bedeutet, daß nur rund ein Fünftel der Mit-

87 Auch die hierzu vorliegenden Zahlenangaben widersprechen sich stark. Vgl. Hunt, German Social Democracy, a.a.O., S. 56 f. Neumann, Die deutschen Parteien, a.a.O., S. 30, 122. Varga (Hrsg.), Die Sozialdemokratischen Parteien, a.a.O., S. 42 ff.

88 Unter Reformismus wird hier eine Strömung in der Arbeiterbewegung verstanden, die entweder die Interessen der lohnabhängig Arbeitenden mit der Aufrechterhaltung des kapitalistischen Systems verbinden will oder die von der bürgerlichen Gesellschaft und ihrem Staat vorgegebenen politischen Bedingungen bei der Wahl ihrer Mittel und Aktionsformen verabsolutiert. Demzufolge ließen sich zwei Hauptrichtungen des sozialdemokratischen Reformismus unterscheiden. Für die erste sind das möglichst reibungslose Funktionieren des Kapitalismus und seine politische und ökonomische Stabilität unabdingbare Voraussetzung für die Interessensicherung der Lohnabhängigen. Sie strebt zwar auch Reformen an, doch ordnet sie dies von vornherein dem Ziel der Stabilisierung und effektiveren Ausgestaltung des Kapitalismus unter. Diese Richtung wird hier als integrationistischer Reformismus oder auch als sozialliberal-integrativer Reformismus bezeichnet. Die zweite Richtung ließe sich »Reformsozialismus« oder sozialistisch optierender Reformismus nennen. Sie erkennt Klassengegensätze zwischen Lohnarbeit und Kapital für den ökonomischen Bereich an und erstrebt deshalb die Aufhebung des Privateigentums an Produktionsmitteln. Da für sie aber ebenso wie für die erste Richtung die bürgerliche Staatsmacht in einer parlamentarischen Ordnung ihren kapitalistischen Klassencharakter bereits verloren hat, beschränkt sie sich im politischen Kampf im wesentlichen auf parlamentarische Mittel und hofft, allein oder vorrangig auf dem Wege parlamentarischer Reformen ihr sozialistisches Ziel zu erreichen. Da sich die sozialistische Zielsetzung und die prinzipielle Beschränkung der politischen Mittel gegenseitig ausschließen, fällt diese Richtung im praktischen Ergebnis vor allem in politischen oder wirtschaftlichen Krisensituationen entweder mit der ersten zusammen, oder aber sie muß aufhören, reformistisch zu sein. Zu dieser Begriffsbildung vgl. Jürgen Harrer, Zur Typologie und Definition sozialdemokratischer Politik, in: Blätter für deutsche und internationale Politik, Heft 6, 1974, S. 569–581.

89 Vgl. Jahrbuch der Deutschen Sozialdemokratie für das Jahr 1930. Herausgegeben vom Vorstand der Sozialdemokratischen Partei Deutschlands, o.O. u.J. (Berlin 1931), S. 194 f.

gliedschaft in der Tradition der klassenkämpferischen sozialistischen Arbeiterbewegung erzogen war, während sich die Mehrheit erst der auf dem Boden der Burgfriedens- und Koalitionspolitik stehenden SPD angeschlossen hatte.

Aufschlußreich ist auch die Altersstruktur der Parteimitgliedschaft. Ebenfalls 1930 erreichte der Anteil der unter 25jährigen mit 7,8 Prozent der Gesamtmitgliederzahl nicht einmal den Anteil der über 60jährigen von 8,5 Prozent. Während der Anteil der 25- bis 30jährigen nur 10,3 Prozent betrug, machten demgegenüber die Altersgruppen der 30- bis 40jährigen 26,5 Prozent und der 50- bis 60jährigen 19,6 Prozent der Mitglieder aus.[90] Die SPD vermochte also die jüngere Generation und somit die Arbeiterjugend und die Jungarbeiter nur unzureichend anzusprechen. Dies lag freilich weniger an einem jugendlichen Irrationalismus,[91] sondern daran, daß die sozialdemokratische Politik diesen Gruppen als sozial besonders bedrohten Schichten der Arbeiterklasse wenig Erfolgsaussichten bei einer ernsthaften Besserung ihrer Lebenslage bot.

Trotz Verschiebungen gegenüber der Vorkriegssozialdemokratie lag der Mitglieder- und Wählerschwerpunkt der SPD weiterhin bei der Arbeiterklasse und anderen lohnabhängigen Schichten. Wiederum 1930 waren nach offizieller Parteistatistik 60 Prozent der Mitglieder Arbeiter und 10 Prozent Angestellte. Weitere 7 Prozent waren Beamte und Staatsbedienstete.[92] Etwa 80 Prozent aller Mitglieder waren freigewerkschaftlich organisiert.[93] Bei den Arbeitern dominierte die Gruppe der qualifizierten Industriearbeiter, ungelernte Arbeiter waren dagegen nur schwach, Landarbeiter minimal vertreten. Bei den sozialdemokratischen Wählern dürfte der Arbeiteranteil noch höher gewesen sein als bei den Mitgliedern.[94] In der Arbeiterklasse waren aber auch bei solchen Teilen, die sozialdemo-

90 Vgl. ebd., S. 195.

91 So Mommsen, Die Sozialdemokratie in der Defensive, in: Ders. (Hrsg.), Sozialdemokratie zwischen Klassenbewegung und Volkspartei, a.a.O., S. 127 ff.

92 Vgl. Jahrbuch der Deutschen Sozialdemokratie für das Jahr 1930, a.a.O., S. 194. Zur sozialen Zusammensetzung der Mitgliedschaft vgl. auch Varga (Hrsg.), Die sozialdemokratischen Parteien, a.a.O., S. 42 ff.

93 Vgl. Varga (Hrsg.), Die sozialdemokratischen Parteien, a.a.O., S. 35, 43 f.

94 Vgl. Hunt, German Social Democracy, a.a.O., S. 129 f. Varga (Hrsg.), Die sozialdemokratischen Parteien, a.a.O., S. 45.

kratisch orientiert waren, sozialistische Vorstellungen massenrelevant geblieben. Dieses Moment wurde in der SPD durch den Anschluß der Rest-USPD noch verstärkt. Da außerdem die Kommunistische Partei nach der Vereinigung mit der USPD-Linken zu einer Massenpartei und einem maßgeblichen Faktor in der Arbeiterbewegung geworden war, war eine vollständige Revision sozialistischer Zielansprüche in der sozialdemokratischen Programmatik nicht möglich. Deshalb findet sich während der Weimarer Republik das Bekenntnis zum Weimarer Staat durchgängig verknüpft mit dem parteioffiziellen Bekenntnis zum Sozialismus. Alle programmatischen Äußerungen der Weimarer SPD fußten auf diesem Gegensatz von Ökonomie und Politik. Während sie den wirtschaftlichen Bereich für kapitalistisch beherrscht und (mit Abstrichen im Görlitzer Programm von 1921) geprägt vom Klassengegensatz von Lohnarbeit und Kapital hielten, sahen sie im staatlichen Bereich die kapitalistische Macht für aufgehoben an. Der Sozialismusbegriff selbst und das sozialistische Endziel verschwammen freilich in der Parteitheorie immer mehr und wurden so schließlich zur bloßen Chimäre.

Die sozialdemokratisch orientierten Lohnabhängigen folgten der SPD nicht wegen der prokapitalistischen Ausrichtung von Parteiführung und Funktionären im Staatsapparat, sondern aus dem Wunsch heraus, ihre gesellschaftliche Lage positiv zu beeinflussen. Somit prägte sich innerhalb der SPD ein latenter Widerspruch aus zwischen den auf Verbesserungen der Arbeits- und Lebensbedingungen gerichteten Zielen eines Großteils der Mitglieder und Anhänger auf der einen, der in erster Linie auf Systemstabilisierung angelegten Politik der Parteiführung auf der anderen Seite. Diesem Gegensatz in der Zielstellung entsprach ein Gegensatz hinsichtlich der politischen Mittel. Wurden an der sozialdemokratischen Basis immer wieder Forderungen laut, gegebenenfalls außerparlamentarische Massenaktionen einzuleiten, so war die Politik der SPD-Führung gerade auf deren Verhinderung ausgerichtet. Von ihrem systemerhaltenden Charakter und ihrer integrativen Funktion her schloß die Politik der Parteiführung Massenmobilisierung und außerparlamentarische Kampfmittel der Arbeiterbewegung notwendig aus. Ihr Arsenal beschränkte sich auf Wahlkämpfe, Parlamentsarbeit, Tätigkeit im Staatsapparat und Regierungspräsenz sowie auf

Beziehungen zu bürgerlichen Parteien, staatlichen Organen und kapitalistischen Interessenverbänden. Politische und soziale Forderungen, die innerhalb dieses Rahmens nicht zu realisieren waren, lagen außerhalb der Durchsetzungsmöglichkeiten einer solchen Politik.

Andererseits konnten die sozialdemokratischen Führungsgruppen die Forderungen und Interessen der Parteibasis nicht vollständig negieren. Dies galt umso mehr, als sie sich einem zwar wechselnden, doch stets wirksamen kommunistischen Einfluß konfrontiert sahen. Wollte ihre Politik eine integrative Funktion erfüllen, so hatte sie die elementare Interessenlage der sozialdemokratischen Massenbasis in Rechnung zu stellen. Da sie jedoch gleichzeitig auf die Klassenkooperation mit großkapitalistischen Kräften abzielte, war ihr eine entschlossene Vertretung der gesellschaftlichen Interessen ihrer Anhänger nicht möglich. Die SPD-Führung mußte bei ihrer Massenbasis Erwartungen aufrechterhalten, die dauerhaft und konsequent durch ihre Politik nicht einzulösen waren. Dieser Widerspruch konnte nur solange gedämpft werden, wie ein prosperierender Kapitalismus zu Konzessionen im ökonomischen und sozialpolitischen Bereich in der Lage war und sozialdemokratische Politik deshalb zeitweilig auf Massenbedürfnisse partiell einzugehen vermochte. Unter dieser Voraussetzung waren der Parteiführung gewisse Erfolge bei der Erlangung sozialpolitischer und anderer Reformen möglich. Da ihre Politik andererseits aber ernsthafte Kollisionen mit den umworbenen bürgerlichen Bündnispartnern zu vermeiden trachtete, konnten Sozialpolitik und Reformen nur noch systemstabilisierend und -effektivierend wirken. Damit waren der Verwirklichung sozialpolitischer und anderer Reformen nach Inhalt und Umfang enge Schranken gesetzt.

Das äußerte sich darin, daß die SPD-Führung auch unter günstigen ökonomischen und politischen Bedingungen konsequente Reformpolitik und Interessenvertretung der Lohnabhängigen nicht zu betreiben vermochte. Umso mehr traf dies zu, wenn in wirtschaftlichen Stagnations- oder Krisenperioden Konzessionen nicht mehr zu erlangen waren. Dann mußte der latente Widerspruch zwischen Systemstabilisierung und Interessenlage der sozialdemokratischen Massenbasis aufbrechen und die Grenzen der offiziellen SPD-Politik sichtbar machen. Hierin war die Alternative begründet, entweder an dieser Politik festzuhalten und sogar alltägliche Bedürfnisse der Lohnabhängigen zu verletzen oder aber deren Arbeits- und Lebensbedingungen zu verteidigen und den Konflikt mit dem Großkapital in Kauf zu nehmen, nunmehr mit dem Ziel einer grundlegenden Veränderung des politischen Kräfteverhältnisses.

An dieser Alternative entzündeten sich stets neuerliche Auseinandersetzungen innerhalb der Weimarer SPD. Da die Parteiführung stets Minderungen des sozialdemokratischen Masseneinflusses dem Bruch mit der Koalitions- bzw. Tolerierungspolitik gegenüber großkapitalistischen Kräften vorzog, weiteten sich diese Differenzen insbesondere in wirtschaftlichen und politischen Krisensituationen zeitweilig zu heftigen Polarisierungen aus, in deren Verlauf sich bisweilen erhebliche Teile der Mitglieder und Anhänger der SPD unter dem Einfluß eines starken kommunistischen Flügels der Arbeiterbewegung in ihrem praktischen Verhalten von reformistischen Positionen entfernten. Unter diesen Bedingungen konnten sich in der Weimarer SPD relevante linksoppositionelle Strömungen halten, die allerdings in sich recht widersprüchlich waren und ein relativ breites politisches Spektrum umfaßten. Sie blockierten eine eindimensionale Ausrichtung der SPD auf eine sozialliberale, in ihrem Selbstverständnis klassenunspezifische »Volkspartei« und reproduzierten sich – abgeschwächt und zumeist unter dem Vorzeichen politischer Inkonsequenz – teilweise auch in lokalen und sogar regionalen Leitungsgremien sowie bei Minderheiten in der Reichstagsfraktion.

Zwar wandelte sich die Sozialdemokratie mit dem Ersten Weltkrieg »aus der Partei der Emanzipation der Arbeiterklasse von bürgerlichen Ideologien und der Erziehung zu proletarischem Klassenbewußtsein (. . .) in das, was sie noch ist: Partei der Bewahrung bürgerlicher Ideologie in der Arbeiterklasse, in eine bürgerliche Arbeiterpartei«.[95] Unter den Bedingungen der Weimarer Republik – Existenz einer einflußreichen Kommunistischen Partei, zeitweilig mit großer Heftigkeit aufbrechende Klassenauseinandersetzungen,

95 Wolfgang Abendroth, Chancen der SPD-Linken. Sozialdemokratie zwischen den Fronten des Klassenkampfes, in: NEUES FORUM, Heft 232, 1972, S. 19–24, hier: S. 19.

Schwergewicht der sozialdemokratischen Organisation bei den Industriearbeitern, relativ entwickeltes politisches Bewußtsein und massenrelevante sozialistische Vorstellungen auch an der Basis von SPD und freien Gewerkschaften, starke linke Strömungen innerhalb der Partei selbst – blieb der innere Widerspruch zwischen der bürgerlichen, die kapitalistische Gesellschaftsordnung stützenden Politik der Führungsgruppen und der Interessenlage der Massenbasis jedoch stets virulent. Dies erschwerte der Parteiführung in stärkerem Maße als gegenwärtig die Durchsetzung ihrer prokapitalistischen Politik und verhinderte es, daß die SPD sozialistische Zielansprüche auch programmatisch preisgab.

Aus der bürgerlich-prokapitalistischen Orientierung der sozialdemokratischen Führungsgruppen resultierte auch eine prinzipielle Ablehnung einer Einheitsfront mit der Kommunistischen Partei selbst für begrenzte Ziele. Diese prinzipiell einheitsfrontfeindliche Haltung wurde mit vehementem Antikommunismus gerechtfertigt, der zugleich als wirksames Instrument zur Dämpfung und Disziplinierung innerparteilicher Linksopposition gehandhabt wurde. Zwar grenzte sich die SPD propagandistisch nicht nur nach links gegen den kommunistischen Flügel der Arbeiterbewegung schärfstens ab, sondern gleichermaßen auch nach rechts gegen antirepublikanische, monarchistische und faschistische Bestrebungen. In der politischen Praxis aber war die Frontstellung gegen rechts weitaus weniger effektiv als die gegen links. Vielmehr schränkte ihr Antikommunismus die Fähigkeit der SPD, sich mit der politischen Reaktion wirkungsvoll auseinanderzusetzen, entscheidend ein. Antikommunismus und Ablehnung von Einheitsfront und gemeinsamen außerparlamentarischen Verteidigungsmaßnahmen bestimmten selbst dann noch das politische Verhalten der SPD-Führung, als sie angesichts des drohenden Faschismus politischem Selbstmord gleichkamen.

Dieser negativen Haltung zur Aktionseinheit entsprach außenpolitisch eine heftige Gegnerschaft gegenüber Sowjetrußland bzw. der Sowjetunion.[96] Sie nahm während der Novemberrevolution beson-

96 Vgl. Peter Lösche, Der Bolschewismus im Urteil der deutschen Sozialdemokratie 1903–1920, Berlin 1967, S. 242 ff, 250 ff. Erich Matthias, Die deutsche Sozialdemokratie und der Osten 1914–1945. Eine Übersicht, Tübingen 1954, S. 43 ff, 58 f, 71 ff.

ders scharfe Formen an. So diente am Vorabend der Revolution eine von Philipp Scheidemann inszenierte Provokation der Regierung Max von Baden zum Abbruch der diplomatischen Beziehungen zu Sowjetrußland.[97] Obwohl die Vollversammlung der Berliner Arbeiter- und Soldatenräte vom 10. November 1918 »der russischen Arbeiter- und Soldatenregierung« ihre »brüderlichen Grüße« sandte und beschloß, »daß die deutsche republikanische Regierung sofort die völkerrechtlichen Beziehungen zu der russischen Regierung aufnimmt«,[98] weigerten sich die Volksbeauftragten, wieder normale Beziehungen zu Sowjetrußland herzustellen.[99] Ebenso lehnten sie es ab, einen neuen Friedensvertrag auszuhandeln, nachdem die Sowjetregierung den erpresserischen Vertrag von Brest-Litowsk annulliert hatte.[100] Trotz der Blockade durch die Ententemächte war der Rat der Volksbeauftragten nicht einmal bereit, auf die sowjetischen Angebote zur Lieferung von Nahrungsmitteln einzugehen.[101] Demgegenüber ließen die Volksbeauftragten vor allem durch Freikorps in den baltischen Ländern den Krieg gegen die Rote Armee fortsetzen.[102] Dieses Verhalten fand seine Fortsetzung in den Bedenken, die Friedrich Ebert als Reichspräsident sowie andere führende Sozialdemokraten 1922 gegen den Abschluß des Rapallo-Vertrags und die Normalisierung der deutsch-sowjetischen Beziehungen anmeldeten.[103] Dieser antisowjetischen Haltung entsprach eine positive au-

97 Vgl. Drabkin, Die Novemberrevolution 1918 in Deutschland, a.a.O., S. 128 ff. Max von Baden, Erinnerungen und Dokumente, a.a.O., S. 523, 580. Philipp Scheidemann, Memoiren eines Sozialdemokraten, a.a.O., Bd. 2, S. 251 ff.

98 Dokumente und Materialien, Reihe II, Band 2, a.a.O., S. 349.

99 Vgl. Drabkin, Die Novemberrevolution 1918 in Deutschland, a.a.O., S. 186 f, 193 f, 271 f, 427. Fritz Klein, Die diplomatischen Beziehungen Deutschlands zur Sowjetunion 1917–1932, Berlin 1952, S. 57 ff. Günter Rosenfeld, Sowjetrußland und Deutschland 1917–1922, Berlin 1960, S. 148 ff.

100 Vgl. Drabkin, Die Novemberrevolution 1918 in Deutschland, a.a.O., S. 193. GdA 3, S. 140 f. Rosenfeld, Sowjetrußland und Deutschland, a.a.O., S. 150 f.

101 Vgl. Drabkin, Die Novemberrevolution 1918 in Deutschland, a.a.O., S. 187ff. Rosenfeld, Sowjetrußland und Deutschland, a.a.O., S. 149, 151. Klein, Die diplomatischen Beziehungen Deutschlands zur Sowjetunion, a.a.O., S. 62 f.

102 Vgl. Drabkin, Die Novemberrevolution 1918 in Deutschland, a.a.O., S. 192 f, 426 ff. Klein, Die diplomatischen Beziehungen Deutschlands zur Sowjetunion, a.a.O., S. 68 f. Rosenfeld, Sowjetrußland und Deutschland, a.a.O., S. 203 ff.

103 Vgl. Alfred Anderle, Die deutsche Rapallo-Politik. Deutsch-sowjetische Beziehungen 1922 bis 1929, Berlin 1962, S. 46 f. Klein, Die diplomatischen Beziehungen Deutschlands zur Sowjetunion, a.a.O., S. 110 f. Rosenfeld, Sowjetrußland und Deutschland, a.a.O., S. 395 f.

ßenpolitische Orientierung auf die Westmächte, insbesondere die USA.[104]

Diese Politik der sozialdemokratischen Parteiführung konnte allerdings in Einzelfällen durchbrochen werden. Dies war aber nur dann möglich, wenn die Kommunistische Partei durch beharrliche Einheitsfrontpolitik für ihre Vorschläge zur gemeinsamen Durchsetzung konkreter Ziele bei den sozialdemokratisch orientierten Arbeitern Anklang fand und die SPD-Führung somit in Zugzwang geriet. Unter solchen Voraussetzungen wurde mehrfach eine Zusammenarbeit zwischen den großen Arbeiterorganisationen erzwungen. Unter innen- wie außenpolitischem Aspekt gleichermaßen bedeutsam war die Kampagne »Hände weg von Sowjetrußland«.[105] In ihrem Verlauf kam es im August 1920 erstmals seit der Novemberrevolution zu einem gemeinsamen Aufruf von ADGB, SPD, USPD und KPD. Dieser forderte zu Aktionen gegen eine Ausnutzung deutschen Gebiets für antisowjetische Interventionsvorhaben der Ententemächte auf.[106] Weitere wichtige zentrale Vereinbarungen wurden 1922 nach dem Mord an Walther Rathenau und 1926 bei der Kampagne zur Fürstenenteignung getroffen.[107] In allen Fällen fand sich die sozialdemokratische Parteiführung erst unter dem Druck breiter Protestbewegungen, die tief in die SPD hineinwirkten, zu gemeinsamen Abmachungen bereit. Diese Ansätze konnten freilich nicht gefestigt werden. Nach 1926 kam es deshalb nur noch zu lokaler Zusammenarbeit. Dies gilt auch für die Phase der Zerstörung der Weimarer Republik, wo sich ab 1932 lokale Parteiorganisationen von KPD und SPD wiederholt zu gemeinsamen antifaschistischen Abwehrmaßnahmen zusammenfanden.[108] Einheitliche Abwehraktionen der Arbeiterbewegung kamen dagegen selbst an so entschei-

104 Vgl. Drabkin, Die Novemberrevolution 1918 in Deutschland, a.a.O., S. 185 ff. Lösche, Der Bolschewismus im Urteil der deutschen Sozialdemokratie, a.a.O., S. 237 ff, 244.

105 Vgl. GdA 3, S. 288ff. Rosenfeld, Sowjetrußland und Deutschland, a.a.O., S. 282 ff.

106 Vgl. Dokumente und Materialien zur Geschichte der deutschen Arbeiterbewegung, Band VII (Februar 1919–Dezember 1923), 1. Halbband (Februar 1919–Dezember 1921), Berlin 1966, S. 293. GdA 3, S. 605 f.

107 Vgl. Anmerkungen 168 ff, 272 ff.

108 Vgl. Anmerkung 423.

denden Einschnitten des Faschisierungsprozesses wie dem 20. Juli 1932 und dem 30. Januar 1933 wegen der ablehnenden Haltung der sozialdemokratischen Parteiführung nicht zustande.[109] Dabei kann allerdings nicht übersehen werden, daß der SPD-Führung die Durchsetzung dieses Kurses aufgrund des Fehlens einer stringenten Einheitsfrontpolitik auf seiten der Kommunistischen Partei zweifellos erleichtert wurde.

3. *Die revolutionäre Nachkriegskrise 1919–1923*

Die gesellschaftliche Entwicklung Deutschlands in den Nachkriegsjahren bis 1923 war geprägt durch anhaltende Klassenauseinandersetzungen um die Frage, wie die Lasten des verlorenen Krieges aufzubringen und die Ergebnisse der Novemberrevolution zu korrigieren seien.[110] Die Bestrebungen, die ökonomischen Folgen von Krieg und Niederlage sowie Gebietsabtretungen, Beschlagnahme des deutschen Auslandskapitals, Reparationen usw. auf Kosten der Lebenslage der Lohnabhängigen auszugleichen, mußten sich gegen die sozialpolitischen Errungenschaften der Novemberrevolution richten. Im Brennpunkt der Konflikte stand dabei der Achtstundentag. Gleichzeitig verband sich dieses ökonomische Ziel mit fortschreitenden Angriffen auf die ebenfalls in der Revolution durchgesetzten demokratischen Rechte, um die Möglichkeiten zu beschneiden, die Abwälzung der Kriegskosten auf die Arbeiterklasse abzuwehren. Auf der anderen Seite trafen solche Bestrebungen jedoch auf eine er-

109 Vgl. Anmerkungen 408 ff, 420 f.

110 Zur Skizzierung der ökonomischen und politischen Entwicklung 1919–1923 vgl. Wolfram Fischer, Deutsche Wirtschaftspolitik 1918–1945, 3. Aufl. Opladen 1968, S. 12–26. Gossweiler, Großbanken, Industriemonopole, Staat, a. a. O., S. 95–265. George W. F. Hallgarten, Joachim Radkau, Deutsche Industrie und Politik von Bismarck bis heute, Frankfurt/M., Köln 1974, S. 140–179. Kuczynski, Die Geschichte der Lage der Arbeiter unter dem Kapitalismus, Teil I, Bd. 5, a. a. O., S. 77–96, 150–161. Ders., Die Geschichte der Lage der Arbeiter unter dem Kapitalismus, Teil I, Bd. 16, a. a. O., S. 22–80. Hans Mottek, Walter Becker, Alfred Schröter, Wirtschaftsgeschichte Deutschlands. Ein Grundriß. Band III. Von der Zeit der Bismarckschen Reichsgründung 1871 bis zur Niederlage des faschistischen deutschen Imperialismus 1945, Berlin 1974, bes. S. 226–253. Preller, Sozialpolitik in der Weimarer Republik, a. a. O., S. 253–295. Ruge, Deutschland 1917–1933, a. a. O., S. 115–245.

starkende Arbeiterbewegung, die effektive Gegenwehr zu organisieren vermochte und ihrerseits auf gesellschaftliche Veränderungen drängte. Die gesellschaftliche Situation war somit gekennzeichnet durch den »Widerspruch zwischen den (. . .) ökonomischen Bedürfnissen des deutschen Monopolkapitals nach grenzenloser Steigerung der Ausbeutung der deutschen Arbeiterklasse einerseits und dem der Befriedigung dieses Bedürfnisses entgegenstehenden Klassenkräfteverhältnis«.[111] Dieser Konstellation entsprang nicht nur die große Schärfe der Klassenauseinandersetzungen bis 1923, sondern auch ein gesteigerter politischer Stellenwert der wirtschaftlichen und sozialen Konflikte.

Angesichts der krisenhaften gesellschaftlichen Entwicklung machte der Konsens, der im November 1918 hinsichtlich einer Zusammenarbeit mit den Führungsgruppen von SPD und Gewerkschaften und des Übergangs zu parlamentarischen Regierungsformen bestanden hatte, erneuten Gegensätzen im bürgerlichen Lager Platz. Über das strategische Ziel, außenpolitisch die Resultate des verlorenen Weltkriegs, innenpolitisch die Ergebnisse der Revolution zu revidieren, war man sich durchaus einig. Über Mittel, Weg und Voraussetzungen zur Verwirklichung des gemeinsamen Ziels bestanden dagegen erhebliche Differenzen. Eine Richtung hielt auch weiterhin ein Zusammenwirken mit der SPD- und Teilen der Gewerkschaftsführung für erforderlich, um den sozialdemokratischen Flügel der Arbeiterbewegung zu integrieren, sozialistische Bestrebungen zu isolieren und – gegebenenfalls gewaltsam – zurückzudrängen. Diese Taktik bedingte, daß parlamentarische Formen so lange einigermaßen respektiert wurden, wie sie eine prokapitalistische Stabilisierung nicht behinderten. Die parlamentarische Ordnung wurde hierbei keineswegs prinzipiell befürwortet, sondern nur als vorläufig unvermeidbares Übel betrachtet.[112] Dieser eher flexiblen stand eine starre konservativ-restaurative Richtung des Großkapitals gegenüber. Ihre Anhänger bekämpften die parlamentarische Regierungsweise und lehnten eine Zusammenarbeit mit der SPD-

111 Gossweiler, Großbanken, Industriemonopole, Staat, a. a. O., S. 100.
112 Vgl. ebd., S. 136 ff.

Führung strikt ab. Sie erstrebten unmittelbar eine autoritäre Herrschaftsform.

Außenpolitisch reproduzierten sich diese Differenzen im Unterschied von »Erfüllungs-« und »Katastrophenpolitik«.[113] Die Erfüllungspolitik beinhaltete eine partielle Kooperation mit den westlichen Siegermächten, um vor allem eine gemäßigte Reparationsregelung zu erreichen. Sie ging davon aus, daß die Folgen der Kriegsniederlage vorläufig nur abgemildert, aber noch nicht rückgängig gemacht werden könnten. Die Erlangung einer außenpolitischen Vormachtstellung zumindest in Europa wurde auch von ihr angestrebt. Sie hielt dies aber nur auf lange Sicht und auf der Grundlage eines vorherigen ökonomischen Wiedererstarkens des deutschen Monopolkapitalismus für erreichbar. Demgegenüber war die Katastrophenpolitik zu einem Konfrontationskurs mit den ehemaligen westlichen Ententemächten, insbesondere mit Frankreich, bereit. Sie drängte auf einen Boykott der Reparationsleistungen. Dabei hoffte sie auf Gegensätze zwischen den Siegermächten, die eine kurzfristige Revision des Versailler Friedensvertrags ermöglichen würden. Ferner versuchte sie, die Beschränkungen, die der Versailler Vertrag auf militärischem Gebiet festlegte, zu unterlaufen und sich eine ihrer Konzeption entsprechende militärische Stärke zu erhalten.

Obwohl innen- wie außenpolitisch von einer Relativität dieser Differenzen ausgegangen werden kann,[114] wurden die aus ihnen resultierenden politischen Konflikte zeitweilig mit großer Heftigkeit ausgetragen. Faschistische Terror- und Verschwörerorganisationen, die vor allem von schwerindustriellen Kreisen und Reichswehrseite gefördert wurden, gingen mit terroristischen Mitteln nicht nur gegen die Arbeiterbewegung, sondern auch gegen bürgerliche Politiker und sogar führende Monopolvertreter vor, welche innen- und außenpolitisch die flexible Richtung der herrschenden Politik vertraten. Sie machten dabei auch vor politischem Mord nicht halt. Die

113 Vgl. bes. Gossweiler, Großbanken, Industriemonopole, Staat, a. a. O., S. 156–207. Hallgarten, Radkau, Deutsche Industrie und Politik, a. a. O., S. 151–169. Ruge, Deutschland 1917–1933, a. a. O., S. 178–194.

114 Vgl. bes. Gossweiler, Großbanken, Industriemonopole, Staat, a. a. O., S. 103–155.

spektakulärsten Morde wurden 1921 an Matthias Erzberger[115] und 1922 an Walther Rathenau[116] verübt.

Der Name Walther Rathenaus, des Aufsichtsratsvorsitzenden der AEG, signalisiert, daß Erfüllungspolitik nach außen und flexible Taktik im Innern hauptsächlich von Teilen der Elektroindustrie getragen wurden. Dieser Richtung können auch Teile der chemischen Industrie zugerechnet werden. Ihr stand vor allem die rheinisch-westfälische Schwerindustrie gegenüber, die einen restaurativ-autoritären und katastrophenpolitischen Kurs vertrat. Als dessen typischer Repräsentant gilt gemeinhin der Schwerindustrielle Hugo Stinnes. Außerdem fand ein solcher Kurs Rückhalt bei Großagrariern und in der Reichswehr, teilweise aber auch bei Gruppen der chemischen und der Elektroindustrie. Die Großbanken standen mehrheitlich ebenfalls einer solchen Linie nahe.[117] Insgesamt läßt sich feststellen, »daß die Schwerindustrie der Vorreiter auf dem Wege der Katastrophenpolitik war; aber auf diesem Wege folgte ihr das Gros der deutschen Monopolbourgeoisie«.[118] Ähnliches galt auch für die Innenpolitik.

Bei den bürgerlichen Parteien wurde die flexible Richtung von der politischen »Mitte«, dem katholischen Zentrum und der liberalen Deutschen Demokratischen Partei (DDP), ein restaurativ-autoritärer Kurs von der politischen Rechten vertreten. Hier wäre vor allem die militaristisch-nationalistische Deutschnationale Volkspartei (DNVP) zu nennen. In dieselbe Richtung tendierte die bayerische Schwesterpartei des Zentrums, die BVP. In der ebenfalls rechtsge-

115 Vgl. Emil J. Gumbel, Vom Fememord zur Reichskanzlei, Heidelberg 1962, S. 42 f. Ders., »Verräter verfallen der Feme«. Opfer, Mörder, Richter 1919–1929, Berlin 1929, S. 53 ff. Heinrich Hannover, Elisabeth Hannover-Drück, Politische Justiz 1918–1933, Frankfurt/M. 1966, S. 107 ff.

116 Vgl. Gumbel, Vom Fememord zur Reichskanzlei, a. a. O., S. 43 f. Ders., »Verräter verfallen der Feme«, a. a. O., S. 70 ff. Hannover, Hannover-Drück, Politische Justiz 1918–1933, a. a. O., S. 112 ff. Der Charakter der Weimarer Justiz wird schlaglichtartig dadurch erhellt, daß diese nationalistischen Mordtaten mit Ausnahme des Rathenaumordes ungesühnt blieben, während politische Delikte, die von Anhängern der revolutionären Arbeiterbewegung begangen wurden, schärfstens geahndet wurden. Neben der Reichswehr galt deshalb die besondere Erbitterung der politischen Linken bis tief in die SPD hinein der Weimarer Justiz.

117 Vgl. Gossweiler, Großbanken, Industriemonopole, Staat, a. a. O., S. 141, 183 ff.

118 Vgl. ebd., S. 185 f.

richteten nationalliberalen Deutschen Volkspartei (DVP) waren beide Komponenten wirksam, was ihr eine größere Flexibilität ermöglichte als den übrigen Rechtsparteien.[119]

Die »militärische Gegenrevolution«[120] entwickelte schon frühzeitig Pläne für einen Staatsstreich.[121] Überlegungen in der Reichswehrführung vom Frühjahr und Sommer 1919, eine Militärdiktatur mit dem sozialdemokratischen Reichswehrminister Gustav Noske an der Spitze zu errichten, wurden jedoch verworfen. Noske selbst begründet dies damit, daß »der Versuch, meine Diktatur aufzurichten (. . .), den sofortigen Aufruf zum Generalstreik durch Kommunisten und Unabhängige zur Folge gehabt (hätte, d. Verf.), der auch bei großen Massen der übrigen Arbeiterschaft offene Ohren gefunden hätte«.[122] Für die Staatsstreichplaner ergab sich daraus »mit zwingender Notwendigkeit, daß die Hereinnahme von Sozialisten in die (Putsch-, d. Verf.) Regierung entweder diese Regierung zur Schwäche verurteilen oder den Austritt dieser Sozialisten (wobei vor allem Ebert und Noske zur Diskussion standen, d. Verf.) aus ihrer Partei herbeiführen muß. Auf jeden Fall würden die Hereingenommenen jedes Einflusses auf die Massen entbehren. Damit entfällt aber der einzige Grund, der für eine solche Hereinnahme sprechen könnte«.[123] Dies bedeutete, daß sich ein Staatsstreich nicht auf Teile der SPD-Führung stützen konnte. Darüber hinaus mußte er sich sogar gegen diese richten, obgleich sie dem konterrevolutionären Mili-

119 Zu einer überblickartigen Charakterisierung der bürgerlichen Parteien der Weimarer Republik vgl. Die bürgerlichen Parteien in Deutschland. Handbuch der Geschichte der bürgerlichen Parteien und anderer bürgerlicher Interessenorganisationen vom Vormärz bis zum Jahre 1945. In 2 Bänden. Hrsg. von einem Redaktionskollektiv unter der Leitung von Dieter Fricke, Leipzig 1968.

120 Arthur Rosenberg, Geschichte der Weimarer Republik, Frankfurt/M. 1961, S. 60.

121 Vgl. Arbeiterklasse siegt über Kapp und Lüttwitz. Quellen ausgew. und bearb. von Erwin Könnemann, Brigitte Berthold und Gerhard Schulze, 2 Bde., Glashütten/Taunus 1971, Bd. 1, S. 4 ff. Johannes Erger, Der Kapp-Lüttwitz-Putsch. Ein Beitrag zur deutschen Innenpolitik 1919/20, Düsseldorf 1967, S. 17 ff., 33 ff., 38 ff. Erwin Könnemann, Hans Joachim Krusch, Aktionseinheit contra Kapp-Putsch, Berlin 1972, S. 46 ff.

122 Gustav Noske, Erlebtes aus Aufstieg und Niedergang einer Demokratie, Offenbach-Main 1947, S. 112.

123 So eine Denkschrift vom September 1919 aus dem Kreis der nachmaligen Führung des Kapp-Putsches. Arbeiterklasse siegt über Kapp und Lüttwitz, a. a. O., Bd. 1, S. 16.

tärapparat die Möglichkeit eröffnet hatte, sich zu reorganisieren und seine Macht wieder zu festigen.

Mit dem Kapp-Lüttwitz-Putsch vom 13. März 1920 kamen die Putschpläne nach längerer Vorbereitung zur Ausführung. Der Putsch war der Versuch der äußersten Reaktion, die Revolutionserrungenschaften mit einem einmaligen Gewaltstreich zu annullieren, die Republik zu zerschlagen und eine Militärdiktatur aufzurichten. An seiner Spitze standen der Direktor einer ostpreußischen Kreditanstalt für Großgrundbesitzer, der »Generallandschaftsdirektor« Wolfgang Kapp, der außerdem dem Aufsichtsrat der Deutschen Bank und dem Vorstand der DNVP angehörte, sowie der Befehlshaber des Reichswehrgruppenkommandos I, der General Walther Freiherr von Lüttwitz.[124] Die Aktion wurde von Truppen ausgelöst, die ebenso wie ihr Chef Lüttwitz maßgeblich an der blutigen Unterdrückung der Berliner Arbeiter im Januar und Frühjahr 1919 beteiligt gewesen waren. Die restliche Reichswehr um den General von Seeckt weigerte sich, gegen die putschenden Einheiten vorzugehen.[125] Von den bürgerlichen Parteien stellten sich die DNVP und – in verhaltenerer Form – die DVP auf den Boden des Umsturzes. Sie erklärten sich für die Zusammenarbeit mit der Putschregierung unter Kapp,[126] die nach der Flucht der Reichsregierung unter dem sozialdemokratischen Reichskanzler Gustav Bauer in Berlin installiert wurde. Über die »Nationale Vereinigung«, die das organisierende

124 Am Jahresende 1918 hatte der Rat der Volksbeauftragten die allgemeine Demobilmachung für Heer und Marine verkündet, da sich an Weihnachten 1918 ihre Unzuverlässigkeit als gegenrevolutionäre Bürgerkriegsarmee gezeigt hatte. An ihre Stelle traten die seit November 1918 gebildeten Freiwilligenverbände, in denen das konterrevolutionäre Potential des alten Militärs zusammengefaßt wurde. Im März 1919 wurden diese Formationen und die Überreste der alten Armee zur vorläufigen Reichswehr vereinheitlicht. Diese wurde in zwei Gruppenkommandos unterteilt. Das Gruppenkommando I umfaßte mit Ostelbien, Provinz und Freistaat Sachsen, Ostthüringen, Hannover und Braunschweig faktisch ganz Mittel- und Ostdeutschland. Im Gegensatz zur kaiserlichen Armee stellte die Reichswehr eine reine Berufsarmee dar. Vgl. Francis L. Carsten, Reichswehr und Politik 1918–1933, Köln, Berlin 1964, S. 35, 39 f., 67. Schulze, Freikorps und Republik, a. a. O., S. 12 f., 46.

125 Vgl. Carsten, Reichswehr und Politik, a. a. O., S. 91 ff. Friedrich von Rabenau, Seeckt. Aus seinem Leben. 1918–1936, Leipzig 1940, S. 221 f.

126 Vgl. Erger, Der Kapp-Lüttwitz-Putsch, a. a. O., S. 220, 223. Wolfgang Hartenstein, Die Anfänge der Deutschen Volkspartei 1918–1920, Düsseldorf 1962, S. 156 ff. Könnemann, Krusch, Aktionseinheit contra Kapp-Putsch, a. a. O., S. 84 ff. Werner Liebe, Die Deutschnationale Volkspartei 1918–1924, Düsseldorf 1956, S. 54.

Zentrum der Verschwörung bildete, stand die Führung des Putsches in Querverbindung zum »Nationalklub«; diesem gehörten hinwiederum namhafte Großindustrielle sowie Vertreter der äußersten politischen Rechten und der militaristisch-monarchistischen Reaktion wie General Erich Ludendorff an. Daneben fanden die Staatsstreichpläne Rückhalt bei Großagrariern und Repräsentanten von Großbanken.[127] Obwohl andere Vertreter von Großindustrie und Banken dem Unternehmen aus Furcht vor Abwehrmaßnahmen der Arbeiterklasse skeptisch oder zögernd gegenüberstanden, war der Putsch weit mehr als eine isolierte Aktion militärischer Desperados. Er verfügte über weitverzweigte Sympathien bei Teilen des Staatsapparats, insbesondere bei der Reichswehr, bei Großkapital, Großgrundbesitz und bürgerlichen Rechtsparteien.

Wiewohl sich bürgerlich-demokratische Stimmen in DDP und Zentrum gegen den Putsch aussprachen, konnte er nur im außerparlamentarischen Massenkampf der Arbeiterbewegung abgewehrt werden. Eine derartige Auseinandersetzung mußte aber unvermeidlich die Radikalisierung der Arbeiterklasse vorantreiben. Eine erfolgreiche Massenbewegung gegen den Putsch würde sich also kaum mit der Wiedereinsetzung der Reichsregierung begnügen, sondern ihre im Verlauf des Kampfes errungenen Machtpositionen ausbauen, den Staatsapparat von allen gegenrevolutionären Kräften säubern und das politische Kräfteverhältnis entscheidend verändern wollen. Hieraus erklärt sich das widersprüchliche Verhalten der SPD-Führung sowie der sozialdemokratischen Regierungsmitglieder und des Reichspräsidenten. Reichswehrminister Noske und Reichspräsident Ebert waren über die Putschabsichten informiert. Sie vertuschten die drohende Gefahr sogar vor der sozialdemokratischen Reichstagsfraktion und verhandelten noch wenige Tage vor dem Putsch mit dem General Lüttwitz.[128] Seinen Erpressungen begegneten sie weder mit Verhaftung noch mit Amtsenthebung. Die sozialdemokratisch geführte Reichsregierung unter Gustav Bauer traf keinerlei Anstalten, dem Staatsstreich zuvorzukommen. Statt-

127 Vgl. Arbeiterklasse siegt über Kapp und Lüttwitz, a. a. O., Bd. 1, S. 55 f. Könnemann, Krusch, Aktionseinheit contra Kapp-Putsch, a. a. O., S. 54 ff.

128 Vgl. Könnemann, Krusch, Aktionseinheit contra Kapp-Putsch, a. a. O., S. 75. Scheidemann, Memoiren eines Sozialdemokraten, a. a. O., Bd. 2, S. 391, 399, 406 f.

dessen erhoffte man bis unmittelbar vor Beginn des Putsches einen gütlichen Ausgleich und vertraute ansonsten auf die Loyalität der übrigen Reichswehrführung.

Als sich General Seeckt im entscheidenden Augenblick weigerte, Truppen gegen die auf Berlin marschierenden Putscheinheiten einzusetzen, und sich unter dem Vorwand der Neutralität faktisch auf die Seite des Putsches stellte, überließ die Reichsregierung die Hauptstadt widerstandslos den Putschisten. In der Hoffnung auf Verhandlungen ließ sie jedoch nach ihrer und Eberts Flucht den Vizekanzler in Berlin zurück. Ebenso verblieb die sozialdemokratisch geführte preußische Regierung (mit Ausnahme des Landwirtschaftsministers Otto Braun) in Berlin.[129]

Nunmehr riefen die freien Gewerkschaften, die USPD und der Parteivorstand der SPD zum Generalstreik auf. Im Gegensatz zu den meisten ihrer regionalen und lokalen Organisationen, die von Anfang an energisch alle Abwehrmaßnahmen unterstützten, hielt eine in Berlin anwesende Minderheit der Zentrale der KPD einen Generalstreik zunächst nicht für möglich. Diese Haltung wurde allerdings schon am nächsten Tage korrigiert.[130] Dem Aufruf der SPD schlossen sich zunächst auch die sozialdemokratischen Regierungsmitglieder und der Reichspräsident an. Reichspräsident Ebert, Reichskanzler Bauer und Reichswehrminister Noske – alle SPD – distanzierten sich hiervon jedoch noch am gleichen Tag.[131] Die Kampfbereitschaft breiter Massen der Arbeiter, Angestellten und Beamten blieb davon unbeschadet. Der Generalstreik hätte nach Gustav Noskes Einschätzung »auch dann eingesetzt, wenn unter einer Aufforderung dazu die Namen sozialdemokratischer Minister nicht gestanden hätten«.[132]

Am Montag, dem 15. März, setzte der Generalstreik in ganz Deutschland mit außerordentlicher Wucht und Geschlossenheit ein. Auf lokaler und regionaler Ebene kam es vielfach zu gemeinsamem

129 Vgl. Könnemann, Krusch, Aktionseinheit contra Kapp-Putsch, a. a. O., S. 80 f.

130 Vgl. Arbeiterklasse siegt über Kapp und Lüttwitz, a. a. O., Bd. 1, S. 120 ff., 127 ff., 129 ff. GdA 3, S. 268 f.

131 Vgl. Könnemann, Krusch, Aktionseinheit contra Kapp-Putsch, a. a. O., S. 162 ff.

132 Noske, Erlebtes aus Aufstieg und Niedergang einer Demokratie, a. a. O., S. 160 f.

Auftreten und einheitlichem Vorgehen aller Arbeiterorganisationen, nicht so jedoch auf zentraler Ebene. In Berlin scheiterte der Versuch, zu zentralen Vereinbarungen zwischen Gewerkschaften, SPD, USPD und KPD und zu einer einheitlichen Leitung der Kampfmaßnahmen zu gelangen, sowohl an der Haltung der Vertreter der SPD als auch an Artur Crispien, einem der beiden Parteivorsitzenden der USPD und Repräsentanten ihres rechten Flügels.[133] Dennoch wurde der Generalstreik von einer breiten Einheitsfront getragen und faktisch von den lokalen und regionalen Einheitsorganen geleitet, die allenthalben gebildet wurden. In verschiedenen Teilen des Reiches steigerte sich die Auseinandersetzung zu bewaffneten Kämpfen, so etwa in Mitteldeutschland und vor allem im Ruhrgebiet. Hier hatte sich aus Mitgliedern und Anhängern aller Richtungen der Arbeiterbewegung eine »Rote Ruhrarmee« gebildet. Sie operierte außerordentlich erfolgreich gegen Reichswehr und Freikorps, die zur Niederschlagung des Generalstreiks angetreten waren, und vertrieb diese innerhalb weniger Tage aus dem rheinisch-westfälischen Industrierevier.[134] Unter dem Druck von Generalstreik und bewaffneten Kämpfen wurde die Kapp-Regierung nach vier Tagen hinweggefegt. Es stellte sich nunmehr die Frage, ob es der Arbeiterbewegung gelingen würde, die durch diesen Teilerfolg bedingte günstige Situation auszunutzen.

Unmittelbar nach dem Rücktritt der Putsch-Regierung und noch vor der Rückkehr der Reichsregierung nach Berlin schlug der Vorsitzende des ADGB, Carl Legien, die Bildung einer »Arbeiterregierung« aus den beiden sozialdemokratischen Parteien und den freien

133 Vgl. Könnemann, Krusch, Aktionseinheit contra Kapp-Putsch, a. a. O., S. 172 f. Crispien lehnte eine Zusammenarbeit mit der SPD mit ultraradikaler Begründung ab. Dies deckt sich mit seiner späteren Haltung zur Frage der Bildung einer Arbeiter- und Gewerkschaftsregierung nach dem Rücktritt Kapps.

134 Zu den Kämpfen im Ruhrgebiet und zur Roten Armee vgl. George Eliasberg, Der Ruhrkrieg von 1920, a. a. O., S. 79–146, 163–208, 219–248. Könnemann, Krusch, Aktionseinheit contra Kapp-Putsch, a. a. O., S. 251 ff. Erhard Lucas, Märzrevolution im Ruhrgebiet. Vom Generalstreik gegen den Militärputsch zum bewaffneten Arbeiteraufstand. März–April 1920, Band 1, Frankfurt/M. 1970, S. 147 ff., 163 ff., 206 ff., 256 ff., 263 ff., 273 ff. Ders., Märzrevolution 1920. Der bewaffnete Arbeiteraufstand im Ruhrgebiet in seiner inneren Struktur und in seinem Verhältnis zu den Klassenkämpfen in den verschiedenen Regionen des Reiches (Band 2), Frankfurt/M. 1973, S. 63 ff.

Gewerkschaften vor.[135] Gleichzeitig legte der ADGB ein gewerkschaftliches Neun-Punkte-Programm vor, das – wenn teilweise auch in abgeschwächter Form – die allgemein im Generalstreik geforderten unmittelbaren Ziele nach Säuberung des Staatsapparates und der Reichswehr, Entwaffnung der Reaktion, Schaffung bewaffneter Organe und Sicherheitskräfte aus der Arbeiterbewegung, Sozialisierung und Mitbestimmung enthielt.[136] Während sich die KPD nach anfänglichem Zögern für die Bildung einer »sozialistischen Regierung unter Ausschluß von bürgerlich-kapitalistischen Parteien« aussprach und einer solchen «loyale Opposition« zusicherte,[137] äußerte sich die SPD-Führung nicht zu diesem Vorschlag.

Eine auf der Grundlage des gewerkschaftlichen Neun-Punkte-Programms gebildete und aus einer breiten und erfolgreichen Massenmobilisierung hervorgegangene »Arbeiterregierung« hätte unter entsprechenden Druck gesetzt werden können und dann der Arbeiterbewegung einen erweiterten Spielraum zugestehen müssen. Der Eintritt in eine derartige Regierung hätte einen Verstoß gegen die Koalitionspolitik bedeutet, weshalb eine derartige Lösung der SPD-Führung allenfalls durch eine gemeinsame Politik der übrigen Arbeiterorganisationen aufgezwungen werden konnte. Davor bewahrte sie eine Mehrheit der Zentralleitung der USPD. Führende Vertreter des rechten wie des linken Flügels lehnten im entscheidenden Augenblick den Eintritt in eine gemeinsame Regierung kategorisch ab. Artur Crispien erklärte, er werde sich »niemals (. . .) mit Arbeitermördern an einen Tisch setzen«.[138] Wie schon bei den unmittelbar nach Beginn des Putsches gescheiterten Verhandlungen um die Bildung einer einheitlichen zentralen Kampfleitung ließ diese ultraradikale Position außer acht, »daß die Konfrontierung der Mitgliedschaft der SPD mit einem dem Bewußtseinsgrad der Arbeiter-

135 Hierzu und zum Folgenden vgl. Könnemann, Krusch, Aktionseinheit contra Kapp-Putsch, a. a. O., S. 318 ff., 321 ff. Lucas, Märzrevolution 1920, a. a. O., S. 104 ff.

136 Vgl. Arbeiterklasse siegt über Kapp und Lüttwitz, a. a. O., Bd. 1, S. 175 f.

137 Arbeiterklasse siegt über Kapp und Lüttwitz, a. a. O., Bd. 1, S. 226. Unter loyaler Opposition wurde verstanden: »Keine Vorbereitung zum gewaltsamen Umsturz bei selbstverständlicher Freiheit der politischen Agitation der Partei für ihre Ziele und Losungen.«

138 Zit. nach Wilhelm Koenen, Zur Frage der Möglichkeit einer Arbeiterregierung nach dem Kapp-Putsch, in: BzG, H. 2, 1962, S. 342–352, hier: S. 348.

klasse entsprechenden konkreten Aktionsprogramm die Differenzierung in der Sozialdemokratie fördern«,[139] rechte Einflüsse zurückdrängen und somit unter dem Druck der politisierten Arbeitermassen den politischen Spielraum der SPD-Führung und ihrer Repräsentanten in einer rein »sozialistischen Regierung« einengen konnte.[140] Doch auch Ernst Däumig, Parteivorsitzender wie Crispien und Repräsentant des linken Flügels der USPD, lehnte eine solche Lösung entschieden ab. Für den Fall der Beteiligung an einer »Arbeiterregierung« drohte er mit seinem Parteiaustritt.[141] Auch wenn die Vertreter des linken USPD-Flügels später ihre ablehnende Haltung unter dem Einfluß führender Vertreter der KPD modifizierten, war somit dieses Vorhaben gescheitert, da seine Realisierung der SPD-Führung bestenfalls auf dem Höhepunkt der Massenbewegung aufgezwungen werden konnte.

Am Tag nach dem Rücktritt der Kapp-Regierung rief die SPD-Fraktion der Nationalversammlung zum Abbruch des Generalstreiks auf.[142] Dieser Aufruf blieb jedoch ohne Resonanz, zumal KPD, USPD und Gewerkschaften für die Fortsetzung des Streiks zur Entmachtung der Träger des Putsches und seiner Sympathisanten eintraten.[143] Deshalb sahen sich die Regierungsparteien genötigt, in Berlin über das Neun-Punkte-Programm zu verhandeln. Als ihre Vertreter in einem Abkommen, das zwar die neun Punkte des ADGB erheblich verwässerte, bei seiner Einhaltung aber noch immer wesentliche Fortschritte erbracht hätte,[144] in sehr unbestimmter Form versprachen, sich für die gewerkschaftlichen Forderungen einzusetzen, riefen auch die Gewerkschaften zum Streikabbruch

139 Könnemann, Krusch, Aktionseinheit contra Kapp-Putsch, a. a. O., S. 172.

140 So ist es kein Zufall, daß ausgerechnet ein durch und durch reformistischer Arbeiterführer wie Carl Legien derartige Vorschläge unterbreitete. Dies kann nur mit einer solchen Konstellation und dem Druck der kampfbereiten Massen auf die Gewerkschaftsführung erklärt werden. Zu den Möglichkeiten, durch eine Arbeiterregierung einen entscheidenden politischen Wandel herbeizuführen und die Bedingungen für den Übergang zu einer sozialistischen Entwicklung zu verbessern, vgl. Könnemann, Krusch, Aktionseinheit contra Kapp-Putsch, a. a. O., S. 339 ff.

141 Vgl. Koenen, Zur Frage der Möglichkeit einer Arbeiterregierung nach dem Kapp-Putsch, a. a. O., S. 348.

142 Vgl. Arbeiterklasse siegt über Kapp und Lüttwitz, a. a. O., Bd. 1, S. 171 f.

143 Vgl. ebd., S. 173, 176 f., 205 f.

144 Vgl. ebd., S. 210 ff.

auf.[145] Dem schloß sich die Zentralleitung der USPD – vom Ultraradikalismus zur faktischen Kapitulation übergehend – trotz des Widerstands führender Linker an,[146] obwohl noch nicht die geringsten Schritte zur Einlösung der Zusagen eingeleitet waren und es keinerlei Garantie für ihre künftige Verwirklichung gab. Im Gegenteil: wie die SPD-geführte Reichsregierung die hinter dem Putsch stehenden Kräfte in Reichswehr und Wirtschaft vor einschneidenden Maßnahmen abschirmte, so waren diese ihrerseits – da der Staatsstreich einen für sie bedrohlichen Ausgang genommen hatte – nunmehr zum Zusammengehen auch mit den sozialdemokratischen Führungsgruppen bereit, zumindest so lange, bis die Situation bereinigt und die Arbeiterbewegung wieder zurückgeschlagen war. Nach dem Rücktritt Kapps und der Rückkehr der Reichsregierung nach Berlin ging die Reichswehr mit deren Billigung allenthalben zum Angriff auf die Streikenden über. Dabei wurden sogar jene Truppen eingesetzt, die sich offen am Putsch beteiligt hatten. Selbst hierdurch ließen sich die Führungen der Gewerkschaften und der USPD nicht davon abhalten, nach der SPD auch ihrerseits zum Streikabbruch aufzurufen. Lediglich die Kommunistische Partei hatte zunächst noch aufgefordert, weiterzustreiken.[147] Ihr Masseneinfluß reichte freilich nicht aus, um nunmehr ein Abbröckeln der Streikfront zu verhindern. Damit war die Aktionseinheit gesprengt, die bislang die Stärke und Wucht der Streikbewegung bedingt hatte. Zugleich war hierdurch die Voraussetzung geschaffen, daß die Reichswehr – dem bewährten Muster der Novemberrevolution und des Frühjahrs 1919 folgend – die Zentren des Widerstands, in denen sich die Arbeiter nicht mit bloßen Versprechungen begnügen wollten und deshalb die Kampfmaßnahmen fortsetzten, nacheinander und isoliert vom übrigen Reich zu zerschlagen. Der Hauptangriff galt dem Ruhrgebiet, wo die Abwehrbewegung am weitesten fortgeschritten war.[148] Nachdem es durch eine ähnliche Taktik wie auf zentraler Ebene in Berlin gelungen war, die Ruhrarbeiter wieder zu

145 Vgl. ebd., S. 212 f., 213 f.
146 Vgl. ebd., S. 222 f.
147 Vgl. ebd., S. 214 f.
148 Vgl. GdA 3, S. 280 ff. Könnemann, Krusch, Aktionseinheit contra Kapp-Putsch, a. a. O., S. 388 ff., 431 ff.

spalten und die »Rote Ruhrarmee« entscheidend zu schwächen, rückte die Reichswehr trotz heftigen Widerstands der restlichen bewaffneten Arbeiterformationen entgegen allen Vereinbarungen ins Ruhrgebiet ein und stellte die alte Ordnung wieder her. Eine maßgebliche Rolle spielte dabei der sozialdemokratische Reichskommissar Carl Severing.[149] Der nach dem Reichswehreinmarsch gegen die Arbeiterbewegung einsetzende blutige Terror machte freilich keinen Unterschied nach Parteizugehörigkeit.

Mit dem Abbröckeln des Generalstreiks nach den Aufrufen von Gewerkschaften und USPD war das entscheidende Machtmittel zur Einlösung des gewerkschaftlichen Neun-Punkte-Programms und der Vereinbarungen mit den Regierungsparteien entfallen. Mit Ausnahme des Rücktritts von Gustav Noske und des sozialdemokratischen preußischen Innenministers, Wolfgang Heine, wurde keine einzige der gewerkschaftlichen Forderungen erfüllt. Selbst exponierte Sympathisanten des Putsches im Staatsapparat wurden nicht aus ihren Schlüsselpositionen entfernt. Der General von Seeckt beispielsweise, der als Fachkraft für den anstehenden Unterdrückungsfeldzug gegen »den Bolschewismus«, d. h. gegen die sozialistischen Bestrebungen der Arbeiterklasse unentbehrlich war, wurde für seinen Verfassungsbruch sogar noch belohnt und zum Oberkommandierenden der Reichswehr befördert.[150] Die SPD-Führung setzte ihre Koalitionspolitik mit bürgerlichen Parteien unverändert fort. Zehn Tage nach dem Sturze Kapps und der Wiederkehr der alten Regierung wurde wiederum aus SPD, DDP und Zentrum ein neues Koalitionskabinett mit dem Sozialdemokraten Hermann Müller an der Spitze gebildet.[151]

Die mit der Unterdrückung der Massenbewegung und der Restaurierung der alten politischen Zustände bewirkte Verschiebung des politischen Kräfteverhältnisses drückte sich auch im Ergebnis der ersten Reichstagswahlen vom Juni 1920 aus. Die bürgerlichen Rechtsparteien gingen in Gestalt der DNVP, vor allem aber der

149 Vgl. bes. Arbeiterklasse siegt über Kapp und Lüttwitz, a. a. O., Bd. 2, S. 827 f.

150 Vgl. Erger, Der Kapp-Lüttwitz-Putsch, a. a. O., S. 285 f. Könnemann, Krusch, Aktionseinheit contra Kapp-Putsch, a. a. O., S. 385. Vgl. auch Eliasberg, Der Ruhrkrieg von 1920, a. a. O., S. 149 ff.

151 Vgl. Horkenbach, Das Deutsche Reich von 1918 bis heute, Bd. 1, a. a. O., S. 107.

DVP aufgrund der Abkehr der kleinbürgerlichen Wählermassen von der sozialdemokratisch-bürgerlichen »Weimarer Koalition« gestärkt aus den Wahlen hervor. Gleichzeitig zeigte das Wahlergebnis die Linksentwicklung in der Arbeiterklasse an. So büßte die SPD etwa die Hälfte ihrer Wähler zugunsten der USPD ein, deren Stimmenzahl sich ungefähr verdoppelte. Außerdem konnte die KPD, die erstmals kandidierte, knapp 0,6 Millionen Stimmen gewinnen.[152] Nach den Wahlen wurde die erste Regierung ohne die SPD, dafür aber mit der DVP gebildet. Die SPD wurde zwar nochmals von Mai 1921 bis November 1922 sowie in den Krisenmonaten vom Sommer und Herbst 1923 in die Reichsregierung einbezogen, doch hatte sie ihre Stellung als führende Regierungspartei eingebüßt.

Ab 1920 wurde die wirtschaftliche Entwicklung zunehmend durch eine immer weiter gesteigerte Inflation geprägt. Diese wuchs sich ab Mitte 1922 zu einer »Hyperinflation«[153] aus, die ihren Höhepunkt im Herbst und Winter 1923 erreichte und von einem katastrophalen Währungsverfall begleitet war. Da das politische Kräfteverhältnis einer Aufhebung der sozialen Errungenschaften der Revolution, insbesondere des Achtstundentags, entgegenstand, übernahm die Inflation die »historische Funktion (. . .), die Konzessionen, die die Bourgeoisie aus politischen Gründen dem Proletariat als Vorbeugung gegen die soziale Revolution gewährte, ökonomisch zu annullieren!«[154] Die Inflation traf alle Lohnabhängigen gleichermaßen und verschlechterte deren Lebenslage in unerhörtem Maße. Bis 1923 sanken die Reallöhne teilweise bis auf die Hälfte des Vorkriegsstandes und darunter. Die Löhne unterschritten das Existenzminimum bis zu 50 Prozent und mehr.[155] Innerhalb der Arbeiterklasse wurden Lohnniveau und materielle Lage dadurch nivelliert, daß die Löhne bei den bislang besser bezahlten Schichten stärker sanken als

152 Vgl. Milatz, Wähler und Wahlen in der Weimarer Republik, a. a. O., S. 114 f., 151.

153 Motteck, Becker, Schröter, Wirtschaftsgeschichte Deutschlands, Band III, a. a. O., S. 246.

154 Eugen Varga, Die Krise des Kapitalismus und ihre politischen Folgen. Hrsg. und eingel. von Elmar Altvater, Frankfurt/M., Wien 1969, S. 71.

155 Vgl. Gerhard Bry, Wages in Germany 1871–1945. Assisted by Charlotte Boschan, Princeton 1960, S. 7, 55, 74 f., 220 ff., 227 ff., 362, 453 ff. Kuczynski, Die Geschichte der Lage der Arbeiter unter dem Kapitalismus, Teil I, Bd. 5, a. a. O., S. 165 ff. Preller, Sozialpolitik in der Weimarer Republik, a. a. O., S. 151 f.

bei den schlechter entlohnten Arbeitern.[156] Nicht minder katastrophal wirkte sich die Inflation auf die Gehälter der Angestellten und Beamten aus.[157] Andererseits lief die Produktion in den meisten industriellen Großbetrieben auf Hochtouren. Die Industrie vermochte ihre Produkte angesichts der extrem niedrigen Löhne günstig auf dem Weltmarkt abzusetzen.[158] Angesichts der Lohnsituation war es teilweise sogar billiger, Maschinen durch Handarbeit zu ersetzen.[159] Bis Ende 1922 war deshalb die Arbeitslosigkeit relativ niedrig. Erst 1923 wurde die Arbeitslosigkeit mit dem Zusammenbruch der Inflationskonjunktur und den Folgen der Besetzung des Ruhrgebiets zu einem ernsthaften Problem. Sie betrug im Gesamtdurchschnitt dieses Jahres 10 Prozent und steigerte sich gegen Jahresende sogar bis zu 28 Prozent.[160] Die Inflation bewirkte nicht nur eine drastische Senkung der Reallöhne, sondern führte auch zum Ruin zahlreicher kleiner und mittlerer Betriebe und zur Verarmung breiter Teile der städtischen Mittelschichten. Das Resultat dieses »Plünderungsfeldzuges«[161] bestand in einer gründlichen Umverteilung des Nationaleinkommens und in der Abwälzung der Kriegs- und Reparationslasten auf die Masse der Bevölkerung.

Unter den Bedingungen von Inflation und rapider Geldentwertung hatte der Nominallohn »seinen Sinn verloren; sein Wert änderte sich von Tag zu Tag, bisweilen von Stunde zu Stunde«.[162] Damit wurde die Vertretung ökonomischer Interessen der Lohnabhängigen mit den traditionellen gewerkschaftlichen Methoden der Tarifpolitik hinfällig. Die Gewerkschaften fanden hierauf jedoch keine

156 Vgl. Bry, Wages in Germany, a. a. O., S. 82 ff., 218 f., 437 ff. Kuczynski, Die Geschichte der Lage der Arbeiter unter dem Kapitalimsus, Teil I, Bd. 5, a. a. O., S. 168 ff.

157 Vgl. Bry, Wages in Germany, a. a. O., S. 230.

158 Vgl. Mottek, Becker, Schröter, Wirtschaftsgeschichte Deutschlands, Band III, a. a. O., S. 243.

159 Vgl. Kuczynski, Die Geschichte der Lage der Arbeiter unter dem Kapitalismus, Teil I, Bd. 5, a. a. O., S. 156.

160 Vgl. Bry, Wages in Germany, a. a. O., S. 230, 432. Kuczynski, Die Geschichte der Lage der Arbeiter unter dem Kapitalismus, Teil I, Bd. 5, a. a. O., S. 155. Preller, Sozialpolitik in der Weimarer Republik, a. a. O., S. 166.

161 Mottek, Becker, Schröter, Wirtschaftsgeschichte Deutschlands, Band III, a. a. O., S. 246.

162 Kuczynski, Die Geschichte der Lage der Arbeiter unter dem Kapitalismus, Teil I, Bd. 5, a. a. O., S. 163.

angemessene Antwort. Dies spiegelt sich in ihrer Mitgliederentwicklung. Gegen Ende der Inflation nahm ihre Mitgliederzahl rapide ab. Nach Stabilisierung der wirtschaftlichen Lage auf Kosten der Lohnabhängigen ab Ende 1923 wurden die Gewerkschaftsaustritte zu einer regelrechten Massenbewegung. So sank die Zahl der freigewerkschaftlich Organsierten von 7,9 Millionen (1922) auf 7,1 Millionen (1923) und 4,6 Millionen (1924).[163] Während der Inflation war aber die Streikaktivität viel stärker als in allen anderen Jahren der Weimarer Republik.[164] Gleichzeitig erfaßten die Streikbewegungen neue Schichten der Lohnabhängigen wie Angestellte und Beamte. Hier wäre insbesondere auf den Eisenbahnerstreik vom Februar 1922 zu verweisen, dem Reichspräsident Ebert unter Berufung auf Artikel 48 der Weimarer Verfassung mit Streikverbot begegnete.[165] Daneben gewannen die ökonomischen Kämpfe zunehmend politische Dimensionen. Sie wirkten nicht nur der staatlichen Wirtschaftspolitik entgegen, sondern konnten auch auf betrieblicher Ebene immer weniger ausschließlich als Lohnkonflikte geführt werden und mußten sich deshalb tendenziell gegen die kapitalistische Verfügungsgewalt über die Produktionsbedingungen selbst richten. Auf dieser Grundlage fand die kommunistische Politik wachsende Massenresonanz. Sie verknüpfte die Forderung nach Absicherung der Reallöhne mit einem ganzen Katalog aufeinander abgestimmter Übergangslosungen, die geeignet waren, in der praktischen Aktion die Einheit der Arbeiterbewegung herzustellen und breite Massen an entscheidende politische Auseinandersetzungen heranzuführen. Die wichtigsten Übergangsforderungen zielten auf demokratische Kontrolle von Produktion und Preisen durch Gewerkschaften, Betriebsräte und sogenannte Kontrollausschüsse, staatliche Erfassung der Sachwerte, Nationalisierung von Großbetrieben und Banken. Die kommunistische Politik knüpfte mit solchen Losungen teilweise an Vorstellungen an, wie sie auch innerhalb der Sozialdemokratie

163 Vgl. Bry, Wages in Germany, a. a. O., S. 32.

164 Vgl. Kuczynski, Die Geschichte der Lage der Arbeiter unter dem Kapitalismus, Teil I, Bd. 5, a. a. O., S. 245.

165 Vgl. GdA 3, S. 352 f. Arnold Reisberg, An den Quellen der Einheitsfrontpolitik. Der Kampf der KPD um die Aktionseinheit in Deutschland 1921–1922. Ein Beitrag zur Erforschung der Hilfe W. I. Lenins und der Komintern für die KPD, 2 Bde., Berlin 1971, Bd. 1, S. 365 ff.

propagiert wurden, nahm diese zur Grundlage von Aktionsangeboten und hob ihren reformistischen Charakter auf, indem sie sie zum Gegenstand von Klassenauseinandersetzungen machte und in den Kontext sozialistischer Gesellschaftsveränderung stellte. Dieses konkrete Aktions- und Übergangsprogramm mündete in der Forderung nach Bildung einer sozialdemokratisch-kommunistischen Arbeiterregierung, die sich auf die Einheitsfront der großen Arbeiterorganisationen und ihr gemeinsames Handeln im parlamentarischen wie außerparlamentarischen Bereich stützen sollte.[166]

Die SPD gab sich 1921 auf ihrem Parteitag in Görlitz ein neues Programm.[167] Dieses verband trotz vereinzelter terminologischer Konzessionen die Abkehr von den marxistischen Grundsätzen des Erfurter Programms mit dem Bekenntnis zum Weimarer Staat, den es allein wegen der parlamentarischen Regierungsform bereits als Verwirklichung des traditionellen Übergangsziels einer demokratischen Republik ansah. Hiermit sollte die Festlegung der Parteiführung auf Koalitionspolitik mit bürgerlichen Parteien programmatisch nachvollzogen und dadurch fester in der Partei verankert werden. Zugleich wurde im Zusammenhang der Programmdiskussion nunmehr auch die rechtsgerichtete DVP zum potentiellen Bündnispartner erklärt. Die mit dieser programmatischen Umorientierung verbundenen Intentionen erwiesen sich freilich schnell als gescheitert. Die immense Verschlechterung der ökonomischen Situation der Lohnabhängigen, das Erstarken politischer Rechtskräfte und der um sich greifende faschistische Terror wirkten auch in die SPD hinein. Sie förderten noch die breite Unzufriedenheit mit der Politik der Parteiführung, zumal die KPD durch ihre seit Anfang 1921 entwikkelte Einheitsfrontpolitik konkrete Alternativen aufzuzeigen vermochte. Der Anschluß der Rest-USPD im September 1922 führte der Partei ein weiteres Potential oppositioneller Mitglieder zu. Auf dieser Grundlage traten linke Strömungen immer stärker hervor. Diese Entwicklung verbesserte die Bedingungen für gemeinsame

166 Vgl. GdA 3, S. 317 ff., 336 ff., 347 ff. Reisberg, An den Quellen der Einheitsfrontpolitik, a. a. O., passim.

167 Vgl. Protokoll über die Verhandlungen des Parteitages der Sozialdemokratischen Partei Deutschlands, abgehalten in Görlitz vom 18. bis 24. September 1921, a. a. O., S. III ff.

Aktionen der Arbeiterbewegung, konfligierte andererseits aber mit der Koalitionspolitik der Parteiführung, die beibehalten wurde, obgleich sie offenkundig der sich verschlechternden politischen und ökonomischen Situation nicht entgegenzuwirken vermochte. Nach dem Mord an Walther Rathenau, dem Außenminister und Unterzeichner des Rapallo-Vertrages mit der Sowjetunion, im Juni 1922 sahen sich die zentralen Leitungen von SPD, USPD und freien Gewerkschaften unter dem Druck einer mächtigen Protestwelle genötigt, einen Vorschlag der KPD zu gemeinsamen Verhandlungen zu akzeptieren.[168] In ihrem Verlauf wurde ein Abkommen geschlossen, das von Reichstag und Reichsregierung wirksame Maßnahmen gegen die monarchistische und antirepublikanische Reaktion, die Auflösung ihrer Organisationen, die Entfernung ihrer Anhänger und Repräsentanten aus ihren staatlichen Positionen, einschließlich Justiz und Reichswehr, sowie eine Amnestie für die proletarischen politischen Gefangenen forderte.[169] Wiewohl für diese Forderungen auch gemeinsame Protestaktionen durchgeführt wurden, zogen sich die sozialdemokratischen Parteien und die Gewerkschaften aber wieder zurück. Statt dessen ließen sie es dabei bewenden, daß die Reichstagsfraktionen von SPD und USPD einem Republikschutzgesetz zustimmten, das den ursprünglichen Forderungen und ihrer Stoßrichtung in keiner Weise entsprach.[170] Obwohl die Reichsregierung, in der die SPD vertreten war, angesichts der Massenproteste wenige Tage nach dem Mord den militaristischen »Stahlhelm« und andere antirepublikanische Organisationen zeitweilig verbot,[171] wurde das Republikschutzgesetz entgegen seinem Entstehungszusammenhang in der Folgezeit vorrangig gegen die politische Linke eingesetzt.[172]

168 Vgl. GdA 3, S. 357 ff. Reisberg, An den Quellen der Einheitsfrontpolitik, a. a. O., Bd. 2, S. 493 ff.

169 Vgl. Dokumente und Materialien zur Geschichte der deutschen Arbeiterbewegung, Band VII (Februar 1919 – Dezember 1923), 2. Halbband (Januar 1922 – Dezember 1923), a. a. O., S. 103 ff. Vgl. auch ebd., S. 106 f. GdA 3, S. 637 ff.

170 Vgl. Reisberg, An den Quellen der Einheitsfrontpolitik, a.a.O., Bd. 2, S. 515 f., 528 f.

171 Vgl. Horkenbach, Das Deutsche Reich von 1918 bis heute (Bd. 1), a.a.O., S. 145.

172 Vgl. Hannover, Hannover-Drück, Politische Justiz 1918–1933, a. a. O., S. 116, 228 ff.

Da die politische und ökonomische Entwicklung im Verlauf des Jahres 1923 immer krisenhaftere Formen annahm und die sozialdemokratische Parteiführung zunehmend selbst elementarste Interessen der Lohnabhängigen der Systemstabilisierung opferte, steigerten sich die innerparteilichen Gegensätze zu einer heftigen Polarisierung, die schließlich sogar in eine offene Konfrontation mündete. Ausgedehnte Streikkämpfe bis Sommer 1923[173] und die auf einer breiten Einheitsfront beruhende Massenbewegung gegen den bedrohlich anwachsenden Faschismus[174] resultierten in einer fortschreitenden Politisierung auch der sozialdemokratisch orientierten Lohnabhängigen und bewirkten die weitere Stärkung der linken Tendenzen in der SPD. In den Landesverbänden Sachsen und Thüringen gewannen linke Strömungen schließlich sogar Mehrheitspositionen und bestimmten zunehmend deren Politik. Selbst in der Reichstagsfraktion gewann die Opposition um Paul Levi an Boden und artikulierte im Juli 1923 ihre gegen die Vorstandspolitik gerichteten Forderungen. Diese beinhalteten u. a. die Beendigung der Tolerierungspolitik und eine eventuelle Zusammenarbeit mit der Kommunistischen Partei.[175] Dennoch tolerierten Parteiführung und Fraktionsmehrheit die schwerindustriell-katastrophenpolitisch ausgerichtete Regierung Cuno. Sie war im November 1922 unter Ausschluß der SPD gebildet worden und stellte die am stärksten rechtsorientierte Reichsregierung seit der Revolution dar. Innenpolitisch forcierte sie den Druck auf die Arbeiterbewegung, die demokratischen Rechte und sozialpolitischen Errungenschaften, allen voran den Achtstundentag. Gleichzeitig ließ sie es unter dem Einfluß der rheinisch-westfälischen Schwerindustrie, die sich in Verhandlungen mit der französischen Schwerindustrie um die Bildung eines gemeinsamen übernationalen Montankonzerns mit ihrer Forderung nach 50prozentiger Beteiligung nicht hatte durchsetzen

173 Vgl. GdA 3, S. 396 ff., 412 f.

174 Vgl. Wilhelm Ersil, Aktionseinheit stürzt Cuno. Zur Geschichte des Massenkampfes gegen die Cuno-Regierung in Mitteldeutschland, Berlin 1963, S. 138 ff. Ossip Flechtheim, Die KPD in der Weimarer Republik, a.a.O., S. 177. GdA 3, S. 403.

175 Vgl. Dokumente und Materialien, Band VII, 2. Halbband, a. a. O., S. 377 f. Alfred Kastning, Die deutsche Sozialdemokratie zwischen Koalition und Opposition 1919–1923, Paderborn 1970, S. 111 f. Günter Hortzschansky, Der nationale Verrat der deutschen Monopolherren während des Ruhrkampfes 1923, Berlin 1961, S. 119.

können und sich mit 40 Prozent nicht begnügen wollte,[176] zum Konflikt mit Frankreich kommen. Nachdem von deutscher Seite die Reparationsleistungen boykottiert wurden, besetzten französische und belgische Truppen im Januar 1923 das Ruhrgebiet.

Angesichts dieser Situation verfolgte die KPD eine Politik, die sich sowohl gegen die französischen Annexionsversuche als auch gegen die Regierung Cuno richtete, auf deren Sturz und die Errichtung einer aus der Einheitsfront und der außerparlamentarischen Massenmobilisierung hervorgegangenen Arbeiterregierung abzielte. Diese Politik beruhte auf der Annahme, daß es nur einer gegen die Regierung Cuno und die von ihr repräsentierten Kräfte kämpfenden deutschen Arbeiterbewegung gelingen könne, die Sympathie und Solidarität des französischen Volkes zu gewinnen, gemeinsam mit diesem die Annexionsversuche abzuwehren, dem Chauvinismus der Regierungen beider Länder erfolgreich entgegenzutreten und die Gefahr eines militärischen Konflikts zu bannen.[177] Anders ging dagegen die sozialdemokratische Parteiführung von einer nationalen Interessengemeinschaft mit der Regierung Cuno und allen Kräften des Großkapitals aus, der sich die Arbeiterbewegung unterzuordnen habe.[178] So wurde die Regierung Cuno auch dann noch toleriert, als sich die Inflation während des »Ruhrkampfes«[179] zu einer der

176 Vgl. Gossweiler, Großbanken, Industriemonopole, Staat, a. a. O., S. 174 ff. George W. F. Hallgarten, Hitler, Reichswehr und Industrie, Frankfurt/M. 1955, S. 15, 17 f., 74 (Anm. 20). Hortzschansky, Der nationale Verrat der deutschen Monopolherren, a. a. O., S. 69 ff.

177 Vgl. Heinz Köller, Kampfbündnis an der Seine, Ruhr und Spree. Der gemeinsame Kampf der KPF und KPD gegen die Ruhrbesetzung 1923, Berlin 1963, S. 56 ff. und passim.

178 Vgl. Hortzschansky, Der nationale Verrat der deutschen Monopolherren, a. a. O., S. 119 ff. Hans-Joachim Krusch, Um die Einheitsfront und eine Arbeiterregierung. Zur Geschichte der Arbeiterbewegung im Bezirk Erzgebirge-Vogtland unter besonderer Berücksichtigung des Klassenkampfes im Zwickau-Oelsnitzer Steinkohlenrevier von Januar bis August 1923, Berlin o. J., S. 24 f. Vorwärts vom 11. Januar, 24. Januar, 4. Juli 1923.

179 Zu dem von der Regierung Cuno proklamierten »passiven Widerstand« und zum »Ruhrkampf« vgl. Hallgarten, Hitler, Reichswehr und Industrie, a. a. O., S. 20 ff. Hortzschansky, Der nationale Verrat der deutschen Monopolherren, a. a. O., S. 46 ff., 73 ff., 85 ff., 90 ff. Am Rande bleibt zu erwähnen, daß die rheinisch-westfälische Schwerindustrie bereit war, sich mit den – in der Öffentlichkeit als »Landesfeinde« ausgegebenen – französischen Militärbehörden und der französischen Regierung zu verständigen, um den anwachsenden Widerstand der Ruhrarbeiter gegen ihre unsozialen

»größten Räubereien der Weltgeschichte«[180] steigerte. Gleichzeitig versuchte die Parteiführung, alle außerparlamentarischen Aktionen gegen die Regierung oder gegen die sozialpolitischen Angriffe der Unternehmer, die sich sogar im Ruhrgebiet durch das angeblich gemeinsame nationale Interesse nicht davon abhalten ließen, gegen den Achtstundentag (bzw. die Siebenstundenschicht für Untertagebergarbeiter) anzugehen und die Reallöhne ins Bodenlose zu drücken, zu unterbinden. In Preußen verschärfte der sozialdemokratische Innenminister Carl Severing mit Organisations- und Demonstrationsverboten auch die staatliche Repression gegen die erstarkende Massen- und Einheitsfrontbewegung.[181]

Indes wuchs der Widerstand innerhalb der SPD selbst weiter an. Während im Reich und in Preußen weiterhin Koalitions- bzw. Tolerierungspolitik betrieben wurde, schlossen in Sachsen SPD und KPD im März 1923 ein Einheitsfrontabkommen, welches die Bildung einer linkssozialdemokratischen Minderheitsregierung unter Erich Zeigner ermöglichte und ihr im Landtag die kommunistische Unterstützung sicherte.[182] Der Antifaschistentag vom Juli 1923 erbrachte trotz Verboten und vielfältigen Behinderungen in ganz Deutschland Massenkundgebungen gegen die faschistische Gefahr und für eine Arbeiterregierung. Diese Aktionen wurden auf lokaler Ebene teilweise gemeinsam von SPD, freien Gewerkschaften und KPD getragen.[183] Sie leiteten über zu einer nicht mehr abreißenden Folge von Kämpfen, die im August 1923 im Generalstreik gegen die Regierung Cuno und für die Bildung einer Reichsarbeiterregierung gipfelten. Noch in der Reichstagssitzung vom 10. August hatte die sozialdemokratische Reichstagsfraktion zusammen mit den bürger-

Maßnahmen zu brechen. Vgl. Gossweiler, Großbanken, Industriemonopole, Staat, a. a. O., S. 267 f. Hallgarten, Radkau, Deutsche Industrie und Politik, a. a. O., S. 173 f. Hortzschansky, Der nationale Verrat der deutschen Monopolherren, a. a. O., S. 251 f. Kuczynski, Die Geschichte der Lage der Arbeiter unter dem Kapitalismus, Teil I, Bd. 5, a. a. O., S. 152 f.

180 Arthur Rosenberg, Geschichte der Weimarer Republik, a. a. O., S. 129.

181 Vgl. Ersil, Aktionseinheit stürzt Cuno, a. a. O., S. 98, 154 f.

182 Vgl. Walter Fabian, Klassenkampf um Sachsen. Ein Stück Geschichte 1918–1930, Löbau 1930, (Neudruck: Berlin o. J. [1972]), S. 132 ff. Krusch, Um die Einheitsfront und eine Arbeiterregierung, a. a. O., S. 129 ff.

183 Vgl. Ersil, Aktionseinheit stürzt Cuno, a. a. O., S. 145 ff.

lichen Parteien der Regierung Cuno ihr Vertrauen bekundet.[184] Am gleichen Tag lehnten die Vertreter von SPD und freien Gewerkschaften das Angebot der KPD ab, gemeinsam zum Generalstreik für den Sturz der Regierung Cuno und für eine Arbeiterregierung aufzurufen. Daraufhin rief eine Betriebsrätevollversammlung in Berlin am 11. August unter der Losung des Sturzes der Regierung Cuno und der Bildung einer Arbeiterregierung im Reich zum Generalstreik auf. Dem schlossen sich die KPD und der Reichsausschuß der Betriebsräte an.[185] Nachdem der Generalstreik erfolgreich angelaufen war, wandte sich nunmehr auch die sozialdemokratische Reichstagsfraktion angesichts eines bereits vorliegenden kommunistischen Mißtrauensantrags gegen die unhaltbar gewordene Regierung.[186] Dabei handelte es sich freilich um ein rein taktisch motiviertes Nachgeben, das eine weitere Isolierung der Parteiführung verhindern sollte. Um jedoch einer Ausweitung des Generalstreiks entgegenzuwirken und vor allem die Perspektive einer Arbeiterregierung zu blockieren, trat die SPD nach Cunos Rücktritt einer Regierung der großen Koalition mit DDP, Zentrum und DVP unter Gustav Stresemann als neuem Reichskanzler bei.[187]

Nach Bildung der neuen Regierung mußte der Generalstreik abgebrochen werden, um seinem Abbröckeln zuvorzukommen. Die sozialdemokratische Regierungsbeteiligung war also noch immer geeignet, pazifizierend in die Arbeiterklasse hineinzuwirken.[188]

184 Vgl. ebd., S. 240, 241 f.

185 Vgl. Dokumente und Materialien, Band VII, 2. Halbband, a. a. O., S. 402 f., 404 f. GdA 3, S. 406 f.

186 Vgl. Dokumente und Materialien, Band VII, 2. Halbband, a. a. O., S. 403. Ersil, Aktionseinheit stürzt Cuno, a. a. O., S. 281. Horkenbach, Das Deutsche Reich von 1918 bis heute (Bd. 1), a. a. O., S. 170.

187 Vgl. Kastning, Die deutsche Sozialdemokratie zwischen Koalition und Opposition, a. a. O., S. 113 ff.

188 Dies war der maßgebliche Grund, weshalb überhaupt Vertreter der SPD in die neue Regierung geholt wurden. Stresemann, der als Exponent derjenigen bürgerlichen Kreise gelten kann, welche eine Kooperation mit der SPD-Führung zur Überwindung der Krise von Sommer und Herbst 1923 für unumgänglich erachteten, hat dies sehr klar gesehen. Seiner Auffassung nach wäre es verhängnisvoll gewesen, die kooperationswilligen Teile der SPD »etwa gegen ihren Willen aus der Mitarbeit mit den bürgerlichen Parteien herauszudrängen«. Bezüglich der Bereinigung der politischen Situation war es »von größter Bedeutung für die Beruhigung der Massen (. . .), daß sie mit der Sozialdemokratie geschah und nicht gegen die Sozialdemokratie«. Zitiert bei Ruge, Deutschland 1917–1933, a. a. O., S. 222.

Dies wurde noch dadurch begünstigt, daß die neue Regierung den Abbruch des – inzwischen gescheiterten – »Ruhrkampfes« einleitete. Trotz des Drängens der Schwerindustrie verzichteten die bürgerlichen Koalitionspartner vorläufig auf die generelle Aufhebung des Achtstundentages und beließen es zunächst dabei, ihn mit sozialdemokratischer Unterstützung einzuschränken.[189] Ohne diese Voraussetzungen wäre es der SPD-Führung schwerlich möglich gewesen, ihre Stabilisierungs- und Integrationsfunktion noch einigermaßen wirksam wahrzunehmen. Gleichzeitig wurde aber nach dem Regierungswechsel der staatliche Druck auf die noch nicht geschlagene Arbeiterbewegung, die weiterhin ihre Forderungen nach demokratischer Produktions- und Preiskontrolle, Nationalisierungen und Errichtung einer Arbeiterregierung in Streiks und Demonstrationen zum Ausdruck brachte, rigoros verschärft. So wurde etwa die Betriebsrätebewegung, deren Bedeutung als Einheitsfrontorgan der Generalstreik gegen die Regierung Cuno nachdrücklich bewiesen hatte, zuerst in Preußen durch den sozialdemokratischen Innenminister Severing und dann in den meisten übrigen Ländern verboten.[190] Hierzu wurde aber auch zunehmend die bürgerlich-parlamentarische Ordnung eingeschränkt und schließlich sogar aufgehoben. Ende September verhängte Reichspräsident Ebert den militärischen Ausnahmezustand, der die vollziehende Gewalt auf den Reichswehrminister übertrug.[191]

Anders als im Reich und in dezidiertem Gegensatz zu der dort praktizierten Koalitionspolitik wurden nunmehr angesichts der zu erwartenden entscheidenden Auseinandersetzungen in Sachsen und Thüringen am 10. bzw. 16. Oktober 1923 sozialdemokratisch-kommunistische Arbeiterregierungen gebildet.[192] Als Reaktion auf die Bildung der sächsischen Arbeiterregierung verabschiedete der Reichstag mit Zustimmung der Mehrheit der sozialdemokratischen

189 Vgl. Kastning, Die deutsche Sozialdemokratie zwischen Koalition und Opposition, a. a. O., S. 118 f.

190 Vgl. GdA 3, S. 409.

191 Vgl. Horkenbach, Das Deutsche Reich von 1918 bis heute (Bd. 1), a. a. O., S. 176. Die marxistische Historiographie sieht hierin nicht ohne Grund »Schritte zur Aufrichtung einer parlamentarisch verbrämten Militärdiktatur«. GdA 3. S. 409.

192 Vgl. Dokumente und Materialien, Band VII, 2. Halbband, a. a. O., S. 444 f., 445, 452 f., 457 ff. Fabian, Klassenkampf um Sachsen, a. a. O., S. 164 ff. GdA 3, S. 424.

Fraktion ein Ermächtigungsgesetz, welches es der Regierung erlaubte, ohne Parlament und nur mit Notverordnungen zu regieren.[193] Diese Maßnahmen zur Aufhebung der verfassungsmäßigen Ordnung wurden mit einer angeblichen Bedrohung der Republik von links und rechts legitimiert. In Bayern hatte die rechtsextreme Landesregierung, der die Reichsregierung nicht scharf genug vorging, ebenfalls den Ausnahmezustand proklamiert und einen Staatskommissar mit diktatorischen Befugnissen ernannt.[194] Tatsächlich wurden Ausnahmezustand und Ermächtigungsgesetz aber nur als Handhabe gegen die verfassungsmäßigen Arbeiterregierungen genutzt, während die profaschistische bayrische Regierung unbehelligt blieb. Auf Anordnung des Reichspräsidenten Ebert und mit Zustimmung auch der sozialdemokratischen Reichsminister Hilferding, Radbruch, Schmidt und Sollmann wurden die sächsische und thüringische Regierung mit Hilfe der Reichswehr aus dem Amt entfernt.[195] Da ernsthafter Widerstand angesichts der ungenügenden politischen Vorbereitung von Seiten der KPD und der schwankenden Haltung der führenden sächsischen Sozialdemokraten kaum möglich war,[196] bedeutete die Amtsenthebung die entscheidende Zäsur, nach der im ganzen Reich ein großangelegter Repressionsfeldzug gegen die Arbeiterbewegung einsetzte.

Obwohl den führenden staatlichen Vertretern der SPD im Reich die Stabilisierung des gesellschaftlichen Status quo und die Niederwerfung der Arbeiterbewegung auch einen glatten Verfassungs-

193 Vgl. Horkenbach, Das Deutsche Reich von 1918 bis heute (Bd. 1), a.a.O., S. 178. Kastning, Die deutsche Sozialdemokratie zwischen Koalition und Opposition, a.a.O., S. 120.

194 Vgl. Horkenbach, Das Deutsche Reich von 1918 bis heute (Bd. 1), a.a.O., S. 175 f.

195 Vgl. Fabian, Klassenkampf um Sachsen, a.a.O., S. 167 ff. Kastning, Die deutsche Sozialdemokratie zwischen Koalition und Opposition, a.a.O., S. 121 f.

196 Für den Fall von Reichsexekution und Reichswehreinmarsch hatte die KPD ursprünglich energische Maßnahmen vorgesehen, die über die Initiierung des Generalstreiks zum bewaffneten Aufstand hinüberführen sollten. Dieser Plan scheiterte nicht zuletzt an der Haltung der führenden sächsischen Sozialdemokraten, aber auch an eigenem Versagen und Fehleinschätzungen der kommunistischen Führung um Heinrich Brandler. Lediglich in Hamburg, wo die lokale kommunistische Parteiorganisation nicht mehr rechtzeitig über die durch den kampflosen Rückzug in Sachsen veränderte Sachlage informiert werden konnte, kam es zu einem isolierten Aufstand. Vgl. Flechtheim, Die KPD in der Weimarer Republik, a.a.O., S. 182 ff. GdA 3, S. 427 ff.

bruch und den Einsatz der Reichswehr gegen die eigene Partei wert waren, war angesichts der breiten Empörung innerhalb und außerhalb der Sozialdemokratie an ein weiteres Verbleiben in der diskreditierten Regierung nicht zu denken. Umgekehrt hatte sich allerdings auch für die bürgerliche Seite die Notwendigkeit sozialdemokratischer Regierungsbeteiligung nunmehr erledigt. Da vom Kabinett die aus Legitimationsgründen gegenüber den Mitgliedern und Anhängern der SPD unabdingbaren Forderungen der Reichstagsfraktion nach Aufhebung des militärischen Ausnahmezustands und Reichsexekution auch gegen die verfassungswidrige bayrische Landesregierung abgelehnt wurden, traten die sozialdemokratischen Reichsminister zurück.[197] Dennoch hinderte dies die Mehrheit der Reichstagsfraktion nicht, im Dezember 1923 einem weiteren Ermächtigungsgesetz zuzustimmen,[198] auf dessen Grundlage die neugebildete Minderheitsregierung unter dem Zentrumskanzler Wilhelm Marx die Währungsstabilisierung durch erhebliche wirtschafts- und sozialpolitische Restriktionen bis hin zur Beseitigung wesentlicher Revolutionserrungenschaften einleitete. So wurden durch Notverordnung u. a. die Löhne weiter gesenkt, die Beamtengehälter gekürzt, die Unterstützungssätze für Arbeitslose und Kurzarbeiter sowie die Invaliden-, Kriegsbeschädigten- und Altersrenten beschnitten, die Lohnabzüge, Massensteuern und Mieten erhöht. Ferner wurde auf diesem Weg das Zwangsschlichtungssystem ausgebaut. Vor allem aber wurde der Achtstundentag faktisch aufgehoben.[199] Außerdem war am 23. November die KPD verboten worden.[200]

197 Vgl. Kastning, Die deutsche Sozialdemokratie zwischen Koalition und Opposition, a.a.O., S. 125 f.

198 Vgl. Kastning, Die deutsche Sozialdemokratie zwischen Koalition und Opposition, a.a.O., S. 134 f.

199 Vgl. GdA 4, S. 13 f. Preller, Sozialpolitik in der Weimarer Republik, a.a.O., S. 260 f., 275, 285.

200 Vgl. Horkenbach, Das Deutsche Reich von 1918 bis heute (Bd. 1), a.a.O., S. 184. Gleichzeitig wurden die NSDAP und die Deutsch-Völkische Freiheitspartei, deren Politik – wie vor allem der Hitler-Putsch vom November 1923 in München zeigte – mit den Machtansprüchen und Diktaturvorstellungen der Reichswehrführung unter Seeckt kollidierte. Zu den Diktaturplänen des Reichswehrchefs vgl. Carsten, Reichswehr und Politik, a.a.O., S. 186 ff. Hallgarten, Hitler, Reichswehr und Industrie, a. a.O., S. 30 ff., 52 ff., 65 ff. Rabenau, Seeckt, a.a.O., S. 359 ff., 370 f.

4. Die Periode relativer politischer und ökonomischer Stabilität 1924–1929[201]

Die Jahre von 1924 bis Herbst 1929 gelten als eine Periode wirtschaftlicher und politischer Konsolidierung. Der 1924 einsetzende wirtschaftliche Aufschwung hielt bis 1928 an und wurde nur im Winter 1925/26 durch eine kurze Krise unterbrochen. Mit Beginn des Jahres 1928 schwächte sich diese Entwicklung freilich wieder deutlich ab.[202] Die Industrieproduktion wuchs in diesem Zeitraum sprunghaft an und erreichte 1928 wieder den Vorkriegsstand. Ähnliches galt für die Agrarproduktion.[203] Dies war begleitet von einer forcierten Rationalisierung in der Industrie und einem fortschreitenden Konzentrationsprozeß, der zur Herausbildung riesenhafter Konzerne führte.[204] Ihre bekanntesten waren die IG Farben und die Vereinigten Stahlwerke. Gleichzeitig strömte ausländisches, in erster Linie US-amerikanisches Kapital in Form von Krediten in großem Umfang nach Deutschland.[205] Auf der anderen Seite stiegen seit 1924 auch die Löhne sehr stark.[206]

Dennoch gestalteten sich die Lage der Arbeiterklasse wie die ökonomische Entwicklung insgesamt sehr viel widersprüchlicher, als dies auf den ersten Blick erscheint. So bewirkte die Rationalisierung

201 Die marxistische Historiographie bezeichnet diesen Zeitraum als »relative Stabilisierung«. Vgl. z. B. Ruge, Deutschland 1917–1933, a.a.O., S. 249 f.

202 Vgl. Hierzu bes. Mottek, Becker, Schröter, Wirtschaftsgeschichte Deutschlands, Band III, a.a.O., S. 254–275.

203 Vgl. Kuczynski, Die Geschichte der Lage der Arbeiter unter dem Kapitalismus, Teil I, Bd. 5, a.a.O., S. 4. Preller, Sozialpolitik in der Weimarer Republik, a.a.O., S. 96, 106.

204 Vgl. I. M. Faingar, Die Entwicklung des deutschen Monopolkapitals, Berlin 1957, S. 23. Kuczynski, Die Geschichte der Lage der Arbeiter unter dem Kapitalismus, Teil I, Bd. 5, a.a.O., S. 10 f. Mottek, Becker, Schröter, Wirtschaftsgeschichte Deutschlands, Band III, a.a.O., S. 90 f., 93, 265 ff. Preller, Sozialpolitik in der Weimarer Republik, a.a.O., S. 98.

205 Vgl. Fischer, Deutsche Wirtschaftspolitik, a.a.O., S. 31 f. Faingar, Die Entwicklung des deutschen Monopolkapitals, a.a.O., S. 172. Mottek, Becker, Schröter, Wirtschaftsgeschichte Deutschlands, Band III, a.a.O., S. 260. Werner Link, Die amerikanische Stabilisierungspolitik in Deutschland 1921–32, Düsseldorf 1970, S. 356 f.

206 Vgl. Bry, Wages in Germany, a.a.O., S. 52 f., 56, 331. Walther G. Hoffmann, Das Wachstum der deutschen Wirtschaft seit der Mitte des 19. Jahrhunderts, Berlin, Heidelberg und New York 1965, S. 470 f. Kuczynski, Die Geschichte der Lage der Arbeiter unter dem Kapitalismus, Teil I, Bd. 5, a.a.O., S. 209 f.

mit der Modernisierung des Produktionsapparats und der Einführung neuartiger Produktionsmethoden zwar eine erhebliche Kapazitätserweiterung, doch waren die Produktionskapazitäten niemals voll ausgelastet und blieben zu einem beachtlichen Teil ungenutzt.[207] Die Lohnsteigerungen brachten zwar breiten Teilen der Lohnabhängigen erstmals seit dem Krieg tatsächliche Verbesserungen, doch erreichten die Reallöhne nur ein einziges Mal, und zwar erst im Jahr 1928 den Stand von 1913.[208] Sie verblieben auch auf ihrem höchsten Stand noch immer unter dem Existenzminimum.[209] Daneben verweist dies noch darauf, wie unglaublich niedrig die Löhne in den vorhergehenden Jahren der Inflation gewesen waren. Außerdem wuchs die Arbeitsproduktivität wesentlich stärker als die Löhne. Mit ihr nahmen – wie unter den Bedingungen kapitalistischer Rationalisierung üblich – auch Arbeitstempo und Arbeitsbelastung enorm zu, was sich in einer steigenden Zahl von Arbeitsunfällen niederschlug.[210] Ferner nutzten die Unternehmer die Rationalisierung zur Verringerung der Beschäftigtenzahl. Während einerseits die Arbeitszeit höher war als bis 1923 und der Achtstundentag beseitigt blieb,[211] entstand andererseits strukturelle Arbeitslosigkeit. Sie war im Gesamtzeitraum von 1924 bis 1929 sehr hoch. Die Arbeitslosenquote erreichte 1925 ihren tiefsten Stand mit 8 Prozent.[212] Trotz der Hebung des Lohnniveaus führte die wirtschaftliche Stabilisierung, die durch die sozialpolitischen Restriktionen der Regierung Marx im Winter 1923/24 auf Kosten der Lohnabhängigen eingeleitet worden war, also in keiner Weise zu einer kontinuierlichen und gleichmäßigen Verbesserung der Arbeits- und Lebensbedingungen der Arbeiterklasse. Hatte die Inflation zu einer Angleichung der

207 Vgl. Mottek, Becker, Schröter, Wirtschaftsgeschichte Deutschlands, Band III, a.a.O., S. 263, 268, 269, 271. Kuczynski, Die Geschichte der Lage der Arbeiter unter dem Kapitalismus, Teil I, Bd. 5, a.a.O., S. 9.

208 Vgl. Kuczynski, Die Geschichte der Lage der Arbeiter unter dem Kapitalismus, Teil I, Bd. 5, a.a.O., S. 218.

209 Vgl. ebd., S. 222.

210 Vgl. ebd., S. 206 ff., 235 ff. Preller, Sozialpolitik in der Weimarer Republik, a.a.O., S. 127 ff.

211 Vgl. Kuczynski, Die Geschichte der Lage der Arbeiter unter dem Kapitalismus, Teil I, Bd. 5, a.a.O., S. 233.

212 Vgl. ebd., S. 197. Preller, Sozialpolitik in der Weimarer Republik, a.a.O., S. 166 f.

Löhne geführt, so vertieften sich jetzt außerdem wieder die Lohnunterschiede zwischen den Branchen und zwischen qualifizierten und unqualifizierten sowie männlichen und weiblichen Arbeitern.[213]

Gleichzeitig bahnte die technische Entwicklung erhebliche Strukturveränderungen in der Arbeiterklasse an. So führte die Automatisierung in den industriellen Großbetrieben zu einer Erhöhung der Zahl der ungelernten Arbeiter auf Kosten der Facharbeiter. Damit war eine wachsende Einbeziehung von Frauen in den Produktionsprozeß verbunden.[214] Daneben nahm auch die Zahl der Angestellten stark zu. Gleichzeitig näherten sich diese in ihrer Masse der sozialen Lage der Arbeiter an und büßten zunehmend ihre ehemalige Sonderstellung ein. Während individuelle Aufstiegshoffnungen immer irrealer wurden, wurde auch ihre Situation fortschreitend von sozialer Unsicherheit und Arbeitslosigkeit bedroht. 1927 waren 2,4 Prozent, 1932 – auf dem Höhepunkt der Wirtschaftskrise – 13,6 Prozent aller Angestellten arbeitslos.[215] Allerdings wurde dieser Prozeß subjektiv kaum nachvollzogen und schlug sich bei der Mehrzahl der Angestellten, die sich der Arbeiterbewegung traditionell ferngehalten hatten, in einer sehr widerspruchsvollen Bewußtseinslage nieder. Dies zeigt sich etwa in der stagnierenden Mitgliederzahl der gewerkschaftlichen Angestelltenverbände.[216] Insgesamt bewirkten diese widersprüchlichen Momente in der Lage der Lohnabhängigen eine Verstärkung der Vielschichtigkeit der Bewußtseinslagen und der politischen und bewußtseinsmäßigen Differenzierungen. Während bei einer Minderheit der Arbeiterklasse entwickeltes politisches Bewußtsein lebendig blieb, konnten gleichzeitig klassenfriedliche Vorstellungen und die Hoffnung, eine Befriedigung sozialer und ökonomischer Interessen der Lohnabhängigen sei auch innerhalb der kapitalistischen Gesellschaftsordnung dauerhaft und ohne Konflikte möglich, erneut an Einfluß gewinnen. Es muß aber bereits hier ver-

213 Vgl. Bry, Wages in Germany, a.a.O., S. 85, 96 ff. Hoffmann, Das Wachstum der deutschen Wirtschaft seit der Mitte des 19. Jahrhunderts, a.a.O., S. 470 f. Kuczynski, Die Geschichte der Lage der Arbeiter unter dem Kapitalismus, Teil I, Bd. 5, a. a.O., S. 209, 223 ff.

214 Vgl. Preller, Sozialpolitik in der Weimarer Republik, a.a.O., S. 115 ff.

215 Vgl. ebd., S. 167.

216 Vgl. Vietzke, Wohlgemuth, Deutschland und die deutsche Arbeiterbewegung in der Zeit der Weimarer Republik, a.a.O., S. 325.

merkt werden, daß derartige naturwüchsige Illusionen durch Theorie und Praxis der SPD- und einer Mehrheit der Gewerkschaftsführung wesentlich begünstigt und in ihrer Ausbreitung und Wirksamkeit systematisch gefördert wurden. Daneben dürfen bei den Bewußtseinsentwicklungen innerhalb der Arbeiterklasse auch die Niederlagen der vorhergehenden Jahre nicht unberücksichtigt bleiben. Eine weitere wesentliche Rolle spielte dabei auch die politische Entwicklung der KPD, die 1924/25 vorübergehend durch heftige innerparteiliche Auseinandersetzungen mit ultralinken Intellektuellen und Strömungen geprägt war. Aufgrund einer zunächst mangelhaften Umstellung auf die veränderte Situation und erheblichen Schwankungen in der Gewerkschafts- und Einheitsfrontpolitik waren ihre Möglichkeiten, der Ausbreitung sozialpartnerschaftlicher Ideologien entgegenzuwirken, zeitweilig stark beeinträchtigt.[217]

Deutlicher Ausdruck der auf der Grundlage des wirtschaftlichen Aufschwungs abgemilderten Klassenkonflikte wie der geminderten Bereitschaft der Arbeiterklasse zur aktiven Durchsetzung ihrer Interessen war die Entwicklung der Streiktätigkeit. Für den Gesamtzeitraum von 1924–1929 war diese wesentlich geringer als in den ersten Nachkriegsjahren. Außerdem beschränkte sich bis Ende 1928 die Mehrzahl der Streikbewegungen auf reine Lohnkämpfe. Allerdings gilt es dabei zu berücksichtigen, daß ab 1924 und vor allem seit 1928 die Unternehmer auf Lohnbewegungen und Streiks verstärkt mit Massenaussperrungen reagierten.[218] Ferner muß die Entwicklung der Streikaktivität zeitlich differenziert werden. Sie war 1924 (dem Jahr der größten Lohnsteigerungen!), vor allem während der ersten Jahreshälfte, noch sehr groß. Sie ließ dann stark nach und erreichte 1926 ihren tiefsten Stand. Danach bewegte sie sich wieder aufwärts und erreichte Ende 1928 einen neuerlichen Höhepunkt, ohne jedoch wieder den Umfang von 1924 anzunehmen.[219] Dem korrespondierte in etwa die Mitgliederentwicklung der freien Gewerkschaften. Der aus Protest gegen die Passivität der Gewerk-

217 Vgl. Flechtheim, Die KPD in der Weimarer Republik, a.a.O., S. 194 ff. GdA 4, S. 25 ff.

218 Vgl. Gebhardt, Handbuch der deutschen Geschichte, Bd. 4/1, a.a.O., S. 283.

219 Vgl. Kuczynski, Die Geschichte der Lage der Arbeiter unter dem Kapitalismus, Teil I, Bd. 5, a.a.O., S. 245. Vietzke, Wohlgemuth, Deutschland und die deutsche Arbeiterbewegung in der Zeit der Weimarer Republik, a.a.O., S. 322 f.

schaftsführung am Ende der Inflationsjahre einsetzende Mitgliederschwund hielt bis 1926 an. In diesem Jahr hatte sich die Mitgliederzahl der freien Gewerkschaften gegenüber 1920 auf knapp 4 Millionen halbiert.[220] Unzufriedenheit mit der Gewerkschaftsführung sowie die Tatsache, daß deren wirtschaftsfriedliche Politik angesichts von – auf der Grundlage wirtschaftlichen Aufschwungs scheinbar automatisch – steigenden Löhnen von der Notwendigkeit gewerkschaftlicher Organisation nicht zu überzeugen vermochte, waren hierfür die hauptsächlichen Ursachen. Erst ab 1927 nahm die Mitgliederzahl der freien Gewerkschaften allmählich wieder zu und stieg bis 1929 auf 5 Millionen.[221]

Ein Überblick über die Rahmenbedingungen[222] der sozialdemokratischen Politik von 1924 bis 1929 wäre unvollständig ohne eine knappe Skizzierung von Grundzügen der politischen Entwicklung. Trotz der Herbstniederlage von 1923 und des fortdauernden militärischen Ausnahmezustands trafen die restriktiven wirtschafts- und sozialpolitischen Stabilisierungsmaßnahmen der sozialdemokratisch tolerierten Reichsregierung in der Arbeiterklasse auf steigenden Widerstand. So kam es in den ersten Monaten des Jahres 1924 wiederholt zu heftigen Streikwellen, die sich zeitweilig zu breiten Massenstreiks ausweiteten.[223] Trotz einzelner Teilerfolge konnte der Achtstundentag im allgemeinen dabei jedoch nicht verteidigt werden. Obwohl sich diese Streikbewegungen ohne Unterstützung durch die gewerkschaftlichen Verbandsleitungen organisierten und bei diesen teilweise sogar auf Ablehnung stießen, sah sich der Bundesausschuß des ADGB unter massivem Druck der Mitgliedschaft genötigt, im Januar 1924 die Zentrale Arbeitsgemeinschaft mit den

220 Vgl. Bry, Wages in Germany, a.a.O., S. 32. Kuczynski, Die Geschichte der Lage der Arbeiter unter dem Kapitalismus, Teil I, Bd. 5, a.a.O., S. 243. Vietzke, Wohlgemuth, Deutschland und die deutsche Arbeiterbewegung in der Zeit der Weimarer Republik, a.a.O., S. 325.

221 Vgl. Kuczynski, Die Geschichte der Lage der Arbeiter unter dem Kapitalismus, Teil I, Bd. 5, a.a.O., S. 243. Vietzke, Wohlgemuth, Deutschland und die deutsche Arbeiterbewegung in der Zeit der Weimarer Republik, a.a.O., S. 325.

222 Mit diesem Begriff soll nicht ausgedrückt werden, es habe sich dabei um unverrückbare Daten gehandelt, die einseitig auf die sozialdemokratische Politik eingewirkt hätten und von dieser nicht ihrerseits beeinflußt worden wären.

223 Vgl. GdA 4, S. 17.

224 Vgl. ebd., S. 15.

Unternehmern aufzukündigen.[224] Auf eine fortdauernde politische Polarisierung und einflußreiche revolutionäre Stimmungen in der Arbeiterklasse läßt auch das Ergebnis der Reichstagswahlen vom Mai 1924 schließen. Sie führten zwar einerseits zum Anwachsen der politischen Rechten auf Kosten der Parteien der bürgerlichen Mitte und ließen die DNVP zur zweitstärksten Partei knapp hinter der SPD werden. Andererseits brachten sie aber auch der KPD gegenüber 1920 einen sprunghaften Anstieg auf etwa 3,7 Millionen Wählerstimmen, während die SPD bei rund 6 Millionen stagnierte.[225]

Unter solchen Umständen war es durchaus möglich, daß ein Übergang zu einer dauerhaften Diktatur – die eine offene Militärdiktatur sein oder aber sich zumindest primär auf die Reichswehr stützen mußte, wie dies seit November 1923 auch tatsächlich der Fall war – auf erheblichen Widerstand gestoßen wäre und die Aktionseinheit der Arbeiterbewegung gefördert hätte. Bei neuerlichen politischen Erschütterungen war aber kaum mit den dringend gewünschten Auslandskrediten zu rechnen. Diese wären zudem dadurch gefährdet gewesen, daß eine offene oder verhüllte Reichswehrdiktatur auch außenpolitische Konflikte provoziert hätte.[226] Deshalb schien eine schrittweise Rückkehr zu parlamentarischen Formen ratsam, nachdem die Arbeiterklasse entscheidend zurückgeworfen worden war. Vor diesem innen- und außenpolitischen Hintergrund sind die Aufhebung des militärischen Ausnahmezustands und des Verbots der KPD im März 1924 zu sehen.[227] Freilich hielt die staatliche Repression gegen die kommunistische Bewegung weiterhin an. Ebenso wurde die parlamentarische Regierungsform nur allmählich wiederhergestellt. So dauerte der zivile Ausnahmezustand und mit ihm die Einschränkung bzw. Aufhebung wesentlicher demokratischer Rechte und politischer Freiheiten bis November 1924 fort.[228]

225 Vgl. Milatz, Wähler und Wahlen in der Weimarer Republik, a.a.O., S. 116 f., 151. Größere Stimmengewinne erzielte außer der DNVP erstmals auch die Deutsch-Völkische Freiheitspartei, mit der die NSDAP verbunden war. Dagegen erlitt die DVP starke Einbußen.

226 Vgl. Gossweiler, Großbanken, Industriemonopole, Staat, a.a.O., S. 307 ff. Arthur Rosenberg, Geschichte der Weimarer Republik, a.a.O., S. 154 f., der die Rückkehr zur parlamentarischen Regierungsform allerdings ausschließlich außenpolitisch erklärt.

227 Vgl. Horkenbach, Das Deutsche Reich von 1918 bis heute (Bd. 1), a.a.O., S. 189.

228 Vgl. ebd., S. 202.

Trotz der Wiederherstellung der bürgerlich-parlamentarischen Ordnung war die politische Entwicklung durch das Vordringen restaurativer Tendenzen gekennzeichnet. Dies äußerte sich im wachsenden Einfluß der Rechtsparteien, von denen die DNVP ihre Position als zweitstärkste Partei bei den Reichstagswahlen vom Dezember 1924 nochmals ausbauen konnte.[229] Während die DVP in allen Reichskabinetten bis 1929 vertreten war, wurde zweimal auch die DNVP in sogenannte Bürgerblockregierungen einbezogen. Dieser Verschiebung nach rechts entsprach die Wahl des kaiserlichen Exgeneralfeldmarschalls und Chefs von Generalstab und Oberster Heeresleitung, von Hindenburg, zum Reichspräsidenten im Jahr 1925.[230] In der Wirtschafts-, Finanz- und Sozialpolitik nahm der Druck des »Reichsverbands der Deutschen Industrie« (RDI) und anderer großkapitalistischer Kräfte zu. Er vermittelte sich nicht nur über die bürgerlichen Reichstagsparteien, sondern ebenso durch direkte Einflußnahme auf die Regierungstätigkeit.[231] Um seine Forderungen nach Kürzung der Staatsausgaben und der staatlichen Sozialleistungen, Senkung der Besitz- und Erhöhung der Massensteuern u. a. durchzusetzen, drängte der RDI bereits 1927 darauf, die Rechte des Reichstags und die Finanzhoheit der Länder zu beschneiden.[232]

Vor dem Hintergrund der wiederbelebten Streikaktivität und angesichts steigender Unruhe in der Arbeiterklasse verabschiedete der Reichstag 1927 eine neue gesetzliche Arbeitszeitregelung. Diese enthielt zwar minimale Zugeständnisse, führte aber den Achtstundentag nicht wieder ein. Sie wurde deshalb (neben der DDP und der mittelständischen Wirtschaftspartei) von beiden Arbeiterparteien abgelehnt.[233] Ebenfalls 1927 wurde – nach einer Verständigung zwischen SPD, Gewerkschaften und Teilen der Regierungsparteien –

229 Vgl. Milatz, Wähler und Wahlen in der Weimarer Republik, a.a.O., S. 118, 151. Stimmengewinne erzielte auch wieder die DVP, die NSDAP nahm erheblich ab. Gleichzeitig konnte die SPD ihre Stellung festigen.

230 Vgl. Anmerkung 268.

231 Vgl. GdA 4, S. 149 f., 485 ff., 487 ff. Claus-Dieter Krohn, Stabilisierung und ökonomische Interessen. Die Finanzpolitik des Deutschen Reiches 1923–1927, Düsseldorf 1974, passim.

232 Vgl. GdA 4, S. 149, 486.

233 Vgl. Schulthess' Europäischer Geschichtskalender. Neue Folge, 43. Jg., 68. Bd., 1927, München 1928, S. 84 f. Michael Stürmer, Koalition und Opposition in der Weimarer Republik 1924–1928, Düsseldorf 1967, S. 208 f.

die Erwerbslosenfürsorge durch Einführung einer allgemeinen Arbeitslosenversicherung gesetzlich neu geregelt.[234] Diese Neuregelung brachte zwar außer einigen für die Lohnabhängigen negativen Bestimmungen auch wichtige Fortschritte, doch waren bereits die staatlichen Sozialausgaben für 1928 heftig umstritten.[235] Bei größeren konjunkturellen Erschütterungen und weiterer Zunahme der Arbeitslosigkeit mußte also sofort die Frage nach Leistungskürzungen akut werden.

Das Erstarken restaurativer Tendenzen drückte sich auch darin aus, daß vor allem in den letzten Jahren der Stabilisierungsphase die offenen und geheimen Aufrüstungsbestrebungen wesentlich forciert wurden. Im März 1928 bewilligte die Reichstagsmehrheit gegen die DDP und den heftigen Protest von SPD und KPD die erste Finanzrate für den Bau des Panzerkreuzers A.[236] Damit sollte eine ganze Serie neuer Panzerschiffe eingeleitet und die Flottenrüstung vorangetrieben werden. Vor Öffentlichkeit und Parlament geheimgehaltene Finanzquellen und Aufrüstungsmaßnahmen der Reichswehr kamen im Zusammenhang mit einem Finanzskandal im Sommer 1927 ans Licht.[237] Diese bedenklichen Entwicklungen wurden von offiziellen Abrüstungsbekenntnissen nur notdürftig verdeckt. 1925 wurde zwar der Locarno-Vertrag abgeschlossen, in dem von deutscher Seite die Unverletzlichkeit der Westgrenzen zu Frankreich und Belgien akzeptiert wurde. Dagegen wurden aber die deutschen Ostgrenzen weder in Locarno noch später verbindlich anerkannt.[238]

234 Vgl. Stürmer, Koalition und Opposition in der Weimarer Republik, a.a.O., S. 210 ff. Preller, Sozialpolitik in der Weimarer Republik, a.a.O., S. 363 ff. Helga Timm, Die deutsche Sozialpolitik und der Bruch der Großen Koalition im März 1930, Düsseldorf 1952, S. 22 ff.

235 Vgl. Schulthess' Europäischer Geschichtskalender. Neue Folge, 44. Jg., 69. Bd., 1928, München 1929, S. 58 f.

236 Vgl. ebd., S. 82. Wolfgang Wacker, Der Bau des Panzerschiffes »A« und der Reichstag, Tübingen 1959, S. 76.

237 Vgl. Heinz Habedank, Der Feind steht rechts. Bürgerliche Linke im Kampf gegen den deutschen Militarismus (1925–1933), Berlin 1965, S. 83 ff.

238 Vgl. Locarno-Konferenz 1925. Eine Dokumentensammlung, Berlin 1962, S. 18 ff., 31, 35, 67. Ruge, Deutschland 1917–1933, a.a.O., S. 284 ff. Außerdem war es im Sommer 1924 zu einer Verständigung mit den Westmächten in der Reparationsfrage und zu deren Regelung im Dawesplan gekommen. Zu dessen Hintergründen und Folgen vgl. Karl Obermann, Die Beziehungen des amerikanischen Imperialismus zum deutschen Imperialismus in der Zeit der Weimarer Republik (1918–1925), Berlin 1952, S.

Drückten noch die Reichstagswahlen vom Mai 1924 eine Kräfteverschiebung innerhalb der Arbeiterbewegung zugunsten des kommunistischen Flügels aus, so hatte sich das Bild bei den neuerlichen Reichstagswahlen, die im Dezember 1924 nach vorzeitiger Auflösung des Reichstags stattfanden, schon nachhaltig verändert. Während die kommunistische Stimmenzahl gegenüber den Maiwahlen desselben Jahres um etwa eine Million zurückging, stieg die sozialdemokratische von 6 auf 7,9 Millionen.[239] Der SPD war es somit binnen weniger Monate gelungen, ihren Masseneinfluß wieder zu festigen und erheblich (zum Teil auf Kosten der KPD) auszudehnen. Dies war freilich nicht nur eine Folge der einsetzenden wirtschaftlichen Konsolidierung und der nachlassenden Klassenkonflikte, sondern zugleich auch einer zunächst ungenügenden Verarbeitung der veränderten Situation durch die KPD. Die bis Sommer 1925 unter ultralinkem Einfluß stehende kommunistische Parteiführung negierte anfänglich die politische und wirtschaftliche Stabilisierung und rechnete mit einem baldigen revolutionären Neuaufschwung. Diese Einschätzung mündete in eine teilweise unrealistische Politik, die schließlich sogar die Gefahr der Isolierung heraufbeschwor.[240]

Auf sozialdemokratischer Seite wurden dagegen die Jahre des wirtschaftlichen Aufschwungs als Bestätigung reformistischer Theorie und Praxis gewertet. Obwohl die SPD bis 1928 aus der Reichsregierung ausgeschlossen blieb, arbeitete die Parteiführung ihre Integrationskonzeption systematisch aus. Dies fand seinen geschlossensten Ausdruck in Rudolf Hilferdings Theorie des »organisierten Kapitalismus«. Wesentliche Elemente davon formulierte Hilferding bereits auf dem sozialdemokratischen Parteitag in Heidelberg von 1925.[241] In ausgearbeiteter Form trug er sie auf dem Parteitag in Kiel von 1927 vor.[242] Hilferding ging davon aus, daß der

119 ff., 125 ff., 134 ff. Krohn, Stabilisierung und ökonomische Interessen, a.a.O., S. 76–101.

239 Vgl. Milatz, Wähler und Wahlen in der Weimarer Republik, a.a.O., S. 118, 151.

240 Vgl. Anmerkung 217.

241 Vgl. Sozialdemokratischer Parteitag 1925 in Heidelberg. Protokoll mit dem Bericht der Frauenkonferenz, Berlin 1925, S. 272–283.

242 Vgl. Rudolf Hilferding, Die Aufgaben der Sozialdemokratie in der Republik, in: Sozialdemokratischer Parteitag 1927 in Kiel. Protokoll mit dem Bericht der Frauenkonferenz, Berlin 1927, S. 165–184.

Kapitalismus seine Krisenhaftigkeit dauerhaft überwunden habe. Die fortschreitende Monopolisierung wertete er als ein Entwicklungsstadium des »organisierten Kapitalismus«. Organisierter Kapitalismus beinhalte aber die Ablösung kapitalistischer Konkurrenz und Wirtschaftsanarchie »durch das sozialistische Prinzip planmäßiger Produktion«.[243] Der Kapitalismus hatte sich nach Hilferdings Ansicht in eine »planmäßige, mit Bewußtsein geleitete Wirtschaft«[244] gewandelt und war somit umfassend planbar geworden. Gleichzeitig sprach Hilferding das Problem des Privateigentums an Produktionsmitteln nicht an und ging damit – zumindest implizit – von der Annahme aus, die Eigentumsfrage habe sich angesichts dieser Entwicklung erübrigt.[245] Da das politische »Besitzprivileg« der Bourgeoisie, ihre politische Macht also, durch die parlamentarische Republik bereits aufgehoben sei, konnte der Weimarer Staat als klassenneutrales Instrument und als potentieller Hebel der Arbeiterklasse zur Durchsetzung ihrer gesellschaftlichen Interessen gelten.[246] Mit seiner Hilfe sollte nunmehr auch noch das ökonomische »Besitzprivileg« des Kapitals aufgehoben werden. Dies könne durch die Beteiligung der Gewerkschaften an der Wirtschaftsführung geschehen. Auf dieser Grundlage stellte sich der Übergang zum Sozialismus lediglich als eine Frage der Ausdehnung staatlicher Wirtschaftsregulierung, als Problem der »gegenseitige(n) Durchdringung« von »kapitalistische(r) Organisation der Wirtschaft« und »Staatsorganisation«[247] dar. Um dieser Tendenz zum Durchbruch zu verhelfen, brauchte nur noch die parlamentarische Mehrheit gewonnen und die Regierungspräsenz der SPD sichergestellt zu werden.

Wie in den bisherigen sozialdemokratischen Vorstellungen war auch hier die Verwirklichung des Sozialismus auf eine Frage parla-

243 Ebd., S. 168.

244 Ebd.

245 Vgl. auch die Begründung Hilferdings zum Parteiprogramm von 1925, in: Sozialdemokratischer Parteitag 1925 in Heidelberg, a.a.O., S. 272–283, hier: S. 279.

246 Hilferding, Die Aufgaben der Sozialdemokratie in der Republik, a.a.O., S. 172. Vgl. auch Wilfried Gottschalch, Strukturveränderungen der Gesellschaft und politisches Handeln in der Lehre von Rudolf Hilferding, Berlin 1962, S. 209 ff.

247 Hilferding, Die Aufgaben der Sozialdemokratie in der Republik, a.a.O., S. 168 f.

mentarischer Mehrheiten reduziert. Gleichzeitig erschien aber die Gesellschaft der Weimarer Republik schon nicht mehr als »reiner Kapitalismus« (so Wilhelm Dittmann auf dem Magdeburger Parteitag von 1929), sondern bereits als »Übergang zum Sozialismus, wirtschaftlich, politisch, sozial«.[248] Hier näherte sich die ökonomische Analyse den Staatsvorstellungen an, wodurch der für die bisherige sozialdemokratische Programmatik typische Gegensatz zwischen noch kapitalistischer Wirtschaft und schon nicht mehr vom Kapital beherrschtem Staat abgemildert wurde. Von einer solchen Position her erschienen nicht nur die gesellschaftlichen Interessen der Lohnabhängigen schon innerhalb der kapitalistischen Wirtschafts- und Gesellschaftsordnung als realisierbar. Darüber hinaus mußte sich die SPD für deren Absicherung und reibungsloses Funktionieren einsetzen, da sie somit die Grundlage für eine »organische Entwicklung«[249] zum Sozialismus darstellte. Um diese Perspektive des bruchlosen Hineinwachsens in den Sozialismus und ihre Voraussetzungen in Gestalt eines wirtschaftlich und politisch stabilen Kapitalismus zu gewährleisten, mußte die SPD alle Möglichkeiten der staatlichen »Mitwirkung«[250] wahrnehmen und vor allem in der Reichsregierung vertreten sein. In der »Mitarbeit«[251] am Weimarer Staat wurde zugleich der einzige Weg gesehen, die Demokratisierung von Staat und Gesellschaft zu erreichen und überhaupt effektiv die Interessen der Lohnabhängigen wahrzunehmen. Die vom Kieler Parteitag übernommene Forderung Hilferdings nach »Erringung und Behauptung möglichst zahlreicher Machtpositionen in Gemeinde, Staat und Reich«[252] sprach also in Wirklichkeit nur den Verzicht auf außerparlamentarische Aktionsformen aus. Sie zielte auf die Integration in das bestehende politische System und beinhaltete eine bloße Rechtfertigung der Koalitionspolitik.[253] Diese Ent-

248 Wilhelm Dittmann, Bericht der Wehrkommission, in: Protokoll Sozialdemokratischer Parteitag Magdeburg 1929, Berlin 1929, S. 105–119, hier: S. 109.

249 Ebd., S. 110.

250 Ebd., S. 109.

251 So Hermann Müller, in: Sozialdemokratischer Parteitag 1927 in Kiel, a.a.O., S. 11.

252 Sozialdemokratischer Parteitag 1927 in Kiel, a.a.O., S. 265.

253 Vor allem auf freigewerkschaftlicher Seite wurde auf dieser Grundlage eine Konzeption der »Wirtschaftsdemokratie« entwickelt, die auf eine sozialpartnerschaftliche

wicklung der parteioffiziellen Theorie wurde ergänzt durch den üblichen Antikommunismus. Ihren organisationspolitischen Niederschlag fand die antikommunistische Stoßrichtung im neuen Organisationsstatut von 1924, das dem Sinne nach Befürworter einer Zusammenarbeit mit der Kommunistischen Partei unter Umgehung des regulären Verfahrens mit dem Parteiausschluß bedrohte.[254]

Sicherlich trug die offizielle sozialdemokratische Argumentation wesentlich zur massenhaften Verbreitung klassenfriedlicher Ideologien bei. Gleichwohl wirkten auch innerhalb der SPD selbst oppositionelle Stimmungen weiter, die sich nicht zuletzt aus den Erfahrungen des Jahres 1923 speisten. Sie wurden artikuliert von einem linken Parteiflügel, der sich ab 1924 herausbildete. Er nahm die linksoppositionellen Strömungen in sich auf, die in den Nachkriegsjahren hervorgetreten waren. Ihre Hauptbasis hatte die Parteilinke in den Landesverbänden Sachsen und Thüringen, ferner am Niederrhein, in Baden, Berlin, Frankfurt/Main und Halle.[255] In der Regel handelte es sich dabei um Gebiete, in denen ehedem die USPD stark gewesen war. Die Linke hatte zwar mit Robert Dißmann (der freilich schon 1926 starb) und Siegfried Aufhäuser auch Anhänger in der Führung des Deutschen Metallarbeiter-Verbandes bzw. des Allgemeinen freien Angestelltenbundes, verfügte ansonsten aber über nur geringen Einfluß im Gewerkschaftsapparat.[256] Ihr politisch-ideologischer Kern gruppierte sich um die seit 1927 herausgegebene Zeitschrift »Der Klassenkampf«. Dieser programmatische Name ver-

Mitspracheregelung für die Gewerkschaften und auf die Interessenharmonisierung von Lohnarbeit und Kapital, keinesfalls aber auf die Errichtung von »Gegenpositionen« gegen »die wachsende Macht der großkapitalistischen Konzerne« (Abendroth, Aufstieg und Krise der deutschen Sozialdemokratie, a.a.O., S. 59) abzielte. Vgl. insbesondere Fritz Naphtali, Wirtschaftsdemokratie. Ihr Wesen, Weg und Ziel, Berlin 1928 (Neudruck Frankfurt/M. 1966). Eine Kurzfassung dieser Konzeption findet sich z. B. bei Fritz Tarnow, Wirtschaftsdemokratie und Sozialismus, in: Jahrbuch der Deutschen Sozialdemokratie für das Jahr 1928, Berlin o. J. (1929), S. 338–345.

254 Vgl. Sozialdemokratischer Parteitag 1924. Protokoll mit dem Bericht der Frauenkonferenz, Berlin 1924, S. 5–11, hier: S. 10. Diese Interpretation wurde von Richard Lipinski in seiner Begründung des neuen Statuts ausdrücklich bestätigt. Vgl. ebd., S. 141, 144.

255 Vgl. Hanno Drechsler, Die Sozialistische Arbeiterpartei Deutschlands (SAPD). Ein Beitrag zur Geschichte der deutschen Arbeiterbewegung am Ende der Weimarer Republik, Meisenheim/Glan 1965, S. 50. Varga (Hrsg.), Die Sozialdemokratischen Parteien, a.a.O., S. 64 f.

256 Vgl. Varga (Hrsg.), Die Sozialdemokratischen Parteien, a.a.O., S. 35, 66.

weist auf einen sozialistisch-marxistischen Anspruch. Die Adaption des Marxismus wurde jedoch nur teilweise (und unter Einfluß des »Austromarxismus«) geleistet.[257] Zu den bekanntesten Vertretern dieser Gruppe gehörten Ernst Eckstein, Kurt Rosenfeld und Max Seydewitz. Rosenfeld und Seydewitz waren Reichstagsabgeordnete wie Paul Levi, der seine eigene oppositionelle Zeitschrift 1928 mit dem »Klassenkampf« zusammenlegte.[258] Insgesamt bot die linke Opposition jedoch ein durchaus heterogenes Bild. Dennoch sprachen sich ihre Anhänger gemeinsam gegen die Koalitionspolitik der Parteiführung und andere Formen des Klassenbündnisses mit großkapitalistischen Kräften aus. Das politische Verhalten der führenden Linken war aber oftmals von erheblichen Widersprüchen gekennzeichnet. Vor allem nach dem erneuten Regierungseintritt der SPD von 1928 wichen sie in wesentlichen praktischen Entscheidungen vor dem Parteivorstand zurück.[259] Daneben wirkte auch in Teilen der Parteilinken ein ausgeprägter Antikommunismus, der oftmals nicht schwächer war als in der übrigen Partei. Außerdem artikulierten die führenden Vertreter der Linken oppositionelle Stimmungen und Forderungen der Parteibasis häufig nur unvollständig und inkonsequent.[260] Somit wird man die politische Rolle der Linken als ambivalent einschätzen müssen. Einerseits ventilierte ihre Opposition die Unzufriedenheit von sozialdemokratischen Mitgliedern und Anhängern mit den Ergebnissen der reformistischen Politik und trug so dazu bei, diese Gruppen trotzdem weiterhin an eine reformistisch beherrschte Partei zu binden. Andererseits aber half sie mit, eine eindimensionale Ausrichtung der SPD auf eine sozialliberale »Volkspartei« zu verhindern, sozialistische Vorstellungen und Elemente proletarischen Bewußtseins in der Sozialdemokratie wachzuhalten und somit – wenn auch ungewollt – Ansatzmöglichkeiten einer Aktionseinheit der ganzen Arbeiterbewegung zu verbessern.

Im Parteivorstand war die Linke nicht vertreten. Dagegen wurden ihr Mitte der zwanziger Jahre etwa zehn der insgesamt 130 Mitglieder der Reichstagsfraktion zugerechnet.[261] Auf den Parteitagen von

257 Vgl. Drechsler, Die Sozialistische Arbeiterpartei Deutschlands, a.a.O., S. 32.
258 Vgl. ebd., S. 23.
259 Vgl. Anmerkung 292.
260 Vgl. Anmerkung 298.
261 Vgl. Varga (Hrsg.), Die Sozialdemokratischen Parteien, a.a.O., S. 64.

1924, 1925 und 1927 erhielten die Anträge der Opposition, die sich gegen die Koalitionspolitik und ihre Folgen aussprachen, jeweils etwa ein Viertel der Delegiertenstimmen.[262] Seinen Höhepunkt erreichte der Einfluß der Parteilinken auf dem Magdeburger Parteitag von 1929, der im Zeichen heftiger Auseinandersetzungen um den Panzerkreuzerbau und die Stellung der SPD zur Reichswehr stand. Hier sprachen sich bis zu mehr als 40 Prozent der Delegierten für Oppositionsanträge aus.[263] Dabei gilt es noch zu berücksichtigen, daß diese Abstimmungsergebnisse aufgrund der undemokratischen Zusammensetzung der Parteitage nur ein ungefähres Bild der tatsächlichen Stimmung in der Partei und des Rückhalts der Linken in der Mitgliedschaft ergaben. Auf den genannten Parteitagen bestand jeweils mehr als ein Viertel der stimmberechtigten Delegierten aus nicht von den Mitgliedern gewählten Vertretern der Parteiinstanzen und der Reichstagsfraktion, deren Abstimmungsverhalten sich stark zuungunsten der Opposition auswirkte.[264]

Wenngleich die Parteilinke nicht in der Lage war, aus eigener Kraft die innerparteilichen Verhältnisse umzukehren, die prokapitalistischen Kräfte entscheidend zurückzudrängen und die Politik der SPD zu bestimmen, so wirkte sich der Einfluß linker Strömungen im neuen Parteiprogramm aus, das 1925 auf dem Parteitag in Heidelberg verabschiedet wurde.[265] Das Heidelberger Programm lehnte sich in seinem grundsätzlichen Teil an das Erfurter Programm von 1891 an und definierte die SPD als eine proletarische Klassenpartei, deren historisches Ziel die Emanzipation der Arbeiterklasse und al-

262 Vgl. Sozialdemokratischer Parteitag 1924, a.a.O., S. 138, 147, 204 f., 210. Sozialdemokratischer Parteitag 1925 in Heidelberg, a.a.O., S. 231, 316 f. Sozialdemokratischer Parteitag 1927 in Kiel, a.a.O., S. 224, 272.

263 Vgl. Protokoll Sozialdemokratischer Parteitag Magdeburg 1929, a.a.O., S. 102, 104, 269 f.

264 Vgl. Sozialdemokratischer Parteitag 1924, a.a.O., S. 92 f. Sozialdemokratischer Parteitag 1925 in Heidelberg, a.a.O., S. 224 f. Sozialdemokratischer Parteitag 1927 in Kiel, a.a.O., S. 113. Protokoll Sozialdemokratischer Parteitag Magdeburg 1929, a.a.O., S. 129. Zur Aufschlüsselung der Abstimmungsergebnisse bei den wichtigsten Anträgen des Magdeburger Parteitags nach gewählten Delegierten und Instanzenvertretern vgl. Drechsler, Die Sozialistische Arbeiterpartei Deutschlands, a.a.O., S. 49. Hunt, German Social Democracy, a.a.O., S. 80.

265 Vgl. Programm der Sozialdemokratischen Partei Deutschlands, angenommen auf dem Heidelberger Parteitag am 18. September 1925, in: Sozialdemokratischer Parteitag 1925 in Heidelberg, a.a.O., S. 5–10.

ler ausgebeuteten und unterdrückten Bevölkerungsschichten durch die Errichtung des Sozialismus sei. Eine Analyse des Monopolkapitalismus, wie er sich seit 1891 herausgebildet hatte, wurde allerdings nur sehr unzulänglich geleistet. Gleichwohl zeigte die ökonomische Analyse den vorhandenen Klassenantagonismus auf. Demgegenüber galten jedoch wie schon im Görlitzer Programm kapitalistische Verhältnisse im staatlichen Bereich als überwunden. Demzufolge wurde das Bekenntnis zum Weimarer Staat beibehalten, in dem auch das Heidelberger Programm bereits die demokratische Republik sah. Ähnliche Einschränkungen treffen auch auf den aktuellen Programmteil zu.[266]

Für die weitere politische Entwicklung der SPD bis zu ihrem neuerlichen Regierungseintritt 1928 waren insbesondere zwei Ereignisse von Bedeutung. Nach dem Tod Friedrich Eberts standen 1925 die ersten verfassungsmäßigen Reichspräsidentenwahlen an. Neben fünf bürgerlichen Anwärtern nominierten beide Arbeiterparteien mit Otto Braun (SPD) und Ernst Thälmann (KPD) jeweils einen eigenen Kandidaten. Die meisten Stimmen erzielte im ersten Wahlgang der gemeinsame Kandidat der Rechtsparteien DNVP und DVP. Ihm folgte an zweiter Stelle Otto Braun mit großem Vorsprung vor dem Zentrumskandidaten Wilhelm Marx.[267] Da keiner der Bewerber die erforderliche Stimmenzahl erlangte, wurde ein zweiter Wahlgang erforderlich. In diesem zog die SPD ihren Kandidaten zurück. Gemeinsam mit der DDP unterstützte sie den Vertreter des Zentrums, Marx, der als Reichskanzler im Winter 1923/24 mit Hilfe von Ermächtigungsgesetz und Notverordnungen die Krisenlasten auf die arbeitende Bevölkerung abgewälzt und den Achtstundentag beseitigt hatte. Demgegenüber einigte sich die gesamte Rechte auf Hindenburg. Dieser erzielte im zweiten Wahlgang eine knappe Mehrheit vor Marx.[268] Für diesen Sieg der Reaktion wurde von sozialdemokratischer Seite die Kommunistische Partei verantwortlich gemacht,[269] da sie an der Kandidatur Thälmanns festgehal-

266 Vgl. Georg Fülberth, Jürgen Harrer, Die deutsche Sozialdemokratie 1890–1933, Darmstadt und Neuwied 1974, S. 208.

267 Vgl. Milatz, Wähler und Wahlen in der Weimarer Republik, a.a.O., S. 119.

268 Vgl. ebd.

269 Vgl. z. B. Vorwärts vom 8. Mai 1925.

ten hatte. Eine solche Wahlarithmetik war jedoch politisch unhaltbar. Der SPD-Führung kam es auf die Verständigung mit den gemäßigten bürgerlichen Parteien an. Zu diesem Zweck nahm sie auch Wilhelm Marx hin, obwohl »es schlecht möglich war, die Arbeitermassen ausgerechnet für einen Mann zu begeistern, dessen reaktionäre Haltung in allen Fragen der Wirtschafts- und Sozialpolitik (...) sie nur zu genau kannten«.[270] Einen solchen Kandidaten konnte die KPD aber unmöglich fördern, wenn sie sich selbst als marxistische Arbeiterpartei auch nur einigermaßen ernst nahm. Dagegen hätte eine Einheitsfront der Arbeiterorganisationen in Gestalt eines gemeinsamen Präsidentschaftskandidaten selbst im Falle einer Wahlniederlage fraglos eine bedeutsame politische Demonstration gegen die erstarkende Reaktion dargestellt. Dazu war die SPD-Führung freilich nicht bereit, da dies künftige Arrangements mit der bürgerlichen Mitte erschwert hätte. Der KPD wird man demgegenüber vorwerfen müssen, daß sie nicht den Empfehlungen des Exekutivkomitees der Kommunistischen Internationale folgte, der SPD die Nominierung eines gemeinsamen Arbeiterkandidaten vorzuschlagen, und ihr somit den Rückzug auf Wilhelm Marx wesentlich erleichterte.[271]

Anders als bei den Reichspräsidentenwahlen vollzog sich die Auseinandersetzung der Arbeiterbewegung mit den politischen Rechtskräften in der Kampagne zur entschädigungslosen Enteignung der Fürstenhäuser. Nach der Wahl Hindenburgs mehrten sich die Forderungen der Fürstenhäuser nach horrenden Abfindungssummen für Vermögensverluste, die sie während und nach der Revolution hatten hinnehmen müssen.[272] Während die fürstlichen Forderungen von den Rechtsparteien unterstützt wurden, neigten SPD und DDP einem Kompromiß zu. Demgegenüber lag dem Reichstag ein kommunistischer Gesetzentwurf zur entschädigungslosen Enteignung der Fürstenhäuser vor. Er sah vor, die durch die Enteignung gewon-

270 Abendroth, Aufstieg und Krise der deutschen Sozialdemokratie, a.a.O., S. 61.
271 Vgl. GdA 4, S. 76.
272 Zur Auseinandersetzung um die Fürstenenteignung vgl. GdA 4, S. 108 ff. Habedank, Der Feind steht rechts, a.a.O., S. 23 ff. Heinz Karl, Die deutsche Arbeiterklasse im Kampf um die Enteignung der Fürsten (1925/26), Berlin 1957. Stürmer, Koalition und Opposition in der Weimarer Republik, a.a.O., S. 155 ff.

nenen finanziellen Mittel für soziale Zwecke zu verwenden und den fürstlichen Grundbesitz an Bauern und Landarbeiter aufzuteilen.[273] Als der Reichstag im Dezember 1925 eine Entscheidung aussetzte, wandte sich die Kommunistische Partei, die nach der Entmachtung der Ultralinken nunmehr unter der Führung Thälmanns ihre Politik korrigierte, in einem »offenen Brief« an die zentralen Leitungen von SPD, freien Gewerkschaften und Reichsbanner[274] mit dem Vorschlag, gemeinsam ein Volksbegehren für ein Gesetz zur entschädigungslosen Fürstenenteignung einzuleiten. Der sozialdemokratische Parteivorstand weigerte sich dezidiert, diesem Vorschlag zu folgen,[275] obwohl laut »Vorwärts« vom 1. Dezember 1925 auf seiten der SPD ebenfalls ein Volksentscheid erwogen wurde. Erst als sich die von der KPD initiierte Kampagne zu einer sehr breiten Einheitsfront ausweitete, an der sich auch zahlreiche lokale sozialdemokratische Organisationen beteiligten, sah sich die Parteiführung genötigt, ihre ablehnende Haltung zu revidieren und am Volksbegehren teilzunehmen. Seine gemeinsame organisatorische Vorbereitung lehnte der sozialdemokratische Parteivorstand aber ab. Trotz dieser nur unvollkommenen Zusammenarbeit bewirkte die Kampagne zur Fürstenenteignung einen enormen Mobilisierungseffekt, der über die Arbeiterklasse hinaus bis weit in die Mittelschichten und das Wählerpotential der bürgerlichen Parteien reichte. Hatten SPD und KPD zusammen bei den letzten Reichstagswahlen vom Dezember 1924 etwa 10,6 Millionen Stimmen erhalten, so wurde das Volksbegehren im März 1926 von über 12,5 Millionen Wählern unterstützt.[276] Als der Gesetzentwurf nach dem Volksbegehren von der

273 Abgedruckt in: GdA 4, S. 473 f.

274 Abgedruckt in: GdA 4, S. 441 ff.

275 Vgl. Vorwärts vom 5. Dezember 1925.

276 Vgl. Karl, Die deutsche Arbeiterklasse im Kampf um die Enteignung der Fürsten, a.a.O., S. 32, 106. Milatz, Wähler und Wahlen in der Weimarer Republik, a.a.O., S. 121. In der Bewegung zur Fürstenenteignung spielten auch Gruppen der bürgerlich-demokratischen Intelligenz eine bedeutsame Rolle. Dies gilt etwa für den Kreis um die radikaldemokratische Zeitschrift »Weltbühne«, die sich aktiv für Volksbegehren und Volksentscheid einsetzte. Der »Ausschuß zur Durchführung des Volksentscheids über die Fürstenabfindung«, der das Volksbegehren und den Volksentscheid wesentlich trug und in dem sich neben der Kommunistischen Partei zahlreiche weitere Organisationen (so etwa die Deutsche Liga für Menschenrechte, Die Naturfreunde, der Internationale Sozialistische Kampfbund u. v. a.), allerdings nicht SPD, freie Gewerkschaften und Reichsbanner, zusammengeschlossen hatten, wurde von dem parteilosen Wirtschafts-

Reichstagsmehrheit abgelehnt wurde, folgte im Juni 1926 ein Volksentscheid über die entschädigungslose Fürstenenteignung. Die bürgerlichen Parteien mit Ausnahme der DDP riefen zum Boykott auf. Trotzdem und trotz staatlicher Behinderungen und einer massiven Gegenkampagne von Reichsregierung, Rechtsparteien und nationalistischen Verbänden wurde das Ergebnis des Volksbegehrens noch übertroffen. Von 15,6 Millionen Abstimmenden sprachen sich 14,5 Millionen für die entschädigungslose Enteignung aus. Das entsprach etwas über 36 Prozent aller Wahlberechtigten.[277] Bei keiner anderen Wahl der Weimarer Republik konnte die Arbeiterbewegung eine so große Stimmenzahl erreichen. Dies stellte einen eindrucksvollen politischen Erfolg gegen die vordringende Reaktion dar. Sein unmittelbares Ziel erreichte der Volksentscheid allerdings deswegen nicht, weil die bis Januar 1926 amtierende Bürgerblockregierung das Gesetz zur Fürstenenteignung kurzerhand für verfassungsändernd erklärt hatte. Somit hätte dessen Annahme die absolute Mehrheit aller Wahlberechtigten oder etwa 20 Millionen Stimmen erfordert. Gleichzeitig zählte dadurch jede Stimmenthaltung automatisch als Gegenstimme.[278]

Einen entscheidenden politischen und ökonomischen Einschnitt

wissenschaftler Robert René Kuczynski geleitet. An seiner Gründung beteiligten sich außerdem u. a. Hellmut von Gerlach und Helene Stöcker. Ein Aufruf demokratischer und sozialistischer Intellektueller zur entschädigungslosen Fürstenenteignung vom März 1926 war u. a. unterzeichnet von Kurt Tucholski, Albert Einstein, Siegfried Jacobsohn (Herausgeber der Weltbühne), George Grosz, Max Pechstein, Heinrich Zille, Käthe Kollwitz, Alfred Kerr, Kurt Hiller, Erwin Piscator, Helene Stöcker, Johannes R. Becher, Hermann Duncker. (Vgl. Habedank, Der Feind steht rechts, a.a.O., S. 30 ff., 37 f. Karl, Die deutsche Arbeiterklasse im Kampf um die Enteignung der Fürsten, a.a.O., S. 29, 84 f.)

277 Vgl. Karl, Die deutsche Arbeiterklasse im Kampf um die Enteignung der Fürsten, a.a.O., S. 50. Milatz, Wähler und Wahlen in der Weimarer Republik, a.a.O., S. 121. Eine ausführliche Aufschlüsselung der Ergebnisse von Volksbegehren und Volksentscheid findet sich im Jahrbuch der Deutschen Sozialdemokratie für das Jahr 1926, Berlin o. J. (1927), S. 16 f.

278 Faktisch bekam der Volksentscheid damit den Charakter einer offenen Abstimmung, da die Gegner der Fürstenenteignung nur dem Aufruf der bürgerlichen Parteien zur Wahlenthaltung (mit Ausnahme der DDP) zu folgen brauchten. Dementsprechend gab die Masse der Teilnehmer am Volksentscheid hierdurch zu erkennen, daß sie eine entschädigungslose Fürstenenteignung befürwortete. Vor allem in ländlichen Gebieten und Kleinstädten stellte dies selbstverständlich eine nicht zu unterschätzende Wahlbehinderung dar.

erbrachte das Jahr 1928. Schon zu Jahresbeginn mehrten sich die Anzeichen dafür, daß sich die günstige Konjunkturlage ihrem Ende näherte. Trotz sektoraler Unterschiede setzte 1928 eine zyklische Abwärtsbewegung ein, die in der ersten Jahreshäfte 1929 nur kurzfristig unterbrochen wurde.[279] Vor diesem Hintergrund spitzten sich 1928 die ökonomischen Gegensätze wieder zu, die schon 1927 zu einem neuerlichen Aufschwung der Wirtschaftskämpfe geführt hatten. Zu einer politischen Verschiebung führten die Reichstagswahlen vom Mai 1928, in deren Ergebnis sich der wieder erstarkte Einfluß der Arbeiterbewegung niederschlug. Mit Ausnahme des Zentrums erlitten alle bürgerlichen Parteien Stimmenverluste. Am empfindlichsten war davon mit der DNVP die äußerste Rechte betroffen.[280] Der sichtbar geschwächten bürgerlichen Wählerbasis standen erhebliche Gewinne der Arbeiterparteien gegenüber. Gegenüber Dezember 1924 stieg die Stimmenzahl der SPD von 7,9 auf 9,2 Millionen, diejenige der KPD von 2,7 auf 3,3 Millionen.[281] Dieses Wahlergebnis drückte deshalb um so mehr eine Linksentwicklung aus, weil auch die SPD ihren starken Stimmenzuwachs in einem Wahlkampf erzielt hatte, der unter eindeutig linken Vorzeichen geführt wurde. Er richtete sich gegen die verstärkten Aufrüstungsbestrebungen, wie sie sich in der Bewilligung der ersten Rate zum Bau des Panzerkreuzers A durch den alten Reichstag niederschlugen, und weckte Hoffnungen auf eine aktive Vertretung der sozialen Interessen der Lohnabhängigen durch die SPD. Mit der zentralen Losung »Kinderspeisung statt Panzerkreuzer« hatte die SPD dabei »eine Frage in den Mittelpunkt der Wahlauseinandersetzung (. . .) (gestellt, d. Verf.), an der sich auch schon in der Konjunkturperiode der Klassengegensatz zwischen den sozialpolitischen Interessen der Arbeitnehmer und den imperialistischen Interessen des Großkapitals deutlich zeigte.«[282]

Dennoch fand sich die SPD im Juni 1928 bereit, an einer Reichsregierung teilzunehmen, in welcher außerdem das Zentrum und die

279 Vgl. Mottek, Becker, Schröter, Wirtschaftsgeschichte Deutschlands, Band III, a.a.O., S. 274 f.

280 Weitere Verluste erlitt auch die NSDAP.

281 Vgl. Milatz, Wähler und Wahlen in der Weimarer Republik, a.a.O., S. 122, 151.

282 Abendroth, Aufstieg und Krise der deutschen Sozialdemokratie, a.a.O., S. 65.

DDP sowie die Rechtsparteien DVP und BVP vertreten waren. Unter der Kanzlerschaft des Sozialdemokraten Hermann Müller koalierte die SPD also mit Kräften, die vehement für den Panzerkreuzerbau eingetreten waren. Bereits das Regierungsprogramm vom Juli 1928 »war ein einziges Zugeständnis an die DVP.«[283] Demzufolge stand die sozialdemokratische Regierungspolitik von Anfang an in Widerspruch zu den Wahlkampfaussagen der SPD. Besonders scharf prägte sich dies im August 1928 aus. Nur ein Vierteljahr nach den Wahlen faßte die sozialdemokratisch geführte Reichsregierung mit Billigung ihrer sozialdemokratischen Mitglieder (außer Hermann Müller waren dies Rudolf Hilferding, Carl Severing und Rudolf Wissell) den Beschluß, mit dem Panzerkreuzerbau zu beginnen.[284] Von seiten der SPD-Führung hätte man allerdings eine wirkungslose Scheinopposition bevorzugt, die zwar einerseits den Panzerkreuzer nicht verhindert und deswegen die Regierungskoalition nicht in Frage gestellt, andererseits aber den offenen Bruch des eigenen Wahlversprechens vermieden und die zu erwartenden Proteste von seiten der getäuschten Wähler und Mitglieder der SPD wenigstens gedämpft hätte. So meinte der Vorsitzende der Reichstagsfraktion Rudolf Breitscheid: »Indem wir uns zum Eintritt in die Regierung bereit erklärten, nahmen wir den Panzerkreuzer ›A‹ mit in Kauf. Immerhin waren wir berechtigt, anzunehmen, daß unsere vier Minister mit Nein stimmen und andere Ausgaben, insbesondere solche für sozialpolitische Zwecke, für vordringlicher erklären würden als die für den Schiffsersatzbau. Wir waren dazu auch entschlossen, aber nun machten ihnen die Demokraten (die Regierungsmitglieder der DDP, d. Verf.) insofern einen Strich durch die Rechnung, als sie erklärten, sich in jedem Falle der Entscheidung der Sozialdemokraten anschließen zu wollen. Damit wäre eine Mehrheit für die Ablehnung entstanden, und das hätte die Krisis bedeutet, die unsere Genossen vermeiden wollten.«[285] Auf einer solchen Linie folgenloser Scheinopposition, die laut Breitscheid im Kabinett nicht möglich gewesen war, operierte die Parteiführung dagegen im folgenden, um

283 Drechsler, Die Sozialistische Arbeiterpartei Deutschlands, a.a.O., S. 33.
284 Vgl. Wacker, Der Bau des Panzerschiffes »A« und der Reichstag, a.a.O., S. 84.
285 Vorwärts vom 20. August 1928.

den enormen »Proteststurm«[286] innerhalb und außerhalb der SPD aufzufangen und doch zugleich die Regierungskoalition nicht aufzukündigen. So mißbilligten die Führungsgremien von Partei und Fraktion sowie die Reichstagsfraktion selbst das Verhalten der sozialdemokratischen Minister.[287] Ebenso wurden die Kabinettsmitglieder der SPD verpflichtet, im Reichstag gegen die Regierungsvorlage und für Einstellung des Panzerkreuzerbaus zu stimmen.[288] Demgegenüber wurde die Forderung der Parteilinken abgelehnt, den Panzerkreuzerbau zur Koalitionsfrage zu machen und es auf eine Regierungskrise ankommen zu lassen.[289] In diesem Fall wären Neuwahlen wahrscheinlich gewesen. Diese hätten aber – wie die Linke mit gutem Grund argumentierte[290] – unter durchaus positiven Vorbedingungen für die SPD gestanden.

Da eine bürgerliche Reichstagsmehrheit für den Panzerkreuzer eintrat, war der Mißerfolg rein parlamentarischen Widerstands absehbar. Dennoch weigerte sich die Parteiführung, durch außerparlamentarische Mobilisierung politischen Druck zu entfalten. So lehnte sie ein Volksbegehren gegen den Panzerkreuzerbau, das wiederum von der Kommunistischen Partei angestrengt wurde, kategorisch ab.[291] Sie wurde dabei auch von der Parteilinken unterstützt. Nachdem ihre Forderung nach einem separaten sozialdemokratischen Volksbegehren im Parteiausschuß gescheitert war, sprachen sich auch die führenden Vertreter der Linken dagegen aus, am Volksbegehren teilzunehmen.[292] Entgegen ihren eigenen Parolen trugen sie so dazu bei, daß der Massenprotest gegen Panzerkreuzerbau und Koalitionspolitik ohne klare Stoßrichtung blieb, sich in einem unwirksamen Votum der Reichstagsfraktion erschöpfte und

286 Drechsler, Die Sozialistische Arbeiterpartei Deutschlands, a.a.O., S. 36.

287 Vgl. Protokoll Sozialdemokratischer Parteitag Magdeburg 1929, a.a.O., S. 39 f. Jahrbuch der Deutschen Sozialdemokratie für das Jahr 1928, a.a.O., S. 124.

288 Vgl. Jahrbuch der Deutschen Sozialdemokratie für das Jahr 1928, a.a.O., S. 13 f. Wacker, Der Bau des Panzerschiffes »A« und der Reichstag, a.a.O., S. 135.

289 Vgl. Drechsler, Die Sozialistische Arbeiterpartei Deutschlands, a.a.O., S. 38.

290 Vgl. ebd.

291 Vgl. ebd. Ernst Laboor, Der Kampf der deutschen Arbeiterklasse gegen Militarismus und Kriegsgefahr 1927 bis 1929, Berlin 1961, S. 217.

292 Vgl. Drechsler, Die Sozialistische Arbeiterpartei Deutschlands, a.a.O., S. 38. Laboor, Der Kampf der deutschen Arbeiterklasse gegen Militarismus und Kriegsgefahr, a.a.O., S. 217.

ohne Folgen für die weitere Politik der SPD verpuffte. Da jedoch an der Parteibasis der Unmut über die Panzerkreuzeraffäre weiterwirkte, bemühte sich die Parteiführung, den innerparteilichen Konflikt von seinem konkreten Anlaß auf eine allgemeine Grundsatzdebatte um ein sozialdemokratisches »Wehrprogramm« abzulenken. Diese Debatte fand auf dem Magdeburger Parteitag von 1929 ihren Abschluß. Nach heftigen Diskussionen verabschiedete der Parteitag gegen eine starke Opposition die von einer Kommission des Parteivorstands vorgelegten »Richtlinien zur Wehrpolitik«.[293] Diese beinhalteten ein positives Bekenntnis zur Reichswehr und zu weiterer militärischer Aufrüstung. Deren Notwendigkeit wurde mit der Behauptung gerechtfertigt, es sei »heute bereits an sozialistischen Elementen etwas zu verteidigen für das Proletariat in Deutschland (. . .) wir in Deutschland haben heute bereits zehnmal mehr an sozialistischen Errungenschaften zu verteidigen als die russischen Proletarier in ihrem Lande«.[294] Mit den Richtlinien wurden somit die grundsätzliche Abkehr von antimilitaristischen und der Übergang auf nationalistische Positionen auch programmatisch vollzogen. Insoweit markiert der Magdeburger Parteitag eine neue Stufe der Anpassung. Analog dazu zogen maßgebliche sozialdemokratische Politiker aus der Panzerkreuzeraffäre die Konsequenz, zukünftig auch in Wahlkämpfen keine Forderungen mehr aufzustellen, deren Vertretung zum Konflikt mit den erhofften bürgerlichen Bündnispartnern führen mußte und deshalb der Koalitionspolitik zuwiderlief. Auf diese Weise sollte das Erwartungsniveau der sozialdemokratisch orientierten Lohnabhängigen von vornherein gedämpft werden, um die Diskrepanz zwischen Anspruch und Wirklichkeit sozialdemokratischer Regierungspolitik zu mildern und nicht »unrealistische« Hoffnungen zu nähren, deren Nichterfüllung sich gegen die Politik der Parteiführung kehren konnte.[295] Andererseits deutet das Abstimmungsergebnis von 242 Stimmen für und 147 Stimmen gegen die

293 Vgl. Protokoll Sozialdemokratischer Parteitag Magdeburg 1929, a.a.O., S. 288–289.

294 Wilhelm Dittmann, Bericht der Wehrkommission, in: Protokoll Sozialdemokratischer Parteitag Magdeburg 1929, a.a.O., S. 105–119, hier: S. 115.

295 Vgl. z. B. Protokoll Sozialdemokratischer Parteitag Magdeburg, a.a.O., S. 81 f, 100.

Annahme der Richtlinien[296] darauf hin, daß der Druck der antimilitaristischen Opposition von der Parteibasis her noch immer sehr stark war. Dies gilt um so mehr, wenn man die politische und soziale Zusammensetzung des Parteitags berücksichtigt.[297] Die führenden Linken artikulierten die Opposition an der Parteibasis auf dem Parteitag nur unvollständig. So wurde die Forderung, Sanktionen gegen die sozialdemokratischen Reichsminister bis hin zu ihrem Parteiausschluß zu ergreifen, die in der lokalen Presse und von lokalen Organisationen an den Parteitag gestellt wurde,[298] von den Vertretern der Linken in Magdeburg nicht aufgegriffen.

Dieselbe Anpassungsbereitschaft nach rechts wie in der Panzerkreuzer- und Wehrfrage zeigten die Regierungsvertreter der SPD auch gegenüber dem verstärkten wirtschafts- und sozialpolitischen Druck der Unternehmer und der bürgerlichen Koalitionspartner, insbesondere der DVP. So fanden sie sich im Oktober 1929 zu einem Kompromiß bereit, der erste Leistungsminderungen in der Arbeitslosenunterstützung beinhaltete.[299] Im Dezember 1929 legte Finanzminister Rudolf Hilferding ein Finanzprogramm vor, das die Senkung von Besitz- und die Erhöhung bzw. Neueinführung von Massensteuern bezweckte.[300] Ebenso verhielt sich die Reichsregierung bei den Wirtschaftskämpfen, die im Winter 1928/29 einen neuerlichen Höhepunkt erreichten. Sie reagierte auf gewerkschaftliche Lohnforderungen mit einem zunehmend restriktiven Kurs. Dabei übernahm der sozialdemokratische Arbeitsminister Rudolf Wissell, in dem besonders eklatanten Fall des Lohnkonflikts in der Eisenindustrie des Ruhrgebiets Ende 1928 zusätzlich auch Reichsinnenmi-

296 Vgl. ebd., S. 270 f.

297 Vgl. Laboor, Der Kampf der deutschen Arbeiterklasse gegen Militarismus und Kriegsgefahr, a.a.O., S. 245 f. Vgl. auch Anmerkung 264.

298 Vgl. Laboor, Der Kampf der deutschen Arbeiterklasse gegen Militarismus und Kriegsgefahr, a.a.O., S. 245.

299 Vgl. Horkenbach, Das Deutsche Reich von 1918 bis heute (Bd. 1), a.a.O., S. 289. Preller, Sozialpolitik in der Weimarer Republik, a.a.O., S. 424 ff. Timm, Die deutsche Sozialpolitik und der Bruch der Großen Koalition im März 1930, a.a.O., S. 134 ff.

300 Vgl. Hans Dreß, Manfred Hampel, Werner Imig, Zur Politik der Hermann-Müller-Regierung 1928 bis 1930, in: ZfG, H. 8, 1962, S. 1871–1890, hier: S. 1884. Horkenbach, Das Deutsche Reich von 1918 bis heute (Bd. 1), a.a.O., S. 294. Timm, Die deutsche Sozialpolitik und der Bruch der Großen Koalition im März 1930, a.a.O., S. 153 ff.

nister Carl Severing,[301] die Aufgabe, unternehmerfreundliche Schiedssprüche für verbindlich zu erklären.[302]

Gleichzeitig waren die anwachsenden ökonomischen Gegensätze von zunehmenden staatlichen Einschränkungen demokratischer Rechte begleitet. Dies ließ auch die repressiven Momente in der Politik staatlicher Mandatsträger aus den Reihen der SPD stärker hervortreten. Das vielleicht schwerwiegendste Beispiel hierfür lieferte der sozialdemokratische Polizeipräsident Berlins, Karl Zörgiebel, am 1. Mai 1929.[303] Zörgiebel weigerte sich, ein bereits einige Monate zuvor verhängtes Demonstrationsverbot zum 1. Mai aufzuheben. SPD- und Gewerkschaftsführung wichen vor dem Verbot zurück. Sie waren bereit, ein Recht preiszugeben, für das die Arbeiterbewegung schon im Kaiserreich erbittert gestritten hatte. Gegen die unter großer Massenbeteiligung dennoch stattfindende Maidemonstration, zu der die Kommunistische Partei aufgerufen hatte, setzte die Polizei Schußwaffen ein. Das Vorgehen der Polizei forderte 31 Todesopfer und zahlreiche Verletzte. Dem folgten weitere Maßnahmen. Am 2. Mai wurde das kommunistische Zentralorgan für mehrere Wochen verboten. Sodann wurde der Rote Frontkämpferbund (das revolutionäre Gegenstück zum SPD-nahen Reichsbanner) zunächst vom sozialdemokratischen Innenminister Preußens, Albert Grzesinski, und kurz danach auf Drängen des Reichsinnenministers Carl Severing im ganzen Reich verboten.[304] Demgegenüber blieben die faschistischen und militaristischen Verbände wie SA und Stahlhelm trotz notorischen Terrors, bewaffneter Überfälle und Bürgerkriegsübungen gewöhnlich unbehelligt.[305] Der 1. Mai 1929, der als

301 Vgl. Carl Severing, Mein Lebensweg, 2 Bde., Köln 1950, Bd. 2, S. 173. Zu diesem Arbeitskampf, bei dem die Unternehmer eine Viertelmillion Metallarbeiter aussperrten, vgl. Dreß, Hampel, Imig, Zur Politik der Hermann-Müller-Regierung 1928 bis 1930, a.a.O., S. 1879 ff. GdA 4, S. 189 ff. Preller, Sozialpolitik in der Weimarer Republik, a.a.O., S. 403 ff.

302 Vgl. Dreß, Hampel, Imig, Zur Politik der Hermann-Müller-Regierung, a.a.O., S. 1879 ff. GdA 4, S. 179 f., 189.

303 Hierzu und zum Folgenden vgl. GdA 4, S. 198 ff. Laboor, Der Kampf der deutschen Arbeiterklasse gegen Militarismus und Kriegsgefahr, a.a.O., S. 261 ff.

304 Vgl. Laboor, Der Kampf der deutschen Arbeiterklasse gegen Militarismus und Kriegsgefahr, a.a.O., S. 277 ff.

305 Vgl. ebd., S. 277 f. Im Oktober 1929 wurde zwar der Stahlhelm im Rheinland verboten, doch wurde auf zentraler Ebene nicht gegen diese Organisation vorgegangen.

Berliner »Blutmai« in die Geschichte der deutschen Arbeiterbewegung eingegangen ist, und die ihm nachfolgenden Verbote trugen wesentlich dazu bei, daß die Sozialfaschismusthese auf kommunistischer Seite überhaupt Verbreitung finden konnte. Ein wesentliches Ergebnis der sozialdemokratischen Politik seit dem erneuten Eintritt der SPD in die Reichsregierung bestand darin, daß die Sozialdemokratie desorientiert und die Gesamtarbeiterbewegung zerstrittener als zuvor einer Situation entgegengingen, die im Interesse von Demokratie und Arbeiterklasse nur im Zeichen der Einheit und der Bereitschaft zum gemeinsamen Kampf hätte gemeistert werden können.

5. Weltwirtschaftskrise und Zerstörung der Weimarer Republik 1929–1933

Der Zusammenbruch der New Yorker Böse im Oktober 1929 läutete die bislang schwerste Krise der kapitalistischen Weltwirtschaft ein. Sie erfaßte Deutschland besonders heftig. Zur Sicherung der Gewinne reagierten die Unternehmer mit immer neuen Produktionseinschränkungen, Massenentlassungen und Lohnkürzungen. So sank die deutsche Industrieproduktion zwischen 1929 und 1932 um über 40 Prozent.[306] Die Sachgüterproduktion insgesamt nahm um etwa 30 Prozent ab.[307] Besonders stark wirkte sich die Krise auf die Schwerindustrie aus.[308] Dementsprechend nahmen Arbeitslosigkeit und Kurzarbeit bis dahin unbekannte Ausmaße an. Die Zahl der bei den Arbeitsämtern gemeldeten Arbeitslosen stieg von 1,35 Millionen (1928) auf 1,9 Millionen (1929), über 3 Millionen (1930), 4,5 Millionen (1931) und 5,6 Millionen (1932). Den Höhepunkt erreichte die Arbeitslosigkeit im Februar 1932 mit 6,13 Millionen

306 Vgl. Fischer, Deutsche Wirtschaftspolitik, a.a.O., S. 108. Kuczynski, Die Geschichte der Lage der Arbeiter unter dem Kapitalismus, Teil I, Bd. 5, a.a.O., S. 3, 15. Mottek, Becker, Schröter, Wirtschaftsgeschichte Deutschlands, Band III, a.a.O., S. 297.

307 Vgl. Kuczynski, Die Geschichte der Lage der Arbeiter unter dem Kapitalismus, Teil I, Bd. 5, a.a.O., S. 3, 15.

308 Vgl. ebd., S. 21, 23 f. Mottek, Becker, Schröter, Wirtschaftsgeschichte Deutschlands, Band III, a.a.O., S. 285 f.

Menschen. Dazu kamen noch die nicht mehr gemeldeten Arbeitslosen, die im Winter 1932/33 schätzungsweise 2 Millionen ausmachten, sowie (ebenfalls 1932/33) etwa 4 Millionen Kurzarbeiter. 1932 war nur noch etwa ein Drittel der Arbeiter und Angestellten voll beschäftigt, mehr als 44 Prozent waren arbeitslos, knapp 23 Prozent standen in Kurzarbeit.[309] Die Reallöhne wurden zwischen 1929 und 1932 um mindestens ein Drittel gesenkt und lagen 1932 etwa 45 Prozent unter dem Existenzminimum.[310] Noch elender war die Lage der Arbeitslosen. Die Leistungen der Erwerbslosenunterstützung wurden nach Höhe, Dauer und Empfängerkreis mehrfach drastisch eingeschränkt. Im September 1932 waren von mehr als 5 Millionen amtlich erfaßten Arbeitslosen nur noch etwa eine halbe Million Hauptunterstützungsempfänger. Mehr als drei Millionen erhielten nur die wesentlich niedrigere Krisenunterstützung oder lebten von der noch geringeren Wohlfahrtsfürsorge der Gemeinden. 1,5 Millionen wurden gar nicht mehr regelmäßig unterstützt.[311] Dazu kam eine unbekannte Zahl vor allem von Frauen und Jugendlichen, die es aufgegeben hatten, sich bei den Arbeitsämtern zu melden.

Durch die wachsenden steuerlichen Belastungen, Gehalts- und Pensionskürzungen für Beamte sowie durch den Ruin zahlreicher Handwerks-, Einzelhandels- und bäuerlicher Betriebe wurden auch die städtischen und ländlichen Mittelschichten schwer in Mitleidenschaft gezogen. Auch sie waren zu einem erheblichen Teil von Pauperisierung und Deklassierung bedroht.[312]

Diese Situation komplizierte die Aktionsbedingungen der Arbeiterklasse. Zusammen mit der Politik der Verbandsleitungen der freien Gewerkschaften schlug sich dies in einer stark rückläufigen Streikaktivität nieder. Zwischen 1919 und 1923 betrug die Zahl der im Jahresdurchschnitt Streikenden 3,7 Millionen, zwischen 1924 und 1929 noch 0,7 Millionen, zwischen 1930 und 1932 dagegen 0,2

309 Vgl. Fischer, Deutsche Wirtschaftspolitik, a.a.O., S. 108. Kuczynski, Die Geschichte der Lage der Arbeiter unter dem Kapitalismus, Teil I, Bd. 5, a.a.O., S. 197 ff.

310 Vgl. ebd., S. 218, 222.

311 Vgl. Preller, Sozialpolitik in der Weimarer Republik, a.a.O., S. 448 f.

312 Vgl. GdA 4, S. 245 f. Mottek, Becker, Schröter, Wirtschaftsgeschichte Deutschlands, Band III, a.a.O., S. 289 f. Heinrich-August Winkler, Mittelstand, Demokratie und Nationalsozialismus, Köln 1972, bes. S. 294.

Millionen.[313] Neben der rein quantitativen gilt es dabei aber auch die qualitative Seite des Problems zu sehen: »Dieser Rückgang (der Streiktätigkeit, d. Verf.) war ein echter, das heißt eine Minderung der Heftigkeit des Klassenkampfes anzeigend, in den Jahren der relativen Stabilisierung. Dieser Rückgang war ein unechter in den Jahren 1930/32. Denn ein Streik in den Jahren der Krise hatte eine ganz andere politische Bedeutung als in der vorangehenden Zeit.«[314]

Das Massenelend der Jahre nach 1930 wurde wesentlich mitverursacht durch die staatliche Wirtschafts- und Sozialpolitik, welche unter dem Einfluß der Unternehmerverbände die Krisenlasten auf die Lohnabhängigen und die werktätige Bevölkerung insgesamt abwälzte. Schon im Dezember 1929 hatte der Reichsverband der Deutschen Industrie in der Denkschrift »Aufstieg oder Niedergang?« sein wirtschaftliches Krisenprogramm formuliert.[315] Dessen Kernstück bestand in der Forderung, durch staatliche Maßnahmen die Kapitalbildung zu fördern, d. h. die Unternehmergewinne zu stützen. Dies sollte geschehen durch Senkung der Löhne und Gehälter, Erhöhung der Massensteuern, Verringerung der Gewinn- und Besitzsteuern, staatliche Subventionen für die Privatwirtschaft und Kürzung der Sozialleistungen. Dieses Programm wurde seit Sommer 1930 von den aufeinanderfolgenden Präsidialkabinetten Brüning, Papen und Schleicher mit Hilfe von Notverordnungen durchgesetzt. Zu diesem Zweck wurden die in den vorangegangenen Jahren erkämpften politischen und sozialen Rechte der Lohnabhängigen schrittweise abgebaut. So wurde das Streikrecht eingeschränkt, die Tarifautonomie der Gewerkschaften beschnitten, das Tariflohnsystem ausgehöhlt und schließlich durchbrochen.[316] Ferner wurden das Demonstrations- und Versammlungsrecht, die Presse- und Koalitionsfreiheit immer weiter eingeengt. Dies wurde teilweise mit anwachsendem »Links- und Rechtsradikalismus« begründet. Tatsächlich waren solche Maßnahmen jedoch primär gegen die Arbeiterbewegung gerichtet. Nur im Ausnahmefall, der in konkurrierenden

313 Vgl. Kuczynski, Die Geschichte der Lage der Arbeiter unter dem Kapitalismus, Teil I, Bd. 5, a.a.O., S. 245.

314 Ebd., S. 244.

315 Auszugsweise in: GdA 4, S. 523–526.

316 Vgl. Preller, Sozialpolitik in der Weimarer Republik, a.a.O., S. 409 ff.

Taktiken innerhalb der politischen Reaktion begründet war, wurde auch einmal versucht, auf diesem Wege faschistische Organisationen zur Räson zu bringen.[317] Eine weitere politische Konsequenz des großkapitalistischen Krisenprogramms wurde in der Denkschrift des RDI ebenfalls schon angedeutet: Die Durchbrechung der parlamentarischen Regierungsform. So wurden »von seiten des ›Reichsverbandes‹ (. . .) jetzt immer mehr Stimmen laut, die der Ersetzung der Demokratie durch ein unternehmerfreundliches, parlamentsfrei handlungsfähiges Verordnungsregime das Wort redeten«.[318] Bei einer immer größeren Gruppe von Industriellen, Bankiers, Großagrariern und ihren Verbindungsleuten in den staatlichen Schlüsselpositionen setzte sich die Auffassung durch, daß nunmehr der Zeitpunkt gekommen sei, um die ohnehin nur widerwillig geduldete parlamentarisch-demokratische Ordnung zu beseitigen, die Republik zu zerstören und die Arbeiterbewegung zu zerschlagen. Damit sollten zugleich die innenpolitischen Voraussetzungen dafür geschaffen werden, um – nachdem 1932 das Nahziel, die Reparationszahlungen einzustellen, endgültig erreicht worden war[319] – auch die außenpolitischen Ergebnisse der Kriegsniederlage zu revidieren und die im 1. Weltkrieg fehlgeschlagene Weltmachtpolitik wiederaufzunehmen. Allerdings bestanden zunächst noch taktische Differenzen darüber, in welchen Formen und Etappen dieser Prozeß durchzusetzen sei und auf welche politische Kraft sich die angestrebte faschistische Diktatur primär stützen solle.[320] Klar war

317 Da es im Zusammenhang mit der Reichspräsidentenwahl vom April 1932 zu politischen Differenzen mit der NSDAP gekommen war, wurden gegen Ende der Regierungszeit Heinrich Brünings vor allem auf Verlangen der Reichswehr, die aus Konkurrenzgründen hierauf drängte, vorübergehend SA und SS verboten. Die NSDAP selbst wurde dagegen in keiner Weise eingeschränkt. Das ohnedies nur halbherzig gehandhabte Verbot, dem eher symbolische als praktische Bedeutung zukam, wurde von der Regierung Papen kurz nach ihrer Ernennung wieder aufgehoben. Vgl. Karl Dietrich Bracher, Die Auflösung der Weimarer Republik, 2. Aufl. Stuttgart 1957, S. 481 ff, 490 ff. Carsten, Reichswehr und Politik 1918–1933, a.a.O., S. 376 ff. Ruge, Deutschland 1917–1933, a.a.O., S. 435 f. Thilo Vogelsang, Reichswehr, Staat und NSDAP. Beiträge zur deutschen Geschichte 1930–1932, Stuttgart 1962, S. 166 ff.

318 Bracher, Die Auflösung der Weimarer Republik, a.a.O., S. 293.

319 Vgl. ebd., S. 555.

320 Vgl. Hallgarten, Hitler, Reichswehr und Industrie, a.a.O., S. 98 ff. Kuczynski, Die Geschichte der Lage der Arbeiter unter dem Kapitalismus, Teil I, Bd. 5, a.a.O., S. 120 ff. Ruge, Deutschland 1917–1933, a.a.O., S. 350 ff. Fritz Klein, Zur Vorbereitung

allerdings, daß dies die Verdrängung der SPD aus ihren Regierungs- und Staatspositionen erforderte. Diese wurde mit dem Rücktritt der Reichsregierung unter Hermann Müller im März 1930 eingeleitet und kulminierte – bevor sie nach der faschistischen Machtübernahme total durchgeführt wurde – im Staatsstreich gegen die sozialdemokratisch geführte Landesregierung Braun–Severing in Preußen.

Gleichzeitig vollzog sich ein erneuter Aufschwung der faschistischen Bewegung in Gestalt der NSDAP. Schon im Dezember 1929 erzielte diese Partei bei den thüringischen Landtagswahlen einen spektakulären Erfolg und übernahm in der neuen Landesregierung das wichtige Innenministerium.[321] Ein sprunghaftes Anwachsen des faschistischen Masseneinflusses drückte sich in den Reichstagswahlen vom September 1930 aus. Hier wurde die NSDAP, die im Mai 1928 nur 0,8 Millionen Stimmen erhalten hatte, mit 6,4 Millionen zur zweitstärksten Partei hinter der SPD.[322] Bei den Reichstagswahlen vom Juli 1932 erreichte die NSDAP den Höhepunkt ihres Wählereinflusses. Mit 13,7 Millionen verdoppelte sie ihre Stimmenzahl und wurde zur stärksten Partei.[323] Schon bei den Novemberwahlen von 1932 kehrte sich diese Entwicklung aber um. Die NSDAP verlor hierbei 2 Millionen Stimmen, blieb jedoch stärkste Partei.[324] Diese Stimmenverluste waren von krisenhaften inneren Konflikten begleitet, ließen es angesichts wachsender revolutionärer Stimmungen in der Arbeiterklasse und des starken kommunistischen Einflusses den Befürwortern einer NSDAP-geführten Diktatur aber als geraten erscheinen, nunmehr verstärkt auf deren Etablierung zu drängen.[325]

der faschistischen Diktatur durch die deutsche Großbourgeoisie (1929–1932), in: ZfG, H. 6, 1953, S. 872–904, hier: S. 889 ff., 893 ff.

321 Vgl. Schulthess' Europäischer Geschichtskalender. Neue Folge, 45. Jg., 70. Bd., 1929, München 1930, S. 220. Schulthess' Europäischer Geschichtskalender. Neue Folge, 46. Jg., 71. Bd., 1930, München 1931, S. 4.

322 Vgl. Milatz, Wähler und Wahlen in der Weimarer Republik, a.a.O., S. 127, 130 ff, 151.

323 Vgl. ebd., S. 142, 151.

324 Vgl. ebd., S. 145, 151.

325 Hieraus erklärt sich die Eingabe führender Industrieller, Bankiers und Großagrarier an Hindenburg im November 1932, in der die Ernennung Hitlers zum Reichskanzler gefordert wurde. Abgedruckt bei: Eberhard Czichon, Wer verhalf Hitler zur Macht? Zum Anteil der deutschen Industrie an der Zerstörung der Weimarer Republik, Köln 1967, S. 69–71.

Der enorme Wählerzulauf der NSDAP resultierte einmal aus der bis Juli 1932 steigenden Wahlbeteiligung, welche der faschistischen Partei die Unterstützung bislang scheinbar unpolitischer Wählerschichten einbrachte. Neben gewissen Erfolgen bei Teilen der Jungwähler erklärt sich dies jedoch in erster Linie mit der Entwicklung der traditionellen bürgerlichen Parteien. Mit Ausnahme des Zentrums und der ihm nahestehenden Bayrischen Volkspartei, deren absolute Stimmenzahl relativ konstant blieb,[326] hatten die übrigen traditionellen bürgerlichen Parteien schwere Verluste hinzunehmen. Dies traf auch für die rechtsradikale, mit der NSDAP verbündete DNVP zu. DVP, Deutsche Staatspartei (die ehemalige DDP) und die Reichspartei des deutschen Mittelstandes (Wirtschaftspartei) sanken zur Bedeutungslosigkeit ab.[327] Die von der Krise bedrohten kleinbürgerlichen und bäuerlichen Mittelschichten, die Masse der Intelligenz und vorwiegend bürgerlich orientierte Schichten der Lohnabhängigen wie Angestellte und Beamte kehrten sich mehrheitlich von den traditionellen bürgerlichen Parteien ab, da diese allzu offenkundig mit den für ihre verschlechterte Lage verantwortlichen Verhältnissen identifiziert waren. Da sich in diesen Schichten eine diffuse antimonopolistische Stimmung ausbreitete, sie andererseits aber der Arbeiterbewegung häufig ablehnend bis feindselig gegenüberstanden, gelang es der NSDAP, sie durch chauvinistische und antikapitalistisch hergemachte Demagogie aufzufangen. Demgegenüber konnte diese Partei in der Industriearbeiterschaft nur minimale Resonanz finden und allenfalls an ihrer Peripherie Anhang gewinnen.[328]

Diese Massenbasis des Faschismus darf jedoch über seine reale gesellschaftliche Funktion und die von ihm repräsentierten gesellschaftlichen Interessen nicht hinwegtäuschen. Zunächst wurde die NSDAP vorwiegend aus den Reihen der rheinisch-westfälischen Schwerindustrie gefördert.[329] Im Verlauf der Krise weitete sich die-

326 Vgl. Milatz, Wähler und Wahlen in der Weimarer Republik, a.a.O., S. 97, 151.

327 Vgl. ebd., S. 93, 100, 102, 104, 151.

328 Vgl. ebd., S. 113. Bracher, Die Auflösung der Weimarer Republik, a.a.O., S. 653 f.

329 Vgl. Karl Dietrich Bracher, Wolfgang Sauer, Gerhard Schulz, Die nationalsozialistische Machtergreifung. Studien zur Errichtung des totalitären Herrschaftssystems in

ser Kreis um Bankiers, Großagrarier und weitere Industrievertreter, auch solchen der chemischen und Elektroindustrie, aus.[330] Anfang 1933 war Hitler schließlich »der politische Exponent einer Majorität innerhalb der industriellen Führungsschicht der herrschenden Klasse geworden.«[331] Ein ähnlicher Prozeß hatte sich – wie an der Spitze des zivilen Staatsapparats[332] – so auch in der Reichswehrführung durchgesetzt, obwohl diese aus Konkurrenzgründen und eigenen Machtansprüchen zeitweilig mißtrauisch gegenüber der NSDAP gewesen war.[333] Diese Entwicklungen setzten sich allerdings schrittweise und nicht widerspruchsfrei durch, da zwar Einigkeit über das Ziel, zunächst aber noch nicht darüber bestand, welche politische Kraft die führende Rolle in der angestrebten faschistischen Diktatur übernehmen sollte. Die Stufen dieses Prozesses drückten sich ebenso im Sturz der Regierungen Brüning (Mai 1932), Papen (November 1932) und Schleicher (Januar 1933) wie in ihren Verständigungsversuchen und Konflikten mit der NSDAP aus. Der erste Versuch, zu einem Arrangement mit der NSDAP zu gelangen, wurde von Brüning im Oktober 1930 unternommen.[334] Brüning selbst[335] und die nachfolgenden Kabinette Papen und Schleicher setzten diese Bemühungen fort.[336] Dies fand seine Entsprechung auf Parteiebene. Im Oktober 1931 verbündeten sich u. a. DNVP und Stahlhelm sowie der – von großagrarischen Interessen beherrschte –

Deutschland 1933/34, Köln, Opladen 1962, S. 393 ff. Czichon, Wer verhalf Hitler zur Macht, a.a.O., S. 17 ff. Hallgarten, Hitler, Reichswehr und Industrie, a.a.O., S. 96 ff. Kuczynski, Die Geschichte der Lage der Arbeiter unter dem Kapitalismus, Teil I, Bd. 5, a.a.O., S. 120 ff.

330 Vgl. Czichon, Wer verhalf Hitler zur Macht, a.a.O., S. 24 ff, Klein, Zur Vorbereitung der faschistischen Diktatur durch die deutsche Großbourgeoisie, a.a.O., S. 893 ff. Kuczynski, Die Geschichte der Lage der Arbeiter unter dem Kapitalismus, Teil I, Bd. 5, a.a.O., S. 120 ff.

331 Czichon, Wer verhalf Hitler zur Macht, a.a.O., S. 52.

332 Vgl. Bracher, Die Auflösung der Weimarer Republik, a.a.O., S. 716 ff. Wolfgang Ruge, Hindenburg. Porträt eines Militaristen, Berlin 1974, S. 454 ff., 468 ff.

333 Vgl. Bracher, Die Auflösung der Weimarer Republik, a.a.O., S. 276 ff., 712 ff. Carsten, Reichswehr und Politik, a.a.O., S. 369 ff., 376 ff., 418 ff., 437 ff., 444 ff. Ruge, Hindenburg, a.a.O., S. 477 f. Thilo Vogelsang, Reichswehr, Staat und NSDAP, a.a.O., S. 89 ff., 117 ff., 135 ff., 387 ff.

334 Vgl. Heinrich Brüning, Memoiren 1918–1934, Stuttgart 1970, S. 192 ff.

335 Vgl. ebd., S. 460 f.

336 Vgl. Bracher, Die Auflösung der Weimarer Republik, a.a.O., S. 545 ff., 677 ff.

Reichslandbund mit der NSDAP in der »Harzburger Front«.[337] Seit Sommer 1932 verhandelte auch das Zentrum mit der NSDAP um eine mögliche Koalition. Im Ergebnis wurde Ende August 1932 Hermann Göring mit den Stimmen von NSDAP, DNVP und Zentrum zum Reichstagspräsidenten gewählt.[338]

Ihrer bisherigen Praxis seit Bildung der Regierung Hermann Müller entsprechend wichen Parteiführung und Regierungsvertreter der SPD vor dem mit Ausbruch der Wirtschaftskrise noch zunehmenden Druck der bürgerlichen Koalitionspartner wie der Unternehmerverbände weiterhin zurück. Wenige Tage nach Veröffentlichung der Denkschrift des RDI »Aufstieg oder Niedergang?« legte Reichsfinanzminister Rudolf Hilferding dem Reichstag im Dezember 1929 ein Programm zur Sanierung der Reichsfinanzen vor. Dieses kam den Forderungen des RDI weit entgegen und sah eine Erhöhung bzw. eine Einführung von neuen Massensteuern und Steuervergünstigungen für die Unternehmer vor.[339] Der Reichstag nahm dieses Programm, das an ein Mißtrauensvotum der Regierung gebunden war, mit der Mehrzahl der sozialdemokratischen Stimmen an.[340] Trotz dieses Entgegenkommens gegenüber den Unternehmerforderungen sah sich Rudolf Hilferding kurz darauf zum Rücktritt genötigt. Wenig später spitzte sich im Kabinett die Auseinandersetzung um den Abbau der Sozialleistungen zu. Sie konzentrierte sich auf die Arbeitslosenunterstützung. Obwohl sich die sozialdemokratischen Regierungsmitglieder (mit Ausnahme allerdings von Reichsarbeitsminister Wissell) auch in dieser Frage kompromißbereit zeigten,[341] war nunmehr das Ende der Regierung Hermann Müller und damit

337 Vgl. ebd., S. 408 ff. Vogelsang, Reichswehr, Staat und NSDAP, a.a.O., S. 142 f.

338 Vgl. Bracher, Die Auflösung der Weimarer Republik, a.a.O., S. 621 f., 624.

339 Vgl. Dreß, Hampel, Imig, Zur Politik der Hermann-Müller-Regierung 1928 bis 1930, in: ZfG, H. 8, 1962, a.a.O., S. 1884. Horkenbach, Das Deutsche Reich von 1918 bis heute, (Bd. 1) a.a.O., S. 294. Timm, Die deutsche Sozialpolitik und der Bruch der Großen Koalition im März 1930, a.a.O., S. 153 ff.

340 Vgl. Horkenbach, Das Deutsche Reich von 1918 bis heute, (Bd. 1) a.a.O., S. 294 f. Timm, Die deutsche Sozialpolitik und der Bruch der Großen Koalition im März 1930, a.a.O., S. 157. Allerdings nahmen 24 sozialdemokratische Abgeordnete nicht an der Abstimmung teil.

341 Vgl. Klaus Mammach, Der Sturz der Großen Koalition im März 1930, in: ZfG, H. 5, 1968, S. 565–586, hier: S. 580 f. Timm, Die deutsche Sozialpolitik und der Bruch der Großen Koalition im März 1930, a.a.O., S. 180 f., 182f.

der sozialdemokratischen Regierungsbeteiligung vorgezeichnet. Angesichts des Widerstands der Gewerkschaften wie der zu erwartenden Reaktionen der eigenen Basis konnten sich die sozialdemokratischen Minister diesmal in der Reichstagsfraktion nicht durchsetzen.[342] Auf bürgerlicher Seite wurde dies zum Anlaß genommen, die Regierungskoalition aufzukündigen. Man war hier zu der Ansicht gelangt, eine weitere sozialdemokratische Regierungsbeteiligung berge nur noch Risiken in sich. Trotz aller Anpassungsbereitschaft der sozialdemokratischen Führungsgruppen ging man davon aus, daß ihren politischen Möglichkeiten aufgrund ihrer sozialen Basis doch Grenzen gesetzt seien,[343] die in dem Maße sichtbar werden mußten, wie die Wirtschaftskrise allen Integrationsstrategien gegenüber der Arbeiterklasse die materiellen Grundlagen entzog. Nahm die SPD-Führung offen die Mitverantwortung für die Zerstörung der sozialen Errungenschaften und die Abwälzung der Krisenlasten auf die Lohnabhängigen auf sich, so konnte diese eklatante Mißachtung selbst der fundamentalsten Bedürfnisse ihrer sozialen Basis zum raschen Zerfall ihres Masseneinflusses zugunsten der Kommunistischen Partei führen. Andernfalls aber hätte eine weitere sozialdemokratische Präsenz in der Reichsregierung nur deren Politik gehemmt. Beide Möglichkeiten schienen gleichermaßen unerwünscht.

Die Wirtschaftskrise hatte somit neben dem ökonomischen auch das politische Fundament sozialdemokratischer Koalitionspolitik zerstört. Die sozialdemokratische Politik geriet nunmehr in einen fundamentalen Widerspruch. Er bestand darin, daß ihr proklamiertes Ziel – Verbesserung der Arbeits- und Lebensbedingungen der Lohnabhängigen, Sicherung der bürgerlich-parlamentarischen Demokratie und Abwehr des Faschismus – den Einsatz außerparlamentarischer Kampfmittel der Arbeiterbewegung immer dringlicher machte und dadurch in wachsenden Gegensatz zu ihrem tatsächli-

342 Vgl. Ursula Hüllbusch, Die deutschen Gewerkschaften in der Weltwirtschaftskrise, in: Werner Conze, Hans Raupach (Hrsg.), Die Staats- und Wirtschaftskrise des Deutschen Reichs 1929/33, Stuttgart 1967, S. 126–154, hier: S. 143 f. Mammach, Der Sturz der Großen Koalition im März 1930, a.a.O., S. 580 f. Timm, Die deutsche Sozialpolitik und der Bruch der Großen Koalition im März 1930, a.a.O., S. 182 ff.

343 So wurde auf einer Sitzung des Zentralvorstands der DVP argumentiert. Vgl. Mammach, Der Sturz der Großen Koalition im März 1930, a.a.O., S. 573.

chen Zweck – Systemstabilisierung, Verhinderung von Massenmobilisierung und einer Aktionseinheit der Arbeiterbewegung – kam. Die SPD stand deshalb vor der Alternative, entweder ihre politische Orientierung grundsätzlich zu revidieren oder sich selbst außerstande zu setzen, auch nur elementarste Tagesbedürfnisse der Lohnabhängigen geltend zu machen und der Zerstörung der bürgerlichen Demokratie entgegenzuwirken. Die sozialdemokratische Parteiführung entschied sich für die zweite Möglichkeit. Sie hatte die Hoffnung auf eine spätere Neuauflage der Koalitionspolitik nicht aufgegeben. Ferner hätte der entschlossene parlamentarische und vor allem außerparlamentarische Kampf gegen Sozialabbau und Faschisierung in entscheidende politische Auseinandersetzungen einmünden, eine tiefgreifende Veränderung des politischen Kräfteverhältnisses zugunsten von Arbeiterklasse und Demokratie bewirken und zum Kampf um den Sozialismus hinüberleiten können.

Im Oktober 1930 ging die sozialdemokratische Reichstagsfraktion zur »Tolerierung« der Regierung des Zentrumspolitikers Heinrich Brüning über.[344] Dies bedeutete, daß sie durch ihr Abstimmungsverhalten im Reichstag den Sturz der – über keine parlamentarische Mehrheit verfügenden – Regierung verhinderte und es dieser ermöglichte, ihre undemokratischen und unsozialen Maßnahmen auf dem Wege von Notverordnungen durchzusetzen. Sie sicherte damit die Politik Brünings ab, ohne ihr im allgemeinen offen zuzustimmen und die Verantwortung für ihre Folgen zu übernehmen. Die Absage an außerparlamentarische Aktionsformen wurde also ergänzt durch den Verzicht darauf, die Möglichkeiten parlamentarischer Opposition auszunutzen. Die Tolerierungspolitik wurde mit dem Argument gerechtfertigt, auf Brüning könne nur eine noch weiter rechtsstehende Regierung mit möglicher Beteiligung der NSDAP folgen. Deshalb stelle Brüning das »kleinere Übel« dar, dessen Sturz unbedingt verhindert werden müsse.[345] Tatsächlich wurde damit ein Politiker unterstützt, dessen wirtschafts- und sozialpolitische Maßnahmen die Lage der lohnabhängigen Bevölkerung außerordentlich verschlechterten. Gleichzeitig bereitete Brüning durch die systema-

344 Vgl. Vorwärts vom 19. Oktober 1930.

345 Zu dieser Argumentation vgl. z. B. Vorwärts vom 19. Oktober 1930. Stampfer, Die ersten 14 Jahre der deutschen Republik, a.a.O., S. 580 f.

tische Aushöhlung von Verfassung und Parlamentarismus und durch den Abbau der demokratischen Rechte bewußt den Übergang zu autoritären Herrschaftsformen vor.[346] Verstand sich die Tolerierungspolitik auch als Versuch, den Faschismus zu verhindern, so bewirkte sie im Gegenteil dessen Stärkung. Indem sie den sozialdemokratischen Teil der Arbeiterbewegung vom Kampf gegen die Krisenfolgen und die politischen Rechtskräfte abzuhalten versuchte, schwächte sie das demokratische und sozialistische Widerstandspotential. Sie erweiterte somit den politischen Spielraum der großbürgerlichen und faschistischen Reaktion und erleichterte es ihr, die Zerstörung der parlamentarischen Ordnung und den Faschisierungsprozeß voranzutreiben. Die Politik des »kleineren Übels«, des Stillhaltens und permanenten Zurückweichens zog unvermeidlich das schlimmste Übel, den Sieg des Faschismus, nach sich.

Tolerierte die SPD im Reich die Regierung Brüning, so führte sie in den Länderregierungen, in denen sie noch vertreten war, deren Notverordnungen ohne nennenswerten Widerstand aus. Allen voran galt dies für Preußen und seine sozialdemokratisch geführte Regierung Braun–Severing. Brüning selbst schreibt hierzu: »Ein Wort der Anerkennung verdienen die sozialdemokratischen Minister in den Ländern (. . .) die Entwicklung war so weit gediehen, daß aus früheren Parteiagitatoren Männer geworden waren, die nur das Interesse des ihnen anvertrauten Landes im Auge hatten. Ich (. . .) mußte erkennen, daß sie bereit waren, ihre eigene Zukunft und die Zukunft ihrer Partei jederzeit aufs Spiel zu setzen, wenn es sich um das Gesamtinteresse handelte.«[347] Einflußreiche Vertreter der Parteiführung waren tatsächlich bereit, beim Verzicht auf politischen Kampf bis zur Selbstaufgabe zu gehen. Für Braun, Severing und Hilferding war schließlich sogar »eine legale Weiterentwicklung zur Monarchie kein unüberwindliches Hemmnis«. Sie waren, wie sie Brüning gegenüber äußerten, bereit, »ihre Massen schrittweise an

346 Vgl. Brüning, Memoiren, a.a.O., S. 145 ff., 290, 373, 387, 453, 512, 579, 582. Dabei spielt es keine Rolle, daß Brüning mit der Wiedereinführung der Monarchie eine andere Form der Diktatur zu errichten trachtete, als sie 1933 Wirklichkeit wurde. Beide Möglichkeiten beruhten auf den gleichen politischen Voraussetzungen und erfüllten die gleiche gesellschaftliche Funktion.

347 Ebd., S. 218.

diesen Gedanken zu gewöhnen, falls die Alternative gestellt würde: Nazidiktatur oder Monarchie«.[348]

Der von Brüning betriebene Abbau der parlamentarischen Ordnung war schließlich auch von der sozialdemokratischen Führung nicht mehr zu bestreiten. Man sah darin jedoch kein vorbereitendes Durchgangsstadium auf dem Wege zu autoritären und faschistischen Herrschaftsformen. Die schrittweise erfolgende Zerstörung der bürgerlichen Demokratie galt vielmehr als (so Rudolf Breitscheid auf dem Leipziger Parteitag von 1931) »vorübergehender Notzustand«[349] für die Zeit der Wirtschaftskrise. Sobald diese beendet sei, die verschärften Klassenauseinandersetzungen wieder abflauten und die faschistische Bewegung auseinanderlaufe, sei die Wiederherstellung verfassungsmäßiger Zustände zu erwarten. Zeitweilige Beschränkungen in der bürgerlich-parlamentarischen Demokratie seien unvermeidlich, um deren vollständige Zerstörung zu verhindern. Dieser Einschätzung wie der Politik des »kleineren Übels« insgesamt entsprach eine sehr unzulängliche Faschismusanalyse. Sie definierte den Faschismus nur formal als »eine Staatsform (. . .) oder die Bewegung zu einer Staatsform hin, die im Gegensatz zur Demokratie die oberste Gewalt im Staate und das Recht zur politischen Willensbildung nicht der Gesamtheit der gleichberechtigten Staatsbürger, sondern einem einzelnen oder einer bevorrechtigten Minderheit zuerkennt.«[350] Daraus schlußfolgerte sie: »Von der staatsrechtlichen Wirkung aus gesehen, gibt es also keinen Unterschied zwischen Moskau und Rom. (. . .) Die Differenz liegt nur in den Klassen, die auf der einen und der anderen Seite die Herrschenden stützen, und in der Zielsetzung.«[351] Daneben sah man im Faschismus ein diffuses Konglomerat unterschiedlichster gesellschaftlicher Interessen und politischer Vorstellungen, das in sich

348 Ebd., S. 462. Ob dies realistisch war und die sozialdemokratischen Arbeiter ihren Führern auch auf einem solchen Weg noch gefolgt wären, ist allerdings eine andere Frage.

349 Rudolf Breitscheid, Schlußwort zum Referat Faschismus, in: Sozialdemokratischer Parteitag in Leipzig 1931, vom 31. Mai bis 5. Juni im Volkshaus. Protokoll, Berlin 1931, S. 169–177, hier: S. 172.

350 Rudolf Breitscheid, Die Überwindung des Faschismus, in: Sozialdemokratischer Parteitag in Leipzig 1931, a.a.O., S. 87–108, hier: S. 88.

351 Ebd.

sehr widersprüchlich und deshalb auf Dauer inkonsistent sei. Diese Auffassung rührte daher, daß man Massenbasis und Ideologie der faschistischen Bewegung verabsolutierte.[352] Man hielt den Faschismus lediglich für eine Kleinbürgerbewegung bzw. eine »Bewegung (. . .) alle(r) Deklassierten«[353] und deshalb für eine autonome politische Kraft. Obwohl man durchaus eine Verbindung von Teilen des Großkapitals, insbesondere der Schwerindustrie, und des Großgrundbesitzes mit dem Faschismus feststellte, wurde insgesamt doch dessen Klassencharakter bestritten. So denke die herrschende Klasse »nicht eigentlich faschistisch« und wolle den Faschismus nur »vorübergehend benutzen (. . .), um ihren Kampf gegen die organisierte Arbeiterschaft führen zu können.«[354] Da sich die Ideologie des Faschismus gleichzeitig aber gegen »alle dynamischen Kräfte und fortschrittlichen Entwicklungstendenzen«[355] des Kapitalismus und also auch gegen maßgebliche Kapitalinteressen richte, müsse er schließlich auf deren Ablehnung stoßen. So würden »die großen anonymen Kräfte des Hochkapitalismus (. . .) unter Umständen beinahe automatisch ihren passiven Widerstand entfalten«.[356] Wolle der Faschismus dem entgehen, so müsse er sich politisch und ideologisch dem Großkapital unterwerfen. Dann verliere er aber seine Massenbasis, da sich die faschistische Bewegung auf antikapitalistische Demagogie gründe. In jedem Fall sei der Faschismus also in unlösbare Widersprüche verstrikt, deretwegen er mehr oder weniger automatisch »abwirtschaften« werde.

Obwohl einzelne Erscheinungsmomente des deutschen Faschismus durchaus zutreffend wiedergegeben wurden, mündeten diese Einschätzungen doch in eine durchgängige Unterschätzung und Verharmlosung der faschistischen Gefahr. So erklärte Rudolf Breitscheid auf dem Leipziger Parteitag, der Faschismus stelle zwar eine »Augenblickgefahr« dar, sei aber »in Deutschland (. . .) für die

352 Vgl. auch Rudolf Hilferding, Unter der Drohung des Faschismus, in: Die Gesellschaft, Jg. 1932, Bd. 1, S. 1–12, hier: S. 8 f.

353 Ebd., S. 8.

354 Breitscheid, Schlußwort zum Referat Faschismus, a.a.O., S. 171.

355 Alexander Schifrin, Gedankenschatz des Hakenkreuzes, in: Die Gesellschaft, Jg. 1931, Bd. 1, S. 97–116, hier: S. 105.

356 Alexander Schifrin, Wandlungen des Abwehrkampfes, in: Die Gesellschaft, Jg. 1931, Bd. 1, S. 395–417, hier: S. 410.

Dauer keine Gefahr, weil er theoretisch so schlecht fundiert ist«.[357] Die Stimmenverluste der NSDAP bei den Reichstagswahlen vom November 1932 wurden als Ausdruck dafür gewertet, daß der Faschismus endgültig abgewehrt sei.[358] Derartige Prognosen gipfelten in der Behauptung, die Otto Wels auf der letzten Kundgebung der SPD unter freiem Himmel in Berlin am 7. Februar 1933 in Reaktion auf die Machtübernahme Hitlers aufstellte: »Gestrenge Herren regieren nicht lange.«[359]

Daneben stellten solche Faschismuseinschätzungen eine bloße Rechtfertigung der Tolerierungs- und Stillhaltepolitik der Parteiführung dar. Denn der Kampf gegen die Regierung Brüning oder gar deren Sturz »von *links* her durch die Sozialdemokratie zwingt das Zentrum nach rechts, zerstört damit den letzten Widerstand im bürgerlichen Lager gegen den Faschismus, schmiedet selbst den reaktionären Block zusammen im selben Moment, in dem nichts wichtiger ist, als diesen Zusammenschluß zu verhindern«.[360] Um dem entgegenzuwirken, jene »dynamischen Kräfte des Kapitalismus« – etwa in Gestalt der Banken, der chemischen und Elektroindustrie[361] – nicht nach rechts zu treiben, sondern gemeinsam mit ihnen und der Regierung Brüning dem Faschismus zu widerstehen, hatte sich die SPD zurückzuhalten. Deswegen mußte sie sich bereit finden, den Massen zum Zweck vorgeblicher Faschismusverhinderung die Notwendigkeit sozialpolitischen und ökonomischen Verzichts klarzumachen, denn: »Es steht noch mehr auf dem Spiel als das; es steht eure Zukunft auf dem Spiel, die Zukunft der Arbeiterbewegung, und die wollen wir nicht zerstören lassen selbst für den Preis, daß ihr im gegenwärtigen Augenblick Zugeständnisse machen müßt, die für uns genauso schmerzlich sind wie für euch.«[362] Lohn- und Sozialabbau

357 Breitscheid, Schlußwort zum Referat Faschismus, a.a.O., S. 170 f.

358 Vgl. Vorwärts vom 18. November 1932.

359 Zit. nach: Evelyn Anderson, Hammer oder Amboß. Zur Geschichte der deutschen Arbeiterbewegung, Nürnberg 1948, S. 217. Zu ähnlich optimistischen Parolen, welche die Parteiführung vor und nach dem 30. Januar 1933 zur Beruhigung ihrer Anhänger verkündete, vgl. Erich Matthias, Die Sozialdemokratische Partei Deutschlands, in: Erich Matthias, Rudolf Morsey (Hrsg.), Das Ende der Parteien 1933, Düsseldorf 1960, S. 101–278, hier: S. 151, 153.

360 Hilferding, Unter der Drohung des Faschismus, a.a.O., S. 3.

361 Vgl. Schifrin, Wandlungen des Abwehrkampfes, a.a.O., S. 410.

362 Breitscheid, Schlußwort zum Referat Faschismus, a.a.O., S. 173.

mußten also widerstandslos hingenommen bzw. Widerstand dagegen ausgeschaltet werden, um somit die faschistische Diktatur überflüssig erscheinen zu lassen und eine Orientierung immer neuer Gruppen des Großkapitals auf den Faschismus zu verhindern.

Auch die ökonomische Analyse, wie sie etwa Fritz Tarnow auf dem Leipziger Parteitag vortrug,[363] gelangte zu der Schlußfolgerung, daß eine aktive Vertretung der sozialen und ökonomischen Interessen der Lohnabhängigen unter den Krisenbedingungen nicht möglich sei. Grundlage dieser Analyse blieb Hilferdings »organisierter Kapitalismus«. So vertrat Tarnow die Ansicht, daß »wenn die Nebel dieser ökonomischen Krise sich verzogen haben werden, dann wird man deutlich sehen, daß auch in dieser Zeit die sozialistischen Fundamente stärker, die kapitalistischen schwächer geworden sind«.[364] Da die kapitalistische Wirtschaftsordnung als Basis des Sozialismus galt, schuf erst ihre Stabilisierung wieder die Voraussetzungen für sozialdemokratische Reformpolitik. Demzufolge konnte auch nur eine neuerliche Prosperität des Kapitalismus eine Besserung der Lage der Lohnabhängigen bewirken. In diesem Sinne maß Tarnow der SPD eine »Doppelrolle« zu: Sie habe die Aufgabe, »sowohl Arzt (am Krankenbett des Kapitalismus, d. Verf.) zu sein, der ernsthaft heilen will, und dennoch das Gefühl aufrechtzuerhalten, daß wir Erben sind, die lieber heute als morgen die ganze Hinterlassenschaft des kapitalistischen Systems in Empfang nehmen wollen«.[365] Damit war die tatsächliche Funktion der sozialdemokratischen Führungsgruppen durchaus richtig wiedergegeben. Sie begünstigten die von ihnen für unvermeidbar gehaltene Abwälzung der Krisenlasten auf die Lohnabhängigen und versuchten gleichzeitig den Eindruck zu erwecken, dies geschehe künftigen sozialen Fortschritten zuliebe. So übernahm denn Tarnow den Kerngedanken aller bürgerlichen Krisenbekämpfungsstrategien: »Solange wir die kapitalistische Ordnung noch nicht beseitigt haben, müssen wir der Wirtschaft diejenigen Mittel sichern, die sie nach der kapitalistischen Wirtschaftstechnik gebraucht. Dazu gehört nach der gegen-

363 Vgl. Fritz Tarnow, Kapitalistische Wirtschaftsanarchie und Arbeiterklasse, in: Sozialdemokratischer Parteitag in Leipzig 1931, a.a.O., 32–52.

364 Ebd., S. 50.

365 Ebd., S. 45.

wärtigen Situation in erster Linie eine ausreichende Kapitalversorgung.«[366]

Dabei äußerte Tarnow die vage Erwartung, dies könne mit Hilfe des internationalen Kapitalmarkts und durch die Aufhebung der Reparationen erfolgen. Dies verband er mit der illusionären Hoffnung, daß die für notwendig erachtete Kapitalbildung nicht zu weiteren Belastungen der Lohnabhängigen führen werde. In allgemeinen Formulierungen knüpfte er an die im Juni 1930 entwickelten Krisenbekämpfungsvorschläge der sozialdemokratischen Reichstagsfraktion an.[367] So wandte er sich gegen weitere Minderungen von Sozialleistungen, Reallöhnen und Massenkaufkraft und verlangte als einzige konkrete Maßnahme eine gesetzliche Verkürzung der Arbeitszeit auf vierzig Wochenstunden (wobei die von der Opposition erhobene Forderung nach gleichzeitigem Lohnausgleich ausgespart blieb) und staatliche Arbeitsbeschaffungsmaßnahmen.[368] Der Parteitag formulierte dies jedoch nicht zu einem konkreten Aktionsprogramm aus. Ferner wurde weder dargelegt, wie die hierzu erforderlichen Mittel aufgebracht,[369] noch wie diese Forderungen überhaupt durchgesetzt werden sollten. Hinsichtlich ihrer Verwirk-

366 Ebd., S. 48.

367 Vgl. Jahrbuch der Deutschen Sozialdemokratie für das Jahr 1930, a. a. O., S. 10 ff.

368 Gleichzeitig forderte Tarnow den Ausbau des staatlichen Instrumentariums zur Wirtschaftslenkung.

369 Anders verhielt sich dies z. T. in den Vorschlägen der Reichstagsfraktion (vgl. Anmerkung 367), die noch vor dem Übergang zur Tolerierungspolitik formuliert worden waren. Auch diese richteten sich gegen die Minderung der Massenkaufkraft, wollten diese aber nicht durch Lohnerhöhungen, sondern durch Preissenkungen verhindern. Diese sollten jedoch nicht durch demokratische Kontrolle bewirkt werden (was ähnlich wie Lohnsteigerungen dem außerparlamentarischen Kampf Ansatzpunkte hätte eröffnen und eine antimonopolistische Richtung hätte weisen können), sondern nur durch sozialdemokratische Parlamentstätigkeit und Ausnutzung der vorhandenen Steuerungsinstrumente durch die staatliche Wirtschaftspolitik. Gleichzeitig richteten sich die Vorschläge der Reichstagsfraktion gegen den Abbau der staatlichen Sozialleistungen, insbesondere in der Arbeitslosenversicherung. Dabei unterschieden sie sich insofern von den Parolen Tarnows, als sie Finanzierungsmöglichkeiten hierfür benannten. Zwar schlossen sie eine Heranziehung der Masse der Lohnabhängigen durch höhere Besteuerung nicht grundsätzlich aus, forderten jedoch vorrangig eine stärkere steuerliche Belastung der höheren Einkommen. Die Forderung nach Heranziehung der Unternehmergewinne wurde freilich auch hier nicht erhoben. Andererseits verlangte das Programm der Reichstagsfraktion jedoch ausdrücklich die Senkung der Rüstungskosten. Mit dem Übergang zur Tolerierungspolitik wurde dieser Punkt aber hinfällig. Um den Sturz der Regierung Brüning zu verhindern, enthielt sich die Mehrheit der Reichs-

lichung vermochte Tarnow lediglich auf die Reichstagsfraktion zu verweisen. Deren Berichterstatter, Wilhelm Sollmann, hinwiederum erklärte: »Sozialpolitische Eroberungen (. . .) sind in Deutschland in diesen Jahren nicht zu machen.«[370] Er gab damit nicht nur die Unverbindlichkeit derartiger Parolen zu erkennen, sondern offenbarte auch, daß die parlamentarische Selbstbeschränkung der SPD sogar bei brennenden Tagesfragen versagen mußte. Wenn Tarnow trotzdem unmittelbare Tagesinteressen der Lohnabhängigen aufgriff, so handelte es sich dabei um eine rein verbale Konzession, die seiner Grundkonzeption widersprach. Ein solches Zugeständnis läßt sich nur mit entsprechenden Stimmungen in der Mitgliedschaft erklären, deren wachsende Unzufriedenheit sich in heftigen Auseinandersetzungen auf dem Parteitag andeutete.

Um die Tolerierungspolitik innerparteilich abzusichern, ging die Parteiführung zunehmend mit administrativen Mitteln zur Disziplinierung der Opposition über. So wurde beispielsweise auf Beschluß des Leipziger Parteitags 1931 die linksoppositionelle Jungsozialistische Arbeitsgemeinschaft aufgelöst.[371] Heftige Gegensätze brachen auch in der Reichstagsfraktion auf, wo sich die Anhänger der Linken einer Tolerierung Brünings widersetzten. Nachdem sie sich mit ihren Forderungen nicht durchzusetzen vermochten, gaben sie jedoch nach und stimmten im Oktober 1930 mit der Fraktionsmehrheit im Reichstag zugunsten Brünings.[372] Sie waren damit am politisch entscheidenden Punkt zurückgewichen. Als im März 1931 neun oppositionelle Abgeordnete im Gegensatz zur Fraktionsmehrheit gegen die Bewilligung neuer Mittel zum Panzerkreuzerbau votierten,[373] da

tagsfraktion im März 1931 der Stimme, als im Zusammenhang mit dem Haushaltsplan die Bewilligung weiterer Mittel zum Panzerkreuzerbau zur Abstimmung stand. Vgl. hierzu auch Anmerkung 373.

370 Wilhelm Sollmann, Bericht der Reichstagsfraktion, in: Sozialdemokratischer Parteitag in Leipzig 1931, a.a.O., S. 108–123, hier: S. 111.

371 Vgl. Sozialdemokratischer Parteitag in Leipzig 1931, a.a.O., S. 231, 295. Vgl. hierzu auch das Referat von Erich Ollenhauer, Partei und Jugend, in: Ebd., S. 190–206. Bieligk, Die Entwicklung der sozialdemokratischen Organisation in Deutschland, in: Bieligk, Eckstein, Jenssen, Laumann, Wagner, Die Organisation im Klassenkampf, a.a.O., S. 61 f.

372 Vgl. Drechsler, Die Sozialistische Arbeiterpartei Deutschlands, a.a.O., S. 57. Vgl. hierzu auch Der Klassenkampf, Nr. 4, 1930, S. 643 ff.

373 Vgl. Drechsler, Die Sozialistische Arbeiterpartei Deutschlands, a.a.O., S. 62 f. Außerdem blieben 18 weitere Abgeordnete dieser Abstimmung fern.

ihrer Meinung nach die Grenze der Tolerierung erreicht war, hatten sie durch ihr widersprüchliches Verhalten die eigenen Argumentationsvoraussetzungen verschlechtert und aus einer prinzipiellen Frage eine taktische Angelegenheit gemacht. Mit der Auseinandersetzung um ihr Abstimmungsverhalten erreichte die Kontroverse um die Tolerierungspolitik auf dem Leipziger Parteitag ihren Höhepunkt. Die Parteiführung operierte dabei vor allem mit dem Vorwurf angeblichen Disziplinbruchs und vermied somit eine inhaltlich-politische Diskussion über die Tolerierungspolitik.[374] Der Parteitag sprach sich gegen die neun Abgeordneten aus,[375] die auch noch von Teilen der Opposition im Stich gelassen wurden.[376] Nach dem Parteitag ging der Parteivorstand daran, die konsequentesten Vertreter der Linken aus der SPD zu drängen. Während andere Teile der Opposition in den dem Leipziger Parteitag folgenden Konflikten zurückwichen, wurden im September 1931 die Reichstagsabgeordneten Max Seydewitz und Kurt Rosenfeld als exponierteste Repräsentanten der Parteilinken aus der SPD ausgeschlossen.[377] Diese Niederlage der Opposition auf dem Leipziger Parteitag und in den nachfolgenden Wochen besiegelte den definitiven Sieg derjenigen Kräfte in der SPD, die zu einem Kurs bedingungsloser Klassenkollaboration und Unterwerfung unter das Großkapital bereit waren.

Zusammen mit weiteren Ausgeschlossenen bzw. Ausgeschiedenen gründeten Seydewitz und Rosenfeld im Oktober 1932 die Sozialistische Arbeiterpartei Deutschlands (SAPD).[378] Ihr schloß sich aber nur ein Teil der sozialdemokratischen Linken an. Anfang 1932 zählte die SAP nach eigenen Angaben knapp 60 000 Mitglieder, doch war diese Zahl möglicherweise übertrieben.[379] Die SAP trat zwar für die Aktionseinheit der Arbeiterorganisationen gegen den Faschismus ein, doch blieb sie selbst eine Splittergruppe. Ihren größten Wahlerfolg erzielte sie bei den hessischen Landtagswahlen vom November 1931 mit 1 Prozent der Wählerstimmen. Bei den

374 Vgl. ebd., S. 64 f.
375 Vgl. Sozialdemokratischer Parteitag in Leipzig 1931, a.a.O., S. 187.
376 Vgl. Drechsler, Die Sozialistische Arbeiterpartei Deutschlands, a.a.O., S. 64.
377 Vgl. ebd., S. 97.
378 Vgl. ebd., S. 118.
379 Vgl. ebd., S. 160.

nachfolgenden Landtags- und Reichstagswahlen schrumpfte ihr Einfluß weiter zusammen.[380] Die politische Entwicklung der SAP war nicht frei von sektenhaften Zügen. Die neue Partei war in sich selbst recht uneinheitlich. Sie zerstritt sich in divergierende Richtungen und Fraktionen, was ihre Aktionsfähigkeit stark beeinträchtigte. Im Verlauf dieser Auseinandersetzungen kam es schon 1932 zu Parteiausschlüssen und Absplitterungen.[381]

Mit dem Ausscheiden der Gruppe um Seydewitz und Rosenfeld hatte die innerparteiliche Opposition der SPD ihre entschiedensten Sprecher verloren. In der Folgezeit mehrte sich an der Parteibasis zwar die Unzufriedenheit mit der Tolerierungs- bzw. Stillhalte- und Kapitulationspolitik der Parteiführung. Diese Stimmungen wurden aber auf zentraler Ebene kaum noch artikuliert und zusammengefaßt. Somit war es der Parteiführung mit ihren Disziplinierungsmaßnahmen gelungen, die linken Kräfte entscheidend zu schwächen und oppositionelle Aktivitäten wesentlich einzudämmen. Hierdurch wurde zugleich die Widerstandskraft der SPD gegen den vordringenden Faschismus entscheidend gelähmt.

Die politische Orientierung, die sich in den Referaten und Resolutionen des Leipziger Parteitags ausdrückte, reproduzierte sich in schärfster Abgrenzung nach links, gegenüber dem kommunistischen Flügel der Arbeiterbewegung. Der bisherige Antikommunismus erfuhr während der Weltwirtschaftskrise noch eine Steigerung. Dies kann nur als Versuch interpretiert werden, die wachsende Diskrepanz zwischen offizieller sozialdemokratischer Politik und elementaren Bedürfnissen der Lohnabhängigen zu überspielen und die zunehmende Unruhe an der Parteibasis zu dämpfen. Vor allem wurde mit dem Anwachsen der NSDAP eine Wesensgleichheit von Faschismus und kommunistischer Bewegung propagiert.[382] So er-

380 Vgl. ebd., S. 256, 268, 272, 281.

381 Vgl. ebd., S. 238 ff., 288 ff.

382 Auf den ersten Blick scheint dies den verfehlten Einschätzungen zu entsprechen, zu denen ihrerseits die Kommunistische Partei mit der Sozialfaschismusthese bezüglich der Sozialdemokratie gelangte. Dennoch hatten die Charakterisierungen, welche die beiden Parteien gegenseitig voneinander trafen, sehr verschiedenartige politische Ursachen, so unhaltbar sie in beiden Fällen waren. Die Haltung der sozialdemokratischen Parteiführung gegenüber der KP resultierte aus ihrer prokapitalistischen Politik, die in der Wirtschaftskrise die Stabilisierung des Kapitalismus selbst über elementarste Be-

klärte Otto Wels: »Bolschewismus und Faschismus sind Brüder.«[383] Die Kommunisten galten als »Bundesgenossen der schlimmsten Nationalsozialisten in Deutschland«.[384] Der »Vorwärts« sprach anläßlich des Berliner Verkehrsarbeiterstreiks (der von der KPD initiiert und mit dem Bestreben geführt wurde, neben den sozialdemokratischen Arbeitern auch proletarische Anhänger der NSDAP einzubeziehen und durch praktische Klassenkampferfahrung vom Faschismus zu lösen[385]) von einer »Verbrüderung zwischen Nazis und Kozis« und behauptete: »Die KPD (. . .), die oft genug eine politische Hilfstruppe der Nazis gewesen ist, ist jetzt auf dem besten Wege, zu einer militärischen Hilfstruppe der SA herabzusinken.«[386] Eine antifaschistische Einheitsfront mit der KPD schloß sich auf dieser politischen und ideologischen Grundlage von selbst aus.[387] Der Anti-

dürfnisse der Lohnabhängigen stellte und einen wirkungsvollen antifaschistischen Kampf verhinderte. Umgekehrt stellte die kommunistische Haltung gegenüber der SPD eine falsche Schlußfolgerung aus der sehr realen Erfahrung dar, daß die Politik der sozialdemokratischen Führung den Kampf gegen Faschisierung und Sozialabbau ernsthaft beeinträchtigte. Zum Verhältnis der SPD-Führung zur Kommunistischen Partei vgl. auch Bärbel Kunze, Erich Matthias' Apologie der SPD-Entwicklung. Zur Historiographie über die Sozialdemokratie am Ende der Weimarer Republik, in: Das Argument, Nr. 63, 1971, S. 54–78, hier: S. 60 ff.

383 Sozialdemokratischer Parteitag in Leipzig 1931, a.a.O., S. 19.

384 Vorwärts vom 25. Oktober 1932.

385 Vgl. Kunze, Erich Matthias' Apologie der SPD-Entwicklung, a.a.O., S. 61.

386 Vorwärts vom 5. November 1932.

387 Daran ändern auch nichts die von Stampfer (Die ersten 14 Jahre der Deutschen Republik, a.a.O., S. 608 f., 667) vage angedeuteten »sehr ernsthafte(n) Versuche (. . .), ein besseres Verhältnis zu der kommunistischen Partei anzubahnen« (ebd., S. 667). Die Unbestimmtheit der Stampferschen Andeutungen ist kein Zufall: Umstände wie Inhalt dieser Versuche lassen einige Rückschlüsse auf ihre Ernsthaftigkeit zu. Vom ersten Anlauf im November 1931 sagt Stampfer selbst: »Auf welcher Basis eine solche Kooperation erfolgen sollte, war noch nicht klar, es handelte sich einstweilen nur um eine Sondierung.« (Ebd., S. 608) Im Herbst 1932 prüfte Stampfer »ohne Auftrag, doch mit Kenntnis des sozialdemokratischen Parteivorstandes« (Matthias, Die Sozialdemokratische Partei Deutschlands, a.a.O., S. 156) Möglichkeiten zu einem »Ausgleich«, doch nicht etwa bei der Kommunistischen Partei, sondern – bei der sowjetischen Botschaft in Berlin! Sowohl aus der Ablehnung der kommunistischen Einheitsfrontangebote vom Juli 1932 und von Januar bis März 1933 als auch etwa aus den Kontakten Stampfers zum Vorsitzenden der kommunistischen Reichstagsfraktion, Torgler, Ende Januar 1933 wird deutlich, was Teilen der sozialdemokratischen Parteiführung allenfalls vorschwebte: keinerlei Aktionseinheit zur Einleitung gemeinsamer Abwehrkämpfe gegen den Faschismus, da eine solche angeblich »die sozialdemokratischen Massen unter kommunistische Führung« (Stampfer, Die ersten 14 Jahre der Deutschen Republik, a.a.O., S. 608. Ähnlich Rudolf Hilferding, Zwischen den Entscheidungen, in: Die Gesellschaft, 10. Jg. 1933, Nr. 1, S. 1–9, hier: S. 7) gebracht hätte, sondern eventuell ein

kommunismus der SPD-Führung war, wie vor allem der 20. Juli 1932 und der 30. Januar 1933 zeigen,[388] schließlich sogar stärker als ihr Willen zum politischen Überleben.

Bei dieser Frage kann allerdings auch nicht übersehen werden, daß die KPD die Wirksamkeit dieser antikommunistischen Agitation durch eigene Irrtümer selbst begünstigte.[389] Es wäre aber der Problematik unangemessen, die Ursachen für den Antikommunismus der sozialdemokratischen Parteiführung in Fehlern der Kommunistischen Partei zu suchen oder hierin sogar seine Bestätigung zu sehen.[390]

unverbindlicher »Nichtangriffspakt«. Ein solcher hätte die sozialdemokratische Parteiführung von der kommunistischen Kritik befreit und höchstens die Funktion gehabt, die sich an der Parteibasis im Verlauf des Jahres 1932 herausbildenden Ansätze zu lokalen Aktionseinheiten abzublocken und somit eine tatsächliche Einheitsfront zu ersetzen. Zur mangelnden Bündnisbereitschaft der sozialdemokratischen Parteiführung vgl. Kunze, Erich Matthias' Apologie der SPD-Entwicklung, a.a.O., S. 62 ff. Vgl. auch Siegfried Bahne, Die Kommunistische Partei Deutschlands, in: Matthias, Morsey (Hrsg.), Das Ende der Parteien 1933, a.a.O., S. 655–739, hier: S. 686. Matthias, Die Sozialdemokratische Partei Deutschlands, in: ebd., S. 155 ff.

388 Vgl. Anmerkungen 408ff., 420 f.

389 Besonders gravierend war dabei sicherlich die Fehlentscheidung der kommunistischen Parteiführung, sich am Volksentscheid gegen die preußische Regierung vom August 1931 zu beteiligen, der – wenn auch mit völlig andersartiger Intention – von NSDAP und DNVP angestrengt wurde. Entgegen noch immer vertretener Auffassungen kann der kommunistisch geleitete Berliner Verkehrsarbeiterstreik vom November 1932 hiermit nicht in eine Reihe gebracht werden, vielmehr blieb der Preußenvolksentscheid das einzige derartige Beispiel. Daneben gilt es hierbei die fehlerhafte kommunistische Einheitsfront- und Gewerkschaftspolitik in Rechnung zu stellen. Sie erleichterte es den Führungsgruppen von SPD und freien Gewerkschaften ungemein, die Aktionseinheit zu verhindern und ihren Stillhaltekurs durchzusetzen (vgl. Flechtheim, Die KPD in der Weimarer Republik, a.a.O., S. 257 ff. GdA 4, S. 281 ff., 325 ff., 337 ff.). Eine differenzierte Einschätzung der kommunistischen Politik wird allerdings berücksichtigen müssen, daß diese vor allem seit Frühjahr 1932 modifiziert wurde und Ansätze einer tatsächlichen Einheitsfront entwickelte, die nicht auf bloße »Entlarvung« der sozialdemokratischen Führung und die Gewinnung ihrer Anhänger für die Kommunistische Partei abzielte, sondern lokale Bündnisse zwischen beiden Parteien und wenigstens auf örtlicher Ebene die Einbeziehung sozialdemokratischer Parteiorganisationen in gemeinsame praktische Abwehrmaßnahmen zu erreichen suchte (vgl. Die Antifaschistische Aktion. Dokumentation und Chronik. Mai 1932 bis Januar 1933, hrsg. und eingel. von Heinz Karl und Erika Kücklich unter Mitarbeit von Elfriede Fölster und Käthe Haferkorn, Berlin 1965, S. 11* ff., 22* ff., 114 f., 128 ff.).

390 Gerade eine ernsthafte Kritik an Fehlern der Kommunistischen Partei wird mit Entschiedenheit darauf beharren müssen, daß die kommunistische Politik eine klare und konsequente antifaschistische Stoßrichtung hatte. Anders als die SPD-Führung nach dem 30. Januar 1933 hat die kommunistische Parteiführung keinerlei Anpassungsversuche an den Faschismus unternommen.

Die vom Leipziger Parteitag bestätigte Politik des »kleineren Übels« gipfelte am Ende der Regierungszeit Brünings darin, daß die SPD die Kandidatur Hindenburgs bei den Reichspräsidentenwahlen von März und April 1932 unterstützte. Der sozialdemokratische Parteivorstand verzichtete von vornherein zugunsten Hindenburgs darauf, einen eigenen Präsidentschaftskandidaten aufzustellen. Die Parteiführung gab Hindenburg als echte Alternative zu dem ebenfalls kandidierenden Hitler aus. Ein Wahlsieg Hindenburgs stelle, so wurde argumentiert, einen Sieg über Hitler und den Faschismus dar. In Hindenburg wurde eine Garantie gegen die Errichtung einer faschistischen Diktatur gesehen.[391] Unter der Parole: »Schlagt Hitler, darum wählt Hindenburg!« wurden die sozialdemokratischen Anhänger in beiden Wahlgängen von März und April 1932 aufgefordert, für einen Politiker zu stimmen, dessen Wahl zum Reichspräsidenten 1925 die Parteiführung selbst noch als Gefahr für die parlamentarische Ordnung und als Ausdruck des Erstarkens antirepublikanischer Kräfte angesehen hatte.[392] Hindenburgs seitheriges Verhalten hatte nicht den geringsten Anlaß geboten, an dieser Einschätzung irgendwelche Abstriche vorzunehmen.[393]

Kurz nach seiner Wiederwahl entließ Hindenburg den bisherigen Reichskanzler Brüning, der ihm die sozialdemokratische Unterstützung gesichert hatte. An Brünings Stelle ernannte er den noch weiter rechts stehenden Franz von Papen zum neuen Reichskanzler. Dieser arrangierte sich mit der NSDAP und löste wenige Tage nach seinem Amtsantritt Anfang Juni 1932 den Reichstag auf, da sich dessen Mehrheit seiner Kanzlerschaft widersetzte. Analog hierzu verschärfte Papen auch auf wirtschafts- und sozialpolitischem Gebiet den Brüningschen Kurs, die Krisenlasten rigoros der arbeitenden Bevölkerung aufzubürden.[394] Hierzu griff die Regierung Papen auch so elementare soziale Rechte der Lohnabhängigen wie das Ta-

391 Vgl. Vorwärts vom 27. Februar und 17. März 1932.

392 Vgl. z. B. Vorwärts vom 9. April 1925.

393 Vgl. dazu Ruge, Hindenburg, a.a.O., S. 247–414.

394 Vgl. die Regierungserklärung Papens vom 4. Juni 1932 bei: Cuno Horkenbach, Das Deutsche Reich von 1918 bis heute, (Bd. 3) 1932, Berlin 1933, S. 169 f. Wenige Tage später kürzte die Regierung per Notverordnung sämtliche Sozialleistungen in noch nicht dagewesenem Umfang und führte neue Massensteuern ein. Vgl. ebd., S. 183 ff.

riflohnsystem an.[395] Parallel zur weiteren Verschärfung staatlicher Repression ermöglichte sie gleichzeitig eine brutale Steigerung des Naziterrors gegen die Arbeiterbewegung.[396] Faschisierungsprozeß und Zerstörung der parlamentarisch-demokratischen Ordnung waren mit der Ernennung Papens in ein entscheidendes Stadium eingetreten. Schon kurz nach ihrem Amtsantritt entwickelte die Regierung Papen den Plan, die sozialdemokratisch geführte preußische Landesregierung zu stürzen.[397]

Mit der Entlassung Brünings war nach der Koalitions- nunmehr auch die Tolerierungspolitik gescheitert. Obwohl der Reichstag faktisch bedeutungslos geworden war, weigerte sich die sozialdemokratische Parteiführung jedoch weiterhin, zum Mittel des außerparlamentarischen Kampfes zu greifen. In Preußen nutzte die SPD auch ihre Parlaments- und Regierungspositionen nicht. Als im Juni 1932 die Wahl des Landtagspräsidiums anstand, erklärte sich die kommunistische Fraktion bereit, Kandidaten der SPD und des Zentrums zu unterstützen, um die Wahl von Vertretern der NSDAP und DNVP zu verhindern. Dafür verlangte sie die Freigabe des preußischen Rundfunks auch für die KPD, Herstellung der Versammlungs-, Demonstrations- und Pressefreiheit und Nichtdurchführung der Papenschen Notverordnungen in Preußen. Dies wurde sowohl vom Zentrum als auch von der SPD abgelehnt. Danach wurde von kommunistischer Seite nur noch eine Erklärung von SPD und Zentrum erwartet, ihrerseits die Wahl von Nationalsozialisten und Deutschnationalen ins Landtagspräsidium zu verhindern. Auch dieses Angebot wurde ausgeschlagen. Während das Zentrum, das sich der NSDAP zu nähern versuchte, durch Stimmenthaltung sogar die Wahl eines nationalsozialistischen Landtagspräsidenten ermöglich-

395 Per Notverordnung erklärte Papen im September 1932 eine Unterschreitung der Tariflöhne bis zu 20 Prozent unter beliebig dehnbaren Voraussetzungen für zulässig. Gleichzeitig wurde das Streikrecht empfindlich eingeschränkt, indem gewerkschaftliche Abwehrmaßnahmen gegen außertarifliche Lohnkürzungen als Verletzung der Friedenspflicht gewertet wurden. Vgl. Horkenbach, Das Deutsche Reich von 1918 bis heute, (Bd. 3) 1932, a.a.O., S. 316 f.

396 Wenige Tage nach seinem Regierungsantritt hob Papen das von Brüning erlassene SA-Verbot auf. Vgl. ebd., S. 195 ff.

397 Vgl. Bracher, Die Auflösung der Weimarer Republik, a.a.O., S. 574 ff. Joachim Petzold, Der Staatsstreich vom 20. Juli 1932 in Preußen, in: ZfG, H . 6, 1956, S. 1146–1186, hier: S. 1149 f., 1159 f.

te, war auch die SPD nicht bereit, sich mit der kommunistischen Fraktion zu verständigen.[398]

Die preußische Regierung führte die Papenschen Notverordnungen sogar dann ohne ernsthaften Widerstand durch, wenn sie sich gegen SPD und Zentrum selbst richteten. Als der Reichsinnenminister forderte, den »Vorwärts« und die »Kölnische Volkszeitung« für fünf Tage zu verbieten, rief der preußische Innenminister Severing das Reichsgericht an. Da dieses die Reichsregierung unterstützte, wurde unter einem sozialdemokratischen Innenminister zusammen mit dem Zentrumsblatt das sozialdemokratische Zentralorgan verboten.[399] Als die kommunistische Landtagsfraktion die Aufhebung des Verbots beantragte, nahmen SPD und Zentrum nicht an der Abstimmung teil, da sie die Kampfansage an die Papen-Regierung bedeutet hätte.[400] Derartige Verhaltensweisen wurden damit begründet, daß man »der Reichsregierung keinen Anlaß zum Einschreiten«[401] geben und ihre Putschabsichten unterlaufen wolle. Noch gravierender war der Vorschlag Severings an den Reichsinnenminister, dieser solle im Falle »größerer Unruhen« die preußische Polizei übernehmen.[402] Dies bedeutete die Kapitulation vor den Staatsstreichsplänen, noch bevor sie überhaupt verwirklicht waren.

Nach derartigen Ermunterungen blieb der Putsch nicht lange aus. Als er am 20. Juli 1932 erfolgte und Papen die Regierung Braun–Severing für abgesetzt erklärte, wurde auch »diese wichtige Bastion der Weimarer Ordnung«[403] widerstandslos geräumt. Dabei wären entschlossene Kampfmaßnahmen durchaus möglich und keineswegs

398 Vgl. Die Antifaschistische Aktion, a.a.O., S. 86 f., 213 ff. GdA 4, S. 346 f., 577 f. Sitzungsberichte des Preußischen Landtags, 4. Wahlperiode, Bd. 1, Berlin 1932, Sp. 682–690. Die Wirksamkeit dieses Angebots wurde sicherlich dadurch beeinträchtigt, daß die kommunistische Fraktion wenige Wochen zuvor der preußischen Regierung das Mißtrauen ausgesprochen hatte. Doch kann dies keine Rechtfertigung für die Ablehnung ihres Angebots sein.

399 Vgl. Severing, Mein Lebensweg, a.a.O., Bd. 2, S. 342 f.

400 Vgl. GdA 4, S. 347, 578. Sitzungsberichte des Preußischen Landtags, a.a.O., Sp. 1096–1099.

401 Severing, Mein Lebensweg, a.a.O., Bd. 2, S. 339.

402 Vgl. ebd., S. 340 f.

403 Bracher, Die Auflösung der Weimarer Republik, a.a.O., S. 574. Vgl. hierzu auch ebd., S. 582 ff. Matthias, Die Sozialdemokratische Partei Deutschlands, a.a.O., S. 127 ff. Petzold, Der Staatsstreich vom 20. Juli 1932, a.a.O., S. 1166 ff. Vogelsang, Reichswehr, Staat und NSDAP, a.a.O., S. 235 ff.

ohne Erfolgsaussichten gewesen: Die SPD verfügte über starke Positionen in der (als militärischer Faktor bedeutsamen) preußischen Polizei, die Organisationen von Reichsbanner und Eiserner Front[404] standen Gewehr bei Fuß,[405] vor allem aber war die Basis von SPD und Gewerkschaften zum Kampf bereit[406] und lag ein kommunistisches Einheitsfrontangebot zum gemeinsamen Generalstreik vor.[407] Obwohl die Parteiführung zur Beruhigung der sozialdemokratischen Mitglieder und Anhänger durch kraftvolle Worte bis unmittelbar vor dem Putsch Kampfentschlossenheit vortäuschte, hatte sie schon am 16. Juli die widerstandslose Kapitulation beschlossen.[408] Deswegen begnügte sich die preußische Regierung mit der Anrufung des Staatsgerichtshofs. Seine Entscheidung vom Oktober 1932 sanktionierte die von Papen geschaffenen Tatsachen.[409] Der sozialdemokratische Parteivorstand gab anstelle des erwarteten Kampfsignals lediglich die Parole aus, den »Kampf um die Wiederherstellung geordneter Rechtszustände in der deutschen Republik (. . .) zunächst mit aller Kraft als Wahlkampf zu führen«.[410] Er orientierte also nur auf die für Ende Juli angesetzten Reichstagswahlen, die – wie immer sie ausfallen mochten – angesichts der Entmachtung des Reichstags selbstverständlich nichts mehr zu ändern vermochten.

404 Die im Dezember 1931 gegründete »Eiserne Front« stellte einen lockeren Zusammenschluß von SPD, freien Gewerkschaften, Reichsbanner und sozialdemokratisch orientierten Arbeitersportorganisationen dar und sollte deren antifaschistische Aktivitäten koordinieren und den Selbstschutz verbessern.

405 Vgl. GdA 4, S. 358 f. Matthias, Die Sozialdemokratische Partei Deutschlands, a.a.O., S. 139 ff. Karl Rohe, Das Reichsbanner Schwarz-Rot-Gold. Ein Beitrag zur Geschichte und Struktur der politischen Kampfverbände zur Zeit der Weimarer Republik, Düsseldorf 1966, S. 427 ff.

406 Vgl. GdA 4, S. 357 ff. Matthias, Die Sozialdemokratische Partei Deutschlands, a.a.O., S. 142 f.

407 Vgl. Die Antifaschistische Aktion, a.a.O., S. 193 f. Dem Argument, ein Generalstreik sei wegen der hohen Arbeitslosigkeit aussichtslos gewesen (so etwa Otto Braun, Von Weimar zu Hitler, 2. Aufl. New York 1940, S. 405 f. Ähnlich Bracher, Die Auflösung der Weimarer Republik, a.a.O., S. 598 f.), lassen sich die Erfahrungen des Berliner Verkehrsarbeiterstreiks vom November 1932 entgegenhalten. Ein einheitliches Auftreten der großen Arbeiterorganisationen am 20. Juli hätte aber fraglos einen noch ungleich größeren Mobilisierungs- und Solidarisierungseffekt zur Folge gehabt, als er beim Verkehrsarbeiterstreik erreicht werden konnte.

408 Vgl. Matthias, Die Sozialdemokratische Partei Deutschlands, a.a.O., S. 135.

409 Vgl. Bracher, Die Auflösung der Weimarer Republik, a.a.O., S. 635 ff.

410 Vorwärts vom 21. Juli 1932.

Das Wahlergebnis selbst bestätigte nur das durch den 20. Juli noch weiter nach rechts verschobene Kräfteverhältnis. Aufgrund ihrer enormen Stimmengewinne wurde die NSDAP zur stärksten Partei. Gleichzeitig fand bei den Arbeiterparteien eine Verschiebung zugunsten der KPD als Ausdruck der Linksentwicklung in der Arbeiterklasse statt. Etwa 600 000 Wähler wandten sich enttäuscht von der SPD ab, während die KPD etwas mehr als dies hinzugewann.[411]

Um die Enttäuschung der sozialdemokratischen Anhänger aufzufangen, brachte die Reichstagsfraktion im August 1932 eine Reihe von Gesetzentwürfen zum »Umbau der Wirtschaft« ein.[412] Sie sahen an Entschädigungen gebundene Verstaatlichungsmaßnahmen vor, die über bisherige Konzeptionen hinausgingen, und verknüpften sie mit wirtschafts- und sozialpolitischen Forderungen zur Besserung der Lage der Lohnabhängigen. Insgesamt konzentrierten sie sich jedoch auf den Ausbau staatlicher Planungs- und Steuerungsmöglichkeiten, ohne dies mit demokratischen Kontrollforderungen zu verbinden. Obwohl die parlamentarische Durchsetzbarkeit dieses Programms völlig ausgeschlossen war, wurden keinerlei Versuche unternommen, seine sozialpolitischen Punkte zur Grundlage außerparlamentarischen Kampfes zu machen. Diese Ebene politischen Handelns blieb weiterhin tabu. Darüber hinaus versuchte die sozialdemokratische Parteiführung auch jetzt noch, die Entfaltung außerparlamentarischer Kämpfe zu verhindern. So trat sie im November 1932 ähnlich wie die Gewerkschaftsführung entschieden gegen die bedeutende Streikaktion bei der Berliner Verkehrsgesellschaft auf,[413] die im Zusammenhang mit der im Herbst 1932 wieder erstarkenden Streiktätigkeit stand.[414] Neben den erheblichen Stimmenverlusten der NSDAP beschleunigten die Reichstagswahlen vom November 1932 im Lager der Arbeiterbewegung die Umschichtung des Wählerpotentials zugunsten der Kommunistischen Partei. Gegenüber Juli 1932 nahm die SPD um weitere 700 000 auf

411 Vgl. Milatz, Wähler und Wahlen in der Weimarer Republik, a.a.O., S. 143.

412 Vgl. Verhandlungen des Reichstags, VI. Wahlperiode 1932, Bd. 454, Berlin 1932, Anlagen zu den Stenographischen Berichten Nr. 8 bis 28, Anträge Dr. Breitscheid und Genossen. Zur Einschätzung des Umbauprogramms vgl. Fülberth, Harrer, Die deutsche Sozialdemokratie 1890–1933, a.a.O., S. 233 f., 249.

413 Vgl. z. B. Vorwärts vom 5. November 1932.

414 Vgl. GdA 4, S. 365 ff.

7,3 Millionen Stimmen ab, während die kommunistischen Wähler proportional dazu auf 6 Millionen zunahmen.[415]

Nach der Entlassung Papens, gegen dessen Wirtschafts- und Sozialpolitik sich ein zunehmender Massenwiderstand entfaltet hatte, wurde im Dezember 1932 der General Kurt von Schleicher als einflußreicher Vertreter der Reichswehrführung zum neuen Reichskanzler ernannt. Schleicher war als Reichswehrminister im Kabinett Papen an entscheidender Stelle an Vorbereitung und Ausführung des Staatsstreichs vom 20. Juli beteiligt gewesen, ohne dabei nach außen hin hervorzutreten.[416] Dennoch weckte seine Ernennung bei maßgeblichen Repräsentanten der SPD-Führung erneute Hoffnungen auf eine Zusammenarbeit mit der Reichsregierung. So versuchte etwa Otto Braun, eine Absprache mit Schleicher zu treffen, um diesem – dabei offenbar an eine Wiederholung des Winters 1923/24 denkend – die Ausschaltung des Reichstags und die Aufrichtung einer Militärdiktatur zu ermöglichen.[417] Derartige Strategien, deren Vorläufer in die Regierungszeit Brünings zurückreichten,[418] waren ein Versuch der rechtesten Gruppen der sozialdemokratischen Parteiführung, das offenkundige Scheitern der Koalitions- und Tolerierungspolitik zu verarbeiten, deren Grundlinie beizubehalten und sie den veränderten Umständen anzupassen. Solche Pläne konnten sich aber selbst in der SPD-Führung nicht durchsetzen. Beispielsweise lehnte Rudolf Breitscheid ein derartiges Zusammengehen mit Schleicher ab.[419] Die Mehrheit der Parteiführung beschränkte sich auch weiterhin auf Stillhaltepolitik und Ablehnung außerparlamentarischer Kämpfe.

Mit der Ablösung Schleichers durch die Regierung Hitler–Hugenberg–Papen erreichte die Kapitulationspolitik der SPD-Führung

415 Vgl. Milatz, Wähler und Wahlen in der Weimarer Republik, a.a.O., S. 146 f.

416 Vgl. Bracher, Die Auflösung der Weimarer Republik, a.a.O., S. 579, 587 f. (Anm.). Vogelsang, Reichswehr, Staat und NSDAP, a.a.O., S. 240, 243, 244, 250 f., 254.

417 Vgl. Braun, Von Weimar zu Hitler, a.a.O., S. 437 ff. Teile der ADGB-Führung gingen noch einen Schritt weiter, indem sie inoffizielle »Querverbindungen« zur NSDAP aufnahmen. Vgl. Stampfer, Die ersten 14 Jahre der deutschen Republik, a.a.O., S. 657.

418 Vgl. Brüning, Memoiren, a.a.O., S. 247, 462.

419 Vgl. Stampfer, Die ersten 14 Jahre der deutschen Republik, a.a.O., S. 667.

ihren Höhepunkt. Ebenso wie die zentralen Leitungen der freien Gewerkschaften weigerte sich der sozialdemokratische Parteivorstand, irgendwelche Kampfmaßnahmen zu ergreifen. Das erneute Angebot der Kommunistischen Partei, gemeinsam den Generalstreik gegen Hitler zu organisieren, wurde rundweg abgelehnt.[420] Gleichzeitig täuschte die Parteiführung ihren Anhängern jedoch wie schon am 20. Juli 1932 durch kräftige Worte Kampfbereitschaft vor. Um die Parteimitgliedschaft zu vertrösten, wurde behauptet, es gelte nur noch den geeigneten Zeitpunkt zum Losschlagen abzuwarten.[421] Dieser Zeitpunkt ist nie gekommen.

Trotz der Umschichtung des Wählerpotentials der Arbeiterparteien zugunsten der KPD und der sich hierin ausdrückenden Linksentwicklung in der Arbeiterklasse vereinte die SPD im November 1932 noch immer etwa 7,3 Millionen Wähler auf sich. Damit hatte sie zwar gegenüber den Reichstagswahlen von 1928 rund 2 Millionen Stimmen verloren, errang aber immer noch knapp 1,3 Millionen mehr als die KPD. Verglichen mit den Wahlergebnissen der ersten Nachkriegsjahre, drückt sich hierin eine gewisse Stabilität des sozialdemokratischen Wählereinflusses aus. Mehr noch als auf die Wählerentwicklung trifft dies auf die Mitgliederentwicklung der SPD zu. Die Mitgliederzahl, die 1930 knapp die Millionengrenze überschritt, nahm 1932 geringfügig ab und fiel wieder etwas unter eine Million.[422] Diese Zahlen verdeutlichen nicht nur, in welch entscheidendem Maße die Abwehrkraft der Arbeiterbewegung geschwächt wurde, indem dieses Potential dem antifaschistischen Kampf weitgehend ferngehalten wurde. Sie illustrieren zugleich die starke Verbundenheit der sozialdemokratischen Mitglieder und eines großen Teils der Wähler mit der SPD. Dies darf zwar nicht ohne weiteres als Identifizierung mit der Politik der Parteiführung interpretiert werden, die im Gegenteil an der Parteibasis auf erhebliche Widerstände traf. Dennoch bedeutete dies, daß die sozialdemokratischen Massen nicht unter Umgehung ihrer Organisation für die Ak-

420 Vgl. Die Antifaschistische Aktion, a.a.O., S. 354 ff.

421 Vgl. Matthias, Die Sozialdemokratische Partei Deutschlands, a.a.O., S. 151 f.

422 Vgl. Jahrbuch der Deutschen Sozialdemokratie für das Jahr 1930, a.a.O., S. 191. Jahrbuch der Deutschen Sozialdemokratie für das Jahr 1931, o.O. u.J. (Berlin 1932), S. 109. Matthias, Die Sozialdemokratische Partei Deutschlands, a.a.O., S. 119 (Anm.).

tionseinheit der Arbeiterklasse gewonnen werden konnten. Hierzu war vielmehr die Einbeziehung dieser Organisationen selbst erforderlich. Da sich die sozialdemokratische Parteiführung dem aber vehement widersetzte, konnte dies nur möglich sein, wenn durch eine entsprechende kommunistische Einheitsfrontpolitik die auf praktische Kampfmaßnahmen gegen Faschismus und Sozialabbau drängenden Tendenzen innerhalb der SPD gefördert wurden. Nur im kombinierten Druck von innen und außen konnte es gelingen, entweder die SPD-Führung zur gemeinsamen antifaschistischen Tat zu zwingen oder relevante Teile der sozialdemokratischen Organisation notfalls auch gegen den Willen der Parteiführung in die Aktionseinheit einzubeziehen. Dieser Zusammenhang wurde von den linken Kräften in der SPD jedoch ebenso ungenügend berücksichtigt, wie dies – jedenfalls bis 1932 – auf seiten der KPD geschah. Zwar kam es seit Frühjahr 1932 auf lokaler bzw. betrieblicher Ebene wiederholt zur Aktionseinheit,[423] doch konnte sich daraus keine allgemeine Einheitsbewegung mehr entwickeln. Der in Richtung einer antifaschistischen Einheitsfront wirkende Druck reichte somit weder am 20. Juli 1932 noch am 30. Januar 1933 aus, die sozialdemokratische Parteiführung zu zwingen, die kommunistischen Aktionsangebote anzunehmen und gemeinsam zum Generalstreik gegen den Faschismus aufzurufen.

423 Vgl. Die Antifaschistische Aktion, a.a.O., S. 64, 93 f., 161 f.

V. Die deutsche Sozialdemokratie in der Zeit des Faschismus

Von Jutta von Freyberg und Bärbel Hebel-Kunze

1. Die SPD zwischen Januar und Juni 1933

a) Die Politik der Parteiführung bis zum Parteiverbot

Die faschistische Regierungsübernahme am 30. Januar 1933 traf die sozialdemokratische Partei und ihre Führung unerwartet und unvorbereitet. Zwar waren das sprunghafte Anwachsen der Wählerstimmen der NSDAP im Jahre 1930 und der nachfolgende weitere Machtzuwachs der Partei mit Besorgnis von ihnen registriert worden. Eine ernstliche und dauerhafte Gefährdung für den Bestand der Weimarer Republik hatten die SPD-Führer jedoch in dieser Entwicklung nicht gesehen, sondern die Auffassung vertreten, daß der Aufschwungsphase des Faschismus in Deutschland ein baldiger Niedergang und Zusammenbruch folgen werde. Begründet wurde diese optimistische Einschätzung mit der Uneinheitlichkeit der sozialen Basis der Partei und der Interessenheterogenität ihres Massenanhanges, die mit Sicherheit zu einem raschen Auseinanderbrechen der nationalsozialistischen Bewegung und zu deren erneutem Absinken zur politischen Bedeutungslosigkeit führen müßten. Einen Beweis für die Richtigkeit ihrer Prognosen und ein eindeutiges Indiz dafür, daß sich der Faschismus bereits im Stadium des Zerfalls befinde, hatten die Mitglieder der Parteispitze im Ausgang der Novemberwahlen des Jahres 1932 gesehen: Den Verlust von 2 Millionen Stimmen der NSDAP hielten sie für ein untrügliches Zeichen für den endgültigen Niedergang des Faschismus in Deutschland.[1]

Ebensowenig wie sie vor 1933 in der Lage gewesen waren, den schrittweisen Abbau der parlamentarischen Demokratie und schließlich die unmittelbar drohende Zerstörung der Weimarer Re-

1 Vgl. dazu beispielsweise den Wahlkommentar in der SPD-Zeitung Hamburger Echo vom 7. November 1932; ebenso auch der Vorwärts vom 18. November 1932.

publik durch die faschistische und bürgerliche Reaktion zu erkennen, zeigten sich die führenden Sozialdemokraten nach dem 30. Januar 1933 imstande, die neue Situation realistisch zu beurteilen. Die Hitler-Papen-Hugenberg-Regierung sei zwar ein Gegner der Weimarer Demokratie, aber »parlamentarisch fundiert« und auf »legalem« Wege zur Macht gelangt; daher habe sich die politische Situation gegenüber der Zeit der Präsidialkabinette bislang nicht qualitativ verändert. Da im neuen Kabinett nicht die Nationalsozialisten, sondern die Vertreter der »großagrarisch-großkapitalistischen Reaktion« die eigentlichen Machtpositionen innehätten, könne zum gegenwärtigen Zeitpunkt nicht von einem faschistischen Regime gesprochen werden. Fest stand für die Parteiführung, daß die neuen Machthaber eine »arbeiterfeindliche« Politik betreiben würden und daß für die Arbeiterschaft eine Phase verschärfter Auseinandersetzungen bevorstehe. Die Entscheidung darüber, ob sich diese Kämpfe im verfassungsmäßigen Rahmen abspielen würden, sei jedoch noch nicht gefallen, und es bestehe einiger Anlaß zu der Annahme, daß die politische Entwicklung in Deutschland trotz der Ereignisse des 30. Januar 1933 nicht zur endgültigen Errichtung eines faschistischen Systems führen werde. Hoffnungen auf ein Auseinanderbrechen der Regierungskoalition aufgrund unüberbrückbarer Interessengegensätze und auf ein rasches Schwinden der faschistischen Massenbasis spielten bei dieser optimistischen Prognose ebenso eine Rolle wie die Erwartung, daß im Falle eines versuchten Staatsstreiches Reichspräsident und Reichswehr im Sinne einer Verteidigung des Bestandes der Weimarer Republik eingreifen würden.[2] Diese illusionäre Situationsbeurteilung, die die Parteiführung mit Parolen wie »Deutschland ist nicht Italien«, »Hitler ist nicht Mussolini«, »Berlin wird niemals die Hauptstadt eines Faschistenreiches werden«[3] an ihre Anhänger weitergab, erwies sich für die weitere politische Entwicklung als höchst verhängnisvoll. Sie bildete die Grundlage der Politik der Parteiführung zu einem Zeitpunkt, an

2 Diese Einschätzungen finden sich im Vorwärts vom 30. und 31. Januar 1933, vom 2. Februar 1933 sowie vom 10. Februar 1933. Vgl. dazu auch die Rede von Rudolf Breitscheid vor dem Parteiausschuß der SPD am 31. Januar 1933 (Flugschrift »Bereit sein ist alles«, hrsg. vom Parteivorstand der SPD, Berlin, Februar 1933).

3 So z. B. im Vorwärts vom 7., 8. und 14. Februar 1933.

dem der aktive Widerstand der organisierten Arbeiterbewegung die Errichtung eines faschistischen Regimes möglicherweise hätte verhindern, zumindest aber den Faschisierungsprozeß empfindlich hätte stören können:

Da die SPD-Führer der Auffassung waren, die Ernennung Hitlers zum Reichskanzler bewege sich im Rahmen einer zwar reaktionären, aber dennoch verfassungsmäßigen politischen Entwicklung, war es nur konsequent, wenn sie sich gegenüber der neuen Regierung nicht anders verhielten als gegenüber den vorausgegangenen Präsidialkabinetten. Zwar brachten sie im Reichstag einen – unter den gegebenen Bedingungen notwendigerweise wirkungslosen – Mißtrauensantrag ein und gaben Erklärungen und Stellungnahmen in der Öffentlichkeit ab, in denen sie ihre oppositionelle Haltung gegenüber der neuen Regierung bekanntgaben. Einen Anlaß, ihre Anhänger für außerparlamentarische Kampfmaßnahmen zu mobilisieren, sahen die Führungsgremien der SPD in der Ernennung Hitlers zum Reichskanzler nicht. Vielmehr vertraten sie in den ersten Tagen nach dem 30. Januar unmißverständlich die Auffassung, daß jeder Versuch, die entstandene politische Situation durch aktiven Widerstand gegen die neue Regierung zu verändern, abzulehnen sei. In diesem Sinne erklärte Rudolf Breitscheid in der Parteiausschußsitzung vom 31. Januar 1933:

»Es ist begreiflich, daß man in den Diskussionen jetzt in erster Linie spricht von außerparlamentarischen Aktionen und die Frage ventiliert: Massenstreiks, Einzelstreiks, Demonstrationen mit dem Ziel, daß etwas anderes und mehr daraus wird als ein Marsch durch die Straße. Wir aber stellen die Gegenfrage: Ist der Augenblick zu einer großen außerparlamentarischen Aktion gekommen? . . . Ich will meine Meinung dazu sagen. Wenn Hitler sich zunächst auf dem Boden der Verfassung hält, und mag das hundertmal Heuchelei sein, wäre es falsch, wenn wir ihm den Anlaß gäben, die Verfassung zu brechen, ganz abgesehen davon, daß wir in demselben Augenblick die widerstrebenden Kräfte innerhalb des Kabinetts zusammenschweißen würden.«[4]

Und die einzige Konsequenz, die Breitscheid aus der gegebenen Situation zu ziehen bereit war, bestand darin, »für den Augenblick dieses Verfassungsbruches gerüstet zu sein«.[5]

4 Breitscheid, Bereit sein ist alles, a.a.O., S. 10.
5 A. a. O., S. 11.

Strikte Ablehnung außerparlamentarischer Aktionen und Vertröstung auf einen späteren Kampfeinsatz war auch der Tenor der Verlautbarungen, mit denen sich die Parteiführung nach der Bildung der neuen Regierung direkt an ihre Mitgliedschaft wandte. Ihr Aufruf zum 30. Januar 1933 selbst enthielt z. B. folgende Feststellung:

»Wir führen unseren Kampf auf dem Boden der Verfassung . . . Jeder Versuch der Regierung, ihre Macht gegen die Verfassung anzuwenden oder zu behaupten, wird auf den äußersten Widerstand der Arbeiterklasse und aller freiheitlich gesinnten Volkskreise stoßen. Zu diesem entscheidenden Kampf sind alle Kräfte bereitzuhalten.«[6]

Diese Äußerungen konnten von den Mitgliedern nur dahingehend verstanden werden, daß es zwar zum gegebenen Zeitpunkt politisch falsch sei, die Ernennung Hitlers zum Reichskanzler direkt mit außerparlamentarischen Kampfaktionen zu beantworten, daß aber die Parteiführung mit Sicherheit gewillt sei, den Weg zur endgültigen Errichtung eines faschistischen Regimes mit organisiertem Widerstand zu verhindern.

Wie sich sehr rasch zeigte, stimmten die verbalen Bekundungen von Kampfbereitschaft in keiner Weise mit der politischen Praxis der Parteiführung überein. Entgegen ihren Versicherungen, daß es ihnen nun darum gehe, den Moment der Aktion »planvoll« vorzubereiten und alles zu tun, »um im einzelnen gerüstet zu sein für die Stunde, in der wir gerufen werden«,[7] traf die Parteispitze keinerlei Vorbereitungen auf ein solches außerparlamentarisches Vorgehen; solange die faschistische Regierung dies noch nicht durch Repressionsmaßnahmen unmöglich machte, richtete die Parteiführung ihre gesamten politischen Aktivitäten vielmehr ausschließlich auf die Vorbereitung und Durchführung des neuen Wahlkampfes.

Neben dieser eindeutigen Orientierung auf parlamentarische Mittel des politischen Kampfes ließ vor allem das Verhalten der Parteiführung gegenüber den Kommunisten deutlich erkennen, daß es ihr nicht wirklich um die Vorbereitung außerparlamentarischer Widerstandsaktionen ging. Denn obgleich antifaschistischer Widerstand unter den gegebenen Bedingungen nur sinnvoll und effektiv sein

6 Aufruf des Parteivorstandes und der Reichstagsfraktion der SPD vom 30. Januar 1933 (abgedruckt im Vorwärts vom 31. Januar 1933).

7 Breitscheid, a.a.O., S. 13.

konnte als ein von den Arbeiterparteien gemeinsam getragener Kampf, hielten die SPD-Führer unvermindert an ihrer unversöhnlichen Gegnerschaft zur KPD fest. Dies zeigte sich besonders deutlich an ihren Reaktionen auf das am 30. Januar 1933 von Seiten der KPD-Führung an Partei- und Gewerkschaftsspitze gerichtete Angebot zur gemeinsamen Durchführung des Generalstreiks,[8] mit dem die Kommunisten angesichts der offensichtlichen Existenzbedrohung der gesamten Arbeiterbewegung ihre bisherige Politik der »Einheitsfront von unten« durchbrochen hatten: Ohne auch nur ansatzweise die Verhandlungsbereitschaft erkennen zu lassen, die notwendig gewesen wäre, um die Ernsthaftigkeit des kommunistischen Angebots zu überprüfen, lehnten die sozialdemokratischen Führer das Kooperationsangebot der KPD-Führung mit der Begründung ab, daß es sich ohnehin nur um ein »Einheitsfront-Manöver« handele.[9]

Diese Tatsachen dokumentieren den fehlenden Willen der SPD-Führung zur Mobilisierung und Vorbereitung auf Widerstandsaktionen gegen das neue Regime. Sie legen den Verdacht nahe, daß hinter dem Appell an die sozialdemokratische Anhängerschaft, sich für den Augenblick des »Verfassungsbruchs« bereitzuhalten und der Beteuerung des eigenen »Widerstandswillens« die Absicht der Parteiführung verborgen war, die in der Partei als Reaktion auf die Ereignisse des 30. Januar 1933 entstandene Aktionsbereitschaft aufzufangen, das Zustandekommen spontaner Widerstandsäußerungen zu verhindern und mögliche aufkommende Unruhe und Unwillen über das Ausbleiben des Kampfes zu beschwichtigen.

Die faschistischen Terrormaßnahmen gegen die Organisationen der Arbeiterbewegung belehrten die sozialdemokratischen Führer zwar bald darüber, daß die neue Regierung durchaus nicht – wie gehofft – den Rahmen der »Verfassungsmäßigkeit« respektieren wollte.[10] Dennoch blieben sie in den ersten Monaten nach dem 30. Ja-

8 Dieses Einheitsfront-Angebot ist im Wortlaut abgedruckt in: Karl-Heinz Biernat, Klaus Mammach, Gerhard Nitzsche (Hrsgb.), Die Kommunistische Partei Deutschlands und der VII. Weltkongreß der Kommunistischen Internationale, Dokumente und Materialien 1933 bis 1936, Berlin (DDR) 1966, Dok.-Nr. 1, S. 4.

9 Vorwärts, 8. Februar 1933.

10 Vgl. dazu den Vorwärts-Kommentar zur Notverordnung vom 4. Februar 1933, (Vorwärts, 7. Februar 1933 unter der Überschrift »Das Ende der Pressefreiheit«) und

nuar 1933 bei ihrer Meinung, daß die weitere politische Entwicklung noch nicht abzusehen sei und keineswegs unbedingt mit der Errichtung eines faschistischen Systems gerechnet werden müsse. Weiterhin setzten sie ihre Hoffnung darauf, daß die bestehende Regierungskoalition aufgrund vorhandener grundlegender Divergenzen zwischen der Parteispitze der NSDAP und den an der Regierung beteiligten Interessenvertretern von Großkapital und Großgrundbesitz nur von kurzer Dauer sein könnte.

Offensichtlich erkannten die verantwortlichen Sozialdemokraten nach wie vor nicht, daß die Stärke des Faschismus in Deutschland zu diesem Zeitpunkt gerade in der prinzipiellen Übereinstimmung der politischen und wirtschaftlichen Zielsetzungen zwischen den maßgebenden Gruppierungen der Großbourgeoisie einerseits und der faschistischen Führung andererseits bestand. Immer noch hofften sie auf ein Eingreifen von Reichspräsident und Reichswehr im Sinne einer Verteidigung der Weimarer Demokratie, obgleich sowohl das demonstrativ loyale Verhalten von Repräsentanten der Reichswehr gegenüber der Regierung Hitler und die Unterstützung der faschistischen Maßnahmen zur Beseitigung des parlamentarisch-demokratischen Regierungssystems durch den Reichspräsidenten bereits eindeutig gezeigt hatten, daß von dieser Seite sicherlich kein Widerstand gegen die endgültige Zerstörung der Weimarer Republik zu erwarten war.[11] Und schließlich vertrauten sie – in eindeutiger Verkennung der dem Regime bereits zur Verfügung stehenden Machtmittel für die Unterdrückung nicht-faschistischer Kräfte – darauf, daß die noch nicht »gleichgeschalteten« Länderregierungen, vor allem die Regierung Bayerns, bereit und in der Lage seien, eine endgültige faschistische Machteroberung zu verhindern.

Nicht ausgeschlossen schien es den führenden Sozialdemokraten, daß das Regime aufgrund seiner durch die Reichstagswahlen vom

zur Sprengung des Überwachungsausschusses durch die Faschisten (Artikel »Verfassung gebrochen« vom 14. Februar 1933).

11 Immerhin trugen die entscheidenden Notverordnungen vom 4. und 28. Februar 1933 sowie das Ermächtigungsgesetz die Unterschrift Hindenburgs.

Zum Verhalten der Reichswehr vgl. Wolfgang Sauer, Die Mobilmachung der Gewalt, in: Karl Dietrich Bracher, Wolfgang Sauer, Gerhard Schulz, Die nationalsozialistische Machtergreifung, Studien zur Errichtung des totalitären Herrschaftssystems in Deutschland 1933/34, Köln und Opladen 1962, S. 685–966, hier: S. 711 ff.

März 1933 gefestigten parlamentarischen Machtpositionen überhaupt zur »Verfassungsmäßigkeit« zurückkehren oder zumindest die parlamentarischen Regierungsformen nicht völlig beseitigen werde. Für eine Entwicklung in dieser Richtung sprachen nach ihrer Meinung vor allem die Neukonstituierung des Reichstages nach den Wahlen und die Weiterexistenz der Länderparlamente.[12]

Auch über die Zukunft der eigenen Partei waren die Sozialdemokraten in Illusionen befangen. Aus der Tatsache, daß das Regime von Beginn der Regierungsübernahme an zwar die Zerschlagung der KPD mit allen Mitteln vorantrieb, der SPD aber trotz Presse- und Versammlungsverbot zunächst noch begrenzte Betätigungsmöglichkeiten belassen wurden, glaubten sie schließen zu können, daß die Regierung noch keine Entscheidung darüber getroffen habe, ob die SPD überhaupt vollständig verboten werden solle. Es bestand ihrer Auffassung nach also berechtigte Hoffnung darauf, daß die Partei trotz Verfolgung und Unterdrückung weiter legal werde fortbestehen können.

Diese Vorstellung wurde von Vertretern der Parteiführung selbst im nachhinein folgendermaßen charakterisiert:

> »Der Parteivorstand sah . . . die Perspektive einer verfolgten, gehemmten, terrorisierten Partei vor sich, die aber noch existiert und auf die Zukunft hofft. Er glaubte nicht an völlige Vernichtung wie in Italien . . .«[13]

Diese Möglichkeit der »halblegalen« Weiterexistenz glaubten sie allerdings nur dadurch erkaufen zu können, daß sie auf jegliche politische Äußerungen verzichteten, die dem Regime Anlaß bieten könnten, die SPD doch noch vollständig zu verbieten. Dies bedeutete nach ihrer Meinung, daß sie die ihnen von der Regierung gesetzten Grenzen der Aktionsmöglichkeiten keinesfalls überschreiten, also lediglich eine Politik der »legalen« Opposition betreiben dürften.

12 Vorstellungen dieser Art enthielten z. B. der Vorwärts vom 25. Februar 1933 und der Artikel von Friedrich Stampfer »Ein Ruhmestag der Partei«, in: Internationale Information vom 11. März 1933, S. 112 f.

Vgl. dazu auch »Die Sozialdemokratische Partei und Hitler, Der Weg in die Illegalität«. Unveröffentlichtes Manuskript aus dem Jahre 1934, dessen Verfasser (Curt Geyer oder Erich Rinner) Mitglied des Exilvorstandes der SPD, der Sopade, war (SPD-Parteiarchiv Bonn/Bad Godesberg, Emigrationsakten).

13 Die Sozialdemokratie und Hitler, a.a.O., S. 6.

In diesem Sinne war es nur konsequent, wenn sie in der Zeit bis zum Parteiverbot auf jegliche Widerstandsaktion gegen das Regime verzichteten und auch keinerlei Vorbereitungen für einen möglichen illegalen Kampf der SPD trafen.

Daß sie diese Politik mit allen Mitteln und auch gegen den Willen ihrer Mitglieder durchzusetzen gedachten, wurde besonders deutlich in einem Konflikt, der sich Anfang April 1933 zwischen Mitgliedern des zentralen Parteivorstandes und der Berliner Bezirksleitung einerseits und leitenden Funktionären der Berliner SPD-Jugendorganisation andererseits abspielte: In dieser Kontroverse ging es darum, daß die Führer der Berliner Parteijugend in eigener Verantwortung begonnen hatten, Vorbereitungsmaßnahmen zur Überführung der Berliner SAJ in die Illegalität zu treffen. Im Gegensatz zur Parteiführung rechneten sie mit einem baldigen Verbot der SPD und hielten daher den gegenüber der faschistischen Regierung eingeschlagenen Kurs des Verzichts auf antifaschistischen Kampf für außerordentlich gefährlich.

Da die Jugendfunktionäre nicht gewillt waren, der Forderung der Parteiführer nach Einstellung der begonnenen Maßnahmen nachzukommen, gingen die Repräsentanten der Parteiführung, die ihre angeblich dem Ziel der Organisationsrettung dienende Politik des Stillhaltens ernstlich gefährdet sahen, mit allen ihnen zur Verfügung stehenden Mitteln vor, um die oppositionellen Jugendlichen an einer Fortführung ihrer auf illegalen antifaschistischen Kampf abzielenden Aktivitäten zu hindern. Sie entzogen der Berliner Jugendorganisation die für ihr Vorhaben notwendige und selbst geschaffene materielle Basis und schlossen gleichzeitig den Berliner Jugendvorsitzenden und weitere leitende Jugendfunktionäre aus der Partei aus, obwohl hinter diesen und ihrer Politik die große Mehrheit der Berliner SAJ-Gruppen stand.[14]

14 Die Positionen der Kontrahenten in dieser Auseinandersetzung werden ausführlich dargestellt in dem Bericht des Berliner SAJ-Vorsitzenden Erich Schmidt »Der Berliner Jugendkonflikt« aus dem Jahre 1934. Dieses Dokument ist teilweise abgedruckt bei Erich Matthias, Die Sozialdemokratische Partei Deutschlands, in: Erich Matthias, Rudolf Morsey (Hrsgb.), Das Ende der Parteien 1933, Düsseldorf 1960, S. 101–278, hier: S. 242 ff.

Zum Verlauf der Auseinandersetzung vgl. auch Kurt Kliem, Der sozialistische Widerstand gegen das Dritte Reich, dargestellt an der Gruppe Neu Beginnen, Diss. Marburg 1957, S. 43 f.

Folgerichtig im Sinne ihrer Politik der loyalen Opposition war neben dieser Unterdrückung von Widerstandsbestrebungen in der eigenen Partei auch das Bemühen der Parteiführung um eine für die neuen Machthaber unübersehbare demonstrative Distanzierung von der KPD, wodurch sie eine Verbesserung der eigenen Position gegenüber dem neuen Regime erwarteten. Diese Haltung bestimmte ihre Reaktion auf den seit den ersten Februartagen gegen die Kommunisten angewandten außerordentlich heftigen Terror, dem bereits in den ersten Wochen nach der faschistischen Machteroberung eine große Zahl von kommunistischen Führern und Funktionären zum Opfer fielen:

Die führenden Sozialdemokraten verzichteten nicht nur darauf, öffentlich und eindeutig gegen dieses Vorgehen der Faschisten zu protestieren, sondern sie deuteten gegenüber den neuen Machthabern gelegentlich sogar ihre Zustimmung zu diesen Verfolgungsmaßnahmen an. So stellte der SPD-Abgeordnete Ernst Heilmann in der Sitzung des Preußischen Landtages vom 4. Februar 1933 fest:

> »Der neue Reichskanzler hat . . . angekündigt, die Stunde der Brechung des kommunistischen Terrors sei gekommen. Wir sind mit der Brechung jeden Terrors einverstanden. Aber dann muß es auch jeder Terror sein; jede Gewalttätigkeit und jeder Blutgeist müssen aus dem deutschen Volke ausgerottet (werden) . . .«[15]

Ähnlich, wenn auch etwas zurückhaltender, äußerte sich Otto Wels in seiner – von Historikern in der BRD häufig als »mutig« und als Ausdruck demokratischer Gesinnung gefeierten[16] – Reichstagsrede zum Ermächtigungsgesetz am 23. März 1933. Nachdem die Reichstagsfraktion der SPD zwar einen Antrag auf Entlassung ihrer neun verhafteten Fraktionsmitglieder gestellt, über die Ausschaltung der Kommunisten aus dem Reichstag jedoch kein Wort verloren hatte, traf Wels in seiner Rede folgende Feststellung, die sich nur auf die faschistischen Maßnahmen gegen die Kommunisten beziehen konnte:

15 Protokoll der 32. Sitzung des Preußischen Landtages vom 4. Februar 1933, Spalten 2501 ff.

16 So beispielsweise bei Erich Matthias, Die Sozialdemokratische Partei Deutschlands, a.a.O., S. 196; Helga Grebing, Geschichte der deutschen Arbeiterbewegung, München 1970, S. 204 oder bei Hans Adolph, Otto Wels und die Politik der deutschen Sozialdemokratie 1894–1939, Berlin 1971, S. 265.

»Mag sich die Regierung gegen rohe Ausschreitungen der Polemik schützen, mag sie Aufforderungen zu Gewalttaten und Gewalttaten selbst mit Strenge verhindern. Das mag geschehen, wenn es nach allen Seiten gleichmäßig und unparteiisch geschieht und wenn man es unterläßt, besiegte Gegner zu behandeln, als seien sie vogelfrei.«[17]

Derartige Äußerungen können nur so interpretiert werden, daß man von sozialdemokratischer Seite die Meinung vertrat, die antifaschistischen Aktionen der KPD seien als »Terror« und »Gewalttaten« zu verurteilen und die Verfolgung der Kommunisten durch das Regime sei daher legitim und richtig.

Daß die sozialdemokratischen Führer im vorgeblichen Interesse der Absicherung der legalen Existenz der Parteiorganisationen bereit waren, den außerordentlich verhängnisvollen Weg direkter Konzessionen gegenüber dem faschistischen Regime zu beschreiten, und so faktisch die bislang vertretenen antifaschistischen Grundsätze der Partei preisgaben, wurde in den Monaten März bis Juni 1933 immer deutlicher sichtbar.

Bereits ihr Verhalten bei der Verabschiedung des Ermächtigungsgesetzes[18] am 23. März ließ Anpassungstendenzen erkennen: Zwar lehnte die sozialdemokratische Reichstagsfraktion dieses Gesetz ab. Gleichzeitig bemühte sie sich jedoch darum, der Regierung zu verstehen zu geben, daß sie nach wie vor zur begrenzten Mitarbeit als loyale Oppositionspartei bereit sei. Eine solche Interpretation legt jedenfalls die Rede Otto Wels' nahe. Denn sie enthielt zwar ein Bekenntnis »zu den Grundsätzen des Rechtsstaates, der Gleichberechtigung, des sozialen Rechtes« sowie der »Menschlichkeit und Gerechtigkeit, der Freiheit und des Sozialismus«. Gleichzeitig aber gab es auch solche Passagen, in denen eine partielle Übereinstimmung mit der Politik der Nationalsozialisten festgestellt wurde. Diese beschränkte sich nicht allein auf die faktische Rechtfertigung des faschistischen Terrors gegen die Kommunisten, sondern traf auch für

17 Stenographische Berichte des Deutschen Reichstages, 2. Sitzung vom 23. März 1933, Spalte 33.

18 »Gesetz zur Behebung der Not von Volk und Reich«, RGBl, Teil I, Nr. 25, vom 24. März 1933, S. 141.

Zur Bedeutung des »Ermächtigungsgesetzes« im Rahmen der faschistischen Machteroberung vgl. Karl Dietrich Bracher, Stufen der Machtergreifung, in: Bracher, Sauer, Schulz, Die nationalsozialistische Machtergreifung, a.a.O., S. 152 ff.

jenen Teil der Rede zu, in dem Wels die »nationale« Gesinnung der Sozialdemokraten dadurch zu betonen suchte, daß er sich mit den außenpolitischen Zielsetzungen der faschistischen Führer einverstanden erklärte:

»Der außenpolitischen Forderung deutscher Gleichberechtigung, die der Herr Reichskanzler erhoben hat, stimmen wir Sozialdemokraten um so nachdrücklicher zu, als wir sie bereits von jeher grundsätzlich verfochten haben. Ich darf mir wohl in diesem Zusammenhang die persönliche Bemerkung gestatten, daß ich als erster Deutscher vor einem internationalen Forum, auf der Berner Konferenz am 3. Februar des Jahres 1919, der Unwahrheit von der Schuld Deutschlands am Ausbruch des Weltkrieges entgegengetreten bin . . . Der Herr Reichskanzler hat auch vorgestern in Potsdam einen Satz gesprochen, den wir unterschreiben. Er lautet: ›Aus dem Aberwitz der Theorie von ewigen Siegern und Besiegten kam der Wahnwitz der Reparationen und in der Folge die Katastrophe der Weltwirtschaft‹.«[19]

Ebenso wie diese Reichstagsrede von Otto Wels waren auch die Erklärungen der sozialdemokratischen Landtagsfraktionen für ihre Ablehnung der im Laufe der Monate April und Mai 1933 in den verschiedenen Landtagen verabschiedeten Ermächtigungsgesetze von dem Bemühen geprägt, eine Interpretation der sozialdemokratischen Haltung als prinzipielle Kampfansage an die neuen Machthaber zu verhindern. Besonders anpassungswillig zeigten sich die sächsische und die bayerische SPD-Landtagsfraktion: Der Vertreter der sozialdemokratischen Fraktion im Sächsischen Landtag versicherte bei dieser Gelegenheit, »die SPD lehne das Gesetz nicht aus parteipolitischen Gründen (ab), sondern weil es dazu führe, die Mitarbeit des Landtags und seiner Fraktion, die zu positiver Mitarbeit durchaus bereit sei, auszuschalten«.[20] Der SPD-Sprecher der bayerischen Fraktion im Landtag protestierte zwar gegen die »Unterdrückung der persönlichen Freiheit und der freien Meinungsäußerung« durch die Regierung, betonte aber gleichzeitig, die SPD betrachte es »in der gegenwärtigen furchtbaren Lage . . . als ihre Aufgabe, die Regierungsarbeit nicht durch kleinliche Nörgelei zu erschweren, sondern pflichtbewußt wie bisher mitzuarbeiten«.[21]

19 Stenographische Berichte des Deutschen Reichstages, a.a.O., Spalte 32.
20 Frankfurter Zeitung vom 24. Mai 1933.
21 Frankfurter Zeitung vom 30. April 1933.

Daß die führenden Vertreter der Sozialdemokratie bereit waren, über verbale Äußerungen hinaus auch durch praktisch-politische Schritte ihre Konzessionsbereitschaft unter Beweis zu stellen, zeigte ihr Verhalten in der Frage der Berichterstattung ausländischer Bruderparteien und der Exekutive der Sozialistischen Arbeiter-Internationale (SAI) über die Situation in Deutschland nach der faschistischen Regierungsübernahme:

Im März nahmen Vertreter des Parteivorstandes Verbindung mit Reichsminister Göring auf, um mit ihm über ein mögliches Wiedererscheinen der seit Anfang März verbotenen sozialdemokratischen Zeitungen zu verhandeln. Bei diesem Gespräch hatte Göring gegen die Berichterstattung sozialdemokratischer Zeitungen des Auslandes über die Maßnahmen der deutschen Regierung, insbesondere über das terroristische Vorgehen gegen Antifaschisten, protestiert. Daraufhin unternahmen fünf führende Sozialdemokraten Reisen ins Ausland, um die sozialdemokratischen Bruderparteien zu einer Milderung ihrer Berichte über das faschistische Deutschland zu veranlassen.[22] Diese Aktion lief in letzter Konsequenz darauf hinaus, dem faschistischen Regime durch Verharmlosung der tatsächlich in Deutschland herrschenden Zustände im Ausland Prestige zu verschaffen; faktisch fielen die SPD-Führer darüber hinaus mit diesem Loyalitätsbeweis an die Regierung nicht nur den terrorisierten Kommunisten, sondern auch den von der faschistischen Verfolgung getroffenen eigenen Anhängern in den Rücken.

Ebenso folgenschwer mußte sich auch der am 30. März 1933 erfolgte Austritt Otto Wels' aus dem Büro der Exekutive der SAI auswirken. Begründet wurde dieser Schritt offiziell mit der ohne die Zustimmung der deutschen Sozialdemokraten erfolgten Verabschiedung zweier Resolutionen durch die Exekutive der SAI.

22 Wie aus einem Schreiben des Preußischen Innenministeriums an das Auswärtige Amt in Berlin vom 24. März 1933 hervorgeht, in dem das Innenministerium das AA von den Auslandsreisen der Sozialdemokraten unterrichtet und darum bittet, »gegebenenfalls die nötige Unterstützung und Hilfe zuteil werden« zu lassen, handelte es sich bei diesen Sozialdemokraten um den Redakteur Victor Schiff sowie um die vier Reichstagsmitglieder Friedrich Stampfer, Paul Hertz, Otto Wels und Emil Kirschmann (Bundesarchiv Koblenz, Akte R 58/503). Vgl. zu diesen Vorgängen Lewis J. Edinger, Sozialdemokratie und Nationalsozialismus, Der Parteivorstand der SPD im Exil von 1933–1945, Frankfurt 1960, S. 19 f.

Die eine dieser Erklärungen, die mit »Kampf dem Faschismus« überschrieben war, befaßte sich mit der politischen Entwicklung in Deutschland, insbesondere mit dem Terror gegen die Organisationen der deutschen Arbeiterklasse; bei der zweiten Resolution handelte es sich um eine Stellungnahme zum Problem der Einheitsfront, in der »Verhandlungen zwischen den beiden Internationalen« – der Kommunistischen Internationale und der Sozialistischen Arbeiter-Internationale also – als einzig möglicher Weg zu »einer aufrichtigen und ehrlichen Verständigung über eine gemeinsame Aktion zur Verteidigung gegen den Faschismus und gegen die kapitalistische Reaktion« bezeichnet wurden.[23] Da der Inhalt dieser Resolutionen mit der von den Parteiführern der SPD eingeschlagenen Taktik der loyalen Opposition keinesfalls in Einklang zu bringen war, sondern diese in Frage zu stellen drohte, sah der Parteivorstand offensichtlich keinen anderen Weg als den, sich von der SAI zu distanzieren. Dieses Verhalten, das vom faschistischen Regime als ein Abrücken vom bislang vertretenen Grundsatz des sozialistischen Internationalismus interpretiert werden konnte, mußte auf die Parteianhänger außerordentlich demoralisierend und desorientierend wirken und den faschistischen Kräften in Deutschland höchst dienlich sein. Eine nachträgliche Zurücknahme dieses Austrittes nach der Emigration von Otto Wels hob die Folgen dieser Politik nicht wieder auf.[24]

Der im Hinblick auf die politischen Konsequenzen sicherlich verhängnisvollste Schritt der sozialdemokratischen Anpassungspolitik war die Zustimmung der SPD-Reichstagsfraktion zur außenpolitischen Erklärung Hitlers vor dem deutschen Reichstag am 17. Mai 1933. Die Tragweite dieses Verhaltens der SPD-Reichstagsmitglieder wird durch den Hinweis auf die außenpolitischen Schwierigkeiten, mit denen Deutschland zu diesem Zeitpunkt konfrontiert war, deutlich: Die Abrüstungsverhandlungen waren – nicht zuletzt aufgrund des Verhaltens der deutschen Delegation – in ein kritisches Stadium gelangt; es drohte die völlige Isolierung durch die ausländischen Mächte, die ihr Mißtrauen gegenüber den Exponenten der fa-

23 Der Wortlaut dieser Resolutionen ist zu finden in der Internationalen Information Nr. 18 vom 31. März 1933.

24 Zum Verlauf dieser Auseinandersetzung vgl. Internationale Information Nr. 19 v. 1. April 1933 und Nr. 32 v. 10. Juni 1933.

schistischen Regierung durch deren terroristische Auseinandersetzung mit den politischen Gegnern im Innern bestätigt sahen. Was Hitler in einer derartigen Lage mit seiner programmatischen Rede bezweckte, war offensichtlich dies: das Ausland durch Beteuerungen seines Friedenswillens über die wahren, allerdings nur längerfristig zu verwirklichenden aggressiven Zielsetzungen der Regierung hinwegzutäuschen, der gefährlichen außenpolitischen Isolierung zu entrinnen und damit ihre Schlagkraft im Kampf um die vollständige Machteroberung im Innern zu erhöhen.[25]

Daß es der faschistischen Regierung gelang, ihre politische Taktik gegenüber dem Ausland mit Erfolg anzuwenden, ist nicht zuletzt eine Konsequenz der sozialdemokratischen Politik. Mit der Zustimmung der Fraktion der SPD zu dieser Erklärung sicherte diese den Faschisten ein wesentlich größeres Maß an Glaubwürdigkeit in bezug auf die »friedlichen« Absichten ihrer Außenpolitik, als sie es ohne die Zustimmung der SPD gehabt hätte. Sie trug so dazu bei, in der in- und ausländischen Öffentlichkeit Illusionen über den Ernst der mit der faschistischen Regierungsübernahme entstandenen Situation zu wecken. Durch ihr Verhalten, das einer offiziellen Loyalitätserklärung gleichkam, verschaffte sie den neuen Machthabern eine Erhöhung ihres Prestiges, das ihnen in der noch nicht abgeschlossenen Phase der Machtstabilisierung von großem Nutzen war.

Gab es in den maßgebenden Führungsgremien der SPD vor der Reichstagssitzung vom 17. Mai 1933 in der Frage des Verhaltens gegenüber der faschistischen Regierung keine Differenzen, die den Anpassungskurs der Partei auch nur ansatzweise in Frage gestellt hätten, so galt dies allerdings nicht mehr für die Entscheidung über die Teilnahme an dieser Sitzung und über die Zustimmung zur Hitlerschen »Friedensresolution«. Innerhalb der Parteiführung und der Reichstagsfraktion kam es nun zu außerordentlich heftigen Auseinandersetzungen darüber, ob die bisher praktizierte Politik weiter fortzusetzen oder eine neue Taktik des Vorgehens gegenüber der fa-

25 Zur außenpolitischen Situation der faschistischen Regierung in den ersten Monaten nach dem 30. Januar 1933 und zur politischen Bedeutung der »Friedensrede« Hitlers am 17. Mai 1933 vgl. Karl Dietrich Bracher, a.a.O., S. 221 ff.

Der Wortlaut der Rede Hitlers ist nachzulesen in den Verhandlungen des deutschen Reichstages, Protokoll vom 17. Mai 1933, Sp. 47–53.

schistischen Regierung einzuschlagen sei.[26] Von diesem Zeitpunkt an existierten innerhalb der Führungsgremien der Partei zwei einander bekämpfende Fraktionen, die zu keiner Einigung mehr gelangten: Auf der einen Seite stand eine Mehrheitsgruppe des auf der »Reichskonferenz« der SPD am 26. April 1933 gewählten Parteivorstandes; die zu dieser Gruppe zählenden Parteiführer befanden sich in ihrer Mehrzahl seit Anfang Mai auf ausdrücklichen und einstimmig gefaßten Parteivorstandsbeschluß im Ausland, um auch bei einer weiteren Verschärfung des Terrors die Funktionsfähigkeit der Parteiführung zu gewährleisten. Unter dem offensichtlichen Eindruck der katastrophalen Auswirkungen ihrer bisherigen Politik auf das Prestige der deutschen Sozialdemokratie waren diese Sozialdemokraten während ihres Auslandsaufenthaltes zu der Auffassung gelangt, daß die Politik der Konzessionen an die faschistische Regierung aufgegeben werden und nun eine eindeutig antifaschistische Haltung gegenüber dem neuen Regime bezogen werden müsse. Die Befürchtung, eine Zustimmung der SPD-Fraktion zur »Friedensresolution« werde höchst negative Folgen für das Ansehen der Partei haben, bewog sie dazu, die sozialdemokratischen Parlamentarier zu einem Fernbleiben von der Reichstagssitzung aufzufordern.

Das Vorgehen der emigrierten Parteiführer stieß auf den erbitterten Widerstand der meisten Mitglieder des in Berlin zurückgebliebenen Restvorstandes unter der Führung von Paul Löbe sowie der Mehrheit der noch in Freiheit befindlichen SPD-Parlamentarier des Reichstages und des Preußischen Landtages. Diese Gruppe sozialdemokratischer Abgeordneter war entschlossen, den eingeschlagenen Weg der Anpassung und Loyalitätsbeweise weiter fortzusetzen, obgleich die Zerschlagung der Gewerkschaften am 2. Mai 1933 klar gezeigt hatte, daß noch so weitgehende Konzessionen und Kooperationsversuche, wie sie von Seiten der Gewerkschaftsführungen unternommen worden waren,[27] das faschistische Regime nicht davon abhielten, zu dem von ihm für richtig gehaltenen Zeitpunkt die ge-

26 Zu diesen Auseinandersetzungen vgl. Die Sozialdemokratische Partei und Hitler, a.a.O., S. 22 f.; siehe auch Erich Matthias, Die Sozialdemokratische Partei Deutschlands, a.a.O., S. 181 ff.

27 Vgl. hierzu Gerhard Beier, Das Lehrstück vom 1. und 2. Mai 1933, Frankfurt/Main 1975.

plante Liquidierung der Gewerkschaftsorganisationen durchzuführen. Konsequenterweise distanzierte sich die Löbe-Fraktion demonstrativ von den emigrierten Parteiführern: Sie bestimmte auf einer als »Reichskonferenz« bezeichneten Tagung am 19. Juni 1933 einen neuen Parteivorstand und vollzog, nachdem sie bereits vorher durch offizielle Erklärungen zu erkennen gegeben hatte, daß sie keinesfalls mit den ins Ausland gegangenen Mitgliedern der Parteiführung identifiziert zu werden wünschte, durch eine auf dieser Tagung verabschiedete Resolution den endgültigen Bruch mit dem Emigrationsvorstand. In dieser Erklärung hieß es:

»Der neugewählte Parteivorstand in Berlin hat allein die verantwortliche Führung der Partei. Solche Parteigenossen, die ins Ausland gegangen sind, können keinerlei Erklärungen für die Partei abgeben. Für alle ihre Äußerungen lehnt die Partei jede Verantwortung ausdrücklich ab.«[28]

Wie das drei Tage nach dieser Konferenz ausgesprochene Parteiverbot zeigte, wurde dieses Vorgehen von der faschistischen Regierung allerdings in keiner Weise honoriert. Wie alle bereits genannten Loyalitätsbeweise und Konzessionen war es jedoch dazu angetan, die SPD-Führung nicht nur gegenüber der eigenen Anhängerschaft, sondern auch gegenüber der demokratischen Öffentlichkeit des Auslandes zu desavouieren.

b) Die Entwicklung in den sozialdemokratischen Parteiorganisationen

Die Ernennung Hitlers zum Reichskanzler löste unter den Mitgliedern und Anhängern der SPD unterschiedliche Reaktionen aus: Die überwiegende Mehrheit der Sozialdemokraten verhielt sich trotz vorhandener Empörung über die eingetretenen Ereignisse passiv. Sie vertraute auf die vom Parteivorstand und den Gewerkschaftsspitzen gegebenen Anweisungen, »Disziplin« zu wahren und auf »schädli-

28 Diese Erklärung ist wiedergegeben in der Denkschrift »Die deutsche Sozialdemokratie im Jahr der faschistischen Machtergreifung« von 1934, die von einem Führungsmitglied der Gruppe »Neu Beginnen« verfaßt wurde (Internationales Institut für Sozialgeschichte Amsterdam, Mappe: Deutsche Gewerkschaften).

che Einzelaktionen« zu verzichten und ließ sich auf einen späteren Zeitpunkt des »Losschlagens« vertrösten,[29] obwohl bereits beim Papenschen Staatsstreich vom 20. Juli 1932 das Fehlen jeglichen Kampfwillens der Parteiführung sichtbar geworden war.

Eine kleinere Gruppe innerhalb der sozialdemokratischen Mitgliedschaft dagegen zeigte unmittelbare Äußerungen von Abwehrwillen und Widerstandsbereitschaft. In spontanen Protestaktionen brachten diese Sozialdemokraten, die die Situation offensichtlich wesentlich realistischer einzuschätzen vermochten als die Parteiführung, ihren Willen zum Ausdruck, den faschistischen Angriff mit direkten Kampfmaßnahmen abzuwehren. Dabei ließ zumindest ein Teil von ihnen die Bereitschaft erkennen, angesichts der drohenden Gefahr für die gesamte Arbeiterbewegung ihre bisher grundsätzlich feindliche Haltung gegenüber den Kommunisten aufzugeben. So kam es in einer Reihe von Orten zu Demonstrationen und Kundgebungen, an denen sich sowohl Mitglieder der KPD als auch der SPD beteiligten, zu einheitlich durchgeführten Arbeitsniederlegungen, zur Bildung gemeinsamer antifaschistischer Ausschüsse sowie zur Verabschiedung von Einheitsfrontresolutionen auf Betriebsebene.[30] Wenngleich der Umfang und die Wirksamkeit derartiger Einheitsaktionen nicht überschätzt werden sollte, so waren sie doch eindeutige Zeichen dafür, daß unter dem Eindruck des faschistischen Sieges sowohl bei Kommunisten als auch bei Sozialdemokraten das Bewußtsein von der Notwendigkeit des gemeinsamen Kampfes gewachsen war.

Auf die politische Entwicklung der Partei und das Verhalten der

29 Aufruf der SPD vom 30. Januar 1933, a.a.O., und Aufruf »An die Mitglieder der Gewerkschaften« vom 30. Januar 1933, abgedruckt in: Sozialdemokratische Parteikorrespondenz Nr. 1 vom Januar/Februar 1933, S. 19.

30 Vgl. dazu die in der Zeitung der KPD-Opposition (KPO) »Gegen den Strom« vom 11. Februar und vom 25. Februar angeführten Beispiele; siehe auch Sozialdemokratische Parteikorrespondenz Nr. 1 v. Januar/Februar 1933.

Hinweise auf derartige Einheitsaktionen finden sich auch bei Manfred Weißbecker, Gegen Faschismus und Kriegsgefahr. Ein Beitrag zur Geschichte der KPD in Thüringen 1933–1935, Erfurt 1967; bei Siegfried Bahne, Die Kommunistische Partei Deutschlands, in: Das Ende der Parteien, a.a.O., S. 687; bei Ursel Hochmut, Gertrud Meyer, Streiflichter aus dem Hamburger Widerstand 1935–1945, Frankfurt 1969, S. 19, sowie bei Heinz Niemann, SPD und Hitlerfaschismus, Diss. Berlin (DDR) 1966, S. 6 und S. 20.

SPD-Spitze konnten die zum außerparlamentarischen Kampf entschlossenen Sozialdemokraten keinen wirksamen Einfluß nehmen. So wurde – entsprechend der von der Parteiführung eingeschlagenen Taktik des »Abwartens« – das Parteileben trotz partieller Behinderung durch faschistische Restriktionsmaßnahmen und lokalen SA-Terror zunächst in der gewohnten Weise fortgesetzt: Mitglieder- und Delegiertenversammlungen fanden weiter statt, der Zeitungs- und Zeitschriftenvertrieb wurde, soweit er nicht durch Verbote behindert war, fortgesetzt, und der Wahlkampf wurde – wie vor 1933 – mit Massenveranstaltungen und Aufmärschen der Partei durchgeführt. Daß das Organisationsgefüge der SPD bis zu diesem Zeitpunkt noch nicht wesentlich erschüttert war, wird nicht zuletzt aus der relativ hohen Beteiligung von Sozialdemokraten an diesen Aktivitäten ersichtlich.[31]

Eine einschneidende Änderung der Situation in den sozialdemokratischen Parteiorganisationen trat unmittelbar nach dem Reichstagsbrand am 27. Februar 1933 ein. Zwar brachten die Reichstagswahlen vom 5. März 1933 der SPD noch keine größeren Verluste.[32] In den folgenden Wochen jedoch machten sich unter der doppelten Belastung von faschistischem Terror und aktiver Anpassungspolitik seitens der Parteiführung rasch um sich greifende Zerfallserscheinungen innerhalb der Partei bemerkbar. Wenn sich die Entwicklung in den verschiedenen Parteibezirken auch nicht vollkommen gleichmäßig vollzog, so gilt doch überwiegend, daß in den Monaten März und April 1933 die bislang bestehenden Verbindungen zwischen den führenden Sozialdemokraten in Berlin und den Parteiorganisationen der einzelnen Bezirke abrissen. Auch in den Parteibezirken selbst setzte nun ein rapider Auflösungsprozeß ein. Innerhalb eines Zeitraumes von zwei Monaten hörte im allgemeinen jeglicher Kontakt sowohl der Parteifunktionäre auf Bezirks-, Kreis- und Ortsebene untereinander als auch zwischen Funktionären und SPD-Mitgliedern auf. In einigen Parteigliederungen wurde zwar von Seiten einzelner Funktionäre zunächst versucht, durch das Ver-

31 Vgl. dazu die Berichterstattung im Vorwärts vom Februar 1933.

32 Die SPD erhielt bei diesen Wahlen noch 7,18 Millionen Stimmen (18,3 Prozent) gegenüber 7,24 Millionen (20,7 Prozent) bei den Novemberwahlen 1932. Alfred Milatz, Wähler und Wahlen in der Weimarer Republik, Bonn 1968, S. 149.

senden interner Rundbriefe und Mitteilungsblätter sowie durch die Herausgabe parteipolitisch ›neutraler‹ Zeitungen zu einer Aufrechterhaltung des Organisationszusammenhanges beizutragen.[33] Diese gelegentlich unternommenen Bemühungen, bei denen man zudem ängstlich darauf bedacht war, den »Boden der Legalität« nicht zu verlassen, waren allerdings nicht dazu angetan, den in weiten Kreisen der Partei offensichtlich vorhandenen Neigungen zur Aufgabe des Engagements für die SPD und zum Rückzug in die politische Abstinenz entgegenzuwirken. Das Organisationsleben kam daher in den meisten Fällen schon zu einem Zeitpunkt zum Erliegen, an dem zumindest parteiinterne Kommunikation, so etwa in Form von Vorstandssitzungen, Mitgliederversammlungen und anderen nichtöffentlichen Veranstaltungen, noch möglich gewesen wäre.[34]

Neben der großen Mehrheit von Sozialdemokraten, die seit März/April 1933 auf die für sie unerwarteten Gegebenheiten mit dem Verzicht auf parteipolitische Betätigung und Rückzug ins Privatleben reagierten, gab es eine – wenn auch relativ kleine – Anzahl von Parteimitgliedern, die die neue Lage auf andere Weise zu bewältigen suchten. Unter ihnen lassen sich drei Gruppen unterscheiden:

Einen Schritt weiter als das Gros der Parteianhänger, die sich zwar passiv verhielten, der SPD aber nach wie vor angehörten, wich ein großer Teil der sozialdemokratischen Beamten und sonstigen im Staatsdienst Beschäftigten zurück. Offenbar eingeschüchtert durch Fälle von Beamtenentlassungen, die sich bereits kurz nach der Regierungsübernahme Hitlers ereigneten, und in der Hoffnung, damit der eigenen möglichen Entfernung aus dem Staatsdienst zu entgehen, verließen viele der bislang in der SPD organisierten Beamten, Staatsangestellten und -arbeiter die Partei;[35] diese Massenaustritte setzten bereits im Laufe des Februar und März ein und erreichten ihren Höhepunkt nach Inkrafttreten des »Gesetzes zur Wiederherstellung des Berufsbeamtentums« vom 7. April 1933, das nicht nur

33 Siehe dazu Kurt Koszyk, Zwischen Kaiserreich und Diktatur, Heidelberg 1958, S. 216, und Erich Matthias, a.a.O., S. 172.

34 Erst das Parteiverbot am 22. Juni 1933 machte auch diese Möglichkeit »legaler« Betätigung endgültig zunichte.

35 Vgl. dazu Internationale Information Nr. 24 v. 6. Mai 1933; Die Sozialdemokratische Partei und Hitler, a.a.O., S. 26. Siehe auch Erich Matthias, a.a.O., S. 239 ff.

Kommunisten betraf, sondern auch für SPD-Anhänger faktisch auf ein Berufsverbot hinauslief.[36] Angst vor dem Verlust des Arbeitsplatzes bewog außer den sozialdemokratischen Beamten auch eine Reihe von in der SPD organisierten Arbeitern, die Partei zu verlassen.

Nur in Einzelfällen kam es zu Übertritten zur NSDAP. Größer war die Zahl der Sozialdemokraten, die in dieser Zeit zum Stahlhelm, der Wehrorganisation der Deutschnationalen Volkspartei (DNVP), überliefen.[37] Gemessen an der Zahl der sozialdemokratischen Mitglieder insgesamt allerdings war die Gruppe derer, die die Partei noch vor dem Verbot verließen, vergleichsweise gering.

Für die Gesamtpartei wenig repräsentativ war auch das Verhalten derjenigen SPD-Mitglieder, die sich um den Zusammenhalt der Parteiorganisation bemühten. Mit Aktivitäten wie dem Abhalten privater Zusammenkünfte oder der Gründung verschiedener kultureller Vereine und Klubs, die man zur Tarnung regelmäßiger Treffen benutzte, versuchten diese Sozialdemokraten, den Zustand der Isolation, in den sie seit dem Abbruch des geregelten Parteilebens geraten waren, zu überwinden. Was sie anstrebten, war weniger antifaschistische Tätigkeit als vielmehr die Pflege der sozialdemokratischen »Gesinnungsgemeinschaft«, durch die sie zu einer raschen Wiederbelebung der Parteitätigkeit nach dem Zusammenbruch des Regimes beizutragen hofften.[38]

In ihrer politischen Zielrichtung wesentlich weiter gingen die Initiativen derjenigen Sozialdemokraten, die bestrebt waren, das von Seiten der Parteiführung propagierte Verhalten des Stillhaltens und Abwartens zu durchbrechen, organisatorische und politische Vorbereitungen für den Fall des Parteiverbots zu treffen und sich auf mögliche antifaschistische Widerstandsarbeit einzustellen. Auch ihre Initiativen waren zu schwach, um den insgesamt desolaten Zustand der Parteiorganisation auch nur in Ansätzen verändern zu können.[39]

36 RGBl, Nr. 34/7. April, S. 175. Zur Bedeutung dieses Gesetzes vgl. Bracher, a.a.O., S. 173.

37 Matthias, a.a.O., S. 172 f.

38 Niemann, SPD und Hitlerfaschismus, a.a.O., S. 50.

39 Vgl. dazu z. B. Die deutsche Sozialdemokratie im Jahr der faschistischen Macht-

Die Tatsache, daß eine Partei wie die SPD, die vor 1933 über ein ausgedehntes Netz stabiler und funktionierender Organisationen verfügt hatte, innerhalb von einigen wenigen Monaten zusammenbrach, scheint zunächst kaum nachvollziehbar, wenn man berücksichtigt, daß die Zahl ihrer Mitglieder nahezu eine Million betrug[40] und daß sich unter ihnen eine relativ große Gruppe fest und traditionell mit der Partei und dem Leben in den SPD-Organisationen verwurzelter Anhänger befand. Es lassen sich jedoch eine Reihe von objektiven wie subjektiven Faktoren ausmachen, die zur Beantwortung der Frage nach den Ursachen für diese katastrophale Parteientwicklung beitragen können.

Zunächst ist der seit Anfang März um sich greifende Zerfallsprozeß als unmittelbare Folge der gegen die Partei gerichteten Restriktionen zu verstehen. Zwar war – wie bereits erwähnt – in den ersten Monaten nach der faschistischen Regierungsübernahme die KPD der Hauptadressat faschistischer Unterdrückung; die Wirkungen der auch gegen die SPD gerichteten Repressionsmaßnahmen – also das Presse- sowie das Versammlungs- und Demonstrationsverbot – waren jedoch insofern besonders nachhaltig, als sich bis zu diesem Zeitpunkt die Parteiaktivitäten in hohem Maße auf die Ausübung von Staatsfunktionen, auf die Herstellung und Verbreitung verschiedenster Publikationen und auf öffentliche Selbstdarstellung konzentriert hatten. Das Unterbinden dieser Art von Parteitätigkeit mußte die SPD daher bereits in ihrer Substanz treffen, ohne daß ein formales Parteiverbot erfolgt war.

Wesentlich gefördert wurde der Auflösungsprozeß in der Partei sicherlich auch durch die Unterdrückungsmaßnahmen, die auf die Terrorisierung des einzelnen Mitgliedes hinausliefen: SA-Terror in Form von Überfällen auf einzelne und auf Partei- und Gewerkschaftseinrichtungen, Razzien in Arbeiterwohnvierteln sowie willkürliche Verhaftungen, Folterungen und längerfristige Freiheitsberaubungen durch SA und Polizeiorgane trafen die Sozialdemokraten

ergreifung, a.a.O., S. 16; Erich Schmidt, Der Berliner Jugendkonflikt, a.a.O., und Werner Blumenberg, Erfahrungen in der illegalen Arbeit, abgedruckt bei: Erich Matthias, Der Untergang der alten Sozialdemokratie, in: Vierteljahreshefte für Zeitgeschichte, 4. Jg. (1956), Heft 2.

40 Jahrbuch der SPD für das Jahr 1931, Berlin (1932).

um so nachhaltiger und härter, als sie diesen Repressionen als ohnmächtige Einzelindividuen gegenüberstanden; denn ihre Parteiführung hatte die vorhandenen Möglichkeiten[41] der kollektiven Abwehr faschistischer Übergriffe nicht genutzt.

Entmutigend und demoralisierend mußten sich auch die von den Faschisten offensichtlich zur Einschüchterung gedachten Berufsverbote und Drohungen mit dem Arbeitsplatzverlust auswirken. Neben dem »Gesetz zur Wiederherstellung des Berufsbeamtentums« vom 7. April 1933 war es vor allem das seit Anfang April gültige »Gesetz über Betriebsvertretungen und wirtschaftliche Vereinigungen«, das nichtfaschistische Arbeiter und Angestellte in ihrer materiellen Existenz bedrohte; denn es ermöglichte den Unternehmern, unter »dem Verdacht staatsfeindlicher Einstellung« beliebige Kündigungen auszusprechen, während den Betroffenen jegliches Einspruchsrecht gegen die Entlassung genommen wurde.[42]

Mit den faschistischen Repressions- und Verfolgungsmaßnahmen allein scheint allerdings der rapide Zerfall der sozialdemokratischen Organisationen in der Zeit zwischen März und Juni 1933 noch nicht hinreichend erklärt zu sein; denn zumindest theoretisch wäre die Möglichkeit denkbar gewesen, daß gerade der faschistische Terror, der den Charakter und die Zielsetzungen des Regimes unmittelbar vor Augen führte, den Sozialdemokraten einen entscheidenden Impuls zum Kampf gegen dieses System gegeben hätte. Daß dies nicht geschah und die übergroße Mehrheit der sozialdemokratischen Anhänger sich resigniert und demoralisiert zurückzog, war wesentlich eine Folge der Politik der Parteiführung:

Vor 1933 hatte sich der SPD-Vorstand gegenüber den Parteimitgliedern stets in dem Sinne geäußert, daß die Sozialdemokratie »mit allen Mitteln« kämpfen werde, wenn – wider Erwarten – doch der »Ernstfall« einer Übernahme der Regierungsgewalt durch die Faschisten eintreten sollte.[43] Nach dem 30. Januar nun wurden die Sozialdemokraten mit der Tatsache konfrontiert, daß weder Partei-

41 So bestand beispielsweise seit 1930 eine relativ starke »Schutzformation« des Reichsbanners, deren Mobilisierung zur Verteidigung gegen faschistische Übergriffe durchaus denkbar gewesen wäre. Vgl. dazu Matthias, a.a.O., S. 121 ff.

42 RGBl, 31/5. April 1933.

43 Vgl. dazu Vorwärts, 21. und 22. Juli 1932; ebenso Vorwärts v. 2. Januar 1933.

noch Gewerkschaftsführung irgendwelche erkennbaren Schritte in Richtung auf die Initiierung von Widerstand unternahmen, daß sie vielmehr vorhandene Aktionsbereitschaft mit dem Hinweis auf einen späteren günstigeren Zeitpunkt des Handelns abwehrten. Weiter erlebten sie, daß diesen Ankündigungen keinerlei Taten folgten, daß die SPD vielmehr widerstandslos vor dem Faschismus kapitulierte. Die durch diese Politik hervorgerufene Enttäuschung und Unsicherheit steigerte sich noch erheblich, als sich herausstellte, daß der Parteivorstand nicht nur auf jegliche antifaschistische Aktivitäten verzichtete, sondern darüber hinaus sogar offensichtliche Anstrengungen unternahm, sich mit dem neuen Regime zu arrangieren. Dieses Verhalten der maßgebenden Parteivertreter konnte nicht anders als demoralisierend und desorientierend wirken; da die Parteimitglieder aufgrund des Bestehens autoritärer Bewußtseins- und Verhaltensstrukturen in der Partei[44] in der Regel selbständiges politisches Denken und die Entfaltung von Eigeninitiative nicht gelernt hatten, waren sie nun außerstande, auf diese Situation anders als mit Passivität und Rückzug ins Privatleben zu reagieren.

Schließlich sind noch zwei weitere Faktoren zu nennen, die dieses Verhalten begünstigten und so zum Auflösungsprozeß der Partei beitrugen. Zum einen ist zu berücksichtigen, daß die optimistischen Einschätzungen, die die Parteiführung nach dem 30. Januar verbreitete, nicht ohne Einfluß auf die Parteimitglieder blieben. Die Überzeugung, daß das Regime binnen kurzem »abwirtschaften« werde, rechtfertigte die eigene politische Enthaltsamkeit als den Bedingungen angemessene taktische Klugheit; antifaschistische Widerstandstätigkeit mußte unter dieser Voraussetzung als verantwortungslose Gefährdung der eigenen Existenz abgelehnt werden.

Zum anderen ist festzustellen, daß die von der Mehrzahl der Sozialdemokraten eingenommene Haltung politischer Passivität durchaus vereinbar war mit bestimmten Inhalten der sozialdemokratischen Ideologie. Während der Zeit der Weimarer Republik hatten die Sozialdemokraten die Erfahrung gemacht, daß das von der

44 Zu diesem Problem insbes. Fritz Bieligk, Die Entwicklung der sozialdemokratischen Organisation in Deutschland, in: Fritz Bieligk u. a., Die Organisation im Klassenkampf, Berlin 1931, S. 31–83, und Ernst Eckstein, Wie soll die Organisation aussehen?, a.a.O., S. 153–179.

Parteiführung propagierte »Endziel« einer »sozialistischen Gesellschaft« nicht als konkrete politische Zielsetzung, sondern als tradierte und zu bewahrende Glaubensvorstellung zu verstehen sei. Für sie lag nun der Gedanke nahe, daß man unter den gegebenen Bedingungen auch ohne politische Betätigung Sozialdemokrat bleiben konnte, wenn man nur an der so verstandenen »sozialistischen« Grundüberzeugung festhielt. Daß sie mit der »innerlichen« Bewahrung der »sozialistischen Gesinnung« zudem im Interesse der Partei und ihrer Zukunft handelten, wurde den Parteimitgliedern durch die Parteiführung ausdrücklich bestätigt. So stellte Otto Wels auf der »Reichskonferenz« vom 26. April 1933 fest:

»Wird die Organisation durch Kräfte von außen zerschlagen, dann bleibt immer noch in Millionen Köpfen und Herzen die Idee, und sie sichert auch die Wiedergeburt der Organisation.«[45]

2. *Sozialdemokratischer Widerstand während der Zeit des Faschismus*

a) Anfänge des illegalen Kampfes von Sozialdemokraten

Diejenigen Sozialdemokraten, die sich trotz des allgemeinen Parteizerfalls und der weitverbreiteten politischen Passivität und Resignation in den ersten Monaten der Illegalität zu antifaschistischem Kampf zusammenfanden, hatten ihre Tätigkeit unter außerordentlich schwierigen Bedingungen zu beginnen. Soweit sie nicht schon vor der faschistischen Machtübernahme alternative Vorstellungen zur Politik der Parteiführung entwickelt und sich theoretisch und organisatorisch auf einen möglichen Übergang zu illegalem Widerstandskampf eingestellt hatten, standen sie nun vor dem Problem, unvorbereitet und in kürzester Zeit den Inhalt ihrer politischen Tätigkeit neu zu bestimmen und eine den Bedingungen des faschistischen Terrors angepaßte Organisationsform zu finden. Da die Partei in ihrer bisherigen Organisations- und Kommunikationsstruktur aufgehört hatte zu existieren, mußten sie Kontakte und Verbin-

45 Internationale Information Nr. 24 vom 6. Mai 1933.

dungswege zumeist völlig neu aufbauen. Diese Aufgabe erwies sich als besonders schwierig, weil der größte Teil der Parteimitglieder in dieser Zeit unter dem Eindruck des Zusammenbruchs der Partei und des faschistischen Terrorfeldzuges gegen die Organisationen der Arbeiterbewegung stand und zu einer Unterstützung oder gar einer Teilnahme an ihrer politischen Arbeit nicht bereit war.

Charakteristisch für die unter diesen Bedingungen entstandenen ersten sozialdemokratischen Widerstandsgruppen ist zunächst zweierlei: Zum einen war die Beteiligung jugendlicher Sozialdemokraten sowie von Angehörigen der innerparteilichen Opposition an den Widerstandsaktivitäten der ersten Zeit relativ hoch.[46] Zum anderen wiesen diese Gruppen, die sich unabhängig voneinander entwickelten und zwischen denen zumeist keine Verbindung bestand, in bezug auf ihre Organisationsformen, ihre politischen Zielsetzungen und ihre konkrete Widerstandsarbeit erhebliche Differenzen auf. So lassen sich im wesentlichen drei verschiedene Typen sozialdemokratischer Widerstandsgruppen ausmachen.

1. Zahlenmäßig und vom Umfang ihrer Aktivitäten her lag das politische Schwergewicht zunächst bei denjenigen Gruppierungen, die zwar überwiegend von Sozialdemokraten getragen wurden, die jedoch sowohl politisch als auch organisatorisch eigenständig waren. Zu ihnen sind einige in den Monaten nach der faschistischen Machtübernahme spontan entstandene Gruppen zu zählen wie der »Rote Stoßtrupp«[47] oder der »Proletarische Pressedienst«[48] in Berlin. Wei-

46 Edinger, Sozialdemokratie und Nationalsozialismus, a.a.O., S. 53, Rüdiger Griepenburg, Die Volksfronttaktik im Sozialdemokratischen Widerstand, Diss. Marburg 1969, S. 91.

47 Zur Organisation und Tätigkeit dieser Gruppe vgl. Hans Reichhardt, Möglichkeiten und Grenzen des Widerstands der Arbeiterbewegung, in: Der deutsche Widerstand gegen Hitler, Vier historisch-kritische Studien, Berlin 1966, S. 178 f., und Günter Weisenborn, Der lautlose Aufstand, Bericht über die Widerstandsbewegung des deutschen Volkes 1933–1945, Hamburg 1954, S. 162 f.

48 Über diese Berliner Gruppe liegen relativ wenige Anhaltspunkte vor: Neben zwei erhalten gebliebenen Ausgaben ihrer illegalen Zeitung »Nachrichten des Proletarischen Pressedienstes« (Archiv zur Geschichte der Arbeiterbewegung, Kopenhagen) geben Teile einer Anklageschrift (O. J. 170/34 gegen Wiechert, Weber, Hessberg, Kammergericht Berlin – Institut für Sozialgeschichte, Amsterdam) Aufschlüsse über diesen Widerstandskreis.

ter sind ihnen Organisationen wie die »Sozialistische Front«[49] in Hannover und »Neu Beginnen«[50] zuzurechnen. »Neu Beginnen« nimmt allerdings insofern eine Sonderstellung ein, als sie bereits 1933 in Form einer geheimen, parteiunabhängigen, jedoch in erster Linie innerhalb der SPD arbeitenden Kaderorganisation existierte.

Bei der Entwicklung ihrer politischen Konzeption gingen die Mitglieder dieser Gruppen davon aus, daß die Niederlage der Arbeiterklasse auf politisches Versagen beider großer Arbeiterparteien zurückzuführen sei: Die KPD habe durch ihre »ultralinke« Taktik die Entstehung der für einen Sieg über den Faschismus unumgänglichen Einheitsfront der Organisationen der Arbeiterbewegung verhindert; der grundlegende Fehler der Sozialdemokraten sei ihre »reformistische Vorstellung vom kampflosen Hineinwachsen in den Sozialismus« und ihre ausschließlich an parlamentarischen Formen und Inhalten orientierte Politik gewesen. Aus dem Scheitern sowohl der SPD als auch der KPD sei die Konsequenz zu ziehen, daß sich »alle revolutionären Sozialisten ohne Rücksicht auf ihre bisherige Parteizugehörigkeit« in einer neuen Bewegung der »proletarischen Einheit« zusammenzuschließen hätten. Dieser neuorganisierten Arbeiterbewegung werde dann die Aufgabe zukommen, den Sturz des Faschismus herbeizuführen und auf dem Wege der proletarischen Diktatur zur Errichtung der »sozialistischen Republik« zu gelangen.[51] In Überschätzung ihrer politischen Kraft meinten sie häufig, die führende Rolle bei der Herstellung einer geeinten Arbeiterpartei selbst spielen zu können. Aus dieser Fehleinschätzung resultierte ebenfalls ein Beharren auf antikommunistischen Positionen.

Während man sich über die langfristigen Zielsetzungen der politi-

49 Vgl. hierzu Niemann, SPD und Hitlerfaschismus, a.a.O., S. 129 f.; Kurt Kliem, Der Sozialistische Widerstand gegen das Dritte Reich, a.a.O., S. 72 f., und Erich Matthias, Die Sozialdemokratische Partei Deutschlands, a.a.O., S. 188 ff.

50 Vgl. Kurt Kliem, Der sozialistische Widerstand gegen das Dritte Reich, a.a.O.

51 Diese Zitate stammen aus einem Aufruf des Roten Stoßtrupp, der in einem Gestapobericht vom 15. November 1934 (Bundesarchiv Koblenz, Akte R 58/348) wiedergegeben wurde.

Ähnliche Formulierungen finden sich auch in der Mai/Juni-Zeitung der »Sozialistischen Front« (Bundesarchiv Koblenz, Akte R 58/728), in den »Nachrichten des Proletarischen Pressedienstes« vom Oktober 1933 sowie in der Schrift »Neu Beginnen. Faschismus oder Sozialismus«, Prag/Karlsbad 1933, mit der die gleichnamige Organisation an die Öffentlichkeit trat.

schen Arbeit im klaren war, gab es zum Teil recht diffuse Vorstellungen darüber, wie diese Ziele realisiert werden, wie sie mit dem politischen Tageskampf vermittelt werden könnten.

Dies gilt in erster Linie für diejenigen Gruppen, die in den ersten Monaten nach der faschistischen Regierungsübernahme spontan entstanden waren. Ihr häufiger Wechsel zwischen verschiedenen und in ihren Zielsetzungen kaum miteinander zu vereinbarenden Arten von illegaler Arbeit – Aufbau einer streng abgesicherten Kaderorganisation, Streben nach möglichst rascher Organisationsverbreiterung, Bemühungen um ein Hineinwirken in die Bevölkerung auf dem Wege spektakulärer Massenaktionen – läßt darauf schließen, daß sie noch kein stringentes Konzept ihrer Widerstandstätigkeit gefunden hatten. Die Hauptursache hierfür dürfte darin zu suchen sein, daß sich die Mitglieder dieser Gruppen letztlich nicht darüber im klaren waren, wie die mit der faschistischen Machtübernahme gegebene Situation einzuschätzen und wie vor allem die Perspektiven des Systems zu beurteilen seien. Entsprechend ihrem Schwanken zwischen der Hoffnung auf eine baldige entscheidende Schwächung des Regimes und der Erwartung einer weiteren und dauerhaften Stabilisierung des faschistischen Systems verfolgten sie eine in sich widersprüchliche politische Praxis. Der Mangel an konspirativer Erfahrung ließ sie größtenteils der nach den Novemberwahlen 1933 einsetzenden Verfolgungs- und Verhaftungswelle zum Opfer fallen.[52]

Die Gruppen »Sozialistische Front« und »Neu Beginnen« befanden sich im Jahre 1933 noch weitgehend im Stadium ihres Aufbaus und nahmen erst im Jahre 1934 eine umfangreichere Widerstandstätigkeit auf, nachdem sie zu einer klaren Einschätzung der Entwicklungsperspektiven gelangt waren.

2. Die Sozialdemokraten, die in Gruppen wie den bisher genannten arbeiteten, hatten aus der Erfahrung der Niederlage der Arbeiterbewegung und dem Zusammenbruch der eigenen Partei die Notwendigkeit einer Neuorientierung abgeleitet; sie verstanden ihre

52 Vgl. hierzu die Berichte im Neuen Vorwärts sowie in anderen Publikationen der Sopade; siehe auch die Hinweise auf solche Verhaftungsaktionen in der Deutschen Freiheit, der Zeitung der saarländischen SPD (hier insbes. die Ausgaben vom 16. Juni 1934 und vom 2./3. September 1934).

Organisation als unabhängigen Teil einer neu entstehenden sozialistischen Arbeiterbewegung.

Für eine Anzahl weiterer sozialdemokratischer Widerstandskreise war bezeichnend, daß ihre Mitglieder zwar oppositionelle Positionen gegenüber den emigrierten Parteiführern einnahmen, daß sie sich jedoch von ihrer Parteizugehörigkeit nicht distanzierten. Gruppen dieser Art entstanden in der ersten Phase des sozialdemokratischen Widerstandes vor allem in den Parteibezirken, in denen sich bereits in den Jahren der Weimarer Republik die linke Parteiopposition zentriert hatte, nämlich in Sachsen und Thüringen. In den Parteiorganisationen dieser Gebiete waren die Illusionen des Parteivorstandes über mögliche Chancen einer legalen oder halblegalen Weiterexistenz der Partei nicht geteilt worden. Man hatte daher bereits vor dem Parteiverbot organisatorische Vorbereitungen für die Illegalität getroffen. Im Zusammenhang mit diesen Bemühungen war auch die Errichtung des Karlsbader Grenzsekretariats durch Chemnitzer Parteifunktionäre erfolgt; von hier aus wurde seit Juni 1933 die illegale Arbeit in Sachsen und Thüringen koordiniert und unterstützt.[53]

Unter diesen relativ günstigen Ausgangsbedingungen waren bereits in den ersten Monaten nach dem Parteiverbot eine Reihe von zahlenmäßig starken Widerstandskreisen, teilweise sogar mit überregionalen Verbindungen, entstanden. Bei diesen Gruppen handelte es sich jedoch im allgemeinen nicht um festgefügte, planvoll und konspirativ abgesicherte Kaderorganisationen wie »Neu Beginnen« oder die »Sozialistische Front«, sondern um loser strukturierte Zusammenschlüsse. Gemeinsam war den Mitgliedern dieser Gruppen, daß sie sich zwar der im Entstehen begriffenen sozialdemokratischen Widerstandsbewegung zugehörig fühlten, daß sie es jedoch strikt ablehnten, den nach Prag emigrierten Parteivorstand als zentrale Leitungsinstanz anzuerkennen.

Nach ihren Vorstellungen war aus der Niederlage der SPD der Schluß zu ziehen, daß die bisher verfolgten reformistischen Ziele

53 Vgl. hierzu Jutta von Freyberg, Sozialdemokraten und Kommunisten. Die Revolutionären Sozialisten Deutschlands vor dem Problem der Aktionseinheit 1934–1937, Köln 1973, S. 149 f.

und Grundsätze aufgegeben und alternative sozialistische Positionen erarbeitet werden müßten. Es erschien ihnen selbstverständlich, daß diese Aufgabe nicht von denjenigen gelöst werden könnte, die die Verantwortung für die bisherige gescheiterte Politik der Partei trugen. Es war daher nach ihrer Meinung eine wichtige Aufgabe, die Ablösung der alten Parteileitung durch eine neue Führungsgruppe herbeizuführen, die in der Lage wäre, die notwendige grundlegende Neuorientierung der Sozialdemokratie in die Wege zu leiten.[54]

In der Mehrzahl gelang es diesen sozialdemokratischen Gruppen allerdings nicht, die Formen von Widerstandstätigkeit zu entwikkeln, die ihren politischen Vorstellungen entsprochen hätten. Trotz ihrer kritischen Einstellung gegenüber der Sopade, des Emigrations-Vorstandes der SPD, konzentrierte sich ihre illegale Arbeit zunächst auf die Verteilung der vom Vorstand hergestellten Materialien sowie auf die Durchführung von Zusammenkünften und die Sammlung von Spenden für die Opfer des faschistischen Terrors. Die ungenügende konspirative Absicherung bei dieser Arbeit führte noch vor Ende des Jahres 1933 zu umfangreichen Verhaftungsaktionen, von denen im Raum Sachsen und Thüringen mehrere hundert Sozialdemokraten getroffen wurden.[55] Damit war die sozialdemokratische Widerstandstätigkeit in diesen Gebieten zunächst stark gelähmt.

3. Eine vergleichsweise unbedeutende Rolle spielten in der ersten Phase der sozialdemokratischen Illegalität diejenigen Widerstandskreise, deren Tätigkeit auf eine Weiterführung und Erhaltung der sozialdemokratischen Organisation und Politik gerichtet war. Kennzeichnend für diese Gruppen ist, daß sie sich nur zu einem kleinen Teil aus der Eigeninitiative ihrer Mitglieder heraus entwikkelten; dies gilt für einige sozialdemokratische Kreise in Hamburg, Berlin und München, deren Aufbau zumeist auf die Aktivitäten einzelner ehemals auf lokaler Ebene führend tätiger SPD-Funktionäre

54 Aufschlüsse über die politischen Vorstellungen dieser Gruppen geben in erster Linie die Berichte aus dem Grenzsekretariat Karlsbad an den Prager Vorstand (Parteiarchiv Bonn/Bad Godesberg, Akten Sopade Nr. 63 und Nr. 134).

55 Die größte Verhaftungsaktion fand in Dresden statt: Von ihr wurden in der Zeit zwischen Oktober und Dezember 1933 über 300 Sozialdemokraten betroffen. Vgl. hierzu Grenzberichte Lange (Karlsbad), a.a.O.

zurückging.[56] Überwiegend jedoch entstanden diese Zusammenschlüsse im Rahmen der Bemühungen des Prager Vorstandes, die abgerissenen Verbindungen zur Parteimitgliedschaft von der Emigration aus wiederzubeleben und ein Netz von Stützpunkten zur Verbreitung der von ihnen hergestellten Materialien aufzubauen.

Da der Prestige- und Vertrauensverlust der Parteiführung bei den Sozialdemokraten unmittelbar nach dem Zusammenbruch der Partei besonders groß war, hatten die Aktivitäten der Sopade zunächst relativ wenig Erfolg. So fanden sich bis Ende 1933 zunächst nur an einigen wenigen Orten SPD-Mitglieder, die bereit waren, sich aktiv am Aufbau der geplanten Materialverteilungsorganisation zu beteiligen, und die nun daran gingen, in ihrem Bereich die dazu notwendigen Kontakte zu knüpfen.

b) Hauptformen sozialdemokratischen Widerstandes in der Zeit zwischen 1934 und 1938

Die große Mehrheit der sozialdemokratischen Mitglieder und einstigen Funktionäre – von der Parteiführung ohne konkrete Handlungsanweisung gelassen, durch deren Politik in Passivität gehalten und enttäuscht vom raschen Zusammenbruch der einst mächtigen Organisation – sah nach dem Parteiverbot keine andere Möglichkeit, als sich durch politisches Stillhalten über die Zeiten des Faschismus hinwegzuretten. Das schloß allerdings gelegentliche persönliche Kontakte zu politischen Gesinnungsfreunden nicht aus. Angesichts des mächtigen Terrorapparates der Nationalsozialisten erschien den meisten Sozialdemokraten, die den Schritt der politisch-ideologischen Anpassung nicht gehen wollten, eine auf aktive Beseitigung der faschistischen Herrschaft in Deutschland gerichtete Widerstandspraxis wegen der Gefährdung der Beteiligten nicht nur als zu riskant, sondern auch als unvereinbar mit ihrem Selbstverständnis

56 Vgl. hierzu Ursel Hochmut, Gertrud Meyer, Streiflichter aus dem Hamburger Widerstand, a.a.O., S. 117 f.; Kurt Kliem, Der Sozialistische Widerstand gegen das Dritte Reich, a.a.O., S. 71 f., und Heike Bretschneider, Der Widerstand gegen den Nationalsozialismus in München 1933 bis 1945, München 1968, S. 95 f.

als Sozialdemokraten. Eine über die Aufrechterhaltung des geistigen Zusammenhalts hinausgehende Praxis wurde vielfach abgelehnt, ja bisweilen sogar zu verhindern versucht.[57]

Dem Erhalt der sozialdemokratischen »Gesinnungsgemeinschaft« dienten gesellige Zusammenkünfte bei familiären Anlässen, in unpolitischen Organisationen wie Sport-, Tierzucht- oder Gesangsvereinen, wobei derartige Treffen gelegentlich – wie bei Beerdigungen politischer Freunde – objektiv den Charakter politischer Demonstrationen annehmen konnten. Bei der materiellen Hilfe für die Angehörigen von politischen Gefangenen zeigten sich hin und wieder erste Ansätze von Organisiertheit, die über die Grenze des individuellen humanitären Engagements hinausgingen.

Mit einem weit größeren Risiko als diese Formen von Opposition waren die Verteilergruppen und Diskussionszirkel belastet, um deren Aufbau die Sopade seit Herbst 1933 bemüht war, als sie mit der systematischen Errichtung von Grenzsekretariaten in den Nachbarländern Deutschlands begann. Die von der Sopade finanzierten Grenzsekretäre hatten die Aufgabe, Kontakte mit Sozialdemokraten im Inland zu knüpfen, Transport und Verteilung der im Ausland hergestellten illegalen Schriften (wie der »Neue Vorwärts«, die »Sozialistische Aktion« oder Tarnschriften) zu sichern und ein Netz von Informanten aufzubauen. Diese sollten z. B. über die allgemeine politische Stimmung, über die Äußerung von Opposition in Betrieben, über wirtschaftliche, politische und militärische Maßnahmen der Regierung berichten.[58] Diese Verteiler- und Diskussionsgruppen waren in unterschiedlichem Maße organisatorisch konsistent, differierten in Größe und Lebensdauer und standen zumeist in keinem politischen Gegensatz zur Sopade, auch wenn sie hin und wieder die illegalen Materialien oppositioneller sozialdemokratischer Gruppierungen mitverteilten.

Von zahlreichen Verteilergruppen im Rhein-Ruhr-Gebiet, wie z. B. in Düsseldorf, Essen, Mönchengladbach, Dortmund und Iserlohn war die in Duisburg-Hamborn die größte. Hier hatten sozial-

57 Vgl. Frank Moraw, Die Parole der »Einheit« und die Sozialdemokratie, Bonn 1973, S. 37 f.

58 Die »Grünen Berichte« oder auch »Deutschlandberichte der Sopade« stellen eine systematisierte Sammlung solcher Berichte dar.

demokratische Funktionäre, die bei der Brotfabrik »Germania« angestellt und vor allem für den Brottransport zuständig waren und alle größeren Städte des Rheinlands belieferten, die durch ihre Arbeit gegebenen Kontaktmöglichkeiten zum Aufbau eines umfangreichen Verteilerzirkels für die »Sozialistische Aktion« genutzt. Als die Gestapo ihnen im Herbst 1935 auf die Spur kam, wurden über 600 Sozialdemokraten im Rhein-Ruhr-Gebiet verhaftet.[59] Bei den meisten dieser Gruppen, die seit dem Jahr 1934 die Hauptform des sozialdemokratischen Widerstands 1934–1936 darstellten, handelte es sich um relativ lose Verteilerketten, um Lesezirkel und Diskussionsgruppen, deren Mitglieder sich aufgrund noch bestehender oder wieder aufgenommener, zumeist informeller Parteikontakte aus der Zeit vor 1933 zusammenfanden. Konkrete Vorstellungen über die mit der faschistischen Machtübernahme gegebenen Situation und über mögliche Entwicklungsperspektiven waren bei diesen Sozialdemokraten nicht vorhanden. Die eigene Tätigkeit, also in erster Linie die Verbreitung von Materialien antifaschistischen Inhalts unter den ehemaligen Anhängern der SPD, verstanden sie als Beitrag dazu, die Existenz der Sozialdemokratie über die Periode faschistischer Herrschaft hinweg zu sichern, um so die Voraussetzungen für eine künftige Neubelebung der Partei zu schaffen. Die Unerfahrenheit bei der konspirativen Absicherung ihrer Tätigkeit ließ kaum eine dieser Gruppen das Jahr 1936 überstehen.

Neben diesen zumeist von der Sopade initiierten und politisch beeinflußten Zirkeln und Gruppen bestanden einige der schon seit 1933 existierenden, politisch selbständigen sozialdemokratischen Gruppen fort.

Die Gruppe »Neu Beginnen« war 1929 von Walter Löwenheim als »Leninistische Organisation« mit dem Ziel gegründet worden, durch konspirative Fraktionierungsarbeit in den beiden Arbeiterparteien SPD und KPD perspektivisch auf die Entwicklung einer revolutionären sozialistischen Politik hinzuwirken. In seiner Einschätzung vom Versagen beider Parteien durch die Niederlage der Arbeiterbewegung beim Machtantritt des Faschismus bestätigt,

59 Vgl. Karl Schabrod, Widerstand an Rhein und Ruhr 1933–1945, hg. vom Landesvorstand der VVN Nordrhein-Westfalen, Düsseldorf, 1969, S. 81.

überführte Löwenheim seine Gruppe ohne große Verluste in die Illegalität, wobei ihm die sektenhafte Kleinheit und die geringe Außenaktivität der Gruppe zugute kamen. Im August 1933 trat Löwenheim mit der programmatischen Schrift »Neu Beginnen!« an die Öffentlichkeit. »Neu Beginnen« stellte sich auf eine längere Zeit faschistischer Herrschaft ein, die auch durch eine »schwerste Krise des Systems« nicht gestürzt werden könne, »wenn nicht eine marxistisch-theoretisch fundierte, erfahrene, kampferprobte sozialistische Partei die Krise des Faschismus zu seinem Sturze zu benützen verstände«.[60] Massenarbeit wie Flugblattpropaganda wurde abgelehnt, der Schwerpunkt auf die Schulung von revolutionären Kadern gelegt, die eines Tages bei der Vereinigung der revolutionären Kräfte die Führung übernehmen sollten.

Es gelang »Neu Beginnen«, bei den sozialistischen Bruderparteien und der »Sozialistischen Arbeiter-Internationale« 1933 internationale Anerkennung zu finden und die zum damaligen Zeitpunkt durch ihre Stillhaltepolitik gegenüber dem Faschismus diskreditierte Sopade zur teilweisen Finanzierung ihrer Arbeit zu bewegen. Seit Frühjahr 1934 schlossen sich einige Grenzsekretäre der Organisation »Neu Beginnen« an, wobei für sie der krasse Dilletantismus der Sopade bei der Grenzarbeit das entscheidende Motiv für die Umorientierung war.

Die Aufnahme von Verbindungen zu bestehenden sozialdemokratischen Gruppierungen in Deutschland sollte die regionale Beschränkung von »Neu Beginnen« auf Berlin aufheben und gleichzeitig dazu beitragen, den Einfluß der Sopade einzuschränken. Während die Auslandsleitung von »Neu Beginnen« im Konkurrenzkampf der Sopade unterlag, wandten sich die Gruppen in Deutschland ihrer ursprünglichen Linie der inneren Kaderschulung zu. Daß die Inlandsgruppen bis Ende 1935 ohne größere Verluste arbeiten konnten, ist jedoch nicht allein der wirkungsvollen konspirativen Absicherung ihrer Tätigkeit geschuldet, sondern auch der Tatsache, daß sie durch ihren Verzicht auf Außenwirkung der Gestapo geringere Ansatzmöglichkeiten bot.

60 Zur Gruppe »Neu Beginnen« vgl. Kurt Kliem, Der sozialistische Widerstand gegen das Dritte Reich, dargestellt an der Gruppe Neu Beginnen, a.a.O., hier besonders S. 55.

Scharfe Distanzierung von der Sopade und ein immer heftigere Formen annehmender Kampf gegen die Mehrheit der Parteivorstandsmitglieder charakterisierte die Politik der »Revolutionären Sozialisten«,[61] die sich im Herbst 1934 als Gruppe konstituiert hatten. Sie stützten sich auf die traditionell linken Parteibezirke Sachsens, besetzten das Karlsbader Grenzsekretariat und wirkten durch die Vorstandsmitglieder Siegfried Aufhäuser und Karl Böchel in die Sopade hinein. Mit »Neu Beginnen« stimmten sie in ihrer prinzipiellen Einschätzung überein, daß SPD und KPD keine Legitimation mehr für die Führung des Widerstandskampfes und die historisch notwendig gewordene einheitliche Partei der Arbeiterklasse besäßen. In ihrer im August 1934 veröffentlichten programmatischen Plattform »Der Weg zum sozialistischen Deutschland. Eine Plattform für die Einheitsfront«[62] entwickelten sie nicht nur konkrete Vorstellungen über die Schaffung und Sicherung sozialistischer Verhältnisse im nachfaschistischen Deutschland, sondern auch konkrete Schritte, wie noch unter den Bedingungen faschistischer Herrschaft die Spaltung der Arbeiterbewegung aufgehoben und Sozialdemokraten mit Kommunisten vereint werden könnten. Mit ihrem Vorschlag zur Bildung gemeinsamer Aktionsausschüsse und ihrer Bereitschaft, in Gespräche mit Vertretern der KPD einzutreten und sich an konkreten Formen der Aktionseinheit zu beteiligen, ließen sie ein deutlich höheres Maß an Einigungswillen erkennen, als dies bei der Gruppe »Neu Beginnen« der Fall war, die zumeist über bloß verbale Bekenntnisse zur Aktionseinheit mit Kommunisten nicht hinausging.

Was die Organisierung des Widerstands in Sachsen und Thüringen durch die »Revolutionären Sozialisten« anlangt, so sind keine Formen und Methoden bekannt, die sich wesentlich von denen der Sopade unterschieden hätten. Auch ihnen ging es primär um die Einschleusung illegalen Materials, das sie zum Teil selbst herstellten, um die Schulung in sozialistischer Theorie und konspirativer Praxis, um die Sammlung von Informationen, die Einschätzung der innen- und

61 Zur Gruppe »Revolutionäre Sozialisten Deutschlands« vgl. Jutta von Freyberg, Sozialdemokraten und Kommunisten, a.a.O.

62 Diese Plattform der »Revolutionären Sozialisten« wurde in der Zeitschrift für Sozialismus, Jg. 1, September/Oktober 1934, Nr. 12/13, abgedruckt.

außenpolitischen Entwicklung (z. B. in den »R. S.-Briefen«) und – in begrenztem Maße – um die Propagierung der Aktionseinheit mit den Kommunisten. Die Arbeit in den faschistischen Massenorganisationen nach der von der KPD entwickelten Taktik des »trojanischen Pferdes«, die die Erringung von Funktionen zur konspirativen Absicherung ihrer Tätigkeit einschloß, lehnten sie aus Sicherheitsgründen ab.

Im Mittelpunkt der Widerstandstätigkeit der Gruppe »Sozialistische Front«, die sich in Hannover unter der Führung des sozialdemokratischen Redakteurs Werner Blumenberg herausgebildet hatte, stand die Herstellung und Verbreitung ihrer illegalen Zeitung. Die »Sozialistischen Blätter« erschienen regelmäßig bis zur Zerschlagung der Gruppe 1936 in einer relativ hohen Auflage. Ebenso wie die »R. S.-Briefe« dienten sie nicht ausschließlich der internen Schulung, sondern wurden einem größeren Kreis von Sympathisanten zugeschickt mit dem Ziel, »die Kräfte zu sammeln, die als Führung einer antifaschistischen Front allein in Frage kommen können, nämlich die sozialistischen Arbeiter«.[63] Die auf Perspektive gedachte Aufgabe der Zersetzung der Massenbasis des Faschismus sollte durch den Übergang von der konspirativen Gruppenorganisation zur illegalen Parteiorganisation und die Einbeziehung des Mittelstandes gelöst werden. »Denkende« Mitglieder der KPD wie der SPD könnten zur »Regeneration der Arbeiterbewegung« beitragen, wenn sie bereit seien, sich zum sozialistischen Ziel zu bekennen: »Eroberung der Staatsmacht, Beseitigung, Ausrottung des Faschismus, der konzentrierten politischen Kraft der Bourgeoisie, Verwirklichung des Sozialismus«.[64]

Auch die Berliner »10-Punkte-Gruppe« um den früheren Reichstagsabgeordneten Otto Brass und den Landtagsabgeordneten Hermann Brill, die im Dezember 1936 mit ihrem 10-Punkte-Programm für die »Deutsche Volksfront« hervortrat, ging davon aus, daß das »denkende« Proletariat das eigentliche revolutionäre Subjekt außerhalb von SPD und KPD sei.[65] In ihrem politischen Konzept unter-

63 Werner Blumenberg, Erfahrungen in der illegalen Arbeit, a.a.O., S. 217.
64 Ebd. S. 214.
65 Frank Moraw, Die Parole der »Einheit« und die Sozialdemokratie, a.a.O., S. 51. Zur 10-Punkte-Gruppe vgl. Rüdiger Griepenburg, Die Volksfronttaktik im sozialdemokratischen Widerstand gegen das Dritte Reich . . ., a.a.O.

schieden sie sich allerdings wesentlich von der »Sozialistischen Front«. Orientiert an der Volksfront in Spanien und Frankreich, bestimmte die Gruppe ihr Ziel im Zusammenschluß der »demokratischen, sozialistischen und kommunistischen Parteien und Gruppen Deutschlands«, um die Hitlerdiktatur zu stürzen, ein demokratisches Deutschland zu errichten, in dem die »Banken, die Schwerindustrie und die Energiewirtschaft« verstaatlicht, Armut und Arbeitslosigkeit beseitigt sind.[66]

c) Widerstand von Sozialdemokraten während des Krieges

Die Auseinandersetzung mit dem in seinen wesentlichen Grundzügen 1935 von der »Kommunistischen Internationale« herausgearbeiteten Einheits- und Volksfrontgedanken ist in den sozialdemokratischen Widerstandsgruppen in Deutschland mit erheblich geringeren Vorbehalten geführt worden als in den Exilgruppen. Die Einsicht in die Notwendigkeit gemeinsamer Aktionen von Sozialdemokraten und Kommunisten hatte vielfach schon zu örtlichen Bündnissen geführt,[67] die von der Gestapo als in besonderem Maße gefährlich eingeschätzt wurden. Die Terrorwelle der Faschisten, der bis 1936 die meisten der sozialdemokratischen Verteiler- und Diskussionszirkel und die von der Sopade unabhängigen Gruppen zum Opfer gefallen waren, galt nicht zuletzt der Liquidierung jedes noch so zaghaften Ansatzes zur Aktionseinheit.

Die Verhaftungen bestätigten die die »Gesinnungsgemeinschaft« pflegenden sozialdemokratischen Gruppierungen in ihrer Auffassung, daß die Aufgabe von Sozialdemokraten nur »in der Erhaltung und Entwicklung der noch vorhandenen aktivierbaren Reste« bestehen könne. Der »entscheidende Anstoß zum Zusammenbruch des Regimes«, so war die logische Schlußfolgerung, müsse daher von außen kommen.[68] Die Gestapo charakterisierte dieses Verhalten als repräsentativ für die deutschen Sozialdemokraten insgesamt:

66 Walter A. Schmidt, Damit Deutschland lebe, Berlin 1959, S. 280 f.

67 Vgl. dazu: GdA 5, S. 52 f., und besonders das Dokument: Aus dem gemeinsamen Aufruf der KPD-Bezirksleitung Hessen-Frankfurt und der SPD-Bezirksleitung Hessen-Nassau vom 5. September 1934, S. 465 ff.

68 Frank Moraw, Die Parole der »Einheit« und die Sozialdemokratie, a.a.O., S. 43 f.

»Die Haltung der Sozialdemokraten im Inland war 1937 die gleiche wie in den vorhergegangenen Jahren. Man stand auf dem Standpunkt: abwarten, der Anstoß zum Umschwung kommt von außen. Aber man muß sich für diesen kommenden Fall vorbereiten, um dann in gegebener Form die frühere Tätigkeit wiederaufnehmen zu können. Entsprechend dieser inneren Einstellung und dem Wunsche der Parteileitung, keine feste Organisationen aufzustellen, ist auch das Verhalten und der Zusammenhalt der Illegalen im Lande. Man sitzt abends nach Betriebsschluß zusammen und trinkt ein Glas Bier, man trifft sich mit seinen früheren Gesinnungsgenossen in den Wohngebieten, man hält den Zusammenschluß durch Familienbesuche aufrecht.«[69]

Diese Charakterisierung trifft beispielsweise auch auf die im Verein der »Berliner Liederfreunde« auf halb-privater Ebene zusammengeschlossenen Sozialdemokraten zu, die bis zu ihrer »Auflösung« durch die Gestapo im Jahr 1938 den Kontakt zur Sopade in Prag aufrechterhalten konnten. Zu ihren Konzertveranstaltungen erschienen manchmal bis zu 6000 Personen, darunter bekannte Funktionäre der SPD und der Gewerkschaften wie Paul Löbe, Max Westphal, Max Fechner, Ernst Schneppenhorst, Friedrich Ebert, Otto Grotewohl, Erich Gniffke u. a.[70] Auf diese Weise hielten sie unter Ausnutzung des legalen Augenscheins Kontakt zueinander und schufen nach ihrem Selbstverständnis die »Grundlage für eine Neuorganisation« der Partei. Politische Tätigkeit gleich welcher Art lehnten sie jedoch wegen des damit verbundenen Sicherheitsrisikos grundsätzlich ab.

Sozialdemokratische Widerstandsgruppen, die in ihrem politischen Anspruch und ihrer Aufgabenstellung über die Pflege der »Gesinnungsgemeinschaft« hinausgingen, bildeten in der Zeit des Zweiten Weltkrieges die Ausnahme; so z. B. die Gruppe um Jakob Schultheiss, die in Speyer bis zu ihrer Entdeckung durch die Gestapo im Frühjahr 1944 wirkte und die sich vom Einfluß der Sopade gelöst hatte. Die Gruppe sammelte für die Familien verfolgter Sozialdemokraten und Kommunisten, betrieb Propaganda gegen den Krieg, hörte den Moskauer Sender ab und informierte die Fremdarbeiter über den Kriegsverlauf.[71]

69 Günther Weisenborn, Der lautlose Aufstand, a.a.O., S. 138.
70 Frank Moraw, Die Parole der »Einheit« und die Sozialdemokratie, a.a.O., S. 46.
71 Vgl. dazu Walter A. Schmidt, Damit Deutschland lebe, a.a.O., S. 391.

Eine Abkehr von der zunächst ausschließlich auf die Sammlung und Verteilung von Informationen gerichteten Tätigkeit war für die erst 1942 liquidierte Gruppe der »Revolutionären Sozialisten« um Hermann Frieb und Joseph Wager charakteristisch. Diese unter dem Einfluß der Auslandsleitung von »Neu Beginnen« stehende Gruppe mit Schwerpunkt in Augsburg und München operierte im süddeutschen Raum. Seit Beginn des Krieges ging sie zu neuen und radikaleren Formen von Widerstand über: Sie knüpfte Kontakte zu österreichischen Kommunisten, versorgte sich mit Waffen, plante Sabotageaktionen und stellte einen operativen Plan zur Besetzung strategisch wichtiger Punkte nach dem Zusammenbruch der faschistischen Herrschaft auf.[72]

Das durch den Kriegsbeginn bedingte Zerbrechen der Sopade reduzierte deren politisch-ideologischen Einfluß auf die in der Illegalität arbeitenden Sozialdemokraten, die immer mehr zu der Erkenntnis kamen, daß der antifaschistische Kampf und die Zukunftsperspektiven Deutschlands ohne Kommunisten undenkbar seien. Seit 1935 hatten die kommunistischen Widerstandsgruppen eine wachsende Bereitschaft zur unvoreingenommenen Zusammenarbeit mit ihren sozialdemokratischen Arbeitskollegen gezeigt; sie verfügten über vergleichsweise große Erfahrungen in der illegalen Arbeit und wurden mit Material und konkreten Handlungsanweisungen in sehr viel größerem Maße durch ihre Parteileitung unterstützt. So war auf der Berner Konferenz der KPD von 1939 die Partei auf die neuen Bedingungen des drohenden Krieges eingestellt worden.[73] Unabhängig von der klaren Orientierung der Politik auf die Erhaltung des Weltfriedens mußten Voraussetzungen für die Bildung einer Inlandsleitung geschaffen und für die Fortsetzung des Widerstandskampfes wesentliche Beschlüsse gefaßt werden, über die die Gruppen in Deutschland per Rundfunk, durch Broschüren oder mündliche Übermittlung informiert wurden. Zu diesen Beschlüssen gehörte auch die Verstärkung der Anstrengungen, Sozialdemokraten für die Einheitsfront und die Schaffung der Volksfront zu gewinnen,

72 Hierzu: Heike Bretschneider, Der Widerstand gegen den Nationalsozialismus in München, a.a.O., S. 107 ff.

73 Zur »Berner Konferenz« vgl. Klaus Mammach, Die Berner Konferenz der KPD, Berlin 1974.

die Konzentrierung auf die Arbeit in den Betrieben und die Organisierung von Parteigruppen in den faschistischen Massenorganisationen.

Nach der Berner Konferenz entstand eine Reihe großer Widerstandsorganisationen in Hamburg, Mannheim, Berlin, Leipzig usw., die auch in Großbetrieben verankert waren. In den von Kommunisten geführten Widerstandsorganisationen während des Zweiten Weltkriegs arbeiteten auch Sozialdemokraten und Gewerkschafter mit. Dies gilt beispielsweise für die »Robert-Uhrig-Gruppe«, die »Schulze-Boysen/Harnack-Gruppe«, die »Saefkow/Jacob/Bästlein-Gruppe«, die »Bästlein/Jacob/Abshagen-Gruppe«, die »Schumann/Engert/Kresse-Gruppe«, die »Neubauer/Poser-Gruppe« und die »Antifaschistische Arbeitergruppe Mitteldeutschlands« – um nur einige der bekanntesten Zusammenschlüsse dieser Art zu nennen.[74]

Als Mitglieder dieser Gruppen nahmen Sozialdemokraten an Propagandaaktionen für den Frieden teil, organisierten Streiks für höhere Löhne, nahmen zu Fremdarbeitern Kontakte auf, verübten Sabotage vor allem in der Rüstungsproduktion, stellten Verbindungen zu Arbeits- und Gefangenenlagern her, sammelten Kleidungsstücke, Nahrungsmittel und Medikamente für die Kriegsgefangenen, verteilten Flugblätter an die deutschen Soldaten, bauten Gruppen innerhalb der deutschen Wehrmacht auf und forderten die Bevölkerung immer wieder auf, die Nazibehörden beim Näherrücken der alliierten Truppen zur kampflosen Kapitulation zu zwingen, um weitere Opfer an Menschenleben zu verhindern.

Seit der Bildung der »Bewegung freies Deutschland«[75] im Jahr 1943, die nach der entscheidenden Niederlage des deutschen Faschismus bei Stalingrad vor allem unter den deutschen Kriegsgefangenen den Kampf für Frieden, Freiheit und Unabhängigkeit des deutschen Volkes aufgenommen hatte, verfolgten diese Widerstandsorganisationen das Ziel, breite nichtproletarische Kreise in den antifaschistischen Kampf einzubeziehen, mit besonderem

74 Eine Zusammenfassung über die Arbeit dieser Gruppen findet sich bei Walter A. Schmidt, Damit Deutschland lebe, a.a.O.

75 Über die Entwicklung der Bewegung ›Freies Deutschland‹ vgl. W. Bleyer, K. Drechsler, G. Förster, G. Hass, Deutschland 1939–1945, Berlin 1970.

Nachdruck. Als sich im Frühjahr 1944 Georg Schumann, Anton Saefkow und Theo Neubauer als Repräsentanten großer Widerstandsgruppen auf eine Plattform zur Sammlung aller antifaschistischen Kräfte zum Sturz der faschistischen Diktatur einigten, war ein wichtiger Schritt für die Schaffung einer einheitlichen nationalen Bewegung eingeleitet worden. Weitere Bemühungen um die Verwirklichung dieses Zieles konnten allerdings nicht mehr unternommen werden, da die Gruppen durch die Gestapo zerschlagen wurden.

Auch in Zuchthäusern und Konzentrationslagern bildeten sich unter Mitwirkung von Sozialdemokraten organisiertere Formen des Widerstands auf der Grundlage eines breiten antifaschistischen Bündnisses heraus. Dabei ging es keineswegs nur um die Entwicklung wirksamer Formen des Selbstschutzes (der im KZ Buchenwald bis zur Bewaffnung der Häftlinge und zur Selbstbefreiung reichte), sondern auch um die Diskussion über die zukünftige Gesellschaftsordnung Deutschlands. Im Zuchthaus Brandenburg z. B. berieten Kommunisten und Sozialdemokraten,unter ihnen der bekannte Funktionär Otto Buchwitz, über konkrete Formen der Einheitsfront und über die Verschmelzung von KPD und SPD im nachfaschistischen Deutschland.[76]

Auch das »Buchenwald-Manifest« ehemaliger sozialdemokratischer KZ-Häftlinge enthielt nicht nur deren sozialistische Neuordnungsvorstellungen, sondern auch das Bekenntnis zum »Bündnis aller antifaschistischen Kräfte Deutschlands« und zur »Einheit des Weltproletariats«.[77]

Ehemalige sozialdemokratische Abgeordnete, Partei- und Gewerkschaftsfunktionäre wie Carlo Mierendorff, Theodor Haubach, Gustav Dahrendorf, Wilhelm Leuschner, Julius Leber und Adolf Reichwein, die vor 1933 dem rechten Flügel der SPD angehört hatten, beteiligten sich am bürgerlichen Widerstand, der schließlich in die Verschwörung vom 20. Juli 1944 einmündete und seinen Ursprung in der historischen militärischen Niederlage der faschistischen Wehrmacht 1942 vor Stalingrad hatte. Als Mitglieder des

76 Vgl. Walter A. Schmidt, Damit Deutschland lebe, a.a.O., S. 525.

77 Das »Manifest der demokratischen Sozialisten des ehemaligen Konzentrationslagers Buchenwald« findet sich abgedruckt in: Wolfgang Abendroth, Aufstieg und Krise der deutschen Sozialdemokratie, Frankfurt/Main, 1964, S. 123–127.

»Kreisauer Kreises«, des demokratischen Flügels der Verschwörergruppe um Carl Goerdeler, war es vor allem Leuschner, Leber und Reichwein zu danken, daß die konservative Goerdeler-Gruppe von ihrem reaktionären Konzept einer zwar nicht faschistischen, aber von Monopolen und Großgrundbesitz bestimmten Regierung abrücken mußte. Als Fürsprecher für weitgehende demokratische Reformen und der Zusammenarbeit mit Kommunisten setzten die fortschrittlichen Kräfte des »Kreisauer Kreises« eine Kontaktaufnahme mit Repräsentanten der in Deutschland illegalen KPD durch. Am 22. Juni 1944 fand das erste und – aufgrund der Zerschlagung der Gruppen durch die Gestapo – einzige offizielle Gespräch zwischen Verschwörern und Kommunisten statt, an dem Leber und Reichwein einerseits, Saefkow und Jacob andererseits teilnahmen.[78]

3. *Die Entwicklung im sozialdemokratischen Exil*

a) Allgemeine Merkmale der sozialdemokratischen Emigration

Im Laufe des Jahres 1933 verließen etwa 3500 Sozialdemokraten und sozialdemokratisch orientierte Mitglieder der Gewerkschaften und des Reichsbanners Deutschland; bis 1935 hatte sich ihre Zahl auf 5000–6000 erhöht. Die Länder, in denen sich die geflüchteten Sozialdemokraten in den ersten Jahren nach 1933 bevorzugt niederließen, waren die Tschechoslowakei, Frankreich, die Schweiz, Holland, Belgien, Dänemark und Schweden; bis zur Saarabstimmung im Januar 1935 hielt sich auch eine Reihe von SPD-Mitgliedern im Saargebiet auf.[79]

Unter den sozialdemokratischen Emigranten, die in der ersten Zeit nach der faschistischen Regierungsübernahme Deutschland verließen, befanden sich zahlreiche Funktionäre, für die die Flucht aus Deutschland die einzige Möglichkeit war, drohender Verhaf-

78 Hierzu vor allem: Daniil Melnikow, Der 20. Juli 1944, Legende und Wirklichkeit, Berlin o. J.

79 Werner Röder, Die deutschen sozialistischen Exilgruppen in Großbritannien 1940–1945, Hannover 1968, S. 17, und Kurt Grossmann, Die Geschichte der Hitler-Flüchtlinge 1933–1945, S. 43.

tung zu entkommen. Zu ihnen gehörten neben der Mehrheit der Parteivorstandsmitglieder u. a. Parteisekretäre, Parteiangestellte, Bezirksvorstände, Parlamentarier und führende Mitarbeiter der Parteipresse.[80]

Die überwiegende Mehrheit der SPD-Emigranten lebte nach dem Verlassen Deutschlands isoliert und zurückgezogen und nahm keine politische Tätigkeit mehr auf; Probleme der materiellen Existenzsicherung, fehlende Verbindungen zu anderen geflüchteten Parteigenossen, Enttäuschung und Erbitterung über den katastrophalen Zusammenbruch der Partei sowie die Hoffnung auf ein baldiges Ende des erzwungenen Auslandsaufenthaltes dürften die Hauptgründe für dieses Verhalten gewesen sein.

Ein zahlenmäßig relativ kleiner Kreis von emigrierten Sozialdemokraten zeigte sich auch unter den neuen erschwerten Bedingungen zu politischer Tätigkeit bereit und in der Lage. Hier sind in erster Linie diejenigen Sozialdemokraten zu nennen, die Deutschland bereits mit dem Ziel verlassen hatten, ihre Parteitätigkeit fortzusetzen und die ihr Exil der Absicht entsprechend gewählt hatten, vom Ausland her am antifaschistischen Widerstandskampf teilzunehmen. Neben den Mitgliedern der Sopade und einer Reihe sächsischer Parteifunktionäre, die maßgeblich am Aufbau der Gruppe »Revolutionäre Sozialisten Deutschlands« beteiligt waren, trifft dies für die Auslandsleitung der Organisation »Neu Beginnen« zu.

Ihr politisches Engagement nicht aufgegeben hatte auch eine Reihe von Sozialdemokraten, die sich im Lauf des Jahres 1933 an verschiedenen Orten – so in Paris, Prag, Amsterdam und Stockholm[81] – aus dem Bedürfnis nach Parteikontakten und nach gemeinsamer politischer Betätigung heraus spontan zu Emigrantenkreisen zusammengefunden hatten. Im Unterschied zur Sopade, zu »Neu

80 Vgl. dazu die Angaben bei Franz Osterroth, Biographisches Lexion des Sozialismus, Bd. 1, Verstorbene Persönlichkeiten, Hannover 1960.

81 Über diese Gruppen liegen nur wenige Informationen vor: Hinweise auf die Pariser Ortsgruppe enthalten der Briefwechsel Breitscheid/Hoegner (Institut für Zeitgeschichte, München, F 205); auf die Prager Emigrantengruppe wird in dem Bericht des Prager SPD-Emigranten Heinz Hoffmann »Stand der Arbeit und Perspektiven seit Oktober 1934« (Institut für Sozialgeschichte Amsterdam) hingewiesen; Daten über die Amsterdamer SPD-Gruppe finden sich in den Berichten aus dem Grenzsekretariat Antwerpen (Parteiarchiv Bonn/Bad Godesberg, Sopade 149).

Beginnen« oder den »Revolutionären Sozialisten« war bei diesen Gruppen zumeist kein fester organisatorischer Zusammenhalt vorhanden. Da sie im allgemeinen weder über eigene finanzielle Mittel noch über Verbindungen zu illegal arbeitenden Sozialdemokraten in Deutschland verfügten, konzentrierten sich ihre Aktivitäten vornehmlich auf politische Diskussionen und auf die Auseinandersetzung mit Emigrationsproblemen.

Diese Emigrantenkreise befaßten sich ebenso wie die Mitglieder der Gruppe »Neu Beginnen« und »Revolutionäre Sozialisten« in der ersten Zeit ihres Exils intensiv mit der Frage, worin die Ursachen für den faschistischen Sieg und insbesondere für den Zusammenbruch der eigenen Partei zu suchen seien. Wie viele Widerstandsgruppen im Inland kamen sie zu der Einsicht, daß die SPD in der Zeit der Weimarer Republik entscheidende politische Fehler begangen habe, ohne die die Niederlage der Partei undenkbar gewesen wäre. Sie kritisierten an der Parteipolitik der Weimarer Zeit, daß sie im Prinzip auf außerparlamentarische Kampfaktionen verzichtet sowie die Koalitionspolitik mit bürgerlichen Parteien gesucht hatte, die als »Zusammenarbeit mit Klassengegnern des Proletariats« bezeichnet wurde.[82] Sie zogen die Lehre, daß der Kampf gegen den Faschismus nicht mit der Wiederherstellung der demokratischen Republik enden könne und dürfe; vielmehr sei er »positiv und eindeutig zu führen mit der Zielsetzung, den Faschismus durch den Sozialismus abzulösen«. Dies sei – so meinten sie – nur mit revolutionären Mitteln, nur auf dem Wege über die »Errichtung der Diktatur des revolutionären Proletariats« zu erreichen.[83]

Einhellig vertraten sie auch die Auffassung, daß der Kampf um den Sturz des Faschismus und um die Verwirklichung sozialistischer Ziele nur erfolgreich sein könne, wenn er von einer vollkommen erneuerten einheitlichen sozialistischen Arbeiterbewegung getragen werde.

Die Sopade sei als Repräsentant der gescheiterten Politik der SPD

82 13 Thesen der Ortsgruppe Paris der SPD, abgedruckt in: Die neue Front – Organ der SAP-Auslandsgruppe Prag vom 1. September 1933.

83 A.a.O. Vgl. auch die Schrift »Neu Beginnen«, a.a.O., S. 52 und 59, sowie die Rede Siegfried Aufhäusers vor der Internationalen Konferenz der SAI in Paris im August 1933, Protokoll, Zürich 1933, S. 121–127, hier: S. 122.

nicht in der Lage, die organisatorische und politische Erneuerung der Sozialdemokratie und der Organisationen der Arbeiterbewegung insgesamt herbeizuführen. Man sprach ihr die Legitimation ab, weiterhin Führungsfunktionen im politischen Kampf wahrzunehmen und verlangte von ihr, mit den ihr zur Verfügung stehenden Mitteln die sozialistischen Widerstandskämpfer zu unterstützen und einer kommenden neuen Führung den Weg freizumachen.[84]

b) Sozialdemokratische Exilpolitik in der Zeit zwischen 1933 und 1938

– Politik des Prager Parteivorstandes (Sopade)

Weder in der Zeit der Weimarer Republik noch während der faschistischen Herrschaft in Deutschland entwickelte der Parteivorstand der SPD bzw. die Sopade eine Theorie des Faschismus, die den Versuch unternommen hätte, die konkreten Entstehungsbedingungen des Faschismus in Deutschland, den sozialen Inhalt seiner Herrschaft und die besonderen Formen seiner politischen Machtausübung insbesondere gegenüber der Arbeiterklasse in einen systematischen Zusammenhang zu bringen. In ihren Publikationen finden sich lediglich unverbindlich nebeneinander stehende, gelegentlich sogar widersprüchliche Aussagen, die sich aus totalitarismus-dogmatischen, irrationalistischen, sozialpsychologischen, organisationstheoretischen oder sozialökonomischen Erklärungsansätzen herleiteten.

Die Interpretation des Faschismus als »totalen Parteistaat«, in dem die Macht auf die Person Hitler konzentriert sei,[85] stand unwidersprochen neben der Aussage, der Faschismus stelle die »staatliche Verkörperung des Macht- und Ausbeutungswillens des Großkapitals«[86] dar. So konsequenzlos derartige Widersprüche für die Politik

84 Neu Beginnen, a.a.O., S. 55 f.; siehe dazu auch den Artikel von Karl Böchel »Der Apparat ist tot – es lebe die Bewegung!«, in: Neuer Vorwärts, Nr. 3 vom 2. Juli 1933.

85 Neuer Vorwärts Nr. 8 vom 6. August 1933 (Die Mechanik des Machtapparates); ebenso Neuer Vorwärts Nr. 26 vom 10. Dezember 1933 (Kriegsrecht im Frieden) und vom 9. Juli 1933.

86 Curt Geyer, Der Rückfall in den Machtstaat, in: Sozialistische Revolution, Jg. 1, Nr. 1, S. 14–20, hier: S. 14.

der Sopade blieben, so schwierig, wenn nicht unmöglich ist es auch, die verschiedenen Aussagen über Entwicklung, Dauer, Stabilität oder Labilität des faschistischen Systems auf die unterschiedlichen Erklärungsansätze zurückzuführen oder gar der Widerstandskonzeption der Sopade zuzuordnen. Die Sopade legte stets – ob sie von einer nur kurzen oder doch langfristigen Existenz des Faschismus ausging – den Schwerpunkt ihrer Widerstandstätigkeit auf die publizistische Aufklärungsarbeit. In ihrem ersten Aufruf vom 18. Juni 1933 erklärte sie:

»Dieses System kann nur so lange existieren, als es ihm gelingt, die Wahrheit zu unterdrücken . . . Es lebt allein von der Lüge.«[87]

Diese Konzeption wurde bis zum Kriegsbeginn unvermindert beibehalten, wenn sich auch die Schwierigkeiten ihrer Realisierung erhöhten, wie Friedrich Stampfer rückblickend beschrieb:

»So blieb dem Vorstand nichts anderes übrig, als im Neuen Vorwärts den stürmischen Ablauf der Ereignisse zu begleiten und sich mit gedruckten Aufrufen an die Welt und an das deutsche Volk zu wenden, ohne viel Aussicht, die Stellen zu erreichen, für die sie bestimmt waren.«[88]

Aussagen über Formen, Inhalte und Ziele des Widerstandskampfes gegen den Faschismus, wie sie im »Prager Manifest«[89] vom Januar 1934 getroffen wurden, lassen sich zweifellos in dieses Konzept der »Wahrheitsoffensive« nicht bruchlos einpassen. Dieses Manifest, das sich zumindest verbal vom Reformismus lossagte, war von der Sopade unter die Maxime gestellt worden:

»Im revolutionären Kampf die Knechtschaft durch das Recht der Freiheit, die Gesetzlosigkeit durch die Ordnung des Sozialismus zu überwinden, ist die Aufgabe der deutschen Arbeiterklasse.«

Ausschließlich das »Ziel der Eroberung der Staatsmacht, ihrer Festigung und Behauptung zur Verwirklichung der sozialistischen Gesellschaft« sollte die Taktik der Sozialdemokraten im Widerstandskampf bestimmen. Die Sopade verpflichtete sich laut Manifest zur

87 »Zerbrecht die Ketten!«, in: Neuer Vorwärts Nr. 1 vom 18. Juni 1933.

88 Friedrich Stampfer, Die dritte Emigration, in: Mit dem Gesicht nach Deutschland, Eine Dokumentation über die sozialdemokratische Emigration, Aus dem Nachlaß von Friedrich Stampfer. Hrsg. Erich Matthias, Düsseldorf 1968, S. 112.

89 Das »Prager Manifest« wurde unter dem Titel »Kampf und Ziel des revolutionären Sozialismus« am 28. Januar 1934 im Neuen Vorwärts veröffentlicht; es findet sich vollständig und korrekt abgedruckt in: Gerhard Gleissberg, SPD und Gesellschaftssystem, Frankfurt/Main 1973, S. 79–91.

Förderung der »revolutionären Organisation« und zur Unterstützung »jeder Gruppe, deren revolutionärer Geist dafür bürgt, daß ihre Tätigkeit dem Sturz der nationalsozialistischen Diktatur im Rahmen der Einigkeit der Arbeiterklasse dient«. Außerdem räumte sie den illegalen Gruppen das Recht ein, an der Politik der Sopade mitzuwirken. Mit dem Bekenntnis zur revolutionären Politik und zur Aktionseinheit schloß das Manifest:

»Der Kampf zum Sturz der Diktatur kann nicht anders als revolutionär geführt werden. Ob Sozialdemokrat, ob Kommunist, ob Anhänger der zahllosen Splittergruppen, der Feind der Diktatur wird im Kampf durch die Bedingungen des Kampfes selbst der gleiche sozialistische Revolutionär. Die Einigung der Arbeiterklasse wird zum Zwang, den die Geschichte selbst auferlegt.«[90]

Die Entstehung dieses Programms fiel in eine Zeit maximaler Entfremdung der Sopade gegenüber der Mitgliedschaft, den aktiven Gruppen in Deutschland und im Exil sowie der SAI. Da die Sopade zu keiner Zeit die im Manifest enthaltenen Aufgabenstellungen zu realisieren suchte, liegt der Gedanke nahe, daß das Programm dem Zweck dienen sollte, die nach links strebenden Kräfte und Gruppen zu integrieren, die eigene Position zu stabilisieren und sich als ideologische Führung der deutschen Sozialdemokratie, als »Treuhänder« des sozialdemokratischen Ideengutes zu legitimieren. Diese Interpretation findet eine Bestätigung in nachträglichen Äußerungen von Sopade-Mitgliedern. So stellte z. B. Otto Wels im nachhinein fest, das Programm sei ein vom »Zwang der Verhältnisse« bedingtes Zugeständnis an den »Geist der Zeit« gewesen.[91]

Die Verwirklichung der Widerstandskonzeption des »Prager Manifestes« hätte zweifellos im Widerspruch zu den Intentionen der Sopade gestanden, ihre Machtpositionen zu festigen. Daher blieb sie bei der seit Herbst 1933 propagierten »Wahrheitsoffensive«, die den Ausbau der Grenzsekretariate und eines Verteilernetzes für die Einfuhr des Propagandamaterials erforderte, baute einen eigenen Apparat auf, den sie gegenüber konkurrierenden Exilgruppen zur Geltung bringen konnte. Ihre Zeitungen, Zeitschriften und Broschüren dienten als Bindeglied zwischen Sopade und den Sozialdemokraten

90 Ebd., S. 90.

91 Hans J. L. Adolph, Otto Wels und die Politik der deutschen Sozialdemokratie, a.a.O., S. 309, Anm. 92.

im Inland. Sie sollten vor allem den Zusammenhalt der Parteimitglieder vermitteln:

»Ein fester organisatorischer Zusammenschluß ist in Deutschland nicht möglich. Die Presse ist aber auch eine Form der Organisation, vielleicht sogar die beste, die sich unter den gegenwärtigen Verhältnissen denken läßt, weil sie elastisch ist und trotzdem eine intensive geistige Beeinflussung gewährleistet.«[92]

Mit zunehmender Lebensdauer des faschistischen Systems war die Sopade von ihrer ursprünglichen Einschätzung, der Faschismus werde in kurzer Zeit an seinen inneren Widersprüchen zerbrechen, abgerückt; hieraus entwickelte sie die These, daß der Anstoß zum Zusammenbruch der Diktatur nurmehr von außen kommen könne – durch einen Krieg. Eine auf den Umsturz durch eine Massenbewegung im Inland gerichtete Widerstandskonzeption war damit auch »theoretisch« hinfällig, genauso wie die Aktionseinheit mit der KPD »objektiv« irrelevant geworden war, wenn eine Koalitionsregierung nach Weimarer Muster die Perspektive für das Nachkriegsdeutschland darstellte.

– Sozialdemokratische Exilgruppen zur Frage der Aktionseinheit mit der KPD

Als im März 1933 – entgegen der Einschätzung der sozialdemokratischen Parteiführung – der faschistische Terror auch auf sozialdemokratische Funktionäre und Mitglieder immer stärker ausgedehnt wurde und die Hitler-Hugenberg-Papen-Regierung ihren faschistischen Charakter für jedermann sichtbar enthüllte, schlug die KPD dem Parteivorstand erneut die gemeinsame Aktion vor und erklärte sich nun sogar zum Abschluß eines »Nichtangriffspaktes«[93] für die Zeit des gemeinsamen Kampfes gegen den Faschismus bereit. Der Antikommunismus der SPD-Parteiführung, der zur stillschweigenden Ignorierung auch dieses Angebotes führte, bestimmte zunächst

92 Paul Hertz, Unsere Aufgabe und ihre Erfüllung, in: Zeitschrift für Sozialismus, Nr. 12/13, September/Oktober 1934, S. 422–432, hier: S. 427.

93 Vgl. das Einheitsfrontangebot der Kommunistischen Partei Deutschlands vom 14. März 1933, in: Horst Laschitza und Siegfried Vietzke, Deutschland und die deutsche Arbeiterbewegung 1933–1945, Berlin 1964, S. 295–297.

ungebrochen auch die Politik der Sopade. In ihrer ersten Stellungnahme nach ihrer Konstituierung erklärte sie die Kommunisten für die Spaltung der Arbeiterklasse und daher auch für den Sieg des Faschismus verantwortlich:

»Mag man über die Fehler der sozialdemokratischen Politik so hart urteilen wie man will – wir betrachten es nicht als unsere Aufgabe, sie abzustreiten –, so bleibt doch die Tatsache bestehen, daß der Kommunismus ein einziges Verbrechen und ein furchtbares Verhängnis für die deutsche Arbeiterklasse gewesen ist.«[94]

Angesichts des »Reichstagsbrand-Prozesses«, der die unversöhnliche Feindschaft der Kommunisten gegenüber dem Faschismus dokumentierte, verschärfte die Sopade den in ihrer »Totalitarismustheorie« wurzelnden Vorwurf, Faschisten und Kommunisten arbeiteten einander in die Hände, als sie in ihrer »Weihnachtsbotschaft an alle Verfolgten!« erklärte:

»Noch nie zuvor war es der kommunistischen Internationale gelungen, einen der ihren zu wahrer Weltpopularität emporzuheben . . . Erst Göring hat alle anständigen Menschen gezwungen, für diese Kommunisten Partei zu ergreifen. Dimitroff ist heute der populärste Mann der Welt: Heil Hitler! . . . Jedenfalls hat die Dritte Internationale allen Grund, sich beim Dritten Reich für den Reichstagsbrandprozeß zu bedanken. Die Welt aber sieht mit Staunen, wie im heutigen Deutschland der Kampf gegen den Bolschewismus geführt wird. Viehische Brutalität ohne einen Funken Verstand.«[95]

Wenn die Sopade nur wenige Wochen später im »Prager Manifest« die Aktionseinheit mit Kommunisten als »Zwang der Geschichte« apostrophierte, so ist dies weniger auf eine plötzliche politische Wandlung zurückzuführen, sondern auf die Tatsache, daß ein Großteil der Exilgruppen und der in Deutschland kämpfenden Gruppierungen den antifaschistischen Kampf der KPD und ihre Opfer anerkannten und wachsende Bereitschaft zur Aktionseinheit zeigten. Die taktische Motivation für das Abrücken vom Antikommunismus im »Prager Manifest« bestätigte Friedrich Stampfer 1937 gegenüber Paul Hertz, indem er als »Schwindel« bezeichnete, was 1933/34 über die »Voraussetzungen des Sturzes des Nationalsozialismus« von der Sopade gesagt worden sei.[96]

94 »Zerbrecht die Ketten!«, a.a.O.

95 »Allen Verfolgten! Weihnachtsbotschaft des Freiheitskampfes«, in: Neuer Vorwärts, Nr. 28 vom 23. Dezember 1933.

96 Vgl. Dieter Lange, Das Prager Manifest von 1934, in: Zeitschrift für Geschichtswissenschaft, Jg. 19, Heft 7, 1972, S. 841–872, hier: S. 849.

In der Tat hat die Sopade in der Zeit nach Veröffentlichung des »Prager Manifestes« keines der zahlreichen Angebote der KPD zur Aktionseinheit positiv beantwortet. Dies gilt auch für das Jahr 1935, als die kommunistischen Parteien beim VII. Weltkongreß auf internationaler Ebene und kurz darauf die KPD mit der Brüsseler Konferenz auf nationaler Ebene ihre bisherige Einschätzung der Rolle der Sozialdemokratie und der hieraus resultierenden Konzeption der Aktionseinheit einer kritischen Überprüfung unterzogen. Ausgehend von der Erkenntnis einer veränderten Funktion der Sozialdemokratie unter faschistischen Herrschaftsbedingungen und eines starken Differenzierungsprozesses innerhalb der Sozialdemokratie gab die KPD die »Sozialfaschismustheorie« und das Konzept einer ausschließlichen »Einheitsfront von unten« nun endgültig auf und stellte sich die Aufgabe, an Parteiführung und lokale Gruppen wie einzelne sozialdemokratische Mitglieder oder Anhänger mit konkreten, zunächst begrenzten Angeboten zur gemeinsamen Aktion heranzutreten.[97]

Als die KPD auf Grundlage dieser Einschätzung die Sopade erneut zu einem Verständigungsgespräch einlud, konnte diese wegen des starken positiven Echos, das der VII. Weltkongreß bei den sozialdemokratischen Gruppen und vielen europäischen Bruderparteien gefunden hatte, das Gespräch selbst zwar nicht ablehnen. Sie war jedoch von vornherein entschlossen, die Verhandlungen zum Scheitern zu bringen. Bei dem Treffen am 23. November 1935 in Prag bestritten die Sopade-Vertreter, daß die Aktionseinheit Voraussetzung für den Sturz des Faschismus sei; vielmehr gebe sie »den Machthabern in Deutschland eine erwünschte Gelegenheit . . ., das bolschewistische Schreckgespenst neu aufleben zu lassen«. Das Resultat wäre eine »Festigung des Systems«, da solche Kräfte, »die jetzt bereit sind, sich einer eindeutig orientierten Sozialdemokratie anzuschließen, wieder nach rechts getrieben würden«.[98]

97 Hierzu vor allem: Siegfried Vietzke, Die KPD auf dem Wege zur Brüsseler Konferenz, Berlin 1966 und Wilhelm Pieck, Der neue Weg zum gemeinsamen Kampf für den Sturz der Hitlerdiktatur, Berlin 1960.

98 Vgl. dazu die Dokumente »ZK der KPD vom 10. November 1935 an den sozialdemokratischen Parteivorstand in Prag« und »Besprechung zwischen Vertretern des Parteivorstands der SPD und des Zentralkomitees der KPD in Prag« vom 23. November 1935, in: Mit dem Gesicht nach Deutschland, a.a.O., S. 238 ff.

Mit wechselnder Begründung lehnte die Sopade nicht nur alle weiteren Angebote der KPD zur Aktionseinheit ab, sondern versuchte unter Anwendung aller ihr zur Verfügung stehenden Druckmittel, Inlands- und Exilgruppen davon abzuhalten bzw. abzubringen, mit Kommunisten auch nur Gespräche zu führen. Nach systematischen Intrigen gegen ihre Vorstandskollegen Aufhäuser und Böchel schloß die Sopade-Mehrheit im Januar 1935 beide von der Vorstandstätigkeit aus. Mit der Entlassung des ebenfalls der Gruppe »Revolutionäre Sozialisten« angehörenden Leiters des Karlsbader Grenzsekretariats zerstörte die Sopade die Basis der Widerstandsarbeit dieser Gruppe und damit auch ihre Verbindungen zu den Inlandsgruppen in Sachsen und Thüringen. Gleichzeitig wurde der Gruppe »Neu Beginnen« die materielle Unterstützung aufgekündigt. Im Januar 1936 untersagte die Sopade per Rundbrief allen Grenzsekretären, Vertrauensleuten und Stützpunktleitern, »organisatorische Verbindung mit Kommunisten, insbesondere Abmachungen und Vereinbarungen mit kommunistischen Vertretern und Organisationen über gemeinsame Aktionen« einzugehen; darüber hinaus sollten sie gegenüber den im Inland kämpfenden Parteifreunden diese Haltung der Sopade mit Nachdruck vertreten.[99] Jedoch den Exilgruppen gegenüber rechtfertigte sie ihre negative Haltung zur KPD mit der Behauptung, die Inlandsgruppen selbst lehnten die Aktionseinheit ab. Zur Untermauerung ihrer Behauptung zog sie die von ihr zusammengestellten Erfahrungs- und Informationsberichte über die Situation in Deutschland, die »Grünen Berichte«, heran, in denen – wie von anderen Exilgruppen festgestellt wurde – die politische Einstellung der Inlands-Sozialdemokraten fälschlich als einheitsfrontfeindlich wiedergegeben wurde.[100]

Die Sopade begriff ihre Politik gegenüber der KPD als konsequente Fortsetzung jener Haltung, »die wir in den letzten Jahren der Weimarer Republik gegenüber den Kommunisten eingenommen haben: keine Verhandlungen mit der KPD, keine Einheits- oder Volksfront, keine gemeinsamen Aktionen, keine gemeinsamen Er-

99 Jutta von Freyberg, Sozialdemokraten und Kommunisten, a.a.O., S. 141.

100 Vgl. dazu: Schiff an Reuter (7./10. Januar 1936), Schiff an Stampfer (27. Januar 1936), Schiff an Stampfer (6. Februar 1936), Kuttner an Stampfer (9. Februar 1936), in: Mit dem Gesicht nach Deutschland, a.a.O., S. 254–267.

klärungen«.[101] Da sie keinen ideologischen Einfluß auf relevante Teile der Arbeiterklasse in Deutschland während der Zeit des Faschismus geltend machen konnte, konzentrierte sie einen Großteil ihrer Kraft auf die Erhaltung des sozialdemokratischen Ideengutes, was sowohl den aktiven Kampf gegen den Faschismus als auch die Aktionseinheit mit der KPD ausschloß. Grundmotiv ihrer politischen Praxis war die Unterordnung tagespolitischer Erfordernisse des Widerstandskampfes unter ihre langfristigen Interessen, die sich auf die Zeit nach dem Sturz des Faschismus bezogen und die Wiederherstellung der bürgerlich-parlamentarischen Demokratie und eine Koalitionsregierung von Konservativen bis Sozialdemokraten bei ausdrücklichem Ausschluß der Kommunisten zum Inhalt hatten.[102] Tatsächlich hatte die Sopade in der Zeit zwischen 1934 und 1938 mit reaktionären Politikern wie Heinrich Brüning und Treviranus, dem früheren Vorsitzenden der Deutschnationalen Volkspartei, über mögliche finanzielle Zuwendungen verhandelt und den Plan eines »konservativ-militärischen Übergangregimes« diskutiert.[103] Den Nachweis der Bündnisfähigkeit gegenüber den künftigen bürgerlichen Koalitionspartnern meinte die Sopade offensichtlich nur dadurch erbringen zu können, daß sie ihre Bereitschaft demonstrierte, gegen die linke Opposition rigoros vorzugehen, sobald ihre Integrationsmechanismen versagten, und daß sie jeden Ansatz zur Aktionseinheit mit Kommunisten in den eigenen Reihen rücksichtslos ausmerzte.

Die endlosen Differenzen und Konflikte zwischen Sopade und anderen sozialdemokratischen Exilgruppen bzw. einzelnen Emigranten finden letztlich in diesen Prinzipien der Sopade-Politik ihre Begründung und nicht in zweifellos vorhandenen besonderen Belastungen der Exilsituation.

Abgesehen von der Sopade waren die relevanten sozialdemokratischen Exilgruppen – bei unterschiedlichen taktischen Vorstellungen und politischen Konzeptionen – zur Einsicht in die Notwendigkeit

101 Jutta von Freyberg, Sozialdemokraten und Kommunisten, a.a.O., S. 141.

102 Hierzu den Auszug aus dem Protokoll der Sitzung des sozialdemokratischen Emigrationsvorstandes in Paris am 26. April 1939, in: GdA 5, S. 516–519.

103 Vgl. Hans J. L. Adolph, Otto Wels und die Politik der deutschen Sozialdemokratie, a.a.O., S. 338 f.

der Aktionseinheit gelangt. Für diese Gruppen hatten die »Sozialfaschismus-Theorie« und die Politik der Gewerkschaftsspaltung durch die KPD ein echtes Hindernis dargestellt, das weitere Schritte in Richtung auf gemeinsame Aktionen mit Kommunisten blockierte. Entsprechend positiv wurden die Ergebnisse des VII. Weltkongresses der KI aufgenommen, entsprechend scharf die ablehnende Haltung der Sopade kritisiert. Während das Auslandsbüro von »Neu Beginnen« nur in allgemeiner Form die Einheitsfrontbeschlüsse begrüßte, erklärte die Inlandsleitung dieser Gruppe:

»Wir fordern die internationale und nationale Einheitsfront! Wir fordern die organisatorische Einheit der Arbeiterbewegung um jeden Preis . . . Es gibt kein anderes Gegenwartsziel als: Eine Klasse – eine Front! Eine Partei – eine Internationale!«[104]

Ebenso eindeutig bejaht wurden die Beschlüsse zur Aktionseinheit von den »Revolutionären Sozialisten«, die – im Unterschied zur Sopade – von der Aufrichtigkeit der Konzeption und der Ehrlichkeit des Verhandlungsangebotes der KPD vom November 1935 überzeugt waren. Die politischen Erfolge der spanischen und französischen Volksfront waren für sie Beweis dafür, daß die Aktionseinheit der Arbeiterklasse im Bündnis mit demokratischen bürgerlichen Kräften eine wirksame Gegenwehr gegen den Faschismus darstellte.

Dem im Herbst 1935 in Paris gebildeten »Lutetia-Kreis«[105] zur Vorbereitung einer deutschen Volksfront schlossen sich trotz der Absage der Sopade immer mehr Sozialdemokraten an, darunter auch der ehemalige Vorsitzende der SPD-Reichstagsfraktion, Rudolf Breitscheid, der ehemalige Vorsitzende der SPD im Saargebiet, Max Braun, der frühere SPD-Polizeipräsident von Berlin, Albert Grezsinski, Siegfried Aufhäuser und Karl Böchel.

Der Volksfrontausschuß wirkte durch seine Erklärungen nicht nur in der Emigration, sondern auch in Deutschland als Ermutigung für den Zusammenschluß der antifaschistischen Kräfte. Ideologische Differenzen in der Frage, ob das von den Kommunisten angestrebte Ziel der Volksfront, die demokratische Republik, mit sozialistischen Zielvorstellungen vereinbar sei, führten zwar 1937 zum

104 Kurt Kliem, Der sozialistische Widerstand gegen das Dritte Reich, a.a.O., S. 183.

105 Hierzu: Ursula Langkau-Alex, Deutsche Emigrationspresse, in: International Review of Social History, Vol. XV 1970, Part 2, S. 167–201.

Scheitern des Pariser Volksfrontausschusses; die Idee der Volksfront wurde dennoch – auch in der Emigration – zu realisieren gesucht, so im »Arbeitsausschuß zur Bildung einer Volksfront im Saargebiet« und im »Koordinationsausschuß deutscher Gewerkschafter«.

Die negative Haltung der Sopade zur Volksfront und ihre sich auf wenige Erklärungen beschränkende Unterstützung der spanischen Republik verstärkten die Motivation der ihr gegenüber oppositionellen Exilgruppen, ihre Sammlungs- und Einigungsbestrebungen voranzutreiben. Die Versuche der »Revolutionären Sozialisten« und »Neu Beginnens« aus den ersten Jahren des Exils, ein »Kartell« der sozialistischen Gruppen herzustellen, wurden 1938 in Paris als »Konzentrationsdebatten« erneut aufgenommen. Nach längeren Diskussionen mit der inzwischen nach Paris umgesiedelten Sopade, die ihren Führungsanspruch nicht aufgeben wollte, schlossen sich im September 1938 die Auslandsvertretung der österreichischen Sozialisten, »Neu Beginnen« und die »Sozialistische Arbeiterpartei« (SAP) zur »Arbeitsgemeinschaft für Inlandsarbeit« zusammen, der sich später u. a. auch der »Internationale Sozialistische Kampfbund« (ISK) zugesellte und die dann den Namen »Arbeitsausschuß deutscher Sozialisten und der Revolutionären Sozialisten Österreichs« annahm.[106]

Im April 1939 – nach der Annexion der Tschechoslowakei – wurde mit dem gemeinsamen Aufruf von KPD, KPÖ, dem »Arbeitsausschuß deutscher Sozialisten und der Revolutionären Sozialisten Österreichs«[107] ein weiterer Schritt auf dem von Widersprüchen und Rückschlägen nicht freien Weg der Annäherung von Sozialdemokraten und Kommunisten getan.

c) Organisatorische und politische Entwicklung der sozialdemokratischen Emigration von 1939 bis 1945

Nach dem Münchner Abkommen vom September 1938 verlegte die Sopade ihren Sitz von Prag nach Paris; dort konnte sie ihre Tätigkeit bis zum Sommer 1940 fortsetzen. Allerdings war es ihr nach der par-

106 Zur Konzentrationsdebatte vgl. Mit dem Gesicht nach Deutschland, a.a.O., S. 300 ff.

107 Der Aufruf ist im Auszug abgedruckt in: GdA 5, S. 515–516.

tiellen Besetzung Frankreichs durch die deutsche Wehrmacht nur noch begrenzt möglich, ihre Rolle als Treuhänder der unverfälschten sozialdemokratischen Doktrin wahrzunehmen. Ihre personelle Basis schrumpfte immer mehr zusammen: Paul Hertz wurde wegen Annäherung an »Neu Beginnen« aus der Sopade ausgeschlossen, Rudolf Hilferding auf seiner Flucht von den Vichy-Behörden an die Gestapo ausgeliefert, Otto Wels und Siegmund Crummenerl starben, Curt Geyer trat später freiwillig aus der Sopade aus. Hans Vogel, von den übrigen Sopade-Mitgliedern zum Nachfolger von Otto Wels bestimmt, bildete in London zusammen mit Erich Ollenhauer den Parteivorstand, während sich Friedrich Stampfer in den USA der »German Labor Delegation« anschloß, die im März 1939 von Albert Grezsinski, Rudolf Katz, Max Brauer, Helene Wachenheim, Alfred Braunthal, Gerhard Seger u. a. gegründet worden war, um finanzielle Hilfsquellen für die sozialdemokratischen Emigranten vor allem bei der amerikanischen Arbeiterbewegung zu erschließen.[108] Andere sozialdemokratische Exilgruppen, die bisher in Frankreich, Holland und Dänemark bestanden hatten, wurden durch den Kriegsverlauf auseinandergerissen; nur in Schweden konnte sich bis Kriegsende noch eine größere Gruppe von Sozialdemokraten halten.

In London übernahmen Hans Vogel, Erich Ollenhauer und der Mitarbeiter beim Vorstand Fritz Heine das bisher von Wilhelm Sander als Londoner Vertreter des Vorstandes geleitete Büro und dessen Publikationsorgan »Sozialistische Mitteilungen«. Schon wenige Monate nach ihrer Ankunft, im März 1941, gründeten sie mit den in England ansässigen Gruppen der SAP, von »Neu Beginnen«, des ISK und der sozialdemokratischen Landesgruppe die »Union deutscher sozialistischer Organisationen in Großbritannien«.[109]

Zwar war die Bildung dieser Dachorganisation mit den bisher in Opposition zur Sopade stehenden Gruppen nur durch Zugeständnisse seitens der Sopade zu erreichen gewesen; die taktische Flexibilität der Londoner Sopade in Fragen der Programmdiskussion, des

108 Zur Entstehung der »German Labor Delegation« vgl. Mit dem Gesicht nach Deutschland, a.a.O., S. 34 ff.

109 Eine ausführliche Darstellung der »Union« findet sich bei Werner Röder, Die deutschen sozialistischen Exilgruppen . . ., a.a.O.

Verhältnisses zur KPD und der Neuordnungsvorstellungen sicherte ihr nun aber erstmals eine weitgehende Anerkennung und Legitimierung als Parteiführung in der Zeit des Exils.

Für die Auseinandersetzung mit rechten und linken Strömungen innerhalb der sozialdemokratischen Emigranten verfügte die Sopade damit über genügend Autorität, um ihre Positionen behaupten zu können. Sie mußte sie gegenüber der »romantisch-reaktionären« Richtung des »Volkssozialismus«[110] um Wenzel Jaksch durchsetzen wie auch gegenüber der sich um Curt Geyer sammelnden »Fight for Freedom«-Gruppe,[111] die sich auf den antideutschen »Vansittartismus« berief. Vor allem aber galt es, jene kleine Gruppe von Sozialdemokraten um Viktor Schiff zu isolieren, die eine organisatorische Vereinigung von SPD und KPD anstrebte und sich dem Volksfrontbündnis »Freie Deutsche Bewegung« anschloß.[112]

Innerhalb der »Union« konnte die Sopade ihren Einfluß gegen eine mehr als taktische Annäherung an die KPD und die Volksfrontbewegung erfolgreich geltend machen und organisatorische Vereinbarungen und gemeinsame Erklärungen von »Union« und KPD verhindern, obwohl seitens »Neu Beginnen«, SAP und ISK – vor allem seit dem faschistischen Überfall auf die Sowjetunion – eine große Bereitschaft zur Aktionseinheit vorhanden war.

Dem immer wieder artikulierten Bedürfnis der Exilgruppen nach Schaffung eines neuen Parteiprogramms und Diskussion der politischen Grundlagen der Sozialdemokratie nach dem Sturz des Faschismus gab die Sopade allerdings nach. Sie stieß dabei auf heftige Kritik von Friedrich Stampfer, mit dem sie bislang keine Meinungsverschiedenheiten hatte. Nun aber kommentierte Stampfer ihre Programmdiskussionen mit Polemik:

»Ihr habt da etwas getan, wozu Ihr kein Recht habt, das Gegenteil von dem, wozu wir seinerzeit ins Ausland geschickt worden sind. Wir sind ins Ausland geschickt worden, um die Sozialdemokratische Partei Deutschlands zu vertreten und nicht, um sie zu liquidieren . . . Wer, zum Teufel, erlaubt Euch denn, die Bildung einer neuen Partei in Deutschland als selbstverständ-

110 Hierzu: Gerhard Gleissberg, SPD und Gesellschaftssystem, a.a.O., S. 35 ff.
111 Ebd., S. 39 ff.
112 Vgl. Werner Röder, Die deutschen sozialistischen Exilgruppen . . ., a.a.O., S. 198 ff.

lich vorauszusetzen, wenn die entscheidenden Kräfte in Deutschland sind?«[113]

Ungeachtet dieses Protestes von Stampfer, der außerordentlich starr auf der Treuhänderschafts-Doktrin beharrte, verabschiedete die »Union« Richtlinien über ihre programmatischen Vorstellungen für die internationale Politik, für eine deutsche Staatsverfassung, für die Wirtschaftspolitik, für eine demokratische Erziehungs- und Kulturpolitik, für den Aufbau der Verwaltung und für die Reform der Justiz.[114]

Trotz materieller Unterstützung durch die »American Federation of Labor« (AFL) und das »Jewish Labor Committee« für die sozialdemokratische Exilorganisation »German Labor Delegation« (GLD), in der Stampfer sein politisches Betätigungsfeld fand, und trotz guter Verbindungen zu Regierungskreisen der USA gelang es Stampfer nicht, der Sopade in England vergleichbare Positionen aufzubauen. Er führte nicht nur einen erbitterten Kampf gegen die von »Neu Beginnen« und Paul Hertz initiierte »Friends of German Freedom«-Organisation; wegen der zum Teil erheblichen politischen Meinungsdifferenzen verzichtete er auf die Bildung einer Vorstandsvertretung in den USA, der auch Georg Dietrich, Paul Hertz und Marie Juchacz hätten angehören müssen. Mit seinem unbeugsamen, schroffen Antikommunismus geriet er selbst bei seinen engeren Parteifreunden in immer größere Isolierung. So lehnte es Stampfer auch ab, dem im Mai 1944 gegründeten »Council for a Democratic Germany« beizutreten, obwohl sich dieser von der Bewegung »Freies Deutschland« distanzierte. Entscheidend für Stampfers Nichtbeitritt war die Tatsache, daß dem »Council« neben Künstlern wie Heinrich Mann, Wissenschaftlern wie Paul Tillich, Liberalen und Sozialdemokraten auch Kommunisten angehörten.[115]

In Schweden schlossen sich im Januar 1944 sozialdemokratische und kommunistische Emigranten sowie andere deutsche Hitlergegner im »Freien Deutschen Kulturbund« zusammen, um im Sinne der Bewegung »Freies Deutschland« spezifisch kulturelle Aufgaben der

113 Friedrich Stampfer an die Sopade vom 1. März 1943, in: Mit dem Gesicht nach Deutschland, a.a.O., S. 583 ff.

114 Vgl. Gerhard Gleissberg, SPD und Gesellschaftssystem, a.a.O., S. 92 ff.

115 Vgl. GdA 5, S. 380 ff.

Antifaschisten »zur Pflege der künstlerischen und wissenschaftlichen Tradition des deutschen Humanismus, zur Erneuerung seines Geistes und zur Verteidigung seines moralischen und politischen Gehalts«[116] wahrzunehmen.

Die ablehnende Haltung der Sopade hatte wesentlichen Anteil daran, daß die Bewegung »Freies Deutschland« nicht zum Kristallisationspunkt für alle Hitlergegner, von den Kommunisten bis zu den Bürgerlichen und Wehrmachtsangehörigen, wurde. Die Beteiligung der Sozialdemokraten war regional verschieden stark, insgesamt gering und nicht selten taktisch motiviert, wie das zweifellos bei Fritz Tarnow in Schweden der Fall war. In Frankreich allerdings, wo sich im September 1944 ein legales Komitee »Freies Deutschland für den Westen« konstituieren konnte, um die antifaschistische Aufklärungsarbeit vor allem unter den deutschen Kriegsgefangenen zu betreiben, kam es zu einer erfolgreichen Zusammenarbeit mit quantitativ relevanten Kräften der Sozialdemokratie. Von den etwa 2500 deutschen Emigranten in Frankreich bekannten sich im Herbst 1944 rund 250 Sozialdemokraten, 1200 Gewerkschafter, 350 Kommunisten zu den Zielen des »Nationalkomitees Freies Deutschland«.[117]

Der Verlauf des Zweiten Weltkriegs und die Einschätzung seiner mutmaßlichen politischen Konsequenzen für Nachkriegsdeutschland bestimmten die sozialdemokratischen Neuordnungsvorstellungen und – als deren Bestandteil – das Verhältnis zur KPD und zur Sowjetunion in entscheidendem Maße. 1934 hatte die Sopade im »Prager Manifest« zur Kriegsfrage erklärt:

»Es ist nicht die Aufgabe der Sozialdemokratie, auf den Sturz der Despotie durch den Krieg zu hoffen. Es ist vielmehr ihre Aufgabe, den Krieg zu verhindern.«[118]

Bei dieser Einschätzung war sie auch bis Kriegsbeginn geblieben, ohne allerdings ihren Worten, den Krieg verhindern zu wollen, mehr als nur Artikel und Proklamationen folgen zu lassen. In ihren Aufrufen an das deutsche Volk vom 14. September 1938 und 1. Sep-

116 Ebd., Aus dem Aufruf des vorläufigen Vorstandes des Freien Deutschen Kulturbundes in Schweden von Anfang Januar 1944, S. 593–594.

117 W. Bleyer u. a., Deutschland 1939–1945, a.a.O., S. 346 f.

118 Prager Manifest, a.a.O.

tember 1939 forderte sie nicht nur zum Sturz Hitlers auf, sondern identifizierte die Ziele Frankreichs und Englands mit denen der deutschen Antifaschisten, die den »neuen deutschen Militarismus« beseitigen und »Freiheit, Frieden und Demokratie« für Europa herstellen wollten.[119]

Die Sopade leugnete die Existenz imperialistischer Interessenübereinstimmungen zwischen dem faschistischen Deutschland, Frankreich und England und ihrer gemeinsamen Frontstellung gegenüber der Sowjetunion, die im Frühjahr und Sommer 1939 einen gegenseitigen Beistandspakt zwischen Frankreich, England und der Sowjetunion verhindert und die Sowjetunion zum deutsch-sowjetischen Nichtangriffsvertrag gedrängt hatte. Die Sopade bezeichnete den Nichtangriffsvertrag als »Bündnis im Geiste Hitlers«,[120] das ihre antibolschewistische Grundhaltung und ihre Totalitarismus-Theorie bestätigte:

»Heute sehen wir, wie ein Land, das zwar kein sozialistisches in unserem Sinne, aber auch kein kapitalistisches ist, Sowjetrußland, die kräftigsten imperialistischen Raubtierinstinkte entwickelt. Dieses Land trägt mit Hitlerdeutschland zusammen die Schuld am Ausbruch des Krieges, während die Länder mit hochentwickeltem Kapitalismus zur Verhütung des Krieges mehr getan haben als manchem Pazifisten menschenmöglich und erträglich schien.«[121]

Hilferding, der die Kriegspolitik der Westmächte als »Verteidigung von Freiheit und Menschenwürde«[122] wertschätzte, verneinte sogar die imperialistischen Interessen des deutschen Faschismus:

»Dieser Krieg ist kein Krieg, der aus kapitalistischen Interessengegensätzen entsprungen ist. Nicht nur die englische und französische Kapitalistenklasse sind an ihm unschuldig, sondern auch die deutsche hat ihn nicht gewollt, aus dem einfachen Grunde, weil sie ihn nicht wollen konnte, weil sie längst einer von ihr unabhängigen oder unabhängig gewordenen Staatsmacht untergeordnet ist.«[123]

So irrational die Sopade auf den deutsch-sowjetischen Nichtangriffsvertrag reagierte, so blind zeigte sie sich gegenüber der Politik

119 Vorstand der SPD, An das Deutsche Volk, vom 14. September 1938 und 1. September 1939, in: Neuer Vorwärts vom 18. September 1938 und 10. September 1939.

120 Curt Geyer, Die russische Machtpolitik, in: Neuer Vorwärts vom 1. Oktober 1939.

121 Die Internationale und der Krieg, in: Neuer Vorwärts vom 15. Oktober 1939.

122 Rudolf Hilferding, in: Neuer Vorwärts vom 31. Dezember 1939.

123 Ebd., in: Neuer Vorwärts

der Westmächte. Deren in der Periode des »seltsamen Krieges«[124] unternommener Versuch, sich mit dem deutschen Faschismus doch noch zu arrangieren, interpretierte Hilferding zur klugen, militärischen Erwägungen entsprechenden Taktik der Westmächte um:

»Die Front im Westen war von Anfang an erstarrt. Hier verharrt der Krieg bis jetzt in der Vorbereitung – eine Vorbereitung nach ausgebrochenem Krieg von bisher beispielloser Dauer. Die Zeit dafür gewonnen zu haben, ist unbestreitbar das große Verdienst der Alliierten. Denn Deutschland war vorbereitet . . . Das Opfer Polens (hat) den Sieg der Alliierten gesichert.«[125]

Die Verurteilung der sowjetischen Außenpolitik als »russischen Imperialismus«[126] war für die Sopade gleichzeitig ein Verdikt gegenüber der KPD, die als »nichtbündnisfähig, weder heute noch in der Zukunft«[127] bezeichnet wurde, und die es »in einem befreiten Deutschland« nicht »geben darf, geben kann, geben wird«.[128]

Und Friedrich Stampfer hielt auch in den folgenden Kriegsjahren an der von ihm für die Sozialdemokratie verbindlich aufgestellten Programmatik fest:

»Entbolschewisierung Deutschlands, und zwar so gründlich wie möglich, wird die sozialdemokratische Parole sein. Grenzverwischungen durch theoretische Manschereien, Experimente wie die Münchner Räterepublik und die sächsische Zeigner-Regierung werden sich nicht wiederholen.«[129]

Erst nach dem Überfall der deutschen Wehrmacht auf die Sowjetunion im Juni 1941 entstanden innerhalb des sozialdemokratischen Exils wieder differenziertere Positionen gegenüber der UdSSR. Die »German Labor Delegation« identifizierte sich im großen und ganzen mit solchen Positionen der Westalliierten, die die Hoffnung beinhalteten, die Sowjetunion werde die Hauptlast bei der Zerschlagung des Hitlerfaschismus tragen und dadurch so geschwächt werden, daß nach Kriegsende ihr Einfluß durch die Westalliierten ein-

124 Als Periode des »seltsamen Krieges« (drôle de guerre) wird die Zeit zwischen der Kriegserklärung Englands und Frankreichs vom 3. September 1939 und dem faschistischen Überfall auf Dänemark und Norwegen am 9. April 1940 bezeichnet, in der von seiten der kriegführenden Mächte Frankreich und England praktisch keine Kampfhandlungen gegen die deutsche Wehrmacht durchgeführt wurden. Zum Charakter des »seltsamen Krieges« vgl. W. Bleyer u. a., Deutschland 1939–1945, a.a.O., S. 1–69.

125 Rudolf Hilferding, in: Neuer Vorwärts vom 10. März 1940.

126 Rudolf Hilferding, in: Neuer Vorwärts vom 21. Januar 1940.

127 Curt Geyer, in: Neuer Vorwärts vom 2. September 1939.

128 Ders., in: Neuer Vorwärts vom 1. Oktober 1939.

129 Friedrich Stampfer, in: Neuer Vorwärts vom 15. Oktober 1939.

gedämmt werden könne. Friedrich Stampfer setzte mit gewohnter Heftigkeit und ohne jede taktische Variation seine antikommunistische Propagandaarbeit fort: Der Journalist an der New York Herald Tribune, William L. Shirer, bescheinigte Stampfer einen hysterischen Antikommunismus, der vor der Verleumdung der deutschen Emigranten als »Moskauer Quislinge«, denen an der Vernichtung Hitlers mehr liege als an der Rettung Ostpreußens, nicht zurückschrecke.[130] Die Sopade in London war indes gezwungen, auf ihre Partner in der »Union« Rücksicht zu nehmen, nachdem diese die erste Sopade-Erklärung attackiert hatten. SAP, ISK und »Neu Beginnen« unterstützten nicht nur die »Anti-Hitler-Koalition« unter Einschluß der UdSSR, sondern begannen, ihre bisherige Haltung gegenüber der Sowjetunion zu überprüfen und sich von der Politik der Sopade zu distanzieren. »Neu Beginnen« äußerte in einer Denkschrift Bewunderung für die Leistungen des sowjetischen Volkes im Verteidigungskampf und kam zu der Einsicht:

»Am klarsten aber zeigt sich die Eigenart von Sowjetgesellschaft und Sowjetstaat in der zielbewußten Durchführung eines wirklichen Volkskrieges . . . Doch ein Staat, der sich in solchem Maße auf eine echte Volksbewegung stützen kann, ist kein Staat wie andere.«[131]

Die Gruppe nahm ihre Verurteilung des deutsch-sowjetischen Nichtangriffsvertrages als »roten Imperialismus« zurück und kritisierte die von der Sopade eingenommene Haltung:

»Der Wunsch, die russischen und deutschen Armeen möchten sich gegenseitig erschöpfen, aber keine von ihnen dürfe gewinnen, muß in der Praxis den Wunsch nach Dosierung der Hilfe für Rußland zur Folge haben, die sich leicht als verhängnisvoll erweisen kann – nicht nur für Rußland.«[132]

130 Vgl. Horst Duhnke, Die KPD von 1933 bis 1945, Köln 1972, S. 440, Anm. 125. Das Urteil Shirers über Stampfer trifft auch auf den sozialdemokratischen Geschichtsschreiber Erich Potthoff zu, der sich die Argumentation Stampfers zu eigen macht, wenn er über die Politik der KPD zu jener Zeit schreibt: ». . . ihre Verteidigung von Annexionen und Vertreibungen durch die siegreich vordringenden sowjetischen Truppen und die Beschimpfung der Sozialdemokratie als ›Agentin des Hitlerismus im Ausland‹ machte auch für die am linken Flügel angesiedelten demokratischen Sozialisten den Gedanken an eine Einheitsfront mit den Kommunisten zunichte.« Erich Potthoff, Die Sozialdemokratie von den Anfängen bis 1945, Bonn-Bad Godesberg 1974, S. 144.

131 Dieter Lange: Der faschistische Überfall auf die Sowjetunion und die Haltung emigrierter deutscher sozialdemokratischer Führer, in: Zeitschrift für Geschichtswissenschaft 1964, Heft 6, S. 542–567, hier: S. 551.

132 Ebd., S. 551.

Stimuliert von einer starken prosowjetischen Bewegung, die nahezu alle Bevölkerungsteile Englands erfaßte, veranstalteten SAP, »Neu Beginnen« und die KPD am 7. November 1942 in London eine Solidaritätskundgebung zugunsten des Kampfes des sowjetischen Volkes und der Roten Armee.[133]

Auf die Neuordnungskonzeption der »Union« und die offiziellen Stellungnahmen der Sopade konnte diese Haltung nicht ohne Auswirkung bleiben. So finden sich in ihren »Richtlinien für die internationale Politik« inhaltliche Übereinstimmungen mit Grundpositionen des »Prager Manifestes«: Die Vernichtung des Militärapparates müsse begleitet sein von der Beseitigung der »gesellschaftlichen Machtpositionen der wirtschaftlichen und politischen Träger des deutschen Militarismus durch die Enteignung der deutschen Kriegsindustrie und des Großgrundbesitzes«;[134] eine »tiefgreifende Reform des deutschen Erziehungswesens« solle die »geistigen und sittlichen Voraussetzungen für die Durchführung einer konsequenten Verständigungs- und Friedenspolitik der neuen deutschen Demokratie« schaffen. Als internationale Rahmenbedingungen für die Verwirklichung solcher Vorstellungen forderte die »Union« die Schaffung einer »internationalen sozialistischen Arbeiterbewegung«, die »Föderation aller europäischer Völker« sowie die Sicherung des Friedens »durch die Zusammenarbeit der britischen Völkergemeinschaft, der Sowjetunion und der Vereinigten Staaten von Amerika«.[135]

In den von der »Union« verfaßten »Richtlinien für eine deutsche Staatsverfassung«[136] vom November 1945 fanden diese allgemeinen Prinzipien durch den Entwurf einer auf radikaldemokratischen, antimonopolistischen Prinzipien beruhenden Wirtschafts- und Staatsstruktur eine Präzisierung, die die starken Differenzen zwischen Sopade und »Union« einerseits und der »German Labor Delegation« andererseits erneut offenlegte. Diese nämlich bestand auf einer einseitigen, gegen die Sowjetunion gerichteten Bindung Deutschlands an die Westalliierten, wobei sie als Entwicklungsalternativen »ein

133 Ebd., S. 564.
134 Gerhard Gleissberg, SPD und Gesellschaftssystem, a.a.O., S. 94 ff.
135 Ebd.
136 Ebd., S. 96 f.

demokratisch-friedliches Deutschland in enger Verbindung mit der westlichen Kultur oder ein nationalistisch-militaristisches, das aus machtpolitischen oder machiavellistischen Gründen Anschluß bei Rußland suchen wird« vorstellte.[137]

Die Ablehnung »jegliche(n) Zusammengehen(s) mit den deutschen Kommunisten« war für die Westorientierung dann ebenso folgerichtig wie die »gute und dauernde Fühlungnahme mit den gegebenen amerikanischen Regierungsstellen«.[138]

Der Frieden für die USA könne nur gewonnen werden – so Stampfer –, wenn verhindert werde, daß der russische Bolschewismus ›Deutschland und den gesamten altenKontinent‹ seiner ›ideologischen Beherrschung‹ unterstelle und das ›Prinzip der Sklavenarbeit« aufrecht erhalte.[139]

Die nach 1945 von den Westalliierten praktizierte Politik des »roll back« entschied für die antikommunistische Neuordnungskonzeption der »German Labor Delegation« und erstickte antifaschistisch-demokratische Vorstellungen im Keim, wie sie von einem Großteil der sozialdemokratischen Gruppen entwickelt worden waren.

137 Friedrich Stampfer an Sopade vom 9. März 1944, in: Mit dem Gesicht nach Deutschland, a.a.O., S. 643.

138 Hans Staudinger, Vertrauliche Vorschläge zur Reorganisationsfrage, Mai/Juni 1943, a.a.O., S. 599.

139 Friedrich Stampfer, Rede vom 6. Juli 1942: What Labor Can Do To Win The War And The Peace, ebd., S. 554 ff.

VI. Die SPD nach der Niederlage des Faschismus bis zur Gründung der BRD (1945–1949)

Von Gerhard Stuby

1. Die Auseinandersetzung um die Einheit der Arbeiterklasse und ihre Verhinderung in den Westzonen

a) Die historische Chance für eine antifaschistisch-demokratische Entwicklung in Gesamtdeutschland

Als am 8. Mai 1945 die Völker Bilanz aus dem Kampf gegen den Hitler-Faschismus zogen, hatten sie allein in Europa 35 Millionen Tote zu beklagen. Bis tief in bürgerliche Kreise war man sich in einem Punkt einig: In den internationalen Beziehungen des neuen Deutschlands zu anderen Staaten und für seine innere gesellschaftliche Struktur müßten die Weichen der weiteren Entwicklung so gestellt werden, daß eine Wiederholung dieses fürchterlichen Völkergemetzels in Zukunft unmöglich würde.[1]

Die dem faschistischen Terror entgangenen sozialdemokratischen und kommunistischen Widerstandskämpfer hatten sich schon während der Zeit des Widerstandes geschworen, die alten Fehler der politischen Zerrissenheit der deutschen Arbeiterklasse, die letztlich die Machtübertragung an den Faschismus ermöglicht hatte, nicht zu wiederholen, sondern nach der Niederringung des Faschismus den Wiederaufbau Deutschlands konzeptionell und organisatorisch gemeinsam zu bewerkstelligen.

Die KPD hatte in Anlehnung an den VII. Weltkongreß auf der Brüsseler (1935) und Berner (1939) Konferenz die Grundsätze für die Aktionseinheit und die Volksfront zum Sturz des Hitler-Regimes und für den Aufbau eines antifaschistisch-demokratischen

1 Allgemein zum Ergebnis des Zweiten Weltkrieges W. Bleyer, K. Drechsler, G. Förster, G. Hass, Deutschland 1939–1945, Deutschland während des Zweiten Weltkrieges, Lehrbuch der Deutschen Geschichte, Bd. 12, Berlin 1970; vgl. auch Stuby, Das Potsdamer Abkommen und seine aktuelle Bedeutung, in: Blätter für deutsche und internationale Politik, Heft 2, 1975, m. w. Nachw.

Deutschlands entwickelt.[2] Sie war die entscheidende Kraft in dem am 12. und 13. Juni 1943 in Moskau gegründeten Nationalkomitee »Freies Deutschland«, das in seinem Manifest alle deutschen Patrioten aufrief, Hitler zu stürzen und eine wahrhaft demokratische Regierung zu bilden, die unverzüglich den Krieg beenden und den Grundstein für ein demokratisches Deutschland legen sollte.[3]

Ähnliche Lernprozesse hatten sich auf sozialdemokratischer Seite vollzogen. Am 28. Januar 1934 sprach sich der Emigrationsvorstand der SPD in Prag in seiner programmatischen Erklärung »Kampf und Ziel des revolutionären Sozialismus« (Prager Manifest) unter dem Druck des illegalen sozialdemokratischen Widerstandes für die Überwindung der Spaltung der Arbeiterklasse aus und forderte den Sturz des Faschismus, die Errichtung einer Volksmacht, Vergesellschaftung der Schwerindustrie und Großbanken sowie Enteignung der Großgrundbesitzer.[4]

Vornehmlich Sozialdemokraten und Kommunisten, teils Mitglieder der bislang illegal arbeitenden Widerstandsgruppen, teils gerade aus Zuchthäusern und KZ entlassene, teils mit den Siegermächten

2 Vgl. VII. Weltkongreß der Kommunistischen Internationalen, Referate, Aus der Diskussion, Schlußwort und Resolution, Frankfurt/Main (Marxistische Blätter) 1971; zur Aufgabe der falschen Thesen des VI. Weltkongresses vgl. Paterna, Fischer u. a., Deutschland 1933–1939, Von der Machtübertragung an den Faschismus bis zur Entfesselung des Zweiten Weltkrieges, Lehrbuch der Deutschen Geschichte, Bd. 11, Berlin 1969, S. 184 ff.; Elfriede Lewerenz, Die Analyse des Faschismus durch die Kommunistische Internationale, Frankfurt/Main (Marxistische Blätter) 1975.

Zur Brüsseler Konferenz: Paterna, Fischer u. a., a.a.O., S. 195; Siegfried Vietzke, Die KPD auf dem Wege zur Brüsseler Konferenz, Berlin 1966; Zur Berner Konferenz: Klaus Mammach, Die Berner Konferenz der KPD, Berlin 1974.

3 Dokumente und Materialien zur Geschichte der deutschen Arbeiterbewegung, Reihe III, Bd. 1, Berlin, 1959, S. 3 ff. In dem Aufruf kommt allerdings noch eine gewisse Überschätzung der Kräfte des inneren antifaschistischen Widerstandes in Deutschland zum Ausdruck. Zu den Beziehungen des inneren deutschen Widerstandes, in erster Linie Kreisauer Kreis zum NFD, vgl. Melnikow, Der Kreisauer Kreis und die Gruppe Staufenberg, Blätter 1965, S. 585 ff. (589).

4 Vgl. hierzu Wolfgang Runge, Das Prager Manifest von 1934. Ein Beitrag zur Geschichte der SPD, Hamburg 1971. Das Prager Manifest ist auch abgedruckt in: Abendroth, Aufstieg und Krise der deutschen Sozialdemokratie, 2. Aufl., Frankfurt/Main, 1969, S. 114 ff. Zur Diskussion in der sozialdemokratischen Emigration vgl. Gerhard Gleissberg, SPD und Gesellschaftssystem. Aktualität der Programmdiskussion 1934–1946, Dokumente und Kommentar, Frankfurt/Main 1973. Ähnliches kam im Buchenwalder Manifest zum Ausdruck, vgl. Abendroth, Aufstieg und Krise a.a.O., S. 123–127.

aus der Emigration zurückkehrende Genossen, bildeten die Gruppen der »Aktivisten der ersten Stunden«, die sich sofort unter kompliziertesten Bedingungen an den demokratischen Neuaufbau machten.[5]

Die Chancen für einen demokratischen Neuaufbau mit sozialistischer Perspektive, die die beiden Arbeiterparteien mit unterschiedlicher Nuance betonten,[6] waren gegeben. Vornehmlich die hierbei zu überwindenden Schwierigkeiten wurden von Sozialdemokraten und Kommunisten unterschiedlich eingeschätzt. Der deutsche Imperialismus[7] hatte zwar seine bislang größte historische Niederlage erlitten. Sein militärischer und der entscheidende Teil des politischen Machtapparates (Armee, Polizei und zentrale Staatsbürokratie) waren durch den Sieg der Antihitlerkoalition[8] zerschlagen. Die nationalsozialistischen Organisationen[9] waren desorganisiert und funktionsunfähig. Die Möglichkeit der direkten und indirekten Repres-

5 Vgl. GdA 6, S. 9 ff; diese Aktivitäten hatten auch in den Westzonen große Bedeutung für das Zustandekommen der Einheitsgewerkschaft, vgl. hierzu Frank Deppe, Das Bewußtsein der Arbeiter, Studien zur politischen Ideologie des Arbeiterbewußtseins, Köln 1971, S. 257 ff.; Frank Deppe, Jutta von Freyberg u. a., Kritik der Mitbestimmung, Frankfurt/Main, 1969, S. 69 ff.

6 Hinsichtlich der Darstellung der sozialistischen Perspektive ist der Aufruf der KPD wesentlich vorsichtiger formuliert als der der SPD; vgl. insbesondere zur Staatsfrage K.-H. Schöneburg, Staat und Recht in der Geschichte der DDR, Berlin 1973, S. 24 ff., vgl. zur Staatskonzeption der SPD unmittelbar nach 1945 H. K. Rupp, Sozialismus u. demokratische Erneuerung. Die ersten Konzeptionen der Parteien nach 1945, Köln 1974, S. 26.

7 Imperialismus wird hier im Leninschen Sinne als sozialökonomische und politische Kategorie verstanden. Im wesentlichen arbeitet Lenin folgende Merkmale heraus: 1. Konzentration und Zentralisation des Kapitals führten zum Monopol, 2. Verschmelzung des Industrie- und Bankkapitals zum Finanzkapital, 3. Kapitalexport in schwach entwickelte Länder, 4. Herausbildung internationaler Kartelle, 5. Neuaufteilung der Welt durch imperialistische Kriege, vgl. hierzu vor allem W. I. Lenin, Der Imperialismus als höchstes Stadium des Kapitalismus, LW 22, Berlin 1960.

8 Zur Entstehungsgeschichte der Anti-Hitler-Koalition vgl. Geschichte der sowjetischen Außenpolitik 1917–1945, Berlin 1969, Bd. 1, S. 390 ff.; sehr instruktiv auch Viktor Issraelian, Die Antihitlerkoalition, Frankfurt 1975; Lew Besymensky, Sonderakte Barbarossa, Dokumentarbericht zur Vorgeschichte des deutschen Überfalls auf die Sowjetunion – aus sowjetischer Sicht, Hamburg 1973.

9 Allerdings bestanden sogar bis in den militärischen Bereich mit Unterstützung vor allen Dingen der britischen Regierung noch funktionsgerechte deutsche Truppeneinheiten, vgl. hierzu Badstübner, Restauration in Westdeutschland, 1945–1949, Berlin 1965, S. 59; vgl. zu der Absicht Churchills, die Truppen evtl. gegen die Sowjetunion zu verwenden, Faust, Das Potsdamer Abkommen und seine völkerrechtliche Bedeutung, Frankfurt/Main, 1969, S. 37, S. 46.

sion wie der ideologischen Beeinflussung der Bevölkerung, vornehmlich der Arbeiterklasse, waren nicht mehr gegeben. Weitgehend unberührt jedoch, insbesondere was den personellen Bestand anlangte, war das außerhalb der zentralen Regierungsbürokratie liegende weitverzweigte System der faschistischen Staatsmaschinerie und der sie tragenden gesellschaftlichen Kräfte, sei es die Justiz, die verschiedenen Wirtschaftsorganisationen, das System der Volksbildung von der Schule bis zur Universität, das Gesundheitswesen oder die Landwirtschaft.[10] Insbesondere waren die Positionen des Faschismus in der ökonomischen Basis unberührt geblieben; nach wie vor war die Wirtschaft monopolkapitalistisch strukturiert, wenn auch die Produktion vorerst darniederlag.

Entscheidend war jedoch die Bewußtseinslage der Bevölkerung. Zwölf Jahre faschistischer Terror und massive und systematische ideologische Beeinflussung gegen alles, was nur in die Nähe von Sozialismus, Sympathien für die Sowjetunion oder Demokratie gebracht werden konnte, das Fehlen jeglicher demokratischer Rechte waren nicht spurlos an den Menschen vorübergegangen. Zwar hatten die militärische Niederlage und das Chaos, in das die Herrschaft der Nationalsozialisten geführt hatte, bei vielen Deutschen die Bereitschaft wachsen lassen, einen neuen Weg zu gehen. Doch die Mehrheit, auch die der Angehörigen der Arbeiterklasse, mehr geistig verwirrt als heilsam geschockt, dachte nur an das unmittelbare Heute. Aber gerade auf sie kam es an. Wenn sie in Stumpfheit und Trägheit versanken, war auch an keinen demokratischen Neuaufbau Deutschlands zu denken.

Diese Ausgangslage wie die hieraus zu ziehende Konsequenz waren analysiert bzw. ausgesprochen im Aufruf des Zentralkomitees der KPD vom 11. Juni 1945. In diesem Dokument, das sofort nach der Zulassung antifaschistisch-demokratischer Parteien in der so-

10 Vgl. zur Situation des Bildungswesens zu dieser Zeit Aufruf des ZK der KPD und des ZA der SPD vom 18. Oktober 1945 zur demokratischen Schulreform, in: Dokumente und Materialien zur Geschichte der deutschen Arbeiterbewegung a.a.O., S. 210 ff.; die ersten zu treffenden Maßnahmen in der Landwirtschaft waren die Beseitigung der faschistischen Reichsnährstandsorganisationen und die Einführung eines neuen Ablieferungssystems, außerdem mußten die Positionen des Junkertums durch die Enteignung beseitigt werden, vgl. hierzu GdA 6, S. 80 ff.

wjetischen Besatzungszone erschien,[11] appellierte die KPD eindringlich an das deutsche Volk, die Lehren aus der Geschichte zu ziehen und einen neuen Weg zu beschreiten.

Klar wird zwischen Faschisten und ihren Auftraggebern, den »Herren der Großbanken und Konzerne, den Krupp und Röchling, Poensgen und Siemens«, und dem deutschen Volk unterschieden. Allerdings wird dem deutschen Volk nicht jede Schuld an der Entwicklung zum Faschismus abgesprochen. »Nicht nur Hitler ist schuld an den Verbrechen, die an der Menschheit begangen wurden! Ihr Teil Schuld tragen auch die zehn Millionen Deutschen, die 1932 bei freien Wahlen für Hitler stimmten, obwohl wir Kommunisten warnten: ›Wer Hitler wählt, der wählt den Krieg!‹ Ihr Teil Schuld tragen alle jene deutschen Männer und Frauen, die willenlos und widerstandslos zusahen, wie Hitler die Macht an sich riß, wie er alle demokratischen Organisationen, vor allem die Arbeiterorganisationen, zerschlug und die besten Deutschen einsperren, martern und köpfen ließ. Schuld tragen alle jene Deutschen, die in der Aufrüstung die ›Größe Deutschlands‹ sahen und im Militarismus, im Marschieren und Exerzieren das alleinseligmachende Heil der Nation erblickten.«

Aber Schuld tragen auch Kommunisten und Sozialdemokraten, die es nicht vermochten, die Spaltung der Arbeiterklasse zu überwinden. Denn »gegen den Willen eines kampfbereiten Volkes hätte Hitler niemals die Macht ergreifen, sie festigen und seinen verbrecherischen Krieg führen können. Wir deutschen Kommunisten erklären, daß auch wir uns schuldig fühlen, indem wir es trotz der Blutopfer unserer besten Kämpfer infolge einer Reihe unserer Fehler[12] nicht vermocht haben, die antifaschistische Einheit der Arbeiter, Bauern und Intelligenz entgegen allen Widersachern zu schmie-

11 Die Zulassung von politischen Parteien erfolgte in der SBZ durch Befehl Nr. 2 des obersten Chefs der sowjetischen Militärverwaltung in Deutschland vom 10. Juni 1945, in: Dokumente und Materialien zur Geschichte der deutschen Arbeiterbewegung, a.a.O., S. 12 f.

12 Gemeint war hiermit vor allen Dingen die ultralinke »Sozialfaschismustheorie«, nach der die Sozialdemokratie die Hauptstütze des Faschismus in der Arbeiterbewegung und von daher vordringlich zu bekämpfen sei, die die KPD jedoch offiziell spätestens auf dem VII. Weltkongreß der K. I. 1935 aufgegeben hat, vgl. Elfriede Lewerenz, Analyse des Faschismus, a.a.O., insbes. S. 51 ff.

den, im werktätigen Volk die Kräfte für den Sturz Hitlers zu sammeln, in den erfolgreichen Kampf zu führen und jene Lage zu vermeiden, in der das deutsche Volk geschichtlich versagte.

. . . auch der sozialdemokratische Arbeiter wird uns recht geben, daß sich die faschistische Pest nur ausbreiten konnte, weil 1918 die Kriegsschuldigen und Kriegsverbrecher ungestraft blieben, weil nicht der Kampf um eine wirkliche Demokratie geführt wurde, weil die Weimarer Republik der Reaktion freies Spiel gewährte, weil die Antisowjethetze einiger demokratischer Führer Hitler den Weg ebnete und die Ablehnung der antifaschistischen Einheitsfront die Kraft des Volkes lähmte.«

Unter realistischer Einschätzung vor allem der Bewußtseinslage der Bevölkerung werden aus dieser Analyse die Konsequenzen gezogen:

Nicht nur der Schutt der zerstörten Städte, auch der reaktionäre Schutt aus der Vergangenheit muß gründlich hinweggeräumt werden . . . Mit der Vernichtung des Hitlerismus gilt es gleichzeitig, die Sache der Demokratisierung Deutschlands, die Sache der bürgerlich-demokratischen Umbildung, die 1848 begonnen wurde, zu Ende zu führen, die feudalen Überreste völlig zu beseitigen und den reaktionären, altpreußischen Militarismus mit allen ökonomischen und politischen Ablegern zu vernichten.

Wir sind der Auffassung, daß der Weg, Deutschland das Sowjetsystem aufzuzwingen, falsch wäre, denn dieser Weg entspricht nicht den gegenwärtigen Entwicklungsbedingungen in Deutschland.

Wir sind vielmehr der Auffassung, daß die entscheidenden Interessen des deutschen Volkes in der gegenwärtigen Lage für Deutschland einen anderen Weg vorschreiben, und zwar den Weg der Aufrichtung eines antifaschistischen, demokratischen Regimes, einer parlamentarisch-demokratischen Republik mit allen demokratischen Rechten und Freiheiten für das Volk.«[13]

13 Die Frage der erforderlichen Zwischenstufen und Übergangslösungen auf dem Weg zum Sozialismus hatte Dimitroff als Schlußfolgerung aus dem national-revolutionären Krieg des spanischen Volkes aufgeworfen, vgl. hierzu Eva Seeber, Die Errichtung volksdemokratischer Staaten und die Veränderung im internationalen Kräfteverhältnis 1944/45, in: ZfG 1974, S. 969 ff. (975), dort auch Hinweise auf die Auseinandersetzung mit dem linken Sektierertum, vor allen Dingen in Polen.

Hieraus werden in 10 Punkten die dringendsten Aufgaben formuliert: Neben den unmittelbarsten (Bestrafung der Naziverbrecher und Kampf gegen Hunger, Arbeitslosigkeit und Obdachlosigkeit) die Herstellung der demokratischen Rechte und Freiheiten des Volkes, demokratische Selbstverwaltungsorgane, Enteignungs- und Sozialisierungsmaßnahmen gegenüber dem Großkapital, Liquidierung des Großgrundbesitzes zugunsten einer demokratischen Bodenreform, Verfolgung einer friedlichen Außenpolitik und Pflicht zur Wiedergutmachung des Schadens.

Am 15. Juni 1945 erklärte der Zentralausschuß (ZA) der SPD in seinem Aufruf,[14] in dem er vor einer Wiederholung der Fehler von 1918 warnte: »Wir sind bereit und entschlossen ... mit allen gleichgesinnten Menschen und Parteien zusammenzuarbeiten. Wir begrüßen daher aufs wärmste den Aufruf des ZK der KPD vom 11. Juni 1945 ... Wir bieten unsere Bruderhand allen, deren Losung ist: Kampf gegen den Faschismus, für die Freiheit des Volkes, für Demokratie, für Sozialismus!«

Auch die Sozialdemokraten verlangten die »völlige Beseitigung aller Reste der faschistischen Gewaltherrschaft« und Maßnahmen zur demokratischen Umgestaltung Deutschlands. »Die entscheidenden Interessen des deutschen Volkes in der gegenwärtigen Lage erfordern die Aufrichtung eines antifaschistischen, demokratischen Regimes mit allen demokratischen Rechten und Freiheiten für das Volk.« Der Kampf um die Neugestaltung müsse auf dem Boden der organisatorischen Einheit der Arbeiterklasse geführt werden.

Die im Aufruf des ZA aufgeführten Forderungen entsprechen in vielen Punkten den Forderungen der Kommunisten. Allerdings sind einige Punkte stärker konkretisiert. Das gilt vor allem für diejenigen Bereiche, in denen die Sozialdemokraten durch ihre Ausübung von Staatsfunktionen während der Weimarer Zeit, z. B. bei der Verwaltung und Lösung kommunaler Probleme, bestimmte Erfahrungen gesammelt hatten (Neuregelung des Sozialrechtes, freiheitliche und

14 Zur Entstehung und Funktion des ZA s. u. S. 250; dem ZA gehörten 1945 an: Gustav Dahrendorf, Max Fechner, Karl Germer, Erich W. Gniffke, Bernhard Göring, Otto Grotewohl, Hermann Harnisch, Helmut Lehmann, Karl Litke, Otto Meier, Fritz Neubecker, Josef Orlopp, Hermann Schlimme und Richard Weimann. Aufruf vgl. Dokumente und Materialien a.a.O., S. 28.

demokratische Gestaltung des Arbeitsrechtes, Ausbau der Sozialversicherung, Förderung der Wohnungsfürsorge und des Siedlungswesens, kommunale Wohnaufsicht, Wiederaufbau der Wirtschaft und der Mitwirkung der kommunalen Selbstverwaltung und Gewerkschaften).

Bestimmte Komplexe sind allerdings weniger präzise formuliert als im Aufruf des ZK der KPD. Das gilt einmal für die Analyse der sozialökonomischen und politischen Gründe des Faschismus.[15] Die eigentlich Schuldigen, nämlich bestimmte Kreise des deutschen Großkapitals, sind nicht genannt, ebensowenig ist von der gestuften Mitschuld der verschiedenen Klassen und Schichten des deutschen Volkes die Rede. Zwar wird die »restlose Vernichtung aller Spuren des Hitlerregimes in Gesetzgebung, Rechtsprechung und Verwaltung« gefordert. Auch wird die Schadenersatzpflicht der Mitglieder der NSDAP und ihrer Gliederungen angesprochen, nicht jedoch die Bestrafung der Kriegsverbrecher ausdrücklich gefordert.

Während der Aufruf der KPD die demokratischen Rechte und Freiheiten des Volkes konkret nennt, allen voran die Wiederherstellung der Legalität freier Gewerkschaften sowie der antifaschistisch-demokratischen Parteien, sind im Aufruf der SPD konkretisiert nur die klassischen Freiheitsrechte (Schutz der Person, Meinungsäußerungsfreiheit, Achtung des einzelnen Bürgers, Gesinnungsfreiheit und Religionsfreiheit) genannt, allerdings unter ausdrücklicher Versagung für Faschisten.

Banken, Versicherungsunternehmungen, Bodenschätze, Bergwerke und die Energiewirtschaft sollen verstaatlicht werden. Wie die neuen Staatsorgane aber zu strukturieren sind, ist nicht gesagt. Der Aufruf der KPD spricht hingegen von der Wiederaufrichtung der auf demokratischer Grundlage beruhenden Selbstverwaltungsorgane der Gemeinden oder Provinzen, an die bestimmte Schlüssel-

15 Hier geht es nur um den Grad der Konkretion, Die Tatsache selbst, daß eine enge Beziehung zwischen Wirtschaft und Faschisten am Ende der Weimarer Republik bestand, war auch in christlichen und später CDU-Kreisen nicht bezweifelt, vgl. hierzu Gerhard Kraiker, Politischer Katholizismus in der BRD, Stuttgart–Berlin (West)-Köln-Mainz 1972, S. 93 ff.; zu den Nachwirkungen in der Sozialdemokratie, den wirklichen Klassencharakter des Faschismus zu verkennen und ihn als eine Diktatur des Kleinbürgertums und des Lumpenproletariats zu betrachten, s. Paterna, Fischer u. a., Deutschland 1933–1939, a.a.O., S. 190 m. w. Nachw.

betriebe übergeben werden sollen. Im Gegensatz zum Aufruf der SPD ist dort der abstrakte Ausdruck Staat vermieden.

Insgesamt hat man bei der Lektüre des SPD-Aufrufes den Eindruck, daß die Notwendigkeit der demokratischen Umgestaltung der bestehenden Staatsinstitutionen, vor allem was ihre Entnazifizierung anlangt, zwar gesehen wird. Die Notwendigkeit der Lösung der politischen Machtfrage zugunsten der Arbeiterklasse zur Durchführung der sozialen und ökonomischen Umgestaltungen steht jedoch in den konkret zu gehenden Schritten nicht so stark im Vordergrund. Vielmehr lassen sich gewisse Tendenzen nicht übersehen, den bestehenden Staatsapparat mit einigen, vornehmlich personellen Veränderungen so zu übernehmen, wie er vorgefunden wurde.

Gerade diesen Punkt hatte der Aufruf des ZK der KPD als einen Fehler der Sozialdemokratie der Weimarer Zeit angesprochen. Auch innerhalb der Sozialdemokratie selbst hatte unter dem Eindruck der Erfahrungen mit dem Faschismus ein Klärungsprozeß stattgefunden. Die Erkenntnisse gipfelten in der Feststellung des Prager Manifestes, es sei »der schwere historische Fehler« der Sozialdemokratie 1918 gewesen, »daß sie den alten Staatsapparat fast unverändert übernahm«. Deshalb müsse das Ziel der Vereinigung der Arbeiterbewegung eine Partei des revolutionären Sozialismus sein.[16]

Eine weitere Klärung dieser wichtigen Frage konnte zwischen den verschiedenen Gruppen in der deutschen Sozialdemokratie nicht stattfinden. Die in Großbritannien konzentrierten Kräfte des ehemaligen Parteivorstandes, wie Vertreter verschiedener sozialdemokratischer Gruppen, an deren Spitze seit 1942 Hans Vogel und Erich Ollenhauer standen, veröffentlichten im Jahre 1944 in London noch einmal das Prager Manifest. Jedoch fehlen die Passagen, in denen von der Zusammenarbeit aller antifaschistischen Kräfte und von der notwendigen Einheit der Arbeiterbewegung die Rede war.[17]

Die Mehrheit der Sozialdemokraten im Zentralausschuß in Berlin betonte demgegenüber gerade diesen Punkt. Sie war sich der Notwendigkeit der Kräftekonzentration zur Abwehr der Reaktion und

16 S. Literatur zu Anmerkung 4.

17 Vgl. Deutsche Geschichte in Daten, Berlin 1969, S. 778/79; die opportunistische Linie im Emigrationsvorstand hatte im Grunde schon mit dem Ausschluß von Siegfried Aufhäuser und Karl Böchel im Januar 1935 gesiegt, vgl. GdA 5, S. 100.

damit auch der geschichtlichen Verantwortung der Sozialdemokratie in diesem Prozeß bewußt. Solange kein Parteivorstand durch einen Parteitag gewählt war, war der Zentralausschuß auch das legitimierte Leitungsgremium der Partei. Sofort nach der Wiederzulassung der Parteien in der SBZ begann die SPD ihre Organisation aufzubauen. Schon Anfang Mai 1945 hatte sich in Berlin eine Gruppe sozialdemokratischer Funktionäre zusammengefunden, die den Wiederaufbau der SPD vorbereiteten. Zu ihr gehörten Max Fechner und Richard Weimann, die beiden letzten Überlebenden des 1933 mit der Leitung der illegalen sozialdemokratischen Tätigkeiten beauftragten Gremiums, das in der Folgezeit die Funktion eines Zentralausschusses der SPD in der Illegalität ausüben sollte. Durch neue Mitglieder war er personell ergänzt worden.[18] Die Politik des Zentralausschusses, wie sie im Aufruf vom 15. Juni skizziert war, entsprach auch dem Willen der Mehrheit der sozialdemokratischen Mitglieder, vor allem was das Anstreben der organisatorischen Einheit mit den Kommunisten anlangte.[19] Der Zentralausschuß wirkte zudem in der deutschen Hauptstadt Berlin, dem traditionellen Sitz der sozialdemokratischen Parteileitung. Die erste sozialdemokratische Funktionärskonferenz nach dem Krieg, die am 17. Juni 1945 im Luckauer Hof in Berlin tagte und an der rund 1500 Funktionäre aus Großberlin und 300 Vertreter aus allen Bezirken Deutschlands teilnahmen, bestätigte den Zentralausschuß, das von ihm vorgelegte Aktionsprogramm (d. h. den Aufruf vom 15. Juni) und das Parteistatut.[20]

Wenn auch die Mehrheit der Sozialdemokraten von der Notwendigkeit einer Überwindung der Spaltung der Arbeiterbewegung

18 GdA 6, S. 47.

19 Zur Stimmung in den Westzonen für eine Einheitspartei vgl. Lewis J. Edinger, Kurt Schumacher, Persönlichkeit und politisches Verhalten. Köln-Opladen 1967, S. 148. Anmerkung: »Im März 1946, nach monatelangem Kampf gegen eine Zusammenarbeit mit den Kommunisten, war jedes dritte SPD-Mitglied in der amerikanischen Zone bereit, die ›Einheitspartei‹ Grotewohls zu unterstützen, wenn sie tatsächlich die sozialdemokratische und kommunistische Partei ersetzen würde.« vgl. a. A. Kaden, Einheit oder Freiheit, Hannover 1964, S. 51 ff.; S. 155 ff.; Arnold Sywottek, Deutsche Volksdemokratie, Düsseldorf 1971, S. 195 ff.

20 GdA 6, S. 50; Kritisch zu dieser historischen Legitimation Arnold Sywottek, Die »fünfte Zone«. Zur gesellschafts- u. außenpolitischen Orientierung und Funktion sozialdemokratischer Politik in Berlin 1945–1948, in: Archiv für Sozialgeschichte, Bd. XIII, 1973, S. 53 ff. (73 ff.) m. w. Nachw.

überzeugt war und als theoretische Grundlage für eine wiedervereinigte Partei einen konsequenten Marxismus wünschte, so waren doch bei vielen bei weitem noch nicht alle Grundfragen des Kampfes der Arbeiterbewegung, vor allem was die politische Machtfrage anlangte, geklärt. Auch unterschätzten sie zum Teil die noch bestehenden Machtpositionen der Reaktion und neigten daher in ihren Handlungen einerseits zur mangelnden Konsequenz bei antifaschistischen Abwehrmaßnahmen und andererseits in falscher Einschätzung der realen Bewußtseinslage der Bevölkerung zu übertriebenen Schritten bei der Demokratisierung bzw. in den Forderungen nach Aufbau des Sozialismus.[21] Zudem gab es in der SPD bis hinein in den Zentralausschuß reformistische Kräfte,[21a] wenn auch in der Minderheit, die das Programm einer konsequenten antifaschistisch-demokratischen Umwälzung in Aktionseinheit mit den Kommunisten ablehnten. Aus einer Mischung von realen und von der Reaktion aufgebauschten Erfahrungen mit den während des Stalinismus unter Verletzung des sowjetischen Rechts begangenen Verbrechen trauten sie den Kommunisten nicht. Die mangelnde oder zu dieser Zeit noch gänzlich fehlende Kritik an diesen Geschehnissen durch die Kommunisten selbst begünstigte eine solche Haltung. Das Mißtrauen

21 So bestand sowohl bei Sozialdemokraten, aber auch bei manchen Kommunisten die Vorstellung, bei der Verwirklichung der demokratischen Bodenreform die Großbetriebe als solche bestehen zu lassen. Sie sahen die Zukunft der Landwirtschaft beim Großbetrieb und strebten den sozialistischen landwirtschaftlichen Großbetrieb ohne Zwischenschritte an. Hinter der Forderung nach der Erhaltung des Großbetriebes konnten sich auch rechte Kräfte innerhalb der SPD verstecken, die noch nicht offen gegen die demokratische Bodenreform aufzutreten wagten. Angesichts des Standes des gesellschaftlichen Bewußtseins der Landarbeiter und Kleinbauern war jedoch der erste konsequente Schritt damals nicht die Bildung von Großbetrieben, sondern die Aufteilung des Landes und seine Zuweisung an die bislang landlosen Bauern.

21a Der hier gebrauchte Begriff des Reformismus lehnt sich in seinen wesentlichen Bestimmungen an den von Fülberth/Harrer, Die Deutsche Sozialdemokratie 1890–1933, Darmstadt und Neuwied 1974, S. 7 ff., eingeführten Unterscheidungen an. Zumindest gibt es also zwei Strömungen innerhalb der SPD: den integrationistischen Reformismus und den reformistischen Sozialismus, in dem sich je nach historischer Konstellation konsequent marxistische Kräfte bemerkbar machen können. Unmittelbar nach 1945 beherrschte der reformsozialistische Flügel, der in wesentlichen Hinsichten seinen tradierten Antikommunismus überwinden konnte, das Feld. In der Folgezeit wurde einmal die marxistische Ausprägung des reformsozialistischen Flügels, zum anderen dieser Flügel selbst durch die Richtung des integrativen Reformismus zurückgedrängt. Die verschiedenen Flügel sind nicht durch eine chinesische Mauer abgetrennt, sondern die Übergänge sind fließend.

verhinderte auch die Einsicht in die Gründe für das Entstehen des Faschismus wie die aus dessen Niederlage zu ziehenden Konsequenzen. Zum andern wollten sie das aus der Weimarer Zeit stammende Konzept der Sozialpartnerschaft mit dem Großkapital ohne Abstriche weiter verfolgen. Die Verletzung der »sozialistischen Gesetzlichkeit« durch die Stalinisten benutzten sie als willkommenen Vorwand gegen eine Zusammenarbeit mit Kommunisten. Nach ihrer Vorstellung war die Weimarer Republik am Radikalismus von rechts und links zugrunde gegangen. Für sie lag der Fehler der Sozialdemokratie darin, daß sie sich aus der Reichsregierung zu früh herausdrängen ließ. Ihre Zielvorstellung war daher eine Bündnispolitik nach rechts mit kleinbürgerlichen und bürgerlichen, ja großbürgerlichen Kräften unter Ausschluß der Kommunisten.[21b] Gegenüber dem Einheitsdrang und dem allgemeinen Ruck nach links innerhalb der Partei konnten sie zunächst ihre Absichten nicht offen verfolgen. Dennoch war eine Auseinandersetzung mit ihnen auf die Dauer im Verlauf der weiteren Entwicklung und der konsequenten Verwirklichung der in den Aktionsprogrammen von der Mehrheit der Kommunisten und Sozialdemokraten gemeinsam vertretenen antifaschistisch-demokratischen Forderungen unvermeidlich.

Die Notwendigkeit eines Klärungsvorganges zwischen den verschiedenen ideologischen Strömungen sprach auch gegen eine sofortige organisatorische Vereinigung, wie sie viele Mitglieder und Funktionäre der SPD und KPD unmittelbar nach 1945 forderten.[22] Auch innerhalb der KPD bedurfte es noch verschiedener Lernprozesse im Verlaufe der gemeinsamen Aktionen (Aufbau der antifaschistisch-demokratischen Selbstverwaltungsorgane, Bodenreform, Mitbestimmungsrechte in den Betrieben, Säuberung der leitenden Stellen in Staat und Wirtschaft von Nazi-Aktivisten und Kriegsverbrechern usw.), um falsche, aus der Weimarer Zeit überkommene

21b Zur Bündnispolitik unter Ausschluß der Kommunisten vgl. schon das Protokoll der Sitzung des sozialdemokratischen Emigrationsvorstandes in Paris am 26. April 1939, GdA 5, S. 516, wo von Tarnow diese Ansicht in nicht zu überbietender Klarheit formuliert wurde.

22 Vgl. hierzu E. Schmidt, Die verhinderte Neuordnung 1945 bis 1952. Frankfurt 1970, S. 25 ff.; Deppe, Das Bewußtsein der Arbeiter, Studien zur politischen Soziologie des Arbeiterbewußtseins, Köln 1971, S. 256; Albrecht Kaden, Einheit oder Freiheit. Die Wiedergründung der SPD 1945/46, Hannover 1964, S. 51 ff.

Einstellungen zu revidieren. Viele Kommunisten hatten sich noch gar nicht oder nur sehr unvollkommen mit der erst seit dem VII. Weltkongreß voll durchgesetzten Politik der Aktionseinheit und der Volksfront auseinandergesetzt.[23] Für sie bedeutete der Aufbau der neuen Staatsorgane eine grundsätzliche Umstellung. Ein ganzes Jahrhundert hatte die revolutionäre Arbeiterbewegung im Kampf gegen den bürgerlichen Staat gestanden. Ihr Klassenbewußtsein hatte ihr geboten, den Staat der Ausbeuter nur aus dem Blickwinkel strikter grundsätzlicher Opposition zu betrachten. Nun galt es für sie, einen Staat aufzubauen, in dem die Werktätigen herrschen sollten, also einen Staat, der sich prinzipiell von dem alten imperialistischen Unterdrückungsinstrument unterscheiden mußte.[24]

Ohne vorausgehende Annäherung in diesen politisch-ideologischen Grundfragen und Organisationsprinzipien – und zwar nicht durch abstrakte, sondern an der konkreten Praxis ausgerichtete Diskussionen – hätte die Gefahr bestanden, die Einheit durch innerparteiliche antagonistische Polemiken im vorhinein zu gefährden. Aus dieser Einsicht heraus, vornehmlich bei den führenden Funktionären der KPD, aber auch bei vielen Mitgliedern des Zentralausschusses der SPD, die allerdings dazu neigten, die Schwierigkeiten der Vereinigung zu unterschätzen, kam es zunächst zu den organisatorisch selbständigen Wiedergründungen der beiden Arbeiterparteien.

Insofern hat die Feststellung Abendroths, daß die Emigranten der KPD und auch die sowjetische Militärverwaltung sich diesen unmittelbaren Einigungsbestrebungen der illegalen Kader der Arbeiterbewegung aus dem antifaschistischen Widerstand widersetzten, um »mindestens die Kommunisten wieder ihrer Disziplin zu unterwerfen, bevor sie eine vereinigte Partei durchbringen konnten«,[24a] ihren realen Kern. Andererseits wird man es gerade der Sowjetunion nach den überstandenen Leiden nicht verübeln können, daß sie kein Interesse an einer zwar organisatorisch geeinten, aber in ihrer Politik

23 Vgl. Anmerkung 2.

24 GdA 6, S. 136 f.

24a Abendroth, Sozialgeschichte der europäischen Arbeiterbewegung, Frankfurt 1969, S. 176; vgl. zur ablehnenden Haltung der Kommunisten gegenüber einer verfrühten Fusion Siegfried Thomas, Entscheidung in Berlin. Zur Entstehungsgeschichte der SED in der deutschen Hauptstadt 1945/46, 2. Aufl., Berlin 1967, S. 61 ff.

die alten rechtsopportunistischen und linkssektiererischen Fehler wiederholenden und damit in zwei Flügel gespaltenen Arbeiterpartei haben konnte. Die ganze weitere Entwicklung ist von dem Bestreben gekennzeichnet, diese Gefahren zu vermeiden.

Schon am 9. Juni fand die erste gemeinsame Sitzung von Vertretern der SPD und KPD statt, auf der die Bildung eines gemeinsamen Arbeitsausschusses beider Parteien aus je fünf Vertretern und die Schaffung der Aktionseinheit im Kampf um die Verwirklichung der festgelegten antifaschistisch-demokratischen Ziele beschlossen wurde.[25]

Diese antifaschistisch-demokratischen Zielsetzungen boten die Möglichkeit, in allen Besatzungszonen eine einheitliche Bewegung gegen Imperialismus und Militarismus zu entwickeln und damit die nationale Einheit zu sichern. Sie entsprachen auch völlig den Grundprinzipien des am 2. August von den Alliierten beschlossenen Potsdamer Abkommens, das für ganz Deutschland die völkerrechtliche Grundlage für die restlose Beseitigung des Faschismus und Militarismus schuf und damit sehr wesentlich den Kampf der demokratischen Kräfte um die Lösung der nationalen Lebensfragen des deutschen Volkes unterstützte.

Für eine gemeinsame Deutschlandpolitik der Sowjetunion, der USA und Großbritanniens nannte die Potsdamer Vereinbarung folgende Hauptziele: völlige Abrüstung und Entmilitarisierung Deutschlands, Vernichtung der Nazipartei, all ihrer Gliederungen, Unterorganisationen und Ämter, Schaffung von Sicherheiten, die es ein für allemal verhindern sollten, daß diese Partei und ihre Gliederungen wieder aufleben könnten, Verhinderung jeder nazistischen und militaristischen Betätigung und Propaganda, Umgestaltung des deutschen politischen Lebens auf demokratischer Grundlage.

Neben der Aufhebung aller nazistischen Gesetze, der Bestrafung der Kriegsverbrecher, Internierungsregelungen für nazistische Parteiführer sollten alle Nationalsozialisten aus den öffentlichen oder halböffentlichen Ämtern und von den verantwortlichen Posten in wichtigen Privatunternehmen entfernt werden. Sie sollten durch Demokraten ersetzt werden.

25 GdA 6, S. 115 ff.

Eine grundlegende Umgestaltung des Bildungswesens wurde anvisiert. Ebenso war eine grundsätzliche Umgestaltung der Rechtsprechung beabsichtigt.

Die Eingriffe beschränkten sich jedoch nicht nur auf die politischen Institutionen. Auch die ökonomische Struktur sollte insoweit verändert werden, als sie unmittelbare Ursache für Militarismus und Faschismus gewesen war. Man blieb hierbei nicht nur bei Maßnahmen zur Beseitigung der Rüstungskapazitäten stehen, sondern es sollte auch die Monopolstruktur der Kriegskonzerne zerstört werden. »In praktisch kürzester Frist ist das deutsche Wirtschaftsleben zu dezentralisieren mit dem Ziel der Vernichtung der bestehenden übermäßigen Konzentration der Wirtschaftskraft, dargestellt insbesondere durch Kartelle, Syndikate, Trusts und andere Monopolvereinigungen.«[26]

Eine Entscheidung über die Wirtschaftsstruktur selbst, ob kapitalistisch oder sozialistisch, wurde nicht getroffen. Dies sollte dem Willen des deutschen Volkes anheimgestellt werden, da gerade die Bestimmung der ökonomischen Struktur wesentlicher Inhalt des Selbstbestimmungsrechtes der Völker ist. Zwar sah man davon ab, unverzüglich eine deutsche Zentralregierung zu bilden, wie es die Sowjetunion forderte, man nahm jedoch einen Passus auf, der ausdrücklich die Einheit Deutschlands respektierte und festlegte, in ganz Deutschland demokratische Verhältnisse und freie Betätigungsmöglichkeiten für alle demokratischen Parteien zu schaffen.

Auf der Grundlage der gemeinsamen Zielsetzungen nicht nur der beiden Arbeiterparteien SPD und KPD, sondern auch der inzwischen wieder- oder neu gegründeten bürgerlichen Parteien,[27] wie der internationalen Absicherung, konnten in der SBZ sehr schnell die wichtigsten Schritte der antifaschistisch-demokratischen Umwälzung vorgenommen werden[28]: Aufbau der demokratischen

26 Potsdamer Abkommen. Ausgewählte Dokumente zur Deutschlandfrage 1943 bis 1949, Berlin 1971, S. 63; vgl. Geschichte der sowjetischen Außenpolitik 1917 bis 1945, Berlin 1969, Bd. 1, S. 539.

27 Vgl. etwa hinsichtlich der CDU Frankfurter Leitsätze, abgedruckt in: Ossip K. Flechtheim (Hrsg.), Dokumente zur parteipolitischen Entwicklung in Deutschland seit 1945, Bd. II, Berlin (West) 1963.

28 Hier fällt besonders ins Gewicht die frühe Zulassung der politischen Parteien und der Gewerkschaften.

Selbstverwaltungsorgane, die demokratische Bodenreform, der Kampf gegen das Monopolkapital, d. h. die Enteignung der Monopolisten, der Kriegs- und Naziverbrecher und der Kampf für eine demokratische Schule.

Für die sowjetische Besatzungsmacht war die Lage kompliziert. Um die unermeßlichen Schäden der faschistischen Aggression[28a] einigermaßen zu beseitigen, war die Sowjetunion auf Reparationen angewiesen. Die Politik der Westmächte zwang sie bald dazu, sich in dieser Hinsicht ganz auf die SBZ zu konzentrieren,[28b] was dort wiederum weitere Komplikationen für den wirtschaftlichen Wiederaufbau schuf. Diese Situation, noch verschärft durch Faktoren wie die Massenausweisung aus den ehemaligen deutschen Ostgebieten, die allerdings in Übereinstimmung mit dem Potsdamer Abkommen erfolgte, trug sicherlich nicht dazu bei, die aus der Zeit des Faschismus vorhandenen antisowjetischen Ressentiments in weiten Kreisen der Bevölkerung abzubauen. Auf diesem Hintergrund wird die administrative Praxis der sowjetischen Militärbehörden verständlich, die in dem einen oder anderen Fall nicht frei von Willkür gewesen sein oder sich gegen einen kritischen Kommunisten oder Sozialdemokraten gerichtet haben mag. Insgesamt aber unterstützte die sowjetische Besatzungsmacht den Demokratisierungsprozeß aktiv und innerhalb der komplizierten Situation mit großem Einfühlungsvermögen. Sie schirmte vor allem den tiefgreifenden sozialen Umwandlungsprozeß vor reaktionärer Gegengewalt ab.[29]

28a Die materiellen Schäden erreichten in Rubel (679 Mrd.) einen ebensogroßen Betrag, wie ihn die Sowjetunion zur Erfüllung der ersten vier Fünfjahrpläne aufwandte; vgl. G. Kolko, The Politics of war, Allied Diplomacy and the world Crisis 1943–1945, London 1969, S. 17; O. Raus, Der Weg der Sowjetunion zur führenden Industriemacht, Berlin (West) 1967, S. 106.

28b Vgl. Anne Hartmann, Stefan Schardt, Gerhard Weiß, Zur Entwicklung der Spaltung Deutschlands, in: BRD–DDR, Vergleich der Gesellschaftssysteme, Köln 1971, S. 13 ff.

29 Kritische Stimmen zur sowjetischen Besatzungspolitik, vgl. Kaden, Einheit oder Freiheit a.a.O., S. 185; Abendroth, Sozialgeschichte a.a.O., S. 178 f.

b) Der Kampf des integrationistisch-reformistischen Flügels innerhalb der SPD gegen die Aktionseinheit in den Westzonen

Gleiche Bestrebungen wie in der SBZ verfolgten die demokratischen Kräfte in den Westzonen. Im Potsdamer Abkommen hatten sich die westlichen Alliierten zur aktiven Unterstützung der antifaschistisch-demokratischen Umwälzungsmaßnahmen verpflichtet. In den entscheidenden Punkten wurden jedoch die demokratischen Erneuerungsmaßnahmen nicht durchgeführt oder blieben in den Anfängen stecken.[30]

So unterblieben vor allem eine konsequente Demokratisierung der Verwaltung und die Bildung von demokratischen Selbstverwaltungsorganen. In der amerikanischen Besatzungszone hatten die Ämter der örtlichen Militärregierung schon im Juli 1945 die Verwaltungen der Land- und Stadtkreise sowie der Regierungsbezirke wieder errichtet und dort die maßgebenden deutschen Beamten ernannt. Mit Proklamation Nr. 2 der amerikanischen Militärregierung am 19. September wurden die Länder Bayern, Großhessen (später Hessen) und Württemberg-Baden mit »autonomen Staatsregierungen« gebildet. Ihnen wurde unter Kontrolle der Militärregierung der Wiederaufbau des Verwaltungsapparates und die »gesetzgebende, vollziehende und richterliche Gewalt« anvertraut. Auf diese Weise wurde der Wiederaufbau des Verwaltungsapparates den Vertretern der alten Reichs-Ministerial- bzw. Landesbürokratie übertragen. Selbst Kurt Schumacher mußte 1946 feststellen: »In der Wirtschaft und in der hohen Bürokratie ist immer noch ein großer Teil der Kräfte vorhanden, die den Nazis einst in den Sattel geholfen haben und die darum im tiefsten Grunde fast noch schuldiger sind als ihre Werkzeuge.«[31]

Ebenso wie in der SBZ kämpfte die Arbeiterklasse der Westzonen für die demokratische Bodenreform. Nicht zuletzt unter dem Druck des ostdeutschen Beispiels erließen die unter der Kontrolle der west-

30 Die verschiedene Einstellung der westlichen Militärbehörden zur Durchführung der alliierten Beschlüsse kommt in der Direktive JCS 1067/8 zum Ausdruck, die Maßnahmen zur Entnazifizierung und zur Entkartellisierung, zur Wirtschaftskontrolle und zur Verhaftung von Kriegsverbrechern enthält.

31 Kurt Schumacher, »Nach dem Zusammenbruch – Gedanken über Demokratie und Sozialismus«, Hamburg 1948, S. 57.

lichen Besatzungsmächte stehenden Verwaltungen Ende 1946 und 1947 Gesetze, die den Anschein erwecken sollten, als ob auch in den Westzonen eine ernsthafte Reform der Agrarverhältnisse bevorstünde. Diese Gesetze tasteten jedoch die ökonomische Basis des Großgrundbesitzes nicht an. Sie sahen lediglich vor, daß Großgrundbesitzer gegen Entschädigung etwas Siedlungsland bereitstellen sollten. Im Grunde blieb alles beim alten Zustand.[32]

Desgleichen kämpften die Arbeiter in den Westzonen für das Mitbestimmungsrecht der Betriebsräte und Gewerkschaften und für die Entmachtung der Monopolherren. Bei den Betriebsrätewahlen im Ruhrbergbau entfielen nach dem Stand vom 20. November 1945 von den bis dahin in 80 Betrieben abgegebenen gültigen Stimmen etwa 44 Prozent auf die KPD, 28 Prozent auf die SPD, 16 Prozent auf ehemalige Mitglieder der christlichen Gewerkschaften.[33]

Auf allen Gebieten zeigte sich, daß die Politik der Westmächte auf die Erhaltung der Grundlagen der reaktionären Kräfte gegen alle wirksamen antifaschistisch-demokratischen Maßnahmen gerichtet war. Die deutsche Reaktion wurde zunächst geschont, dann ermuntert. Teilweise konnten sich sogar exponierte Vertreter des faschistischen Regimes im Staatsapparat halten. Demgegenüber begann man, die Antifaschisten auf jede erdenkliche Art zu benachteiligen. Besonders hinderlich war die späte Zulassung der Bildung von politischen Parteien. In der britischen und amerikanischen Zone wurde die Gründung politischer Parteien erst ab 14. September bzw. ab 28. August 1945 erlaubt, aber zunächst nur im Kreismaßstab, wobei die einzelnen Militärkommandanturen wiederum äußerst willkürlich verfuhren. Andererseits schritten jedoch die westlichen Besatzungsmächte – z. B. in Bayern – noch vor der Genehmigung der Parteien zur Regierungsbildung, um so den Einfluß der Arbeiterbewegung auf die Zusammensetzung und politische Orientierung der Staatsorgane möglichst auszuschalten und die Verwaltungs-»Fach-

32 Zu den Bemühungen um eine demokratische Bodenreform in den Westzonen vgl. Dokumente und Materialien zur Geschichte der deutschen Arbeiterbewegung, Reihe III, Bd. 1, Einleitung S. 33, vgl. a. E. Dähne, Zu einigen Entwicklungstendenzen in der Landwirtschaft in beiden deutschen Staaten, in: BRD-DDR, Köln 1969, S. 136 ff. (142).

33 Vgl. hierzu Frank Deppe, Jutta v. Freyberg u. a., Kritik der Mitbestimmung, Frankfurt 1969, S. 69 ff. mit weiteren Hinweisen.

leute« der demokratischen Kontrolle zu entziehen. Durch diese Maßnahmen trat eine Atempause für die Reaktion ein. Das Jahrbuch der SPD für die Westzonen mußte im Jahre 1946 feststellen:

»Ausschüsse aus der Bevölkerung, die sich in den ersten Tagen hier und da spontan gebildet hatten, um Einfluß auf die Lösung der Probleme zu nehmen, die von ihnen aus den Erfahrungen der 12 Jahre als besonders brennend angesehen wurden, fanden keine Bestätigung und wurden wieder aufgelöst. Von ihnen getroffene Maßnahmen, wie z. B. Absetzung politisch belasteter Beamter, Einsetzung von Personen mit demokratischer Legitimierung, Strafmaßnahmen gegen örtlich bekannte Anhänger des Nazisystems wurden nur in wenigen Fällen sanktioniert, in sehr vielen dagegen rückgängig gemacht. Infolgedessen blieben zunächst viele als Nazis bekannte Personen als Beauftragte der Militärregierung in ihren Ämtern, und nicht wenige von ihnen verstanden es, sich die besonderen Umstände, die sich aus der Besetzung ergaben, zunutze zu machen.«[34]

Der entscheidende Punkt für das Gelingen des demokratischen Neuaufbaus in Deutschland war jedoch in Ost wie in West die Herstellung der Einheit der Arbeiterklasse. Selbst bei den wegen des Verhaltens der westlichen Besatzungsmächte ungünstigeren Ausgangsbedingungen in den Westzonen, das zunehmend der deutschen Reaktion Auftrieb gab, war abzusehen, daß eine organisatorisch und konzeptionell geeinte Arbeiterklasse bei dem gegebenen internationalen Kräfteverhältnis, das den reaktionären Kräften in den westlichen Ländern ein offenes Auftreten vorerst noch nicht erlaubte, sich auch in den Westzonen mit ihren Zielsetzungen hätte durchsetzen können.[35]

34 Jahrbuch der SPD 1946, S. 5; vgl. a. Dokumente und Materialien zur Geschichte der deutschen Arbeiterbewegung, Reihe III, a.a.O., Vorwort, S. 21.

35 Ende 1945 versuchte die Reaktion den Einheitsbestrebungen der Arbeiterklasse durch indirekte Mittel zu begegnen, z. B. durch Unterstützung von partikularistischen und separatistischen Bestrebungen oder durch zu früh angesetzte Wahlen, in denen sich die demokratischen Parteien kaum entfalten konnten. Vgl. zur Einschätzung dieser Bestrebungen die Erklärung der KPD-Landesleitungen der amerikanischen und französischen Besatzungszone in Stuttgart vom 5. und 6. Dezember gegen den Separatismus und zu den bevorstehenden Gemeinderatswahlen in der amerikanischen Besatzungszone, in: Dokumente und Materialien zur Geschichte der deutschen Arbeiterbewegung, Reihe III, Bd. 1, S. 304 ff.

Hoffnungsvolle Einigungsbestrebungen auf der Grundlage der Aufrufe des ZK der KPD vom 11. Juni und des ZA der SPD vom 15. Juni 1945 gab es auch hier. Im Anschluß an die Vereinbarungen vom 19. Juni 1945 zwischen dem ZK der KPD und dem ZA der SPD entstanden gemeinsame Arbeitsausschüsse und Aktionskomitees in vielen Städten und Gemeinden Westdeutschlands.[36] In zahlreichen Orten bildeten sich unter dem Einfluß von Sozialdemokraten und Kommunisten antifaschistisch-demokratische Ausschüsse, die auch bürgerliche Kreise einbezogen.[37]

Bei den Einigungsbestrebungen tauchten auf Seiten der Sozialdemokraten im Prinzip die gleichen Schwierigkeiten wie in der SBZ auf. Es zeigten sich dieselben Differenzierungen. Allerdings erhielten in den Westzonen im Gegensatz zur SBZ gerade diejenigen Kräfte von den Besatzungsmächten Unterstützung, die offen oder versteckt gegen die organisatorische Einheit oder gar gegen die Aktionseinheit von Kommunisten und Sozialdemokraten arbeiteten. Wegen der Einschränkungen der politischen Betätigungsfreiheit in den Westzonen – wobei reaktionäre Kräfte und kommunistenfeindliche Sozialdemokraten früher in den Genuß dieser Freiheit kamen[38] als auf Aktionseinheit orientierende Kräfte – war auch der politische Reifegrad in der organisierten Arbeiterschaft im Vergleich mit der SBZ retardiert. Der reformistische Flügel innerhalb der sozialdemokratischen Partei, und zwar der Teil, dessen antikommunistische Vorbehalte trotz der Erfahrungen im Faschismus unüberwindbar waren, konnte daher in umgekehrtem Verhältnis zur Entwicklung in der SBZ schnell an Einfluß gewinnen.

Eine besondere Rolle kommt bei diesem Entwicklungsprozeß der

36 GdA 6, S. 154 ff.

37 Vgl. etwa die Vereinbarung zwischen Vertretern der KPD und der SPD Bayerns in München vom 8. August 1945 über die Bildung einer Aktionsgemeinschaft, die für die SPD u. a. W. Hoegner unterschrieb, in: Dokumente und Materialien, a.a.O., S. 98; ähnliches vollzog sich in Stuttgart, vgl. S. 102, in Frankfurt, vgl. S. 134 (als Vertreter der SPD traten u. a. Willi Knothe und Fritz Schöfer auf), in Osnabrück, vgl. S. 159, in Braunschweig, vgl. S. 180, und in vielen anderen Orten.

38 In München wurde z. B. die legale Tätigkeit der KPD erst ab 1. November 1945, in Göttingen erst im Januar 1946 gestattet, obwohl im Kreismaßstab die Gründung politischer Parteien in der amerikanischen und britischen Zone ab 14. September bzw. ab 28. August 1945 erlaubt war; vgl. Dokumente und Materialien, a.a.O., S. 21.

Person Kurt Schumachers zu.[39] Er gehörte seit 1918 der SPD an, und zwar der Gruppe, die einen Reformismus sozialliberaler bis integrationistischer Prägung vertrat.[39a] Weil er seine konsequente antifaschistische Haltung durch jahrelange Einkerkerung und Folterungen hatte büßen müssen, genoß er vor allem innerhalb der Arbeiterschaft hohes Ansehen.

Seine theoretischen Ansichten knüpften in erster Linie an bürgerliche idealistische Staatsauffassungen lassalleanischer Prägung an, wie sie innerhalb der Sozialdemokratie der Weimarer Zeit von bestimmten neukantianischen Richtungen vertreten wurden.[40] Insgesamt handelte es sich aber weniger um eine systematische Darstellung einer politischen Strategie als um eine eklektizistische Aneinanderreihung geläufiger Ideologeme je nach politischem Bedarf.[41] Die nicht zu verkennende Massenwirksamkeit der von ihm ausgearbeiteten Programmatik hatte u. a. folgende Gründe:

In wesentlichen Punkten knüpfte sie an bestimmte antifaschistische Grundströmungen und Erkenntnisse an, wie sie präzise in den beiden Aufrufen der KPD vom 11. Juni und der SPD vom 15. Juni 1945 gefaßt worden waren. Der kapitalistische Großbesitz – bezeichnenderweise spricht Schumacher nicht von Großkapital oder gar von Monopolen[42] – wird in erster Linie für den Faschismus ver-

39 Zur Rolle Kurt Schumachers vgl. Ulla Plener, Kurt Schumachers Konzeption der demokratischen Republik. Die Grundlage seiner antikommunistischen Politik, in: Beiträge zur Geschichte der Arbeiterbewegung 1966, S. 802 ff.; Badstübner, Restauration in Westdeutschland 1945 bis 1949, Berlin 1965, S. 130 ff.; Lewis J. Edinger, Kurt Schumacher, Persönlichkeit und politisches Verhalten. Köln-Opladen 1967; Susanne Miller, Die SPD vor und nach Godesberg, Bonn-Bad Godesberg 1974, S. 9 ff.; Arno Scholz und Walter G. Orschilewski, Turmwächter der Demokratie, Ein Lebensbild von Kurt Schumacher, 3 Bde., Berlin (West) 1954, dort zahlreiche Dokumente.

39a Zum Reformismusbegriff vgl. Anm. 21a.

40 Vgl. GdA 6, S. 104; Kurt Schumacher, Der Kampf um den Staatsgedanken in der deutschen Sozialdemokratie, hrsg. von Friedrich Holtmeier. Mit einem Geleitwort von Herbert Wehner, Stuttgart, Berlin, Köln, Mainz 1973.

41 Zum Marxismus lediglich als Methode vgl. Susanne Miller, Die SPD vor und nach Godesberg, a.a.O., S. 14; zum Verhältnis von Neukantianismus und Revisionismus vgl. H. J. Sandkühler, Kant, neukantianischer Sozialismus, Revisionismus, in: Sandkühler, de la Vega (Hrsg.), Marxismus und Ethik, Frankfurt 1974, S. 7 ff.

42 Dies war aber schon im Aufruf des Zentralausschusses vom 15. Juni 1945 der Fall. Daß die Übernahme marxistischer Terminologie noch nicht die Übereinstimmung mit deren Inhalt bedeutet, wird auch von Susanne Miller, SPD vor und nach Godesberg, a.a.O., S. 14, herausgestellt.

antwortlich gemacht. Deshalb wird Nationalisierung bzw. Sozialisierung der entscheidenden Zweige der Industrie und des Verkehrs verlangt, ohne daß allerdings die grundlegenden Veränderungen der Staatsinstitutionen, zumindest ihre konsequente Demokratisierung, und die betriebliche Arbeiterkontrolle thematisiert werden. Vorbild ist vielmehr die alte sozialdemokratische Vorstellung von der »Wirtschaftsdemokratie«,[43] die als Sozialismus bezeichnet wird. Da die militärische Niederlage des Faschismus identifiziert wird mit dem Untergang des kapitalistischen Systems insgesamt, mit dem Ende des Finanzkapitals und dessen imperialistischen Tendenzen,[44] kann der Sozialismus als unmittelbare Tagesaufgabe erklärt werden.[45] Mit einer solchen Orientierung werden zum einen die latenten und unklaren, aber einem materiellen Bedürfnis entsprechenden Vorstellungen in der Bevölkerung, insbesondere der Arbeiterklasse, von Antifaschismus, Demokratie und Sozialismus angesprochen, zum andern aber über die noch zu überwindenden Schwierigkeiten auf dem Weg zu Demokratie und Sozialismus Illusionen erweckt.

Die explizite Absetzung dieser Sozialismuskonzeption vom »Sowjetkommunismus«, d. h. hier von den Maßnahmen der antifaschistisch-demokratischen Umwälzung in der SBZ durch ihre Proklamierung als »dritter Weg«[46] sprach zudem die in der Bevölkerung, auch bei traditionsbewußten Sozialdemokraten, vorhandenen antikommunistischen, vornehmlich antisowjetischen Vorbehalte an.

Dies gilt besonders für die nationalistischen außenpolitischen Forderungen Schumachers, wie sie in seiner Stellungnahme zum Potsdamer Abkommen zum Ausdruck kamen. Ausdrücklich lehnte er die Grenzziehungen im Osten und die Wiedergutmachungspflicht des deutschen Volkes ab. Als Ziel der deutschen Außenpolitik bezeichnete er die Wiederherstellung Deutschlands in den Gren-

43 Vgl. hierzu E. Schmidt, Die verhinderte Neuordnung 1945 bis 1952 . . ., S. 61 ff. mit weiteren Nachweisen.

44 Vgl. GdA 5, S. 105 ff.

45 Vgl. hierzu auch Ernst-Ulrich Huster, Gerhard Kraiker, Burghard Scherer, Friedrich-Karl Schlotmann, Marianne Welteke, Determinanten der westdeutschen Restauration 1945 bis 1949. Frankfurt 1972, S. 130.

46 In diese Richtung zielt auch die linksopportunistische Kritik Schumachers am Programm der KPD, wenn er ihr vorwirft, sie habe ein »Bekenntnis zum Unternehmertum« abgelegt. Vgl. hierzu GdA 6, S. 159.

zen von 1937.[47] Mit dieser Orientierung, die, abgesehen von der hier zum Ausdruck kommenden politischen Unmoral, völlig das internationale Kräfteverhältnis verkannte, erweckte er gefährliche Illusionen. Dadurch, daß er die Sowjetunion verantwortlich für die Notlage des deutschen Volkes machte, lenkte er von der Schuld des verbrecherischen Faschismus ab. Schumacher konnte sicher sein, mit derartigen Ansichten Anklang bis tief in reaktionäre Kreise zu finden. In Bevölkerungsteilen, die angesichts der Niederlage des Faschismus bereit waren umzudenken, weckte eine derartige Orientierung, gerade weil sie von einem bekannten Antifaschisten ausging, das verständliche Bestreben, der schmerzlichen Analyse des eigenen politischen Fehlverhaltens auszuweichen und den bequemeren Weg der Anpassung zu gehen.[48] Sicherlich mochte hierdurch kurzfristig Wählerpotential für die Sozialdemokratie auch bei Mittelschichten und der Intelligenz, die ja weitgehend chauvinistisch eingestellt waren und die Massenbasis des Faschismus gebildet hatten,[49] zu gewinnen sein, jedoch nur solange, wie die rechte Alternative der bürgerlichen Parteien nicht offen chauvinistisch auftreten konnte.

Da von diesem Ansatz her keine Veranlassung bestand, die Fehler der Sozialdemokratie in der Weimarer Zeit zu untersuchen, vielmehr die Schuld am Heraufkommen des Faschismus allein den Kommunisten zugeschoben werden konnte, gelangte Schumacher zu dem Ergebnis, daß die Sozialdemokratie die einzige politische Partei in Deutschland gewesen sei, deren Linie sich als richtig erwiesen und deren Politik die »Probe vor dem Richterstuhl der Ge-

47 Diese außenpolitischen Vorstellungen sind vor allem enthalten in seinem Aufruf »Konsequenzen deutscher Politik« vom Juni 1945 und in den »Richtlinien für die SPD in ihrem Verhältnis zu den anderen politischen Faktoren« vom August 1945. Vgl. in: Turmwächter der Demokratie. Ein Lebensbild von Kurt Schumacher, Bd. II, Reden und Schriften, a.a.O., S. 31, 33, 36 bis 39; die antisowjetische Komponente der Schumacherschen Außenpolitik kommt auch in der Darstellung von Rudolph Hrbek, Die SPD – Deutschland und Europa, a.a.O., insbesondere S. 28 ff. zum Ausdruck.

48 In den gängigen Darstellungen spricht man gern vom »theoretischen Vakuum«, um den Bewußtseinszustand der deutschen Bevölkerung zu dieser Zeit zu bezeichnen. Vgl. Susanne Miller, Die SPD vor und nach Godesberg, a.a.O., S. 13.

49 Zu dem komplizierten Problem der faschistischen Massenbasis kann hier keine Stellung bezogen werden, vgl. Elfriede Lewerenz, Die Analyse des Faschismus . . ., a.a.O., insbes. S. 159 ff., m. w. Nachw.

schichte bestanden« habe.[50] In dieser Parteikonzeption war für Aktionseinheiten mit Kommunisten kein Platz.

Aber die an den nach wie vor latent antikommunistischen Bewußtseinsstand der Bevölkerung anknüpfenden und diesen verstärkenden Thesen allein hätten die Durchsetzung der letztlich integrationistisch-reformistischen Linie gegenüber dem reformsozialistischen Flügel der Partei nicht gewährleistet. Voraussetzung hierfür war einmal die unbestrittene Führerschaft Schumachers innerhalb des rechten Flügels, zum andern eine vor administrativer Taktik nicht zurückschreckende Handhabung dieser Führerschaft. Die Zustimmung von Sozialdemokraten wie etwa Friedrich Stampfer war unproblematisch. Aber auch der Londoner Emigrationsvorstand und ihm nahestehende Kreise erkannten den Führungsanspruch des Büros Schumacher, obwohl es ohne demokratische Legitimation war, nach dem Tode Hans Vogels im Oktober 1945 ebenso an wie einige nach Schweden emigrierte sozialdemokratische Funktionäre.[51]

Unter Ausnutzung der »politischen Quarantäne« in den Westzonen gelang es der Gruppe Schumacher, die Besetzung der Mehrzahl der Schlüsselpositionen in den provisorischen Bezirksvorständen der SPD in den Westzonen entscheidend zu beeinflussen. Einen Aufschluß darüber, wie es zu diesen Mandaten kam, gibt Carl Severing. Er schildert den Besuch Schumachers im August 1945 in Bielefeld. In der Aussprache habe sich über die politischen Aufgaben völlige Übereinstimmung ergeben. »Schumacher hatte schon Verbindungen mit Braunschweig, Hamburg, Württemberg, Baden, Hessen und Hessen-Nassau aufgenommen und damit einen Punkt geschaffen, der als Zentralstelle für die künftige Parteiarbeit ausgebaut werden konnte. Da nach meinen Beobachtungen und nach meiner persönlichen Überzeugung Ost-Westfalen nicht die geringste Neigung verspürte, in diesen Fragen abseits zu stehen, da es vielmehr der Wunsch der mir bekannten Parteimitglieder war, sich so schnell wie möglich einer zu bildenden Zentrale anzuschließen, habe ich

50 Kurt Schumacher, Für ein neues, besseres Deutschland! Ein Aufruf zur Besinnung und geistigen Umkehr, in: Kurt Schumacher, Nach dem Zusammenbruch, Gedanken über Demokratie und Sozialismus, Hamburg 1948, S. 9.

51 Vgl. hierzu Susanne Miller, Die SPD vor und nach Godesberg a.a.O., S. 14 f.

Schumacher erklärt, daß er mit der Unterstützung seiner Bestrebungen durch Ost-Westfalen rechnen könne.«[52]

Vom 5. bis 7. Oktober 1945 fand in Wennigsen bei Hannover eine Konferenz der SPD für die britische Besatzungszone statt, die ursprünglich als Reichskonferenz geplant war. Um aber den Einfluß des Büros Schumacher zu sichern, war sie auf eine westzonale Konferenz reduziert worden, und zwar auf ausdrücklichen Befehl der britischen Besatzungsbehörden, sicherlich nicht ohne Zutun der Gruppe Schumacher.[53] Die Vertreter des ZA der SPD konnten lediglich in der Zusammenkunft am 6. Oktober außerhalb der Konferenz ihr im Aufruf vom 15. Juni entwickeltes Programm darlegen. Schumacher bestritt die Legitimation des ZA für ganz Deutschland und behauptete, seine Zuständigkeit sei nur auf die SBZ beschränkt. Es sei unter den gegebenen Umständen unmöglich, von Berlin aus die SPD zentral zu leiten. Die Zusammensetzung der Konferenz von Wennigsen erfolgte nach von Schumacher entwickelten Kriterien. Daher benannte sie ihn auch als Beauftragten für die Westzonen und bestritt ebenso wie er selbst die Rechtmäßigkeit des ZA. Das bedeutete letztlich die Aufspaltung der SPD nach Besatzungszonen. Trotz dieses Erfolges bedurfte es noch an vielen Orten des persönlichen Einsatzes von Schumacher, um die starken Bestrebungen zur Aktionseinheit zu unterdrücken. »Selbst in Bezirken, in denen die Führungsgruppen von vornherein mit Schumacher übereinstimmten, bestand die Notwendigkeit, den Einheitsbestrebungen der KPD und eines Teiles der eigenen Mitglieder mit allen verfügbaren Mitteln entgegenzutreten.«[54]

c) Exkurs:
Die Vereinigung von SPD und KPD in der SBZ zur SED

Inzwischen war der Prozeß der antifaschistisch-demokratischen Umwälzung in der SBZ entsprechend den Aufrufen der demokrati-

52 Carl Severing, Mein Lebensweg, Bd. 2: Im Auf und Ab der Republik, Köln 1950, S. 479.

53 Vgl. Rolf Badstübner, Restauration in Westdeutschland 1945 bis 1949 a.a.O., S. 127.

54 Albrecht Kaden, Einheit oder Freiheit. Die Wiedergründung der SPD 1946/47, Hannover 1964, S. 147.

schen Parteien[55] und entsprechend dem Potsdamer Abkommen[56] weiter fortgeschritten. Die Impulse für die Verwirklichung dieser Maßnahmen gingen von den zahlreichen Aktionsgruppen aus, in denen Sozialdemokraten und Kommunisten gemeinsam wirkten.[57] Insbesondere in den Betrieben und auf Gewerkschaftsebene hatte die Aktionseinheit einen Reifegrad erreicht, der über die Vereinbarungen zwischen dem ZK der KPD und dem ZA der SPD vom 19. Juni 1945 hinausgewachsen war.[58]

Auf den Parteitagen der Bezirks- und Landesorganisationen der SPD in den Monaten September, Oktober und November 1945 wurde der Wille auch zur organisatorischen Einheit mit den Kommunisten immer stärker formuliert. Gleichzeitig wuchs aber auch der Widerstand integrationistisch-reformistischer Kräfte in der Partei bis hinein in den Zentralausschuß, die zum Teil Verbindungen mit der Schumacher-Gruppe in den Westzonen aufgenommen hatten. Vorerst traten sie zwar noch nicht offen gegen die Aktionseinheit und die Bestrebungen zur organisatorischen Verschmelzung der beiden Parteien auf, sondern versuchten lediglich, den Prozeß zu verzögern.[58a]

Nach vorheriger Absprache zwischen dem ZK der KPD und dem

55 Das trifft vor allen Dingen auf den Aufbau der demokratischen Selbstverwaltungsorgane zu, so daß bald auch zur Bildung von zentralen Verwaltungen geschritten werden konnte. Vgl. etwa Befehl Nr. 17 des obersten Chefs der sowjetischen Militärverwaltung und Oberbefehlshabers der sowjetischen Besatzungstruppen in Deutschland vom 27. Juni 1945 zur Bildung von Zentralverwaltungen der sowjetischen Besatzungszone Deutschland, in: Dokumente und Materialien a.a.O., S. 80.

56 Das Potsdamer Abkommen sah zwar bis auf weiteres keine zentrale deutsche Regierung vor, jedoch zentrale deutsche Verwaltungsabteilungen. Vgl. Potsdamer Abkommen 1943 bis 1949, Ausgewählte Dokumente zur Deutschlandfrage, Berlin 1971, S. 62.

57 Vgl. Franz Dahlem in einem Artikel v. 18. August 1945 in DVZ Nr. 58, in: Dokumente und Materialien, a.a.O., S. 105 ff. Die dort geschilderte Lage dürfte typisch für die Situation insgesamt gewesen sein.

58 Der Kernbereich, in dem sich die Aktionseinheit entwickelte, war der Tätigkeitsraum der Gewerkschaftskomitees und Betriebsräte, vgl. hierzu GdA 6, S. 54 ff.

58a Solange sie eine außenpolitische Kooperation mit der Sowjetunion auf der Basis des Potsdamer Abkommens unter Anerkennung des sozialdemokratischen Führungsanspruches gegenüber den Kommunisten von seiten der Sowjetunion für möglich hielten, setzten sie weiter auf die Ostorientierung und scheuten den offenen Bruch, vgl. zur Konzeption eines Exponenten dieser Richtung: G. Klingelhöfer, A. Sywottek, Die »fünfte Zone«, a.a.O., S. 77 ff.

ZA der SPD trat am 20. und 21. Dezember 1945 in Berlin eine Konferenz von je 30 Vertretern der SPD und KPD zusammen, die sogenannte erste 60er-Konferenz. Neben anderen unmittelbar für die gemeinsame Arbeit wichtigen Punkten[59] stand im Mittelpunkt der Diskussion die Frage der Organisationsstruktur der neuen gemeinsamen Partei.[60]

Man einigte sich über ein Minimalprogramm (Vollendung der demokratischen Erneuerung Deutschlands im Sinne des Aufbaus einer antifaschistisch-demokratischen, parlamentarischen Republik mit gesetzlich gesicherten, weitgehenden politischen, wirtschaftlichen und sozialen Rechten der Arbeiter und Werktätigen, wie schon im Aufruf vom 11. Juni gefordert) und ein Maximalprogramm (Verwirklichung des Sozialismus auf dem Wege der Ausübung der politischen Herrschaft der Arbeiterklasse im Sinne der Lehren des konsequenten Marxismus, wie sie im Kommunistischen Manifest, im Eisenacher Programm und in der Kritik von Marx und Engels am Gothaer Programm festgelegt sind). Für die innere Struktur der Partei forderte man das Prinzip des demokratischen Zentralismus, wenn auch der Ausdruck selbst nicht in der Entschließung gebraucht wurde.[61]

Ausdrücklich wurde das Bekenntnis zum proletarischen Internationalismus aufgenommen und die Bekämpfung jeglichen Chauvinismus, vor allem der antisowjetischen Hetze, gefordert. Einigen konnte man sich nicht über die Aufstellung gemeinsamer Kandidatenlisten, da hier der Widerstand einiger Sozialdemokraten zu groß war, so daß man sich auf die Erarbeitung eines gemeinsamen Wahlprogramms beschränkte.

Die Konferenz wählte eine Studienkommission aus je vier Vertretern, die den Entwurf für die Grundsätze und Ziele der sozialistischen Einheitspartei und das Parteistatut ausarbeiten sollte. Nach-

59 Beratungspunkte waren die Wahlen der amerikanischen Besatzungszone, der Aufbau der freien Gewerkschaften, vgl. GdA 6, S. 121 ff.

60 Vgl. hierzu die Entschließung der gemeinsamen Konferenz des Zentralausschusses der SPD und des Zentralkomitees der KPD mit den Bezirksvertretern beider Parteien vom 20./21. Dezember 1945. GdA 6, S. 385 ff.

61 »In ihrer inneren Verfassung soll die Partei auf dem Prinzip des demokratischen Bestimmungsrechtes der Mitglieder und der freien Wahl der Parteileitungen beruhen, wobei einmal gefaßte Entscheidungen und Beschlüsse für alle ihre Mitglieder und Organisationen verbindlich sind.« GdA 6, S. 389.

dem sich der integrationistisch-reformistische Flügel im ZA der SPD, unter Leitung von Gustav Dahrendorf und Karl J. Germer, mit seiner Verzögerungstaktik nicht hatte durchsetzen können, versuchte er mit anderen Methoden das gleiche Ziel zu erreichen. Eine dieser Methoden war die Bildung von eigenen Fraktionen, die engen Kontakt mit den von der Schumacher-Gruppe beherrschten SPD-Organisationen in den Westzonen aufnahmen. Noch im Januar ging die Mehrheit im ZA davon aus, daß die Einberufung eines gesamtdeutschen Parteitages möglich sei, auf dem über die Vereinigung der beiden Parteien entschieden werden sollte.[62] Daher wandte sich der ZA gegen eine organisatorische Vereinigung im Rahmen von Bezirken, Provinzen, Ländern oder einer Besatzungszone. Das gleiche Argument wurde während dieser Zeit auch von der Schumacher-Gruppe gebraucht. In einer Besprechung mit Grotewohl am 8. Februar in Braunschweig, in der das Thema der Vorbereitung und Durchführung einer Reichskonferenz zur Debatte stand, lehnte jedoch Schumacher sowohl diese Reichskonferenz als auch einen Reichsparteitag ab, solange noch kein einheitlich deutscher Staat bestehe.[63] Der ZA stand also vor der Wahl, die Frage der Vereinigung auf die lange Bank zu schieben, was jedoch faktisch ihre Aufgabe bedeutet hätte, oder die Vereinigung zunächst nur für die SBZ durchzuführen. Am 11. Februar faßte er folgenden Beschluß: »Der Zentralausschuß der Sozialdemokratischen Partei Deutschland ist nach Beratungen der Vertreter der Bezirke zu dem Entschluß gekommen, der Mitgliedschaft der Partei alsbald die Einheit der beiden Arbeiterparteien zur Entscheidung vorzulegen. Der ZA wird daher, nachdem die Verhandlungen mit den Vertretern der westlichen Zonen ergeben haben, daß die Einberufung eines Reichsparteitages auf absehbare Zeit nicht möglich ist, sofort einen Parteitag für die sowjetische Besatzungszone, einschließlich Berlin, einberufen. Dieser

62 Es wurden vielfache Versuche unternommen, um mit der Schumachergruppe hierüber eine Übereinstimmung zu erzielen, vgl. a. A. Kaden, Einheit oder Freiheit, a.a.O., S. 174, 206 ff.

63 Vgl. zur Entwicklung dieser Beziehungen den offenen Brief des ZA der SPD vom 14. März 1946 mit der Aufforderung an die Berliner Mitglieder, allen Versuchen der Spalter entgegenzutreten, in: Dokumente und Materialien a.a.O., S. 555 ff; vgl. A. Sywottek, Die »Fünfte Zone«, a.a.O., S. 86.

Parteitag, dem Bezirks- bzw. Landesparteitage vorangehen, soll über eine Vereinigung der beiden Parteien entscheiden.«[64]

Am 26. Februar tagte die 2. Sechziger-Konferenz, welche die weiteren Schritte für die Vereinigung festlegte. Nach Billigung der von der Studienkommission erarbeiteten Grundsätze wurden die beiden Parteileitungen beauftragt, den Vereinigungsparteitag für den 21. und 22. April vorzubereiten. Die Studienkommission wurde in einen Organisationsausschuß umgebildet, der u. a. den Auftrag erhielt, den Entwurf des Parteistatutes auszuarbeiten und die Verschmelzung aller zentralen Institutionen beider Parteien vorzubereiten.

Der Vereinigungsprozeß vollzog sich in der Folge von unten nach oben. In jeweils nach SPD- und KPD-Mitgliedschaft getrennten Versammlungen wurde über die Vereinigung abgestimmt und dann erst der Zusammenschluß vollzogen. Die neuen Leitungsgremien wurden streng nach dem Grundsatz der Parität besetzt. In entscheidenden Punkten, insbesondere was die Staatsfrage anlangte, hatten sich auch in der Basis zunehmend die Gemeinsamkeiten herausgeschält.[65] Differenzen blieben allerdings noch bei den Organisationsprinzipien der zu schaffenden Einheitspartei, die sich auch in dem endgültig ausgearbeiteten Parteistatut als Kompromißformeln niederschlugen. Sie betrafen vor allem die Frage der Organisation nach Betriebs- oder Ortsgruppen, die Anerkennung des Leninismus, die Frage der führenden Rolle der KPdSU in der internationalen Arbeiterbewegung.[66]

Wie stark jedoch trotz dieser sicherlich nicht zu unterschätzenden Differenzen der Einigungswille der Mehrheit war, läßt sich am Beispiel der SPD in Berlin demonstrieren. Dort hatte sich um Franz Neumann und Karl J. Germer, ein Mitglied des ZA, eine Oppositionsfraktion gebildet, die den vom ZA beschlossenen Maßnahmen

64 Zitiert nach GdA 6, S. 129 f.

65 So mußten viele Sozialdemokraten einerseits ihre Illusionen vom friedlichen Hineinwachsen des Kapitalismus in den Sozialismus, aber andererseits auch viele Kommunisten ihre Vorstellung vom Weg zur Erringung der politischen Macht (Herrschaft der Arbeiterklasse) durch den bewaffneten Aufstand ohne Zwischenschritte revidieren, vgl. a. Schöneburg, Staat und Recht a.a.O., S. 24 ff.

66 GdA 6, S. 138.

mit allen erdenklichen Mitteln entgegenarbeitete.[67] Obwohl das am 17. Juni 1945 beschlossene Parteistatut keine Urabstimmung vorsah, wurde auf einer von der Oppositionsfraktion zusammengerufenen, in ihrer Zusammensetzung jedoch demokratisch nicht legitimierten Funktionärversammlung beschlossen, über die Vereinigung der Parteien nicht auf dem schon beschlossenen Parteitag abzustimmen, sondern in einer Urabstimmung der Mitglieder. Der ZA rief daher zum Boykott dieser Urabstimmung auf.[68]

Im sowjetischen Sektor fand sie nicht statt, da die sowjetischen Behörden unter Hinweis auf die Satzungswidrigkeit die Abstimmung in ihrem Sektor nicht zuließen. Allerdings war niemand gehindert, wegen der Freizügigkeit zwischen den Sektoren an der Urabstimmung in den Westsektoren teilzunehmen. Dennoch machten nur 35 Prozent der insgesamt 66 246 SPD-Mitglieder in Berlin von dieser Möglichkeit Gebrauch. 65 Prozent folgten dem Boykottaufruf des ZA. Geht man davon aus, daß nur Westberliner an dieser Abstimmung teilnahmen – was die offizielle Parteiengeschichte in der BRD offensichtlich tut[69]; da sie alle Ost-Berliner Sozialdemokraten als Gegner der Einheit behandelt, kommt sie zu anderen Zahlen –, so nahmen von 39 716 Westberliner SPD-Mitgliedern 23 019 an der Urabstimmung teil, so daß 43 Prozent der West-Berliner Sozialdemokraten dem Boykottaufruf des ZA folgten. Von diesen beantworteten 2731 die Frage: Sind Sie für eine sofortige Vereinigung mit der KPD? mit Ja, 19 951 mit Nein. Die zweite Frage (Sind Sie für ein Bündnis mit der KPD?) beantworteten 14 146 mit Ja und 5707 mit Nein. Aus diesen Zahlen[69a] ist zu entnehmen, daß selbst innerhalb der den politischen Zielsetzungen des ZA feindlich gesonnenen

67 Vgl. Anm. 63.

68 Vgl. Erklärung des ZA der SPD gegen die Urabstimmung und für den Zusammenschluß in der Sozialistischen Einheitspartei Deutschlands vom 27. März 1946, in: Dokumente und Materialien, a.a.O., S. 574–576, zu den sog. Reinickendorfer Empfehlungen vom 23. Februar 1946, wo die Konzeption der sich abspaltenden Gruppe des ZA niedergelegt ist, A. Sywottek, Die »Fünfte Zone«, a.a.O., S. 85.

69 Vgl. Susanne Miller, Die SPD vor und nach Godesberg, a.a.O., S. 11; offensichtlich wurden von Miller die nichtabstimmenden Mitglieder als Gegner der Vereinigung betrachtet, anders ist das Zustandekommen der Zahl von 82 % nicht verständlich.

69a Zahlen nach Siegfried Thomas, Entscheidung in Berlin. a.a.O., S. 220; Sywottek, a.a.O., S. 95, übergeht den Boykottaufruf des ZA, wenn er die Nichtabstimmenden zu den Gegnern der Vereinigung rechnet.

Gruppe dasjenige Potential sehr gering war, das jede Zusammenarbeit mit Kommunisten ablehnte: etwa 8,6 Prozent, umgerechnet auf alle Berliner SPD-Mitglieder. 69 Prozent der Mitglieder der SPD in Berlin (wenn man die 2731 Jastimmen den Nichtabstimmenden hinzuzählt) waren also für eine sofortige Vereinigung, und nur etwa 20 Prozent sprachen sich zwar für die Aktionseinheits- und Bündnispolitik aus, hielten aber die Vereinigung noch für verfrüht. Wenn diese Zahlen auch unterschiedlich ausgewertet wurden, auf keinen Fall kann man sie als einen Beleg für eine angebliche Zwangsvereinigung anführen, wie es in der gängigen Literatur üblich ist.[70]

Welche Funktion der Urabstimmung in Berlin von den integrationistischen Kräften in der SPD zugemessen wurde, geht aus folgendem Zitat hervor: »Zum Glück verstanden nicht nur viele westliche Journalisten, was auf dem Spiel stand, sondern auch eine Reihe von britischen und amerikanischen Beamten, die aus der Arbeiterbewegung kamen oder sich auf ihre Probleme spezialisiert hatten . . . und diese Männer erfaßten die Bedeutung des Berliner Widerstandes für die Zukunft ganz Deutschlands; sie waren es, die Schumachers Besuch in Berlin ermöglichten und der Opposition das erste Papier für Flugblätter gegeben hatten, sie sorgten auch dafür, daß die Urabstimmung am 31. März wenigstens in den Westsektoren ungehindert stattfinden konnte.«[71]

Auch der von der Oppositionsgruppe am 7. April nach Zehlendorf einberufene Parteitag, auf dem die Berliner SPD neu konstituiert wurde, konnte die Vereinigung der beiden Arbeiterparteien in der SBZ und im übrigen Berlin nicht verhindern. Am 19. und 20. April fanden in Berlin der 15. Parteitag der KPD und der 40. Parteitag der SPD statt. Von der SPD wurde folgender Beschluß gefaßt: »Der Parteitag tritt mit dem Parteitag der KPD am 21. und 22. April 1946 im Admiralspalast zu Berlin zu dem Konstituierungs-Parteitag zusammen, um die Vereinigung der beiden Parteien und damit die Konstituierung der Sozialistischen Einheitspartei Deutschlands zu

70 Vgl. Albrecht Kaden, Einheit oder Freiheit. Die Wiedergründung der SPD 1945/46, a.a.O., S. 125 f.; Klaus Schütz, Die Sozialdemokratie im Nachkriegsdeutschland, in: Parteien in der Bundesrepublik (Schriften des Instituts für politische Wissenschaft 6), Stuttgart und Düsseldorf 1955, S. 160 ff.

71 Brandt, Löwenthal, Ernst Reuter – Ein Leben für die Freiheit, Eine politische Biographie, München 1957, S. 356.

vollziehen . . . Sobald in Orten oder Bezirken die Vereinigung beschlossen und die SED konstituiert ist, hat die Sozialdemokratische Partei Deutschlands aufgehört zu existieren.«[72]

Am 21. und 22. April 1946 fand der Vereinigungs-Parteitag statt. Alle Beschlüsse wurden einstimmig gefaßt mit Ausnahme der Abstimmung über das Parteistatut, das gegen 21 Stimmen bei 4 Enthaltungen beschlossen wurde.[73]

Damit waren die Weichen für die weitere Entwicklung sowohl in der SBZ wie in den Westzonen mehr oder weniger endgültig gestellt.

2. *Die Rolle der SPD in den Auseinandersetzungen um die ökonomische, soziale und staatsrechtliche Gestaltung Deutschlands in der Vorphase der Gründung der Bundesrepublik*

a) Die Neukonstituierung der SPD im Jahre 1946 und ihr Programm der »dritten Kraft«

Nach wie vor war der Einheitswille innerhalb der Arbeiterschaft groß. Diese Stimmung mußte von der die Aktionseinheit ablehnenden Führung der SPD berücksichtigt werden. Anfang Mai 1946 führte Carl Severing auf einer Bezirkskonferenz der SPD aus: »Aber um jeder Mißdeutung von vornherein zu begegnen, möchte ich – und ich bin überzeugt im Namen aller Delegierten – erklären, daß wir eine ehrliche und kameradschaftliche Zusammenarbeit mit der kommunistischen Partei wünschen.«[74]

Daß es sich bei solchen Äußerungen aber lediglich um verbale Konzessionen handelte, zeigte der ständig wachsende Druck gegen einheitswillige Mitglieder der Partei. So stand der Parteitag in Han-

72 40. Parteitag der Sozialdemokratischen Partei Deutschlands. Am 19. und 20. April 1946 in Berlin, Berlin 1946, S. 95. Von einem Verbot der SPD, selbst in einem formalen Sinn, kann also nicht gesprochen werden. Zum Problem der Wiedergründung vgl: Helga Grebing, Geschichte der deutschen Arbeiterbewegung. Ein Überblick, München 1966, S. 255.

73 GdA 6, S. 146.

74 Freie Presse (Bielefeld), 4. Mai 1946, zitiert nach: Erhard Mannschatz, Josef Seider, Zum Kampf der KPD im Ruhrgebiet für die Einigung der Arbeiterklasse und die Entmachtung der Monopolherren 1945–1947, Berlin 1962, S. 134.

nover vom 9.–11. Mai 1946 im Zeichen der Auseinandersetzung mit der Vereinigung der beiden Arbeiterparteien zur SED in der Ostzone. Kurz zuvor war das Ostbüro der SPD gegründet worden. Seine Aufgabe war es, eine illegale SPD-Organisation in der Ostzone aufzubauen bzw. die in der Frage der Verschmelzung unterlegene Minderheit zu einer eigenen Fraktion innerhalb der SED zu organisieren.[75]

Obwohl die Gruppe um Schumacher alles versucht hatte, den Parteitag so vorzubereiten, daß ihre Linie sich voll durchsetzen konnte (so war ein großer Teil der Delegierten von ihren Basisorganisationen nicht gewählt, Mitglieder, die sich offen für die organisatorische Verschmelzung der beiden Arbeiterparteien aussprachen, hatten keine Chance, Delegierte zu werden), spiegelten die Diskussionen auf dem Parteitag bis hinein in die sich durchsetzende Führungsgruppe um Schumacher die in ihrer sozialen Basis und in ihren Ansichten widersprüchliche Zusammensetzung der Parteimitgliedschaft wider. Ein Großteil der Mitglieder war schon vor 1933 in der SPD bzw. ihr nahestehenden Organisationen (Freie Gewerkschaften, Sport- und Jugendbewegung, Konsum usw.) tätig gewesen. Dieser Teil der Mitgliedschaft wurde sofort nach der Zerschlagung des Dritten Reiches wieder aktiv und baute die alte Organisation auf. Auf unterer und mittlerer Ebene hatte er erste Leistungen erbracht. Er sah sich dadurch in dem traditionellen sozialdemokratischen Reformismus, in dem er aus der Weimarer Zeit her verwurzelt war, bestätigt. Seine Mitglieder strebten eine bürgerlich-demokratische, parlamentarische Republik an und folgten sozialistischen Zielsetzungen, die auf marxistische Einsichten zurückgingen. Sie wollten das kapitalistische System in eine sozialistische Gesellschaftsordnung verwandeln und die ökonomische Ausbeutung abschaffen. Dies sollte jedoch durch die schrittweise Demokratisierung der Wirtschaft (Vergesellschaftung der Grundindustrie, zentrale Wirtschaftsplanung und Mitbestimmung der Arbeiter und Angestellten) erreicht werden und nicht auf dem Weg der Eroberung der politischen Macht, d. h. einer grundlegenden Veränderung des Staatsapparates durch Schaffung neuer Organe durch die Arbeiterklasse und ihre Verbündeten.

75 Zur Funktion vgl. Sachwörterbuch der Geschichte Deutschlands und der deutschen Arbeiterbewegung, Berlin 1969, S. 234.

Die Propaganda des Sozialismus als einer Tagesaufgabe hatte in diesen Vorstellungen ihren realen Anknüpfungspunkt. Diese traditionellen Reformisten (Reformsozialisten) waren auch die Träger der Ideologie und Politik des dritten Weges, die aus einer antikommunistischen, in der Auseinandersetzung mit dem sowjetischen Weg des Sozialismus während der Weimarer Zeit sich herausbildenden Einstellung entwickelt worden war.[76]

Aus den Erfahrungen des Faschismus heraus verbanden sie partiell mit der Politik des dritten Weges einen antiimperialistischen Inhalt und waren aus diesem Grunde nicht abgeneigt, nach 1945 den Weg der Zusammenarbeit mit den Kommunisten zu beschreiten. Sie setzten sich auch für eine beschleunigte und gründliche Entnazifizierung und Demokratisierung der Verwaltung, einschließlich der Polizei, ein. Ein Exponent dieses Teils der Mitgliedschaft war Willy Knothe, der auf dem Parteitag als zweiter Stellvertreter hinter Ollenhauer gewählt wurde.[77] Das gleiche gilt für Victor Agartz, der auf dem Parteitag das zweite Hauptreferat über »sozialistische Wirtschaftspolitik« hielt.[78] Die Vorstellungen dieser Gruppe schlugen sich auch in der Entschließung zur Entnazifizierung und in der Entschließung zur Ernährungskrise nieder.[79] Da sie jedoch mit ihren Vorstellungen in eine bürgerliche Staatsauffassung eingebettet waren, die eine antikommunistische Stoßrichtung hatte, sahen sie keine durchgreifenden demokratischen Aktionen vor, die in der Wirklichkeit nur in Gemeinschaft mit Kommunisten denkbar gewesen wären.

Das von Schumacher entwickelte Konzept fand in den Vorstellungen dieser Gruppe zahlreiche Anknüpfungspunkte. Das Argument Schumachers, der Zeitpunkt für eine ideologische Auseinandersetzung sei noch nicht gekommen, da noch kein politisches Pro-

76 Zur Konzeption des 3. Weges vgl. Stichwort: Dritter Weg, in: Sachwörterbuch der Geschichte Deutschlands, a.a.O., Bd. 1, S. 504 ff.

77 Willi Knothe war lange Zeit Befürworter der Aktionseinheit mit Kommunisten. Vgl. die Information der Bezirksleitung Frankfurt/Main der KPD vom 3. September 1945 über eine Vereinbarung zwischen der KPD und der SPD des Bezirkes Frankfurt/Main, in: Dokumente und Materialien zur Geschichte der deutschen Arbeiterbewegung, a.a.O., S. 134.

78 Vgl. Protokoll der Verhandlungen des Parteitages der SPD vom 9.–11. Mai 1946 in Hannover, Hamburg 1947, S. 57 ff.

79 Vgl. Protokoll, a.a.O., S. 182 ff.

gramm für Deutschland vorhanden sei, wurde von vielen Delegierten dieser Richtung akzeptiert. Da der politische Diskussionsstand, insbesondere über den Inhalt des Potsdamer Abkommens, in den Westzonen noch nicht sehr fortgeschritten war, konnte Schumacher schlechtweg behaupten, die Fragen der Reparationen und der Grenzen z. B. seien im Potsdamer Abkommen im ungewissen gelassen.[80] Anstatt einer Diskussion über ideologische Fragen setzte sich vielmehr eine Tendenz zur »geistigen Erneuerung« der Partei im Sinne bürgerlich-liberaler Auffassungen durch. In Absetzung von der Konzeption des Marxismus-Leninismus, die Schumacher als östliche Entartungsformen des Marxismus bezeichnete,[81] wurde der Marxismus als eine unter vielen Methoden der Gesellschaftsanalyse propagiert. Zum erstenmal in der Geschichte der SPD erfolgte damit eine offizielle Absage an den Marxismus als Theorie der sozialistischen Arbeiterbewegung. Demgegenüber wurde der weltanschauliche Pluralismus als ideelle Grundlage der Partei verkündet.

Die sich vom reformsozialistischen Teil in vielen Punkten distanzierenden bürgerlichen Kräfte der SPD, die weitgehend den integrationistischen Flügel bestimmten, kamen aus verschiedenen Kreisen. Bei den langjährigen Parteimitgliedern der älteren Generation handelte es sich vor allen Dingen um Parlamentarier und Staatsbeamte der Weimarer Zeit. Die Vertreter jüngerer Generation waren vor 1933 als Publizisten oder Berufspolitiker, teilweise in der sozialistischen Arbeiterjugend, teilweise in verschiedenen linksoppositionellen Gruppierungen oder stark rechts stehenden Zirkeln tätig. Viele von ihnen waren nach England, Schweden, den USA oder in die Schweiz emigriert. Nach ihrer Rückkehr waren sie zum Teil beeinflußt vom Labour-Sozialismus, dem schwedischen Beispiel oder der Politik des New Deal unter Roosevelt. Hinzu kamen viele aus Konjunkturgründen in die Partei strömende Kräfte aus intellektuellen Kreisen und der kleinen und mittleren Bourgeoisie. Bei aller Verschiedenheit waren sie sich doch einig in einer bestimmten Demokratie- und Staatsauffassung und in einem bestimmten bourgeoisen Pragmatismus. Sie strebten eine neue SPD ohne Marxismus an, sie verfochten besonders aktiv den ethischen Sozialismus, ein Teil von

80 Vgl. Protokoll, a.a.O., S. 24.
81 Vgl. Protokoll, a.a.O., S. 26.

ihnen forderte die Anpassung der SPD an Religion und Kirche oder an die bürgerliche Wertphilosophie.

Die sich unter dem Einfluß Schumachers und seiner Gruppe durchsetzende offizielle Linie führte einen scheinbaren Zweifrontenkrieg. Einerseits war sie, zumindest in der erklärten Programmatik, antikapitalistisch ausgerichtet, also gegen die stärker werdenden reaktionären Kräfte eingestellt, und enthielt bestimmte Elemente, die in der Aufbauphase des Sozialismus hätten wichtig werden können. Andererseits war sie antikommunistisch, insbesondere antisowjetisch eingestellt, wobei diese Front bei weitem stärker ausgebaut war. Kennzeichnend für die Auseinandersetzung ist jedoch, daß die einzelnen Punkte des stets betonten Unterschiedes zur antifaschistisch-demokratischen Umwälzung in der SBZ nie konkret genannt wurden, sondern vielmehr pauschale Diffamierungen eine an Fakten ausgerichtete Diskussion ersetzten.[82]

Das programmatische Schlußdokument des Parteitages, »Kundgebung der SPD«[83] stellte daher eine verschwommene Analyse dar, ohne konkrete Maßnahmen für die Lösung der Grundprobleme zu nennen, unter den damaligen Bedingungen nämlich die Sicherung des Friedens, die Entmachtung der Rüstungskonzerne und der Junker und die Garantien für einen entscheidenden Einfluß der Werktätigen in der staatlichen und wirtschaftlichen Verwaltung.

Die Verschwommenheit der Analyse gilt vor allem für das Aufzeigen der Ursachen des Faschismus. »Das Versagen des Bürgertums und jenes Teiles der Arbeiterbewegung, der den klassenpolitischen Wert der Demokratie nicht erkannt hatte, bildet den historischen Schuldanteil des deutschen Volkes.«[84] Mit einer solchen Aussage wurde letztlich die Schuld am Faschismus den Kommunisten

82 So wird die ökonomische Struktur des Ostens als zentralistischer diktatorischer Staatskapitalismus bezeichnet (Protokoll, a.a.O., S. 36), in der Ostzone habe man ein Bild der Klassen der neureichen Profiteure genauso wie im Dritten Reich. »Wir haben dort das Bild, daß Beamte Kommunisten, und Kommunisten Beamte sind, trotzdem beide dazu nicht tauglich waren, wir haben das Bild einer Fäulnis und Korruption wie im Dritten Reich« (Protokoll, a.a.O., S. 41), wir denken nicht daran, »das bankerotte Preußentum mit Hammer und Sichel wieder erstehen zu lassen« (Protokoll, a.a.O., S. 42). Das System der Einheitspartei oder der Einheitslisten wird als Diktatur bezeichnet (Protokoll, a.a.O., S. 48), und so fort.

83 GdA 6, S. 414.

84 GdA 6, S. 414.

zugeschoben und die Sozialdemokratie als die einzige demokratische Partei der Arbeiterbewegung hingestellt.[85]

Einige wichtige Punkte für die Demokratisierung Deutschlands sind in der Kundgebung dennoch angesprochen. Das gilt vor allen Dingen für die Vergesellschaftung der Produktionsmittel wie für die grundlegende Agrar- und Bodenreform, die unter Enteignung der Großgrundbesitzer sofort einzuleiten sei. Allerdings wird die Forderung nach Bodenreform durch das Kriterium der Wirtschaftlichkeit, das der gefährdenden Zerstückelung zu begegnen habe, wieder stark relativiert. Noch schwerwiegender ist, daß die konkreten Verwirklichungsschritte nicht genannt sind. Diese Methode – das Erheben demokratischer Forderungen zur Umgestaltung der sozialökonomischen und politischen Verhältnisse, ohne konkrete Maßnahmen für ihre Realisierung zu nennen – was ja nichts anderes als die Verbindung von außerparlamentarischen Aktionen der Bevölkerung mit dem parlamentarischen Kampf sein konnte –, wurde charakteristisch für die weiteren Auseinandersetzungen innerhalb der SPD unter der Führung der Schumacher-Gruppe.

Die Durchsetzung dieser Linie vollzog sich auch in den Führungsgremien der SPD nicht widerspruchslos.[86] So waren in der Entschließung des Parteiausschusses der SPD vom 25. September 1946 »Umkehr oder Untergang?« und im Aufruf des Parteivorstandes an die Funktionäre der SPD »gegen den inneren Feind« vom 19. November 1946 die demokratischen Ansätze durchaus stärker betont als bislang. Klarer als vorher wird die Verantwortung des kapitalistischen Systems für die gegenwärtige Lage, vor allen Dingen für die Ernährungssituation, herausgestellt und deutlicher auf die erneute Konsolidierung der Reaktion, insbesondere in der staatlichen Verwaltung der Westzonen, hingewiesen. Die Sozialdemokraten im

85 Dieses Urteil ist ein durchgängiger Topos in der offiziellen sozialdemokratischen Geschichtsschreibung, vgl. Hans Mommsen, Sozialdemokratie in der Defensive, Immobilismus der SPD und der Aufstieg des Nationalsozialismus; in: Sozialdemokratie. Zit. nach Heinrich Potthoff, Die Sozialdemokratie von den Anfängen bis 1945, Bonn-Bad Godesberg 1974, S. 116, der sich dieser Meinung anschließt.

86 Susanne Miller, Die SPD vor und nach Godesberg, a.a.O., S. 11, hingegen spricht davon, daß »Gemeinschaftsaktionen mit den Kommunisten . . . ohne größere parteiinterne Konflikte eingestellt« werden konnten; weitaus differenzierter Sywottik, Die »Fünfte Zone«, a.a.O., passim.

öffentlichen Dienst wurden aufgefordert, von ihren Rechten und Pflichten als Abgeordnete und Beamte Gebrauch zu machen und gegen die Reaktionäre in den Verwaltungen offen anzukämpfen. Die hierfür erforderliche Aktionseinheit mit allen demokratischen Kräften, also auch mit den Kommunisten, wurde jedoch nicht akzeptiert. Die Ablehnung des sächsischen Volksentscheides zeigte zudem, welche Vorstellungen bei einem Teil der Mitgliedschaft und der Führung der SPD mit der Sozialisierung verbunden waren.[87] Trotz der antikommunistischen Propaganda, die sich vornehmlich auf alle antifaschistisch-demokratischen Errungenschaften der SBZ bezog und der massiven Agitation, die gerade von der SPD gegen das Potsdamer Abkommen betrieben wurde, konnte die SPD im Herbst 1946 und im Frühjahr 1947 nicht als stärkste Partei aus den Landtagswahlen hervorgehen. Nur in Hessen, Niedersachsen und Schleswig-Holstein sowie bei den Bürgerschaftswahlen in Bremen und Hamburg konnte sie einen Wahlsieg erringen, während ansonsten die CDU/CSU, nicht zuletzt dank der Unterstützung durch die katholische Kirche, als stärkste Partei abschnitt.[88]

b) Die SPD und die Frage der Einheit Deutschlands

In der zweiten Hälfte des Jahres 1946 und im Jahre 1947 verschärfte sich der Kampf in der internationalen Szene. Während die in Ost- und Südosteuropa entstandenen antifaschistisch-demokratischen Gesellschaftssysteme allmählich in Volksdemokratien übergingen, die mit dem Aufbau des Sozialismus begannen,[89] leiteten die westlichen Alliierten, insbesondere die USA, immer offener eine Eindämmungspolitik gegenüber der Sowjetunion ein. Schon Churchills Rede am 5. März 1946 in Fulton war von zahlreichen Ausfällen gegen die UdSSR und die sozialistischen Staaten gekennzeichnet. Mit

87 In der Polemik stand der Inhalt der Sozialisierung weniger im Vordergrund als die Formen und Methoden, mit denen angeblich der sächsische Volksentscheid durchgeführt worden sei. Vgl. hierzu GdA 6, S. 167.

88 Vgl. zu den Wahlergebnissen Susanne Miller, Die SPD vor und nach Godesberg, a.a.O., S. 19.

89 Vgl. hierzu Eva Seeber, Die Errichtung volksdemokratischer Staaten und die Veränderungen im internationalen Kräfteverhältnis 1944/45, ZfG 1974, S. 969 ff.

der Forderung nach Schaffung internationaler Streitkräfte gegen die sozialistischen Länder leitete er den kalten Krieg ein. Am 6. September kündigte der US-Staatssekretär Byrnes in Stuttgart eine Revision der Deutschlandpolitik der USA an, besonders hinsichtlich der wirtschaftlichen Abmachungen von Potsdam. Er deutete eine Nichtanerkennung der in Potsdam vereinbarten territorialen Gestaltung Deutschlands (insbesondere Oder-Neiße-Grenze) an.

In den Westzonen gingen die Alliierten immer mehr dazu über, vollendete Tatsachen zu schaffen, um die Verwirklichung des Potsdamer Abkommens zu umgehen. Am 2. Dezember 1946 kam das Abkommen über den Zusammenschluß der amerikanischen und britischen Besatzungszone zur Bi-Zone zum 1. Januar 1947 zustande. Vorher war ein Wirtschaftsrat konstituiert worden, die Vorstufe einer Separatregierung, in deren Organen Großwirtschaft und Großagrarier vertreten waren.

Die SPD-Führung stimmte dem Bizonenplan wie der Stuttgarter Rede Byrnes als einer Basis für eine deutsche Friedensregelung zu.[90] Gegenüber den sich abzeichnenden Plänen zur Bildung eines westdeutschen Staates erklärte sie allerdings, daß sie für ein einheitliches, demokratisch aufgebautes Deutschland mit zentraler Regierung und dezentralisierter Verwaltung, mit gesicherten Rechten für das Volk eintrete. Die »Richtlinien für den Aufbau der deutschen Republik« im März 1947 sprachen sich jedoch nur sehr unpräzise zum Prinzip der Volkssouveränität aus. Vielmehr umschrieben sie die verschiedenen Zuständigkeiten einzelner Staatsinstitutionen entsprechend dem Prinzip der Gewaltenteilung.

Die Zustimmung der SPD zur Bi-Zone und zur Politik der westlichen Besatzungsmächte insgesamt widersprach den sozialdemokratischen Forderungen, die Grundstoffe und andere Industrien zu sozialisieren, wie sie noch auf dem Hannoveraner Parteitag 1946 ihren Ausdruck gefunden hatten.

Alle gesamtdeutschen Initiativen, die von der SED bzw. von der im Februar 1947 gebildeten Arbeitsgemeinschaft der KPD/SED ausgingen, wurden von den maßgebenden sozialdemokratischen Politikern verworfen. Sie unterstützten die Maßnahmen der Besat-

90 Vgl. Hamburger Echo vom 7. September 1946; Rudolf Hrbek, Die SPD – Deutschland und Europa, Bonn 1972, S. 44 ff.

zungsmächte, die die Tätigkeiten dieser Arbeitsgemeinschaft verboten.[91]

Für die Ablehnung aller gesamtdeutschen politischen Verhandlungen wurde immer wieder das Argument ins Feld geführt, daß es »eine Einheit in Deutschland nur dann gibt, wenn die demokratischen Parteien in allen vier Zonen unter demselben Recht stehen, d. h. wenn es in der Ostzone wieder eine SPD gibt«.[92] Die Einheit Deutschlands sollte durch Anschluß der sowjetischen Besatzungszone an die Westzonen hergestellt werden, und zwar auf der Grundlage von Verhältnissen, wie sie in den Westzonen herrschten. Das bedeutete jedoch nichts anderes als die Forderung des Abbaues der sozialen Errungenschaften in der SBZ, insbesondere der Einrichtung eines volkseigenen Sektors in der Industrie und der durchgeführten demokratischen Bodenreform.

Zu diesem Zweck sollten die Westzonen wirtschaftlich attraktiv gemacht, die sogenannte ökonomische Magnetisierungswirkung des Westens[93] erreicht werden. Man müsse soziale und ökonomische Tatsachen schaffen, »die das Übergewicht der drei Westzonen über die Ostzone deklarieren, die das Leben im Westen als nützlicher und sinnvoller und angenehmer beweisen«.[94]

Westberlin bildete in diesem Konzept des Weges zur Einheit die Rolle des politischen Einflußzentrums mitten in der sowjetischen Besatzungszone, also die des Brückenkopfes. »Die Selbständigkeit Berlins, das von allen Seiten von den kommunistischen Fluten umgeben ist, ist nur zu erhalten, wenn die ökonomische Fundierung dieser großen, tapferen Stadt durch die Wirtschaft des Westens erfolgt . . . mit einem so fundierten Berlin haben wir eine mächtige Außenbastion und ein politisches Einflußzentrum für die Ostzone.«[95]

91 Alle gesamtdeutschen Initiativen der Arbeitsgemeinschaft SED/KPD und der SED wurden von der SPD-Führung abgelehnt. GdA 6, S. 189 f.

92 Vgl. Sozialistische Mitteilungen der Londoner Vertretung der SPD Nr. 95 vom Januar 1947.

93 Rudolf Hrbek, Die SPD – Deutschland und Europa, a.a.O., S. 28 ff.

94 8 Jahre sozialdemokratischer Kampf um Einheit, Frieden und Freiheit, Ein dokumentarischer Nachweis der gesamtdeutschen Haltung der Sozialdemokraten und ihrer Initiativen, Bonn, o.J., S. 26.

95 8 Jahre sozialdemokratischer Kampf, a.a.O., S. 26/27.

Da die sozialdemokratischen Politiker ihre Formeln zur Einheit Deutschlands mit der Forderung nach Sozialisierung der bizonalen Grundstoffindustrien verbanden und sie außerdem in Proteste gegen die wirtschaftliche Notlage einbetteten, wurden breite Massen der sozialdemokratisch orientierten Bevölkerung, und zwar auf einer reformsozialistischen Linie, über den wahren Inhalt dieser Ziele getäuscht.

Von dieser Ambivalenz war auch das Auftreten der sozialdemokratischen Ministerpräsidenten auf der Münchener Ministerpräsidentenkonferenz vom Juni 1947 gekennzeichnet, die zum endgültigen Bruch der politischen Kontakte mit der Sowjetzone führte. Anstatt gegen die Zerreißung Deutschlands, gegen die Schaffung des Zweizonenwirtschaftsrates aufzutreten und für die Verständigung zwischen den demokratischen Parteien, Gewerkschaften und den anderen großen demokratischen Organisationen und für die Bildung einer zentralen deutschen Verwaltung auf der Basis des Potsdamer Abkommens zu arbeiten,[96] forderte Carlo Schmid ein Besatzungsstatut für die Westzonen.

Durch die Akzeptierung des Marshallplans, dessen Zielsetzung auf die Bindung der europäischen Länder an die USA und die ökonomische und militärische Stärkung der durch den Krieg erschütterten kapitalistischen Gesellschaftsordnungen in Europa gerichtet war, wurde ein weiterer folgenschwerer Schritt zur Abspaltung der Westzonen von der SPD-Führung sanktioniert.[97]

Auch gegen das zwischen Großbritannien und den USA am 10. September abgeschlossene Ruhrkohlenförderungsabkommen, das eindeutig gegen die Viermächtevereinbarungen verstieß, erfolgte kein Protest der SPD-Führungsgremien. Im Gegenteil, auf der Sitzung des erweiterten Parteivorstandes und Parteiausschusses vom

96 Vgl. die Erklärung der Arbeitsgemeinschaft SED/KPD zur Ministerpräsidentenkonferenz in München, abgegeben am 12. Juli 1947, in: GdA 6, S. 447, und Beschlüsse der IV. Interzonenkonferenz der Gewerkschaften in Garmisch-Partenkirchen vom 6.–8. Mai 1947, ebda., S. 442.

97 Zur Funktion des Marshallplanes vgl. Henri Claude, Der Marshallplan, Berlin 1949; zur Diskussion auf dem Nürnberger Parteitag vgl. Protokoll der Verhandlungen des Parteitages der SPD vom 29. Juni bis 2. Juli 1947 in Nürnberg, Hamburg 1948, insbesondere S. 228, vgl. ebda. S. 62, wo der aus den USA zurückgekehrte Stampfer den Umschwung »von Morgenthau zu Hoover, vom Potsdamer Pakt zum Programm des Staatssekretärs Marshall« besonders herausstrich; vgl. a. GdA 6, S. 220 f.

14./15. November in Bremen wurde der hier zum Ausdruck kommende »festere Kurs der Westmächte in der Deutschlandpolitik« von Ollenhauer ausdrücklich begrüßt.[98] In der Forderung nach freien Wahlen für ganz Deutschland,[99] die den Willen zur Einheit Deutschlands nach außen hin dokumentieren und gleichzeitig die in der SBZ erfolgten Wahlen als undemokratisch diffamieren sollte, kommt das Bemühen zum Ausdruck, die politische Aktivität der SPD-Führung bei der Bildung eines separaten Weststaates zu verdecken. Immer deutlicher schälte sich eine Politik heraus, die, anstatt die Bevölkerung an einem wirtschaftlichen und politischen Aufstieg aus eigener Kraft zu orientieren und zu mobilisieren – was allerdings ein radikales Umdenken in der Frage der Aktionseinheit bedeutet hätte –, eine Anpassung an die Politik der Westalliierten propagierte, in deren Konzept der separate westdeutsche Staat zunächst eine ökonomische und ideologische, dann aber auch eine militärische Stoßkeilfunktion gegenüber dem sich herausbildenden sozialistischen Weltsystem darstellen sollte. Zwar ist nicht zu verkennen, daß es im reformsozialistischen Teil der Mitgliedschaft reale Anknüpfungspunkte für die Durchsetzung einer solchen Politik gab, andererseits konnte nur ein massives Abblocken der von den Vorstellungen der Aktionseinheit bestimmten Regungen in der Parteibasis die Durchsetzung dieser Parteilinie gewährleisten.[100]

98 Westfälische Rundschau vom 20. November 1947; das Abkommen über die Ruhrkohlenförderung zwischen Großbritannien und den USA kann als partieller Vorläufer des Ruhrstatutes betrachtet werden.

99 Vgl. Jahrbuch der SPD 1947, S. 88/89.

100 Daß gewisse Hemmungen bei der SPD-Mitgliedschaft bestanden, gegen die SED zu hetzen, kommt in einer Anleitung für die Redner der SPD unter der Überschrift »Ist es richtig, gegen die KPD zu reden?«, in: Der SPD-Redner. Information und Unterlagen, Ausgabe vom 10. Dezember 1947, Blatt 2, zum Ausdruck; dort heißt es: »Wir wollen nicht leugnen, daß einige unserer Redner gewisse Hemmungen haben, gegen die Politik der KPD zu sprechen. Sie haben das Gefühl, daß die gemeinsame Berufung auf Marx, Engels und die erste Tradition der organisierten Bewegung des wissenschaftlichen Sozialismus ein Gemeinsames gibt, das zu einer gewissen Zurückhaltung gegeneinander verpflichtet.«

c) Die Auseinandersetzungen innerhalb der SPD um die Konzeption der »positiven Mitarbeit« am Staat

Innerhalb der SPD-Führung war man sich über die eigentlichen Absichten der westlichen Besatzungsmächte, vor allem im Zusammenhang mit einer möglichen Sozialisierung, trotz aller Verlautbarungen nach außen sehr wohl im klaren. So berichtet Victor Agartz in einem persönlichen Brief an Kurt Schumacher vom 4. Februar 1947 über eine Erklärung General Clays zu seiner Wahl als Leiter des bizonalen Verwaltungsamtes für Wirtschaft, »daß mir nicht gestattet sein würde, meinen neuen Posten dazu zu benutzen, um die Sozialisierung der Schwerindustrie in der amerikanischen und britischen Zone durchzuführen . . . Bemerkenswert ist, daß General Clay nicht nur von der Industrie der amerikanischen Zone spricht, sondern auch in allen Fällen die Schwerindustrie der britischen Zone ausdrücklich mit erwähnt.«[101]

Während jedoch die reformsozialistische Linie zwischen Ablehnungs- und Anpassungspolitik schwankte, was auch durch verbalradikale Phrasen nicht verdeckt werden konnte, betrieb die integrationistische Linie eine mehr oder weniger offene Bündnispolitik mit der Reaktion. Jeden Ansatz von Masseninitiativen suchte sie durch bürokratische innerparteiliche Repression zu unterdrücken.

Der Volksentscheid vom 1. Dezember 1946 in Hessen, der die rechtlichen Grundlagen bot, die Entmachtung der Konzernherren einzuleiten, und ähnliche rechtliche Bestimmungen in Nordrhein-Westfalen hatten gezeigt, daß eine nur halbwegs vernünftige Aktionseinheitspolitik zu Erfolgen führen konnte.[102] Das gleiche gilt für die Streikbewegung, deren Höhepunkt der 24stündige Generalstreik von 334 000 Bergarbeitern gegen Versorgungs- und Wirtschaftssabotage, für Demokratisierung der Verwaltung und für Enteignung der Bergwerksbesitzer am 3. April 1947 wurde. Die anti-

101 Zit. n. Ulla Plener, Zur Geschichte der SPD nach dem Zweiten Weltkrieg, 1. Teil: SPD 1945–1949. Politische Konzeption, Praxis und Auswirkungen auf den Kampf zwischen Arbeiterklasse und Monopolbourgeoisie um die politische Führung in Deutschland. Promotion B. Institut für Gesellschaftswissenschaften, Berlin 1974, S. 136.

102 GdA 6, S. 203.

monopolistische Bewegung war so stark, daß sich die Konzernherren gezwungen sahen, Zugeständnisse auf der Ebene der Einräumung von Mitbestimmungsrechten zu machen.[103] Die von den Westmächten eingeleiteten Entflechtungsmaßnahmen hingegen, die als Erfüllung des Potsdamer Abkommens ausgegeben wurden, erwiesen sich in ihrem Ergebnis lediglich als Machenschaften, die alten Konzerne umzugruppieren und einige belastete Wehrwirtschaftsführer aus öffentlichen Stellungen zurückzuziehen. Unter dem Vorwand der »Entflechtung« wurden die wichtigsten Teile der westdeutschen Industrie unter den Rechtsschutz der Militärregierungen gestellt und so möglichen demokratischen Enteignungsmaßnahmen entzogen.[104]

Anstatt jedoch die durchaus vorhandenen Ansätze für Massenkämpfe zu organisieren und auszubauen, verzichtete die Mehrheit innerhalb der sozialdemokratischen Führung nicht nur darauf, sich selbst in ihrer parlamentarischen Tätigkeit auf die Aktionen der Werktätigen zu stützen, sondern lehnte aus »Mitverantwortung für den Staat« – wobei die demokratische Struktur der Staatsinstitutionen ohne antifaschistisch-demokratische Säuberungsmaßnahmen nicht in Frage gestellt wurde – außerparlamentarische Aktionen ab. Diese Haltung richtete sich gegen Masseninitiativen, die sich vornehmlich im Winter 1946/47 und besonders im Frühjahr 1947 in den Westzonen entfalteten und die die allseitige Demokratisierung der ökonomischen und politischen Verhältnisse, also das erklärte programmatische Ziel der SPD erstrebten. Die Massenaktionen, die im Zusammenhang mit dem »gelenkten« Hunger[105] entstanden waren, hatten teilweise politischen Charakter. So wandten sie sich in einigen Bereichen explizit gegen die Spitze des aus der faschistischen Reichsnährstandsorganisation entstandenen Ernährungsamts der britischen Besatzungszone.[106] Gegen diese politische Stoßrichtung der Massenbewegung stellte sich die SPD-Führung, obwohl der erste Bundeskongreß des DGB der britischen Zone vom 22.–24. April

103 GdA 6, S. 214.

104 Auf dem Nürnberger Parteitag (vgl. Protokoll S. 160) bezeichnete Nölting die Entflechtungsmaßnahmen der Alliierten als Ablenkungsmanöver; vgl. hierzu auch E. Schmidt, Die verhinderte Neuordnung 1945 bis 1952, insbesondere S. 53 ff.

105 GdA 6, S. 204.

106 GdA 6, S. 106.

sich diesen Forderungen vor allem der Bergarbeiter angeschlossen hatte. Auf dem Nürnberger Parteitag führte Schumacher aus: »Wir sind gegen eine Politik politischer Streiks. Wir sind gegen jede Politik leichtfertiger Streiks, und diese Streiks waren keine Streiks für oder gegen eine politische Instanz in diesem Deutschland. Diese Streiks waren ein Aufbäumen der Menschen in Deutschland.«[107]

Der Nürnberger Parteitag mit der offiziellen Einsegnung des Marshallplanes vom 29. Juni bis 2. Juli 1947 bildete andererseits ein Musterbeispiel für die nach wie vor bestehende antifaschistisch-demokratische Substanz innerhalb der Mitgliedschaft und ihre taktische Manipulation durch die Parteispitze. Ein Schwerpunkt der Diskussion auf dem Parteitag war im Zusammenhang mit der Behandlung der »Richtlinien für den Aufbau der deutschen Republik«[108] die Forderung nach allseitiger Demokratisierung der politischen und sozial-ökonomischen Verhältnisse. Viele Diskussionsredner kritisierten das Fehlen einer wirksamen Entnazifizierung des Beamtenapparates.[109] Sie lehnten den angeblich neutralen Beamten ab und forderten ein demokratisches Engagement der Beamtenschaft.[110] Aus den Erfahrungen mit der Justiz der Weimarer Zeit, die an der Vorbereitung des Naziterrors mitgewirkt habe, und mit den hieraus zu ziehenden Konsequenzen wurde der sozial denkende, demokratisch handelnde Volksrichter gefordert, der dem Prinzip der Volkssouveränität zu unterstellen sei und der allein einen demokratischen Neuaufbau Deutschlands gewährleisten könne. Diese Anträge jedoch wurden mit der einstimmigen Annahme der vom Parteivorstand und Parteiausschuß vorgelegten Entschließung über Deutschland und Europa für erledigt erklärt, obwohl diese Entschließung das Anliegen der Anträge überhaupt nicht berührte und im Gegenteil schlechthin in der positiven Mitarbeit am Staat ihren Ausgangspunkt hatte. Das gleiche Schicksal erlitten Anträge, die nicht nur allgemein Sozialisierung und Bodenreform forderten,

107 Protokoll des Parteitages, a.a.O., S. 42.

108 Vgl. hierzu das Referat von Walter Menzel, Der Aufbau der deutschen Republik, Protokoll des Parteitages S. 121 ff.

109 Vgl. Protokoll des Parteitages, S. 74.

110 Insbesondere wurde die Staatstheorie Carl Schmitts abgelehnt. Vgl. Protokoll des Parteitages, S. 73.

sondern Vorschläge eines gangbaren Weges zur Lösung dieser Probleme machten. Die Unzufriedenheit eines bestimmten Teiles der Mitgliedschaft kam auch in dem Antrag zum Ausdruck, die Unvereinbarkeit der Zugehörigkeit zur VVN mit der Mitgliedschaft in der SPD zu revidieren. Dieser Antrag wurde jedoch nicht öffentlich behandelt, es kam zu keiner direkten Auseinandersetzung auf dem Parteitag über die Linie des Parteivorstandes.

Eine der Hauptursachen für das Scheitern einer alternativen Politik bildeten sicherlich die undemokratischen Methoden, die die sozialdemokratische Parteiführung bei der Zusammensetzung und der Regie des Parteitages anwandte. Mitglieder des Leitungsgremiums stellten ein Fünftel bis ein Sechstel aller Stimmberechtigten. Die Delegierten der Bezirke waren zum großen Teil sozialdemokratische Würdenträger und Beamte in staatlichen und öffentlichen Institutionen.[111]

Die schwerwiegendere Ursache lag jedoch im Charakter der sozialdemokratischen Parteiopposition innerhalb des reformsozialistischen Flügels. Viele derjenigen, die die Notwendigkeit der Aktionseinheit erkannt hatten und aus diesem Grunde gegen die Linie Schumachers waren, vermochten nicht die auf dem Parteitag behandelten Fragen wissenschaftlich zu analysieren und den klassenmäßigen Inhalt der von Schumacher entwickelten Linie herauszuarbeiten. Sie stimmten sogar dem Marshallplan als notwendiger und häßlicher Konzession zu. Sie scheuten die offene Auseinandersetzung. Ohne die innerparteiliche Diktatur zu unterschätzen, muß festgestellt werden, daß die oppositionellen Kräfte nicht die Möglichkeit nutzten, vor allem über die Gewerkschaftsbewegung, die werktätigen Massen gegen sie zu mobilisieren. Die Anträge wurden nicht dazu benutzt, um prinzipielle Fragen der sozialdemokratischen Politik aufzuwerfen, weil diesen Kräften die notwendige Klarheit über die Bedeutung und den Inhalt der zur Diskussion stehenden Fragen fehlte. Die integrationistischen Kräfte konnten diese Unklarheit und Unerfahrenheit wiederum ausnutzen, um die Partei insgesamt ideologisch weiter nach rechts zu drängen. Daher war ihr Hauptstoß auch gegen die noch lebendige marxistische Erkenntnis über den

111 Vgl. Protokoll des Parteitages S. 226–239; vgl. auch Nachrichtenblatt der Sozialdemokratischen Partei, Landesverband München Nr. 14, Mitte Juli 1947.

Klassenkampf und über die Ziele der sozialistischen Arbeiterbewegung innerhalb des reformsozialistischen Flügels gerichtet. Durch den Nachweis der Verschiedenheit sozialdemokratischer und kommunistischer Zielsetzungen, den die integrationistischen Wortführer auf die Verfemung der antifaschistisch-demokratischen Umwälzungen in der SBZ stützten, suchten sie eine immer schärfere Abgrenzung zum kommunistischen Teil der Arbeiterbewegung zu erreichen.

Den Hauptstoß richteten die »bürgerlichen Erneuerer« daher gegen den Marxismus als wissenschaftliche Theorie der sozialistischen Arbeiterbewegung. Ihre Hauptangriffspunkte waren: 1. die philosophischen Grundlagen des Marxismus, d. h. seine materialistisch-dialektische Weltanschauung; 2. der historische Aspekt im Materialismus, d. h. der Nachweis der Gesetzmäßigkeit der gesellschaftlichen Entwicklung und damit der Gesetzmäßigkeit der Ablösung des Kapitalismus durch den Sozialismus als Gesellschaftssystem und in diesem Zusammenhang die Lehre vom Klassenkampf und vom Staat; und 3. das marxistische Sozialismus- und Menschenbild, das auf die Schaffung von gesellschaftlichen Bedingungen einer allseitigen Persönlichkeitsentfaltung ausgerichtet ist.

An die Stelle der einheitlichen materialistischen Weltanschauung rückten jetzt der Idealismus und die Metaphysik als Grundlage der Weltanschauungsfreiheit der sozialdemokratischen Partei. Neben der Wissenschaft wurde die Religion als Begründungszusammenhang anerkannt. Die Ziele des Sozialismus waren ausschließlich ethisch zu begründen und nicht durch die Gesetzmäßigkeit der Geschichte, die sich im Klassenkampf und im Klassencharakter des Staates ausdrückt. Zwar war all diesen Angriffen gegen den Kernbereich des Marxismus nach 1945 noch eine gemeinsame Sprachweise vom Sozialismus eigen. Es handelte sich jedoch um einen Sozialismus ohne Marxismus.[112] Diese Konzession an die Sprachweise war auf den verhältnismäßig starken Widerstand innerhalb der Partei gegen diese Abbauversuche zurückzuführen. In vielen Diskussionsbeiträgen kam eine Tendenz zum Ausdruck, die neuen in die Partei

112 Dennoch kam an der neuen kulturpolitischen Richtung der SPD auf dem Parteitag heftige Kritik hoch; vgl. Protokoll, S. 169–172; 176–178.

strömenden Kräfte mehr an die große Tradition der sozialdemokratischen Bewegung heranzuführen, die im wesentlichen doch eine proletarische Tradition sei, und sie nicht so sehr an die Tradition des Bürgertums zu binden.[113] Die Konzession der Anerkennung der Nützlichkeit des Marxismus als Untersuchungsmethode soziologischer und politischer Erscheinungsformen hatte die gleichen Gründe.

Einen gewissen Höhepunkt in dieser Auseinandersetzung brachte die Konferenz in Ziegenhain vom 21.–23. August 1947. Die Kernsätze der von Carlo Schmid redigierten Entschließung brachten verhältnismäßig deutlich den widersprüchlichen Stand der Entwicklung zum Ausdruck.

1. Die SPD ist die politische Heimstatt für diejenigen, die von der Notwendigkeit der sozialistischen Gesellschaftsordnung überzeugt sind. Als verbale Konzession war diese Aussage gegenüber den nach wie vor vorhandenen reformsozialistischen Kräften notwendig.

2. Die Geschichte hat die Einseitigkeit der nur ökonomischen Betrachtung der gesellschaftlichen Entwicklung enthüllt. Die Erfahrungswissenschaften hätten den menschlichen Willen als die eigentliche Triebkraft der Geschichte aufgedeckt. Hieraus müsse die Anerkennung der geistigen Freiheit des Menschen und seiner sittlichen Verantwortlichkeit als gestaltender Faktor des geschichtlichen Prozesses gefolgert werden. Hier kam sehr deutlich in der Auflösung der Dialektik des Gesetzmäßigkeitsbegriffes des historischen Materialismus die antikommunistische Stoßrichtung, vor allem gewendet gegen die angeblich unter Verletzung der geistigen Freiheit durchgeführten antifaschistisch-demokratischen Maßnahmen in der SBZ, zum Ausdruck.

3. Die SPD kämpft für Demokratie und Sozialismus nicht aus materieller Zweckmäßigkeit, sondern um der Würde des Menschen, um der Gerechtigkeit und der Freiheit willen.

4. Die Sozialdemokratie bedient sich der Erkenntnis von Marx und der marxistischen Methode, da sie für sie eine unverzichtbare

113 Vgl. Protokoll, S. 107/109, wo vor allen Dingen an die Tradition Bebels und Wilhelm Liebknechts erinnert wurde; kritisiert wurde auch, daß die Besatzungsmächte nicht zögerten, sozialistische Symbole zu verbieten, wogegen sie keine Bedenken gegen kirchliche Symbole hätten.

Quelle politischer Erkenntnisse darstelle, wenn sie auch nicht die einzige sei.[114]

3. Die Rolle der SPD bei der Konstituierung der Bundesrepublik

a) Das Verhalten der SPD-Führung zur Volkskongreßbewegung

Gegenüber den sich abzeichnenden Maßnahmen der Westmächte, einen westdeutschen Separatstaat zu bilden (auf der Tagung des Rates der Außenminister in London vom 25. November bis 15. Dezember 1947 konnte über die deutsche Frage keine Einigung erzielt werden, so daß die Fortsetzung auf unbestimmte Zeit vertagt wurde), entwickelte sich auch in den Westzonen eine mächtige Volksbewegung. Erste Ansätze hierzu, die von sozialdemokratischen, kommunistischen und parteilosen Befürwortern der deutsche Einheit auf demokratischer Grundlage ausgingen, waren schon im Frühherbst 1947 in der Vorbereitung eines Kongresses für Brot, Kohle, Gerechtigkeit und Frieden zu verspüren. Diese Bewegung konnte sich allerdings nicht entfalten, da sie von der Militärregierung verboten wurde.[115]

Auf einer Beratung von Einzelpersönlichkeiten, die auf Einladung von Ferdinand Friedensburg (Mitglied der CDU in der SBZ) zustandegekommen war und an der u. a. auch SPD-Vertreter aus den Westzonen teilgenommen hatten (so Paul Löbe), wurde ein Aufruf verabschiedet, der forderte, »daß schon vor dem Friedensvertrag ein für alle Zonen einheitliches, für beide Teile bindendes Rechtsstatut geschaffen wird, das auch im Verhältnis zu den Besatzungsmächten die politische Einheit Deutschlands anerkennt«. Zudem sollten Zentralverwaltungen für die wichtigsten Gebiete des staatlichen Lebens geschaffen werden.[116] Nachdem sich Paul Löbe unter starkem

114 Die Entschließung ist abgedruckt in: Dieter Dowe, Kurt Klotzbach (Hrsg.), Programmatische Dokumente der deutschen Sozialdemokratie, Berlin–Bonn-Bad Godesberg 1973, S. 281 ff.; zum Verhältnis Protestantismus – SPD vgl. Richard Sorg, Marxismus und Protestantismus, Köln 1974, S. 154 ff.

115 GdA 6, S. 231.

116 Entwurf eines Aufrufes der Konferenz führender Persönlichkeiten des öffentlichen Lebens aus Ost- und Westdeutschland in Berlin am 9. November 1947, die sog. Wannseer Konferenz, in: Europa-Archiv, Zeitgeschichte – Zeitkritik, Verwaltung –

Druck der SPD-Führung aus dieser Initiative zurückgezogen hatte, hielten die Einberufer der Konferenz ohne Teilnahme der SPD ihre weiteren Bemühungen für sinnlos.

Die Initiative übernahm nunmehr die SED durch einen »Aufruf zu einem deutschen Volkskongreß für Einheit und gerechten Frieden« zum 6. und 7. Dezember 1947 in Berlin.[117] Auf dem sehr breit zusammengesetzten Kongreß wurde eine Volksabstimmung über die demokratische Einheit und die Bildung einer zentralen Regierung aus Vertretern aller demokratischen Parteien gefordert. Eine Delegation des deutschen Volkskongresses zur Londoner Außenministerkonferenz wurde jedoch von den westlichen Alliierten strikt abgelehnt.

Die Konstituierung eines De-Facto-Parlamentes und einer De-Facto-Regierung für die Westzonen im Januar 1948 durch den amerikanischen und britischen Militärgouverneur,[118] die Beschleunigung der Sechsmächtekonferenz in London und die Einstellung der Tätigkeit des alliierten Kontrollrates im März 1948 veranlaßten die Initiatoren der Bewegung des Volkskongresses, einen zweiten Kongreß für den 17. und 18. März 1948, dem Jahrestag der Revolution von 1848, einzuberufen.[119]

Die Bewegung des Volkskongresses hatte auch auf die Westzonen übergegriffen. Am 17. und 18. Januar 1948 wurde ein Landeskongreß für Niedersachsen durchgeführt, der infolge des Verbotes durch die britische Militärverwaltung in Vegesack bei Bremen (amerikanische Besatzungszone) abgehalten werden mußte. In Schleswig-Holstein fand ein Landeskongreß am 13. März 1948 statt. Ähnliche Kongresse für Bayern, Hamburg, Hessen und Nordrhein-Westfalen wurden von den Besatzungsmächten durch maßgebliche Initiative der sozialdemokratischen Führung verboten.[120] So wies Schumacher darauf hin, daß die Westmächte durch derartige Volkskongresse eines Tages in die Gefahr kommen könnten, eine aus dieser Bewegung hervorgehende Zentralregierung anerkennen zu müs-

Wirtschaftsaufbau, hrsg. v. Wilhelm Cornides, Oberursel (Taunus) 1948, S. 1147; vgl. auch Badstübner/Thomas, Die Spaltung Deutschlands 1945–1949, Berlin 1966, S. 219 ff.

117 Zur Zusammensetzung des Volkskongresses vgl. GdA 6, S. 234.

118 GdA 6, S. 235, vgl. a. Badstübner/Thomas, a.a.O., S. 245.

119 GdA 6, S. 237.

120 GdA 6, S. 239.

sen, weil diese sich dann darauf berufen könnte, daß die Volkskongresse in den Westzonen anerkannt gewesen seien.[121]

Besonderer Gegenstand der sozialdemokratischen Gegenpropaganda war das Dokument der SED vom 15. Januar 1948: »Von der Pauls-Kirche zum Volkskongreß«. Zwar waren in der sozialdemokratischen Presse ähnliche Einschätzungen der März-Revolution zu finden wie in diesem Dokument. Die Wege trennten sich jedoch bei den Schlußfolgerungen. Während die sozialdemokratischen Darstellungen die damaligen bürgerlich-demokratischen Forderungen nach Freiheit und Gerechtigkeit als ewige Postulate der Menschheit wiederholten, forderte die SED, den 1848 begonnenen Kampf um Einheit und demokratische Erneuerung der Nation mit neuem Inhalt zu erfüllen und erfolgreich unter der Führung der Arbeiterklasse zu vollenden. »Die zentrale Losung ist heute: Antifaschistische Demokratie in der einheitlichen deutschen Republik. Die Verwirklichung dieser Losung sichert eine Politik des Friedens und ebnet den Weg für die Verwirklichung der sozialistischen deutschen Republik.«[122]

Gegen diese Umsetzung in den konkreten antifaschistisch-demokratischen Umwälzungsmaßnahmen in der SBZ richtete der integrationistische Flügel innerhalb der SPD unter Führung der Schumacher-Gruppe seine Freiheitspropaganda und seine Totalitarismusdoktrin, die zwar schon seit 1945 zum Argumentationsarsenal gehörte, jedoch jetzt erst zum Angelpunkt der politischen Agitation wurde. Die revolutionären Umwälzungen im Februar 1948 in der Tschechoslowakei[123] nahm der Parteivorstand in seiner Resolution vom 9. April 1948 zum Anlaß, um vor der »gewaltsamen Gleichschaltung unter die totale Diktatur der Kommunisten« zu warnen. Diese Argumentation wandte sich besonders an diejenigen Teile der westdeutschen Bevölkerung, die sich an sozialistischen Ideen orientierten. Sie verfolgte den Zweck, der Rückwirkung der Errichtung einer antifaschistisch-demokratischen Ordnung im Osten Deutschlands offensiv zu begegnen. Ausgangspunkt war ein verfälschter Demokratiebegriff, der die Klassenherrschaftsstruktur der west-

121 Hannoversche Presse vom 15. Januar 1948, vgl. a. Freiheit, Düsseldorf, 23. Januar 1948, zit. nach Badstübner/Thomas, a.a.O., S. 247.

122 GdA 6, S. 237.

123 Vgl. a. Abendroth, Sozialgeschichte, a.a.O., S. 165.

deutschen Gesellschaft ausblendete und ein verklärtes Sozialismusbild entwarf, in dem die wesentlichen Elemente für die Entfaltung von Demokratie und Sozialismus, nämlich die Volksbewegungen, völlig in den Hintergrund gedrängt waren. Die imperialistische Zielsetzung der westlichen Besatzungsmächte wurde als die Bedingung für Freiheit ausgegeben. So erklärte Ollenhauer: »An der von den USA und England geplanten provisorischen Lösung Westdeutschland will sich auch die Sozialdemokratie beteiligen, um die 42 Mill. Menschen in den Westzonen nicht in Elend und Chaos untergehen zu lassen.«[124] Der von der sozialdemokratischen Führung ausgegebene Slogan »Lieber Freiheit ohne Einheit als Einheit ohne Freiheit!: Darum keine Stimme dem falschen Volksbegehren!« bringt die Einstellung der integrationistischen Gruppe um Schumacher treffend auf eine Formel,[125] wenn man sich vergegenwärtigt, welche Freiheit, nämlich die der großkapitalistischen Ausbeutung, unter dem Deckmantel der Forderung nach geistiger, pluraler Auseinandersetzung, wenn vielleicht von ihren sozialdemokratischen Befürwortern subjektiv auch nicht intendiert, so doch objektiv geschaffen wurde.

Trotz der starken Behinderungen und der Verbote wuchs die Volkskongreßbewegung auch in den Westzonen. Selbst innerhalb der Sozialdemokratie konnte sie, vor allem beim reformsozialistischen Teil Fuß fassen. Ein Ausdruck dieser inneren Auseinandersetzung ist das Hamburger Manifest, das von verschiedenen oppositionellen Sozialdemokraten am 5. März veröffentlicht wurde. Dort wurde die offene Diskussion über die Politik der Partei in folgenden Punkten gefordert:

1. Abkehr von der Politik der Spaltung und vorurteilsloses Studium der Volkskongreßbewegung;
2. Lösung der einseitigen Bindung an den Westen, eine kritische Überprüfung des Marshall-Planes und das Anstreben einer wahrhaft neutralen außenpolitischen Linie;
3. das Anstreben einer demokratischen Zusammenarbeit mit allen Parteien, welche die Grundsätze der Demokratie und des Sozialismus achten.[126]

124 Westfälische Rundschau vom 19. Mai 1948.
125 Freie Presse, Bielefeld, vom 29. Mai 1948.
126 Volksecho für Westfalen und Lippe-Detmold vom 27. März 1948.

Gemessen an den Ausgangsbedingungen wurde das auf dem 2. Volkskongreß für die Zeit vom 23. Mai bis zum 13. Juni 1948 festgelegte Volksbegehren auch in den Westzonen ein großer Erfolg. Allein in Nordrhein-Westfalen setzten sich rund 750 000 Menschen auf die Unterschriftslisten. Im Juni 1948 gab der deutsche Volksrat bekannt, daß 14 746 000 Deutsche in ganz Deutschland mit ihrer Unterschrift einen Volksentscheid über die Einheit Deutschlands gefordert hatten. Das waren 40 Prozent der wahlberechtigten Bevölkerung. Dennoch genehmigten die westlichen Besatzungsmächte diesen Volksentscheid nicht.[127]

Die Volkskongreßbewegung hatte gezeigt, daß auch innerhalb der SPD immer noch Ansätze zur Bildung linker oppositioneller Gruppen vorhanden waren. Es blieb jedoch bei diesen Ansätzen. Die Ursachen hierfür waren einerseits die drakonischen Maßnahmen der Parteibürokratie, die auch vor zahlreichen Ausschlußverfahren nicht zurückschreckte, andererseits die Schwäche der Opposition selbst, die überwiegend in rein theoretischen Diskussionen verhaftet blieb, ohne zu einer einheitlichen ideologisch-politischen Plattform und zu einem einheitlichen Führungszentrum zu gelangen. Ein schwerwiegender Mangel dieser Kräfte, der sich auch in der Volkskongreßbewegung in den Westzonen niederschlug, war die fehlende Verbindung von Massenbewegung und Betriebsarbeit, obwohl hier beste Ansätze vorhanden waren. Abgesehen davon, daß gerade zur Zeit der Volkskongreßbewegung eine neue Streikwelle entstanden war,[128] waren in den Betrieben die sozialdemokratischen Mitglieder noch weitgehend der bürokratischen Kontrolle der Parteibehörden entzogen. Die Notwendigkeit der Verknüpfung der Streikforderungen mit den Zielen der Volkskongreßbewegung und die Schaffung einer einheitlichen politischen Bewegung zur Erzwingung von antifaschistisch-demokratischen Verhältnissen in den Westzonen, zu dem letztlich nur ein Aktionsbündnis aller Demokraten vornehmlich von Sozialdemokraten und Kommunisten fähig gewesen wäre, konnte daher kaum in das Bewußtsein der demokratischen Bewegung treten und zum entscheidenden Agens werden. In der Zerstörung dieser Möglichkeit, die die einzige Alternative zur Wiederer-

127 Vgl. a. Schöneburg u. a., Vom Werden unseres Staates, Eine Chronik, Bd. 1. 1945–1949, Berlin 1966, S. 239.

128 Gd A 6, S. 243.

richtung des staatsmonopolistischen Systems in den Westzonen und damit zur Spaltung Deutschlands war, besteht auch die besondere Verantwortung der damaligen SPD-Führung.

b) Der Anteil der SPD an der Konstituierung des westdeutschen Staates

Die SPD-Führung mit Unterstützung der sie tragenden Gruppe innerhalb der Partei hatte im wesentlichen die einzelnen Schritte, die zur Bildung des westdeutschen Staatsfragmentes führten, gebilligt und mitvollzogen. Zwar hatte sie dagegen protestiert, daß in dem wichtigsten Organ, dem bizonalen Wirtschaftsrat,[129] eine Machtübernahme der reaktionären Kräfte unter der Führung der CDU/CSU stattgefunden hatte und war in Opposition gegangen. Inhaltlich hatte sie jedoch die Arbeit des Wirtschaftsrates, d. h. die Konsolidierungsmaßnahmen für die Abtrennung der Westzonen, weiterhin mitgetragen. Der Übergang der SPD zur Opposition im Wirtschaftsrat hatte zudem die Funktion, »dem Staat einen Dienst von unschätzbarer Bedeutung« zu leisten, da sie »der jungen Demokratie eine zuverlässige und radikalen Ansichten unverdächtige Oppositionspartei schenkte, für die es in der Form noch kein Vorbild in Deutschland gegeben hatte, und so trug sie mehr zur Festigung der Demokratie bei, als sie es andernfalls als Koalitionspartei hätte erreichen können«.[130]

Das Mitglied des Wirtschaftsrates Kriedemann führte auf dem Düsseldorfer Parteitag 1948 die verschiedenen Stationen des sozialdemokratischen Mitwirkens an: »Als in der britischen Zone zunächst die Zentralämter zur möglichst einheitlichen Regelung der großen lebenswichtigen Fragen, wie Wirtschaft, Ernährung, Verkehr, Finanzen usw. eingerichtet wurden, haben wir Sozialdemokraten in der Schaffung dieser Ämter einen ersten Schritt zur Wiederherstellung eines Minimums an staatlicher Ornung gesehen, und wir haben keinen Zweifel daran gelassen, daß wir diesen ersten

129 Der Wirtschaftsrat konstituierte sich am 25. Juni 1947. Präsident wurde Erich Köhler (CDU). Die CDU/CSU besetzte alle Direktorenposten.

130 Ulrich Dübber, Die deutsche Sozialdemokratie nach 1945, in: Aus Politik und Zeitgeschichte. Beilage zur Wochenzeitung Das Parlament, B 21/30, 22. Mai 1963, S. 56.

Schritt begrüßen und daß wir ihn mitmachen wollen. Als dann zwischen den beiden Besatzungsmächten im Westen, den Engländern und Amerikanern, das Übereinkommen zustande kam, das das vereinigte Wirtschaftsgebiet schuf, die wirtschaftliche Gleichstellung der beiden Zonen, haben wir auch darin einen Schritt gesehen, der unsere Zustimmung finden mußte, und in einer Entschließung hat der Parteivorstand und der Parteiausschuß dieser Auffassung Ausdruck gegeben, natürlich nicht, ohne auch bei dieser Gelegenheit darauf hinzuweisen, daß eine solche Vereinigung von zwei Zonen nur ein Provisorium sein könne und daß dadurch die Vereinigung des ganzen ehemaligen Reichsgebietes nur noch notwendiger wird. Wir haben aber zugleich mit unserer Forderung, daß wir in diesen großen und lebenswichtigen Fragen einheitliche Verwaltungsstellen haben müssen, nachdrücklich gefordert, daß diese Ämter für uns selbstverständlich sofort unter parlamentarische Kontrolle gestellt werden müssen. So gesehen ist der Wirtschaftsrat, der jetzt vor etwa 1 Jahr in Weiterentwicklung der Schaffung des vereinigten Wirtschaftsgebietes durch Dekret der Militärregierung errichtet wurde, eine Maßnahme, die unseren sozialdemokratischen Forderungen entsprach, wenn auch nur sehr teilweise und vor allen Dingen auch außerordentlich verspätet.«[131]

So wurde auch der folgenschwerste Schritt, nämlich die separate Währungsreform in den Westzonen, akzeptiert.[132] Die Entschließung des Parteivorstandes zu dieser Frage setzte sich zwar mit den wirtschaftlichen Konsequenzen der Währungsreform, vor allem mit dem Preiswucher und der Ausplünderung der ärmsten Schichten auseinander, ohne jedoch konkrete Forderungen zu formulieren. Die politischen Konsequenzen hinsichtlich der Einheit Deutschlands überging die Stellungnahme vollkommen.[133]

131 Vgl. Protokoll der Verhandlungen des Parteitages der SPD vom 11.–14. September 1948 in Düsseldorf, Hamburg 1949, S. 117.

132 Von den 3 westlichen Militärgouverneuren wurden das »Gesetz zur Neuordnung des Geldwesens« (Währungs-Emissions- und Umstellungsgesetz) sowie das Gesetz Nr. 64 (vorläufige Neuordnung von Steuergesetzen) erlassen.

133 Vgl. Jahrbuch der SPD 1948, S. 135. Die Leitsätze für die Bewirtschaftung und Preispolitik nach der Währungsreform, die der bizonale Wirtschaftsrat am 24. Juni verabschiedete und die das Ziel hatten, die Beseitigung der Bewirtschaftung, staatliche Preisfestsetzung und alle Elemente der staatlichen Wirtschaftsplanung in den Westzonen zugunsten eines uneingeschränkten kapitalistischen Wettbewerbes zu beseitigen, werden auf dem Parteitag von den sozialdemokratischen Mitgliedern des Wirtschaftsrates verteidigt. Vgl. den Parteitagsbeschluß hierzu, Protokoll des Parteitages, S. 210.

Zwar blieben die den eingeleiteten Maßnahmen widersprechenden Forderungen: Sozialisierung, Mitbestimmung und Bodenreform weiterhin auf der Tagesordnung. Es wurden jedoch keine Perspektiven entwickelt, aus denen ihre Verwirklichung zu ersehen war. So hatten sie lediglich den Zweck, Massenbewegungen abzufangen.[134]

Trotz aller Komplikationen in der Überwindung der durch den Krieg entstandenen Schäden war eine Stärkung des sozialistischen Lagers nicht zu verkennen. Die Westmächte steuerten daher immer offener auf einen auf ihrer militärischen Macht basierenden Konfrontationskurs in Europa zu. Im Schatten der antikommunistischen Hysterie leiteten sie mit den Londoner Empfehlungen konkrete Maßnahmen zur Konstituierung eines separaten Weststaates ein. An den organisatorischen Vorbereitungsschritten beteiligte sich die SPD-Führung intensiv. Das gilt sowohl für die Mitwirkung der sozialdemokratischen Ministerpräsidenten in den Beratungen mit den Militärgouverneuren über die Frankfurter Direktiven, in denen die wesentlichen Elemente einer westdeutschen Verfassungsstruktur vorgeschrieben waren, als auch für die vorbereitenden Verfassungsarbeiten des Konvents vom Herrenchiemsee, an dem führende Sozialdemokraten beteiligt waren.

Auch im Parlamentarischen Rat war die SPD-Fraktion in wesentlichen Verfassungsprinzipien mit den bürgerlichen Parteien einig. Dies gilt vor allem für das Prinzip der Gewaltenteilung und für die Zurücknahme des Prinzips der Volkssouveränität, die Einrichtung einer Kanzlerdemokratie, den Verzicht auf Volksbegehren und Volksentscheid, den Verzicht auf ein reines Verhältniswahlrecht wie den Verzicht auf die Normierung von sozialen Grundrechten. Nuancen zu den Forderungen der bürgerlichen Parteien traten jedoch im Grad der Programmierung des Föderalismus wie in der Forderung nach Grundlegung der Europaidee in der Verfassung auf. Wegen des sozialdemokratischen Widerstandes, der allerdings auch von Teilen der bürgerlichen Parteien geteilt wurde, konnte zu dieser Zeit die Remilitarisierung noch keinen Eingang in das Normensystem der Verfassung finden. Allerdings wurde im Parlamentarischen Rat

134 Immerhin waren 12 Millionen Werktätige der Bizone am 12. November 1948 dem Aufruf des DGB zu einem 24stündigen Generalstreik gegen die unsozialen Auswirkungen der Währungsreform gefolgt.

schon ein kollektives Verteidigungssystem unter Einschluß Westdeutschlands diskutiert, wobei jedoch Konsens darüber bestand, daß das kollektive Verteidigungssystem den potentiellen Gegner, also in diesem Fall die sozialistischen Staaten, mit umfassen müsse.[135]

Auch das am 28. Dezember 1948 verkündete Ruhr-Statut wurde von der SPD akzeptiert, obwohl damit die wesentlichsten Teile der deutschen Industrie deutscher Verfügungsgewalt und damit einer Sozialisierungsmöglichkeit entzogen waren. Das gleiche gilt für das am 10. April 1949 erlassene Besatzungsstatut, das wesentliche Souveränitätsrechte des westdeutschen Staates einschränkte und die Festlegung enthielt, daß die westlichen Besatzungsmächte u. U. wieder die volle Regierungsgewalt übernehmen können. Der Parteivorstand und die Fraktion der SPD im parlamentarischen Rat erklärten demgegenüber, daß »das Statut auf einigen Gebieten den Deutschen eine umfassendere Selbstregierung als bisher erlaubt . . . und daß es bei einer weisen Anwendung zu einer allmählichen Erweiterung der deutschen Autonomie führen« könne.[136]

Die auf dem Potsdamer Abkommen fußenden Vorschläge des Volksrates hingegen, wie auch alle Vorschläge der KPD und der SED, auf dieser Basis zu einem gemeinsamen Handeln zu kommen, wurden strikt zurückgewiesen. Als Voraussetzung für ein Gespräch mit dem Osten wurde immer wieder die Möglichkeit einer freien demokratischen Wahl genannt, was jedoch nichts anderes bedeutete, als die Rücknahme der Vereinigung von SPD und KPD zur SED, die als Aufhebung des Verbotes der SPD in der SBZ deklariert wurde.

Auch durch das konkrete Verhalten der SPD-Führung in der Gewerkschaftsfrage wurde die Spaltung zumindest begünstigt. So wurde unter der Flagge des Antikommunismus der FDGB in Berlin und die Interzonenkonferenz der Gewerkschaften gesprengt. Der

135 Vgl. Parlamentarischer Rat, Stenografische Berichte, Bonn 1948/49, Band 1, Nr. 2, 2. Sitzung, S. 15; vgl. auch Karl-Heinz Niclauß, Demokratiegründung in Westdeutschland. Die Entstehung der Bundesrepublik von 1945 bis 1949. Insbesondere S. 29 ff., insgesamt auch H. H. Hartwich, Sozialstaatspostulat und gesellschaftlicher Status quo, Köln und Opladen 1970. Vgl. a. allgemein Otto Volker, Das Staatverständnis des Parlamentarischen Rates. Ein Beitrag zur Entstehungsgeschichte des Grundgesetzes für die Bundesrepublik Deutschland, Düsseldorf 1971.

136 Jahrbuch der SPD 1948/49, Seite 138.

Auszug der Mehrheit der SPD und der bürgerlichen Parteien am 6. September 1948 aus dem Berliner Magistrat führte zur endgültigen Spaltung der Stadt.[137]

Das Ergebnis dieser Tätigkeiten ist, daß die Mitarbeit der SPD in den verschiedenen westzonalen Gremien, insbesondere im parlamentarischen Rat, wie ihre Einwirkung in die wichtigste Organisation der Arbeiterschaft, in die Gewerkschaften, wesentlich dazu beitrug, die Grundlagen des westdeutschen monopolkapitalistischen Separatstaates ohne Teilnahme der demokratischen Öffentlichkeit schaffen zu können. Ihre Argumente lenkten die Werktätigen vom Akt der Staatsgründung ab und führten zur Neutralisierung einer möglichen Massenbewegung für die Einheit Deutschlands auf demokratischer Grundlage, wie sie im Alternativentwurf des deutschen Volksrates vorgezeichnet war. Polemisch formulierte Schumacher selbst die damalige Hauptfunktion der SPD: »Ohne die deutsche Sozialdemokratie und ihre politische Leistung in der Auseinandersetzung mit dem östlichen Totalitarismus wäre Deutschland – und vielleicht noch manches andere Land in Westeuropa – bereits psychologisch-politisch eine Domäne des Kommunismus geworden.«[138]

c) Die Durchsetzung der integrationistischen Linie innerhalb der SPD

Trotz aller intensiven Einwirkungsmaßnahmen der SPD-Führung und der sie innerhalb der Partei unterstützenden Gruppe bestanden an der Basis sowohl in den Ortsvereinen als auch auf Länderebene nach wie vor Bestrebungen, in bestimmten Fragen mit der KPD zusammenzuarbeiten.[139] Auf verschiedenen Gebieten hatte diese Zusammenarbeit zu teilweisen Erfolgen geführt. Dies zeigte sich bei den gesetzlichen Regelungen der Sozialisierungsfrage in Hessen und

137 Vgl. GdA 6, S. 287; kritisch gegenüber dem hier vertretenen Standpunkt Sywottek, Die »Fünfte Zone«, a.a.O., S. 96 ff.

138 Jahrbuch der SPD 1947, S. 6.

139 Zu dieser Zeit entstehen, angesichts der antikommunistischen Hetze der SPD nicht unverständlich, bestimmte Ansätze zu linkssektiererischen Tendenzen innerhalb KPD, die jedoch von der KPD-Führung konsequent bekämpft werden. Vgl. hierzu GdA 6, S. 297.

Nordrhein-Westfalen, bei verschiedenen fortschrittlichen Regelungen für die Stellung der Betriebsräte in Hessen, in Württemberg-Baden und in Bremen, wie insgesamt bei den Länderverfassungen, die im Vergleich mit dem Grundgesetz entschiedenere demokratische Positionen vertraten.[140]

An vier entscheidenden Stellen erhöhte sich daher der Druck des integrationistischen Flügels innerhalb der SPD auf diejenigen Teile der Partei, die aus ihrer reformsozialistischen und teilweise marxistischen Einstellung heraus die Aktionseinheit mit Kommunisten nach wie vor für erforderlich hielten. Dies war einmal die Frage des Marxismus als theoretischer Grundlage der Partei, dann die Frage der entschiedenen Demokratisierung der Staatsinstitutionen, die Frage der Einheit Deutschlands und letztlich im Zentrum stehend, die Frage der Sozialisierung der Produktionsmittel.

Auf dem Parteitag in Düsseldorf forderte der bayrische Wirtschaftsminister Zorn die Abkehr von den Grundsätzen des Erfurter Programms vom Jahre 1891. »Wenn unsere Funktionäre in den Versammlungen draußen im Land von unserer Zukunft reden, dann tun sie es allzu häufig im Stil und mit dem Rüstzeug des Erfurter Programms vom Jahre 1891. Sie sprechen nach überalterten Schablonen von der Vergesellschaftung der Produktionsmittel, von der totalen Planwirtschaft und bieten damit nur einen verdünnten Aufguß der kommunistischen Rezepte . . . Was vor 57 Jahren, als das Erfurter Programm herauskam, noch revolutionär war und als Ziel in weite Ferne gerückt schien, das ist heute dank der unermüdlichen Arbeit und dank der Schlagkraft unserer Partei Wirklichkeit geworden.«[141] Dieser Frontalangriff zeigte, daß die Marxismus-Diskussion nicht zum Stillstand gekommen war. Die Meinung der Landesorganisation Hamburg brachte sicherlich noch eine starke Strömung innerhalb der Partei zum Ausdruck: »Das Kommunistische Manifest . . . hat in großen Zügen ein Bild der historischen Entwicklung entworfen, das in wesentlichen Teilen auch heute noch . . . gültig ist und bleibt . . . Die Worte Marx' und Engels' fanden ihre endgültige Rechtfertigung erst jetzt. Der Flut moderner Theorien, die nun die

140 So vor allem in Bremen u. Hessen. Vgl. hierzu Abendroth, Behrisch, Düx, Römer, Stuby, Der antifaschistische Auftrag des Grundgesetzes, Frankfurt 1974. Vgl. a. zu diesem Komplex Rudolf Billerbeck, Die Abgeordneten der ersten Landtage (1946–1951) und der Nationalsozialismus, Bonn–Bad Godesberg 1971.

141 Protokoll des Parteitages in Düsseldorf, a.a.O., S. 139.

verhängnisvollen Ereignisse zu deuten suchen, standen als einziger zuverlässiger Wegweiser unerschüttert die Erkenntnisse des Kapitals gegenüber. Die Deutung der Gegenwart muß von diesen Erkenntnissen ihren Ausgang nehmen.«[142]

Die Diskussionen auf dem Düsseldorfer Parteitag über das Überhandnehmen von reaktionären Elementen nationalsozialistischer Vergangenheit in den Mehrzonenverwaltungen und der Beschluß des Parteitages hierüber[143] zeigten deutlich, daß trotz aller antikommunistischen Hetze die antifaschistisch-demokratischen Kräfte nach wie vor eine starke Rolle spielten. Zwar kam der Unvereinbarkeitsbeschluß zwischen VVN und SPD auf dem Parteitag mit Mehrheit durch, jedoch nur im Rahmen einer allgemeinen Entlastung des Parteivorstandes, die die vom Parteivorstand an sich statutenwidrig ausgesprochene Unvereinbarkeit abdeckte.

Daß auch die aktive Abspaltungsunterstützung der Gruppe Schumacher in der Partei nicht unumstritten war, machte eine Ansprache des schleswig-holsteinischen Landwirtschaftsministers Erich Arp bei der offiziellen Maifeier 1949 der Gewerkschaften in Glückstadt deutlich. Er forderte, Deutschland als eine einheitliche und demokratische Republik zu konstruieren, eine aus direkten Wahlen hervorgegangene verfassungsgebende gesamtdeutsche Nationalversammlung zu schaffen und den Frieden in Deutschland durch einen umfassenden Friedensvertrag für ganz Deutschland zu sichern, statt ein vorläufiges und einseitiges Besatzungsstatut einem Teil Deutschlands aufzuerlegen.[144] Hier zeigte es sich, daß offenbar starke Kräfte innerhalb der SPD immer noch die Vorschläge des deutschen Volksrates als akzeptable Lösungen empfanden.

Die Hauptauseinandersetzung erfolgte jedoch bei der Frage der Vergesellschaftung der Produktionsmittel. In den Kreisen der SPD der Westzonen, auch in solchen, die subjektiv tatsächlich eine gesellschaftliche Umwälzung im sozialistischen Sinne angestrebt hatten, gab es keine Klarheit darüber, was Sozialisierung ist. Die Kommunisten verstanden unter Sozialisierung »die Aufhebung des Privateigentums und die Übergabe der Großindustrie und der Banken ins

142 Der Sozialist, Mitteilungsblatt der SPD. Landesorganisation Hamburg 1. Februar 1948, S. 1 f.

143 Protokoll des Parteitages, a.a.O., S. 213.

144 Deutschlands Stimme, Berlin, vom 22. Mai 1949.

Eigentum des proletarischen Staates und in die sozialistische Verwaltung der Arbeiterklasse«.[145]

In der SPD definierte man die Sozialisierung als Überführung der Schlüsselindustrie und Großunternehmen in »Gemeineigentum«, ohne jedoch in den meisten Fällen diesen Begriff exakt als Enteignung von Produktionsmitteln zu bestimmen und den neuen Eigentümer genau zu bezeichnen. Gestützt auf die Erfahrungen während der Weimarer Republik begründeten einige sozialdemokratische Politiker diese Forderung unter anderem mit der Notwendigkeit, die politische Demokratie und den Frieden zu sichern. Doch nicht diese entscheidende Überlegung, die die Enteignung (»Überführung in Gemeineigentum«) als eine demokratische Maßnahme kennzeichnet, stand im Vordergrund der sozialdemokratischen Argumentation zur Sozialisierung. Die Durchführung der Sozialisierung identifizierte man in der Sozialdemokratie mit der Verwirklichung des Sozialismus (vgl. die Parole »Sozialismus als Tagesaufgabe«). Diese Auffassung rührte daher, daß man den Sozialismus nicht als ein System, das alle Bereiche gesellschaftlichen Lebens umfaßt, sondern als reine Wirtschaftsangelegenheit (oder gar – wie das besonders für die bürgerlichen Erneuerer der SPD zutraf – nur als ethisches Problem und als Erziehungsaufgabe) verstand und seine Verwirklichung nicht durch die revolutionäre Machtergreifung auf dem Wege direkter Aktionen, einschließlich des Aufbaues eines neuen Staatsapparates seitens der Arbeiterklasse und ihrer Verbündeten anstrebte. Die qualitative Umgestaltung der sozialökonomischen Gesellschaftsstruktur im sozialistischen Sinne wurde von dem ebenso notwendigen qualitativen Umbau der staatlichen Macht, der staatlichen Machtmittel getrennt. Die geforderte sozialistische Enteignung sollte mit den Mitteln der bürgerlichen Demokratie – durch Parlamentsbeschluß und auf verwaltungsbürokratischem Wege mit dem unveränderten Staatsapparat – durchgeführt werden. Man glaubte (gestützt auf Hilferding) nach wie vor an die Möglichkeit, »im Rahmen einer Gesellschaft, die ihre demokratischen Formen bewahrte (gemeint war damit die bestehende Struktur des Staates), eine organisierte Wirtschaft sozialistischen Charakters auf revolutionärem Wege ins Leben« rufen zu können.[146]

145 Lenin, Briefe, Band 5, S. 457.

146 Hannoversche Presse vom 8. August 1947.

Sofern in sozialdemokratischen Veröffentlichungen Vorstellungen über die Verflechtung von Staat und Wirtschaft entwickelt wurden, lagen ihnen in den meisten Fällen Erscheinungen des staatsmonopolistischen Kapitalismus zugrunde. Es ging praktisch um eine Nationalisierung im Rahmen des staatsmonopolistischen Systems, wie sie damals von der Labour-Regierung in England in einigen Industriezweigen in Übereinstimmung mit den Interessen der privaten Monopole vorgenommen wurden. In den meisten Fällen handelte es sich um die Verstaatlichung unrentabler Wirtschaftsbereiche, die mit öffentlichen Mitteln aufrechterhalten wurden. Die im Zusammenhang mit der »Sozialisierung« geforderte »sozialistische Planwirtschaft« konnte darum nicht mehr bedeuten als staatliche (oder staatsmonopolistische) Regulierung der Wirtschaft. Die Ansicht der Kommunisten wurde ausdrücklich abgelehnt, »daß es nur darauf ankomme, die Macht in einem Staat zu haben, um die Gesellschaft nach dem eigenen Bilde zu formen« und stattdessen verlangt: »nicht Zerschlagung, sondern konstruktive Tätigkeit sei der richtige Weg«, und davon ausgehend schätzte man die Tätigkeit der sozialdemokratischen Wirtschaftsminister in den Länderregierungen ein: »Es ist keine normale Regierungstätigkeit, es ist eine einmalige, eine schicksalswendende, eine entscheidende Situation.«[147] Wie diese »schicksalswendende« konstruktive Tätigkeit in der Tat aussah, zeigt die Praxis der sozialdemokratischen Wirtschaftsminister in den Ländern der Westzonen.

In Hessen war Wirtschaftsminister Koch damit beschäftigt, Ausführungsgesetze für den Artikel 41 der Verfassung auszuarbeiten und »eine Rechtsform zu schaffen, die verhindert, daß anstelle des Privatkapitalismus die Staatsallmacht tritt«.[148] Allen Ernstes hatte er auf der wirtschaftspolitischen Konferenz der SPD in Bad Wildungen (19.–20. Juni 1947) behauptet, daß die Grundindustrien in Hessen automatisch mit dem Inkrafttreten der Verfassung Gemeineigentum würden, und »die Sozialisierung hiermit somit gleich im ersten Ansturm durchgeführt« sei.[149] Solche Feststellungen lenkten – wie schon einmal nach 1918 die Losung »Sozialisierung marschiert« – von der Notwendigkeit ab, die Überführung der Schlüsselindustrien in Gemeineigentum als eine Machtfrage zu verwirklichen, d. h. »die

147 Vgl. Das Volk, München, Nr. 7, Mitte Januar 1947.
148 SPD-Mitteilungsblatt Land Hessen, vom 9. Januar 1948.
149 Ebda. vom 27. Juni 1947.

demokratische Verwaltung der der Bourgeoisie fortgenommenen Produktionsmittel durch das gesamte Volk zu organisieren, . . . die ganze Masse der Werktätigen . . . zur . . . Teilnahme am Staat heranzuziehen«.[150]

Die sozialdemokratischen Landespolitiker und »Theoretiker« stellten die Lage so dar, als sei die Sozialisierung in Hessen fast schon vollendete Tatsache. Unterdessen verblieben auch in Hessen reaktionäre Beamte in den Staats- und Wirtschaftsverwaltungen auf ihren Posten, selbst die von Wirtschaftsminister Koch ausgeklügelten »Sozialgemeinschaften« als »eine mögliche Form der Sozialisierung« standen nur auf dem Papier, und die alten Eigentümer der Betriebe der Grundstoff- und Schwerindustrie hatten nach wie vor ihre Positionen inne.

Bezeichnend war auch das Auftreten und die Praxis der sozialdemokratischen Wirtschaftsminister in Bayern, Württemberg-Baden und Südbaden. Im Juli 1947 sprach der bayrische Wirtschaftsminister Zorn im bayrischen Landtag über die Grundsätze einer sozialdemokratischen Wirtschaftspolitik. In der Aussprache zu dieser Rede erklärte der Vertreter der FDP, die damals im Unterschied zur CSU sich ganz offen gegen diese Sozialisierungsforderungen wandte, die FDP habe der Rede Dr. Zorns so demonstrativ Beifall gezollt, daß sie hoffe, es werde ihm, Dr. Zorn, nicht schaden. Wenn das, was Dr. Zorn vertreten habe, Sozialismus sei, dann sei er, der Sprecher, auch Sozialist.[151] Weder Waldemar von Knoeringen, der im Anschluß daran in der Debatte sprach, noch das berichtende Nachrichtenblatt der SPD stolperten über diese Erklärung des Vertreters monopolkapitalistischer Interessen. Auch der sozialdemokratische Wirtschaftsminister von Württemberg-Baden, Hermann Veit, gab vor dem Landtag Erklärungen über seine Ministerpraxis ab, die keinem Vertreter der Monopole Anlaß zu Beunruhigungen geben konnte. So sagte er unter anderem im März 1947 im Landtag: »So wichtig die Frage des Eigentums an den Produktionsmitteln für die staatliche Wirtschaftsführung ist, im Vordergrund stehen zur Behebung unserer Not die Fragen der Planung und Lenkung unserer Wirtschaft durch den Staat.«[152]

150 W. I. Lenin, LW 23, Berlin 1968, S. 14.

151 Nachrichtenblatt der sozialdemokratischen Partei, Landesverband Bayern, Nr. 15/16, Ende Juli/Mitte August 1947.

152 Der Volkswille, Stuttgart, vom 22. März 1947.

Wie diese sozialdemokratische Planung und Lenkung durch den Staat gedacht war, drückte der damalige Staatssekretär Dr. Leibbrandt folgendermaßen aus: »Die Lenkung der Wirtschaft obliegt den verantwortlichen Interessen der Regierung, die dem Volke, vertreten durch den Landtag, voll verantwortlich ist. Die Privatinitiative, die Gesamtheit der in der Wirtschaft tätigen Kräfte, wurde weitestgehend in die wirtschaftliche Organisation eingebaut . . . Die Planung der Gesamtproduktion ist den Fachkommissionen, die aus Sachverständigen der Wirtschaft bestehen und so die Zusammenfassung der Privatinitiative für jede Sparte darstellen, übertragen.«[153]

Die auf einer bürgerlichen Machtauffassung fußende sozialdemokratische Wirtschaftspolitik in den Ländern hatte nach drei Jahren reger Tätigkeit nicht nur keine sozialistischen, sondern auch keine halbwegs demokratischen Verhältnisse in der Wirtschaft der Westzonen durchzusetzen vermocht.

Die Anpassung des theoretischen Fundaments der SPD an diese Praxis wurde massiv auf dem Parteitag von Düsseldorf versucht. Die Sozialisierung spielte eine untergeordnete Rolle. Schumacher stellte sie zwar in seinem Referat mehrfach heraus, und Henßler, Vorsitzender des Bezirkes westliches Westfalen der SPD, erklärte in der Diskussion zu der negativen Entscheidung der britischen Militärregierung über den Sozialisierungsbeschluß des nordrhein-westfälischen Landtages, »daß diese Frage auf der Tagesordnung bleibt, bis der Erfolg da ist«.[154] Schumacher äußerte andererseits in seinem Referat: »Die Sozialisierung ist keine doktrinäre Zauberformel«.[155] Weiter ging noch der sozialdemokratische Wirtschaftsminister in Bayern, Rudolf Zorn, der über »soziale Neuordnung als sozialistische Gegenwartsaufgabe« sprach. Vergesellschaftung sei nicht mehr als »das Allheilmittel für eine bessere Zukunft« der Gesellschaft zu betrachten. »Um die Wirtschaft der Gesellschaft neu zu ordnen, dazu ist allein die Planung und Lenkung dieser Wirtschaft nötig . . . für die Planung und Lenkung ist es aber völlig gleichgültig, ob ein Unternehmen in Gemeineigentum steht oder ob es Privaten gehört. Zur Forderung der Zeit gehört nicht die Abschaffung der Lohnarbeit, sondern der gerechte Anteil der Arbeit am Ertrag der Volks-

153 Das Volk, Freiburg im Breisgau, vom 14. Mai 1947.
154 Protokoll des Parteitages von Düsseldorf, S. 53 f.
155 Protokoll des Parteitages, a.a.O., S. 27.

wirtschaft.«[156] Der Sozialismus enthalte vier Kernforderungen: 1. die Forderung eines gerechten Lohnes und wirtschaftliche Sicherheit, 2. die Forderung der demokratischen Teilnahme an der politischen und wirtschaftlichen Macht, 3. die Forderung der gleichen Chancen für Jedermann und 4. die Forderung der Konsumfreiheit.

Um diese Modellvorstellung vom »demokratischen Sozialismus« von den antifaschistisch-demokratischen Umwälzungsmaßnahmen in der SBZ abzugrenzen, fügte er hinzu: »Es sei aber auch anerkannt, daß die Besatzungsmächte der westlichen Zonen, im Gegensatz zur östlichen Besatzungsmacht, uns immerhin beachtliche Möglichkeiten zur selbständigen Ordnung unseres Wirtschaftslebens lassen. Sie haben nichts dagegen einzuwenden, wie wir die Ordnung schaffen, ob wir das System der Planwirtschaft beibehalten, ob wir den freien Markt oder die regulierte Marktwirtschaft einführen. Wir wären also wohl in der Lage, unser Haus nach einem Modell einzurichten, das wir für richtig halten.«[157]

Klarer konnte nicht zum Ausdruck gebracht werden, daß die unter dem Schutz der imperialistischen Besatzungsmächte in den Westzonen drei Jahre nach der Befreiung Deutschlands vom Faschismus und nach der Unterzeichnung des Potsdamer Abkommens durch die fast unbehinderte Aktivität reaktionärer Kräfte gekennzeichneten politischen Zustände von der führenden Gruppe innerhalb der SPD akzeptiert wurden.

156 Protokoll des Parteitages, a.a.O., S. 141/143.
157 Protokoll des Parteitages, a.a.O., S. 150.

VII. Die SPD während der Phase des kalten Krieges bis zum Godesberger Parteitag (1949–1959)

Von Gerhard Stuby

1. Die Funktion der SPD als Opposition

a) Das sozialdemokratische Oppositionsprogramm nach Gründung der BRD

Trotz komplizierter Bedingungen in der Sowjetunion und in den befreiten osteuropäischen Ländern (noch nicht behobene Kriegschäden, fehlende ökonomische Hilfe, schwierige Bündnispolitik in den vom Faschismus befreiten Ländern, zunehmende Auswirkungen der Rollback-Politik der Westmächte usw.) ist eine weitere Veränderung des internationalen Kräfteverhältnisses zugunsten des sozialistischen Systems zu verzeichnen.[1]

In der DDR beginnt die Phase des Aufbaues des Sozialismus, was mit weiteren auf die BRD rückwirkenden Komplikationen verbunden ist.[2] Nach wie vor spielt die SPD in der strategischen Konzeption der internationalen und deutschen Reaktion eine wichtige Rolle. Zwar hatten alle aktiven und passiven Anpassungsmaßnahmen des integrationistischen Flügels innerhalb der SPD an die Politik der westlichen Besatzungsmächte und an die Wünsche des deutschen Monopolkapitals, insbesondere die nationalistische Propaganda und die antikommunistische Hetze, verbunden mit den Disziplinierungsmaßnahmen gegen die eigene Mitgliedschaft, nicht den gewünschten Wahlerfolg gebracht. In den Wahlen zum ersten westzonalen Bundestag vom 14. August 1949 hatte die SPD nur 29,2 Prozent der Stimmen erlangen können, die KPD konnte nur insgesamt 5,7 Prozent erreichen.[3] Dennoch stellte die SPD mit 7 Millionen

1 Eine Änderung des Kräfteverhältnisses, die auch Auswirkungen auf die internationalen Beziehungen zwischen den beiden Systemen hatte (Aufgabe der auf militärischer Macht beruhenden Roll-back-Politik der Westmächte), zeichnete sich aber erst 1957 mit dem sog. Sputnik-Schock ab, vgl. hierzu Gunnar Matthiessen, Rüstungseskalation und Abrüstungsperspektiven, Köln 1974, insbes. S. 32 ff.

2 Vgl. GdA 7, S. 9 ff.

3 Vgl. zu den Zahlen Deutsche Geschichte in Daten, Berlin 1969, S. 850.

Stimmen die Partei mit dem zweitstärksten Wähleranhang dar. In acht von elf Bundesländern waren Sozialdemokraten an der Regierung beteiligt.[4] Die meisten westdeutschen Großstädte waren von der SPD regiert. Zu den Gewerkschaften, die als Einheitsgewerkschaft einen mächtigen politischen Faktor darstellten, bestanden enge Beziehungen.[5] Am 31. Dezember 1949 hatte die SPD 736 218 Mitglieder.[6]

In den Führungskreisen der großbürgerlichen Parteien bestanden keine Zweifel darüber, daß die Spitzenfunktionäre der SPD und der Gewerkschaften nach wie vor notwendige und zuverlässige Verbündete im Kampf gegen eine soziale Umwälzung in Richtung auf den Sozialismus waren. Es stellte sich also die Frage, ob mit ihnen evtl. eine Regierungskoalition zu bilden sei. Entscheidende Kräfte innerhalb der großbürgerlichen Parteien neigten zu dieser Lösung. Die Gruppe um Adenauer zog jedoch in der gegebenen Situation eine loyale Opposition einer Regierungsbeteiligung der SPD vor, um Ansätze außerparlamentarischer Aktionen besser abblocken zu können. Dieses Konzept hatte sich schon in der Politik des Wirtschaftsrates bewährt.[7]

Die Bilanz der SPD-Politik war gemessen an ihren eigenen Forderungen nicht sehr günstig. Dies ergab schon ein Vergleich des gesellschaftspolitischen Forderungskataloges, der in den »Richtlinien der Politik der SPD im Bundestag«, beschlossen vom Parteivorstand der SPD in Bad Dürkheim am 29./30. August 1949,[8] festgelegt wurde, mit dem Katalog der Forderungen der »Kundgebung der SPD« vom Parteitag 1946 in Hannover.[9] Nicht eines der dort aufgestellten gesellschaftspolitischen Ziele war realisiert worden. In der Forderung

4 In Bremen, Hamburg, Hessen, Niedersachsen, Schleswig-Holstein und Westberlin stellten die Sozialdemokraten den Regierungschef.

5 Vgl. Eberhard Schmidt, Die verhinderte Neuordnung 1945–1952, a.a.O., S. 166.

6 Vgl. Jahrbuch der SPD 1948/49, hrsg. vom Vorstand der SPD, Hannover 1949.

7 Diese »Oppositionspolitik« war ein heftig diskutiertes Thema auf dem Parteitag in Düsseldorf 1948, vgl. Protokoll der Verhandlungen des Parteitages der SPD v. 11. bis 14. September 1948 in Düsseldorf, S. 199 ff. (Bericht von Kriedemann); Theo Pirker, Die SPD nach Hitler. Die Geschichte der SPD 1945–1964, München 1965, S. 110, spricht von einer Politik der »intransigenten Opposition«.

8 Jahrbuch der SPD 1948/49, a.a.O., S. 139 f.

9 Sozialismus. Eine Gegenwartsaufgabe, Dr. Schumacher auf dem Parteitag der SPD in Hannover, Entschließungen und die programmatische Kundgebung der SPD, Berlin-Wilmersdorf 1946, S. 23–28.

nach »Wahrung des im Grundgesetz vorgesehenen Vorrechtes des Bundestages gegenüber partikularen Gewalten und Interessen« kommt immerhin ein konsequenter, auf eine, wenn auch beschränkte Volkssouveränität aufbauender Parlamentarismus-Gedanke zum Ausdruck, der allerdings, wie die Zukunft zeigen sollte, seine Bewährungsprobe nicht bestehen konnte. In ihren wirtschafts- und sozialpolitischen Punkten stimmen die Richtlinien fast völlig mit dem Grundsatzprogramm des DGB überein, womit gleichzeitig die entscheidenden Differenzen der SPD als eine auf die Zustimmung der Masse der Arbeiterschaft angewiesene Partei zu den bürgerlichen Parteien, insbesondere der CDU/CSU, offenbar wurden.

Im außenpolitischen Teil war dieser Unterschied nur gering. Identisch mit der CDU/CSU-Politik in der Forderung nach »Wiedervereinigung Deutschlands auf der Grundlage der persönlichen und staatsbürgerlichen Freiheit und Gleichheit in allen Besatzungszonen, insbesondere der sowjetischen Zone«, ebenso in der völkerrechtswidrigen Forderung nach Einbeziehung Berlins als zwölftes Land in die Bundesrepublik Deutschland, wie der Ablehnung der Oder-Neisse-Linie als deutsche Ostgrenze, ergaben sich doch gewisse Unterschiede in der Zurückweisung alliierter Einwirkungen, in der Forderung nach Änderung des Ruhrstatuts, in der Abwehr der Demontagen und in dem entschiedenen Eintreten für den Verbleib des Saargebietes im deutschen Staatsverband.

In den wesentlichen Punkten dieser außenpolitischen Programmfestsetzung kam jedoch die Ablehnung der auf dem Potsdamer Abkommen beruhenden Initiativen der sozialistischen Länder zum Ausdruck. Die beißende Polemik Schumachers gegen die Adenauer-Regierung in der Öffentlichkeit und vornehmlich im Bundestag täuschte Fundamentalopposition vor, während in den Grundfragen mit den Vertretern der Großbourgeosie in der CDU/CSU kaum Abweichungen bestanden, vor allem was die außenpolitische Isolierungspolitik gegenüber der DDR anging. Ebenso bestand Übereinstimmung im Ausbau der BRD und Westberlins als ökonomischer Magnet und ideologischer Subversionsstützpunkt[10].

10 Zur Anschlußkonzeption der SPD vgl. Rudolf Hrbek, Die SPD – Deutschland und Europa, a.a.O., S. 67 ff.

Dennoch wird man die Unterschiede der SPD zu den bürgerlichen Parteien, insbesondere zur CDU/CSU, nicht als nur taktischer Natur bezeichnen können. Die personelle Identität des reformsozialistischen und marxistischen Teiles der Partei mit den aktiven Kräften innerhalb der Gewerkschaften hatte auch nach der Abspaltung der westzonalen Gewerkschaften nach wie vor Rückwirkungen sowohl auf die Programmatik der SPD wie auf den Aktionsspielraum der SPD-Führung in ihrer Anpassungspolitik gegenüber den großbürgerlichen Kräften. Der Ansatzpunkt zur Zurückdrängung der antimonopolistisch wirkenden sozialpolitischen Forderungen des progressiven Teils der Partei (Kampf gegen die Überreste des Faschismus, gegen Militarismus und für die Sicherung der demokratischen Rechte des Volkes, Mitbestimmungsrechte der Arbeiter in den Betrieben, Demokratisierung der Wirtschaft, Vergesellschaftung der Schlüsselindustrien) war nach wie vor der Antikommunismus, von dem auch die reformsozialistischen und marxistischen Kräfte innerhalb der Partei sich nicht freihalten konnten. Unmißverständlich wurde dieser Ansatzpunkt in der Bundestagssitzung vom 21. September 1949 von Ollenhauer formuliert: »Es gibt für uns eine unversöhnliche Gegnerschaft, das ist die Gegnerschaft zu den kommunistischen Trägern des Diktatursystems in der Ostzone und ihren kommunistischen Mitschuldigen in der Westzone.«[11]

In ihrer Politik gegenüber der DDR standen für die SPD 3 Thesen im Vordergrund: 1. Der sogenannte Oststaat sei nichts Neues, sondern lediglich eine gewissermaßen juristische Fiktion der seit mehr als 4 Jahren dort bestehenden Verhältnisse und Tendenzen.[12] 2. Die DDR sei kein Staat, sondern lediglich ein sowjetisch verwaltetes Territorium, »eine Äußerungsform der russischen Außenpolitik«.[13] 3. Die Gründung der DDR führe dazu, »die Spaltung Deutschlands zugunsten der Sowjetmacht zu verewigen.«[14]

Aus diesen Thesen wurde gefolgert, daß jeder Schritt vermieden werden muß, der zu einer völkerrechtlichen Anerkennung oder Stärkung des ostzonalen Regimes führen könne. Selbst persönliche

11 Verhandlungen des Deutschen Bundestages. 1. Wahlperiode, Bd. 1, S. 103.
12 Verhandlungen des Bundestages, 1. Wahlperiode, Bd. 1, S. 314.
13 Schumacher, in: Neuer Vorwärts vom 8. Oktober 1949.
14 Neuer Vorwärts vom 15. Oktober 1949.

Kontakte und Geschäftsbeziehungen müßten unterbrochen werden. Fürsprecher derartiger Beziehungen seien als Rückversicherer, als Narren oder als ost-westliche Brückenbauer zu betrachten.[15] Die Bemühungen um eine Einbeziehung Westberlins in die Bundesrepublik sollten forciert werden. Mit allen Mitteln müsse die Bundesrepublik gestärkt werden, so daß sie als Magnet auf die Bevölkerung der DDR wirken könne.[16]

Bei dieser weitgehenden Identität mit den außenpolitischen Positionen der Regierung Adenauer war es konsequent, daß sich die sozialdemokratische Bundestagsfraktion am 21. Oktober 1949 einmütig hinter die Regierungserklärung Adenauers stellte, in der die Bundesrepublik als die alleinige, legitimierte staatliche Organisation des deutschen Volkes bezeichnet wurde, die berechtigt sei, »im Namen Deutschlands« zu sprechen. Allerdings gab es gewisse Differenzen hinsichtlich der Vorstellungen über die spätere Ausgestaltung eines einheitlichen Deutschlands. Die SPD-Führung betonte hier das Gestaltungsprinzip des demokratischen Sozialismus und vor allen Dingen das Primat der Wiedervereinigung gegenüber der Westintegration. Die CDU/CSU war in erster Linie an einem weiteren Ausbau der wirtschaftlichen Macht des deutschen Großkapitals interessiert. Auf dem Umweg über die Remilitarisierung und die Einbeziehung in das westliche Kriegspaktsystem hoffte sie, die Einheit Deutschlands wieder herstellen zu können, wobei sie insbesondere auf das militärische und ökonomische Potential der USA vertraute. Die Konzeption der SPD-Führung ging darauf hinaus, auf dem Weg der Sozialpartnerschaft mit dem Großkapital und mit Hilfe des Marshall-Plans die Bundesrepublik zu einem »demokratischen Sozialstaat« auszubauen, von dem eine Sogwirkung auf die DDR ausgeübt würde. Insofern widersetzte sich die SPD-Führung der militärischen Blockbildung. Der »Schutz« und die »Hilfe« des ökonomischen und militärischen Potentials der Westmächte schienen ihr auch so gesichert. Durch gesamtdeutsche Wahlen hoffte sie unter diesem »Schutz« die sozialistischen Errungenschaften der DDR beseitigen zu können. Durch die nackte militärische Bedrohungspoli-

15 Neuer Vorwärts vom 26. November 1949.
16 Zur Magnettheorie vgl. Rudolf Hrbek, Die SPD – Deutschland und Europa, a.a.O., S. 29.

tik der Adenauer-Regierung sah sie ihre weichere Linie gegenüber den sozialistischen Ländern bedroht.

Grundsätzlich bejahte sie die Politik der Westorientierung.[17] Im Unterschied zur CDU/CSU betonte sie jedoch stärker die Gleichberechtigung gegenüber den Westmächten. Die CDU/CSU hingegen betrachtete eine solche Gleichberechtigung verstanden als politische Gleichstellung, solange eine eigene Militärmacht nicht aufgebaut war, als Gefährdung für die Position des deutschen Monopolkapitals. Mit der Ablehnung militärischer Mittel zur Wiedervereinigung entsprach die SPD-Führung der Einstellung der meisten Mitglieder und Anhänger der SPD: Sie sahen in dieser Politik eine echte Alternative zur Bundesregierung, zumal diese antimilitaristische Komponente gerade von der SPD-Führung in jener Zeit sehr betont wurde.[18]

b) Die Stellung der SPD zur westeuropäischen Integration

In der deutschen Sozialdemokratie wurde der Gedanke der europäischen Einigung in Form der Vereinigten Staaten von Europa seit dem Ersten Weltkrieg von einer äußerst rechtsgerichteten Gruppe um Schippel, Heine, David, Noske und Cohen-Reuss verfochten. Auf dem Heidelberger Parteitag von 1925 wurde die Schaffung der europäischen Wirtschaftseinheit, die Bildung der Vereinigten Staaten von Europa als Forderung in das Grundsatzprogramm der SPD aufgenommen.[19] Unter Verzicht auf die Analyse des Klassencharakters dieses Vereinigten Europas wurde die Idee nach 1945 wieder aufgegriffen. Dieser Gedanke bildete gewissermaßen die außenpolitische Komponente der Theorie des dritten Weges oder einer dritten Kraft zwischen den hochkapitalistischen USA und der sozialistischen Sowjetunion. Die Stoßrichtung dieser Idee war, wenn auch noch verhüllt, eindeutig gegen die Sowjetunion und den Vormarsch des wissenschaftlichen Sozialismus als Theorie der Arbeiterbewegung gerichtet. Die Übereinstimmung der SPD-Führung mit dieser

17 Zur Rolle der Gewerkschaften in dieser Zeit und ihrer Programmatik vgl. GdA 7, S. 60 ff.

18 Vgl. GdA, S. 52 ff.

Stoßrichtung kam in der Akzeptierung des Marshall-Plans zum Ausdruck. Noch deutlicher wurde das Element der Neutralität, das ja scheinbar mit der Konzeption des dritten Weges verbunden war, durch die Begrüßung des Brüsseler Paktes als des Prototyps eines kollektiven Sicherheitssystems beiseitegeschoben. Im Frühjahr 1949 wurde die Einbeziehung ganz Deutschlands in die NATO, allerdings zu diesem Zeitpunkt noch unter Verzicht auf die Aufstellung eigener Streitkräfte, als erstrebenswertes Ziel deutscher Politik hingestellt. In diesem Rahmen ergaben sich Differenzen mit der CDU, insbesondere mit Adenauer, nur in der Frage, auf welche Weise und mit welchen Mitteln die Westintegration zu erreichen sei.

Adenauer hatte das Ziel seiner Politik genau präzisiert. »Die Methode der deutschen Außenpolitik muß sein, langsam und stückweise weiterzukommen. Sie muß vor allem auch psychologisch sein und muß versuchen, das Vertrauen wieder zu erwerben, das wir Deutsche durch den Nationalsozialismus leider Gottes in weitem Umfang verloren haben.«[20] Auf der Außenministerkonferenz vom 9. bis 11. November 1949 hatten die Außenminister der Westmächte beschlossen, die Bundesrepublik grundsätzlich in das westeuropäische Bündnissystem aufzunehmen. Den Hohen Kommissaren wurden neue Richtlinien zur Deutschlandpolitik übergeben. Diese bildeten die Grundlagen für das Petersberger Abkommen, das die Hohen Kommissare und Konrad Adenauer am 22. November 1949 unterzeichneten.[21]

Die SPD-Führung übte nur insofern Kritik an diesem Abkommen, als sie die Art und Weise, wie dieser äußerst wichtige Vertrag zustande gekommen sei, und die mangelnde Fühlungnahme mit der sozialdemokratischen Opposition und damit die fehlende Legitimation durch das Parlament monierte. Besonderer Kritikpunkt war die

19 Vgl. Sozialdemokratischer Parteitag 1925 in Heidelberg, Protokoll mit Bericht der Frauenkonferenz, Berlin 1925, S. 10.

20 Verhandlungen des Deutschen Bundestages, 1. Wahlperiode, Bd. 1, S. 472.

21 Im Petersberger-Abkommen wurde ein grundsätzlicher Beschluß zur Eingliederung der Bundesrepublik in die Europäische Gemeinschaft gefaßt. Das Abkommen bildete die Grundlage für die Integrationspolitik der Bundesregierung, vgl. Stellung der SPD zur Europäischen Gemeinschaft für Kohle und Stahl, Rudolf Hrbek, Die SPD – Deutschland und Europa, S. 102 ff., und zur Europäischen Politischen Gemeinschaft, ebenda, S. 127 ff.

Beteiligung der Bundesrepublik am Ruhrstatut, das von den Sozialdemokraten bislang wegen der Einschränkung der Souveränitätsrechte heftig befehdet wurde. Immer wieder wurde es zum Anlaß genommen, die nationalbewußte Haltung der SPD in der Öffentlichkeit herauszustreichen. Jedoch gab es starke Kräfte innerhalb der SPD, die eine vorbehaltlose Unterstützung der Adenauerschen Außenpolitik forderten. Wichtige Abkommen wie die Beteiligung an der OEEC[22] und der Europäischen Zahlungsunion wurden auch von den Sozialdemokraten akzeptiert. Abgelehnt wurde der Beitritt der Bundesrepublik zum Europarat bei gleichzeitiger Aufnahme des Saargebietes. Schumacher bezeichnete das Nein der SPD zum Beitritt der BRD zum Europarat, »dem Ersatz-Europa von Straßburg«, als ein Nein zu allen konservativ-, klerikal-, kapitalistisch-kartellistischen Versuchen, ein Europa zu schaffen, das aus seiner kapitalistischen Struktur ein leichtes Opfer des östlichen Ansturms wäre.«[22a] Auf derselben Linie lag das Argument, das in Straßburg zusammengezimmerte Europa sei »so schwach, daß es seine Funktion zur Überwindung des Kommunismus nicht so gut und möglicherweise kaum erfüllen« könne.[23] Trotz dieser verbalradikalen Ablehnung beteiligte sich die SPD-Bundestagsfraktion nach der Abstimmungsniederlage an der Entsendung von Abgeordneten in den Europarat.

Hierin zeigte sich deutlich, daß kaum mehr eine Differenz in der Politik der Westintegration zwischen den politischen Repräsentanten des Monopolkapitals in der CDU/CSU und der SPD-Führung bestand. Adenauer wollte die Bundesrepublik in das westeuropäisch-atlantische Bündnissystem eingliedern, um mit Hilfe der Westmächte durch eine Politik der Stärke das ehemalige Deutsche Reich in den Grenzen von 1937 wieder herzustellen. Die Sozialdemokraten bezweifelten die Richtigkeit dieses Weges. Sie sahen vielmehr in ihm eine Gefahr, der zur endgültigen Trennung führen

22 Vgl. Deutsche Geschichte in Daten, a.a.O., S. 890, 816.

22a Rede vor dem Parteitag 1950, Protokoll, S. 83; vgl. auch R. Hrbek, Die SPD – Deutschland und Europa, a.a.O., S. 93.

23 Vgl. Verhandlungen des Bundestages, 1. Wahlperiode, 4. Bd., S. 2472. Vgl. auch Protokoll der Verhandlungen des Parteitages der SPD vom 21.–27. Mai 1950 in Hamburg, S. 895; vgl. auch Rudolf Hrbek, Die SPD – Deutschland und Europa, S. 86 ff.

könnte. Daher setzten sie das Primat auf die Wiedervereinigung im Sinne der Übertragung der westdeutschen sozialökonomischen und politischen Verhältnisse auf die DDR mit Unterstützung der Westmächte. Der Bundesregierung wurde jede Unterstützung versprochen, wenn sie eine Politik verfolge, »die ein ganzes Deutschland zum Bestand des Europäischen Rates zu machen anstrebe«.[24]

Am 18. April hatte Konrad Adenauer in Paris den Vertrag über die Bildung der Europäischen Gemeinschaft für Kohle und Stahl (Montanunion) unterzeichnet. Durch diesen Vertrag (Schumann-Plan) erhielten die westdeutschen Monopole der Montanindustrie die Möglichkeit, die alliierten Einschränkungen zur Produktion von Stahl und zur Bildung von eigenen Organisationen zu beseitigen.

Da das entscheidende Gremium die bürokratisch strukturierte Hohe Behörde war, wurde eine mögliche Einwirkung der Parlamente und der demokratischen Organisationen mit dem Ziel einer Nationalisierung der Monopole sehr erschwert, wenn nicht sogar ausgeschlossen. Auf dem Parteitag von Hamburg im Mai 1950 machte die Sozialdemokratie ihre Zustimmung zum Schumann-Plan von der Beseitigung des Ruhrstatuts und der Ruhrbehörde sowie von der Vergesellschaftung der westdeutschen Schwerindustrie abhängig.[25]

Im Zusammenhang mit der von der SPD-Führung betriebenen Politik der Westintegration ist auch die Gründung der Sozialistischen Internationale auf dem Internationalen Sozialistenkongreß in Frankfurt am 30. Juni 1951 zu sehen. Dieser Vereinigung schlossen sich außer der SPD die sozialdemokratischen Parteien Frankreichs, Großbritanniens, Indiens, Israels, Japans, Österreichs und der skandinavischen Länder an. (Insgesamt etwa 10,7 Millionen Mitglieder, einschließlich der 6,5 Millionen der Britischen Labour-Party). Es wurde die »Deklaration über Ziele und Aufgaben des demokratischen Sozialismus«[25a] angenommen, die unter wesentlichem Einfluß deutscher Sozialdemokraten nach dem Vorbild des Programms der Labour-Party erarbeitet wurde. Über dieses Instrument

24 Verhandlungen des Bundestages, 1. Wahlperiode, Bd. 4, S. 24–78.

25 Protokoll der Verhandlungen des Parteitages, S. 62 ff.

25a Text der Deklaration bei Susanne Miller, Die SPD vor und nach Godesberg, S. 88 ff.

versuchte die deutsche Sozialdemokratie in der Folge auf die gesellschaftlichen Auseinandersetzungen im übrigen Westeuropa im Sinne der SPD-Führung Einfluß zu nehmen.[26]

2. *Die Stellung der SPD zur Wiederaufrüstung der BRD und zum Ausbau des inneren Herrschaftssystems*

a) Die SPD und die Wiederherstellung der »Wehrhoheit«

Nach der Wiedererlangung der entscheidenden ökonomischen und politischen Positionen durch die Repräsentanten des deutschen Großkapitals in Bonn war es das erklärte Ziel der Bundesregierung, nunmehr auch den Anschluß an das westliche militärische Bündnissystem zu finden, um die noch bestehenden alliierten Einschränkungen des westdeutschen Monopolkapitals abzubauen. Als gleichberechtigter Partner der Westmächte erhoffte man eine weitere Festigung des staatsmonopolistischen Herrschaftssystems als Voraussetzung für die programmierte Wiedervereinigung in »Frieden und Freiheit«.

Die Haltung der SPD-Führung und des sie unterstützenden integrationistischen Flügels innerhalb der SPD gegenüber der Remilitarisierung war von Anfang an widersprüchlich. Traditionell bejahte der rechte Flügel die Landesverteidigung und den Wehrgedanken. Andererseits gab es breite antimilitaristische und pazifistische Strömungen innerhalb der Partei, die im Ergebnis des 2. Weltkrieges erneut an Kraft und Einfluß zugenommen hatten. Auf sie mußte in den kommenden Auseinandersetzungen Rücksicht genommen werden.

Prinzipiell wurde die Notwendigkeit der Verteidigung gegen die Gefahr aus dem Osten weder von der Führungsspitze der Partei noch vom Bundesvorstand des DGB in Frage gestellt. Dies war eine logische Konsequenz der Westorientierung. Anknüpfend an Wei-

26 Vgl. Abraham Ashkenasi, Reformparteien und Außenpolitik. Die Außenpolitik der SPD, Westberlin, Bonn, Köln und Opladen 1968; Handbuch der sozialdemokratischen Politik, hrsg. vom Vorstand der SPD, Bonn 1953, S. 269–274; GdA 7, S. 217 f., Stichwort: Sozialistische Internationale, in: Sachwörterbuch der Geschichte Deutschlands und der deutschen Arbeiterbewegung, Berlin 1970, Bd. 2, S. 554 ff.

marer Traditionen[27] wurde nach 1949 das Konzept der Schaffung einer demokratischen Wehrverfassung entwickelt, um die freiheitliche demokratische Grundordnung gegen den östlichen Totalitarismus verteidigen zu können. Im Prinzipiellen bestand also zwischen dem rechten Flügel der SPD und den Wiederaufrüstungsplänen innerhalb der CDU kein Unterschied. Die Meinungsverschiedenheiten wurden durch taktische Überlegungen produziert, die sich aus der Auseinandersetzung innerhalb der SPD ergaben.

Die erste Stellungnahme des Parteivorstandes in der Frage der Remilitarisierung erfolgte am 10./11. Dezember 1948 nach Abschluß des Brüsseler Paktes und während der Verhandlungen über die Bildung der NATO, als erstmals in der Öffentlichkeit Gerüchte über die Remilitarisierung der Bundesrepublik auftauchten. In der vom Parteivorstand veröffentlichten Resolution wurde festgestellt, daß die Frage der Wehrverfassung nicht in die deutsche Zuständigkeit falle. Eine konsequente demokratische Politik sei zunehmend der beste Schutz gegen den östlichen Totalitarismus. Die Frage der Wehrverfassung könne nicht mit den Repräsentanten des alten Militarismus behandelt werden, sondern nur im Rahmen eines Systems der kollektiven Sicherheit.[28] Die Resolution lenkte einerseits die Öffentlichkeit und Mitgliedschaft vom Problem der Wiederaufrüstung ab, ließ aber gleichzeitig die militärpolitische Position der SPD-Führung erkennen.

Im Parlamentarischen Rat war es vor allem Carlo Schmid als Hauptsprecher, der die Konzeption eines westdeutschen Beitrages im Rahmen eines kollektiven Sicherheitssystems entwickelte, wobei offenblieb, ob dieses kollektive Sicherheitssystem ein westliches Blocksystem darstellen sollte oder ein übergreifendes europäisches System, an dem auch die sozialistischen Länder zu beteiligen waren. Schon früh trat die SPD für einen Beitritt zum Nord-Atlantikpakt

27 Das gilt vor allen Dingen für die auf dem Magdeburger Parteitag von 1929 vorgetragenen Konzeptionen, vgl. Protokoll des sozialdemokratischen Parteitags Magdeburg 1929 v. 26.–31.5. in der Stadthalle, Berlin 1929, S. 288 f.

28 Jahrbuch der SPD 1948/49, S. 136; vgl. auch Ollenhauer, in: NZZ vom 13. Dezember 1948; vgl. zur Wehrkonzeption der SPD, Rudolf Hrbek, Die SPD – Deutschland und Europa, S. 147 ff.

ein, ohne jedoch die militärischen Konsequenzen zu erwägen.[29] Wegen des starken Druckes aus der Mitgliedschaft erfolgte ein vorsichtiges Taktieren der SPD-Führung und eine klare Ablehnung der Remilitarisierung. In der Denkschrift »Sicherheit und Ruhrkontrolle« heißt es: »Die deutsche Arbeiterbewegung, zu der 5 Millionen in den Gewerkschaften organisierte Arbeiter gehören, hat sich für den Verzicht auf die Bewaffnung entschieden. Sie traut sich zu, jeder deutschen Regierung die Einhaltung dieser Linie, falls nötig, aufzuzwingen.«[30] Auf dem Hamburger Parteitag wurde diese Linie ohne Diskussion akzeptiert.

Die Frage der deutschen Wiederbewaffnung trat in ein neues Stadium nach der Intervention der USA in Korea im Juni 1950, die zu einer Verschärfung der internationalen Spannung und zur akuten Bedrohung des Weltfriedens führte. Auf das von Adenauer erfolgte Angebot an die Westmächte, westdeutsche Truppenkontingente aufzustellen, erfolgte eine Erklärung Schumachers am 23. August 1950. Als »einzige, aber unerläßliche Voraussetzung für das deutsche Ja oder Nein« zu einem militärischen Beitrag forderte er, daß »die Weltdemokratien, selbstverständlich vor allem einschließlich der USA, ganz Deutschland offensiv nach dem Osten verteidigen und es dadurch vor der schwersten Zerstörung eines neuen Krieges bewahren, d. h. also die strategische Entscheidung von vornherein mit allen Kräften an der Weichsel/Njemen-Linie suchen«. Aus diesem Grunde hielt er die »Konfrontation eindrucksvoller, für die große Entscheidung ins Gewicht fallender Kräfte« für notwendig.[31]

Am 8. November 1950 stimmte Adenauer dem Pleven-Plan grundsätzlich zu, der später als EVG-Projekt bekannt wurde und der die Schaffung einer europäischen Armee mit vollständiger Fusion von Mann und Material unter einer »übernational« politischen und militärischen Autorität vorsah. Vor der internationalen und deutschen Öffentlichkeit wurde diese übernationale Integration als

29 Acht Jahre sozialdemokratischer Kampf um Einheit, Frieden und Freiheit, a.a.O., S. 76.

30 Neuer Vorwärts vom 31. März 1950.

31 Neuer Vorwärts vom 25. August 1950, vgl. zur Wehrkonzeption Protokoll des Hamburger Parteitages, S. 269; vgl. GdA 7, S. 148 und S. 355, dort Beschluß »gegen die Remilitarisierung«, angenommen auf dem Parteitag der SPD in Hamburg am 23. Mai 1950.

das beste Mittel bezeichnet, ein Wiederaufleben des deutschen Militarismus zu verhindern. Nach Zustimmung des NATO-Rates zu diesem Projekt begannen im Februar 1951 in Paris unter deutscher Teilnahme die Verhandlungen über die Aufstellung einer Westeuropa-Armee.

Wegen des starken innerparteilichen Widerstandes, der sich als Reaktion in der deutschen Öffentlichkeit auf die Aktivitäten der Bundesregierung in Richtung Wiederaufrüstung entwickelt hatte, zog es die SPD-Führung vor, die zunächst in der Erklärung Schumachers angedeutete grundsätzliche Bereitschaft zur Akzeptierung eines deutschen Wehrbeitrages wieder zurückzunehmen. Wahltaktische Gründe – es schien angebracht, die antimilitaristische Karte im Wahlkampf in Hessen und Baden-Württemberg auszunutzen – mögen hierzu den letzten Ausschlag gegeben haben. Die öffentlich erklärte Ablehnung der Adenauerschen Militärpolitik hinderte die SPD-Führung nicht daran, sich seit Sommer 1950 an den laufenden Vorarbeiten der Bundesregierung über die Aufstellung einer westdeutschen Armee zu beteiligen. Es fanden häufiger Treffen mit Adenauers Wehrexperten, den ehemaligen Hitlergenerälen Speidel und Heusinger, statt, die den Oppositionsführer als loyalen, sachlichen Diskussionspartner schätzten. Im Laufe des September/Oktober 1950 traf sich Schumacher allein siebenmal mit diesen Generälen. Schon längst ging es ihm nicht mehr um die Frage: für oder gegen Remilitarisierung, sondern um die möglichst beste Form der Wiederbewaffnung. Dennoch sind wichtige Unterschiede zur Wehrkonzeption der CDU/CSU nicht zu verkennen. So lehnten die führenden Sozialdemokraten von Anfang an die Aufstellung von Freiwilligen-Verbänden ab und bestanden auf einer demokratischen Volksarmee auf der Grundlage der allgemeinen Wehrpflicht. Sie beriefen sich hierbei auf traditionelle militärpolitische Forderungen der alten Sozialdemokratie nach Schaffung eines Volksheeres anstelle des stehenden Heeres.

Diese Forderungen konnten nicht die Tatsache aus der Welt schaffen, daß die SPD-Führung von ihrer Position, die sie im Dezember 1949 eingenommen hatte, nämlich nicht mit Repräsentanten des alten Militarismus zu verhandeln, abgerückt war. Auf der Linie dieser veränderten Politik lag auch die Forderung Carlo Schmids im Bundestag nach Wiederherstellung der Ehre des deutschen Soldaten.[32] Ebenso konsequent war es, enge Verbindungen zu den wiedererstehenden Soldaten- und Traditionsverbänden aufzunehmen.[33]

Die Widersprüchlichkeit der sozialdemokratischen Politik zeigte sich auch bei den Diskussionen um den Bundesgrenzschutz. Im März 1951 hatte der Bundestag das Gesetz über den Bundesgrenzschutz verabschiedet, dessen Sollstärke auf 10 000 Mann festgelegt wurde. Er bildete eine wichtige Kaderreserve für die geplante westdeutsche Armee. Die Offiziere und Unterführer waren vorwiegend ehemalige Angehörige der faschistischen Wehrmacht und Polizei. In den Beratungen über den Gesetzesentwurf nahm die sozialdemokratische Bundestagsfraktion Anstoß an der vorgesehenen truppenmäßigen Gliederung und forderte eine stärkere Kontrolle durch den Bundestag. Ebenso lehnte sie die Besetzung der entscheidenden Posten mit ehemaligen Offizieren der faschistischen Wehrmacht ab. Die Annahme dieses Gesetzes trotz der nicht erfüllten Bedingungen sowohl im Bundestag wie im Bundesrat *mit* den Stimmen der Sozialdemokraten gab einen kleinen Vorgeschmack für das Verhalten in der Frage der Errichtung der Bundeswehr.[34]

Die eigentliche Funktion der SPD mittels ihres integrationistischen Flügels wurde in ihrem Verhalten gegenüber der Volksbewegung gegen die Remilitarisierung offenbar. Ende 1950 bis Anfang 1951 waren in der BRD Bedingungen für die Entfaltung einer solchen Volksbewegung herangereift. Zum erstenmal seit Bestehen des Bonner Staates geriet die Adenauer-Regierung in eine Situation, in der die Mehrheit der Bevölkerung ihre Politik mißbilligte. Es hatten sich mächtige Initiativen in vielen Betrieben, Städten und Gemeinden gebildet, die unter dem Motto: »Rettet den Frieden« zu einer Volksbefragung aufriefen. Trotz der starken antikommunistischen Vorbehalte vieler Sozialdemokraten und des sektiererischen Verhal-

32 Verhandlungen des Bundestages, 1. Wahlperiode, Bd. 6, Bonn 1951, S. 5031/11.

33 Vgl. Hermann Knäfel, Zur Rolle der westdeutschen Sozialdemokratie im Prozeß der Remilitarisierung Westdeutschlands in den Jahren 1948/49–1954, Phil. Diss. Berlin 1968; vgl. a. Ulrich Albrecht, Die Wiederaufrüstung der BRD, Köln 1974, S. 23 ff. u. 30 ff.; allgemein vgl. a. Fritz Krause, Antimilitaristische Opposition in der BRD 1949–55, Frankfurt 1971; Norbert Tönnies, Der Weg zu den Waffen. Die Geschichte der deutschen Wiederbewaffnung. 1949 bis 1957, Köln 1957.

34 GdA 7, S. 151.

tens vieler KPD-Anhänger war es im Rahmen dieser Bewegung dennoch zu einer Reihe von gemeinsamen Aktionen gekommen. Die wachsende Volksbewegung versetzte die Bundesregierung in große Unruhe. Am 24. April 1951 erließ sie ein Verbot der Volksbefragung unter dem Vorwand, daß diese einen Angriff auf die »verfassungsmäßige« Ordnung darstelle. Der Bundestag, einschließlich der Fraktion der SPD, billigte dieses Verbot.

Weder Verbot und Verfolgungen durch den Polizei- und Justizapparat des Bonner Staates, noch Verleumdungen durch die SPD- und DGB-Führung vermochten das Anwachsen der Bewegung gegen die Remilitarisierung anzuhalten, an der sich immer größere Bevölkerungskreise bis tief in das bürgerliche Lager hinein beteiligten. Die entscheidende Voraussetzung für die Überleitung dieser mehr oder weniger spontanen Abwehrreaktionen der Bevölkerung gegen die Wiederaufrüstung in organisierte Widerstandsaktionen, die das einzige wirksame Mittel gewesen wären, um die Adenauer-Politik zu durchkreuzen, war das entschlossene Vorgehen aller Remilitarisierungsgegner, vor allen Dingen das einheitliche Zusammenwirken aller Teile der westdeutschen Arbeiterbewegung. Hierzu waren jedoch lediglich die Kommunisten und Minderheiten in der SPD bereit. Die SPD-Führung lehnte jede Verständigung mit der KPD und ein gemeinsames Vorgehen gegen die Remilitarisierung kategorisch ab. Aus diesem Grund wandte sie sich auch gegen außerparlamentarische Aktionen und orientierte allein auf den parlamentarischen Weg. Obwohl sie sich zunächst teilweise mit der Antiremilitarisierungsbewegung solidarisiert hatte, vornehmlich unter bestimmten wahltaktischen Gesichtspunkten, distanzierte sie sich immer stärker von ihr. Und zwar in dem Maße, wie diese spontane Bewegung organisiertere Formen anzunehmen drohte, die jede Remilitarisierung zunichte machen konnten. Den Höhepunkt dieser Distanzierung bildete die Zustimmung zum Verbot der Volksbefragung. Im Bundestag forderte Wehner, daß »diese Aktion als ungesetzlich unterbunden werden muß«.[35] Hiermit setzte sich die SPD-Führung auch

35 Verhandlungen des Bundestages, 1. Wahlperiode, Bd. 6, S. 5497; vgl. auch über die Bewegung insgesamt GdA 7, S. 145 ff.; Albrecht, Ulrich, Die Wiederaufrüstung der BRD, insbes. S. 23 ff.

über den Parteitags-Beschluß von Hamburg hinweg, der einen Widerstand gegen die Remilitarisierung mit allen Mitteln gefordert hatte.[36] Trotz des Widerstandes in den Parteigliederungen erleichterte der ideologische Zustand der Partei – das Vorherrschen reformistischer Ansichten, die geringe marxistische Bildung der Mitglieder, die weitverbreiteten antikommunistischen Vorurteile – der Gruppe um Schumacher, die den Apparat fest in der Hand hatte, echte oppositionelle Kräfte in der Partei zu isolieren und gegen Verfechter der Aktionseinheit sowie Gegner des opportunistischen Kurses der Führung mit organisatorischen Maßnahmen auszuschalten. Dies war auch die Voraussetzung für die weitere aktive Beteiligung am Ausbau des inneren Herrschaftssystems des Monopolkapitals in der Bundesrepublik.

b) Das Verhalten der SPD beim Ausbau des inneren Herrschaftssystems der Bundesrepublik Deutschland

Unter Ausnutzung des Korea-Booms hatte die westdeutsche Industrieproduktion bereits im März 1950 den Vorkriegszustand wieder erreicht. Ende 1950 betrug die Zuwachsrate der industriellen Nettoproduktion gegenüber dem Vorjahr 24 Prozent, in der Verbrauchsgüterindustrie sogar 31,4 Prozent. Auch in den folgenden Jahren übertraf das durchschnittliche Wachstumstempo der westdeutschen Industrieproduktion das der kapitalistischen Weltproduktion beträchtlich. Verschiedene Faktoren (Währungsreform, Marshall-Plan, gewaltiger Nachholbedarf, billige Arbeitskräfte usw.) hatten zum Wiedererstehen der ökonomischen und politischen Macht der westdeutschen Monopole geführt. Massive Staatsinterventionen hatten dieses Wiedererstehen gefördert. 1950 wurden 25,9 Prozent aller Investitionen vom Staat vorgenommen; das waren 17,4 Prozent aller Staatsausgaben.

Die konjunkturelle Entwicklung in Verbindung mit den regulierenden Maßnahmen des Staates verstärkte die Konzentration der Produktion und des Kapitals und beschleunigte den Monopolisie-

36 Vgl. Anm. 31.

rungsprozeß. Gleichzeitig verschmolzen Bank- und Industriekapital in zunehmendem Maße.

Die Hauptquelle der hohen Investitionen und der schnellen Wachstumsrate der westdeutschen Industrieproduktion war die gesteigerte Ausbeutung der Arbeiter. Das Verhältnis Lohnquote zur Gewinnquote von 40:60 im Jahre 1936 veränderte sich auf 34:66 im Jahre 1952.

Das Beispiel der antifaschistisch-demokratischen Umwälzung wie das trotz aller Komplikationen immer stärker ausgebaute System der sozialen Sicherung in der DDR zwang den Bonner Staat zum Ausbau einer differenzierten Ordnung sozialer Sicherheit, mit dessen Hilfe die Arbeiterklasse ökonomisch gebunden, im Sinne des Systems ideologisch gefestigt und politisch beherrscht werden sollte. Arbeitsbeschaffungsprogramme sollten die Vollbeschäftigung sichern, staatlich gelenkte und unterstützte Wohnungsbauprogramme, besonders der sogenannte soziale Wohnungsbau, das System der Teilzahlungskredite, der sogenannte Lastenausgleich, Einkommenssteuerreformen und andere sozialpolitische Maßnahmen sowohl auf staatlicher wie auf Konzernebene bildeten Bestandteile dieser Ordnung. Die günstige Gewinnlage gestattete es, bei Verschärfung der Auseinandersetzungen Lohnkämpfe gar nicht erst aufkommen zu lassen, sondern durch Zugeständnisse Streikaktionen der Arbeiter im Keime zu ersticken. Größere Lohnerhöhungen konnten oft schon durch die Androhung von Streiks durchgesetzt werden. Der konjunkturelle Aufschwung bot einen günstigen Nährboden für die bürgerlichen Theorien vom Volkskapitalismus, von Sozialpartnerschaft und vom Miteigentum, mit denen die westdeutsche Bourgeoisie über die SPD und die DGB-Führung in die Arbeiterklasse wirkte und die Klassengegensätze zu vertuschen suchte. Diese objektiven und subjektiven Bedingungen waren der Grund für die verhältnismäßig große Streikruhe in der Bundesrepublik während dieser Periode.[37]

Die Zurückhaltung der Arbeiterschaft gegenüber Streikkämpfen war für den Staat und die Unternehmer Anlaß, das Streikrecht, das

37 Im einzelnen auch zu den ökonomischen Daten, GdA 7, S. 152 ff.; vgl. a. Neelsen, Karl, Wirtschaftsgeschichte der BRD, Ein Grundriß, Berlin 1971, S. 65 ff.

in der Bundesrepublik verfassungsrechtlich nicht ausdrücklich im Normtext verankert ist, überhaupt infrage zu stellen. Die Arbeitgeberverbände forderten eine durch die Rechtsordnung abgesicherte Schadensersatzpflicht, um das Risiko eines Streikes für die Gewerkschaften möglichst heraufzusetzen.[38] Die Rechtsprechung des Bundesarbeitsgerichtes legalisierte die Aussperrung und machte damit das legitime Streikrecht als Waffe der Arbeiterschaft stumpf.[38a]

Die SPD-DGB-Führung sicherte durch ihren Einfluß auf die Arbeiterschaft und die hierdurch bedingte Enthaltsamkeit in Arbeitskämpfen die Wirtschaftspolitik der Bundesregierung gegen äußere Einflüsse ab. In den gesetzgebenden Gremien in der Bundesrepublik arbeitete sie aktiv an der Ausgestaltung und sozialen Verbrämung des monopolkapitalistischen Gesellschaftssystems mit. In der 1. Legislaturperiode von 1949 bis 1953 erhielten 84 Prozent der verabschiedeten Gesetze sozialdemokratische Zustimmung. Der größte Anteil der Ablehnungen entfiel auf die Haushaltsressorts. Nach alter sozialdemokratischer Tradition wurde dem Haushaltsgesetz die Zustimmung versagt. Der Rest betraf die Außenpolitik. Nicht selten geschah es, daß die Bundestagsfraktion gegen ein Gesetz stimmte, die sozialdemokratischen Stimmen im Bundesrat jedoch für die Gesetzesvorlagen abgegeben wurden. Dies war kein Zufall, da die SPD-Vertreter im Bundesrat, Ministerpräsidenten und Minister bzw. Bürgermeister und Senatoren durch ihre zum Teil jahrelange Zusammenarbeit mit den großbürgerlichen Parteien auf Länderebene bereits weitgehend in das staatsmonopolistische Herrschaftssystem integriert waren.

Eine zentrale sozialpolitische Forderung der SPD betraf die Durchsetzung eines gerechten Lastenausgleichs[39] für die durch Krieg und Kriegsfolgen geschädigten Bevölkerungsteile auf Kosten

38 Der Arbeitgeber, Düsseldorf Nr. 11 vom 2. Juni 1952, S. 393.

38a Vgl. Rolf Geffken, Klassenjustiz, Frankfurt 1972, S. 46 ff., m. w. Nachw.; vgl. a. W. Däubler, Strafbarkeit von Arbeitskämpfen, in: Studien zum Wirtschaftsstrafrecht, hrsg. v. J. Baumann u. Gerd Dähn, Tübingen 1972, S. 91 ff.

39 Vgl. die sozialdemokratischen Grundsätze zum Lastenausgleich auf dem Parteitag von Düsseldorf, in: Protokoll der Verhandlungen des Parteitages der sozialdemokratischen Partei Deutschlands vom 11.–14. September 1948 in Düsseldorf, Hamburg 1949, S. 229 ff.

des erhaltenen Vermögensbesitzes. Ursprünglich wurde diese Forderung als conditio sine qua non zur Währungsreform bezeichnet. Die Währungsreform führte stattdessen zur weiteren Polarisierung zwischen Sachwertbesitzern und Besitzlosen. Das 1952 verabschiedete Lastenausgleichsgesetz basierte auf dem Prinzip der quotalen Vermögensentschädigung. Die entsprechende Entschädigung wurde nach der Vorkriegsexistenz festgelegt, so daß von vornherein Unternehmer und Großgrundbesitzer begünstigt waren. Von der SPD, die für einen sozialen Lastenausgleich eintrat, der in erster Linie die unbemittelten Schichten berücksichtigen sollte, wurde das Gesetz abgelehnt. Gleichzeitig aber stimmten die sozialdemokratischen Abgeordneten während der Beratung zusammen mit den Regierungsparteien gegen Anträge der KPD, die vorsahen, zur Aufbringung des Lastenausgleichs vor allen Dingen das Großkapital heranzuziehen, alle Kriegs- und Währungsgewinne entschädigungslos einzuziehen und die Kriegsverbrecher und Junker zu enteignen. Ebenso wurden KPD-Anträge zur Sozialisierung der Rohstoffindustrie abgelehnt. Die SPD stimmte vielmehr dem Vorschlag der CDU zu, zur Tagesordnung überzugehen.

Der relative Erfolg bei der Frage der Mitbestimmung konnte nur erzielt werden, weil durch die Aufforderung der IG Metall zum Generalstreik die Kampfbereitschaft der Arbeiterschaft demonstriert wurde. In der Urabstimmung am 22. Januar 1951 stimmten 96,7 Prozent der Bergleute für einen Streik. Eine ähnliche Kampfbereitschaft war auch vorhanden, als die Bundesregierung im Zusammenhang mit der Unterzeichnung des Generalvertrages und des Abkommens über die EVG im Bundestag ein reaktionäres Betriebsverfassungsgesetz durchpeitschen wollte. Trotz der Erklärung des DGB vom 12. Mai 1951, die gewerkschaftlichen Kampfmaßnahmen gegen das Betriebsverfassungsgesetz fortzuführen, entschloß sich der DGB-Bundesvorstand unter dem Einfluß der SPD-Führung und dem Druck der deutschen Arbeitgeberverbände, die mit einer Schadenersatzklage drohten, wenn die Aktionen gegen das Betriebsverfassungsgesetz fortgeführt würden, die Aktionen einzustellen und mit der Regierung über einzelne Punkte zu verhandeln. Dies führte zu einer Resignation der an sich kampfbereiten Arbeiterschaft, so daß die Kämpfe abebbten. Am 19. Juni 1952 ratifizierte der Bundestag gegen die Stimmen von KPD und SPD das Betriebsverfassungsgesetz, das eine schwere Niederlage der Arbeiterbewegung der Bundesrepublik darstellte. Damit wurde auch die Mitbestimmung als eine der Säulen des reformistischen Wirtschaftsprogramms des DGB und der SPD vom Tisch gefegt. Mit ihrer Politik der Niederhaltung von Massenaktionen und der Orientierung allein auf den parlamentarischen Weg hatte die SPD-Führung wesentlich zu dieser Niederlage beigetragen.

Hatte sich die SPD-Fraktion auf sozialpolitischem Gebiet und auf dem Gebiet der Mitbestimmung zumindest noch auf parlamentarischem Weg der Politik der herrschenden Kreise widersetzt, so kooperierte sie beim Ausbau des staatlichen Herrschaftssystems offen mit diesen Kräften. Mit den Stimmen der SPD wurde unter anderem verabschiedet: Die Gesetze über die Bildung eines Bundesamtes für Verfassungsschutz, des Bundeskriminalamtes und des Bundesgrenzschutzes. Selbstverständlich stimmte die SPD-Fraktion auch der Errichtung eines Bundesverfassungsgerichtes in Karlsruhe zu, das in der Folge immer dann demokratische Impulse abblocken sollte, wenn sie sich wider Erwarten beim Gesetzgeber durchgesetzt hatten.

Parteivorstand, Bundestagsfraktion, maßgebende Gewerkschaftsfunktionäre und Länderpolitiker der SPD haben seit 1949 alle Aktionen der Bonner Regierung gegen die KPD und andere nach der ursprünglichen Konzeption als demokratisch betrachteten Organisationen in der Bundesrepublik unterstützt oder doch zumindest toleriert. Von Fall zu Fall gab es sogar Initiativen von sozialdemokratischer Seite. So wurde am 11. August 1950 von den 11 westdeutschen Länderministern – darunter befanden sich 6 Sozialdemokraten – Maßnahmen zur Unterdrückung der Friedensbewegung in der Bundesrepublik beschlossen. Als die Bundesregierung am 19. September 1950 unter Bruch des Grundgesetzes durch eine Ausnahmeverordnung, der die Fraktion der SPD im Bundestag zustimmte, verfügte, Angehörige der KPD, der VVN, der FDJ und anderer Organisationen aus allen Einrichtungen des öffentlichen Dienstes zu entlassen, befolgten sozialdemokratische Länderminister und Bürgermeister diese Weisungen aus Bonn. Auch das Verbot der FDJ am 26. Juli 1951 fand die Zustimmung der Führung der SPD. Überall wurden die Kommunisten aus den Gewerkschaften mit Zustimmung der SPD-Führung ausgeschlossen.[40]

Am 16. März 1950 brachte die sozialdemokratische Fraktion bereits einen Entwurf eines Gesetzes gegen die Feinde der Demokratie ein. Unter weitgehender Berücksichtigung der sozialdemokratischen Vorstellungen unterbreitete die Bundesregierung sodann ihren eigenen Entwurf eines Strafrechtsänderungsgesetzes, das am 11. Juli 1951 mit den Stimmen der Regierungsparteien und der SPD angenommen wurde. Durch dieses sogenannte Blitzgesetz wurde die vom Hitlerregime eingeführte strafrechtliche Verfolgung der Gesinnung wieder aufgenommen.[41]

Am 22. November 1951 reichte die Bundesregierung beim Bundesverfassungsgericht den Verbotsantrag gegen die KPD ein, den die SPD nicht unterstützte. Wegen innenpolitischer und außenpolitischer Umstände hielt sie ihn für inopportun. Nicht zuletzt war sie gezwungen, auf die eigene Mitgliedschaft, in der diese Repressionspolitik beachtliche Unruhe erzeugt hatte, Rücksicht zu nehmen.

Diese Stoßrichtung der sozialdemokratischen Politik stand im krassen Gegensatz zur Politik gegenüber rechten, nazistischen Einflüssen in der Bundesrepublik. Zwar wurden gegen Faschismus und Neonazismus die gleichen scharfen und radikalen Worte wie gegenüber der kommunistischen Gefahr gebraucht. Gleichzeitig unterstützte die SPD jedoch alle Maßnahmen, die die rechte Gefahr erhöhten. So zum Beispiel das am 11. Mai 1952 verabschiedete Gesetz zu Art. 131 des Grundgesetzes. Nach diesem Gesetz erhielten Beamte und Angestellte, ehemalige Wehrmachts- und Arbeitsdienstangehörige, die im Zuge von Entnazifizierungsverfahren aus dem öffentlichen Dienst entlassen worden waren, ihre vollen Versorgungsansprüche zurück und die Möglichkeit, erneut in den Staatsdienst zu treten. Im Ergebnis kamen sogar Gestapo-Kommissare, hohe SS-Offiziere, Staatsanwälte an Sondergerichten und Ghettoverwalter wieder als Beamte auf Lebenszeit oder gar als unabsetzbare Richter in den öffentlichen Dienst. Zusammen mit der CDU

40 Als Ausschlußgrund wurde eine angebliche Fraktionstätigkeit von Kommunisten innerhalb der Gewerkschaften genannt.

41 Einzelheiten in GdA 7, S. 150; vgl. auch Theo Pirker, Die blinde Macht, Gewerkschaftsbewegung in Westdeutschland, 1. Teil 1945–1952, München 1960.

setzte sich die SPD-Führung für die Rehabilitierung faschistischer Kriegsverbrecher ein. Sie hielt engen Kontakt mit zahlreichen Umsiedlerverbänden, solidarisierte sich mit dem revanchistischen Programm der Landsmannschaften und ihrer Dachorganisationen.

Das offizielle sozialdemokratische Oppositionsprogramm, so wie es in den 16 Dürkheimer Punkten formuliert worden war, blieb dagegen auf dem Papier. In entscheidenden Zielsetzungen wie der Vergesellschaftung der Grundstoffindustrie und der Wirtschaftsplanung wich die Parteiführung zurück oder mußte, wie in den Fragen der Mitbestimmung und des sozialen Lastenausgleiches, Niederlagen quittieren. Ihr Antikommunismus, ihre Anpassung an das staatsmonopolistische Herrschaftssystem und seine vorherrschenden ideologischen Strömungen begünstigten das weitere Anwachsen der reaktionären und konservativen Kräfte in der BRD.

c) Die Auseinandersetzung um die Bonner und Pariser Verträge und die sozialdemokratische Deutschlandpolitik

Die in das Stadium der Verwirklichung tretenden Remilitarisierungspläne der Westmächte und der Bundesregierung hatten in Europa eine neue Lage geschaffen. Anfang 1953 unternahm die DDR in Abstimmung mit der Sowjetunion und anderen sozialistischen Staaten verschiedene Initiativen, um doch noch zu einer friedlichen Entwicklung im Sinne der Beschlüsse von Jalta und Potsdam zu kommen. Nachdem die Bundesregierung mit Unterstützung der SPD-Fraktion verschiedene Vorschläge der DDR abgelehnt und ihr Konzept von »freien« Wahlen unter »internationaler« Kontrolle entgegengesetzt hatte, wiederholte die Volkskammer am 30. Januar 1951 mit einem Appell an den Bundestag ihre alten Vorschläge und erklärte auch ihre Bereitschaft, über andere von Konrad Adenauer aufgeworfene Fragen, zum Beispiel über die Stärke, Standortverteilung und Bewaffnung der Polizeikräfte Besprechungen zu führen. Ebenso sollte über die Durchführung freier, allgemeiner, gleicher, geheimer und direkter Wahlen in ganz Deutschland beraten werden, wobei sowohl die Vorschläge der westdeutschen Regierung als auch die der DDR berücksichtigt werden sollten.[42]

42 Vgl. GdA 7, S. 139.

Nach dem Scheitern der Außenministerkonferenz im März 1951 unternahm im September 1951 die Volkskammer einen erneuten Vorstoß. In ihrem Vorschlag ging sie sogar von ihrer Forderung nach paritätischer Vertretung beider deutscher Staaten ab. Um diesen beharrlichen Initiativen von seiten der DDR etwas entgegensetzen zu können, brachte die Bundesregierung auf Vorschlag der SPD-Führung die Frage der gesamtdeutschen Wahlen vor die UNO, die hierfür gar nicht kompetent war. Die Westmächte unterstützten diesen Vorstoß, da sie wegen des Kräfteverhältnisses in der UNO eine in ihrem Sinne günstige Behandlung der Frage erhofften. Den Vorschlag der westdeutschen Delegation, »freie« Wahlen unter Aufsicht der UNO abzuhalten – bei der damaligen Zusammensetzung der UNO bedeutete dies eine Beaufsichtigung durch die Westmächte oder ihr nahestehender Staaten –, mußte die DDR als eine Einmischung in die inneren Angelegenheiten des deutschen Volkes betrachten.

Wenn auch in der Frage der Wiedervereinigung keine Fortschritte erzielt werden konnten, so wurde doch zu diesem Zeitpunkt klar, daß die geplante militärische Integration und die als oberstes Ziel der Bundesregierung postulierte »Wiedervereinigung in Frieden und Freiheit« nicht miteinander zu vereinbaren waren. Diese sich verbreitende Einsicht verstärkte auch den Widerstand innerhalb der SPD gegen die Wiederaufrüstungspläne der westdeutschen Regierung.

Der Druck aus der Mitgliedschaft veranlaßte die SPD-Führung im Unterschied zu ihren bisherigen Stellungnahmen gegenüber den Initiativen der DDR und der Sowjetunion, auf die Note der Sowjetunion vom 10. März 1952 nicht in der üblichen schroff ablehnenden Art zu reagieren. In dieser Note hatte die Sowjetregierung vorgeschlagen: Wiederherstellung Deutschlands als einheitlicher Staat; Abzug aller Besatzungstruppen ein Jahr nach Inkrafttreten des Friedensvertrages; keinerlei Beschränkungen für die deutsche Friedenswirtschaft; Festlegung der deutschen Grenzen entsprechend den in Potsdam getroffenen Abmachungen; Deutschland wird verpflichtet, sich an keinen Militärbündnissen oder Koalitionen zu beteiligen, die gegen irgendeinen Staat gerichtet sind, der mit seinen Streitkräften am Krieg gegen Deutschland teilgenommen hat; Deutschland darf zu seiner Verteidigung eigene nationale Streitkräfte unterhalten. Die sozialdemokratische Bundestagsfraktion stellte den Antrag, die Bundesregierung möge »als dringendes Anliegen des deutschen Bundestages den Wunsch nach ernster Prüfung der Note der Sowjetunion vom 10. März 1952 und nach der Ausnutzung jeder Verhandlungsmöglichkeit zum Ausdruck bringen.«[43] Die Bundesregierung wurde aufgefordert, die Westmächte zu bewegen, zu erneuten Viermächteverhandlungen zusammenzutreten. Gleichzeitig warnte die SPD-Führung vor einer voreiligen Unterzeichnung der Militärverträge. »Wer diesem Generalvertrag zustimmt, hört auf, ein guter Deutscher zu sein«,[44] stellte Schumacher fest.

Abgesehen von den wiederholten Appellen nach Viermächteverhandlungen, die von der Bundesregierung stets abgelehnt wurden, blieb in der sozialdemokratischen Deutschlandpolitik alles beim alten. Die Führer der SPD traten weder für Verhandlungen mit der DDR ein, noch bejahten sie die im sowjetischen Friedensvertragsentwurf dargelegten Vorschläge. Ganz entschieden wandten sie sich gegen eine Einigung auf der Grundlage des Potsdamer Abkommens, vor allem hinsichtlich der Anerkennung einer Grenzregelung. Auch akzeptierten sie den Vorschlag der militärischen Neutralisierung nicht. Vielmehr wurde der Gedanke der Neutralisierung als »Bestandteil der politischen und psychologischen Taktik der Sowjetrussen« bezeichnet.[45] Gerade mit der Ablehnung dieses Vorschlages machten sie deutlich, daß im Kern kein Unterschied zwischen ihrer und der Deutschlandskonzeption der CDU bestand.

Neu waren allerdings die Töne, in denen die Sozialdemokratie sich dagegen aussprach, »die Wiederherstellung der deutschen Einheit auf dem Wege des Anschlusses der Sowjetzone an die Bundesrepublik zu betreiben, d. h. die einfache Gleichschaltung der Sowjetzone mit den gesellschaftlichen Verhältnissen in der Bundesrepublik von heute . . . wir Sozialdemokraten lehnen es ab, die Wirtschaftsgestaltung in der Sowjetzone als Sozialisierung zu betrachten, aber wir lehnen mit der gleichen Entschiedenheit eine Politik der Repri-

43 Verhandlungen des Bundestages, 1. Wahlperiode, Bd. 11, Stenographische Berichte, Bonn 1952, S. 8754.

44 Sopade Nr. 922, Juni 1952, S. 3 f.

45 Acht Jahre sozialdemokratischer Kampf um Einheit und Frieden, a.a.O., S. 112.

vatisierung des Großbesitzes und der Restauration früherer Verhältnisse ab.«[46] Dies war keine grundlegende Revision der bisherigen offiziellen SPD-Politik, sondern lediglich eine taktische Wende, die einer realistischeren Einschätzung des internationalen Kräfteverhältnisses entsprang. Die nicht zu leugnende Differenz zur schlichten Verkennung des Kräfteverhältnisses durch die reaktionären Kreise in Westdeutschland, die die sowjetische Note als Eingeständnis der Schwäche und als erstes Ergebnis ihrer »Politik der Stärke« betrachteten, ging jedoch nicht soweit, daß sich die SPD-Führung darum bemühte, diese letzte Chance für eine Weichenstellung in Richtung einer demokratischen Wiedervereinigung wahrzunehmen. Hierfür wäre es erforderlich gewesen, sich mit allen demokratischen Kräften innerhalb und außerhalb der SPD zu einer Volksbewegung gegen die Reaktion zu verbinden. Der eigentliche Hinderungsgrund zu einem solchen Schritt bestand in der grundsätzlichen Loyalität der SPD-Führung gegenüber den großbürgerlichen Kräften. Herbert Wehner gestand später, im Jahre 1966, in einem Interview, daß er 1952 in einem Gespräch unter vier Augen Adenauer versichert habe, die SPD sei bei aller Opposition gegen seine Politik gehalten, eine Grenze nicht zu überschreiten. Diese Grenze sei dadurch gegeben, daß die SPD in keinem Fall zu einer Kooperation mit den Parteigebilden im sowjetischen Herrschaftsbereich Deutschlands bereit sein dürfe. »Ich sagte dem Bundeskanzler, da habe er, wenn er so wolle, eine Loyalitätserklärung der Sozialdemokraten.«[47]

Anstatt die Mobilisierung der Bevölkerung durch gesellschaftliche Massenorganisationen und Bürgerinitiativen gegen die Remilitarisierung in Westdeutschland, die nicht zuletzt durch die neue Friedensinitiative der Sowjetregierung einen beachtlichen Aufschwung nahm, zu unterstützen, orientierte sich die SPD-Führung allein auf den parlamentarischen bzw. den Justizweg. Mit einer Klage beim Bundesverfassungsgericht wollte sie die Überprüfung der Verfas-

46 Protokoll der Verhandlungen des Parteitages der Sozialdemokratischen Partei Deutschlands vom 24.–28. September 1952 in Dortmund, Bonn 1953, S. 34 (Referat von Ollenhauer).

47 G. Gaus, Staatserhaltende Opposition oder hat die SPD kapituliert? Gespräche mit Herbert Wehner, Hamburg 1966, S. 40.

sungsmäßigkeit des EVG-Vertrages erreichen. Der erste Senat wies die Klage als unzulässig ab, da die parlamentarischen Beratungen noch nicht abgeschlossen seien.

Darüber hinaus stellte sich die SPD-Führung noch vor Verabschiedung der Militärverträge auf eine mögliche Mitarbeit ein. Sie faßte den Beschluß, am Aufbau der geplanten westdeutschen Truppenverbände mitzuarbeiten. Obwohl die SPD im Bundestag gegen die Verträge gestimmt hatte, wurden sie nach schon bewährtem Muster im Bundesrat mit ihren Stimmen akzeptiert.

Insgesamt hatte die SPD mit der Ratifizierung der Bonner und der Pariser Verträge – nach der Durchpeitschung des Betriebsverfassungsgesetzes – innerhalb kurzer Zeit eine zweite schwere Niederlage erlitten. An dieser Feststellung ändert auch die Tatsache nichts, daß das EVG-Projekt aus Gründen, die außerhalb der Bundesrepublik lagen, ein reichliches Jahr später scheiterte und durch ein neues Vertragssystem ersetzt werden mußte.

d) Das Dortmunder Aktionsprogramm und die Bundestagswahl von 1953

Am 20. August 1952 starb Kurt Schumacher. Die maßgeblich von Schumacher in den Jahren 1945/46 geprägte Konzeption der westdeutschen Sozialdemokratie war bereits vor Bildung der Bundesrepublik weitgehend zusammengebrochen. Die Vorstellung, die SPD würde durch eine loyale, staatsbejahende Opposition an Einfluß im Bonner Staat gewinnen, hatte sich nicht realisiert. Einige Erfolge bei Landtagswahlen standen dem unübersehbaren Konsolidierungsprozeß der imperialistischen Machtverhältnisse in der BRD gegenüber. Die schroffe, unversöhnliche Sprache des Parteivorsitzenden in den Auseinandersetzungen mit der Adenauer-Regierung konnte nicht darüber hinwegtäuschen, daß die SPD in den Westzonen seit 1945 und seit 1949 in der Bundesrepublik einen permanenten Anpassungsprozeß durchmachte, daß die traditionellen sozialdemokratischen Grundsätze mehr und mehr hinter bürgerlich-nationalistischen Argumenten zurücktraten. Das hatte sich vor allem auf dem Gebiet der Außenpolitik gezeigt, wo die Führung der SPD unter Schumacher ganz besonders ihre Rolle als nationale Opposition herausgestellt hatte, ohne damit einen sichtbaren Erfolg zu erreichen. Nur in einem war sich Schumacher bis an sein Lebensende treu geblieben, nämlich in seinem blinden Antikommunismus. Antikommunismus war das eigentliche Leitmotiv all seines Handelns und die tiefe Ursache für das Scheitern seiner Politik. Hier lagen auch die »echten Verdienste Schumachers«, die seine politischen Gegner aus dem bürgerlichen Lager bei seinem Ableben ausdrücklich hervorhoben. Seine Rolle bei der Verhinderung der Einheit der Arbeiterbewegung nach 1945, seine Festigkeit gegenüber allen späteren kommunistischen »Verlockungen«, die absolute Loyalität gegenüber dem bürgerlichen Staat: dies war eine für die deutsche Arbeiterklasse sowie für das deutsche Volk verhängnisvolle Politik. Sie hat ganz wesentlich dazu beigetragen, daß es nach der Niederlage des faschistischen deutschen Imperialismus nicht gelang, eine demokratische Entwicklung in Gesamtdeutschland einzuleiten.

Im Aktionsprogramm von Dortmund legte die SPD-Führung zum erstenmal umfassend ihre Vorstellungen über die Gegenwartspolitik vor. »Die Sozialdemokratie hält es für ihre oberste Aufgabe, nicht einen Staat der Restaurierung früherer Verhältnisse, sondern ein neues Deutschland mit einem neuen politischen und sozialen Inhalt zu schaffen, in dem die Menschen über ihr eigenes Schicksal auf allen Gebieten auch tatsächlich mitzubestimmen haben.« Die Einheit Deutschlands wurde als das große nationale Ziel der Gegenwart hingestellt und als Nahziel postuliert.[48]

Die Außenpolitik folgte weitgehend den alten Grundsätzen. In gewisser Weise neu war lediglich, daß die »Sozialdemokratie ein wirksames System kollektiver Sicherheit anstrebt, an dem Deutschland gleichberechtigt ohne Gefährdung seiner Wiedervereinigung beteiligt ist«.[49] Aus dieser Formulierung ging jedoch nicht hervor, ob an diesem kollektiven Sicherheitssystem sowohl die Staaten des kapitalistischen Weltsystems als auch des sozialistischen Lagers beteiligt sein sollten oder aber, ob lediglich ein westliches militärisches Bündnissystem gemeint war. Letzteres war sicherlich die Ansicht der Führungsspitze. So wurde ein Bekenntnis zum sogenannten

48 Jahrbuch der SPD 1952/53, S. 362.
49 Jahrbuch der SPD 1952/53, S. 264.

»Recht auf Heimat« abgegeben, d. h. man setzte sich ausdrücklich für die Rückkehr der Umsiedler in die durch den faschistischen Raubkrieg verloren gegangenen Gebiete ein.[50]

Der sozialpolitische Teil des Dortmunder Aktionsprogramms entsprach zum Teil einem echten Bedürfnis der westdeutschen Wirklichkeit. In den wirtschaftspolitischen Forderungen war jedoch eine weitere Anpassung an das bestehende System zu verzeichnen. Die Forderung nach Sozialisierung der Schlüsselindustrien war in den Hintergrund getreten, so wurde z. B. die Großchemie und die Überführung der Großbanken in Gemeineigentum nicht mehr erwähnt.

Die demonstrative Einheit des Parteitages, die in der Wahl Ollenhauers zum Vorsitzenden zum Ausdruck kam, konnte allerdings nicht darüber hinwegtäuschen, daß in der Partei schwere Auseinandersetzungen heranreiften. Der Tod Schumachers und die bevorstehende Bundestagswahl hatten ihre offene Austragung lediglich hinausgeschoben.

Nach wie vor war gegenüber der DDR eine unversöhnliche Haltung der SPD-Führung zu verzeichnen. So führte der Rechtsexperte Adolf Arndt am 11. April 1951 im Bundestag aus: »Es ist an der Zeit, die Bundesbürokratie aufzuwecken, und es ist an der Zeit, jeden Richter und jeden Autor einer juristischen Fachzeitschrift, der die sowjetische Zone – und es ist nichts als eine sowjetische Zone – als angebliche »DDR« oder »Deutsche Demokratische Republik« zu bezeichnen wagt, einen Rückversicherer zu nennen. Es gibt keine Deutsche Demokratische Republik und es gibt keine Gesetzgebung dieser Republik und wir werden diese angebliche Gesetzgebung weder de jure noch de facto anerkennen können.«[51]

Führende Sozialdemokraten (z. B. Wehner und Rosenberg) saßen im Forschungsbeirat für Fragen der Wiedervereinigung, dessen Aufgabe darin bestand, konkrete Pläne für die wirtschaftliche und soziale Eingliederung der DDR in die Bundesrepublik auszuarbeiten, die am Tag X, dem Zeitpunkt der Annexion, in Kraft treten sollten. Das Berliner Ostbüro entfaltete eine intensive Spionage und

50 Jahrbuch der SPD 1952/53, S. 266 f.
51 Verhandlungen des Bundestages, 1. Wahlperiode, Bd. 7, S. 5132.

Subversionstätigkeit. Um nur ein Beispiel anzuführen: Zum Personenkreis des Ostbüros gehörte der ehemalige Ministerialdirektor im Wirtschaftsministerium des Landes Sachsen-Anhalt Brundert. Er hatte die Überführung der Konzerne »Deutsche Kontinentalgesellschaft und Solvay« in Volkseigentum entschieden bekämpft und sabotiert. Nach Verbüßung einer Haftstrafe in der SBZ und seiner Übersiedlung in die Bundesrepublik wurde er von der SPD zum Oberbürgermeister von Frankfurt am Main[51a] nominiert und dann auch gewählt.

Offen wurde darüber gesprochen, daß »erst wenn das kommunistische Regime der Sowjetzone . . . durch andere politisch wirksame Faktoren gestürzt werden kann, erst dann wird sich das Ausmaß und der Sinn der illegalen Widerstandsarbeit der sozialdemokratischen Partei der Sowjetzone erweisen und bestätigen. Auf diesen Tag wird systematisch hingearbeitet.«[52]

Die durch die erneuten Initiativen der sozialistischen Länder, vor allem durch die Note der Sowjetregierung an die Westmächte vom 23. August 1952,[53] wachsende Protestbewegung gegen die Remilitarisierung in Westdeutschland spiegelte sich auch in den Diskussionen des Parteitages von Dortmund wider. Im Grundsatzreferat stellte Erich Ollenhauer fest, daß die SPD auch nach der Ratifizierung der Verträge »vom ersten Tag an für ihre radikale Revision durch neue Verhandlungen auf neuer Grundlage kämpfen« werde.[54] In der Diskussion machte Willy Brandt den bislang noch nicht geäußerten Vorschlag, daß »ein in Freiheit wiedervereinigtes Deutschland . . . nicht militärpolitischer Bestandteil des atlantischen Bündnissystems sein könnte.«[55] Die Forderung nach außerparlamentarischer Aktion, wie sie von manchen Diskussionsrednern aufgestellt wurde, wurde jedoch vom Parteivorstand und in den Beschlüssen übergangen.

51a So wird in der Entschließung zur »Lage in der SBZ« des Hamburger Parteitages von 1950 das Wirken der Sozialdemokraten in der SBZ als ein entscheidender Beitrag im Kampf zu einem einheitlichen freien Gesamtdeutschland bezeichnet. Protokoll des Parteitages der SPD 1950 in Hamburg, S. 19.

52 Neuer Vorwärts vom 23. September 1950.

53 GdA 7, S. 212.

54 Protokoll des Dortmunder Parteitages, S. 41.

55 Protokoll des Dortmunder Parteitages, S. 57.

Auf der internationalen Ebene zeigten sich Ende 1952/Anfang 1953 gewisse Entspannungstendenzen (so machten die Waffenstillstandsverhandlungen in Korea gute Fortschritte). Bestimmte Kreise des Monopolkapitals in den westlichen Ländern, die aus Verkennung der realen Kräfteverhältnisse an einer Entspannung nicht interessiert waren, unternahmen Anstrengungen, diesen Entwicklungsprozeß zu stoppen. Ihr Augenmerk richtete sich besonders auf die DDR als vorgeschobener Posten des Sozialismus in Europa. Unter Ausnützung der zu dieser Zeit komplizierten Lage in der DDR, die zum Aufbau des Sozialismus übergegangen war, und bestimmter Auswirkungen der abenteuerlichen Politik der Gruppe I. J. Berija innerhalb der KPdSU auf die innere Entwicklung in einigen Volksdemokratien, wurde die Subversionstätigkeit der westlichen Geheimdienste und der Ostbüros der westdeutschen Parteien erhöht. Sie konnte an einigen Mängeln in der Parteiführung der SED anknüpfen, die es nicht verstand, rechtzeitig die Anfälligkeit auch von Teilen der Arbeiterschaft in der DDR für die Parolen des Klassengegners einzuschätzen. Auftretende Schwierigkeiten wurden zum Teil mit administrativen Mitteln gelöst. In dieser gespannten Lage kam es zum 17. Juni 1953, bei dem es sich aber nicht, wie es in der westlichen Propaganda heißt, um einen Volksaufstand handelte, sondern um den Versuch eines konterrevolutionären Putsches, der zeitweise höchstens eine teils vorhandene teils von den Kräften des Putsches selbst geschürte Unruhe in der Bevölkerung ausnutzen konnte.

Diese Vorgänge in der DDR fielen unmittelbar in den Bundestagswahlkampf 1953. Sie dienten zur Ausnutzung einer hemmungslosen Hetze gegen die DDR und gegen die KPD.

Das Ergebnis der Wahl vom 6. September 1953 brachte für die Sozialdemokratie eine herbe Enttäuschung. Die CDU/CSU verfügte mit ihren Koalitionspartnern (FDP, BHE, DP) über eine Zweidrittel-Mehrheit im Bundestag. Nach Ausschaltung der KPD durch die 5 Prozent-Sperrklausel war im Bundestag keine echte Oppositionspartei mehr vertreten. Der tiefere Grund für diese Quittung war die bisherige Politik der Sozialdemokratie. Ihre Position war zweideutig und inkonsequent, so daß sie in der Bevölkerung unglaubwürdig erscheinen mußte. Sie vermochte kein wirkliches Alternativprogramm zum Regierungskurs anzubieten. Auch auf der Länderebene mußte sie Einbußen und Niederlagen einstecken. In Hamburg war sie erstmals seit 1945 in der Opposition. Im Bundesrat verlor sie die Mehrheit. Zwar lehnte sie generell das Regierungsprogramm der zweiten Regierung Adenauer ab, aber in vielen Einzelheiten machte sie Zugeständnisse, was in der bürgerlichen Presse als eine Sensation und als ein Signal für eine auf den Regierungskurs einschwenkende SPD empfunden wurde. Die Stellungnahme des sozialdemokratischen Parteivorsitzenden zum Programm der zweiten Adenauer-Regierung war allerdings mehr als eine übliche Parlamentsrede. Sie war gleichzeitig ein Beitrag zur Parteidiskussion in der SPD, die nach dem 6. September mit großer Heftigkeit entbrannte. Sie war ein Versuch, die verschiedenen Richtungen in der Sozialdemokratie zusammenzuhalten.

e) Die innerparteilichen Auseinandersetzungen und der Parteitag in Westberlin

Seit 1949 hatten sich zahlreiche aus der SPD ausgetretene und ausgeschlossene Mitglieder zu einer sozialdemokratischen Aktion (SDA) zusammengeschlossen. Ziel der Vereinigung war die Wiederbelebung der Sozialdemokratie im Sinne von Karl Marx und August Bebel. Sie lehnte eine Beteiligung am Atlantikpakt und am Europarat ab. Sie trat für die Herstellung von freundschaftlichen Beziehungen zur Sowjetunion ein, ebenso für eine Zusammenarbeit zwischen der Bundesrepublik und der DDR. Der Parteivorstand der SPD ging gegen Mitglieder, die mit den Forderungen der SDA sympathisierten, disziplinarisch vor. Gerichtlich erlangte er ein Verbot gegenüber der SDA, die Bezeichnung sozialdemokratisch weiterhin im Namen zu führen. Sodann setzte eine strafrechtliche Verfolgung der SDA-Mitglieder ein; soweit sie Angehörige des Öffentlichen Dienstes waren, wurden sie entlassen. Im Januar/Februar 1954 wurden die Spitzenfunktionäre verhaftet und nach einem Prozeß im Sommer 1956 verhängte der Bundesgerichtshof »wegen Rädelsführerschaft in einer verfassungsfeindlichen Vereinigung« Urteile zwischen 3½ Jahren und fünf Monaten Gefängnis. Die weitere Tätigkeit der SDA wurde im ganzen Bundesgebiet verboten. Demgegenüber war eine freie Betätigung und ein Vordringen rechter bürgerlicher Kräfte innerhalb der SPD zu verzeichnen.

Nach der Wahlniederlage vom 6. September 1953 erreichte die Auseinandersetzung über die weitere Politik der Sozialdemokratie ein Ausmaß wie noch nie in der bisherigen Nachkriegsgeschichte. Der Vorstand unternahm verschiedene Kanalisierungsversuche für die Diskussion. Die Grundsatzdiskussion nahm an den unveränderten Hauptpunkten des Wahlprogrammes ihren Anfang: 1) unabdingbarer Vorrang der Wiedervereinigung, 2) gleichberechtigte Eingliederung eines freien demokratischen Deutschlands in die Gemeinschaft der freien Völker und 3) die Durchsetzung einer besseren sozialen Ordnung in Deutschland.[56] Die offen bürgerlich orientierten Parteiminderheiten, repräsentiert durch Mitglieder wie Heinrich Albertz, Willy Brandt, Wilhelm Kaisen, Max Brauer, Fritz Erler und Carlo Schmid, unternahmen massive Angriffe auf die Tradition der SPD. Albertz forderte: »Wir sollten mit aller Konsequenz abstreifen, was uns an Eierschalen des 19. Jahrhunderts anhaftet«. Erler verlangte die Abschaffung von Symbolen, vor allen Dingen der roten Fahne und der Anrede Genosse.[57] Der führende Exponent des rechten Flügels in Westberlin Willy Brandt stellte fest: »Als verbindliche Ziele der Sozialdemokratie können nur noch die großen sozialen Werte gelten: Persönliche Freiheit, Hebung des allgemeinen Wohlstandes, soziale Sicherheit und Solidarität.«[58] Gefordert wurde auch die Revision der ablehnenden Haltung zur westeuropäischen Integration. Auf dem Westberliner Parteitag vom 9. Mai 1954 unterlag Willy Brandt nur mit 143 zu 145 Stimmen Franz Neumann bei der Wahl zum Vorsitzenden der Westberliner SPD, ein Zeichen für den wachsenden Einfluß derjenigen Kräfte, die offen eine volle Anpassung an die Politik der herrschenden Kreise forderten. Die traditionellen Kräfte des sozialdemokratischen Reformismus wurden zurückgedrängt. Das Ziel dieser Anpassungskräfte war es, die Nützlichkeit der SPD als Oppositionspartei zu erhöhen. Das immer

56 Jahrbuch der SPD 1952/53, S. 296.

57 Stuttgarter Zeitung vom 12. November 1953.

58 Klaus-Peter Schulz, Proletarier, Klassenkämpfer, Staatsbürger. Hundert Jahre deutsche Arbeiterbewegung, München 1973, S. 194.

noch vorhandene marxistische Gedankengut und die starken pazifistischen, antimilitaristischen Strömungen bargen die Gefahr in sich, daß die Sozialdemokratie ins antiimperialistische Lager übergehen könnte. Eine vom Marxismus gereinigte SPD mit einer ausgesprochen bürgerlichen Führungsspitze schien eine bessere Garantie für die Vollendung der imperialistischen Restauration, insbesondere für die endgültige Durchsetzung der Remilitarisierung, als eine an die sozialdemokratische Tradition gebundene Partei.

Auf diese Vorstöße entwickelte sich jedoch unerwartet ein starker Widerstand in der Mitgliedschaft. Die »bürgerlichen Erneuerer«, die nach dem 6. September der Grundsatzdiskussion in der Partei zunächst den Stempel aufdrücken konnten, wurden gegen Ende 1953, vor allen Dingen im Frühjahr 1954, nicht zuletzt unter dem Anwachsen der Volksbewegung gegen die Remilitarisierung, mehr und mehr in die Defensive gedrängt. Vor diesem Druck wich die Parteispitze zurück. Ollenhauer wandte sich gegen eine Absage an die sozialdemokratischen Traditionen und eine Trennung von den Symbolen der Partei. Am 4. März 1954 beschlossen Parteivorstand und Parteiausschuß Empfehlungen zur Parteidiskussion. Die Symbole sollten beibehalten werden, die Situation der Sozialdemokratie in den skandinavischen Ländern wurde als beispielhaft hingestellt. In der Nachfolge Schumachers wurde der Marxismus als eine unter anderen Methoden der gesellschaftlichen Analyse und das Bekenntnis zu Marx und zum Marxismus als Privatangelegenheit jedes Sozialdemokraten gekennzeichnet. Die Sozialdemokratie bekenne sich zur parlamentarischen Demokratie und bejahe die Bundesrepublik als das zur Zeit einzige demokratische Staatsgebilde Deutschlands.[59]

Nach dem großen Wahlsieg der CDU im Herbst 1953 und nach dem Scheitern der Außenministerkonferenz der 4 Großmächte in Berlin, an dem die SPD-Führung insofern beteiligt war, als alle Vorschläge, Vertreter beider deutschen Staaten auf der Berliner Außenministerkonferenz zuzulassen, auf Initiative und mit Unterstützung der SPD zurückgewiesen worden waren, wurde von der Adenauer-Regierung die Remilitarisierungspolitik forciert. Am 26. Februar 1954 nutzten die Koalitionsparteien ihre Zweidrittel-Mehrheit, um

59 Jahrbuch der SPD 1954/55, S. 320 ff.

das Gesetz zur Ergänzung des Art. 73 des GG (Erste Wehrergänzung), das die Wehrhoheit begründete, zu verabschieden. Viele Mitglieder und Funktionäre sahen als Alternative zur Remilitarisierungspolitik der Bundesregierung – das ergbibt sich aus verschiedenen Anträgen auf dem ordentlichen Parteitag vom 20. bis 24. Juni 1954 in Westberlin – die Schaffung eines Systems der kollektiven Sicherheit im Rahmen der UNO. Eine solche Politik, so wurde von ihnen geschlußfolgert, diene der allgemeinen Entspannung der internationalen Situation, damit auch der Herstellung der Einheit Deutschlands.[60] Teilweise wurden Abänderungsvorschläge hinsichtlich gemeinsamer Normalisierungsverhandlungen zwischen der Regierung der Bundesrepublik, der DDR und den Beauftragten der vier Großmächte gemacht. Gleichzeitig wurde die Herstellung diplomatischer Beziehungen zwischen der Bundesrepublik und den sozialistischen Staaten gefordert.[61] Gegenüber Ende 1947, als die Sozialdemokratie mit 875 479 Mitgliedern den höchsten Nachkriegsstand erreicht hatte, war die zahlenmäßige Stärke der Partei ca. 30 Prozent zurückgegangen (589 051 Mitglieder).[62] Dies war ein deutliches Ergebnis der Inkonsequenz und der Erfolglosigkeit der bisherigen sozialdemokratischen Politik.

Eine vorsichtige Kritik an der amerikanischen Politik der Stärke und das Aufgreifen der sowjetischen Vorschläge zu einem europäischen kollektiven Sicherheitssystem, wie es sich in den Diskussionen des Parteitages geäußert hatte, offenbarten dennoch gewisse realistische Einsichten der offiziellen sozialdemokratischen Außenpolitik. Andererseits vertrat Ollenhauer in Fragen der Remilitarisierung weitgehend die Ansichten des rechten Flügels. Er lehnte zwar die EVG ab, bekräftigte aber zugleich den Standpunkt, daß dies nicht die Verweigerung eines militärischen Beitrags der Bundesrepublik

60 Es wurde ausdrücklich auf dem Parteitag in Westberlin von dem Delegierten Möller-Dostali eine UNO unter Einschluß Rotchinas gefordert (vgl. Protokoll der Verhandlungen des Parteitages der SPD vom 20.–24. Juli in Westberlin, Bonn 1954, S. 104).

61 So heißt es in dem von Wehner vorgetragenen Antrag Nr. 118: »Zu ihrer Überwindung (Außenpolitik der Bundesregierung) gibt es nur einen Weg, den entschlossenen Übergang zu einer Politik der Entspannung der internationalen Gegensätze, der Anbahnung normaler diplomatischer und Handelsbeziehungen zu allen Staaten in Ost und West . . .«, Protokoll des Parteitages Westberlin, a.a.O., S. 201.

62 Jahrbuch der SPD 1954/55, S. 204.

unter allen Umständen bedeute.[63] Die heftige Diskussion nach dem Referat Ollenhauers entbrannte vor allen Dingen wegen dieser Andeutungen zur Teilnahme an einer Remilitarisierung. Es bildeten sich zwei Gruppierungen: ein antimilitaristischer Flügel, der jede Wiederbewaffnung ablehnte,[64] und ein Flügel, der die Remilitarisierung unter bestimmten Bedingungen befürwortete.[65] Als Begründung für diesen Beitrag zur Remilitarisierung wurden im wesentlichen zwei Argumente gebracht: einmal die sowjetische Gefahr, zum anderen der fatalistische Gesichtspunkt, daß die Remilitarisierung sowieso schon beschlossene Sache sei und daß man Einfluß im sozialdemokratischen Sinne auf sie nehmen müsse. Zwischen beiden Richtungen gab es eine schwankende unentschlossene Gruppe.[66] Sie bezeichnete die Wiederbewaffnung als Verhängnis, empfahl aber dennoch all den Organisationen, die eine Nichtbeteiligung der Bundesrepublik an der militärischen Aufrüstung gefordert hatten, auf ihre Anträge zu verzichten.

Die vom Parteitag verabschiedete Entschließung zur Außenpolitik enthielt u. a. die Forderung nach einem allumfassenden System der kollektiven Sicherheit unter Beteiligung eines einheitlichen Deutschlands im Rahmen der Vereinten Nationen. Nur bei Scheitern dieser Bemühungen erklärte sich die Sozialdemokratie bereit, unter bestimmten Bedingungen (u. a. Kündbarkeit, falls die Mitgliedschaft der Bundesrepublik in einem westlichen Paktsystem zum Hindernis für die Wiedervereinigung würde, demokratisch-parlamentarische Kontrolle der Streitkräfte usw.) einem militärischen Beitrag zuzustimmen.[67] Die Entschließung enthielt praktisch Zugeständnisse an nahezu alle auf dem Parteitag sichtbar gewordenen Strömungen und löste das Dilemma in der Remilitarisierungsfrage dergestalt, daß eine klare Entscheidung dafür oder dagegen vermieden wurde. Nur 20 Delegierte stimmten gegen diese Entschließung.

63 Vgl. Protokoll des Westberliner Parteitages, S. 53 ff.

64 Dies waren vor allem Fritz Baade, Fritz Rück, Walter Möller-Dostali, Josef Grunner, Olaf Radtke, Peter Blachstein.

65 Dies waren vor allem Adolf Arndt, Willy Brandt, Max Brauer, Fritz Erler, Karl Schiller, Herbert Wehner.

66 Repräsentant dieser Richtung war Heinz Kühn.

67 Protokoll des Parteitages von Westberlin, a.a.O., S. 346 f.

Gegen eine starke Minderheit wurde ein Antrag, der sich gegen eine Wiederbewaffnung unter allen Umständen aussprach, verworfen. Ollenhauer wurde in der Parteispitze wieder bestätigt, als neue Mitglieder wurden in den Parteivorstand gewählt: Waldemar von Knoeringen, Max Brauer und Heinz Kühn. Willy Brandt und Erler fielen durch.

Der Westberliner Parteitag brachte keine Änderung in der sozialdemokratischen Politik. Im Grunde blieb alles beim alten. Es war jedoch ein weiterer Rechtsruck vermieden, der am Widerstand der Mehrheit scheiterte. Die Partei legte sich nicht auf die Remilitarisierung fest. Andererseits war nicht zu übersehen, wie unklar und uneinheitlich die Vorstellungen derjenigen Kräfte waren, die das Adenauer-Regime ablehnten und die ernsthaften Konsequenzen dieser Politik für Deutschland erkannten.

f) Die SPD und die Paulskirchenbewegung

Die Entscheidung über die Pariser Verträge wurde Ende 1954/Anfang 1955 zu einer Schicksalsfrage für Europa und ganz besonders für die Beziehungen zwischen der DDR und der Bundesrepublik. Nach der Ablehnung der Ratifizierung der Verträge von Bonn und Paris Ende August durch die Mehrheit der französischen Nationalversammlung zeigten sich noch einmal hoffnungsvolle Tendenzen, den schon beschrittenen Weg der forcierten militärischen Aufrüstung in Europa und damit der Gefahr der militärischen Konfrontation zu verlassen. Die reaktionären Kräfte in der westlichen Welt, vornehmlich in Westdeutschland, suchten jedoch eine andere Möglichkeit, um ihre erschütterten Positionen zu festigen. Die am 28. September 1954 in London einberufene Neun-Mächte-Konferenz beschloß auf Druck der USA, dem NATO-Rat die Aufnahme der Bundesrepublik in die NATO zu empfehlen. Ferner wurde der Brüsseler Pakt vom März 1948 zur westeuropäischen Union (WEU) erweitert, und Westdeutschland sowie Italien wurden als deren Mitglieder aufgenommen. Damit erhielt die Bundesrepublik die Möglichkeit, eine moderne Massenarmee in Stärke von 500 000 Mann mit gewissen Beschränkungen, vor allem hinsichtlich der Atombewaffnung, aufzubauen. Im gleichzeitig abzuschließenden Deutschland-Vertrag sollte ihr die formelle Souveränität wieder zurückgegeben werden, allerdings unter Vorbehalt gewisser alliierter Rechte. Dafür verpflichteten sich die Westalliierten, die annexionistischen Ziele der Bundesrepublik gegenüber der DDR, die sich im Alleinvertretungsanspruch äußerten, zu unterstützen. Die Annahme dieses Vertragspaketes (Pariser Verträge) mußte unweigerlich zu weiterer Vertiefung der Spaltung des Kontinents und zur Herausbildung eines neuen Kriegsherdes in Gestalt der BRD führen. Eindringlich wiesen die Sowjetunion und die DDR auf diese Konsequenzen hin. Am 23. 10. 1954, am gleichen Tag, an dem Adenauer die Verträge unterzeichnete, richtete die Regierung der UdSSR an die drei Westmächte eine Note, in der sie eine erneute Außenministerkonferenz für den November vorschlug. Auf ihr sollte über die Wiederherstellung der Einheit Deutschlands und über gesamtdeutsche freie Wahlen beraten werden. Am 13. November erklärte die Sowjetunion ihre Bereitschaft, an einer Konferenz über die Bildung eines Systems der kollektiven Sicherheit in Europa teilzunehmen.

Der Vorstand der SPD forderte die Bundesregierung auf, jede Möglichkeit zu nutzen, um Vier-Mächte-Verhandlungen über die friedliche Wiedervereinigung Deutschlands in die Wege zu leiten. Er warnte vor der Ratifizierung der Pariser Verträge, da durch sie militärische Tatsachen geschaffen würden, durch die lange Zeit der Weg zu einer Verständigung der vier Besatzungsmächte über die friedliche Wiedervereinigung versperrt würde.[68]

Nach der Londoner Neun-Mächte-Konferenz und der Unterzeichnung der Pariser Verträge nahm die inzwischen abgeflaute Volksbewegung gegen die Remilitarisierung wieder einen großen Aufschwung. Es entwickelte sich ein breiter Widerstand gegen die Pariser Verträge, an dem sich auch bislang fernstehende Bevölkerungskreise beteiligen.[69] 250 evangelische Pfarrer nahmen in einem Aufruf gegen die Remilitarisierungspolitik Adenauers Stellung. Zunehmend beteiligten sich auch die Gewerkschaften an diesem Widerstand. Die Volksstimmung schlug sich auch in der Landtagswahl

68 Jahrbuch der SPD 1954/55, S. 330.
69 So z. B. Gustav Heinemann und Helene Wessel.

vom Herbst 1954 nieder, wo die CDU starke Einbußen zu verzeichnen hatte und ein erheblicher Stimmengewinn für die SPD ein deutliches Symptom für die Ablehnung der Remilitarisierungspläne der Regierung durch die Bevölkerung war. Mitte 1955 erfuhr die Lage eine Zuspitzung durch Äußerungen des Generaldirektors der Gute Hoffnungs-Hütte AG, Hermann Reusch. Dieser bezeichnete das Mitbestimmungsrecht der Gewerkschaften als »Ergebnis einer brutalen Erpressung« zu einer Zeit, da die Staatsgewalt noch nicht gefestigt gewesen sei.[70] Daraufhin entbrannte nach verschiedenen kleineren Proteststreiks ein vierundzwanzigstündiger Streik von 800 000 Ruhrarbeitern, obwohl die Bundesregierung versuchte, den Widerstand der Arbeiter durch Drohungen zu brechen. Es zeigte sich hier deutlich, daß durchaus eine Kampfbereitschaft in der Arbeiterschaft vorhanden war, auch für politische demokratische Zielsetzungen die Waffe des Streiks anzuwenden. Die Gewerkschaftsspitze nutzte allerdings die Kampfbereitschaft der Arbeiter gegen die Pariser Verträge nicht aus. In dieser politischen Zielsetzung wurde sie von der SPD-Führung unterstützt: »Niemand in der Opposition dachte im Ernst an einen Generalstreik und niemand wollte der Demokratie ans Leben.«[71]

Angesichts der wachsenden Protestwelle zeigten sich jedoch zum erstenmal nach 1945 Ansätze bei der SPD und DGB-Führung, den Kampf auch außerhalb des Parlaments gegen die Pariser Verträge aufzunehmen. Bei einer Veranstaltung in der Frankfurter Paulskirche, zu deren Initiatoren neben Ollenhauer der zweite Vorsitzende des DGB Reuter, der Theologe Gollwitzer und der Heidelberger Soziologe Alfred Weber gehörten und an der 1000 Menschen teilnahmen, wurde die Weigerung der Bundesregierung, Verhandlungen mit den sozialistischen Ländern zu führen, einmütig verurteilt. Obwohl das Thema der Tagung: »Rettet Einheit, Freiheit, Frieden/Gegen Kommunismus und Nationalismus« deutlich die Grenzen der Bewegung zeigte, wurde die unbedingte Notwendigkeit von Verhandlungen mit der Sowjetunion betont. Nach den Worten der SPD-Führung sollte die Paulskirche das Startzeichen und die Marschrichtung für eine disziplinierte Volksbewegung geben. Die

70 Keesings Archiv der Gegenwart 1954/55, S. 4971.
71 Vorwärts vom 28. Januar 1955.

Bundesregierung rief zu Gegenaktionen auf, die von der westdeutschen Industrie finanziert wurden. In ganz Westdeutschland wurden machtvolle Kundgebungen und Demonstrationen gegen die Pariser Verträge abgehalten. In Betrieben und Gewerkschaftsorganisationen, in Städten und Dörfern nahmen Hunderttausende eindeutig gegen die NATO-Politik Stellung. Die Paulskirchenbewegung wurde zur größten politischen Massenaktion gegen die Politik der Adenauer-Regierung. Zur effektiven Durchsetzung ihrer Zielsetzung fehlte ihr jedoch vor allem die Kraft der organisierten Arbeiterschaft, nämlich der Einsatz der Gewerkschaften. Sie konnte zwar die endgültige Wiederaufrüstung insgesamt um einige Jahre verzögern, letztlich jedoch nicht verhindern. Am 27. Februar 1955 ratifizierte der Bundestag gegen die Stimmen der SPD und einiger anderer Abgeordneter den geänderten Deutschland- und Generalvertrag, den Vertrag über den Aufenthalt ausländischer Streitkräfte in der Bundesrepublik (Truppen-Vertrag) und den Vertrag über den Beitrag Westdeutschlands zur westeuropäischen Union (WEU) und zur NATO. Die Verträge traten am 5. Mai 1955 in Kraft. Am 14. Mai 1955 unterzeichneten die Regierungsdelegationen der Sowjetunion und der europäischen volksdemokratischen Länder in Warschau den Vertrag für Freundschaft, Zusammenarbeit und gegenseitigen Beistand und beschlossen die Bildung eines gemeinsamen Kommandos der Streitkräfte der Teilnehmerstaaten. Damit war das eingetreten, wovor die besonnenen Kräfte in der Welt ständig gewarnt hatten, nämlich die unmittelbare Konfrontation zweier mächtiger Militärblöcke mitten in Europa. Die letzten Chancen für eine Wiedervereinigung Deutschlands waren auf unbestimmte Zeit vertan. Die SPD-Führung trug insofern für diese Entwicklung Mitverantwortung, als sie es nicht verstanden bzw. sogar verhindert hatte, eine organisierte Volksbewegung in Westdeutschland gegen diese Tendenzen zu entwickeln. Eine Reihe von objektiven Faktoren (der anhaltende wirtschaftliche Aufstieg, die dadurch bedingte Verbesserung der Lebensverhältnisse, die Anfangsschwierigkeiten des sozialistischen Aufbaues der DDR usw.) erleichterten die Ausbreitung bürgerlicher Theorien und Anschauungen innerhalb der SPD. Sie begünstigten den wachsenden Einfluß der offen proimperialistischen Kräfte in der Partei. Der Versuch dieser Kräfte, die Sozialdemokratie von ihrem sozialistischen Ballast zu befreien, konnte zwar vorerst noch zurückgewiesen werden, doch gewannen die politischen Zielsetzungen und ideologischen Ansichten dieser Kreise mehr und mehr an Boden.

3. Die Stellung der SPD zu den gesellschaftlichen Grundfragen auf dem Höhepunkt des Kalten Krieges (1955–1959)

a) Die SPD gegenüber den neuen Anforderungen der wissenschaftlich-technischen Revolution

Während der kommenden Periode (1955–1960)[72] ist eine zunehmende Konsolidierung der Gesellschaftssysteme sowohl in der BRD als in der DDR zu verzeichnen. Das internationale Kräfteverhältnis verbessert sich weiterhin zugunsten des sozialistischen Weltsystems. Die neuen Probleme, die durch die wissenschaftlich-technische Revolution geschaffen werden (Anwendung der Atomenergie und Elektronik, weitgehende Chemisierung, Automatisierung) zwingen zu erhöhter Konzentration auf nationaler und internationaler Ebene sowohl von Produktion und Kapital als auch der staatlichen Administration. Für den westdeutschen Imperialismus wurde in dieser Situation die weitere unmittelbare Integration der Sozialdemokratie in das bestehende System zu einer Existenzfrage. Die bisherige sozialdemokratische Politik, die ihrer objektiven Funktion nach die aggressiven Absichten des auf staatsmonopolistischer Basis beruhenden Imperialismus durch Anknüpfung an die Konzeption eines dritten Weges mit seinen traditionellen reformistischen Gesellschaftsvorstellungen gegenüber der Arbeiterklasse absicherte, erwies sich unter den neuen Bedingungen als nicht mehr ausreichend. Sie barg vielmehr für das bestehende Herrschaftssystem die Gefahr einer demokratischen Alternative in sich, die von den politischen Repräsentanten der Monopolbourgoisie begriffen wurde. Sie erhöhten daher einerseits ihre unmittelbare Repression, wie es im Verbot

72 Über die allgemeinen Entwicklungstendenzen dieser Periode vgl. Klassenkampf–Tradition–Sozialismus, Von den Anfängen der Geschichte des deutschen Volkes bis zur Gestaltung der entwickelten sozialistischen Gesellschaft in der DDR, Grundriß, Berlin 1974, S. 636 ff.

der KPD im August 1956 zum Ausdruck kam und verstärkte andererseits die Integrationsbestrebungen gegenüber der Sozialdemokratie.

Am 14. und 15. Januar 1956 fand in der Kölner Messehalle der Kongreß der SPD »Neuordnung Deutschlands« statt. Er wurde in der Absicht organisiert, die 1957 stattfindenden Bundestagswahlen langfristig vorzubereiten. Einberufung, Zusammensetzung und äußerer Rahmen waren ein bezeichnendes Novum. Keiner der etwa 500 Teilnehmer war gewählter Delegierter einer sozialdemokratischen Organisation. Es gab nur persönlich Geladene: Mitglieder des Parteivorstandes, des Parteiausschusses und der Kontrollkommission, Abgeordnete des Bundestages, Ministerpräsidenten, Minister der Länderregierungen, Vorstände der Landtagsfraktionen, Mitglieder der wichtigsten Ausschüsse beim Parteivorstand und ein großer Anteil führender Funktionäre der Gewerkschaften. Eine Diskussion fand nicht statt, sondern es wurden lediglich Referate angehört. Symbolhaft war der Vorstandstisch mit hellblauem Stoff überspannt, was die Welt vom 15. Januar 1956 mit der Schlagzeile feierte: »SPD ohne rote Fahne«. Über die wirtschaftspolitischen Vorstellungen der SPD sprach Heinrich Deist, vor 1933 Mitglied der SPD, von 1938 bis 1945 Mitglied der NSDAP. In seinem Referat vollzog er eine völlige Aufgabe von Sozialisierungsforderungen. »Laufende Expansionen der Wirtschaft – keine Krisen«. Sozialismus bedeute nicht nur Verteilung des Vorhandenen, sondern auch in erster Linie stetige Steigerung und Ausweitung der Produktion. Soweit in der modernen Industrie freie wirtschaftliche Tätigkeit und freier Wettbewerb möglich seien, seien sie zu erhalten, zu schützen und nach Möglichkeit auszuweiten. Der freie Wettbewerb sei ein entscheidendes Mittel für sozialdemokratische Wirtschaftspolitik. Die Rüstungspolitik, die Einbeziehung der BRD in die NATO und die damit verbundene verstärkte Aufrüstung seien als geschaffene Tatsachen vorbehaltlos anzuerkennen. Kritik übte er lediglich am Tempo der Aufrüstung, da dadurch eine Überlastung der Rüstungswirtschaft entstehen könne.[72a]

72a Vgl. Vorstand der SPD (Hrsg.), Protokoll. Die Neuordnung Deutschlands. Sozialdemokratische Vorschläge und Forderungen zu innenpolitischen Gegenwartsauf-

Obgleich die Ergebnisse des Kongresses, wie sie in den Referaten dargelegt waren, wichtigen Punkten des gültigen Aktionsprogrammes widersprachen, erklärte sie Ollenhauer in seinem Schlußwort für die ganze Partei als bindend. Der Kölner Kongreß rief sowohl der Art seiner Organisation als auch seiner Ergebnisse wegen Widerstand in der SPD-Mitgliedschaft hervor. Dennoch wurde die mit ihm initiierte Reihe der Kongresse fortgeführt.[73]

Auch in ihrer praktischen Politik stellte sich die SPD zunehmend auf die Mitarbeit bei der Schaffung der durch die Pariser Verträge bedingten Nachfolgetatsachen ein. Lediglich 20 Abgeordnete der SPD stimmten am 6. März 1956 gegen die wehrpolitischen Grundgesetzänderungen, die die forcierte Remilitarisierung in der BRD legalisieren sollten. Es wurde ein parlamentarischer Personalgutachterausschuß, die Berufung eines Wehrbeauftragten, die Verankerung des Verteidigungsausschusses, die Ableistung eines Ersatzdienstes beschlossen. Die Zustimmung wurde mit der Notwendigkeit der demokratischen Kontrolle der Bundeswehr und der Sicherung der Menschenrechte der Soldaten begründet.[74] Hingegen lehnte die sozialdemokratische Bundestagsfraktion am 7. Juli 1956 das »Wehrpflichtgesetz« ab, das die allgemeine Wehrpflicht einführte.

Ein weiterer Vorstoß zur Ausschaltung oppositioneller Strömungen innerhalb der SPD wurde auf dem Parteitag vom 10. bis 14. Juli 1956 in München vorgenommen. Der Parteitag war intensiv vorbereitet durch eine viertägige Vorkonferenz, die unmittelbar vor dem Parteitag stattfand.

Neben Mitgliedern des Parteiausschusses und der Kontrollkommission wurden vor allem die Sprecher jener Bezirke eingeladen, von denen der Parteivorstand Kritik fürchtete.

In der Diskussion des Parteitages wurde von den integrationistischen Kräften die Militärfrage gegenüber dem Problem der indu-

gaben, vorgetragen auf dem SPD-Kongreß in Köln am 14./15. Januar 1956, o.O., o.J., S. 77 ff.

73 Es handelt sich vor allem um die Kongresse »Schichten in der modernen Gesellschaft«, »Gemeinwirtschaftliche Verkehrspolitik«, »Agrarpolitischer Kongreß«, Kongresse, die alle im Jahre 1956 stattfanden.

74 Die sozialdemokratische Fraktion stimmte jedoch gegen das Gesetz über die Rechtsstellung der Soldaten.

striellen Revolution als zweitrangig dargestellt.[75] Durch Hochpeitschen des Antikommunismus versuchte man von vornherein kritische Stellungnahmen in ein schiefes Licht zu stellen. So wurde ein von der DDR-Regierung freigelassenes Mitglied des Ost-Büros eigentlich ohne Anlaß vorgestellt. Ein Mitglied des Parteivorstandes hielt eine Rede zur Verteidigung des Ostbüros.[76]

Mit dem Referat Ollenhauers wurden Anträge des Parteivorstandes und des Parteiausschusses zur Diskussion gestellt, die den größten Teil der 94 von den Orts- und Bezirksorganisationen eingebrachten Anträge miteinschlossen, obwohl in vielen Fragen der entgegengesetzte Standpunkt formuliert war. Diese bekannte Manipulierungstaktik der Absorption rief sogar die wenn auch verhaltene Kritik Walter Möllers hervor.[77]

Trotz all dieser Manöver entwickelte sich ein starker Widerstand gegen die Haltung des Parteivorstandes in der Aufrüstungsfrage, was dazu führte, daß Ollenhauer die Aufstellung einer Armee auf der Basis der Wehrpflicht ablehnte, da sie die Spaltung Deutschlands vertiefe. Er befürwortete stattdessen ein System der kollektiven Sicherheit in Europa, das Verbot aller Massenvernichtungsmittel sowie die Aufnahme diplomatischer Beziehungen mit den volksdemokratischen Staaten und den Abschluß eines Handelsvertrages mit der UdSSR. Verhandlungen mit der DDR wurden jedoch nach wie vor abgelehnt.

Die Behandlung der Thematik: Die zweite industrielle Revolution wies auf ein Spezifikum der SPD hin. Als eine Organisation, die in ihrer Mitgliedschaft durch die Arbeiterschaft bestimmt ist, mußte sie stärker auf die materiellen Bedürfnisse der großen Masse der Bevölkerung und die gesellschaftlichen Bedingungen ihrer möglichen Befriedigung eingehen als die bürgerlichen Parteien. Die Problematik der wissenschaftlich-technischen Revolution wurde deshalb auf die Tagesordnung gesetzt, weil man vermittelt durch den Druck von unten und der Konkurrenz der sozialistischen Länder gerade auf diesem Gebiet erkannte, daß die rückständigen gesellschaftlichen

75 Protokoll der Verhandlungen des Parteitages der SPD vom 10. bis 14. Juli 1956 in München. Vgl. die Referate von Ollenhauer, Carlo Schmid u. Leo Brandt.

76 Protokoll des Parteitages, S. 75.

77 Protokoll des Parteitages, S. 264 ff.

Verhältnisse der BRD, besonders auf dem Bildungs- und Wirtschaftssektor, zu einem ernsten Hindernis für die Meisterung der neuartigen Probleme werden mußten. Die Lösungsvorschläge oszillierten allerdings um technokratische Vorstellungen. So wurde die technische Revolution von den gesellschaftlichen Verhältnissen getrennt und eine spontane Transformation der Gesellschaft in eine sozialistische Ordnung angenommen.[78] In der Auseinandersetzung um Planungsfragen hatte ein Delegierter die Schlußfolgerung gezogen, daß die SPD nach wie vor entsprechend der von ihr bislang verfolgten Programmatik für eine demokratische Plan- und Gemeinwirtschaft eintrete. Die sogenannten Reformkräfte fühlten sich gegenüber solchen Anfragen so stark, daß sie derartige Vorstellungen als »irreale, blutrünstige und utopische Programme« hinstellen konnten[79]

Die Konzentration der SPD auf Bildung, Wissenschafts- und Kulturpolitik hatte einen Doppelaspekt. Einerseits entsprach sie den Interessen der Werktätigen, die an einer möglichst hohen Qualifizierung ihrer Arbeitskraft unmittelbar interessiert sind, zum anderen lieferte sie einen Ansatzpunkt zur Kritik der Erhöhung der Produktivität im Rahmen der bestehenden Verhältnisse von einem systemimmanenten Standpunkt her. Dadurch wurde der SPD die Möglichkeit gegeben, sich im Vergleich mit den bürgerlichen Regierungsparteien ins bessere Licht zu setzen. Sie konnte sich als bessere und weitsichtigere Interessenvertretung des Monopolkapitals präsentieren. In der Stellung der Vertreter des integrationistischen Flügels zur wissenschaftlich-technischen Revolution wurden die neuen Elemente im Zusammenhang von Imperialismus und Opportunismus bereits sichtbar, wie sie sich ausgereift im Godesberger Grundsatzprogramm der SPD von 1959 vorfinden.

78 Leo Brandt, Carlo Schmid, Mensch und Technik, Referate über die technischen, sozialen und kulturellen Probleme im Zeitalter der zweiten industriellen Revolution, gehalten am 12. Juni 1956 auf dem Parteitag der SPD in München, Hannover 1956, S. 16, 41, 50; vgl. auch Mobilisierung des Geistes, unsere Aufgaben in der zweiten industriellen Revolution. Materialien der Konferenz am 7./8. Dezember 1956 in Düsseldorf, Bonn 1957; Die Zukunft meistern. Arbeitsmaterial zum Thema: Wissenschaft und Forschung, Erziehung und Bildung in unserer Zeit, Hamburg 1959.

79 So Schiller, Protokoll des Parteitages, S. 331.

b) Die SPD und der Widerstand der Bevölkerung gegen die wachsende Remilitarisierung, insbesondere die Kampf-dem-Atomtodbewegung

Wie insgesamt in den kapitalistischen Ländern vollzieht sich auch in der Bundesrepublik eine immer stärkere Zusammenballung von ökonomischer Macht und Reichtum; die Konzentration der Produktion und des Kapitals in den Händen einer relativ geringen, aber absolut wachsenden Zahl von Finanzmagnaten ist größer denn je, während die Ausbeutung der Arbeiterklasse weiter zunimmt. Unter dem Druck der Arbeiter und ihrer Gewerkschaften sieht sich die Monopolbourgeosie zu lohn- und sozialpolitischen Zugeständnissen genötigt, um die Arbeiterschaft vom entschiedenen Klassenkampf abzuhalten und den Einfluß des sich konsolidierenden sozialistischen Aufbaus in der DDR und den anderen sozialistischen Staaten abzuschwächen. Die westdeutsche Industrieproduktion wächst, wenngleich mit Schwankungen und Krisen in Teilbereichen, bei weitem schneller als die der USA, Großbritanniens und Frankreichs und erreicht gegen Ende 1960 den zweiten Platz in der kapitalistischen Welt. Besonders in der technischen Neuausrüstung der Industrie hat die Bundesrepublik die wichtigsten westlichen Konkurrenten wieder eingeholt und auf vielen Gebieten übertroffen. Sie wird der zweitstärkste Waren- und Kapitalexporteur. Auf den westeuropäischen Märkten erlangt sie die ökonomisch herrschende Position und erzielt durch die Expansion und die Ausbeutung wirtschaftlich schwach entwickelter Länder beträchtliche Profite. Mit aktiver Unterstützung des Staates geht sie zur Rüstungsproduktion über, erzeugt modernste Waffen und ist wissenschaftlich-technisch in der Lage, Atom- und Raketenwaffen herzustellen. Es entsteht erneut ein tiefer Widerspruch zwischen dem starken ökonomischen Potential des westdeutschen Imperialismus und seinem relativ geringen internationalen Einfluß, der durch verstärkte Aggressivität nach innen und außen überwunden werden soll.[80]

Ausdruck der rasch wachsenden Remilitarisierung des gesellschaftlichen Lebens und des zunehmenden Abbaus der Demokratie

80 Neelsen, Karl. Wirtschaftsgeschichte, a.a.O., S. 105 ff.

in der Bundesrepublik war das Verbot der KPD im Jahre 1956. Gleichzeitig lieferte es die juristische Handhabe, gegen alle gesellschaftskritischen und demokratischen Kräfte vorzugehen. Die SPD-Führung lehnte das Verbot aus taktischen Gründen ab. Sie betrachtete es als überflüssig und gefährlich, weil es dem Ansehen der SPD schade und eine illegale KPD ihr gefährlicher werden könne als eine legale Partei. Inhaltlich war sie jedoch mit dieser Maßnahme einverstanden, da sie die Kommunisten als eine Bedrohung der freiheitlich demokratischen Grundordnung, welches sie mit dem kapitalistischen System identifiziert, betrachtete.

Die Streikkämpfe, vor allen Dingen der Metallarbeiterstreik vom 24. Oktober 1956 bis 14. Februar 1957 zeigten eine neue Qualität. Sie waren nicht nur hartnäckiger und beschränkten sich nicht auf höhere Lohnforderungen, sondern sie stellten auch darüber hinausgehende sozialökonomische Forderungen in den Vordergrund. Im Bewußtsein dieser Dimensionen des Streikes forderten die Konzernherren eine direkte Einmischung der staatlichen Institutionen zur Unterdrückung des Streikes in Schleswig-Holstein. Im Anschluß an den Streik in Schleswig-Holstein entwickelte das Bundesarbeitsgericht seine den in der Verfassung garantierten Streik einschränkende Rechtsprechung (unter Umständen sogar Schadenersatzpflicht der streikenden Gewerkschaft).[81] Die für das gesellschaftliche System der Bundesrepublik gefährlichen Tendenzen wurden auch von den herrschenden Kreisen erkannt. »Diesem Streik sind in gefährlichem Maße klassenkämpferische Züge aufgeprägt worden, die wir längst vergessen glaubten«[82], verlautete von seiten der Bundesregierung. Auch der SPD-Führung waren diese Momente der Streikbewegung unangenehm. Sie verstärkte die Betriebsgruppenarbeit.

In der Bewegung gegen den Atomtod[83] zeigten sich noch einmal mächtige Ansätze zu einer außerparlamentarischen Aktion, welche

81 Geffken, Klassenjustiz, Frankfurt 1972, S. 48 ff., m. w. Nachw.

82 Bulletin des Presse- und Informationsdienstes der Bundesregierung in Bonn, 1957, Nr. 34, S. 289.

83 Rupp, Hans Karl, Außerparlamentarische Opposition in der Ära Adenauer, Der Kampf gegen die Atombewaffnung in den fünfziger Jahren, Köln 1970.

die SPD im parlamentarischen Bereich sowohl des Bundes als auch der Länder gezwungen war teilweise aufzunehmen.

Die atomaren Aufrüstungspläne der Bundesregierung hatten sich zum erstenmal in der Öffentlichkeit durch die Umbildung der Bundesregierung am 16. Oktober 1956 geäußert, durch die Strauß Verteidigungsminister wurde. Das ursprüngliche Ziel einer 500 000-Mann-Armee bis 1958/59 wurde aufgegeben. Stattdessen sollte bis 1961 eine nach den Prinzipien atomarer Kriegsführung aufgebaute Armee in Stärke von 350 000 Mann geschaffen werden. Am 4. April 1957 trat Adenauer auf einer Pressekonferenz erstmals offen für die Ausrüstung der Bundeswehr mit Atomwaffen ein.

Am 12. April forderten achtzehn führende westdeutsche Atomwissenschaftler (Max Born, Otto Hahn, Max von Laue u. a.) im sogenannten Göttinger Appell den Verzicht auf atomare Bewaffnung der Bundeswehr und verweigerten ihre Mitarbeit bei der Herstellung, Erprobung und beim Einsatz von Atombomben.

Unterstützt durch den Ausgang der Wahlen zum 3. Bundestag, welche der CDU/CSU die absolute Mehrheit brachte,[84] forcierte die Bundesrepublik ihre atomaren Aufrüstungspläne. In der Regierungserklärung vom 23. Januar 1958 wurden die Verhandlungsvorschläge der sozialistischen Länder (Rapacki-Plan) abgelehnt und wurde die Stationierung von Atom-Raketen in Westdeutschland befürwortet. Die SPD-Fraktion hingegen verlangte Verhandlungen über den Rapacki-Plan. Der FDP-Abgeordnete Dehler warf Adenauer vor, die Einheit Deutschlands gar nicht zu wollen, und forderte dessen Rücktritt.

Aufgrund von zahlreichen Protesten und lokalen Aktionen der Atomwaffengegner, Entschließungen vieler Betriebsbelegschaften, Gewerkschaftsorganisationen, Stadt- und Gemeindeparlamenten konstituierte sich der Arbeitsausschuß »Kampf dem Atomtod«, an dem sich auch führende SPD-Mitglieder und der Vorsitzende des DGB beteiligten. In vielen Orten der Bundesrepublik bildeten sich Ausschüsse mit dem gleichen politischen Spektrum. Angesichts des

84 Die CDU/CSU erreichte 50,2 Prozent der gültigen Stimmen (270 Abgeordnete), die SPD 31,8 Prozent (169), die FDP 7,7 Prozent (41), DP 3,4 Prozent (17), vgl. auch die Statistiken in: Susanne Miller, Die SPD vor und nach Godesberg, a.a.O., S. 70 ff.

wachsenden Widerstandes in der westdeutschen Bevölkerung gegen die atomare Aufrüstung unterbreitete die SPD einen Gesetzesentwurf für eine Volksbefragung über die atomare Bewaffnung der Bundeswehr, der jedoch von der Mehrheit des Bundestages abgelehnt wurde. Die daraufhin auf Initiative der SPD-regierten Länder zustandegekommenen Volksbefragungsgesetze (Bremen und Hessen) wurden durch einstweilige Verfügungen des Bundesverfassungsgerichts unterbunden.

Trotz des sich abzeichnenden Mißerfolges auf der parlamentarischen bzw. auf der gerichtlichen Ebene orientierte die SPD-Führung weiterhin auf den Kampf mit legalen parlamentarischen Mitteln. Der Parteitag der SPD in Stuttgart vom 18. bis 23. Mai forderte demgegenüber den Einsatz außerparlamentarischer Mittel,[85] rief die Bevölkerung jedoch nicht zu solchen Aktionen wie politischen Massenstreiks auf. Der Parteivorstand der SPD beschloß zwar am 12. Juli die Fortsetzung der Aktion »Kampf dem Atomtod«, erklärte aber gegenüber dem Urteil des Bundesverfassungsgerichts vom 30. Juli, das die Volksbefragungen für verfassungswidrig erklärte, seinen Respekt und beteuerte die Verfassungstreue der SPD. Da keine anderen Aktionen eingeleitet wurden, gestand man damit eine Niederlage in der entscheidenden Frage der Wiederaufrüstung der Bundesrepublik ein. Der Beschluß der sozialdemokratischen Bundestagsfraktion zur Unterstützung der Bundeswehr und die Aufforderung an die Mitglieder der SPD, in die Armee einzutreten, lagen in der Konsequenz dieses Anerkenntnisses der Niederlage.[86]

c) Die Vorbereitungen zur programmatischen Anpassung der SPD an die neuen Bedürfnisse des bestehenden Gesellschaftssystems der BRD

Nach dem Wegfall der KPD als legaler politischer Faktor war der Weg frei für den rechten Teil des integrationistischen Flügels der

85 Protokoll der Verhandlungen des Parteitages der SPD v. 18.–23. Mai 1958 in Stuttgart, Hannover, Bonn o. J., S. 481 f.

86 Vgl. GdA 8, 125 ff.

SPD, seine Vorstellungen durchzusetzen, auch wenn sie den Beschlüssen der Parteitage und dem Aktionsprogramm entgegenstanden. Neben immer stärker in den Vordergrund tretenden revanchistischen Losungen (Grenzrevisionen im Osten im Einklang mit den Vertriebenenverbänden, Propagierung der freien Marktwirtschaft usw.) wurden auch am Organisationsstatut wesentliche Änderungen vorgenommen. So war nach dem Parteitag von München die letzte Entscheidungsinstanz über Ausschlüsse nicht mehr der Parteitag, sondern der Parteivorstand. Für die Ausschlußpraxis dieser Zeit waren die Ausschlüsse von Emil Müller und Günther Zimmermann in Frankfurt bezeichnend, die deshalb ausgeschlossen wurden, weil sie in die DDR gereist waren und über diese Reise in ihren Ortsvereinen berichtet hatten. Die zwanzig sozialdemokratischen Bundestagsabgeordneten, die sich im März 1956 gegen die wehrpolitischen Grundgesetzänderungen ausgesprochen hatten, wurden nicht mehr zur Wahl aufgestellt bzw. wurden auf aussichtslose Plätze gesetzt.

Das unbefriedigende Wahlergebnis vom Herbst 1957 wurde von den integrationistischen Kräften dazu benutzt, die SPD insgesamt weiter nach rechts zu drängen. Sie gaben die Losung der Reform an Haupt und Gliedern aus[87]. Die sogenannten Konservativen, worunter man die eigentlich reformistischen Kräfte im Fraktionsvorstand (Schöttle und Mellies) verstand, sollten zugunsten von vollkommen auf Integration eingestellten Kräften wie Ollenhauer, Erler, Wehner und Carlo Schmid ausgeschaltet werden. Die Kräfteverschiebung zeigte sich auch durch die Wahl Willy Brandts zum Parteivorsitzenden im Landesverband Berlin gegen Franz Neumann im Oktober 1957.

Für die offen proimperialistischen Kräfte in der SPD mit ihrer Zielsetzung einer nahtlosen Überführung der SPD in das staatsmonopolistische Herrschaftssystem waren die traditionellen sozialdemokratischen Vorstellungen und Forderungen nicht mehr erträglich. Da eine programmatische Änderung im ersten Anlauf zu

87 Die Vorstellungen zu dieser Reform waren niedergelegt in einem Grundsatzprogrammentwurf, abgedruckt in: Protokoll der Verhandlungen des Außerordentlichen Parteitages der SPD vom 13. bis 15. November 1959 in Bad Godesberg. Reprint, Bonn-Bad Godesberg 1972, S. 335 ff.

schwierig erschien, verlagerten sie ihre Bemühungen zunächst auf organisatorische Änderungen. Der Parteitag von Stuttgart nahm wesentliche Statutenveränderungen vor. Die wichtigste war die Einführung eines Parteipräsidiums, das vom Parteivorstand zu wählen war und die laufende politische und organisatorische Führungsarbeit zu leisten hatte. Es bestand aus dem Vorsitzenden, seinen beiden Stellvertretern, dem Schatzmeister, den drei stellvertretenden Vorsitzenden der Bundestagsfraktion und zwei weiteren Mitgliedern.[88] Die Besetzung des Parteiausschusses erfolgte durch den Parteirat. Der Parteirat enthielt neben den gewählten Vertretern der Bezirke automatisch die Vorsitzenden der Bezirke, die Vorsitzenden der Landtagsfraktionen und die Ministerpräsidenten bzw. stellvertretenden Ministerpräsidenten der Länder.[89] Insgesamt wurden hiermit organisatorische und kadermäßige Änderungen vorgenommen, ohne die ein Godesberger Grundsatzprogramm nicht möglich gewesen wäre.[90]

Im Mittelpunkt der programmatischen Auseinandersetzungen auf dem Parteitag stand die Stellung zum Eigentum an den Produktionsmitteln. Für die Masse der Mitglieder war die Sozialisierung identisch mit ihrem Streben nach einer neuen menschenwürdigen Gesellschaftsordnung, die des Sozialismus. Da sie in Vorstellungen der aus der Weimarer Zeit überkommenen Konzeption der Wirtschaftsdemokratie verhaftet waren, lehnten sie die Identifizierung von Überführung in Gemeineigentum und Verstaatlichung ab. Damit wichen sie der sich konkret stellenden Frage der Demokratisierung der Staatsinstitutionen und der Frage der Erlangung der politischen Macht durch die Arbeiterklasse aus. Den offen bürgerlichen Kräften innerhalb der Partei ging jedoch selbst eine solche reduzierte Losung noch zu weit. Solange sie ihre Abschaffung nicht erreichen konnten, versuchten sie systematisch ihren Inhalt zu verwässern. Ansätze zu einer möglichen Konkretisierung wurden aufgeweicht; die gleiche Zielsetzung verfolgte die zügellose Hetze gegen das

88 Protokoll der Verhandlungen des Parteitages der SPD vom 18.–23. Mai 1958 in Stuttgart, Bonn 1958, S. 314 ff.

89 Protokoll des Stuttgarter Parteitages, S. 293.

90 G. Gaus, Staatserhaltende Opposition oder hat die SPD kapituliert? Gespräche mit Herbert Wehner, Hamburg 1966, S. 35.

Volkseigentum in den sozialistischen Ländern, insbesondere in der DDR. Nach ihren Vorstellungen sollte das Gemeineigentum nichts anderes sein als eine Art Aktiengesellschaft unter Einschaltung der Monopole, der Gewerkschaften und des Staates. »Das Gemeineigentum wird zweckmäßig von Selbstverwaltungsorganisationen übernommen, bei denen eine unmittelbare demokratische Kontrolle durch Einschaltung weiterer Kreise der Wirtschaft einschließlich der Gewerkschaften und Vertretern der öffentlichen Hand in die Aufsichtsorgane gesichert ist.«[91] Dies war genau das Gegenteil von dem, was die Masse der Mitglieder, wenn auch reichlich verschwommen, darunter verstand. Für den rechten Teil der integrationistischen Kräfte der Partei war selbst dieser verdrehte Begriff des Gemeineigentums eine Gefahr, da er immer noch Elemente einer demokratischen Alternative enthielt, nämlich die Mitbestimmung in Wirtschaft und Staat, die demokratische Kontrolle der Wirtschaft und die Verteidigung demokratischer Rechte.

Mit der Entscheidung des Parteitages zu den Ausführungen von Deist: »Privateigentum, gebundenes Eigentum der freien Gemeinwirtschaft, gebundenes Eigentum der öffentlichen Hand und Gemeineigentum sind wesentliche, sich ergänzende Bestandteile einer freiheitlichen sozialistischen Wirtschaftsordnung«[92] wurde erstmals parteioffiziell die Tradition der sozialdemokratischen Programmforderung nach Überführung der Grundstoffindustrie in Gemeineigentum über Bord geworfen und das Privateigentum an monopolistischen Produktionsmitteln prinzipiell bejaht. Diese programmatische Entscheidung war Ausdruck der weiteren Anpassung der sozialdemokratischen Führung an das staatsmonopolistische System.[93]

91 Handbuch der sozialdemokratischen Politik, Bonn 1953, S. 190.

92 Protokoll des Stuttgarter Parteitages, S. 490.

93 Vgl. hierzu Herbert Wehner, Voraussetzungen der Wiedervereinigung Deutschlands, in: Die neue Gesellschaft, 1956, Heft 2; Jahrbuch der SPD 1954/55, hrsg. vom Vorstand der SPD, Hannover-Bonn; Wolfgang Neubert, Die europäische Integration kontra Nation und Völkerverständigung. Die gegenwärtige Europapolitik und Ideologie der SPD-Führung und Alternative, Berlin 1964.

d) Der programmatische Sieg des integrationistischen Flügels auf dem Parteitag von Godesberg

Verschiedene Initiativen der Sowjetunion, doch noch zu einer Friedensordnung im europäischen Raum zu gelangen, erzwangen zunächst ein taktisches Eingehen der SPD-Spitze auf bestimmte Forderungen, um den nach wie vor bestehenden Druck von der Basis her aufzufangen. Ergebnis dieser Überlegungen war der sogenannte Deutschlandplan, der gewisse Avancen an ein kollektives Sicherheitssystem in Europa machte. Eine Konferenz der vier Großmächte sollte eine ständige Kommission unter beratender Teilnahme der Bundesrepublik und der DDR beauftragen, Vorschläge für einen Friedensvertrag auszuarbeiten. Deutschland sollte über eine gesamtdeutsche Konferenz und einen gesamtdeutschen parlamentarischen Rat unter paritätischer Beteiligung beider deutscher Regierungen stufenweise wiedervereinigt werden. In Europa sollte eine atomwaffenfreie Zone gebildet werden. Die Idee der stufenweisen Wiedervereinigung stimmte zum Teil mit dem Vorschlag der SED zur Bildung einer Konföderation überein.[94] Die Verschärfung der außenpolitischen Lage ließ diesen Plan aber sogleich wieder in der Versenkung verschwinden. In der berühmten Rede Wehners am 18. März 1960 im Bundestag wurde er auch offiziell zurückgenommen.

Ein symbolischer Akt, der den Zustand der Partei treffend widerspiegelte, vollzog sich mit der Ablösung des Mottos »Mit Albert Schweitzer gegen den Atomtod« durch die Losung »Geh mit der Zeit, geh mit der SPD«, die im September 1959 am Parteihaus vorgenommen wurde. Zum Godesberger Parteitag im November 1959 waren 340 stimmberechtigte Delegierte und 54 Delegierte mit beratender Stimme erschienen. Die Mitglieder des Parteivorstandes und der Kontrollkommission machten allein 40 Stimmberechtigte aus. Die Bundestagsabgeordneten, Senatoren, Stadträte und hauptamtlichen Funktionäre bildeten den Hauptanteil der ohnehin geringen Anzahl von Delegierten.

Zahlreichen linken Sozialdemokraten war es durch die vom Parteivorstand sorgsam gesteuerte Delegiertenwahl und durch die Be-

94 Vgl. Deutsche Geschichte in Daten, a.a.O., S. 950.

schränkung des Delegiertenschlüssels auf 1 Delegierten für je 2000 Mitglieder verwehrt worden, an dem Parteitag teilzunehmen. Hinzu kommt die Beratungszeit von nur drei Tagen und die Beschränkung der Redezeit von vornherein auf 10 Minuten, die eine alternative Programmdiskussion kaum aufkommen ließ, obwohl in der Generaldebatte von 14 Diskussionsrednern 8 gegen den Programmentwurf sprachen.

Das zur Abstimmung vorgelegte Grundsatzprogramm räumte mit traditionellen sozialdemokratischen Vorstellungen gründlich auf. War bislang die Vergesellschaftung der Produktionsmittel zumindest programmatisch unumstritten, so fungierte jetzt das Gemeineigentum nur noch als »eine legitime Form der öffentlichen Kontrolle, auf die kein moderner Staat verzichte.« Demgegenüber wird ausdrücklich festgestellt, daß »das private Eigentum an Produktionsmitteln Anspruch auf Schutz und Förderung hat, soweit es nicht den Aufbau einer gerechten Sozialordnung hindert.« Aus der amerikanischen Soziologie wird das Ideologem übernommen, daß das Privateigentum an den Produktionsmitteln in der Großwirtschaft weitgehend seine Verfügungsgewalt an Manager verloren habe, die ihrerseits anonymen Mächten dienen.

Mit der Formulierung, sowohl Regierung als Opposition trügen Verantwortung für den Staat, wird jeder Ansatz einer Klassenanalyse der Staatsinstitutionen beiseitegeschoben. Das Bekenntnis zur Gewaltenteilung im polemisch-bürgerlichen Sinne, zur gegen Interessendruck abgesicherten Presse, zur neutralen Richterschaft usw. ist von diesem Ausgangspunkt her nur konsequent.

Im Bekenntnis zur militärischen Verteidigung der freiheitlich-demokratischen Grundordnung, wobei hier schon lange nicht mehr der ursprünglich verfassungsrechtliche Gehalt im Sinne der gesellschaftspolitischen Neutralität des GG gemeint war, sondern die staatsmonopolistische Ordnung der BRD, wird ein endgültiger Strich unter die bisherige »Oppositionspolitik« gegenüber der Adenauer-Regierung gezogen.[95]

95 Zur Diskussion auf dem Parteitag vgl. im parteioffiziellen Sinn Miller, Die SPD vor und nach Godesberg, a.a.O., S. 34 ff.; kritisch GdA 8, S. 180 f.

Den stärksten Widerspruch fand der wirtschaftspolitische Teil des Grundsatzprogrammes und das im Abschnitt der Landesverteidigung enthaltene Bekenntnis zum monopolistischen Staat. Dennoch wurde trotz des großen Unwillens das gesamte Programm schließlich gegen 16 Stimmen angenommen.

Die Tatsache, daß ein solches Programm von einer Mehrheit der in Bad Godesberg versammelten Delegierten gebilligt wurde, zeigte – selbst wenn man die sorgfältige Vorbereitung und Manipulation der Spitze in Rechnung stellt – das Vorherrschen des Antikommunismus in der ideologischen Grundhaltung der Partei insgesamt. Die Feststellung trifft auch für fast alle linksorientierten Kritiker jener Zeit zu. Vor allem zeigten sich starke Illusionen über den Charakter des staatsmonopolistischen Kapitalismus. Insofern läßt sich sagen, daß das Grundsatzprogramm der SPD von Godesberg die veränderte Stellung der SPD im System des staatsmonopolistischen Kapitalismus dokumentiert. Neue internationale und nationale Entwicklungstendenzen hatten auch eine Veränderung der Bewußtseinsstruktur der Arbeiterklasse bewirkt. Das System der Korrumpierung mittels Schaffung einer bevorrechteten Schicht, einer Arbeiteraristokratie, wandelte sich in ein vielfältig differenziertes System von materiellen Abhängigkeiten und ideologischer Beeinflussung. Ein Teil der führenden Kräfte der SPD wurde direkt in den Apparat der staatsmonopolistischen Wirtschaft des Staates einbezogen, d. h. die Monopol-Bourgeoisie verfügte über Gefolgsleute in der SPD, die sozialökonomisch nichts mehr mit der Arbeiterklasse zu tun hatten. Als Aufsichtsräte und Arbeitsdirektoren, als Mitglieder verschiedener westeuropäischer, internationaler Institutionen, als hohe Beamte im Staatsapparat, als Mandatsträger in Bund, Ländern und Gemeinden erhielten zahlreiche Sozialdemokraten und Gewerkschaftler innerbetriebliche und überbetriebliche Herrschaftsfunktion, verbunden mit materiellen Vergünstigungen, die es ihnen erlaubten, einen relativ hohen Lebensstandard zu erreichen. Für die Beibehaltung dieser Funktionen waren viele von ihnen bereit, Theorie und Praxis der Sozialpartnerschaft mit allen zur Verfügung stehenden Mitteln zu verteidigen. Die Besetzung leitender Positionen in der Wirtschaft und im Staatsapparat erschloß diesem Personenkreis große Möglichkeiten, seinerseits Ämter und Vergünstigungen zu verteilen und wiederum einen größeren Kreis von Menschen an sich zu ziehen bzw. an das System zu binden. Dies erfolgte planmäßig besonders in den verschiedenen Einrichtungen der Sozialversicherung, dem Zentralverband der Konsumgenossenschaften, in den Kriegsopferverbänden, im System der Volkshochschulen usw. Solche unter direkter sozialdemokratischer Leitung stehenden Einrichtungen wie Versicherungsgesellschaften, Gewerkschaftsbanken, Wohnungsbaugenossenschaften, Presse- und Publikationsunternehmen boten zahlreiche Möglichkeiten für gutbezahlte Beschäftigung. Breite Schichten der Arbeiterbürokratie, nämlich die hauptamtlichen Angestellten des Partei- und Gewerkschaftsapparates, die in ständiger Sorge um die Erhaltung ihrer Positionen lebten, erwiesen sich als Stützen des rechten Teiles der integrationistischen Parteiführung. Auf der Basis des Systems vielfältiger Abhängigkeitsverhältnisse konnte die SPD-Führung ihren Masseneinfluß nicht nur erhalten, sondern noch ausweiten, zumal die relativ stabile Konjunktur der 50er Jahre das Angebot materieller Vergünstigungen hatte ständig größer werden lassen. Die Netto-Löhne stiegen trotz der verschärften Ausbeutung. Wegen der verhältnismäßig leicht errungenen Erfolge in den Arbeitskämpfen entstanden in der Arbeiterklasse Illusionen über die Vereinbarkeit des kapitalistischen Systems mit den Interessen der Werktätigen. Hinzu kommt, daß das Niveau der theoretischen Bildung insgesamt in der SPD zurückging. Die zentralen Schulungskurse wurden Einflüssen von rechts geöffnet. Das innerparteiliche Leben der SPD entwickelte sich rückläufig. Die großbürgerliche Ideologie verbreitete sich strukturell in der SPD durch die neu in die SPD kommenden Mitglieder, von denen die überwältigende Mehrheit nicht mehr mit den Klassenkampferfahrungen der Weimarer Zeit vertraut waren. Vielmehr standen sie unter den bestimmenden Einflüssen des faschistischen Antikommunismus und des Antikommunismus des in den Nachkriegsjahren erbittert geführten Kalten Krieges. Zur SPD stießen sie in Zeiten wirtschaftlicher Prosperität, die zwar einerseits die Polarisation der Klassen verstärkte, andererseits jedoch durch den Erfolg gewerkschaftlichen Kampfes erhebliche Verbesserungen der sozialen Lage der Werktätigen gebracht hatte. Bei den Neuaufnahmen seit 1956 dominierte die Altersgruppe unter 40 Jahren. Der politische

Schwemmsand, der sich nach dem Kriege in der SPD angesammelt hatte, verschwand später wieder aus der Partei. Besonders wurden jedoch ältere und jüngere Sozialdemokraten, die an den sozialdemokratischen Traditionen festhalten wollten, aus der SPD ausgeschlossen oder verließen sie von selbst. Rund 50 Prozent der Partei erneuerte sich vorwiegend durch solche Neuzugänge, die den von der Parteiführung verfolgten Kurs der völligen Einordnung in das System des staatsmonopolistischen Kapitalismus zumindest tolerierten. Viele Angestellte traten in die Partei, um auf diese Weise ihren Arbeitsplatz besser zu sichern. Der Anteil der Arbeiter mit etwa 50 Prozent blieb jedoch konstant. Die veränderte Zusammensetzung in den Zugängen spiegelte die Veränderungen der Sozialstruktur durch die wissenschaftlich-technische Revolution wider. Diese Bedingungen schufen u. a. die Voraussetzungen für den stärkeren Eingang von bürgerlichem Denken und bürgerlichen Lebensgewohnheiten in die Arbeiterklasse.[96]

Diejenigen Sozialdemokraten jedoch, die am aktivsten mit der praktisch-politischen Tätigkeit auf gewerkschaftlichen, kommunalen und anderen Gebieten verbunden waren, begannen unter den sich abzeichnenden Veränderungen der 60er Jahre zunehmend das Godesberger Programm im Sinne der Verteidigung demokratischer Rechte und des Ausbaus sozialer Errungenschaften anzuwenden. Dabei stützten sie sich vor allem auf die im Programm verankerten Forderungen nach Ächtung der Massenvernichtungswaffen, nach allgemeiner Abrüstung, der Schaffung einer europäischen Entspannungszone, nach einer gerechten Einkommens- und Vermögensverteilung, nach Mitbestimmung und Wahrung des Streikrechtes, nach sozialer Sicherheit und Schaffung eines modernen und fortschrittlichen Bildungssystems. Es sollte sich zeigen, daß die vor allem durch die weitere Veränderung des internationalen Kräfteverhältnisses zugunsten der fortschrittlichen Kräfte bedingte Rückwirkung auf die inneren sozialökonomischen und politischen Prozesse zunehmend solche Voraussetzungen schuf, die diese im Jahre 1959 als verbale

96 Vgl. zu dieser Problematik Helmut Steiner, Soziale Strukturveränderungen im modernen Kapitalismus zur Klassenanalyse der Angestellten in Westdeutschland, Berlin 1967; vgl. auch Frank Deppe, Das Bewußtsein der Arbeiter, Studien zur politischen Soziologie des Arbeiterbewußtseins, Köln 1971, insb. S. 205 ff.

Zugeständnisse an den reformsozialistischen Teil der Mitgliedschaft gedachten Festlegungen zum Ausgangspunkt eines weiteren Differenzierungsprozesses innerhalb der Partei machen sollten.

VIII. Die SPD nach 1959. Wandlung und innere Differenzierung sozialdemokratischer Politik[1]

Von Heinz-Gerd Hofschen und Erich Ott

1. Die Phase weitestgehender Anpassung 1959–1966

Mit der Verabschiedung des Godesberger Programms war jetzt die Integration der SPD in das kapitalistische System programmatisch vollzogen worden, waren »nun (für das Bewußtsein der Majorität der Parteiführung endgültig) sowohl die alten sozialistischen Zielvorstellungen als auch die Methode der bewußten Entwicklung des Klassenbewußtseins der Arbeitnehmer gegen das oligopolistische Kapital zu den Akten« gelegt worden.[2] Die Annahme dieser bürgerlichen »Volkspartei«-Programmatik markierte einen vorläufigen Abschluß des – von der bürgerlichen und sozialdemokratischen Geschichtsschreibung als »Parteireform«[3] bezeichneten – Transformationsprozesses der SPD, in dessen Verlauf die bewußte Abkehr von

1 Dieser Teil beruht im wesentlichen auf einer ausführlicheren und umfangreicheren Arbeit der Autoren gemeinsam mit Hans Karl Rupp: Heinz-Gerd Hofschen, Erich Ott, Hans Karl Rupp, SPD im Widerspruch, Zur Entwicklung und Perspektive der Sozialdemokratie im System der BRD, Köln 1975. Während dort die gesellschaftlichen Rahmenbedingungen der Entwicklung der SPD stärker berücksichtigt werden, steht hier der parteigeschichtliche Aspekt mehr im Vordergrund.

2 Wolfgang Abendroth, Aufstieg und Krise der deutschen Sozialdemokratie, 2. Auflage, Frankfurt/Main 1969, S. 74.

3 Mit »Parteireform« bezeichnet die bürgerliche und sozialdemokratische Geschichtsschreibung den – meist auf spontane Entwicklungen nach den Wahlniederlagen seit 1953 zurückgeführten – Prozeß der »Modernisierung der Partei« und ihrer Öffnung zur »Volkspartei«, wobei die Beschreibung dieses Vorgangs sich oft nur auf die Verjüngung der Parteiinstanzen, die Aufgabe angeblich überlebter Parteitraditionen und -terminologie und die Entwicklung eines Spezialistentums in der Partei bezieht, die ein Schließen der Lücke zwischen Theorie und Praxis der SPD erlaubt hätten (so Susanne Miller, Die SPD vor und nach Godesberg [Kleine Geschichte der SPD, Band 2]. Bonn-Bad Godesberg 1974, S. 34. Wolf-Dieter Narr, CDU–SPD, Programm und Praxis seit 1945, Stuttgart-Berlin (West)-Köln-Mainz 1966, S. 196 ff.). Inhaltlich bedeutete diese »Parteireform« die planvolle Eliminierung reformistischer Positionen aus Programm und Praxis der Partei – wie sie sich etwa noch im Dortmunder Aktionsprogramm von 1952 finden – und den Übergang auf eine rein integrationistische Politik.

den reformistischen Zielsetzungen der ersten Nachkriegsjahre betrieben worden war und an dessen Ende die praktisch-politische Dominanz des integrationistischen Parteiflügels programmatisch festgeschrieben wurde.[3a]

3a Unter *reformistischen* Kräften in der Sozialdemokratie verstehen wir solche, die an sozialistischen Zielen festhalten, die eine Veränderung der kapitalistischen Eigentumsverhältnisse durch Verstaatlichung und Vergesellschaftung vorsehen, die von der Existenz der Klassengesellschaft und des Klassenkampfes ausgehen und die teilweise die marxistische politische Ökonomie rezipiert haben. Sie identifizieren sich weitgehend mit dem als klassenneutral begriffenen Staat der bürgerlichen Republik und beschränken sich bei der Verwirklichung ihrer Ziele auf Mittel, die im Rahmen der bürgerlichen Gesellschaft legitim erscheinen und ökonomisch möglich sind, in erster Linie also auf Reformen, die vorwiegend auf parlamentarischem Wege durchgesetzt werden sollen. Außerparlamentarische Massenkämpfe haben für sie lediglich im Rahmen gewerkschaftlicher Kämpfe einen Stellenwert; die politische und ideologische Bedeutung von Massenkämpfen und die Tatsache, daß allein derartig geführter bewußter Klassenkampf der Arbeiterklasse und anderer Werktätiger der einzige Weg sowohl der Durchsetzung von grundlegenden Tagesforderungen als auch die Erringung des Sozialismus ist, werden verkannt. Somit muß diese reformistische Politik an dem unlösbaren Widerspruch scheitern, eine Überwindung des bürgerlichen Systems ausschließlich mit den Mitteln des bürgerlichen Staates durchsetzen zu wollen.

Das Ziel der sozialistischen Gesellschaft wird vom Reformismus nicht näher definiert und erhält bei ihm oftmals nur durch die scharfe Abgrenzung von den Zielsetzungen der revolutionären marxistischen Arbeiterbewegung Kontur, wobei der Reformismus aufgrund seines Staatsverständnisses besonders die »Eroberung der politischen Macht durch das Proletariat« (Karl Marx, Friedrich Engels, Manifest der Kommunistischen Partei, in: MEW 4, S. 474) ablehnt. Dem Reformismus ist durch seine illusionäre Strategie, seine falsche Staatstheorie und seinen Antikommunismus einerseits eine integrative Funktion zu eigen, indem er Illusionen über die Möglichkeiten einer reformerischen Überwindung des Kapitalismus verbreitet, andererseits setzen sich seine Träger aktiv für zahlreiche Einzelforderungen der Werktätigen ein, vermitteln Einsichten in den Klassencharakter der bürgerlichen Gesellschaft und beteiligen sich – vornehmlich bei Gewerkschaftskämpfen und bei der Verteidigung demokratischer Rechte – an Massenaktionen.

Als *integrationistisch* bezeichnen wir denjenigen, heute dominanten Flügel der Sozialdemokratie, der alle sozialistischen Zielsetzungen bewußt aufgegeben hat und der sein Ziel in der unbedingten Stabilisierung der kapitalistischen Gesellschaftsordnung sieht. Um die dazu notwendige Integration der Arbeiterklasse in das System zu bewirken, propagiert er die – oft in das Gewand der Theorie der Industriegesellschaft gekleidete – These, daß die Interessen der Arbeiter im Rahmen der bestehenden Gesellschaft, deren Klassencharakter geleugnet wird, zu befriedigen seien, was von der Prosperität der Wirtschaft abhänge – womit die Gewährleistung des kapitalistischen Akkumulationsprozesses zum Zweck der Politik dieses Flügels wird. Um die Anbindung der Arbeiter an das System zu erreichen, greift der integrationistische Flügel bei seiner Regierungstätigkeit zu Reformen, die materielle Zugeständnisse an die Arbeiterklasse enthalten, dies allerdings nur in Zeiten ökonomischer Prosperität. Obgleich programmatisch auf die bürgerliche Republik verpflichtet, greifen die Integrationisten selbst zum Abbau demokratischer Rechte und zum Mittel der Repression, wenn ihr Ziel der Verteidigung der kapitalistischen Ordnung anders nicht ausreichend gesichert werden kann.

Dieses Ergebnis bedurfte allerdings noch der innerparteilichen Durchsetzung, die aber trotz der sozialen Zusammensetzung der Partei, die nach wie vor mehrheitlich aus Arbeitern bestand,[4] relativ problemlos gelang. Die weitgehende Integration der Arbeiterklasse in das kapitalistische System durch kampflos gewährte materielle Verbesserungen im Zeichen der stetigen »Wirtschaftswunder«-Konjunktur seit der ersten Hälfte der fünfziger Jahre und durch die fortschreitende Verschüttung ihres Klassenbewußtseins mittels antikommunistischer und antisozialistischer Indoktrination und die Verfolgung der Kommunisten war ebenso die Voraussetzung für dieses Gelingen wie die schon seit Schumacher bestehende Vorherrschaft des integrationistischen Flügels in der praktischen, fast ausschließlich parlamentarischen Politik, die systematische innerparteiliche Entpolitisierung und Entideologisierung sowie die enge Verfilzung sozialdemokratischer Funktionsträger mit öffentlichen Ämtern und der Privatwirtschaft.[5]

Der wenigen in der Partei noch befindlichen Marxisten, die diesen Anpassungskurs an die bestehende Gesellschaftsordnung hätten stören können, wollte man sich rasch entledigen. Vom Sozialistischen Deutschen Studentenbund (SDS), der in begrenztem Maße an marxistischen Vorstellungen festhielt, trennte sich die SPD, indem sie im April 1960 den SHB gründete. Im November 1961 erklärte sie die Unvereinbarkeit der Mitgliedschaft in der SPD mit der im SDS und seinen Fördergemeinschaften, denen einige bekannte Professoren angehörten, so Abendroth, Flechtheim und Heydorn. Neben ihnen[6] wurden in der Folgezeit rund 700 SPD-Mitglieder ausgeschlossen oder verließen die Partei aus eigenen Stücken.[7] Eine Reihe

4 So waren 1958 noch 55 Prozent der Neuzugänge zur SPD Arbeiter. Der Anteil kleiner Angestellter, die sich in ihrer Klassenlage nicht wesentlich von der der Arbeiter unterscheiden, ist aus den statistischen Angaben nicht zu ermitteln, da diese nur die pauschale Kategorie »Angestellte« (13,2 Prozent) aufweisen. Die Angaben nach: Günther Winkler, Die SPD als Mitgliederpartei, in: Susanne Miller, a.a.O., S. 65 ff., hier: S. 67.

5 »Allein auf 10 Mitglieder des im Jahre 1958 auf dem Stuttgarter Parteitag gewählten Vorstandes der SPD entfielen 30 Aufsichtsratsposten, davon 17 Posten eines Vorsitzenden und 5 eines stellvertretenden Vorsitzenden in Konzernen wie dem Bochumer Verein, bei Klöckner, Mannesmann und anderen.« (GdA 8, S. 183).

6 Siehe zu diesen Ausschlußverfahren das publizierte Aktenmaterial, in: Ossip K. Flechtheim, Die Parteien der Bundesrepublik Deutschland, Hamburg 1973, S. 501 ff.

7 Diese Zahl nennt die GdA 8, S. 185. Eine Zahl von 50 000 ausgeschlossenen Mit-

von ihnen gründete die »Vereinigung unabhängiger Sozialisten (VUS)« und den »Sozialistischen Bund«, die zwar noch weniger Einfluß erlangten als die in dieser Zeit gegründete linke Sammlungspartei »Deutsche Friedens Union (DFU)«, die aber für die Fortexistenz sozialistischen Denkens wichtig blieben.

Doch bezog sich dieser Prozeß der »innerparteilichen Beruhigung und Klärung«[8] nicht nur auf die – auch vor Godesberg schon weitgehend isolierten – marxistischen Kräfte, sondern auch auf die reformistischen Teile der Partei, die sich der »Parteireform« widersetzt hatten.[9] Sie hatten nun jeglichen Einfluß auf die Gesamtpartei verloren und hielten sich als Gruppierung nur in einigen traditionell reformistischen Bezirken, wie etwa Hessen-Süd; viele zogen sich auf die Arbeit in den nicht so weitgehend angepaßten Gewerkschaften zurück.[10]

Godesberg bedeutete somit die völlige Durchsetzung des integrationistischen Flügels in der Partei, wenngleich auch noch nicht den Höhepunkt der Anpassung an die bürgerlichen Parteien in der praktischen Politik. Denn diese Anpassung war solange noch nicht vollständig, wie die SPD in der Deutschlandfrage eigene Wege ging. Der »Deutschlandplan« der SPD vom März 1959, der nach Verhandlungen mit der DDR-Regierung die Bildung einer deutschen Konföderation vorsah – ein zu diesem Zeitpunkt angesichts der internationalen Verhältnisse allerdings unrealistischer Plan – paßte nicht in das Konzept einer BRD-Politik, die von seiten des Monopolkapitals und der CDU noch von roll-back-Plänen und Alleinvertretungsanspruch bestimmt war. Dieses letzte Hindernis wurde im Sommer

gliedern im Zeitraum 1959 bis 1962, die in GdA 8, S. 372, genannt wird, konnte nicht belegt werden und erscheint wesentlich zu hoch gegriffen.

8 Susanne Miller, a.a.O., S. 38.

9 So muß man die Mehrzahl der auf dem Godesberger Parteitag 1959 gegen die Programmvorlage des Parteivorstandes Stellungnehmenden *damals* reformistischen Positionen zurechnen (u. a. Willy Birkelbach, Werner Stein, Peter Blachstein, Heinz Ruhnau und Peter v. Oertzen).

10 Die Stellung der Reformisten wurde durch die Auflösung oder Funktionswandel zahlreicher sozialdemokratischer Arbeiterorganisationen im Kultur-, Jugend- und Sozialbereich, in denen sie häufig Funktionen innehatten, weiter geschwächt. Die Auflösung dieser Organisationen, die schon vor Godesberg einsetzte und die die Aufgabe eigenständiger proletarischer Sport-, Kultur-, Jugend- und Freizeitorganisationen bedeutete, feiert Susanne Miller als »Eingliederung der Sozialdemokraten in das allgemeine gesellschaftliche Leben«. (Susanne Miller, a.a.O., S. 39.)

1960 ausgeräumt. Herbert Wehner erklärte am 30. Juni 1960 im Bundestag die Bereitschaft der SPD zu einer gemeinsamen Außenpolitik mit der Regierung: Er bekannte sich zum »atlantischen Verteidigungssystem (als) Grundlage und Rahmen für alle Bemühungen der deutschen Außen- und Wiedervereinigungspolitik«, bejahte die »Landesverteidigung« und schwor dem Deutschlandplan und allen eigenständigen Disengagement-Plänen ab.[11]

Die Entwicklung von Schumachers »Nein« zur Integration in das kapitalistische Europa, von den wortstarken Attacken gegen Remilitarisierung und Atomrüstung zur völligen Eingliederung der SPD-Politik in die Strategie der NATO-Staaten war unter dem Beifall ihrer Führungsmacht USA[12] vollzogen.

In der Frage der Atomrüstung, noch 1957 zum Wahlkampfthema gemacht, vollzog die Parteiführung die nächste scharfe Wende: Im Januar 1961 distanzierte sich der Parteivorstand von der 1957/58 selbst befürworteten und auch materiell unterstützten Anti-Atomtod-Kampagne.[13] 1964 bejahte er schließlich die Bildung der NATO-Atomstreitmacht MLF, die auch der Bundeswehr Zugang zu atomaren Waffen erlauben sollte.

Mit dieser außen- und wehrpolitischen Umorientierung hatte Wehner, wie er später formulierte, »unseren Zug auf ein anderes Gleis« gehoben[14], ein Gleis, auf dem die Parteiführung konsequent weiterfuhr. Die – wenngleich auch schon vorher nur begrenzt gesuchte – Konfrontation mit der CDU/CSU wich einem Kurs der »Gemeinsamkeit« mit der Regierung, der aus den Notwendigkeiten des »geteilten Deutschland« und der gemeinsamen Frontstellung gegen den Kommunismus begründet wurde.[15] In der Folge des 13.

11 Zitiert nach: Herbert Lilge (Hrsg.), Deutschland 1945–1963, Hannover 1967, S. 238.

12 So betonte der US-Außenminister Dean Rusk am 27. Oktober 1963 in Frankfurt, »daß die Vereinigten Staaten von Amerika mit großer Genugtuung die außenpolitische Übereinstimmung zwischen Koalition und Opposition zur Kenntnis genommen hätten«. Zitiert nach: Ernst Deuerlein, Deutschland 1963–1970, Hannover 1972, S. 15.

13 Vgl. Hans Karl Rupp, Außerparlamentarische Opposition in der Ära Adenauer, Der Kampf gegen die Atombewaffnung in den fünfziger Jahren, Köln 1970, S. 268 ff.

14 Günter Gaus, Staatserhaltende Opposition oder Hat die SPD kapituliert? Gespräche mit Herbert Wehner, Reinbek bei Hamburg 1966, S. 69.

15 So in der oben erwähnten Rede Wehners am 30. Juni 1960 im Bundestag. Vergl. dazu auch: Theo Pirker, Die SPD nach Hitler, Die Geschichte der Sozialdemokratischen Partei Deutschlands 1945–1965, München 1965, S. 291 ff.

August 1961 und der Bundestagswahl desselben Jahres gipfelte dieser Kurs im Streben nach einer Allparteien-Regierung.[16] Weder die Zurückweisung durch die CDU noch deren nationalistische Diffamierungskampagne gegen den Kanzlerkandidaten der SPD, Willy Brandt, dessen linkssozialistische Vergangenheit und antifaschistische Emigrantentätigkeit sie verleumdete, vermochten diese Politik der SPD-Führung zu erschüttern, die man innenpolitisch in diesen Jahren auf einen einfachen Nenner bringen kann: Streben nach einer Beteiligung an der Bundesregierung um jeden Preis. Weder die Aussicht, unter einem Kanzler Adenauer in das Bundeskabinett einzutreten, noch die Spiegel-Affäre konnten diese Bestrebungen stören.[17] Die – angesichts der Schwäche des 4. Adenauer-Kabinetts – ständig propagandistisch geforderte Ablösung des Kanzlers blieb bloße Rhetorik, erklärte Ollenhauer doch offen, daß man diese Frage nicht »zum Gegenstand parteitaktischer Auseinandersetzungen« machen wollte.[18] Als Beweis des guten Willens zur Gemeinsamkeit mit den Unionsparteien stimmte die SPD im Sommer 1964 in der Bundespräsidentenwahl für die Wiederwahl Heinrich Lübkes.

Verstärkt wurden die Hoffnungen auf eine Regierungsbeteiligung durch eine Reihe von Wahlerfolgen. Die Bundestagswahl 1961 – von Willy Brandt im Stile amerikanischer Präsidentenwahlen geführt – erbrachten einen Stimmenzuwachs von fast 5 Prozent (36,2 Prozent), und im Zeitraum von 1961 bis 1963 wurde die SPD wählerstärkste Partei in den Ländern (insgesamt 43,3 Prozent gegenüber 42 Prozent der CDU/CSU[19]).

Diese Entwicklung – in der politischen Publizistik ironisierend »Genosse Trend« genannt – geht wohl eher auf die Unzufriedenheit mit den autoritären Praktiken der Adenauer-Regierung und auf Veränderungen in der Sozialstruktur der BRD, so der Zunahme des Anteils der abhängig Beschäftigten und der berufstätigen Frauen[20] zu-

16 Vgl. Theo Pirker, a.a.O., S. 315 f.

17 Die einzelnen Schritte zur Großen Koalition werden in Kapitel 2 systematisch aufgezeigt.

18 Vorwärts, 30. Mai 1962.

19 Herbert Lilge, a.a.O., S. 303.

20 »Die stetigen Stimmengewinne der SPD seit Godesberg waren also weniger die Konsequenz der programmatischen Wendung, als vielmehr einer realsoziologischen

rück, als auf die »Parteireform« und die Politik der Gemeinsamkeiten, wie etwa Susanne Miller meint: »Krisen im Regierungslager trugen dazu bei, dessen Ansehen zu gefährden, während das Godesberger Programm, der populäre Kanzlerkandidat und der Kurs der ›Gemeinsamkeit‹ zusammenwirkten, das Bild der SPD in einem neuen hellen Licht erscheinen zu lassen.«[21] Dieses »helle Licht« reichte zum Wahlsieg in der Bundestagswahl 1965 allerdings nicht aus. Nach einem falsch vorhergesagten Kopf-an-Kopf-Rennen blieb die SPD knapp unter der 40-Prozent-Grenze.

Die programmatische und innerparteiliche Entwicklung der SPD nach Godesberg läßt sich an den Parteitagen ablesen: Der Parteitag von *Hannover 1960* zeigte die SPD ganz im Stile einer »sozialen Reformpartei im Rahmen der etablierten Gesellschaftsordnung«[22]. Der von diesem Parteitag verabschiedete ›Appell von Hannover‹[23] enthielt nicht nur die bekannten sozialliberalen Forderungen des Godesberger Programms, sondern auch eine explizite Bejahung der NATO und eine Formulierung, die die Atombewaffnung der Bundeswehr nicht ausschloß. Darüberhinaus verstieg sich die Partei sogar zur Propagierung der »Deutschen Volksaktie« als Weg zur »Eigentumsbildung für alle« und versprach durch eine »Politik der Redlichkeit, der Sachlichkeit, der Zusammenarbeit, des Ausgleichs« die »Verdoppelung unseres Lebensstandards«[24] zu erreichen und die »Bundesrepublik zu einem Bollwerk der Freiheit«[25] zu machen. Damit war die »Reform von Godesberg noch um einen Grad weitergetrieben« worden,[26] wie Pirker treffend feststellt.

Der *Kölner Parteitag* zwei Jahre später brachte nichts Neues. Es »war ein Parteitag der Festigung und Konzentration der SPD, um auf ihrem eingeschlagenen Wege weiterzugehen«,[27] obgleich noch

Verschiebung.« (Wolfgang Abendroth, Zur Situation der SPD nach dem Parteitag von Hannover, in: Blätter für deutsche und internationale Politik [ferner zitiert: Blätter . . .], H. 5, 1973, S. 474 ff., hier: S. 476.)

21 Susanne Miller, a.a.O., S. 44.

22 Theo Pirker, a.a.O., S. 281.

23 Vorstand der SPD (Hrsg.), Jahrbuch der SPD 1960/61, Bonn o. J. (ferner zitiert: Jahrbuch . . .), S. 419 f.

24 Ebenda, S. 420.

25 Ebenda.

26 Theo Pirker, a.a.O., S. 301.

27 Ebenda, S. 326.

einmal Kritik laut wurde, da die Bundestagsfraktion im Februar 1962 der Verlängerung der Wehrpflicht zugestimmt hatte.

Das Maß der Entpolitisierung der Mitgliedschaft, der Anpassung an die bürgerliche sozialwissenschaftliche These vom »Ende der Ideologien«, der intendierten und teilweise erreichten Entideologisierung der Partei zeigten die Aktivitäten, die der SPD-Vorstand 1963 zur hundertjährigen Gründungsfeier der Sozialdemokratie entfaltete. Neben dem bewußten Rückgriff auf Lassalle und dessen reformistische Illusionen sowie seine falsche Beurteilung des Klassencharakters des Staates, der gegen Marx als eigentlicher theoretischer Begründer der Sozialdemokratie herausgestellt wurde, fällt die Verfälschung der Parteigeschichte ins Auge, die als eine soziale Reformbewegung dargestellt wird, die im Grunde nie revolutionäre Ziele verfochten hat und deren reformerische Praxis in ständigem Widerspruch zur revolutionären Artikulation gestanden habe – ein Widerspruch, der nun endlich mit dem Godesberger Programm beseitigt worden sei.[28] Mit der Vorgaukelung, daß die »Deutsche Sozialdemokratie einen großen Teil ihrer ursprünglichen Kampfziele (hat) durchsetzen können« und der Behauptung, daß ein sozialistisches »›Endziel‹ unerreichbar«[29] sei (ein Postulat, das seit der Durchsetzung des Godesberger Programms zum festen Bestandteil der Konzeption des »demokratischen Sozialismus« gehört), sollte jede Perspektive für den eigenständigen Kampf der Arbeiterklasse gegen das Kapital verschüttet werden. Der »Rückzug der gewerkschaftlichen Funktionäre und des früheren Typs des aktiven Arbeitervertrauensmannes aus dem Parteileben«[30] war die Folge – zumal sich die Parteiführung immer stärker darauf konzentrierte, neue Parteimitglieder aus den Kreisen der Intelligenz und des » neuen Mittelstandes« (d. h. im wesentlichen aus Angestelltenschichten und dem Dienstleistungsbereich) zu gewinnen, wobei sie bestrebt war, den Eindruck einer Arbeiterpartei soweit wie möglich zu verwischen.

Der *Karlsruher Parteitag 1964*, nach der Abdankung Adenauers und der Bildung des Erhard-Kabinetts, fand unter einer an der Wand

28 Vgl. Willi Eichler, Hundert Jahre Sozialdemokratie, Bielefeld 1962.
29 Ebenda, S. 85.
30 Wolfgang Abendroth, Zur Situation . . ., a.a.O., S. 476.

der Tagungshalle befestigten Karte Deutschlands in den Grenzen von 1937 mit der Aufschrift »Erbe und Auftrag« statt – Symbol der weitestgehenden Annäherung der Rechtssozialdemokratie an die aggressive und revanchistische Politik der CDU/CSU. Die Partei, nun nach Ollenhauers Tod im Dezember 1963 unter Führung Willy Brandts und seiner Stellvertreter Herbert Wehner und Fritz Erler, gab ein positives Votum zur Atomstreitmacht MLF ab.

Der *Dortmunder Parteitag* von *1966,* voller Siegeszuversicht angesichts der schwachen, von Affären und der aufziehenden Rezession geschüttelten Erhard-Regierung, brachte einen weiteren Höhepunkt der Integration und Anpassung: Er sprach sich im Grundsatz für eine Notstandsgesetzgebung aus, die die CDU bereits seit 1960 vorbereitete und die die Übertragung der gesamten Macht auf die Exekutive für den Notstandsfall, einschließlich der Möglichkeit des Einsatzes der Bundeswehr im Falle innerer Unruhen, vorsah. Damit hatte die SPD, die sich in der Weimarer Republik und in der Nachkriegszeit stets als die eigentliche Hüterin der parlamentarischen Republik dargestellt hatte, ihre Bereitschaft erklärt, selbst wesentliche bürgerliche Freiheitsrechte dem Machtstreben des Monopolkapitals, das sich für eine sich abzeichnende Verschärfung des sozialen Klimas rüsten wollte, zu opfern. Wie schon in der Weimarer Republik zeigte sich, daß der integrationistische Flügel der Sozialdemokratie die von ihm selbst verabsolutierte Regierungsform, den Parlamentarismus, seinem eigentlichen Zweck, der Systemstabilisierung, unterordnete.[31]

Der Erhardschen Theorie der »formierten Gesellschaft« – ein ideologischer Reflex auf das heraufdämmernde Ende der relativ krisenfreien Rekonstruktionsphase –, deren disziplinierendes gesellschaftspolitisches Leitbild der sich der Leistungsgesellschaft »aus Einsicht« in das dem »eigenen Wohl Dienende«[32] willig unterordnende Bürger war, setzte dieser Parteitag die Schillersche Konzep-

31 Vgl. Jürgen Harrer, Zur Typologie und Definition sozialdemokratischer Politik, in: Blätter . . ., H. 6, 1974, S. 569–581, hier: 574.

32 Regierungserklärung Bundeskanzler Ludwig Erhards am 10. November 1965, in: Stenographische Berichte. Verhandlungen des 5. Deutschen Bundestages, Bd. 60, S. 17 ff.

tion der »mündigen Gesellschaft« entgegen.[33] Die Unterschiede zur »formierten Gesellschaft« wurden aber nicht recht deutlich, basierten beide Konzepte doch auf der These von der nivellierten, die sozialen Gegensätze durch stetigen technischen Fortschritt und konstantes Wirtschaftswachstum beseitigenden Industriegesellschaft, die pluralistisch verfaßt sein soll. Allerdings betonte Schiller sowohl die Notwendigkeit der vom Staate zu erfüllenden Gemeinschaftsaufgaben, besonders im Bereich der Bildung und Forschung stärker, womit er den Notwendigkeiten der Erstellung eines Instrumentariums zur Bewältigung der durch den wissenschaftlich-technischen Fortschritt hervorgerufenen Veränderungen der Produktivkraftstruktur besser Rechnung trug, als auch die Integrationswirkung seiner Konzeption: Der Staat solle durch »seine planende und ausgleichende Politik und durch Orientierungshilfen . . . die gesellschaftlichen Gruppen auf das Gemeinwohl« orientieren.[34]

So stellte sich die SPD Mitte der sechziger Jahre als eine Partei dar, die sich als modernere und effektivere Verwalterin des kapitalistischen Systems anbot und die darüberhinaus eine größere Loyalität der Arbeiterklasse dieser Gesellschaftsordnung gegenüber garantieren konnte.

33 Vgl. Karl Schiller, Schwerpunkte der Gesellschaftspolitik in Deutschland, Rede auf dem Dortmunder Parteitag der SPD 1966, in: Vorstand der SPD (Hrsg.), Protokoll der Verhandlungen des Parteitages der SPD vom 1.–5. Juni 1966 in Dortmund, Bonn o. J., S. 288 ff. Schiller führte hier über sein Konzept der »mündigen Gesellschaft« aus: »Die mündige Gesellschaft – ich will das in fünf Punkten kennzeichnen – ist begründet auf unserer heutigen Gesellschaft des sozialen und wirtschaftlichen Wettstreits, der Konkurrenz um die höchste Leistung . . . Zweitens: Die mündige Gesellschaft ist eine dynamische Gesellschaft . . . Drittens: Die mündige Gesellschaft setzt freie, aufgeklärte Menschen voraus . . . Viertens: . . . Sie anerkennt . . ., daß der Staat die Aufgabe hat, die gesellschaftlichen Gruppen durch seine planende und ausgleichende Politik und durch Orientierungshilfen auf das Gemeinwohl hinzuführen. . . . Fünftens: Unsere heutige Gesellschaft ist eine vielgegliederte Gesellschaft, und das wird und soll sie auch in der Mündigkeit bleiben. Sie umfaßt die Mannigfaltigkeit der Gruppen und Schichten: Arbeiter, Angestellte und Unternehmer, Selbständige und Unselbständige . . . Aber diese Gruppen müssen zur Kooperation kommen, nicht durch Formierung, sondern durch mündige Selbstverwaltung.« (Ebenda, S. 291.)

34 Ebenda, S. 291.

2. *Die Krise 1966/67 und die SPD in der Großen Koalition*

a) Zur ökonomischen und politischen Bedeutung der Krise 1966/67

Der zwar zyklische, aber doch relativ störungsfreie Verlauf der ökonomischen Entwicklung der BRD in den fünfziger und Anfang der 60er Jahre ging mit der Krise 1966/67 zu Ende. Über mehr als 1½ Jahrzehnte – seit der Gründung der BRD – konnte sich das kapitalistische System ohne wesentliche Krisenerscheinungen entwickeln und festigen. Der große Nachholbedarf der Nachkriegsphase in Westdeutschland, wie auch die günstigen Weltmarktbedingungen waren einige positive ökonomische Voraussetzungen für diese Entwicklung, mit der auch eine stetige – wenn auch langsame – Verbesserung des Lebensstandards der arbeitenden Bevölkerung einherging.

Der Konzentrationsprozeß des Kapitals konnte sich ohne wesentliche politische Störungen in dieser Phase vollziehen.[35] Der kapitalistischen Restauration war es weitgehend gelungen, die Arbeiterklasse der BRD mit militant antikommunistischer und antisozialistischer Indoktrination und dem Klima des Kalten Krieges zu demobilisieren, was durch die Möglichkeit real spürbarer ökonomischer Zugeständnisse unterstützt werden konnte.

So wurde in weiten Teilen der arbeitenden Bevölkerung das »Wirtschaftswunder« auf der Basis einer angeblich krisenfreien »sozialen Marktwirtschaft« und der »Sozialpartnerschaft« fest im Bewußtsein verankert und eine weitgehende Massenidentifikation mit ihnen erreicht, was politisch vorwiegend als Verdienst der CDU/CSU in über 15jähriger Regierungsausübung gewertet wurde.

Unter diesen Umständen mußten der scharfe Einbruch der Krise und ihre Folgen zu einer Verunsicherung führen, die die sorgsam aufgebaute und gehütete Integrationsideologie in Frage stellt oder ihr zumindest abträglich sein würde. Arbeitslosigkeit, Lohnabbau

35 Die sicherlich nicht unwesentlichen Aktionen zu Mitbestimmung und BVG Anfang der fünfziger Jahre wie auch die Kampagnen gegen Remilitarisierung und Atomtod – auf die im vorhergehenden eingegangen wurde – haben nie das Ausmaß eines wirklichen Störfaktors des kapitalistischen Entwicklungsprozesses in der BRD erreicht.

und zunehmende Unternehmerwillkür, die man ein für allemal in der Vergangenheit glaubte, wurden wieder Realität. Die gesetzmäßigen Widersprüche kapitalistischer Produktion, die zwar zeitweilig überlagert werden können, traten wieder offen hervor und würden künftig wieder stetiger fester Bestandteil der wirtschaftlichen Entwicklung sein.

Diese Krise mußte sowohl bei der Masse der abhängig Beschäftigten, als auch bei der CDU/CSU-Regierung und der SPD zu einer Ernüchterung führen, deren Folgen gesamtgesellschaftlich, wie auch bei der Sozialdemokratie innerparteilich und im Verhältnis zu den Gewerkschaften nachhaltige Wirkungen hinterlassen mußten, die die scheinbar weitgehend gelungene Integration der Arbeiterklasse in das kapitalistische System gefährden konnte.

Spätestens seit Anfang der sechziger Jahre zeichnete sich die Tendenz ab, die dann 1966 die Krise in ihrer konkreten Gestalt hervorbrachte. Mit dem Übergang vom extensiven zum intensiven Wachstum Ende der fünfziger Jahre beginnt eine Phase, »in der das wirtschaftliche Wachstum im Durchschnitt langsamer und zeitweilig sogar unterbrochen wurde.«[36] Die Veränderung der organischen Zusammensetzung des Kapitals unter dem Zwang der Bewältigung des wissenschaftlich-technischen Fortschritts und der Fall der Durchschnittsprofitrate, im Zusammenhang mit stagnierender inländischer Nachfrage und Verschärfung der internationalen Konkurrenz, sind einige ökonomische Rahmenfaktoren für die Überproduktion und Überakkumulation von Kapital, die sich seit Anfang der sechziger Jahre vollzieht und die sich zwangsläufig erst in der Krise reguliert. »Überproduktion von Kapital heißt nie etwas anderes als Überproduktion von Produktionsmitteln – Arbeits- und Lebensmitteln –, die als Kapital fungieren können, d. h. zur Ausbeutung der Arbeit zu einem gegebenen Exploitationsgrad angewandt werden können, indem das Fallen dieses Exploitationsgrades unter einen gegebenen Punkt Störungen und Stockungen des kapitalistischen Produktionsprozesses, Krisen, Zerstörung von Kapital hervorruft.«[37] Nicht verwertbare Werte, Kapital in Gestalt von Gütern

36 Margarete Tjaden-Steinhauer, Karl Hermann Tjaden, Klassenverhältnisse im Spätkapitalismus, Stuttgart 1973, S. 147.

37 Karl Marx, Das Kapital, Band III, in: MEW 25, Berlin 1968, S. 266.

aus dem Investitions- und Konsumtionsbereich sind die Formen, welche die Überproduktionskrise 1966/67 hervorbringt, Rückgang der Investitionen, sinkende Kapazitätsauslastung und Freisetzung des variablen Teils des Kapitals, also der menschlichen Arbeitskraft in größerem Umfang, sind Folgen dieses Prozesses.[38]

Der Widerspruch von Produktionsverhältnissen und Produktivkräften wirkt sich in der Art aus, daß das überschüssige Kapital entwertet wird, d. h. bis die Schwelle »lohnender Investitionsbedingungen« den Verwertungsprozeß wieder ankurbelt.

Auch für die Krise 1966/67 gilt die Marxsche Feststellung: »Die Krisen sind immer nur momentane gewaltsame Lösungen der vorhandenen Widersprüche, gewaltsame Eruptionen, die das gestörte Gleichgewicht für den Augenblick wiederherstellen.«[39]

Ein wesentliches Moment der Krise für die Entwicklung des Kapitals ist der sich unter diesen Bedingungen beschleunigt vollziehende Konzentrations- und Zentralisationsprozeß, die sprunghaft fortschreitende Monopolisierung. Gerade 1966/67 nahm der Konzentrationsprozeß ein bis dahin unbekanntes Ausmaß an,[40] was auch zunehmende Auswirkungen auf das Verhältnis von Ökonomie und Politik, von Wirtschaft und Staat hat.[41]

In dieser Situation wurde der nicht gerade zukunftsträchtige Versuch gemacht, die Krise als eine »abnormale« Erscheinung darzu-

38 Vgl. Ernest Mandel, Die deutsche Wirtschaftskrise, Lehren aus der Rezession 1966/67, Frankfurt/Main 1969, S. 10 ff.

39 Karl Marx, Das Kapital Band III, a.a.O., S. 259.

40 Vgl. Tjaden-Steinhauer, Tjaden, a.a.O., S. 158 ff. und 172 ff.; Karl Neumann, Konjunktur und Konjunkturpolitik, Frankfurt/Main 1972, S. 50. Jörg Huffschmid, Die Politik des Kapitals, Konzentration und Wirtschaftspolitik in der Bundesrepublik, Frankfurt/Main 1969, S. 36 ff. und 46 ff. Deutlich wird das Ausmaß des Konzentrationsprozesses, wenn man z. B. die Zahl der meldepflichtigen Zusammenschlüsse betrachtet, also der Fusionen, die nach § 23 »Gesetz gegen Wettbewerbsbeschränkung« (GWB) Unternehmen betreffen, von denen ein Beteiligter oder beide zusammen mindestens 20 Prozent Marktanteil oder ein Jahr vor dem Zusammenschluß 10 000 Beschäftigte oder 500 Millionen DM Umsatz oder eine Milliarde DM Bilanzsumme haben. »Während es in den Jahren 1958 bis 1960 im Schnitt nur 17,3 Fusionen gab, stieg ihre Zahl für die 4-Jahres-Periode 1961 bis 1964 auf durchschnittlich 32,2 und in den nächsten drei Jahren 1965 bis 1967 auf 52,7 meldepflichtige Zusammenschlüsse an.« Ebenda, S. 55.

41 Auf diesen Zusammenhang wird in Verbindung mit den gesetzlichen Maßnahmen der Regierung zur Krisenbewältigung noch einzugehen sein. Vgl. auch: Autorenkollektiv, Der Imperialismus der BRD, Berlin (DDR) 1971, S. 127 ff.

stellen, die lediglich auf eine falsche Finanzpolitik von Bundesbank und Bundesregierung zurückzuführen sei und die man bei entsprechenden Korrekturen beseitigen könne.[41a] Es mußte dabei wesentlich darum gehen, die Gesetzmäßigkeit der Krise im Kapitalismus zu leugnen. Kurt Schmücker (ehem. Wirtschaftsminister der CDU) ging später sogar soweit, von einer »Krise nach Maß« zu sprechen, der ein wohldurchdachter Plan zugrunde gelegen habe.[42]

Die Koalitionsregierung aus CDU/CSU und FDP war nicht in der Lage, adäquat auf die einsetzende Krise zu reagieren, wenngleich sich bereits 1964/65 die Erkenntnis dort einstellte, daß eine Wende in der ökonomischen Entwicklung eintreten wird,[43] die neue wirtschaftspolitische Maßnahmen erfordert.[44] Die sich entwickelnden Differenzen zwischen CDU/CSU und FDP in der Regierung, die schließlich mit dem Rücktritt der FDP-Minister,[45] welche den zunehmenden Verfall der Regierungspolitik nicht weiter mitverantworten wollten, zur weitgehenden Handlungsunfähigkeit des Kabinetts und zu Meinungsunterschieden in der CDU/CSU führten, verschärften die politische Situation. Gerade die in dieser Situation zur ökonomischen und politischen Sicherung des Systems notwendigen Maßnahmen erforderten eine funktionsfähige und »starke«

41a So z. B. im »Jahresgutachten 1967« des Sachverständigenrates zur Begutachtung der gesamtwirtschaftlichen Entwicklung, Bundesrat-Drucksache 600/1967.

Daß die Krise ab 1966/67 zu einem ständigen Begleiter der wirtschaftlichen Entwicklung geworden ist, zeigt sich bis heute, auch bei veränderter Fiskalpolitik. Richtig ist, daß eine Reihe von wirtschaftspolitischen Maßnahmen der Erhard-Regierung verstärkend auf die Krise wirkten, z. B. die Kreditpolitik, die prozyklisch wirkte, wie auch die Erhöhung von Verbrauchersteuern Anfang 1967. Vgl. dazu: Karl Neumann, a.a.O., S. 48. Jahresgutachten 1967, a.a.O., S. 76 ff.

42 Vgl. Emil Bandholz, Zwischen Godesberg und Großindustrie oder Wo steht die SPD?, Reinbek bei Hamburg 1971, S. 26. Wenngleich dies sicherlich nicht eine gemachte Krise war, so liegt in der Äußerung Schmückers doch eine arbeiterfeindliche Schärfe, die in aller Deutlichkeit seine Grundhaltung offenlegt.

43 Vgl. dazu z. B. Erhards Ausführungen auf dem Düsseldorfer CDU-Parteitag vom 28.–31. März 1965, in: Protokoll, Düsseldorf 1965.

44 So faßte die Regierung Erhard bereits am 11. April 1964 einen Beschluß für neue gesetzliche Maßnahmen zum staatlichen Eingriff in das Wirtschaftsgeschehen, aus dem am 4. Juli 1966 ein Entwurf für ein »Gesetz zur Förderung der wirtschaftlichen Stabilität« entstand, das dann am 30. Juni 1967 – also ein halbes Jahr nach dem Zustandekommen der Großen Koalition – mit Änderungen der SPD als »Gesetz zur Förderung der Stabilität und des Wachstums der Wirtschaft« verabschiedet wurde. Vgl. dazu: Jörg Huffschmid, a.a.O., S. 153. Bundesgesetzblatt Nr. 32 vom 13. Juni 1967.

45 Zur Auseinandersetzung um die Deckung des Haushaltsdefizits vgl.: Ernst Deuerlein, a.a.O., S. 83 f.

Regierung, die einerseits das Vertrauen des Monopolkapitals besitzen mußte und andererseits – zu diesem Zeitpunkt besonders wichtig – auch die notwendige Integrationskraft gegenüber der Arbeiterklasse und ihren Gewerkschaften ausüben konnte.

Daß dies für die letztgenannte Funktion nicht die Regierung Erhard sein konnte, wurde auch zunehmend innerhalb der CDU/CSU erkannt. Diese hatte mit Erhards »Maßhalteappellen« und Aussagen, wie »Wenn das deutsche Volk nicht hören will, dann muß es halt eben fühlen«[46] stark an Integrationskraft verloren.

Unter diesen Bedingungen blieb nur der Ausweg der Einbeziehung der SPD in die Regierung, was von dieser seit langem angestrebt wurde.

b) Die Regierungsbeteiligung der SPD und die Entwicklung zur Großen Koalition

Wenngleich in der Partei die Diskussion um die Beteiligung der SPD an einer CDU/CSU-Regierung bis zur Großen Koalition praktisch nicht geführt wurde, liefen die Vorbereitungen und Bemühungen darum inoffiziell doch bereits nachweisbar seit 1960.

Selbst auf dem Dortmunder Parteitag vom 1. bis 5. Juni 1966 und in dessen Vorfeld gab es keine Diskussion um eine mögliche Große Koalition[47] – die sechs Monate später bereits stand –, wenngleich auch dort weitere Zeichen für das Zustandekommen eines solchen Regierungsbündnisses gesetzt wurden. So beispielsweise durch die Bestätigung der grundsätzlichen Zustimmung zu den Notstandsgesetzen und durch die Annahme einer »Innenpolitischen Plattform«[48], die geeignet war, in ein Regierungsprogramm einzugehen, wie es bald zustandekam.

46 Stenographische Berichte, Verhandlungen des 5. Deutschen Bundestages, 55. Sitzung vom 14. September 1966, S. 2667.

47 Wehner erklärte z. B. eindeutig, daß eine Große Koalition aktuell nicht anstehe. Vgl. Parlamentarisch-Politischer-Pressedienst, zit. nach: Die Andere Zeitung Nr. 2, 1966, S. 2.

48 Vgl. Kundgebungen und Entschließungen des Parteitages von Dortmund 1966, in: Jahrbuch 1966/67, S. 287 ff. Zur Diskussion und Abstimmung gerade um den Abschnitt »Notstandsrecht« (20 Gegenstimmen, 12 Enthaltungen) vgl.: Protokoll der Verhandlungen des Parteitages der Sozialdemokratischen Partei Deutschlands vom 1. bis 5. Juni 1966 in Dortmund, Bonn o. J., S. 762.

Zur Einordnung dessen, was sich ab November 1966 realisierte, ist es erforderlich, aufzuzeigen, welche bisher bekannten konkreten Schritte für ein Regierungsbündnis zwischen CDU/CSU und SPD bis dahin vollzogen wurden.

Die Aufgabe des Deutschland-Plans der SPD durch die Bundestagsrede Herbert Wehners am 30. Juni 1960 sollte das letzte Hindernis für eine Regierungszusammenarbeit mit den Unionsparteien aus dem Weg räumen. Wehners Ausführungen lassen an Eindeutigkeit nichts zu wünschen übrig: »Nach unserer Ansicht jedenfalls sind die Zeichen der Zeit so zu deuten: Nicht Selbstzerfleischung, sondern Miteinanderwirken im Rahmen des demokratischen Ganzen, wenn auch in sachlicher innenpolitischer Gegnerschaft. . . . Aber ein Feindverhältnis, wie es von manchem gesucht und angestrebt wird, tötet schließlich die Demokratie, so harmlos das auch anfangen kann. Das geteilte Deutschland, meine Damen und Herren, ich will Sie damit nicht belehren. Sie wissen das wahrscheinlich zum größten Teil selbst, kann nicht unheilbar miteinander verfeindete christliche Demokraten und Sozialdemokraten ertragen.«[49]

Ab diesem Zeitpunkt werden Angebote und Bemühungen konkreter. »Von nun an verfolgte die SPD konsequent das Ziel der Aufnahme in die Große Koalition.«[50]

Nach dem 13. August 1961 (Mauerbau in Berlin) – so äußerte sich Wehner im November 1966 – habe die SPD, »wenn auch vergeblich . . . die Allparteienregierung empfohlen und angeboten.«[51] »Im Herbst 1961 forderten Brandt und Wehner wegen der schwierigen außenpolitischen Situation eine ›Regierung der nationalen Konzentration‹. Nach den Wahlen im Herbst 1961 kam es immerhin schon zu Koalitionsverhandlungen zwischen Adenauer und der SPD.«[52]

49 Stenographische Berichte, Verhandlungen des 3. Deutschen Bundestages, Sitzung vom 30. Juni 1960, zit. nach: Die Große Koalition 1966–1969 – Eine historische Bestandsaufnahme, Red.: Alois Rummel, Freudenstadt 1969, S. 23.

50 Claudia von Braunmühl, Kalter Krieg und friedliche Koexistenz, Frankfurt/Main 1973, S. 28.

51 Günter Gaus, a.a.O., S. 70, vgl. auch S. 118.

52 Rolf Zundel, Die Große Koalition – eine demokratische Todsünde? in: Alois Rummel, a.a.O., S. 30. Vgl auch: Willy Brandt, Rede zur Regierungserklärung am 6. Dezember 1961, in: Stenographische Berichte, Verhandlungen des 4. Deutschen Bundestages, 6. Sitzung, S. 58.

Die »Spiegelaffäre« 1962 war neuer Anlaß zu Konsultationen zwischen CDU und SPD, um der in Zwänge und Schwierigkeiten geratenen Adenauer-Strauß-Regierung Hilfe leisten zu wollen, die zu diesem Zeitpunkt jedoch darauf noch verzichten konnte. Es wurde bekannt, daß »Herbert Wehner schon am 26. November 1962 mit Bundesminister Paul Lücke vertrauliche Gespräche über die Bildung einer Großen Koalition geführt hatte.«[53] Ebenso mit dem Adenauer-Vertrauten Frh. von Guttenberg.[54] Wehner bestätigte, daß er 1962 über eine Regierungszusammenarbeit mit der CDU verhandelt habe.[55]

Im September 1964 verhandelte Wehner mit dem CDU/CSU-Fraktionsvorsitzenden Heinrich von Brentano mit dem Ergebnis, »bis zur Bundestagswahl 1965 . . . keine Verhandlungen über eine Große Koalition zu führen . . . aber dafür zu sorgen, daß nach der Wahl die beiden großen Parteien miteinander eingehend darüber sprechen.«[56]

1965 wurde in Teilen der CDU/CSU das Interesse größer. »Noch vor der Wahl 1965 hat der langjährige Bundeskanzler Adenauer nicht nur über die Möglichkeit, sondern aufgrund seiner Vorstellungen von der weiteren politischen Entwicklung sogar die Notwendigkeit einer Koalition zwischen CDU und SPD dargelegt und vertreten.«[57] Dies bestätigt ein Aufsatz Adenauers »Möglichkeiten einer Koalition«, worin er deutlich darlegt, daß man die SPD für die Notstandsgesetze, für Lohnmäßigungen und Kürzung der Sozialausgaben brauche.[58]

Zwar lehnte Erhard die Große Koalition zu diesem Zeitpunkt noch kategorisch ab,[59] aber die Befürworter innerhalb der CDU/CSU nahmen rasch zu.

Helmut Schmidt machte nach der Bundestagswahl 1965 ein klares

53 Hans See, Volkspartei im Klassenstaat, Reinbek bei Hamburg 1972, S. 112. Vgl. auch Ernst Deuerlein, a.a.O., S. 52; Alfred Grosser, Jürgen Seifert, Die Spiegelaffäre I, Staatsmacht und ihre Kontrolle, Olten-Freiburg i. Br. 1966, S. 206.

54 Vgl. Die Andere Zeitung Nr. 2, 1966 (Januar 1966).

55 Günter Gaus, a.a.O., S. 117.

56 Ebenda.

57 Ebenda.

58 Vgl. Die Politische Meinung, Heft 108, 1965, S. 13 ff.

59 Vgl. Der Spiegel Nr. 37, 1965, S. 42.

Koalitionsangebot an die CDU/CSU zur »Gemeinsamkeit mit der Kanzlerpartei in den nationalen Grundfragen.«[60]

Mit den 1966 immer deutlicher werdenden Formen der Krise, der offensichtlichen Unfähigkeit der Erhard-Regierung zur Lösung der anstehenden Probleme und schließlich dem Rücktritt der FDP-Minister am 27. Oktober 1966 wurde der Weg zur Bildung einer Großen Koalition frei.

Am 11. November 1966 veröffentlichen Parteivorstand und Bundestagsfraktion der SPD eine sieben Punkte umfassende Erklärung[61] mit Gesprächsangeboten an die übrigen im Bundestag vertretenen Parteien »zur Überwindung der Regierungskrise« und erheben den Anspruch, auf der Basis eines »Sachprogramms« mit »über die Benennung des neuen Bundeskanzlers befinden zu wollen.«[62] Der Parteivorstand beauftragt eine Verhandlungskommision aus: Brandt, Wehner, Möller, Schiller, Schmidt und später noch Heinz Kühn, die Verhandlungen um die neue Regierung zu führen und kündigt ein »8-Punkte-Programm«[63] als Verhandlungsplattform an, das am 12. November von der SPD-Bundestagsfraktion veröffentlicht wird.

Für die SPD-Führung stand sehr schnell fest, daß es nur um eine Große Koalition mit der CDU/CSU gehen konnte. Ein Bündnis mit der FDP wurde wegen deren Unzuverlässigkeit und der zu geringen Mehrheit abgelehnt.[64]

Die Einigung über eine gemeinsame Regierung mit der CDU/CSU kam schnell zustande. Wesentliche Forderungen des »8-Punkte-Programms« der SPD, die mit staatsmännischer »Verantwortung für Deutschland« der Krisensituation in der BRD Rechnung trugen, wurden von der CDU/CSU übernommen und fanden sich in der gemeinsamen Regierungserklärung vom 13. De-

60 Zit. nach Lorenz Knorr, in: Die Andere Zeitung Nr. 2, 1966, S. 4.

61 Abgedruckt in: Jahrbuch 1966/67, S. 353 f.

62 Ebenda. In dieser Erklärung wird u. a. bedauert, daß CDU/CSU und FDP nicht bereit sind, die Forderung nach Neuwahlen zu unterstützen. Gleichzeitig nimmt damit auch die SPD davon abstand.

63 Text des »8-Punkte-Programms«, in: Jahrbuch 1966/67, S. 354 ff., sowie in: Bestandsaufnahme 1966, Hrsg. vom Vorstand der SPD, Bonn (Dezember) 1966, S. 19 ff.

64 Vgl. die Ausführungen Brandts auf einer SPD-Arbeitstagung am 27. November 1966, in: Tatsachen – Argumente Nr. 219/66, Hrsg. vom Parteivorstand der SPD, Bonn o. J., S. 6. Ferner: »Der Partner FDP«, in: Bestandsaufnahme 1966, a.a.O., S. 48 ff.

zember 1966[65] wieder. Dies gilt insbesondere für die wirtschafts- und finanzpolitischen Teile,[66] worin bereits die wesentlichen Maßnahmen skizziert sind, die dann in der Regierungstätigkeit umgesetzt wurden, weniger für die Ansätze der Außenpolitik gegenüber dem Osten.

Am 1. Dezember 1966 stand die Regierung der Großen Koalition aus SPD und CDU/CSU unter Bundeskanzler Kurt Georg Kiesinger, der im Bundestag mit 356 Ja-, 112 Nein-Stimmen und 26 Enthaltungen gewählt wurde.

c) Durchsetzung der Großen Koalition innerhalb der SPD

»Die Bildung der Großen Koalition des Jahres 1966 gehört in die Reihe der parteiintern hart umstrittenen politischen Entscheidungen in der Geschichte der deutschen Sozialdemokratie.«[67] Es kostete die Parteiführung erhebliche Kraftanstrengungen, ihre Politik innerhalb der Partei durchzusetzen. Wenngleich sie dies mit aller Entschlossenheit und gegen jeden Widerstand durchzusetzen beabsichtigte, so ging es doch nicht ohne Reibungsverluste.

Nicht zu Unrecht wird deshalb gerade die Bildung der Großen Koalition als ein Punkt innerparteilichen Konflikts bezeichnet, der in der zweiten Hälfte der sechziger Jahre wieder zu Ansätzen innerparteilicher Opposition in der SPD mit beiträgt.[68]

Zwar wurde von seiten der SPD-Führung in der Phase der Bildung wie auch während der Regierung der Großen Koalition immer

65 Vgl. Bestandsaufnahme 1966, a.a.O., S. 103 ff.

66 Dies sind insbesondere die Punkte 5 bis 8 des 8-Punkte-Programms, vgl. ebenda, S. 23 ff.

67 Susanne Miller, a.a.O., S. 45. Diese richtige Feststellung von Susanne Miller wird von ihr jedoch sofort dahingehend gewendet, daß die Entscheidung zur Großen Koalition die einzig richtige für die SPD war, wofür ihr Erfolg ab 1969 sprechen würde. Andere Möglichkeiten in der Situation, wie sie auch in der Partei erörtert wurden, werden von ihr erst gar nicht weiter untersucht. Sie übernimmt apologetisch die Argumentation der Parteiführung: eine Koalition mit der FDP oder das Erzwingen von Neuwahlen seien zu risikoreich. Vgl. ebenda S. 45 f.

68 Vgl. Gert Börnsen, Innerparteiliche Opposition, Hamburg 1969. So wurde z. B. in einigen Bezirken der SPD die Kandidatenaufstellung und -unterstützung zur Bundestagswahl 1969 von den Jungsozialisten vom Verhalten der Kandidaten zur Großen Koalition und zu den Notstandsgesetzen abhängig gemacht. Vgl. ebenda, S. 71 ff.

wieder betont, daß es sich nur um ein Bündnis auf Zeit handeln könne, doch auch damit konnten sogar Teile der Führungsgremien der Partei wie auch der Bundestagsfraktion nicht überzeugt werden. Um so schwerer fiel es, in der Gesamtpartei ein Votum dafür zu finden, daß die SPD dem ehemaligen NSDAP-Mitglied Kiesinger zur Wahl zum Bundeskanzler verhalf und gemeinsam mit einem Franz Josef Strauß in ein Kabinett einzog.

Auf einer internen Arbeitstagung der SPD am 28. November 1966, auf der es zu sehr kontroversen Diskussionen kam, ging Willy Brandt sogar soweit, die Anwesenden über die »festen demokratischen Traditionen« der CDU/CSU zu belehren. Er sagte: »Aber, liebe Freunde, man darf dabei auch nie vergessen, daß diese Union in ihrer Vielfältigkeit in dieser deutschen Nachkriegsgeschichte auch die Partei von Männern des Widerstandes, wie Jakob Kaiser, Theodor Stelzer und Eugen Gerstenmaier, gewesen ist und ist von unzweifelhaften und untadeligen Demokraten, wie Heinrich von Brentano einer war und Paul Lücke einer ist oder wie, um einen der Jüngeren zu nennen, Ernst Benda in der CDU/CSU-Bundestagsfraktion einer ist.«[69]

Mit deutlicher Mehrheit billigten am 28. November 1966 Parteivorstand/Parteirat/Kontrollkommission (73 gegen 19 Stimmen) und die Mehrheit der 187 anwesenden (von 217) Mitglieder der Bundestagsfraktion (126 Ja, 53 Nein, 8 Enthaltungen) den Entschluß zur Großen Koalition.[70]

Der Regierungsbildung folgten umfangreiche innerparteiliche Aktivitäten der SPD-Führung zur Rechtfertigung ihres Vorgehens. In einer ungewöhnlich großen Zahl von Bundeskonferenzen, Gebietskonferenzen, Arbeitstagungen, Mitgliederbriefen, Flugschriften und Dokumentationen[71] wurde versucht, die Parteibasis bei der Stange zu halten.

69 Tatsachen–Argumente Nr. 219/1966, S. 5.

70 Vgl. Bestandsaufnahme 1966, a.a.O., S. 41 f.

71 Vgl. Jahrbuch 1966/67, S. 166 f., S. 168 ff. So fanden innerhalb eines Jahres auf Bundesebene statt: Bundeskonferenz der SPD in Bad Godesberg am 17. und 18. Dezember 1966; Parlamentarische Arbeitskonferenz der SPD 1967, am 24. und 25. Februar 1967 in Bonn; 43 Gebietskonferenzen in der ganzen BRD, an denen »über 16 000 Mitarbeiter der Partei teilnahmen«; Bundeskonferenz der SPD 1967 vom 13.–15. November 1967 in Bad Godesberg; vgl. dazu die Protokolle dieser Konferenzen, hrsg. vom

Wie weit der Widerspruch dazu in der SPD ging, wurde 1966 in NRW deutlich, als in der Folge des für die SPD positiven Landtagswahlergebnisses (Juli 1966) der CDU-Ministerpräsident zurücktreten mußte und am 8. Dezember 1966 eine SPD/FDP-Regierung unter Heinz Kühn zustandekam. Dies jedoch nur dadurch, daß die sozialdemokratische Landtagsfraktion nicht bereit war, Kühns Absicht der Bildung einer Großen Koalition analog der Bundesregierung in NRW zuzustimmen.[72]

Als die Parteiführung 1968 auf dem Parteitag in Nürnberg eine ausdrückliche Unterstützung der Großen Koalition forderte (Willy Brandt: »Damit wir hier von Anfang an nicht in Unverbindlichkeiten bleiben: der Parteivorstand erbittet die ausdrückliche Billigung der Ende 1966 getroffenen Entscheidung«),[73] kam es zu Auseinandersetzungen, wie es sie seit 1959 nicht mehr auf Parteitagen gegeben hatte. Erstmalig wieder äußerte sich eine erwähnenswerte Opposition gegen den rechten Kurs der Parteiführung. So kam bei der Abstimmung des Teils 1 (Billigung der Großen Koalition) der Plattform »Beitrag der SPD zu aktuellen Problemen der deutschen Politik«[74] folgendes Ergebnis zustande: 173 Ja-, 129 Nein-Stimmen und 3 Enthaltungen,[75] ein nicht gerade überwältigender Vertrauensbeweis.

Wie klar und konsequent die Linie des Parteivorstandes in der Frage der Großen Koalition gegenüber innerparteilichem Widerspruch schon unmittelbar vor ihrer Installierung war, wird aus einer Meldung der Frankfurter Rundschau vom 1. Dezember 1966 klar: »Der Zynismus, mit dem aus der Umgebung Wehners und Brandts verlautete, man habe den Austritt von zehn Prozent der Mitglieder und die Gründung einer Unabhängigen Sozialdemokratischen Partei Deutschlands einkalkuliert, hat sehr ernüchternd gewirkt. Eine entsprechende Äußerung, die beispielsweise Carlo Schmid tat, wird

Vorstand der SPD. Jahrbuch 1966/67, S. 168 ff. Bestandsaufnahme 1967 – Ergebnisse sozialdemokratischer Arbeit in der Großen Koalition, hrsg. vom Vorstand der SPD, Bonn 1967. Claudia von Braunmühl, a.a.O., S. 38.

72 Vgl. Jahrbuch 1966/67, S. 124. Susanne Miller, a.a.O., S. 46.

73 Protokoll der Verhandlungen des Parteitages der Sozialdemokratischen Partei Deutschlands vom 17.–21. März 1968 in Nürnberg, Bonn, o. J., S. 78.

74 Vgl. Antrag 378, ebenda, S. 993 ff.

75 Vgl. ebenda, S. 254.

vielfach so gedeutet, daß die SPD-Führung mit der Bildung einer Großen Koalition in Bonn geradezu die Hoffnung verknüpfte, der linke SPD-Flügel und namentlich die kritischen Intellektuellen würden sich von der Partei lossagen, so daß künftig ›Ruhe im Parteivolk‹ herrschen würde. Diese Spekulation dürfe nicht aufgehen, heißt es nun.«[76]

d) Die Funktion der SPD bei der Krisenbewältigung

Sowohl von der CDU/CSU und den Unternehmerverbänden, als auch von der SPD-Führung wurde die Notwendigkeit und die Bedeutung der Beteiligung von Sozialdemokraten an der Bundesregierung zur Bewältigung der durch die Krise verschärften ökonomischen und politischen Bedingungen klar erkannt. Adenauer hatte von der erforderlichen Integrationskraft gegenüber der arbeitenden Bevölkerung gesprochen, welche die SPD mitbringen würde. Willy Brandt drückte dies ein Jahr nach Bildung der Großen Koalition so aus: »Die SPD hat sich dabei als die Kraft erwiesen, die entscheidend zur Festigung der staatlichen, finanziellen und wirtschaftlichen Ordnung beigetragen, ja sie erst wieder möglich gemacht hat. Nur so konnte Vertrauen in die staatliche und politische Führung zurückgewonnen werden, das in Gefahr stand, leichtfertig verspielt zu werden.«[77] Weiter führte er anläßlich der Bundeskonferenz der SPD 1967 aus: »Sie (die Entscheidung zur Großen Koalition – d. Verf.) fiel auch nicht, weil wir unbedingt einmal ›mitregieren‹ wollten, sondern weil sie in der gegebenen Lage politisch notwendig war, um eine Krise der Wirtschaft und des Staates abzuwenden«. Und: »In der Bevölkerung hat man im vergangenen Herbst nicht gewußt, wie weit der Zerfall der staatlichen Autorität vorgeschritten war.«[78]

Diese Aussagen lassen an Klarheit nichts zu wünschen übrig, insbesondere dann, wenn man auch die Verabschiedung der Not-

76 Frankfurter Rundschau vom 1. Dezember 1966, S. 5.

77 Willy Brandt, Erklärung zum Jahrestag der Bildung der Großen Koalition, Bonn 1. Dezember 1967, in: Jahrbuch 1966/67, S. 373.

78 Protokoll der Bundeskonferenz der SPD 1967, 13.–15. November 1967 in Bad Godesberg, S. 11 f.

standsgesetze – zwar gegen die Stimmen eines Teils der sozialdemokratischen Bundestagsabgeordneten – durch die Große Koalition mit einbezieht. Sie beinhalten die völlige Identifikation mit den Grundfesten des bestehenden politischen und wirtschaftlichen Systems und lassen selbst die integrationistischen Aussagen des Godesberger Programms noch hinter sich. Auf dem Nürnberger Parteitag der SPD 1968 führte Willy Brandt dies präzise aus, als er sagte, daß dieser Staat nach 15 Monaten Großer Koalition noch mehr als je zuvor der Staat der SPD im Positiven und im Negativen sei.[79]

Kontrastiert man die Feststellungen des Vorsitzenden der SPD und Bundesaußenministers nach einem Jahr Regierungsbeteiligung mit einer »Orientierungshilfe« des »Industriekurier« vom 24. Januar 1967: »Die engen Verbindungen zwischen SPD und den Gewerkschaften, die bisher als Einfluß der Gewerkschaften auf die Sozialpolitik der SPD in Erscheinung traten, müssen jetzt umgekehrt die Einflußnahme der SPD auf die Gewerkschaftsführer ermöglichen«, so deutet dies die Richtung des »Erfolges« an, die gerade anhand der Wirtschaftspolitik deutlich wird.

Zweifellos war die SPD der Partner in der Regierung, der die für die Erhaltung der Massenloyalität und die Effektivierung des Systems wichtigeren Initiativen einbrachte. Dabei waren ihre Forderungen und Vorschläge so angelegt, daß sie keine Veränderungen an den politischen und ökonomischen Verhältnissen bewirken konnten, die gegen die Interessen der Herrschenden gerichtet gewesen wären. Im Gegenteil, gerade in der Krisenphase und ihrer Folge mußte auch diesen an einer integrationistischen Variante der Politik gelegen sein.

Als das herausragende Moment der Politik der Großen Koalition gilt allgemein die Wirtschafts- und Finanzpolitik – zumindest im Verlauf der Krise und der unmittelbaren Folgezeit. Die hauptsächlich durch Wirtschaftsminister Karl Schiller (SPD) geprägten wirtschaftspolitischen Maßnahmen wurden dann auch von der SPD als ihre große Leistung zur ›Rettung der Wirtschaft und der Arbeitsplätze‹ herausgestellt und gemeinsam mit der Person Karl Schiller zur ›Wahlkampflokomotive‹ im Bundestagswahlkampf 1969.

79 Vgl. Parteitagsprotokoll Nürnberg 1968, a.a.O., S. 82.

Gegen die andauernde Krise versuchte Wirtschaftsminister Schiller in enger Kooperation mit Finanzminister Strauß bereits kurze Zeit nach der Bildung des neuen Kabinetts mit neuen Mitteln anzugehen. Im Januar/Februar 1967 gab es eine Finanzspritze für die Wirtschaft in Form eines Eventualhaushaltes in Höhe von 2,5 Mrd. DM, dem kurzfristig ein Nachtragshaushalt mit wiederum 5,2 Mrd. DM folgte. Die Abschreibungssätze wurden erhöht und innerhalb der ersten fünf Monate des Jahres 1967 insgesamt viermal der Diskontsatz gesenkt.[80]

Diese Maßnahmen sollten eine Ankurbelung der ›Unternehmertätigkeit‹, also eine Förderung der ›Investitionsneigung‹ bewirken, um die Krise zu überwinden. Inwiefern dies direkt wirkte, läßt sich hier nicht genau aufzeigen. Eine unmittelbare ›Konjunkturankurbelung‹ in erforderlichem Maße gab es jedenfalls nicht. Klar ist auch, daß sich die notwendige gesetzmäßige Kapitalentwertung dieser Überproduktionskrise bis zur Schwelle neuer Profitmöglichkeiten vollzog, ebenso wie davon ausgegangen werden muß, daß ein großer Teil der Mittel der eingesetzten Eventualhaushalte und ihre Folgewirkungen eigentlich erst nach Überwindung der ›Talsohle‹ im Wirtschaftsprozeß voll zur Wirkung kam und schließlich auch zur ›Überhitzung der Konjunktur‹ 1968/69 – wie man das damals nannte – beitrug.

Zentraler Punkt der neuen Wirtschaftspolitik der Großen Koalition war das mit dem »Stabilitätsgesetz« geschaffene umfassende Instrumentarium staatlicher Regulierungs- und Interventionsmöglichkeiten. Die endgültige Fassung dieses Gesetzes, das am 14. Juni 1967 in Kraft trat, geht von dem Anspruch aus, das gesamtgesellschaftliche Gleichgewicht im Rahmen der Marktwirtschaft in den Mittelpunkt zu stellen, wozu als planerische Momente ein Jahreswirtschaftsbericht der Bundesregierung, eine fünfjährige Finanzplanung und die Erstellung mehrjähriger Investitionsprogramme vorgesehen sind.[81]

Das Stabilitätsgesetz sieht folgende konkrete Instrumentarien zur Konjunktursteuerung vor: Konjunkturausgleichsrücklagen, Maß-

80 Vgl. Emil Bandholz, a.a.O., S. 31. Jörg Huffschmid, a.a.O., S. 163.
81 Vgl. ebenda S. 157.

nahmen zur Kontrolle der Haushaltswirtschaft und Kreditermächtigung von Ländern und Kommunen (hierzu war auch eine Grundgesetzänderung erforderlich, die den Eingriff in die Haushaltswirtschaft der Länder und Gemeinden ermöglichte), Unterordnung der Haushaltswirtschaft von Bund und Ländern unter die »gesamtwirtschaftlichen Erfordernisse«, Änderungsmöglichkeiten des Einkommensteuergesetzes, Gewährung von Sonderabschreibungen und degressiver Abschreibung, Möglichkeit der Erhöhung der Steuersätze bis zu 10 Prozent usw.[82] Von besonderer Bedeutung ist dabei, daß alle diese Instrumentarien nicht jeweils durch den Bundestag beschlossen werden, sondern per Rechtsverordnung durch die Bundesregierung (zum Teil ist die Zustimmung des Bundesrates erforderlich) erlassen werden. Damit wird die Bundesregierung zu einer letztlich parlamentarisch unkontrollierbaren Wirtschafts- und Finanzpolitik ermächtigt und der sonst so hoch gepriesene Parlamentarismus in einem wesentlichen Bereich weiter ausgehöhlt.

Treffend bewertet Jörg Huffschmid das Gesetz zusammenfassend so: »Die Stabilisierung, die das Gesetz meint, ist die Stabilisierung der Herrschaft des Kapitals, und Wachstum, das das Gesetz fördern will, ist die Expansion des konzentrierten Kapitals über die gesamte Gesellschaft.«[83]

Die »Konzertierte Aktion«, ein Kernstück des Stabilitätsgesetzes, wurde im § 3 institutionalisiert, wenngleich sie zu diesem Zeitpunkt bereits existierte und »erfolgreich« arbeitete. Die Funktion dieser Institution unter dem Vorsitz des Wirtschaftsministers und der Teilnahme von acht Organisationen, davon sechs Verbänden des Kapitals sowie die IG-Metall und der DGB[84] liegt darin, die Tarifautonomie der Gewerkschaften abzubauen und diese den Konjunktur- und Profitinteressen des Monopolkapitals zu unterwerfen. Hier nimmt die bereits ausgeführte Integrationskraft der SPD in der Bundesregierung konkrete Formen an – und das in den ersten Jahren ih-

82 Vgl. ebenda, S. 157 ff. Hier werden von Huffschmid auch die wichtigsten Paragraphen des Gesetzes analysiert.

83 Ebenda, S. 160.

84 Vgl. Emil Bandholz, a.a.O., S. 40. Bandholz liefert auch den interessanten Hinweis, daß nicht einmal die Organisationen des kleinen und mittleren Kapitals in der »Konzertierten Aktion« vertreten sind.

res Wirkens mit großem Erfolg. Die Durchsetzung von Lohnleitlinien – auch häufig »Orientierungsdaten« genannt – gegenüber den Lohnabhängigen und ihren Gewerkschaften, also die Unterwerfung unter eine einseitige staatliche Einkommenspolitik, begründet die Existenz der »Gesprächsrunde«, die im Februar/März 1967 erstmals tagte. Die klassenmäßige Funktion der »Konzertierten Aktion« wird treffend vom ›Industriekurier‹ vom 16. Dezember 1969 – also in einer Phase wirtschaftlichen Aufschwungs – charakterisiert: »Eine Einkommenspolitik, die . . . versucht, auch die Ansprüche der Unternehmer an das Sozialprodukt abzustimmen und sie auf das jeweilige vernünftige Maß auszurichten, ist eine marktwirtschaftliche Absurdität . . . ›Einkommenspolitik‹ kann nur dann einen Inhalt haben, wenn sie sich auf die Lohnpolitik der Gewerkschaften bezieht.« Entsprechend vollzog sich auch die Argumentation der Regierungsmitglieder, gestützt auf die zu diesem Zeitpunkt recht große Loyalität der arbeitenden Bevölkerung. So wurde beispielsweise die Anbindung der Lohnerhöhungen an die Wachstumsrate der Produktivität gefordert, davon jedoch sofort wieder Abstand genommen, als die Produktivität stark anstieg und die Löhne stagnierten (z. B. Ende 1967),[85] womit die Zweckrichtung der Argumentation offensichtlich wird. Gleichfalls wurde viel von »sozialer Symmetrie« gesprochen, die nach dem damaligen sozialdemokratischen Staatssekretär Arndt beispielsweise schon bei 7,5 Prozent Steigerung der Lohn- und Gehaltsmasse und gleichzeitiger Steigerung der Unternehmergewinne um 15 Prozent existiert.[86]

Trotz erheblichen Widerstandes aus den Reihen der Gewerkschaften unterwarfen sich ihre Führer der »Konzertierten Aktion«, was unter einer Regierung ohne Beteiligung der SPD kaum denkbar gewesen wäre, und verhielten sich dem Kapital gegenüber mehr als loyal – ein wesentliches Moment, das zum Anwachsen der innergewerkschaftlichen Kritik führte und seinen konkreten Ausdruck in den Septemberstreiks und anderen nicht von den Gewerkschaftsführungen angeleiteten Arbeitskämpfen fand. Minister Schiller würdigte dies im März 1968 so: »Die Entscheidung der IG-Metall, die

85 Vgl. Ernest Mandel, a.a.O., S. 34 f.

86 Vgl. ebenda, S. 35 (Arndt gegenüber der »Hannoverschen Presse« am 10. Mai 1968).

Tarifverträge nicht sofort zu kündigen und zentrale Verhandlungen anzustreben, zeigt: Hier ist der Geist der Konzertierten Aktion lebendig.«[87]

Mit der Großen Koalition trat auch die Diskussion um die Nostandsgesetze in die entscheidende Phase. Von der CDU/CSU bereits seit 1958 zur Absicherung der bestehenden Verhältnisse im Falle stärkerer Krisen gefordert, hatte sich die SPD doch zunächst differenziert zu einem Notstandsrecht verhalten, das im »Notstandsfalle« zentrale Grundrechte aufheben konnte. Gewerkschaften, wesentliche Teile der Sozialdemokratie in gemeinsamer Aktion mit anderen Demokraten führten über viele Jahre hin den Kampf gegen jegliche Notstandsgesetze. Diese Antinotstandsbewegung wurde zu einer der größten und bedeutendsten politischen Mobilisierungen der demokratischen Kräfte in der Geschichte der BRD, wenngleich sie die Verabschiedung im Jahre 1968 nicht verhindern konnte.

Möglich wurden diese Gesetze erst durch die Mehrheit einer Großen Koalition im Bundestag, wie dies von Adenauer richtig eingeschätzt worden war.[88]

Der Parteitag der SPD 1966 – unmittelbar vor Bildung der Großen Koalition – hatte noch einmal bekräftigt, grundsätzlich eine Notstandsgesetzgebung zu befürworten, daran aber bestimmte Bedingungen zu knüpfen.[89]

Diese Position wurde auch offen gegen wesentliche Teile der Gewerkschaften und der eigenen Partei bezogen.

Wie die Verabschiedung der Notstandsgesetze am 30. Juni 1968 zeigte, wurden von den ›bestimmten Bedingungen‹ der SPD nicht viele wirksam. Mit den Stimmen der CDU/CSU und der Mehrheit der SPD-Fraktion wurden die Notstandsgesetze im Bundestag beschlossen.

87 Bulletin des Presse- und Informationsamtes der Bundesregierung Nr. 29 vom 5. März 1968, S. 231, zit. nach: Jörg Huffschmid, a.a.O., S. 170. Vgl. auch: Bestandsaufnahme 1967, a.a.O., S. 17.

88 Vgl. Die Politische Meinung, Heft 108, 1965, S. 13.

89 Vgl. Parteitagsprotokoll Dortmund 1966, a.a.O., S. 73 und S. 762, sowie eine Zusammenstellung der Parteitagsbeschlüsse der SPD zu Notstandsgesetzen (seit 1960): Notstandsverfassung und Parteitagsbeschlüsse, hrsg. vom Vorstand der SPD, Bonn o. J., S. 5 ff.

Daß dieser Punkt bei den Verhandlungen vor dem Zustandekommen der Großen Koalition prinzipiell geklärt war, geht aus einer Äußerung von Paul Lücke (CDU) – einem häufigen Gesprächspartner Herbert Wehners – vor der Bundestagswahl 1965 hervor: »Die Zustimmung der SPD zu der ganzen Notstandsgesetzgebung ist uns, nach Wehners und Erlers Versicherung, absolut sicher, wenn es nach den Bundestagswahlen zu einer Großen Koalition kommt. Das geht dann sehr schnell über die Bühne und die Gewerkschaften werden nach der Wahl nichts dagegen bei der SPD-Fraktion unternehmen können. Denn dann wird mit Brenner und Genossen Fraktur gesprochen, darauf freut sich der Wehner heute schon.«[90]

e) Ansätze zur neuen Ostpolitik

Die sich verändernden Bedingungen im internationalen Kräfteverhältnis Anfang der 60er Jahre und der zunehmende Einfluß der Politik der friedlichen Koexistenz sind auch der Ausgangspunkt für die Wandlung der Außenpolitik gegenüber den sozialistischen Staaten wie sie in der BRD in der zweiten Hälfte der 60er Jahre insbesondere durch die SPD vorgeschlagen wurde. Mit der zunehmenden Konsolidierung und der wachsenden wirtschaftlichen, politischen und militärischen Stärke der sozialistischen Staaten, wurde die bisher von den kapitalistischen Mächten vertretene »Roll-Back-Strategie« zum Scheitern verurteilt. Eine gewaltsame Beseitigung des Sozialismus mußte als Möglichkeit der Systemauseinandersetzung in den Hintergrund treten. Ein deutlicher Markierungspunkt dafür ist der 13. August 1961, die Schließung der Grenze der DDR in Berlin.

Von diesem Zeitpunkt an lassen sich auch die ersten Versuche einer veränderten Politik besonders der USA gegenüber Osteuropa feststellen.[91] In der BRD verblieb die CDU/CSU-Regierung weiterhin bei ihrer Politik des Kalten Krieges zur Absicherung ihrer an-

90 Zit. nach: Martin Dovifat, Die SPD will mitregieren, Traum und Konsequenzen der Großen Koalition, in: Blätter . . ., Heft 8, 1965, S. 704.

91 So wurden unter Kennedy erste Ansätze für eine »Strategie des Friedens« entwikkelt, die darauf abzielten, mittels ökonomischer politischer und ideologischer Annäherung, eine »Wandlung« des Sozialismus von innen heraus zu bewirken.

tisozialistischen Politik insbesondere auch im Inneren gegenüber der Arbeiterbewegung und ihren Organisationen. Die Position der SPD unterschied sich in dieser Phase (erste Hälfte der 60er Jahre) kaum davon, war sie doch mit der Aufgabe ihres »Deutschland-Planes« 1960 voll darauf eingeschwenkt. Jedoch gab es in der SPD erste Diskussionen, den gewandelten Verhältnissen Rechnung zu tragen und die sich in den USA entwickelnde Strategie des »Wandels durch Annäherung« zu übernehmen.

Willy Brandt, vorher entschiedener Gegner des Deutschland-Planes der SPD und jeglicher Verhandlungen mit den »Machthabern in der Zone«, entwickelte zusammen mit seinem Berater Egon Bahr eine Politik, die einerseits die alten Ziele mit den an die veränderten Verhältnisse angepaßten Mitteln verfolgen sollte und andererseits die bei Weiterführung der starren BRD-Politik unvermeidliche Isolierung der Bundesrepublik auch im Westen verhindern sollte: »Es geht nicht darum, die Prinzipien zu verändern, sondern die Methoden.«[92] Den Inhalt dieser Politik legte Egon Bahr in seiner berühmt gewordenen Rede am 15. Juli 1963 in Tutzing dar: »Die amerikanische Strategie des Friedens läßt sich auch durch die Formel definieren, daß die kommunistische Herrschaft nicht beseitigt, sondern verändert werden soll. Die Änderung des Ost-West-Verhältnisses, die die USA versuchen wollen, dient der Überwindung des Status quo, in dem der Status quo zunächst nicht verändert werden soll.«[93] Aus der Einschätzung, daß »jede Politik zum direkten Sturz des Regimes drüben aussichtslos«[94] sei, folgt, daß »die bisherigen Befreiungsvorstellungen (gegenüber der DDR – d. Verf.) zurückzustellen«[95] seien. Stattdessen müsse ein Weg eingeschlagen werden, der »Wandel durch Annäherung« erbringe: »Verstärkung des Ost-West-Handels . . . Hebung des Lebensstandards . . . dadurch Erleichterungen mannigfacher Art . . . verstärkte Wirtschaftsbeziehungen, verstärkte Bindungen«[96] Willy Brandt formulierte: »Theo-

92 Willy Brandt, Begegnungen mit Kennedy, München 1964, S. 51.

93 Egon Bahr, Wandel durch Annäherung, Rede zur Deutschlandpolitik in Tutzing am 15. Juli 1963, in: Ossip K. Flechtheim, Dokumente, a.a.O., Band VII, S. 193.

94 Ebenda, S. 194.

95 Ebenda.

96 Ebenda, S. 197.

rien des Zurückrollens haben mit solchen der Eindämmung gewechselt. Die Perspektive, gerade eben das erhalten zu wollen, was man hat, reicht aber nicht aus. Es geht um eine Politik der Transformation. Wirkliche, politische und ideologische Mauern müssen ohne Konflikte, nach und nach abgetragen werden. Es geht um eine Politik der friedlichen Veränderung des Konflikts, um eine Politik der Durchdringung.«[97] Dieses Konzept kam aufgrund der starren Haltung der CDU allerdings vorläufig nicht zum Tragen, wenngleich auch von der CDU erste kleine Schritte zum Aufbau von Handelsbeziehungen angegangen wurden, da die BRD-Monopole den Osthandel nicht allein den anderen kapitalistischen Staaten zu überlassen gedachten.[98]

Erste konkrete Schritte zu einer flexibleren Ostpolitik erfolgten aber erst ab 1966 mit der Beteiligung der SPD an der Regierung der Großen Koalition.[99] Auf dem Parteitag der SPD 1966 wurden dafür einige Weichen gestellt. Helmut Schmidt erklärte dort: »Die Politik der Stärke ist endgültig und eindeutig gescheitert.«[100] Und weiter: »Ein deutscher Widerstand gegen die weitere Entspannung würde uns isolieren.«[101]

Erstmals kam es auch 1966 zu Versuchen zur Normalisierung des Verhältnisses von SPD und SED, ausgehend von einem offenen Brief des ZK der SED an die Delegierten des Dortmunder Parteitages der SPD und alle Mitglieder der Partei,[102] dem ein Schriftwechsel mit dem Ziel des Redneraustausches zwischen SPD und SED folgte.

Dies fand ein großes öffentliches und weltweites Interesse,[103] war

97 Willy Brandt, Koexistenz – Zwang zum Wagnis, Stuttgart 1963, S. 83 f.

98 Zu verweisen ist hier beispielsweise auf die Reisen des Krupp-Generalbevollmächtigten Berthold Beitz in die VR Polen und andere sozialistische Länder in der Mitte der sechziger Jahre.

99 Vgl. Claudia von Braunmühl, a.a.O., S. 136 ff. Peter Bender, Die Ostpolitik Willy Brandts oder die Kunst des Selbstverständlichen, Reinbek bei Hamburg 1972, S. 33 ff.

100 Parteitagsprotokoll Dortmund 1966, a.a.O., S. 443.

101 Ebenda, S. 449. Mit der dort verabschiedeten »Entschließung zur Deutschlandpolitik unter den sich ändernden weltpolitischen Bedingungen« wurden deutliche Akzente für die weitere Orientierung gesetzt. Vgl.: Jahrbuch 1966/67, S. 270 ff.

102 Vgl. Ernst Deuerlein, a.a.O., S. 61 ff.

103 Vgl. die Dokumentation »Offensive Auseinandersetzung«, Hrsg. vom Vorstand der SPD, Bonn o. J., worin der Briefwechsel und ein ausführlicher Pressespiegel zum Redneraustausch enthalten sind.

es doch der erste Versuch, auf den die SPD einging, miteinander ins Gespräch zu kommen. Von seiten der SPD wurde die Auseinandersetzung in Form schärfster Gegensätze und Zurückweisung jeglicher gemeinsamer Interessen geführt, jedoch an der Bereitschaft zum Redneraustausch festgehalten, da man darin ein Mittel zur Einwirkung auf die DDR sah.[104] Eine Reihe von Modalitäten für den Redneraustausch, über die man sich letztlich nicht einigen konnte, führten schließlich zum Scheitern des Vorhabens.[105]

Den Annäherungsbemühungen an die sozialistischen Staaten stand jedoch nach wie vor die völlige Ablehnung der völkerrechtlichen Anerkennung der DDR und der Oder-Neiße-Grenze und die allerdings abbröckelnde Hallsteindoktrin entgegen. Die Erfahrung mit diesen Hindernissen trug mit dazu bei, daß Bundesaußenminister Brandt schließlich auf die Verhandlungsangebote der Sowjetunion und der DDR über Gewaltverzichtsabkommen[106] und auf Gespräche für eine vertragliche Regelung des Verhältnisses BRD – DDR einzugehen bereit war, was zu Konflikten innerhalb der Regierung der Großen Koalition führte, da dies der CDU/CSU entschieden zu weit ging.[107] So blieb es bis 1969 lediglich bei Anfängen einer Ostpolitik, die – mit großer Unterstützung und Anteilnahme der arbeitenden Bevölkerung der BRD – erst durch die nachfolgenden SPD/FDP-Regierungen zu vertraglichen Regelungen der Beziehungen zu den sozialistischen Staaten und insbesondere zur DDR führte.

104 Dies wird deutlich in den Rundfunk- und Fernsehreden von Brandt, Wehner und Erler am 14. Juli 1966, also nach dem Scheitern des Redneraustausches. Vgl.: Jahrbuch 1966/67, S. 343 ff.

105 So mußte beispielsweise ein Gesetz geschaffen werden, welches die SED-Redner »befristet von der deutschen Gerichtsbarkeit freistellt«, um diese in der BRD nicht der Gefahr einer Verhaftung auszusetzen. Dies deutet nur an, welche Bedingungen noch 1966 herrschten und jeglichen Entspannungsbemühungen entgegenwirkten. Vgl. dazu: Ernst Deuerlein, a.a.O., S. 68 und S. 70.

106 So forderte der SPD-Parteitag 1968 die Bundesregierung auf, »daraufhinzuwirken, daß mit den Oststaaten – einschließlich der DDR – Gewaltverzichterklärungen abgeschlossen werden«. Jahrbuch 1968/69, S. 412.

107 Vgl. Peter Bender, a.a.O., S. 37 ff. und S. 45 ff. Zu den Aktivitäten der Bundesregierung in der Ostpolitik im Jahr 1967 und den Vorstellungen der SPD dazu, vgl.: Bestandsaufnahme 1967, a.a.O., S. 51 ff.

3. Die Zunahme der gesellschaftlichen Auseinandersetzungen in der Folge der Krise und ihre Auswirkungen auf die Entwicklung in der SPD

a) Ansätze innerparteilicher Oppositionsbildung

Das Zustandekommen und die Politik der Großen Koalition sowie die Zustimmung zu den Notstandsgesetzen lösten Auseinandersetzungen in der SPD aus, wie sie seit 1959 dort nicht mehr stattgefunden hatten. Als wesentliches Bedingungsmoment des innerparteilichen Konflikts müssen die gesamtgesellschaftlichen Entwicklungen gesehen werden. Die Krise 1966/67 und die nachfolgende starke Produktivitäts- und Profitsteigerung, bei gleichzeitiger Abwiegelung der Forderungen der Arbeiterschaft, wie auch die sich zuspitzenden Kämpfe der Studenten gegen überkommene Strukturen und Inhalte an den Hochschulen und ihre Gesellschaftskritik, sind nur zwei der Aspekte im nationalen Bereich, die Auswirkungen auf die Situation in der Sozialdemokratie in der BRD hatten.

Hinzu kamen die eindeutig auf das Eingehen einer Koalition mit der CDU/CSU zurückzuführenden starken Stimmenverluste der SPD bei den Landtagswahlen 1967/68 in fast allen Bundesländern.[108] Gerade auch die Wahlniederlagen trugen wesentlich mit zur Mißbilligung der Politik der Parteiführung bei. Von einer Reihe von Bezirksorganisationen u. a. von den bayrischen Bezirken und Hessen-Süd, von Unterbezirkskonferenzen und Jungsozialisten-Gliederungen wurde der Abschluß der Koalitionsvereinbarung mit der CDU/CSU und die folgende Praxis scharf kritisiert,[109] was dann auch im Vorfeld der Bundestagswahlen 1969 Auswirkungen bei der Kandidatenaufstellung zeigte. Die Zustimmung zu den Notstandsgesetzen wurde dabei von den fortschrittlichen Teilen der Partei, insbesondere von den Jungsozialisten, häufig zum Kriterium der

108 Ernst Deuerlein, a.a.O., S. 200 f. Heino Kaack, Geschichte und Struktur des deutschen Parteiensystems, Opladen 1971, S. 308 ff. und 325 ff.

109 Vgl. Die Andere Zeitung Nr. 48, 1966. Sozialistische Hefte, H. 12, 1966 – Dokumentation. Ossip K. Flechtheim (Hrsg.), Dokumente . . ., a.a.O., Band VII, S. 249 ff; Gert Börnsen, a.a.O., S. 71 ff.

Ablehnung eines Kandidaten gemacht bzw. zum Anlaß zur Nominierung von Gegenkandidaten genommen.[110]

Den Nürnberger Parteitag der SPD 1968 könnte man als einen gewissen Einschnitt in der Entwicklung der SPD in den 60er Jahren bezeichnen. Die dort geäußerte relativ scharfe Kritik an der Position des Parteivorstandes verfügte erstmals wieder über eine nicht zu übersehende Delegiertenzahl, die der Parteiführung ein Vertrauensvotum für die Politik in Bonn verweigerte.[111] Gleichzeitig darf diese oppositionelle Haltung nicht überbewertet werden, denn sie bedeutet keine Revision ihrer größtenteils integrationistischen Positionen. Schon bei den Wahlen des Nürnberger Parteitages zum Parteivorstand manifestierte sich die Inkonsequenz, was z. B. dadurch zum Ausdruck kam, daß von sechs damals als Reformisten zu bezeichnenden Kandidaten lediglich zwei in den Parteivorstand gewählt wurden;[112] die genuin integrationistische Zusammensetzung der Parteiführung konnte also kaum relativiert werden. Die Delegierten des Nürnberger Parteitages verabschiedeten die vom Parteivorstand vorgelegten »Sozialdemokratischen Perspektiven im Übergang zu den siebziger Jahren«[113] als Grundlage der weiteren programmatischen Diskussion in der Partei. Mit diesen »Perspektiven« sollte der Versuch unternommen werden, den neuen Bedingungen der gesellschaftlichen, ökonomischen und internationalen Entwicklung programmatisch in der Partei Rechnung zu tragen.

Nachhaltiger als in der Gesamtpartei wirkten sich die Auseinandersetzungen im Bereich der Arbeitsgemeinschaft der Jungsozialisten in der SPD aus. Die bis 1969 in der Bundesorganisation absolut parteifromm und karrieristisch geprägten Jungsozialisten wurden zunehmend zum wichtigsten Pol des innerparteilichen Konflikts, nicht zuletzt durch die relativ enge Verbindung zum studentischen Bereich. Große Teile der jungen Intelligenz, die wesentliche Träger der Studentenbewegung und Teil der Antinotstandsbewegung wa-

110 Vgl. ebenda, S. 77. Der Spiegel Nr. 28, 1969.

111 Vgl. im vorhergehenden Kapitel die Abstimmungsergebnisse zur Großen Koalition auf dem Nürnberger Parteitag. Vgl. Parteitagsprotokoll Nürnberg 1968, S. 1317 ff.

112 Vgl. ebenda, S. 900 ff.

113 Vgl. Jahrbuch 1968/69, S. 363 ff. sowie: Horst Ehmke (Hrsg.), Perspektiven Sozialdemokratischer Politik im Übergang zu den siebziger Jahren, Erläutert von 21 Sozialdemokraten, Reinbek bei Hamburg 1969.

ren und die zum Teil aus dem SDS oder dem SHB kamen, arbeiteten in den Organisationsgliederungen der Jungsozialisten und beschleunigten den Prozeß der Veränderung der Rolle der Jusos in der SPD, also der Parteimitglieder unter 35 Jahren, die 1969 etwa 118 000 Mitglieder – davon etwa 30 000 aktive – ausmachten.[114]

Seinen äußeren Ausdruck fand die Umorientierung wesentlicher Teile der Jungsozialisten auf ihrem Bundeskongreß 1969 in München, auf dem der parteivorstandsloyale Bundesvorstand der Jusos mit über 90 Prozent der Delegiertenstimmen abgewählt wurde.[115] Die Beschlüsse dieses Kongresses spiegelten die antikapitalistische Stimmung in mittlerweile breiten Teilen der Jugendorganisation wider, ohne daß allerdings zu dieser Zeit bereits eine schlüssige Strategie vorhanden gewesen wäre oder erarbeitet wurde. Forderungen des Kongresses etwa nach Erkundung »optimaler Modelle für die stärkere Humanisierung des gesellschaftlichen und staatlichen Lebens«[116] zeigen trotz Wiederaufnahme der zentralen politischen Forderungen der Arbeiterbewegung nach Überführung der Produktionsmittel »in die Nutzung und Verantwortung der Gesamtgesellschaft«[117] noch recht deutlich die analytische und strategische Hilflosigkeit des SPD-Jugendverbandes. Die innerparteiliche Position der durch diese Bewegung erfaßten Kräfte bei den Jungsozialisten erfuhr indessen beim Parteivorstand und in der Presse eine erhebliche Überschätzung ihrer Stärke; so sprach der nach dem 1969er Kongreß abtretende, der äußersten Parteirechten zuzuzählende Juso-Bundesgeschäftsführer Eichengrün in einem Arbeitspapier für den Parteivorstand von sechs Parteibezirken, in denen diese Kräfte »als formierte Fraktion bereits eine entscheidende Rolle«[118] spielen.

114 Eine Schätzung des Bundesvorstandes der Jungsozialisten, vgl. Jahrbuch 1968/69, S. 254.

115 Der damalige Bundesvorsitzende Corterier wurde mit 204 gegen 15 Stimmen abgewählt. Vgl. Norbert Gansel (Hrsg.), Überwindet den Kapitalismus oder Was wollen die Jungsozialisten, Reinbek bei Hamburg 1971, S. 21.

116 Beschluß »Zustand und Aufgabe der SPD«, abgedruckt in: Vorstand der SPD (Hrsg.), Stellungnahmen des SPD-Parteivorstandes zu den Beschlüssen des Bundeskongresses der Jungsozialisten in München vom 5.–7. Dezember 1969 (=Reihe Jugend H. 1), Bonn o. J., S. 9.

117 Ebenda.

118 Abgedruckt in: SK-Extra Nr. 1, Hamburg o. J.

b) Streikbewegungen in der Folge der Krise – Wiederbelebung der Klassenauseinandersetzungen

Mit der Verschlechterung der Realeinkommen für große Teile der Arbeiter und Angestellten im Verlauf der Krise 1966/67 und in der unmittelbaren Folgezeit hatte die Arbeiterklasse seit langem wieder konkret spürbar erfahren, wer die Auswirkungen der Krise des kapitalistischen Systems zu tragen hat. Der einsetzende Aufschwung, mit staatlichen Subventionen gefördert, führte zu starkem Ansteigen der Arbeitsintensität und damit zur Intensivierung der Ausbeutung. Die disziplinierende Wirkung der Krise, wie sie häufig lobend von der Kapitalseite gepriesen wurde,[119] die geringe Streikerfahrung der westdeutschen Arbeiterklasse, das Stillhalten der Gewerkschaften gegenüber der sozialdemokratischen Regierungsbeteiligung und umgekehrt das integrationistisch disziplinierende Verhalten führender Sozialdemokraten, insbesondere des Wirtschaftsministers Schiller gegenüber den Gewerkschaften, gewährleisteten eine stark expansive Profitentwicklung in der Aufschwungphase. Die Gewerkschaftsführungen unterwarfen sich den Empfehlungen der »Konzertierten Aktion« bzw. den Lohnleitlinien der Regierung und verzichteten weitgehend auf die kämpferische Interessenwahrnehmung ihrer Mitglieder,[120] eine Situation, die ohne sozialdemokratische Beteiligung an der Regierung kaum denkbar gewesen wäre. Die starke Bindung und Integration der Gewerkschaften in dieser Phase der gewaltigsten Gewinnexplosion seit vielen Jahren war im wesentlichen das Ergebnis des Einflusses der führenden Sozialdemokraten in der Regierung auf die Gewerkschaften, eine Funktion, die von seiten der Unternehmerverbände und führenden CDU/CSU-Politikern der Sozialdemokratie bereits vor dem Zustandekommen der Großen Koalition zugesprochen wurde und die ihr positives Votum für eine SPD-Regierungsbeteiligung in der Krisensituation begründete.

Der Unmut über diese Entwicklung nahm jedoch bei denjenigen, die direkt davon betroffen wurden, im Verlauf der ersten Hälfte des

119 So z. B. »Das Jahr des Aufräumens«, in: Frankfurter Allgemeine Zeitung vom 7. Mai 1968.

120 Vgl. Eberhard Schmidt, Ordnungsfaktor oder Gegenmacht. Die politische Rolle der Gewerkschaften, Frankfurt/Main 1971, S. 109 ff.

Jahres 1969 zu und führte bereits in dieser Zeit zu ersten kleineren spontanen Streiks.[121] Die Bewegung verstärkte sich im Verlauf des Sommers 1969 und führte zu einer spontanen Streikbewegung, insbesondere in den Großbetrieben der Eisen- und Stahlindustrie – die ihren Höhepunkt in den »Septemberstreiks« 1969 fand – wie es sie seit vielen Jahren in der BRD nicht mehr gegeben hatte.[122]

Durch die Septemberstreiks gelang es der Arbeiterklasse, das Lohnniveau zu heben und vorzeitige Tarifverhandlungen zu erzwingen, deren Ergebnisse vergleichsweise weit über denen der letzten Jahre lagen[123] – ein Erfolg, der auf die Kampfentschlossenheit der Arbeiter zurückzuführen ist und damit die Position der Gewerkschaften gegenüber den Unternehmerverbänden stärkte. Diese Streiks wurden wesentlich getragen von Gewerkschaftern aus dem Bereich der Sozialdemokratie und der 1968 neugegründeten DKP. Der Umfang der Streikbewegung im Jahre 1969 überraschte die Regierungsparteien und zeigte die Grenzen der Integrationsmöglichkeit der Arbeiterschaft in das kapitalistische System auf, zumindest auf der Ebene ökonomischer Interessen. Trotz vielfältiger Versuche, die Septemberstreiks einerseits als Ausdruck nicht ganz unberechtigter Forderungen, aber andererseits als Versuch der Unruhestiftung durch einige »Radikale« hinzustellen, gelang es nicht, die Front der Arbeiter zu sprengen. Gerade auch der Umfang der Lohnkämpfe ließ insbesondere die SPD in ihren Äußerungen abwägend auftreten, was vor allem unter dem Gesichtspunkt der bevorstehenden Bundestagswahlen zu sehen ist, aber auch ein gebotenes Maß an innerparteilicher Rücksichtnahme auf die die Streiks wesentlich mittragenden sozialdemokratischen Arbeiter, aktiven Betriebsräte und Vertrauensleute darstellte. In dieser Situation verdeutlichte sich die Widersprüchlichkeit sozialdemokratischer Regierungspolitik zu den objektiven Interessen der größten Teile der Mitgliedschaft und

121 Vgl. ebenda, S. 113.

122 Vgl. zur Darstellung und Auswertung der Septemberstreiks: ebenda, S. 81 ff. IMSF, Die Septemberstreiks 1969, Frankfurt/Main 1969. Eberhard Schmidt gibt als Mindestzahl der Streikenden über 130 000 allein aus Großbetrieben an, vgl. derselbe Ordnungsfaktor, a.a.O., S. 103.

123 Vgl. Heinz Jung, Friedemann Schuster, Kurt Steinhaus, Kampfaktionen der westdeutschen Arbeiterklasse 1966–1970, in: Das Argument Nr. 62, Dezember 1970, S. 881.

Basis der SPD in besonderer Weise und war sicherlich ein wesentliches Moment, das mit dazu beitrug, die innerparteiliche Oppositionsbildung zu fördern und in Teilen der Gewerkschaften den Aspekt betonterer Eigenständigkeit gegenüber der SPD-Führung zu stärken.

4. Die Politik und Entwicklung der Sozialdemokratie seit der sozialliberalen Koalition 1969

a) Der Regierungswechsel 1969

In den Bundestagswahlkampf 1969 trat die SPD mit dem erklärten Ziel ein, die Große Koalition nicht fortzusetzen, sondern »die Führung der deutschen Politik zu erringen«,[124] was nicht nur durch Kontroversen mit der CDU/CSU, besonders in einigen wirtschaftspolitischen Fragen und im Bereich der Ostpolitik zu erklären ist, sondern auch durch die Einschätzung, daß eine Fortsetzung der von den meisten Parteimitgliedern als »eine Ehe auf Zeit«[125] betrachteten Koalition mit der CDU zu sich noch verschärfenden innerparteilichen Auseinandersetzungen führen würde. Hinzu kam, daß Umorientierungen in der FDP zugunsten sozialliberaler Konzeptionen eine Kleine Koalition mit der FDP möglich werden ließen.

So beschloß die FDP im März die Unterstützung des sozialdemokratischen Kandidaten für das Amt des Bundespräsidenten, Gustav Heinemann, der gegen den von der NPD unterstützten CDU-Kandidaten Schröder im dritten Wahlgang gewählt wurde. Dieses »Stück Machtwechsel«[126] schaffte günstige Bedingungen für die SPD, verstärkte aber auch die Spannungen in der Großen Koalition, die sich durch die Kontroversen um die DM-Aufwertung im Frühjahr und Sommer 1969 so verschärften, daß die Bundesregierung faktisch gelähmt wurde.[127]

124 Beschluß des Nürnberger Parteitages der SPD 1968 »Beitrag der SPD zu aktuellen Problemen der deutschen Politik«, abgedruckt in: Jahrbuch 1968/69, S. 337 ff., hier: S. 338.
125 Susanne Miller, a.a.O., S. 48.
126 So Heinemann nach seiner Wahl in der »Stuttgarter Zeitung« vom 5. März 1969.
127 Vgl. Deuerlein, a.a.O., S. 115.

Den Hintergrund der Auseinandersetzungen bildeten Gegensätze innerhalb der kapitalistischen Welt, die Zahlungsbilanzprobleme der BRD hervorbrachten, da hohe Inflationsraten der westlichen Handelspartner, insbesondere der USA, zu enormen Deviseneinfuhren und Währungsspekulationen führten. Während Strauß und Kiesinger im Exportinteresse der westdeutschen Monopole sich der Aufwertung widersetzten, orientierte sich die Wirtschaftspolitik der SPD vor allem am »Interesse des Gesamtkapitals an einer Aufrechterhaltung des internationalen Währungssystems«,[128] wie es die Regierungen der USA, Frankreichs und Großbritanniens gegenüber der Bundesregierung vertraten. Wahlpolitisch ließ sich dieses Interesse als Engagement für die Erhaltung der Währungsstabilität umsetzen und erbrachte die Unterstützung der SPD-Politik durch »Sparkassenorganisationen, . . . Bundesbank und . . . Sachverständigenrat.«[129]

Diese Kontroversen führten auch bei der CDU dazu, von einer Fortführung der Großen Koalition abzusehen und auf den Einzug der NPD ins Parlament zu setzen.[130]

Der Wahlkampf der SPD stand unter dem Motto »Erfolg – Stabilität – Reformen«.[131] Neben der massiv vorgebrachten Argumentation, die Überwindung der Krise sei der Regierungsbeteiligung der SPD zu verdanken,[132] da die »CDU/CSU aufgrund ihres Verzichts auf eine wirtschaftspolitische Vorausplanung unfähig ist, wirtschaftliches Wachstum und Sicherheit der Arbeitsplätze zu garantieren«,[133] wurde als zweiter Wahlkampfschwerpunkt unter der Parole »Wir schaffen das moderne Deutschland«[134] eine Politik der Reformen versprochen. Aus der Erkenntnis heraus, daß infolge der Politi-

128 Huffschmid, Joachim, Koenigs, Krueger, Mänicke, Vorberg, Die Widersprüche des westdeutschen Kapitalismus und die Wirtschaftspolitik der SPD, in: Kursbuch Nr. 21 (Sept. 1970), S. 37 ff., hier: S. 70.

129 Ebenda.

130 Vgl. Interview mit Kiesinger. In: Der Spiegel Nr. 37/1969, insbesondere S. 29 f.

131 Regierungsprogramm der SPD 1969, beschlossen auf dem a.o. Parteitag in Bad Godesberg 1969. Abgedruckt in: Jahrbuch 1968/69, S. 426 ff.

132 Diese Argumentation wurde von der CDU im Wahlkampf indirekt unterstützt, indem der ehemalige CDU-Wirtschaftsminister Schmücker zynisch von einer »gewollten Rezession« sprach.

133 Jahrbuch 1968/69, S. 26.

134 Plakatparole der SPD im Bundestagswahlkampf 1969.

sierung durch die Rezession und die Auseinandersetzungen in Betrieben und Hochschulen »die Zeiten, da politische Tageserfolge mit der Parole ›Keine Experimente‹ erzielt werden konnten, . . . ohnehin vorbei (sind)«,[135] versprach sich die SPD von dem Appell an den Reformwillen großer Teile der Bevölkerung[136] durch ein Regierungsprogramm, das Reformen im Bildungswesen, in Sozial- und Gesundheitspolitik sowie in der Außenpolitik ankündigte, gegenüber der CDU, die sich auch im Wahlkampf immobil und reformfeindlich gab, den größeren Erfolg.

Mit dieser Reformprogrammatik artikulierte die SPD zweifelsohne die Unzufriedenheit wachsender Teile der Bevölkerung mit den verkrusteten – und im Zusammenhang mit der Rezession und der Studentenbewegung zunehmend als unsozial und undemokratisch empfundenen Gesellschaftsstrukturen in der BRD. An sie wandte sich die Partei mit dem Versprechen, die zwanzigjährigen Versäumnisse der CDU endlich aufheben zu wollen und mehr Demokratie und soziale Gerechtigkeit durchzusetzen.

Betrachtet man die programmatischen Aussagen der SPD genauer, so wird deutlich, daß ihre Reformpläne in zweifacher Hinsicht an ihrem Ziel der Systemstabilisierung ausgerichtet waren. Zum einen sollten Zugeständnisse an die Lebensinteressen der arbeitenden Bevölkerung deren Integration verstärken, die durch die Verschärfung der sozialen Gegensätze von der zu offensichtlich als »Unternehmerpartei« agierenden CDU nicht in ausreichendem Maße gewährleistet werden konnte. Dabei sprengten diese Zugeständnisse nirgendwo den Rahmen einer sozialeren Ausgestaltung des kapitalistischen Systems, noch strebten sie etwa gar eine reale Veränderung der Machtverhältnisse an.

Zum anderen dienten wesentliche Elemente ihrer versprochenen Reformen, vor allem im wirtschafts-, aber auch im bildungspolitischen Bereich, dem Ausbau der staatlichen Regulierungspolitik im

135 Willy Brandt in: Horst Ehmke, a.a.O., S. 169.

136 Nach einer Umfrage des Instituts für angewandte Sozialwissenschaften (Infas) sprach sich Ende der sechziger Jahre eine klare Mehrheit der Bevölkerung für »neue Wege« in der Politik aus. Im Herbst forderten 42 Prozent der Bundesbürger »grundlegende Reformen«, da »unser politisches und gesellschaftliches System in der Bundesrepublik so rückständig ist, daß es mit kleinen Änderungen nicht getan ist«. (Zitiert nach: Frankfurter Rundschau vom 30. August 1974.)

Interesse des Monopolkapitals und den notwendigen Anpassungsprozessen an den wissenschaftlich-technischen Fortschritt. In diesem Sinne muß die im Regierungsprogramm und – detaillierter – in den »Perspektiven sozialdemokratischer Politik im Übergang zu den siebziger Jahren« und deren Erläuterungen[137] erhobene Forderung nach einer Verbesserung der »Globalsteuerung« verstanden werden: »Vor allem bedarf unsere Volkswirtschaft der gesamtwirtschaftlichen Steuerung, die sich aller moderner Instrumente der Finanz- und Steuerpolitik, der Wettbewerbs- sowie der Geld- und Kreditpolitik bedient.«[138] Neben direkten Monopolsubventionen im Rahmen der Strukturpolitik sollen durch den Staatshaushalt, der größtenteils durch Lohn- und Verbrauchssteuern der arbeitenden Bevölkerung aufgebracht wird,[139] die im Rahmen des wissenschaftlich-technischen Fortschritts notwendigen technologischen Innovationen der Privatwirtschaft finanziert werden: »Wir werden die Entwicklung und Anwendung moderner Produktionsverfahren und die in vielen Branchen notwendigen Anpassungen und Umstellungen zielbewußt fördern.«[140] Die Betonung der Reform des Bildungswesens als notwendige Infrastrukturmaßnahme für den Reproduktionsprozeß sowie die Förderung der Forschung, die mit ihren Ergebnissen für die Produktion auf der erreichten Stufe der Produktivkraftentwicklung unentbehrlich geworden ist, passen ebenfalls in das Konzept staatlicher Profitgarantien. Und während noch im Godesberger Programm, als Zugeständnis an die damalige Parteilinke, die »Bändigung der Macht der Großwirtschaft«[141] gefordert wird, kommt die SPD in den »Perspektiven« zur offenen Unterstützung des kapitalistischen Monopolisierungsprozesses, indem sie verspricht, »wirtschaftlich notwendige Zusammenschlüsse (zu) för-

137 Horst Ehmke, a.a.O.

138 Ebenda, S. 88.

139 In den Jahren 1959–1969 stieg der Anteil der Lohnsteuer am Gesamtsteueraufkommen um 80 Prozent. Er machte 1969 18,4 Prozent aus, während der Anteil der Körperschaftssteuer, die die Gewinne der Kapitalgesellschaften belastet, von 1959 bis 1969 von 8,6 Prozent auf 7,4 Prozent fiel. Der Anteil der Verbrauchssteuern betrug 1969 54 Prozent, so daß die Werktätigen insgesamt rund zwei Drittel des Steueraufkommens erbringen (nach: Der Imperialismus der BRD, a.a.O., S. 262 ff.).

140 Regierungsprogramm der SPD 1969, a.a.O., S. 429.

141 Grundsatzprogramm der SPD, zitiert nach dem Parteitagsprotokoll Bad Godesberg 1959, S. 9 ff., hier: S. 19.

dern.«[142] Gleichzeitig wird die Befriedung und Integration der Arbeiterklasse zum Programm erhoben: »Neue Formen des Ausgleichs der Anforderungen an das Sozialprodukt müssen auch im Sinne des Produktivitätsfortschritts entwickelt werden. Mit der ›Konzertierten Aktion‹ wurde ein erster Anfang gemacht; ein Anfang, der sich bewährt hat.«[143]

Die SPD bot sich mit diesem Programm dem Kapital als eine Kraft an, die die besseren Mittel zur Konjunktursteuerung und Krisenvermeidung sowie – aufgrund ihrer Verankerung in der Arbeiterschaft und ihres Einflusses auf die Gewerkschaften – zur Integration besaß – Fähigkeiten, die sie in der Großen Koalition unter Beweis gestellt hatte.

Als am 28. September 1969 der sechste Bundestag gewählt wurde, erhielt die SPD einen Stimmenanteil von 42,7 Prozent, bei den Erststimmen sogar 44 Prozent. Diese Steigerung von 3,5 Prozent erzielte sie besonders durch die Jungwähler sowie durch bislang CDU-orientierte Arbeiter und Angestellte, die sich im Zuge verschärfter gesellschaftlicher Krisenhaftigkeit von der CDU abwandten. Ein allgemeiner Entkirchlichungsprozeß in Teilen der früher katholisch orientierten Arbeiterschaft trug daneben nicht unwesentlich zum Schwinden des Einflusses der CDU bei. Neben dem Halten der Stammwählerschaft der SPD in der Industriearbeiterschaft fällt ein starker Zugewinn bei den Angestellten und Beamten sowie generell im Dienstleistungsbereich auf.[144]

Da die NPD aufgrund breiter antifaschistischer Kampagnen während des Wahlkampfes nicht in den Bundestag einzog, wurde die Koalition mit der FDP, die 5,8 Prozent erreichte, möglich. Am 21. Oktober wurde Willy Brandt mit nur zwei Stimmen über der notwendigen absoluten Mehrheit im Bundestag zum ersten sozialdemokratischen Bundeskanzler in der Geschichte der BRD gewählt.

Dieser Wahlsieg der SPD und der damit verbundene Wechsel der Regierungsgewalt von einer reaktionären Unternehmerpartei zu einer sozialliberalen Koalition, in der die SPD, also eine aus der Arbeiterbewegung hervorgegangene Partei, dominiert, ist häufig falsch

142 Horst Ehmke, a.a.O., S. 91.
143 Karl Schiller, in: ebenda, S. 96.
144 Empirische Daten dazu bei: Heino Kaack, a.a.O., S. 356 ff., sowie S. 353.

interpretiert worden. Daß es sich bei diesem Vorgang nicht um eine sozialistische Machtergreifung gehandelt hat, wie die CDU/CSU aus durchsichtigen politischem Tagesinteresse propagandistisch oft behauptet hat, ist angesichts der oben skizzierten Programmatik der SPD, ihrer Praxis in der Großen Koalition und ihrer politischen und personellen Verflechtung mit dem Staatsapparat und den Monopolen evident. Allerdings ist auch der von »Ultralinken« aufgestellten These, die SPD sei die politische Hauptstütze des Monopolkapitals und auf sein Betreiben – oder das einer Kapitalfraktion – in die Regierungsgeschäfte quasi »eingesetzt« worden, prinzipiell zu widersprechen. Der Vorgang der Regierungsübernahme durch die Sozialdemokratie erweist sich als komplexer, als daß er mit diesen Vereinfachungen erfaßt werden könnte. Mit Recht weist W. G. Wassin darauf hin, daß »einer der wichtigsten Gründe für die Erfolge bei den Wahlen . . . zweifellos der Aufschwung in der Arbeiterbewegung«[145] ist, der in erster Linie der Sozialdemokratie zugute kommt: »Da bedeutende Massen der Werktätigen in vielen entwickelten kapitalistischen Ländern die Sozialdemokratie als ihre Partei betrachten (als Gegengewicht zu den bürgerlichen Parteien) und auf sie die Hoffnung setzen, eine Reihe ihrer Forderungen erfüllt zu sehen, genießt sie auch in bestimmtem Maße die politischen Früchte des Aufschwungs der Arbeiterbewegung (speziell in Form der Wahlerfolge).«[146] Die politische Situation in der BRD 1969, gekennzeichnet durch eine Zunahme der Klassenauseinandersetzungen und eine erhöhte Politisierung im Gefolge der Krise, wie auch eine Untersuchung der Wählerschaft der SPD belegen diese These.

Neben dem offensichtlichen Interesse des Monopolkapitals – insbesondere während oder nach Krisen –, die Rechtssozialdemokratie als Sachwalterin ihrer Interessen in die Regierungsgewalt zu bringen, zumal die CDU als politische Partei des Großkapitals den Schutz des »Systems und dessen Anpassung an die neuen äußeren und inneren Bedingungen des Klassenkampfes nicht genügend« gewährleisten konnte[147] und die SPD wegen ihres Rückhaltes in der

145 W. G. Wassin, Die gegenwärtige Lage der Sozialdemokratie, in: Einheit H. 4, 1974, S. 474 ff., hier: S. 474.
146 Ebenda, S. 475.
147 Ebenda, S. 476.

Arbeiterklasse deren weitgehende Integration bewirken sollte, darf der subjektive Faktor, die Reformerwartungen der Werktätigen und die Zunahme der Klassenkämpfe als Bedingung für die Regierungsübernahme der SPD nicht übersehen werden, zudem dieser Faktor für die Differenzierungsprozesse in der Sozialdemokratie von ausschlaggebender Bedeutung ist.

b) Die Regierungspolitik der SPD bis 1972

Seit der Regierungsübernahme 1969 wird die Entwicklung der SPD – sowohl in ihrem Handeln nach außen, als auch in bezug auf ihre innerparteiliche Differenzierung – von der sozialliberalen Regierungstätigkeit geprägt, neben der eine eigenständige Parteipolitik (mit Ausnahme natürlich der ideologischen Artikulation und den Auseinandersetzungen in der Partei selbst) nur in speziellen Bereichen zu verzeichnen ist. So ist es geboten, die zentralen Punkte der Regierungspolitik näher zu analysieren, wenn man die Entwicklung der SPD in der jüngsten Zeit nachvollziehen will.

Ökonomische Lage und Wirtschaftspolitik

Der nach der Krise einsetzende Boom führte noch im Wahljahr 1969 zu einer »Überhitzung« der Konjunktur, die in einer enormen Exportsteigerung, vornehmlich im Bereich der Investitionsgüterindustrie, und der Folge auftretender Zahlungsbilanzprobleme sowie in erstmals erscheinenden stärkeren inflationären Tendenzen der BRD-Wirtschaft ihren Niederschlag fand. Der Boom der Jahre 1968/69 wurde 1970/71 von einem Konjunkturabschwung abgelöst, der Teil eines internationalen kapitalistischen Konjunkturrückgangs war und wesentlich von den USA ausging. Trotz sinkender Nachfrage war in dieser Rezessionsphase ein weiteres Anwachsen der Inflation zu registrieren – ein Zeichen dafür, daß nun auf einer neuen Stufe der »Vermachtung und Monopolisierung der Produktion«[148]

148 Bernd Güther, Jan Priewe, Zur wirtschafts- und energiepolitischen Lage in der BRD, in: Blätter . . ., H. 3, 1974, S. 237 ff., hier: S. 244.

es den Monopolen mit Hilfe des Staates erstmals in vollem Maße möglich war, die krisenhafte Unterauslastung ihrer Kapazitäten mittelst der Preisgestaltung auf die Abnehmer abzuwälzen. Die »Stagflation« setzte den Reinigungseffekt der Wirtschaftskrise außer Kraft und machte deutlich, daß infolge des erreichten Monopolisierungsgrades und der »laufend steigenden Ansprüche der Monopole an den Staat«[149] der Kapitalismus »einen Entwicklungsstand erreicht hat, bei dem er die ständige Inflation nicht mehr vermeiden kann.«[150]

Diese inflationären Tendenzen, verstärkt durch das infolge der Exportüberschüsse enorm ausgedehnte ausländische Geldvolumen in der BRD, steigerten sich noch, als ab Herbst 1972 eine erneute, langsame Aufwärtsentwicklung der westdeutschen Konjunktur einsetzte, die ausschließlich auf einem durch einen »relativ kräftigen zyklischen Aufschwung«[151] in den USA und anderen kapitalistischen Ländern hervorgerufenen Ansteigen der Auslandsnachfrage basierte. Das Bestreben der Bundesregierung angesichts der für 1973 prognostizierten Inflationsrate von 7 Prozent mit Hilfe zweier »Stabilitätsprogramme« »den Preisauftrieb abzuschwächen, obwohl der Aufschwung kaum ausgereift war«[152] scheiterte und trug eher zur Verkürzung des Booms bei.[153] Ab Ende 1973 setzte dann, verschärft durch die Verteuerung der Rohstoff- und Energiepreise, ein die gesamte kapitalistische Welt umfassender Konjunkturabschwung ein, der sich im Laufe des Jahres 1974 zur schwersten Krise in der Geschichte der BRD ausweitete.

Auf dem Hintergrund dieses in immer schnelleren Zyklen sich bewegenden Konjunkturablaufs zeigte sich in der Wirtschaftspolitik der SPD/FDP-Regierung sehr schnell der Widerspruch zwischen propagierter »Reformpolitik« und der tatsächlich betriebenen staatlichen Regulierungspolitik im Interesse der Monopole: Statt die versprochenen Reformen wie die Steuerreform oder etwa im Bereich

149 Jürgen Kuczynski, Die Weltwirtschaft des Kapitals, Vierteljahresübersicht, in: Blätter . . ., H. 9, 1974, S. 900 ff., hier: S. 902.

150 Ernst Lüdemann, Die Wirtschaft der imperialistischen Länder an der Jahreswende 1972/73, in: IPW-Berichte H. 1, 1973, S. 9.

151 Ebenda, S. 10.

152 Bernd Güther, Jan Priewe, a.a.O., S. 245.

153 Vgl. ebenda.

der Gesundheits- und Bildungspolitik in Angriff zu nehmen, kürzte Finanzminister Möller 1970 den Bundeshaushalt beträchtlich, um das »Überhitzen« der Konjunktur zu vermeiden. Doch auch als der Konjunkturabschwung der Jahre 1971/72 einsetzte und somit der im Rahmen antizyklischer Krisenbewältigung richtige Zeitpunkt für das Einleiten investitionsreicher Reformen eingetreten war, wurde vor allem der Rüstungshaushalt ausgeweitet, neben dem sich die Erhöhung des Bildungs- und Forschungsetats eher bescheiden ausnahm.[154] Insgesamt aber sanken die Ausgaben für »öffentliche Leistungen« sogar,[155] da die Regierung ein weiteres Anheizen der Inflation vermeiden wollte. Diesem Ziele dienten auch die beiden Stabilitätsprogramme, die in der Aufschwungsphase 1972/73 von der Bundesregierung verabschiedet wurden, und die nicht nur eine weitere Belastung der Werktätigen durch die Erhebung einer zusätzlichen Stabilitätsabgabe enthielten, sondern auch mit dem Einfrieren von Haushaltsmitteln und der zehnprozentigen Kürzung der Ausgaben von Bund und Ländern für die Gemeinschaftsaufgaben (Krankenhäuser, Hochschulen, usw.)[156] die Durchführung kostenwirksamer Reformen endgültig zu den Akten legten. Auch im Angesicht der sich seit Ende 1973 abzeichnenden schweren Krise änderte die Bundesregierung, die noch kurz vorher verkündet hatte, daß ihr 5 Prozent Inflation lieber seien als 5 Prozent Arbeitslosigkeit, trotz steigender Erwerbslosenzahlen ihren gegen die Inflation gerichteten, aber zur Gefährdung der Arbeitsplätze ebenso wie zur weiteren Kapitalkonzentration beitragenden »Stabilitätskurs« nicht.

Wesentliches Mittel zur Absicherung dieses Kurses war die staatliche Einkommenspolitik, die mit Hilfe der »Konzertierten Aktion« auf möglichst niedrige Tarifabschlüsse drängte. Ergebnis dieser Po-

154 Vgl. Jahrbuch 1970–1972, S. 155.

155 Vgl. Dirk Ipsen, Reformgerede und harte Arbeit, Ökonomische Entwicklung und »Qualität des Lebens« unter der SPD/FDP-Regierung, in: SPD und Staat. Geschichte, Reformideologie, »Friedenspolitik«, hrsg. von Mitarbeitern der »Darmstädter Studentenzeitung«, Berlin (West) 1974, S. 93 ff., hier: S. 99 f. Ipsen gibt an, daß die Ausgaben für öffentliche Leitungen 1971 um 4 Prozent unter dem Vorjahresniveau lagen, »1972 und 1973 . . . wurde nicht einmal mehr das reduzierte Niveau von 1971 erreicht«. (ebenda).

156 Vgl. Jörg Goldberg, Zum Stabilitätsprogramm der Bundesregierung, in: Marxistische Blätter, H. 4, 1973, S. 1 ff.

litik, der sich die mehrheitlich unter rechtssozialdemokratischem Einfluß stehenden und daher regierungsloyalen Gewerkschaftsführungen weitgehend unterwarfen, war, daß erstmals in der Geschichte der Bundesrepublik die Reallöhne der Werktätigen über einen längeren Zeitraum hinweg sinken: Die tariflichen und übertariflichen Lohnerhöhungen werden seit Ende 1973 von der gleichzeitigen Erhöhung der Lebenshaltungskosten und der enormen Lohnsteuerprogression voll aufgebraucht, ja ergaben beispielsweise im Zeitraum 1973/74 ein Minus von 1 Prozent gegenüber dem Vorjahreszeitraum.[158] Die wachstums- und stabilitätsorientierte Wirtschaftspolitik der sozialliberalen Koalition erweist sich also in ihrer Wirkung als eine Politik der ausschließlichen Förderung der Kapitalkonzentration- und zentralisation, der permanenten Absicherung der Profitproduktion der Monopole; und dies nicht nur auf Kosten der Verwirklichung der selbst propagierten Reformen, sondern schließlich selbst auf Kosten des Lebensniveaus der arbeitenden Bevölkerung.

Gerade dieser letzte Aspekt – begleitet von gewaltigen Gewinnsteigerungen der Großkonzerne – rief in verschärftem Maße die Kampfaktivität der Arbeiterklasse hervor. So kam es im Herbst 1971 in Nordwürttemberg/Nordbaden zum Streik der IG Metall, an dem sich 170 000 Metallarbeiter beteiligten und der durch Aussperrungsmaßnahmen der Unternehmer gegen weitere 200 000 Arbeiter zu einem Verlust von 4,1 Millionen Arbeitstagen führte.[159] Dieser Arbeitskampf – der größte in der jüngeren Geschichte der BRD – war ein deutliches Signal des durch die Septemberstreiks wieder gestärkten Kampfwillens der Arbeiterklasse. Die Bereitschaft der Gewerkschaftsführungen zu lohnpolitischen Zugeständnissen an die »Stabilitätspolitik« – so akzeptierte 1972 beispielsweise die nordrhein-westfälische IG Metall eine Lohnerhöhung von nur 8,5 Prozent bei einer gleichzeitigen Inflationsrate von fast 6 Prozent[160] –

158 Vgl. Fritz Rische, Reallöhne und Profite in den gegenwärtigen Klassenauseinandersetzungen, in: Marxistische Blätter, H. 1, 1974, S. 13 ff.

159 Vgl. Otto Jacobi, Walther Müller-Jentsch, Eberhard Schmidt (Hrsg.), Gewerkschaften und Klassenkampf, Kritisches Jahrbuch 1972, Frankfurt/Main 1972, S. 266 ff.

160 Angaben nach: Dies. (Hrsg.), Gewerkschaften und Klassenkampf, Kritisches Jahrbuch 1973, Frankfurt/Main 1973, S. 278.

blieb an der gewerkschaftlichen Basis nicht unwidersprochen und führte im Sommer 1973 zu einer Welle spontaner Streiks, an denen über 100 000 Arbeiter und Angestellte beteiligt waren. Neben Arbeitskämpfen in kleineren Tarifgebieten zeigte besonders der Streik im öffentlichen Dienst, der im Februar 1974 auf massiven Druck der Basis zustandegekommen war und der trotz massivster Interventionen der Bundesregierung, die keinen Lohnabschluß von mehr als 10 Prozent akzeptieren wollte, mit einer elfprozentigen Tariferhöhung endete, die gewachsene Bereitschaft zu gewerkschaftlichen Kämpfen. Der volle Ausbruch der Krise ab Frühjahr 1974 schwächte infolge der hohen Arbeitslosigkeit und der damit verbundenen Furcht um den Arbeitsplatz diese Bereitschaft merklich, so daß es zu erheblich niedrigeren Lohnabschlüssen kam.

Die Politik der inneren Reformen

»Ich will ein Bundeskanzler der inneren Reformen sein«[161] – dieser Satz Willy Brandts charakterisiert den Anspruch, den die SPD-geführte Regierung auf ihre Fahnen schrieb. An diesen Anspruch, erhoben von einer aus der Arbeiterbewegung hervorgegangenen Partei, die von der Mehrheit der Werktätigen als die Vertreterin ihrer Interessen angesehen wurde, knüpften sich große Hoffnungen auf eine Politik, die unmittelbare Verbesserungen der Lage der Werktätigen ebenso wie eine Entwicklung hin zu größerer sozialer Gerechtigkeit, mehr Mitbestimmung und Demokratie und eine dauerhafte Friedenssicherung erbringen würde.

Wie wir bereits bei der Analyse ihrer Wirtschaftspolitik gesehen haben, wurden diese Hoffnungen schnell enttäuscht. Auch die Initiativen in der EWG-Politik[162] sowie die enorme Ausweitung des

161 Willy Brandt am 3. Oktober 1969 vor der SPD-Bundestagsfraktion. Zitiert nach: Jahrbuch 1968/69, S. 84.

162 Vgl. Wolfram Elsner, Zur Kritik der »Europäischen Sozialunion«, Sozialdemokratisierung der EWG als neue Qualität der Integration, in: Blätter . . ., H. 9, 1973, S. 926 ff. Angelika Felsko, Die Erweiterung der EWG und die Westeuropa-Konzeption Großbritanniens, Frankreichs und der BRD, in: Blätter . . . H. 4, 1973, S. 350 ff.

Rüstungshaushaltes[163] und der Rüstungsforschung[164] zeigen die Dominanz großkapitalistischer Interessen in den Ergebnissen der SPD/FDP-Politik.

Doch auch bei den Reformmaßnahmen, die ihrem Anspruch nach zur Verwirklichung von Demokratie und Chancengleichheit beitragen sollten, zeigt sich bei näherer Untersuchung, daß sie primär auf die Verwertungsbedingungen des Kapitals zugeschnitten wurden. Die Reformvorhaben im Bildungs- und Forschungsbereich wurden so zum Versuch der völligen Subsumption dieses Sektors unter das Kapitalverhältnis. Im Zuge des wissenschaftlich-technischen Fortschritts übernimmt ein derart gestaltetes Bildungswesen die notwendige Aufgabe, entsprechend qualifizierte Arbeitskräfte nach dem Bedarf des kapitalistischen Systems bereitzustellen, wobei die dabei entstehenden – für das Kapital unprofitablen – Kosten vom Staat getragen werden, ebenso wie er im Bereich der Forschung die gewaltigen Innovationskosten trägt, die in technisch fortgeschrittenen Produktionsbereichen die Kapitalkraft selbst der größten Monopole übersteigt.[165] In diesem Sinne sind die Aktivitäten und Planungen der SPD-geführten Bundes- und Länderregierungen im Bildungswesen – vom Bildungsgesamtplan bis zum Hochschulrahmengesetz – zu bewerten, wobei als widersprüchliches Element das Bestreben auftritt, diese Reproduktionskosten möglichst niedrig zu halten, was zu den bekannten Mangelerscheinungen im Bildungswesen führt. Den »Chancengleichheits«-Versprechungen folgte eine Praxis der Zulassungsbeschränkungen und materiellen Restriktionen sowie des Abbaus von Mitbestimmungspositionen in den Universitäten.

163 Vgl. Rainer Rilling und Hartmut Sychla, Zur Rüstungs- und Militärpolitik der Regierung Brandt/Scheel, in: Blätter . . ., H. 6, 1972, S. 598 ff. und H. 8, 1972, S. 862 ff. Diese Untersuchung weist nach, daß die sozialliberale Koalition nicht nur dem absoluten Umfang der Verteidigungsausgaben nach »den größten Militäretat . . ., den eine deutsche Regierung jemals in Friedenszeiten verabschiedete« (S. 599) vorgelegt hat, sondern daß auch die prozentuale Steigerung des Wehretats die Planungen der Großen Koalition weit übertraf.

164 Vgl. Rainer Rilling, Kriegsforschung und Vernichtungswissenschaft in der BRD, Köln 1970.

165 Vgl. dazu: Der Imperialismus der BRD, a.a.O., S. 241 ff., sowie Joachim Hirsch, Staatsapparat und Reproduktion des Kapitals, Frankfurt/Main 1974, S. 292 ff.

Auch von der umfangreichen Palette der weiteren Reformpläne, die sich von direkten materiellen Besserstellungen im Rentenwesen und Gesundheitsschutz über Reformen im Rechtswesen bis hin zur Vermögensbildung, Demokratisierung der Betriebsverfassung, Mitbestimmung erstreckten, wurden zwar einige Anfänge realisiert (Rentenerhöhungen, Lohnfortzahlungen im Krankheitsfall, Verbesserung des Mieterschutzes), doch die ökonomische Gesamtlage erlaubte es der Regierung, die der Sicherung der Profite Priorität einräumte, nicht, weitere kostenwirksame Reformen in Angriff zu nehmen, die nur auf Kosten der Rüstungsausgaben oder der Monopolsubventionen hätten finanziert werden können.

Die integrative Absicht, die die Rechtssozialdemokratie mit dieser Reformpolitik verfolgt hatte, um mit materiellen und politischen Zugeständnissen zu vermeiden, daß die im Zuge schärfer werdender gesellschaftlicher Polarisation sich verstärkende Unzufriedenheit mit Mißständen des Systems zur Unzufriedenheit mit dem diese Mängel verursachenden System selbst wird und so eine Anbindung der Werktätigen an die bestehende Gesellschaftsordnung zu erreichen, wurde in ihrem Erfolg durch die Verengung des ökonomischen Spielraums beeinträchtigt.

Hinzu trat die »Bremserfunktion« der FDP, die mit Rücksicht auf ihre bürgerliche Basis Reformen, deren Ambivalenz auch durchaus die Kampfpositionen der Arbeiterklasse verbessern könnte – wie beispielsweise die Mitbestimmung – zu verhindern suchte, obgleich dieses Verhalten der FDP der Rechtssozialdemokratie häufig zum Vorwand für ihr eigenes Zurückweichen hinter die selbst formulierten Ziele diente. So kommt selbst die parteioffiziöse Geschichtsschreibung Susanne Millers zu dem Schluß, daß »das innenpolitische Gesetzgebungswerk (der Brandt/Scheel-Regierung – d. Verf.) . . . in keinem einzigen Fall bahnbrechend« sei.[166]

Die zunehmende Krisenhaftigkeit und die Erkenntnis, daß auch unter einer SPD-geführten Regierung jede Verbesserung der Lebensverhältnisse erkämpft werden muß, führte zu steigenden Aktivitäten der Arbeiterklasse und der demokratischen Bewegung. Um dem zu begegnen, griff die SPD/FDP-Regierung, die mit dem Satz

166 Susanne Miller, a.a.O., S. 49.

angetreten war, daß sie mit der Demokratie erst richtig anfangen wolle[167] zum Mittel des massiven Abbaus demokratischer Rechte: Am 28. Januar 1972 folgten der Bundeskanzler und die Ministerpräsidenten der Länder den ständigen Aufforderungen der CDU/CSU und dem Beispiel des Hamburger SPD-Senats und erließen »Grundsätze zur Frage der verfassungsfeindlichen Kräfte im öffentlichen Dienst«,[168] die in verfassungswidriger Weise Kommunisten, linken Sozialdemokraten und engagierten Gewerkschaftern den Zugang zum öffentlichen Dienst, insbesondere zum Schuldienst, verwehren. Mit dieser Politik, der bald schon – und nicht nur in CDU-regierten Bundesländern – Sozialdemokraten selber zum Opfer fielen, bewirkte die SPD-Führung, daß die BRD heute neben dem faschistischen Spanien das einzige Land Westeuropas ist, in dem derartige Diskriminierungen praktiziert werden.[169] Sie bewirkte aber andererseits eine Verschärfung der innerparteilichen Differenzierung, in der die Berufsverbotefrage zu einem andauernden Konfliktstoff wurde.

Die Gewaltakte einiger einflußloser Anarchisten, der »Baader-Meinhof-Gruppe«, wurde ab Sommer 1972 von der CDU/CSU und den Massenmedien zum Anlaß für eine Hetze gegen die Linke genommen, in die aber auch die Regierung einstimmte, womit das Klima für den Ausbau des staatlichen Gewaltapparates vorbereitet wurde. Der paramilitärische Bundesgrenzschutz wurde zur Bundespolizei erhoben, die Rechte des Verfassungsschutzes wurden erweitert und die Länderpolizeien und das Bundeskriminalamt erheblich verstärkt.

Zieht man aus der Analyse der Politik der inneren Reformen ein Resumee, so kommt man zu dem Ergebnis, daß primär die Maßnahmen verwirklicht wurden, die der Anpassung der Monopole an die gewandelten technischen und ökonomischen Bedingungen Rechnung trugen und der militärischen und polizeilichen Sicherung

167 Regierungserklärung vom 28. Oktober 1969. In: Verhandlungen des Deutschen Bundestages, Stenographische Berichte, Bd. 71, S. 20–34. In Auszügen auch abgedruckt in: Susanne Miller, a.a.O., S. 139 ff.

168 Vgl. Wortlaut und Kritik der verfassungswidrigen Januarbeschlüsse, Köln 1972.

169 Vgl. Horst Bethge (Hrsg.), Der Kampf gegen das Berufsverbot, Dokumentation der Fälle und des Widerstandes, Köln 1973.

des Systems dienten, während demgegenüber Reformen im Interesse der Werktätigen nur in Ansätzen verwirklicht wurden und mit dem Fortschreiten der allgemeinen Krisenhaftigkeit fast völlig eingestellt wurden. Diese Ansätze sind auch weniger dem sozialen Reformwillen der SPD-Führung zu verdanken als der Tatsache, daß die Regierung zu – integrativ gemeinten – Zugeständnissen an die gewachsene Stärke der Arbeiterbewegung gezwungen wurde; Zugeständnisse, zu denen die SPD als Regierungspartei aufgrund ihrer sozialen Basis in der Arbeiterschaft und der sozialen Zusammensetzung ihrer Mitgliedschaft, ihrer Verbindungen zu den Gewerkschaften sowie ihrer zunehmenden inneren Differenzierung eher bereit sein muß als eine rein bürgerliche Partei mit einer Verankerung im Großbürgertum und im ideologisch desorientierten Mittelstand.[170]

Ostpolitik und Mißtrauensvotum

Infolge der Hemmnisse, die die CDU den Bestrebungen des Außenministers Brandt nach einer neuen Ostpolitik während der Großen Koalition in den Weg gelegt hatte, ermöglichte erst der Wahlsieg der SPD 1969 deren in der Regierung unbehinderte Inangriffnahme. Nach der Ratifizierung des Atomwaffensperrvertrages und dem Angebot zu Gewaltverzichtsverhandlungen durch die neue Regierung Brandt-Scheel kam es schnell zu Verhandlungen mit den sozia-

170 Hier muß kurz auf diejenigen – meist linkssozialdemokratischen – Autoren eingegangen werden, die bei der Bewertung der Regierungstätigkeit der sozialdemokratisch geführten Bundesregierung die These vertreten, daß die SPD-Führung im Grunde Reformen für die Werktätigen will, daß aber lediglich die Aktivitäten des Kapitals, insbesondere in Gestalt der multinationalen Konzerne, den Spielraum der Regierung soweit einengen, daß alle Reformpläne quasi automatisch scheitern müssen. (Diese Auffassung findet sich besonders bei Arno Klönne, Sozialdemokratie – eine Agentur kapitalistischer Interessen? In: Kühnl [Hrsg.], Der bürgerliche Staat der Gegenwart [=Formen bürgerlicher Herrschaft II], Reinbek bei Hamburg 1972, S. 57 ff. und bei: SPD und Staat, a.a.O., hier besonders S. 6 ff.) Diese These von der angeblichen »Ausweglosigkeit ... in die sich ... die von der SPD geführte Regierung der BRD verstrickt hat« (Klönne, a.a.O., S. 68) übersieht, daß eine Regierung durchaus, wenn sie sich auf die Mobilisierung der Arbeiterklasse und ihrer Organisationen stützen würde, Maßnahmen gegen die Monopolmacht im Interesse der Werktätigen durchsetzen könnte; sie übersieht die *aktive* Rolle der Rechtssozialdemokratie bei der Verteidigung und Verwaltung des kapitalistischen Systems und trägt damit ungewollt zur Verschleierung des Klassencharakters rechtssozialdemokratischer Politik bei.

listischen Staaten. Die ersten Treffen zwischen einem Bundeskanzler der BRD und dem Ministerratsvorsitzenden der DDR in Erfurt und Kassel im März und Mai 1970 brachten trotz der Angebote der DDR zu einer vertraglichen Regelung des Verhältnisses der beiden Staaten auf der Basis »normaler gleichberechtigter Beziehungen ... souveräner Gleichheit ... territorialer Integrität ... der Nichteinmischung in die inneren Angelegenheiten«[171] keine Ergebnisse, da die Bundesregierung sich weigerte, die DDR völkerrechtlich anzuerkennen und am Charakter der »besonderen innerdeutschen Beziehungen« festhielt.

Erst die späteren von Egon Bahr geführten Verhandlungen mit der UdSSR und der VR Polen über Gewaltverzicht führten zur Anerkennung der bestehenden Grenzen durch die BRD. Die Verträge mit der UdSSR vom 12. August 1970 und der VR Polen vom 7. Dezember 1970, der Abschluß des vierseitigen Abkommens über Berlin-West vom 3. September und der Grundvertrag mit der DDR vom 21. Dezember 1972, der die faktische Anerkennung der DDR, die Aufnahme beider deutscher Staaten in die UNO und zahlreiche Abkommen über technischen Austausch und Grenzregelungen enthielt,[172] markieren die Normalisierung der Beziehungen und die Durchsetzung der von den sozialistischen Staaten verfolgten Politik der friedlichen Koexistenz.

So unzweifelhaft die Intentionen der rechten Teile der Sozialdemokratie mit dieser Politik sind, die nach wie vor auf einen »Wandel« in den sozialistischen Ländern abzielen, und so klar auch die Handelsinteressen der westdeutschen Monopole diese Ostpolitik mitgeprägt haben, so falsch ist aber auch die These, sie sei einzig auf die Verwertungsinteressen des Kapitals zurückzuführen[173] oder sie sei lediglich dem notwendigen Übergang zu neueren Strategien des Imperialismus geschuldet.[174] Diese Auffassung vergißt, daß zur

171 Brief Walter Ulbrichts an Bundespräsident Heinemann vom 17. Dezember 1969. Abgedruckt in Auszügen in: Deuerlein, a.a.O., S. 124 f.

172 Die Vertragstexte sind u. a. abgedruckt in: Presse- und Informationsamt der Bundesregierung (Hrsg.), Jahresbericht der Bundesregierung 1971, Bonn o. J. und ders., Jahresbericht ... 1972.

173 So Claudia v. Braunmühl, a.a.O.

174 So Jan-Martin Roth, Handel und Wandel, Zur Entstehungsgeschichte sozialdemokratischer Ostpolitik, in: SPD und Staat, a.a.O., S. 141 ff., hier: S. 141 und 142.

Durchsetzung der Politik der friedlichen Koexistenz, die sowohl dem friedlichen Aufbau der sozialistischen Länder als auch dem Friedensinteresse der Arbeiterklasse der kapitalistischen Länder entspricht, wesentlich die Stärke der sozialistischen Länder und der Druck der demokratischen Bewegung der BRD beitrug.

Neben der illegalen KPD, der DFU und der Ostermarschbewegung traten ab Mitte der sechziger Jahre auch zahlreiche Gewerkschaftsmitglieder und Sozialdemokraten für die Anerkennung der DDR und die Respektierung der Grenzen ein[175] – zu einer Zeit, wo die offizielle SPD-Politik immer noch den Parolen des Kalten Krieges verhaftet war und derartige Initiativen nicht selten zu Reglementierungen durch die Partei führten. Diese Bewegung verstärkte sich, als die ostpolitischen Maßnahmen der Brandt-Scheel-Regierung auf den entschiedenen Widerstand der reaktionären Kräfte stießen.

Die CDU/CSU und die von ihr repräsentierten Kräfte des Großkapitals im Bund mit den Vertriebenenverbänden sahen, daß die Fixierung der Grenzen ihren aggressiven Absichten zuwiderlief und fürchteten, daß die Ostverträge zu einer Aufweichung des Antikommunismus in der BRD führen werde. Sie entfesselten eine demagogische Hetzkampagne gegen die Ostverträge, die den »Ausverkauf Deutschlands« brächten, und scheuten sich nicht, neofaschistische Schlägertrupps, wie die »Aktion Widerstand«, im Kampf gegen die Verträge zu verwenden. Sozialdemokraten, Kommunisten, die Gewerkschaften sowie Teile der Liberalen verteidigten demgegenüber diese Politik, die nicht nur die Aussöhnung mit dem Osten, sondern auch den Abbau des Antikommunismus und die Verminderung der Rüstungslasten zugunsten notwendiger innerer Reformen bringen müsse.

Das Überlaufen von vier SPD- und fünf FDP-Bundestagsabgeordneten zur CDU/CSU im Laufe des Frühjahrs 1972, wobei massive Bestechungen im Spiel waren, schien der Opposition die Möglichkeit zu bieten, per Mißtrauensvotum die SPD/FDP-Regierung zu stürzen, die Ratifizierung der Ostverträge zu verhindern und die

175 So trat der SHB bereits 1963 für die Anerkennung der Oder-Neiße-Grenze ein. 1969 erhob beispielsweise der Landesverband Schleswig-Holstein der SPD die Forderung nach Anerkennung der DDR und der polnischen Westgrenze (vgl. Jahrbuch 1968/69, S. 225).

in ihren Auswirkungen möglicherweise die Arbeiterbewegung stärkende Reformpolitik zu beenden.

Das Mißtrauensvotum der CDU/CSU, die gegen Willy Brandt den von Strauß gestützten CDU-Vorsitzenden Barzel aufbot, rief heftige Auseinandersetzungen hervor. Zum erstenmal seit den 50er Jahren kam es zu politischen Streiks, die sich gegen den als »kalten Staatsstreichversuch« der CDU begriffenen Mißtrauensantrag richteten und für die Ostpolitik der Regierung eintraten.

Nach dem Fehlschlag des Mißtrauensantrags im Bundestag am 27. April 1972 nutzte die SPD-Führung – entsprechend ihrer Abneigung gegenüber außerparlamentarischen Massenaktionen – die Stimmung der Bevölkerung jedoch nicht, sondern suchte, nachdem sie vorher die Arbeiter zur Ruhe ermahnt hatte, Gemeinsamkeiten mit der Opposition. Erst nach der Ratifizierung der Verträge, bei der sich die CDU/CSU enthielt, führte die SPD Neuwahlen herbei, die am 19. November 1972 stattfanden. Der Wahlkampf wurde zu einem Höhepunkt der politischen Auseinandersetzung. Während die CDU/CSU mit Hilfe der Millionenspenden der Großindustrie ihre Hetzkampagne gegen die Verträge und die SPD fortsetzte,[176] engagierten sich Tausende auch von parteilosen Bürgern für den Erhalt der sozial-liberalen Regierung – vorrangig um die Fortführung der Ostpolitik und sozialer Reformen zu sichern. Die Wahlen brachten der SPD, die sich im Wahlkampf im Vergleich zu früheren Zeiten äußerst kämpferisch gegen die CDU und teilweise auch gegen die Großindustrie gegeben hatte,[177] ihren bislang größten Erfolg, und sie gewann mehr als 3 Millionen Wähler gegenüber 1969 hinzu.

176 Vgl. dazu: Jörg Richter (Hrsg.), Klassenkampf von oben oder Angstmacher von rechts, Reinbek bei Hamburg 1973.

177 Dieser propagandistischen Haltung entsprach ihre praktische Politik – wie bereits dargelegt – in keiner Weise. So bat beispielsweise der SPD-Schatzmeister Alfred Nau vor der Wahl 1972 die Industrie um Wahlspenden mit der Begründung, die SPD hätte in der Regierung die Gesundung der Wirtschaft betrieben, die »Tariferhöhungen . . . in vertretbaren Grenzen« gehalten und soziale Spannungen vermieden. (Brief des Schatzmeisters der SPD vom August 1972. In: Flechtheim, a.a.O., S. 547.)

c) Vom zweiten Kabinett Brandt/Scheel zur Regierung Schmidt/Genscher

Die Wahlen vom 19. November 1972 hatten der Sozialdemokratie zusammen mit der FDP nicht nur eine sichere Bundestagsmehrheit gebracht, sondern vor allem die aktive Unterstützung der Mehrheit der Werktätigen.

Daß die SPD/FDP-Regierung nicht gewillt war, diese Mobilisierung zu konsequenten Reformmaßnahmen zu nutzen, zeigte sich bereits in der Regierungserklärung vom 18. Januar 1973. Brandt dämpfte mit ihr drastisch die Reformhoffnungen und entwickelte ein Regierungsprogramm der »neuen Mitte«, das sich insbesondere gegen die Forderungen der Gewerkschaften richtete: »Wer nur neue Forderungen stellt, ohne zu neuen Leistungen bereit zu sein, der wird der Lage nicht gerecht, und er kann nicht erwarten, ernst genommen zu werden . . . Wer den soliden Fortschritt will, der muß im Zuwachs des persönlichen Verbrauchs auch einmal langsamer treten. Reformgerede, hinter dem sich nur Gehaltsforderungen tarnen, taugt wenig.«[178] Und einige Monate später, auf dem SPD-Parteitag in Hannover, folgte nach den Maßhalteappellen auch die Zurücknahme der eigenen Demokratisierungsversprechungen: »Mein Wort vom Herbst 1969, wir müßten mehr Demokratie wagen, ist oft mißverstanden worden . . . Das Mißverständnis . . . ergab sich aus dem Trugschluß, die Prinzipien der Demokratie im staatlichen Bereich sollten oder könnten schematisch auf das soziale und wirtschaftliche Leben übertragen werden. So ist es nicht«.[179] Diesen Äußerungen entsprach die Praxis der Regierungspolitik. Ob der Bundeskanzler die Lohnforderungen der Gewerkschaften zu beschneiden versuchte, ob die SPD/FDP-Regierung die Ölkonzerne in der »Energiekrise« unbehelligt enorme Gewinnsteigerungen kassieren ließ, während diese die Lasten der Rohstoffverteuerung auf die Werktätigen abwälzten, ob sie einen Mitbestimmungsentwurf

178 Bundeskanzler Brandt, Regierungserklärung des zweiten Kabinetts Brandt/Scheel vom 18. Januar 1973, hrsg. vom Presse- und Informationsamt der Bundesregierung, Bonn 1973, S. 24.

179 Willy Brandt, Das Grundgesetz verwirklichen – Deutsche Politik und sozialdemokratische Grundsätze, Rede auf dem Hannoveraner Parteitag der SPD 1973, in: Unkorrigiertes Parteitagsprotokoll, Hannover 1973, Mittwoch 11. April, S. 11.

vorlegte, der durch die Berücksichtigung der sogenannten Leitenden Angestellten und durch das Letztentscheidungsrecht der Kapitaleigner zentralen Prinzipien der von den Gewerkschaften und den SPD-Parteitagen geforderten paritätischen Mitbestimmung widersprach,[180] ob sie die Berufsverbote zum Gesetz erheben wollte oder in der Ostpolitik der Entspannung Hindernisse in den Weg legte wie bei der KSZE[180a] und dem Herauszögern der Verträge mit der CSSR – auf allen Gebieten zeigte sich, daß die »Reformpolitik« einer offensichtlicheren Politik der Profitsicherung für das Monopolkapital gewichen war.

Diese Rechtsentwicklung der SPD-Politik, begünstigt durch die Anpassung großer Teile der innerparteilichen Opposition, ist ein Ergebnis der Rechtsentwicklung des gesamten bürgerlichen politischen Spektrums, gekennzeichnet durch erhöhte Aktivitäten der CDU/CSU und der Unternehmerverbände, und verstärkte diese noch. Das Resultat waren erhebliche Wahlniederlagen der SPD in einigen Landtags- und Kommunalwahlen im Frühjahr 1974, die insbesondere durch die Wahlabstinenz enttäuschter SPD-Wähler und durch Verschiebungen zur CDU, die neben rechtsextremen Ausfällen zunehmend sozialdemagogisch auftrat, zu Verlusten von über 10 Prozent führten. Die Führung der SPD reagierte auf die wirtschaftliche Krisenhaftigkeit und die Wahlniederlagen, indem sie die Rechtswendung der SPD-Politik forcierte. Willy Brandt, dessen Name nach wie vor mit Reformerwartungen verknüpft war, wurde unter dem Vorwande der Agentenaffäre Guillaume durch den exponierten Vertreter der Parteirechten Helmut Schmidt ersetzt, dessen Programm die »Frankfurter Rundschau« anläßlich dessen Regierungsübernahme treffend mit seinen eigenen Worten beschreibt: »Nach der Energiekrise und angesichts der Weltwirtschaftslage kann der Akzent nicht mehr auf ›Reformen‹ oder gar ›moralischen Zukunftshoffnungen‹ liegen. ›Klassische Funktion des Staates‹ heißt zuerst: Stabilisierung des Erreichten.«[181]

180 Vgl. Frank Deppe, Thesen zur Diskussion um die Mitbestimmung und zum »Koalitionskompromiß«, in: Blätter . . ., H. 2, 1974, S. 123 ff.

180a Vgl. Walter Fabian, Zur Arbeit der KSZE und ihren Perspektiven, in: Blätter . . ., H. 9, 1974, S. 884 ff., sowie: ders., Günstige Aussichten der KSZE, in: Blätter . . ., H. 4, 1975, S. 364 ff.

181 Frankfurter Rundschau vom 23. September 1974, S. 3.

Die ökonomische Entwicklung verschlechterte sich im Laufe des Jahres 1974 rapide und führte, insbesondere infolge des drastischen Rückgangs der Inlandsnachfrage, zu einem Sinken der Industrieproduktion und zu einer Arbeitslosenzahl, die um die Jahreswende 1974/75 die Millionengrenze erheblich überstieg und die auch noch im Frühjahr 1975 etwa 1,1 Millionen Arbeiter und Angestellte umfaßte, wozu noch rund 800 000 Kurzarbeiter kommen.[182] Gleichzeitig hielt der Preisauftrieb in der privaten Lebenshaltung mit etwa 6 Prozent an.[183] Damit ist ein in der Geschichte der Bundesrepublik bisher einmaliges Ausmaß der Krise erreicht. Ihre Schärfe wird durch die Gleichzeitigkeit der Krisenerscheinungen in allen anderen kapitalistischen Ländern, die allerdings von Inflation und realem Produktionsrückgang noch stärker betroffen sind (was im Zusammenhang mit deren Zahlungsbilanzproblemen weitere Gefährdungen für die exportabhängige BRD-Wirtschaft bringt), sowie durch auftretende Strukturkrisen – so in der Automobilindustrie – noch gesteigert.

Die Antwort der neuen Regierung auf diese Entwicklung war, nach langem Zögern und Beibehalten des »Stabilitätskurses«, das Konjunkturprogramm vom Dezember 1974, das mit der Bereitstellung von zusätzlichen 1,75 Milliarden öffentlicher Gelder, einer 7,5prozentigen Investitionszulage für alle neuen Investitionen der Privatwirtschaft, Steuererleichterungen für die Großindustrie und der Übernahme von Lohnkosten für neugeschaffene Arbeitsplätze, die Investitionslust der Unternehmer anreizen sollte.[184] Neben der offenen Subventionierung mittelst der Investitionszulage und den Abschreibeerleichterungen für die Großindustrie, deren Gewinnsteigerungsrate für 1975 mit 13 Prozent prognostiziert wird,[185] geht auch der Großteil der zusätzlichen Etatmittel entweder direkt als Subventionen an die Monopole (etwa 700 Mill.) oder indirekt über

182 Nach: Wirtschaftsinformation, in: Blätter . . ., H. 5, 1975, S. 586. Die Angabe bezieht sich auf März 1975.

183 Ebenda.

184 Zum Konjunkturprogramm der Bundesregierung vom Dezember 1974 vgl.: Frankfurter Rundschau vom 13. Dezember 1974, S. 5.

185 Jörg Huffschmid, Im Namen der Investitionsneigung, in: Blätter . . ., H. 12, 1974, S. 1242 ff., hier: S. 1252.

den Rüstungshaushalt (weitere 100 Mill. DM) – keineswegs werden aber mit diesen Mitteln soziale Reformen finanziert.[186] Deshalb bringt Huffschmid die Wirtschaftspolitik der Schmidt/Genscher-Regierung auf den treffenden Nenner: »Steigerung der Gewinne mit allen Mitteln.«[187] So ist es nur folgerichtig, wenn Bundesfinanzminister Apel verkündete, daß für »Reformpolitik oder wie immer das genannt werden wird« auf Jahre kein Geld mehr zur Verfügung stehen wird[188] und die Bundesregierung nach dem Motto: »Damit es allen etwas besser geht, muß es den Arbeitnehmern etwas schlechter und den Unternehmern erheblich besser gehen«[189] ein Sinken der Reallöhne – allen Forderungen der Gewerkschaften nach Erhöhung der Massenkaufkraft zum Trotz – befürwortete.

Dieser Kurs der Regierung Schmidt/Genscher, der durch die Berufung zahlreicher ehemaliger Gewerkschaftsfunktionäre in Ministerämter (so im Bildungs-, Verteidigungs-, Arbeits-, Verkehrs- und Forschungsministerium) verschleiert und gegenüber der Arbeiterklasse vermittelt werden soll, findet aber auch seine Absicherung durch verschärfte Disziplinierungsmaßnahmen. Der Abbau demokratischer Rechte, von der CDU/CSU immer energischer gefordert, wurde mit einer Verschärfung der Berufsverbote sowie des Straf- und Prozeßrechtes vorangetrieben – eine Praxis, die zunehmend auf die SPD zurückfiel, da die CDU/CSU nicht nur linke Sozialdemokraten, sondern selbst Teile der SPD-Führung in den Ruf der »Verfassungsfeindlichkeit« zu bringen versuchte.[190]

In der Außenpolitik wurde die Rolle der BRD als stärkste kapitalistische Macht Europas deutlicher. Die Führungsrolle in der Europäischen Gemeinschaft demonstrierte die Bundesregierung drastisch, als sie im Sommer 1974 eine stärkere Selbständigkeit Italiens in der

186 Eine genaue Aufstellung der Verwendung der zusätzlichen Etatmittel findet sich in: Frankfurter Rundschau vom 13. Dezember 1974, S. 2.

187 Jörg Huffschmid, Im Namen der Investitionsneigung, a.a.O., S. 1248.

188 Hans Apel am 14. November 1974 in Bonn. Zitiert nach: Frankfurter Rundschau vom 15. November 1974, S. 1.

189 Jörg Huffschmid, Im Namen der Investitionsneigung, a.a.O., S. 1251.

190 Als Beispiel für dieses Vorgehen der CDU/CSU möge die »Verfassungsdebatte« des Deutschen Bundestages dienen. Vgl.: Deutscher Bundestag, Stenographische Berichte, 7. Wahlperiode, 79. und 80. Sitzung am 14. und 15. Februar 1974. Hier besonders die Reden von Dr. Filbinger, Ministerpräsident des Landes Baden-Württemberg (S. 5058 B ff.) und Vogel (Ennepetal) (S. 5071 B ff.).

EWG und eine weitere Linksentwicklung in diesem Lande mit einem Milliardenkredit zu verhindern suchte. Zunehmend erlangte die Politik der Bundesregierung, assistiert von den parteieigenen Bemühungen der SPD zur Beeinflussung und Stützung der dortigen sozialistischen und sozialdemokratischen Parteien in ihrem Sinne, zentrale Bedeutung für den Versuch der Westmächte, in den vom Faschismus befreiten Ländern Griechenland und Portugal, die kapitalistische Ordnung zu stabilisieren und eine eigenständige sozialistische Entwicklung zu verhindern. Ebenso tritt die SPD-geführte Bundesregierung bei dem Bestreben der weiteren Aufrüstung und Festigung der NATO hervor, wobei sie auch nicht vor dem Versuch zurückschreckt, Abrüstungsmaßnahmen sozialdemokratisch geführter NATO-Länder (wie in Dänemark und den Niederlanden) zu diffamieren und zu hintertreiben. Das Bild einer auf die unbedingte Verteidigung imperialistischer Einflußsphären ausgerichteten BRD-Außenpolitik rundet sich, wenn man die Unterstützung der Bundesrepublik für das Thieu-Regime in Südvietnam bis zur letzten Kriegsphase oder die Bemühungen um eine stärkere Einbeziehung des faschistischen Spanien in die »westliche Verteidigung« betrachtet.

Auch das weitere Rechtsschwenken der SPD-Politik unter Bundeskanzler Schmidt, das sich auch – wie noch zu zeigen sind wird – in stärkerer innerparteilicher Disziplinierung äußert, konnte erneute Wahlniederlagen der SPD nicht verhindern. Bei den Kommunal- und Landtagswahlen bis zum Frühjahr 1975 erlitt die Partei durch die Abkehr vieler reformenttäuschter SPD-Wähler schwere Einbußen, die erst bei den Landtagswahlen in NRW und im Saarland im Mai 1975 aufgefangen werden konnten, als die SPD einen unmittelbar bevorstehenden ökonomischen Aufschwung versprach und sich gleichzeitig kämpferischer mit den Unionsparteien auseinandersetzte, die durch das Bekanntwerden einer rechtsextremen Strauß-Rede diskreditiert wurden.

d) Innere Differenzierung der Sozialdemokratie nach 1969

Die Zunahme der Klassenkämpfe seit der Krise 1966/67, die wachsenden Aktivitäten der Arbeiterklasse und die zunehmend systemkritische Haltung großer Teile der Jugend bewirkten im Zusammenhang mit den Erfahrungen der Regierungstätigkeit der SPD eine rasche Entwicklung innerparteilicher Auseinandersetzungen.[191]

Der mit dem Münchener Bundeskongreß von 1969 begonnene Übergang der Jungsozialisten auf reformistische Positionen wurde auf dem folgenden Bundeskongreß in Bremen 1970 konsolidiert,[192] wenngleich die praktische Wirksamkeit der Jusos in den Klassenkämpfen aufgrund ihrer Fixierung auf parteiinterne Arbeit, die durch ihre soziale Zusammensetzung weitgehend auf den Reproduktionsbereich beschränkte Tätigkeit und ideologische Desorientierung, die sie hinderte, den Klassencharakter des bürgerlichen Staates und den Charakter der Regierungstätigkeit der SPD-Führung zu erkennen, beschränkt blieb.

Die durch die Studentenbewegung hervorgerufene Rezeption der Klassiker des wissenschaftlichen Sozialismus führte jedoch auch bei den Jusos zur Herausbildung von Gruppierungen, die sich als marxistisch verstanden und die sich links von den vom Bundesvorstand der Jungsozialisten vertretenen reformistischen Positionen einordneten. Auf dem Ende 1971 in Hannover stattfindenden »Strategiekongreß« standen so zwei Gruppen gegen die Bundesvorstandsposition: Zum einen die sogenannten »Nichtrevisionisten« aus dem Bezirk Hannover, eine sich in zentralen Punkten an »ultralinke« Vorstellungen anlehnende Gruppe, die sich durch ökonomistische, die Organisationsformen der Arbeiterklasse negierende Positionen und starken Antikommunismus auszeichnete, und zum anderen die »Juso-Linke«, die aus der Rezeption der Theorie des staatsmonopolistischen Kapitalismus heraus zur Strategie des antimonopolisti-

191 Eine ausführlichere Darstellung der innerparteilichen Differenzierung und ein Versuch einer Typisierung der Hauptströmungen in der gegenwärtigen Sozialdemokratie, sowie weiterführende Literatur bei: Heinz-Gerd Hofschen, Erich Ott, Hans Karl Rupp, SPD im Widerspruch, a.a.O., S. 141 ff.

192 Vgl. Vorstand der SPD (Hrsg.), Stellungnahmen des SPD-Parteivorstandes zum Bremer Kongreß der Jungsozialisten (=Reihe Jugend, Heft 2), Bonn o. J.

schen Kampfes gelangt war und sich bewußt in die marxistischen Traditionen der Arbeiterbewegung stellte mit dem Ziel, die SPD zu einer »konsequent sozialistischen Partei« zu transformieren.[193]

Während die »Nichtrevisionisten« relativ bedeutungslos blieben, prägte die Auseinandersetzung zwischen den reformistischen Anschauungen und den Positionen der Juso-Linken, deren aktiver Kern größtenteils aus dem SHB (der sich inzwischen zu einem weitgehend einheitlichen marxistischen Studentenverband entwickelt hatte) hervorging und die in Hamburg und Westberlin dominierten, die weitere innere Entwicklung der Jungsozialisten.

Die auf dem Hannoveraner Kongreß verabschiedeten »Strategiethesen«, die das Konzept der »Doppelstrategie« (Mobilisierung im außerparlamentarischen Bereich und Arbeit in der SPD und den Institutionen des Staates) formulierten, blieben trotz einiger von den Juso-Linken durchgesetzten Momente einer realistischeren Analyse der Rolle der Monopole in der BRD weitgehend reformistischen Positionen verhaftet; in den Fragen des ökonomischen und politischen Kampfes sind sie abstrakt und widersprüchlich.[194] Der Bundesvorstand der Jungsozialisten konnte zwar noch auf dem Bundeskongreß 1972 veranlaßt werden, ein Wahlkampfpapier für die Bundestagswahlen herauszugeben, das aktuelle Wahlkampf-Schwerpunkte (Bekämpfung der CDU/CSU, Verteidigung der Ostverträge) mit weitgehenden Forderungen nach Vergesellschaftung der Schlüsselindustrien verband, doch nach der Wahl 1972 widmete er sich zunehmend der Bekämpfung der marxistischen Kräfte in der eigenen Organisation und im SHB. Mit aktiver Unterstützung der Parteiführung und mit dem Beifall der bürgerlichen Presse bedacht, entfaltete er 1973 eine massive Kampagne gegen die Juso-Linke, deren Bereitschaft zur Aktionseinheit mit Kommunisten zum zentralen Angriffspunkt genommen wurde.[195] Gleichzeitig wuchs bei der Juso-

193 Vgl. Jungsozialisten in der SPD, Landesverband Hamburg, Das Hamburger Strategiepapier, abgedruckt in: Der Thesenstreit um »Stamokap«, Die Dokumente der Grundsatzdiskussion der Jungsozialisten, Reinbek bei Hamburg 1973.

194 Vgl. Bundesvorstand der Jungsozialisten in der SPD (Hrsg.), Thesen zur Politischen Ökonomie und Strategie – Außerordentlicher Bundeskongreß der Jungsozialisten in Hannover 11.–12. Dezember 1971, Bonn o. J.

195 Diese Auseinandersetzung begann mit einem äußerst diffamierenden Artikel des damaligen stellvertretenden Bundesvorsitzenden der Jungsozialisten, Johano Strasser –

Führung die Bereitschaft, den Kurs des Parteivorstandes und der SPD-geführten Bundesregierung, an dem verbalradikale, aber tatenlose Kritik geübt wurde, zu decken, so daß die Entwicklung bis zum zweiten Münchener Bundeskongreß (1974) trotz des Anwachsens der Juso-Linken als »halblinke Stabilisierung«[196] charakterisiert werden muß.

Neben den Jungsozialisten haben sich seit Anfang der 70iger Jahre auch die »Sozialistische Jugend – Die Falken«, die traditionelle sozialdemokratische Kinder- und Jugendorganisation, welche etwa 160 000 Jugendliche organisiert, in ihrer Führung zu linksreformistischen, ja teils marxistischen Positionen fortentwickelt – ein Prozeß, der seine Gründe auch in dem Erstarken der mit der DKP verbundenen »Sozialistischen Deutschen Arbeiterjugend (SDAJ)« hat.

Doch blieb der Differenzierungsprozeß, welcher durch die Erfahrungen mit der gegen die Arbeiterinteressen gerichteten Regierungspolitik der SPD-Führung gefördert wurde, nicht nur auf die Jugendorganisationen beschränkt. In zahlreichen Untergliederungen der Partei, besonders in Großstadtregionen, entbrannten Auseinandersetzungen um die Ziele sozialdemokratischer Politik, die sich sowohl an kommunalen Entscheidungen (Nahverkehrstarife, Stadtplanung, usw.) als auch an zentralen Reformplänen (Mitbestimmung, Investitionslenkung) und internationalen Problemen (Indochina, Chile, Friedenspolitik) entzündeten und nicht nur lokal die Positionen reformistischer Kräfte verbesserten, sondern auch dazu führten, daß in Landtagen und in den Bundestag auch einige der Politik der Parteiführung kritisch gegenüberstehende Abgeordnete einzogen.

Auf den Parteitagen verschärften sich die Konfrontationen erheblich, ohne daß sich aber die innerparteiliche Opposition außer in Einzelfragen durchsetzen konnte.

eines von den neoreformistischen Theorien André Gorz' und dem »Sozialistischen Büro« geprägten Reformisten, der scharf antimarxistische Positionen einnimmt – im Informationsdienst der Jungsozialisten. Das Pamphlet und eine umfassende Antwort des SHB darauf findet sich in: Bundesvorstand des SHB, Herrn Johano Strassers Umwälzung der Wissenschaft, Bonn 1973.

196 Vgl. Bundesvorstand der Jungsozialisten in der SPD (Hrsg.), Beschlüsse, Ordentlicher Bundeskongreß der Jungsozialisten in der SPD in München 25.–27. Januar 1974, Bonn o. J.

Auf dem außerordentlichen Parteitag 1971 in Bad Godesberg konnten so weitgehende Steuerreformpläne verabschiedet werden, und auf dem Hannoveraner Parteitag 1973, der zwar nicht den prognostizierten »Durchbruch nach links« brachte, wurde doch der Entwurf des seit dem Saarbrücker Parteitag 1970 von einer Kommission unter der Leitung Helmut Schmidts ausgearbeiteten »Langzeitprogramms«, das eine programmatische Festschreibung der von der Regierung betriebenen staatlichen Regulierungspolitik und eine Korrektur des Godesberger Programms nach rechts intendierte,[197] abgelehnt. Ferner ergab die Neuwahl des Parteivorstandes eine größere Repräsentanz reformistischer Kräfte.

Die Reaktion der Parteiführung auf diese innerparteilichen Differenzierungsprozesse, der – angesichts der gegenüber den frühen 60iger Jahren ungleich stärkeren Oppositionsbildung und der Tatsache, daß seit der Gründung der DKP eine linke Alternative zur SPD vorhanden war – nicht nur administrativ zu begegnen war, bestand in der kombinierten Anwendung integrativer und repressiver Mittel.

Zu den integrativen Mitteln gehört die stärkere Betonung der SPD als Arbeiterpartei, als »Arbeitnehmerflügel der deutschen Gesellschaft«[198] und der Hinwendung zu ideologischen Fragen. Der »demokratische Sozialismus« – dieser Begriff meint sowohl das, allerdings nicht näher definierte, Ziel der sozialdemokratischen Bewegung als auch die Bewegung selbst und wird mit den Inhalten des Godesberger Programms gefüllt – wird zum Zweck der Abgrenzung gegen marxistische Zielvorstellungen stärker propagiert, und man versucht, die eigene Politik wieder theoretisch zu begründen.

Die Integrationskraft der Rechtssozialdemokratie erfährt noch eine zusätzliche Unterstützung durch das Wiederaufleben reformistischer Positionen, die oftmals in Anlehnung an alte »Wirtschaftsdemokratiekonzepte« der Jahre nach 1945 und klassisch-revisioni-

197 Zur Einschätzung des Hannoveraner Parteitages vgl.: Wolfgang Abendroth, Zur Situation der SPD nach dem Parteitag von Hannover, a.a.O.

Zum Langzeitprogramm: Heinz-Gerd Hofschen, Erich Ott, Zur Einschätzung des Langzeitprogrammentwurfs der SPD, in: Blätter . . ., H. 3, 1973, S. 254 ff.

198 Helmut Schmidt, Rede zur Eröffnung des a.o. Parteitages der SPD in Dortmund am 12. Oktober 1972, in: Ders., Auf dem Fundament des Godesberger Programms, Bonn-Bad Godesberg 1973, S. 103.

stische Vorstellungen die Erreichung des »demokratischen Sozialismus« ausschließlich auf dem Wege »systemüberwindende Reformen« vorwiegend durch parlamentarische Mittel anstreben und sich zur Legitimierung dieser illusionären Strategie marxistischer Theorieversatzstücke bedienen, zumal diese reformistischen Kräfte meist mit den Integrationisten den prinzipiellen Antikommunismus gemein haben.[198a]

Diese »Reideologisierung« hat jedoch ambivalenten Charakter, da sie gegen die Absichten der Parteiführung zur Diskussion um Ziel und Mittel sozialdemokratischer Politik beiträgt, die eine weitere Differenzierung fördern kann.

Die repressiven Mittel der SPD-Führung traten überall dort in den Vordergrund, wo sie mit ideologischer Beeinflussung allein ein Wirksamwerden von Sozialdemokraten gegen ihre monopolorientierte Politik nicht verhindern konnte. Als an der Basis Sozialdemokraten verstärkt gemeinsame Aktionen mit Kommunisten und anderen fortschrittlichen Kräften durchführten – in Streiks, Rote-Punkt-Aktionen und Bürgerinitiativen zur Verteidigung der materiellen und demokratischen Rechte der Werkstätigen sowie im Bildungsbereich –, untersagte der Parteirat im November 1970 den Parteimitgliedern alle Aktionen, an denen auch Kommunisten beteiligt sind.[199] Dieser Beschluß diente in der Folge zur Begründung für

198a Reformistische Kräfte (mit einem allerdings unterschiedlichen Grad von Antikommunismus) bilden derzeit bei den Jungsozialisten die Mehrheit gegenüber einer starken marxistisch orientierten Minderheit der Juso-Linken. Sie finden sich ferner als starke Gruppe bei den sozialdemokratischen Gewerkschaftern – vorwiegend im unteren und mittleren Funktionärskörper – und bei den Falken, und sie halten starke Positionen in einigen Bezirken und Unterbezirken (z. B. Hessen-Süd, München, Köln).

Von ihnen müssen diejenigen sozialdemokratischen Politiker unterschieden werden, die zwar ebenfalls reformistisches, bisweilen mit marxistischen Termini versetztes Vokabular verwenden, deren hauptsächliche Funktion aber in der Bindung gerade kritischer Sozialdemokraten an den Kurs der Parteiführung ist, eine Funktion, die sie besonders durch einen sehr scharfen, gegen jede Aktionseinheit gerichteten Antikommunismus zu erfüllen trachten. Hierzu zählen beispielsweise auch Jochen Steffen und Peter von Oertzen. Vgl. Peter v. Oertzen, Die Aufgabe der Partei, Bonn-Bad Godesberg 1974; sowie: Jochen Steffen, Strukturelle Revolution, Reinbek bei Hamburg 1974.

199 Der Beschluß wurde in überarbeiteter Fassung am 26. Februar 1971 als Grundsatzdokument verabschiedet: Vorstand der SPD (Hrsg.), Zum Verhältnis von Sozialdemokratie und Kommunismus, [= Reihe Parteien 1], Bonn o. J. (nach seinem Verfasser Richard Löwenthal auch oft als »Löwenthal-Papier« bezeichnet).

Parteiordnungsverfahren und Parteiausschlüsse, vorwiegend gegen Jungsozialisten. Besonders scharf ging die Parteiführung gegen den SHB vor, dem sie wegen dessen Zusammenarbeit mit dem MSB Spartakus zunächst die finanzielle Unterstützung strich, dann 1972 auf Druck der CDU den Namen »sozialdemokratisch« gerichtlich verbieten ließ und dem die Bundesregierung 1974 schließlich sogar mangelnde Verfassungstreue unterstellte.

Eine neue Qualität erhielten diese Repressionsmaßnahmen, als angesichts der gestiegenen Krisenhaftigkeit die SPD-Führung ihre Reformpläne ad acta legte und ihren »Stabilitätskurs« innerparteilich durchsetzen mußte.

Vermehrte Parteiordnungsverfahren, die Tabuisierung des Godesberger Programms, das als »nicht zur Disposition stehend«[200] erklärt wurde, die administrative Bevormundung der Jungsozialisten, deren Publikationen und Aktivitäten ab 1974 von den Parteivorständen mit Hilfe neuer »Richtlinien für Arbeitsgemeinschaften«[201] kontrolliert werden, kennzeichnen diesen Druck, dem sich besonders die reformistischen Teile der innerparteilichen Opposition weitgehend unterwarfen. Das gilt nicht nur für die Jungsozialisten, die sich auf ihrem Bundeskongreß 1975 durch massive Interventionen der Parteiführung auf reformistische Positionen und praktische Untätigkeit festlegen ließen, sondern auch beispielsweise für die 1973 gegründete »Arbeitsgemeinschaft für Arbeitnehmerfragen«, die noch auf ihrem Gründungskongreß reformistische Auffassungen artikuliert hatte.

Dieser durch Krisenfurcht und innerparteiliche Disziplinierung hervorgerufene derzeitige Anpassungsprozeß der innerparteilichen Opposition bedeutet allerdings nicht das Ende des Differenzierungsprozesses der Sozialdemokratie. Die innere Widersprüchlichkeit der SPD, die auf dem Antagonismus zwischen den Interessen der immer noch zur Mehrheit aus Werktätigen bestehenden Mitgliedschaft[202] und Wählerbasis der Partei und der den Interessen des

200 Zehn-Punkte-Erklärung Willy Brandts vom 2. April 1974, in: Vorwärts vom 4. April 1974.

201 Vgl. dazu: Gerhard Stuby, Zur Entscheidung der SPD-Schiedskommission gegen die Jungsozialisten, in: Blätter . . ., H. 12, 1974, S. 1212 ff.

202 So betrug 1972 der Anteil der Arbeiter (27,6 Prozent), Angestellten (25 Prozent)

Monopolkapitals verhafteten Politik ihres integrationistischen Flügels beruht, läßt sich, wie die Analyse der Geschichte der SPD seit Godesberg zeigt, nur zeitweilig verdecken.

Die offenkundige Krisenhaftigkeit des Systems, die die Werktätigen mehr und mehr dazu zwingt, für ihre elementaren Interessen selbst aktiv zu werden, die internationale Entwicklung, die nicht nur durch ein Erstarken der sozialistischen Länder, sondern auch durch die Zunahme der Klassenkämpfe in Westeuropa gekennzeichnet ist und der – wenngleich auch noch langsame – Prozeß der Wiedergewinnung des Klassenbewußtseins in der westdeutschen Arbeiterklasse, wozu die Tätigkeit der DKP ebenso beiträgt wie die vieler sozialdemokratischer Gewerkschafter, schaffen Rahmenbedingungen, welche eine weitere Differenzierung der Sozialdemokratie, wie sie sich schon in vielen westeuropäischen Ländern (z. B. in den Niederlanden, Frankreich, Italien, Skandinavien) herausgebildet hat, fördern werden.

und Beamten (9 Prozent) an den Neuzugängen der Partei zusammen 65,5 Prozent, rechnet man Lehrlinge und Schüler und Studenten hinzu, so kommt man auf einen Anteil von 85,3 Prozent. Allerdings muß beachtet werden, daß sich in den Kategorien »Angestellte« und »Beamte« auch Mitglieder der hohen Staatsbürokratie und Manager befinden, deren Interessenlage sich mit derjenigen der Parteiführung durchaus deckt. Bemerkenswert ist der Rückgang an Neuzugängen aus der Industriearbeiterschaft, die 1958 noch 55 Prozent betragen hatten, sowie das starke Anwachsen der Angestellten. Die Angaben nach: Günther Winkler, Die SPD als Mitgliederpartei, a.a.O., S. 67.

Abkürzungen

ADAV	Allgemeiner Deutscher Arbeiterverein
ADGB	Allgemeiner Deutscher Gewerkschaftsbund
Afa-Bund	Allgemeiner freier Angestelltenbund
ADB	Allgemeiner Deutscher Beamtenbund
BDI	Bundesverband der Deutschen Industrie
BVG	Betriebsverfassungsgesetz
BzG	bis 1968: Beiträge zur Geschichte der deutschen Arbeiterbewegung, Berlin seit 1969: Beiträge zur Geschichte der Arbeiterbewegung, Berlin
DDP	Deutsche Demokratische Partei
DGB	Deutscher Gewerkschaftsbund
DVP	Deutsche Volkspartei
DNVP	Deutschnationale Volkspartei
GdA	Geschichte der deutschen Arbeiterbewegung, Hrsg. vom Institut für Marxismus-Leninismus beim Zentralkomitee der SED, 8 Bde., Berlin 1966
IG	Industriegewerkschaft
KSZE	Konferenz über Sicherheit und Zusammenarbeit in Europa
LW	W. I. Lenin, Werke, Hrsg. vom Institut für Marxismus-Leninismus beim ZK der KPdSU, Ins Deutsche übertragen nach der vierten russischen Ausgabe, besorgt vom Institut für Marxismus-Leninismus beim ZK der SED, 40 Bde., Berlin 1961–1971
MEW	Karl Marx und Friedrich Engels, Werke, Hrsg. vom Institut für Marxismus-Leninismus beimZK der SED, 39 Bde. Berlin 1964–1968
NSBO	Nationalsozialistische Betriebsorganisation
OHL	Oberste Heeresleitung
RDI	Reichsverband der Deutschen Industrie
SAPD	Sozialistische Arbeiterpartei Deutschlands
SHB	Sozialdemokratischer Hochschulbund, ab 1973: Sozialistischer Hochschulbund
SDS	Sozialistischer Deutscher Studentenbund
ZfG	Zeitschrift für Geschichtswissenschaft, Berlin

Auswahl-Literaturliste

Abendroth, Wolfgang: Antagonistische Gesellschaft und politische Demokratie, Aufsätze zur politischen Soziologie, Neuwied-Berlin 1967
–: Aufstieg und Krise der deutschen Sozialdemokratie. Das Problem der Zweckentfremdung einer politischen Partei durch die Anpassungstendenz von Institutionen an vorgegebene Machtverhältnisse, 2. Aufl. Frankfurt/Main 1969
–: Historische Funktion und Umfang des Widerstandes der Arbeiterbewegung gegen das Dritte Reich, in: Festschrift für Otto Brenner zum 60. Geburtstag, Frankfurt/Main 1967
–: Zur Situation der SPD nach dem Parteitag von Hannover, in: Blätter für deutsche und internationale Politik, Heft 5, 1973
–: Sozialgeschichte der europäischen Arbeiterbewegung, Frankfurt/Main 1969
–, Georg *Fülberth,* Heinz-Gerd *Hofschen,* Erich *Ott,* Gerhard *Stuby* (Hrsg.): Sozialdemokratie und Sozialismus, August Bebel und die Sozialdemokratie heute, Köln 1974
Albrecht, Ulrich: Die Wiederaufrüstung der BRD, Köln 1974
Die Andere Zeitung, Hamburg
Anderson, Evelyn: Hammer oder Amboß, zur Geschichte der deutschen Arbeiterbewegung, Nürnberg 1948
Arbeitereinheit rettet die Republik, Dokumente und Materialien zur Niederschlagung des Kapp-Putsches im März 1920, eingeleitet und zusammengestellt von Fritz Krause, Frankfurt/Main 1970
Ashkenasi, Abraham: Reformpartei und Außenpolitik, Die Außenpolitik der SPD, Berlin, Bonn, Köln und Opladen 1968
Autorenkollektiv: Geschichte der sowjetischen Außenpolitik, 2 Bde., Berlin 1969
–: Ideologie des Sozialdemokratismus in der Gegenwart, Frankfurt/Main 1972
–: Der Imperialismus der BRD, Berlin 1971

Badstübner, Rolf: Restauration in Westdeutschland 1945–1949, Berlin 1965
Balser, Frolinde: Sozial-Demokratie 1848/49–1863, Die erste deutsche Arbeiterorganisation »Allgemeine Arbeiterverbrüderung« nach der Revolution, 2 Bde., Stuttgart 1962
Bandholz, Emil: Zwischen Godesberg und Großindustrie oder Wo steht die SPD?, Reinbek bei Hamburg 1971
Bartel, Walter: Die Linken in der deutschen Sozialdemokratie im Kampf gegen Imperialismus und Krieg, Berlin 1958
Bebel, August: Aus meinem Leben, Berlin 1964
Bender, Peter: Die Ostpolitik Willy Brandts oder Die Kunst des Selbstverständlichen, Reinbek bei Hamburg 1972
Bernstein, Eduard: Die Voraussetzungen des Sozialismus und die Aufgaben der Sozialdemokratie, hrsg. von Günther Hillmann, Reinbek bei Hamburg 1968
Bestandsaufnahme 1966, hrsg. vom Vorstand der SPD, Bonn 1966
Bestandsaufnahme 1967, Ergebnisse sozialdemokratischer Arbeit in der Großen Koalition, hrsg. vom Vorstand der SPD, Bonn 1967
Bieligk, Fritz, und Ernst *Eckstein,* Otto *Jenssen,* Kurt *Laumann,* Helmut *Wagner:* Die Organisation im Klassenkampf, Die Probleme der politischen Organisation der Arbeiterklasse, Berlin-Britz o.J. (1931. Neudruck Frankfurt/Main 1967)
Bleyer, Wolfgang, und Karl *Drechsler*: Deutschland von 1939 bis 1945 (Deutschland während des Zweiten Weltkrieges), Berlin 1970

Börnsen, Gert: Innerparteiliche Opposition, Hamburg 1969
Bracher, Karl Dietrich: Die Auflösung der Weimarer Republik, Eine Studie zum Problem des Machtverfalls in der Demokratie, 2. Aufl. Stuttgart und Düsseldorf 1957
–, Wolfgang *Sauer* und Gerhard *Schulz:* Die nationalsozialistische Machtergreifung, Studien zur Errichtung des totalitären Herrschaftssystems in Deutschland 1933/34, Köln und Opladen 1962
Brandt, Willy: Friedrich Engels und die soziale Demokratie, Bonn-Bad Godesberg 1970
–: Begegnungen mit Kennedy, München 1964
–: Koexistenz – Zwang zum Wagnis, Stuttgart 1963
–: Der Wille zum Frieden, Perspektiven der Politik, Frankfurt/Main 1973
– und Richard *Löwenthal:* Ernst Reuter – Ein Leben für die Freiheit, Eine politische Biographie, München 1957
Braun, Otto: Von Weimar zu Hitler, 2. Aufl. New York 1940
Braunmühl, Claudia von: Kalter Krieg und friedliche Koexistenz, Frankfurt/Main 1973
Brüning, Heinrich: Memoiren 1918–1934, Stuttgart 1970
Bundesvorstand der Jungsozialisten in der SPD (Hrsg.): Beschlüsse, Ordentliche Bundeskongresse der Jungsozialisten in der SPD, Bonn o.J.
Butterwegge, Christoph: Zur Theorie und Praxis der Jungsozialisten, in: Blätter für deutsche und internationale Politik, H. 1, 1974

Czichon, Eberhard: Wer verhalf Hitler zur Macht? Zum Anteil der deutschen Industrie an der Zerstörung der Weimarer Republik, 3. Aufl. Köln 1972

Deppe, Frank: Das Bewußtsein der Arbeiter, Studien zur politischen Ideologie des Arbeiterbewußtseins, 3. Aufl. Köln 1975
–, und Jutta *von Freyberg* u. a: Kritik der Mitbestimmung, Frankfurt/Main 1969
Deuerlein, Ernst: Deutschland 1963–1970, Hannover 1972
Deutsche Akademie der Wissenschaften zu Berlin, Arbeitsgruppe Erster Weltkrieg (Leitung: Fritz Klein): Deutschland im Ersten Weltkrieg, 3 Bde., Berlin 1969/70
Dokumente und Materialien zur Geschichte der deutschen Arbeiterbewegung, Herausgegeben vom Institut für Marxismus-Leninismus beim Zentralkomitee der Sozialistischen Einheitspartei Deutschlands, Reihe II, 1914–1945, Band 1: Juli 1914–Oktober 1917, Berlin 1958; Band 2: November 1917–Dezember 1918, Berlin 1957; Band 3: Januar–Mai 1919, Berlin 1958; Band 7: Februar 1919–Dezember 1923 (7/1 Februar 1919–Dezember 1921; 7/2 Januar 1922–Dezember 1923), Berlin 1966
Dowe, Dieter, Kurt *Klotzbach* (Hrsg.): Programmatische Dokumente der deutschen Sozialdemokratie, Bonn-Bad Godesberg 1973
Drabkin, J. S.: Die Novemberrevolution 1918 in Deutschland, Berlin 1968
Drechsler, Hanno: Die Sozialistische Arbeiterpartei Deutschlands (SAPD), Ein Beitrag zur Geschichte der deutschen Arbeiterbewegung am Ende der Weimarer Republik, Meisenheim/Glan 1965
Dübber, Ulrich: Die deutsche Sozialdemokratie nach 1945, in: Aus Politik und Zeitgeschichte, Beilage zur Wochenzeitung Das Parlament, B 21/63, 22. Mai 1963

Ehmke, Horst (Hrsg.): Perspektiven Sozialdemokratischer Politik im Übergang zu den siebziger Jahren, Erläutert von 21 Sozialdemokraten, Reinbek bei Hamburg 1969
Edinger, Lewis J.: Kurt Schumacher, Persönlichkeit und politisches Verhalten, Köln-Opladen 1967
–: Sozialdemokratie und Nationalsozialismus, Der Parteivorstand der SPD im Exil von 1933–1945, Hannover und Frankfurt 1960

Eichler, Willi: Hundert Jahre Sozialdemokratie, Hrsg. Vorstand der SPD, Bonn, Bielefeld o.J. (1963)

Fabian, Walter: Klassenkampf um Sachsen, Ein Stück Geschichte 1918–1930, Löbau 1930 (Nachdruck Berlin 1972)

Feldmann, G. D.: Army, Industry and Labor in Germany 1914–1918, Princeton 1966

Flechtheim, Ossip K. (Hrsg.): Dokumente zur parteipolitischen Entwicklung in Deutschland seit 1945, 9 Bde., Berlin 1962 ff.

von Freyberg, Jutta: Sozialdemokraten und Kommunisten, Die Revolutionären Sozialisten Deutschlands vor dem Problem der Aktionseinheit 1934–1937, Köln 1973

Fricke, Dieter: Die deutsche Arbeiterbewegung 1869–1890, Ihre Organisation und Tätigkeit, Leipzig 1964

–: Zur Organisation und Tätigkeit der deutschen Arbeiterbewegung (1890–1914), Dokumente und Materialien, Leipzig 1967

Fülberth, Georg, und Jürgen *Harrer:* Die deutsche Sozialdemokratie 1890–1933, Darmstadt und Neuwied 1974

Gansel, Norbert (Hrsg.): Überwindet den Kapitalismus oder Was wollen die Jungsozialisten, Reinbek bei Hamburg 1971

Gaus, Günter: Staatserhaltende Opposition oder Hat die SPD kapituliert? Gespräche mit Herbert Wehner, Reinbek bei Hamburg 1966

Geschichte der deutschen Arbeiterbewegung, Hrsg. vom Institut für Marxismus-Leninismus beim Zentralkomitee der SED, 8 Bde., Berlin 1966

Die Gesellschaft, Internationale Revue für Sozialismus und Politik, Hrsg.: Dr. Rudolf Hilferding, Berlin 1924–1932

Gleissberg, Gerhard: SPD und Gesellschaftssystem, Aktualität der Programmdiskussion 1934–1946. Dokumente und Kommentar, Frankfurt/Main 1973

Gossweiler, Kurt: Großbanken, Industriemonopole, Staat, Ökonomie und Politik des staatsmonopolistischen Kapitalismus in Deutschland von 1914–1932, Berlin 1971

Granow, Wladimir, Sergej *Gribanow,* Grigori *Sogomonjan,* Iskander *Undasynow* und Vitali *Wassin:* Die gegenwärtige Sozialdemokratie, Neue sowjetische Analysen, Köln 1973

Grebing, Helga: Geschichte der deutschen Arbeiterbewegung, Ein Überblick, München 1966 ff

Groh, Dieter: Negative Integration und revolutionärer Attentismus, Die deutsche Sozialdemokratie am Vorabend des Ersten Weltkrieges, Frankfurt/Main, Berlin und Wien 1973

Hallgarten, George W. F.: Hitler, Reichswehr und Industrie, Frankfurt/Main 1955

Hartwich, Hans-Hermann: Sozialstaatspostulat und gesellschaftlicher Status quo, Köln und Opladen 1970

Hofschen, Heinz-Gerd, Erich *Ott* und Hans Karl *Rupp:* SPD im Widerspruch, Zur Entwicklung und Perspektive der Sozialdemokratie im System der BRD, Köln 1975

Hrbek, Rudolph: Die SPD – Deutschland und Europa, Bonn 1972

Huffschmid, Jörg: Die Politik des Kapitals, Konzentration und Wirtschaftspolitik in der Bundesrepublik, Frankfurt/Main 1969

Hunt, Richard N.: German Social Democracy 1918–1933, New Haven, London 1964

Huster, Ernst-Ulrich, Gerhard *Kraiker,* Burghard *Scherer,* Friedrich-Karl *Schlotmann,* Marianne *Welteke:* Determinanten der westdeutschen Restauration 1945–1949, Frankfurt/Main 1972

Der Interfraktionelle Ausschuß 1917/18, Bearbeitet von Erich Matthias und Rudolf Morsey (Quellen zur Geschichte des Parlamentarismus und der politischen Parteien, Erste Reihe, Bd. I/I und I/II), Düsseldorf 1958

Jaeggi, Urs: Kapital und Arbeit in der Bundesrepublik, Frankfurt/Main 1973
Jahrbücher der SPD, 1926 ff.

Kaack, Heino: Geschichte und Struktur des deutschen Parteiensystems, Opladen 1971
Kaden, Albrecht: Einheit oder Freiheit, Die Wiedergründung der SPD 1946/47, Hannover 1964
Kastning, Alfred: Die deutsche Sozialdemokratie zwischen Koalition und Opposition, 1919–1923, Paderborn 1970
Der Klassenkampf, Marxistische Blätter, Hrsg.: Dr. Max Adler, Dr. Kurt Rosenfeld, Max Seydewitz und Heinrich Ströbel, Berlin 1927–1932 (Seit Oktober 1928 Mitherausgeber Paul Levi).
Kliem, Kurt: Der sozialistische Widerstand gegen das Dritte Reich, dargestellt an der Gruppe »Neu Beginnen«, Diss. Marburg 1957
Klönne, Arno: Sozialdemokratie – eine Agentur kapitalistischer Interessen? in: Reinhard Kühnl (Hrsg.), Der bürgerliche Staat der Gegenwart (= Formen bürgerlicher Herrschaft II), Reinbek bei Hamburg 1972
Könnemann, Erwin, und Hans-Joachim *Krusch:* Aktionseinheit contra Kapp-Putsch, Berlin 1972
Kolb, Eberhard: Die Arbeiterräte in der deutschen Innenpolitik 1918–1919, Düsseldorf 1962
Das Kriegsbuch des Reichstagsabgeordneten Eduard David 1914–1918, In Verbindung mit Erich Matthias bearbeitet von Susanne Miller (Quellen zur Geschichte des Parlamentarismus und der politischen Parteien, Erste Reihe, Bd. 4) Düsseldorf 1966
Krohn, Claus-Dieter: Stabilisierung und ökonomische Interessen, Die Finanzpolitik des Deutschen Reiches 1923–1927, Düsseldorf 1974
Kuczynski, Jürgen: Die Geschichte der Lage der Arbeiter in Deutschland von 1789 bis zur Gegenwart, 7 Bde., Berlin 1961 ff.
Laboor, Ernst: Der Kampf der deutschen Arbeiterklasse gegen Militarismus und Kriegsgefahr 1927–1929, Berlin 1961
Lassalle, Ferdinand: Gesammelte Reden und Schriften, Herausgegeben und eingeleitet von Eduard Bernstein, 12 Bde., Berlin 1919
Lenin, W. I.: Werke, Hrsg. vom Institut für Marxismus-Leninismus beim ZK der KPdSU. Ins Deutsche übertragen nach der vierten russischen Ausgabe, besorgt vom Institut für Marxismus-Leninismus beim ZK der SED, 40 Bde., Berlin 1961 ff.
Lilge, Herbert (Hrsg.): Deutschland 1945–1963, Hannover 1967
Luxemburg, Rosa: Ausgewählte politische Schriften in drei Bänden, Frankfurt/Main 1971

Mannschatz, Eberhard, und Josef *Seider:* Zum Kampf der KPD im Ruhrgebiet für die Einigung der Arbeiterklasse und die Entmachtung der Monopolherren 1945–1947, Berlin 1962
Marx, Karl, und Friedrich *Engels:* Werke, hrsg. vom Institut für Marxismus-Leninismus beim ZK der SED, 39 Bde., Berlin 1957 ff.
Matthias, Erich: Die Sozialdemokratische Partei Deutschlands, in: Matthias, Erich / Morsey, Rudolf (Hrsg.), Das Ende der Parteien 1933, Düsseldorf 1960, S. 101–278
–: Der Untergang der alten Sozialdemokratie 1933, in: Vierteljahreshefte für Zeitgeschichte, 4. Jg. (1956), S. 279–286

– (Hrsg.): Mit dem Gesicht nach Deutschland, Eine Dokumentation über die sozialdemokratische Emigration, Düsseldorf 1968
–: Zwischen Räten und Geheimräten, Die deutsche Revolutionsregierung 1918/19, Düsseldorf 1970
Mauersberger, Volker (Hrsg.): Wie links dürfen die Jusos sein? Vom Bürgerschreck zur Bürgerinitiative, Reinbek bei Hamburg 1974
Mayer, Gustav: Die Trennung des proletarischen von der bürgerlichen Demokratie in Deutschland 1863–1870, in: Ders., Radikalismus, Sozialismus und bürgerliche Demokratie, Herausgegeben und mit einem Nachwort versehen von Hans-Ulrich Wehler, 2. Aufl., Frankfurt/Main 1969
Mehring, Franz: Geschichte der deutschen Sozialdemokratie, 2 Bde., Berlin 1960
Miller, Susanne: Die SPD vor und nach Godesberg, Bonn-Bad Godesberg 1974
Mommsen, Hans (Hrsg.): Sozialdemokratie zwischen Klassenbewegung und Volkspartei, Verhandlungen der Sektion »Geschichte der Arbeiterbewegung« des Deutschen Historikertages in Regensburg, Oktober 1972, Frankfurt/Main 1974
Moraw, Frank: Die Parole der »Einheit« und die Sozialdemokratie, Zur parteiorganisatorischen und gesellschaftspolitischen Orientierung der SPD in der Periode der Illegalität und in der ersten Phase der Nachkriegszeit 1933–1948, Bonn 1973
Mottek, Hans, Walter *Becker* und Alfred *Schröter:* Wirtschaftsgeschichte Deutschlands, Ein Grundriß, Band III, Von der Zeit der Bismarckschen Reichsgründung 1971 bis zur Niederlage des faschistischen deutschen Imperialismus 1945, Berlin 1974

Narr, Wolf-Dieter: CDU–SPD, Programm und Praxis seit 1945, Stuttgart, Berlin, Köln und Mainz 1966
Die Neue Gesellschaft, ab 1953, Bielefeld, Bonn–Bad Godesberg
Neuer Vorwärts, Sozialdemokratisches Wochenblatt, Karlsbad 1933–1938, Paris 1938–1940
Niclauß, Karlheinz: Demokratiegründung in Westdeutschland, Die Entstehung der Bundesrepublik von 1945–1949, München 1974
Notstandsverfassung und Parteitagsbeschlüsse, Hrsg. vom Vorstand der SPD, Bonn o.J.

Oertzen, Peter von: Betriebsräte in der Novemberrevolution, Düsseldorf 1963
–: Die Aufgabe der Partei, Bonn-Bad Godesberg 1974
Osterroth, Franz, Dieter *Schuster:* Chronik der deutschen Sozialdemokratie, Band I: bis zum Ende des Ersten Weltkrieges, Berlin, Bonn–Bad Godesberg 1975

Paterna, Erich, Werner *Fischer* u. a.: Deutschland von 1933–1939 (Von der Machtübertragung an den Faschismus bis zur Entfesselung des Zweiten Weltkrieges), Berlin 1969
Pirker, Theo: Die SPD nach Hitler, Die Geschichte der Sozialdemokratischen Partei Deutschlands 1945–1965, München 1965
Plum, Günter: Volksfront, Konzentration und Mandatsfrage, Ein Beitrag zur Geschichte der SPD im Exil 1933–1939, in: Vierteljahreshefte für Zeitgeschichte 18, 1970, Heft 4, S. 410–442
Potthoff, Heinrich: Die Sozialdemokratie von den Anfängen bis 1945, Bonn–Bad Godesberg 1974
Prager, Eugen: Geschichte der USPD, Entstehung und Entwicklung der Unabhängigen Sozialdemokratischen Partei Deutschlands, Berlin 1921
Preller, Ludwig: Sozialpolitik in der Weimarer Republik, Stuttgart 1949
Protokoll der Bundeskonferenzen der SPD, Bonn

Protokolle über die Verhandlungen der Parteitage der Sozialdemokratischen Partei Deutschlands 1890 ff.

Die Reichstagsfraktion der deutschen Sozialdemokratie 1898–1918, Bearbeitet von Erich Matthias und Eberhard Pikart (Quellen zur Geschichte des Parlamentarismus und der politischen Parteien, Erste Reihe, Bd. 3/I und 3/II), Düsseldorf 1966

Richter, Werner: Gewerkschaften, Monopolkapital und Staat im Ersten Weltkrieg und in der Novemberrevolution (1914–1918), Berlin 1959

Röder, Werner: Die deutschen sozialistischen Exilgruppen in Großbritannien 1940–1945, Ein Beitrag zur Geschichte des Widerstandes gegen den Nationalsozialismus, Hannover 1968

Rosenberg, Arthur: Entstehung der Weimarer Republik, Frankfurt/Main 1961

–: Geschichte der Weimarer Republik, Frankfurt/Main 1961

Ruge, Wolfgang: Deutschland von 1917 bis 1933, Berlin 1967

–: Weimar – Republik auf Zeit, Berlin 1969

Runge, Wolfgang: Das Prager Manifest von 1934, Ein Beitrag zur Geschichte der SPD, Hamburg 1971

Rupp, Hans Karl: Außerparlamentarische Opposition in der Ära Adenauer, Der Kampf gegen die Atombewaffnung in den fünfziger Jahren, Köln 1970

Sachwörterbuch der Geschichte Deutschlands und der deutschen Arbeiterbewegung, 2 Bde., Berlin 1969

Schiller, Karl: Der Ökonom und die Gesellschaft, Das freiheitliche und das soziale Element in der modernen Wirtschaft, Stuttgart 1964

Schmidt, Eberhard: Die verhinderte Neuordnung 1945 bis 1952, Frankfurt/Main 1970

Schmidt, Helmut: Auf dem Fundament des Godesberger Programms, Bonn-Bad Godesberg 1973

Schmidt, Walter A.: Damit Deutschland lebe, Ein Quellenwerk über den deutschen antifaschistischen Widerstandskampf 1933–1945, Berlin 1959

Scholz, Arno, und Walter G. *Oschilewski:* Turmwächter der Demokratie, Ein Lebensbild von Kurt Schumacher, 3 Bde., Berlin-West 1954

Schumacher, Kurt, Erich *Ollenhauer* und Willy *Brandt:* Der Auftrag des demokratischen Sozialismus, Bonn-Bad Godesberg 1972

Schwarz, Hans-Peter: Vom Reich zur Bundesrepublik, Deutschland im Widerstreit der außenpolitischen Konzeptionen in den Jahren der Besatzungsherrschaft 1945–1949, Neuwied und Berlin 1966

See, Hans: Volkspartei im Klassenstaat oder Das Dilemma der innerparteilichen Demokratie, Reinbek bei Hamburg 1972

Seeliger, Rolf (Hrsg.): SPD – Großer Kompromiß ohne Ende? München 1969

–: Konzepte SPD 1974, Kritische Beiträge zur Mobilisierung der Sozialdemokratie, München 1974

Sozialistische Korrespondenz (SK), Hamburg

Stampfer, Friedrich: Die ersten 14 Jahre der deutschen Republik, Offenbach/Main 1947

Stenographische Berichte, Deutscher Bundestag, 3. bis 7. Wahlperiode, Bonn

Tatsachen-Argumente, hrsg. vom Vorstand der SPD, Bonn

Der Thesenstreit um »Stamokap«, Die Dokumente der Grundsatzdiskussion der Jungsozialisten, Reinbek bei Hamburg 1973

Thomas, Siegfried: Entscheidung in Berlin, Zur Entstehungsgeschichte der SED in der deutschen Hauptstadt 1945/46, 2. Aufl. Berlin 1967

Tjaden-Steinhauer, Margarete, Karl Hermann *Tjaden:* Klassenverhältnisse im Spätkapitalismus, Stuttgart 1973

Varga, Eugen (Hrsg.): Die Sozialdemokratischen Parteien, Ihre Rolle in der internationalen Arbeiterbewegung der Gegenwart, Hamburg 1926
Vietzke, Siegfried, und Heinz *Wohlgemuth:* Deutschland und die deutsche Arbeiterbewegung in der Zeit der Weimarer Republik 1919–1933, Mit einem Anhang, Berlin 1966
Vorstand der SPD (Hrsg.): Stellungnahme des SPD-Parteivorstandes zu den Beschlüssen des Bundeskongresses der Jungsozialisten in München vom 5.–7. Dezember 1969, Bonn o.J.
–: Zum Verhältnis von Sozialdemokratie und Kommunismus, Bonn o.J.
–: Entwurf eines ökonomisch-politischen Orientierungsrahmens für die Jahre 1973–1985, Bonn 1972
–: Zweiter Entwurf eines ökonomisch-politischen Orientierungsrahmens für die Jahre 1975–1985, Bonn o.J. (1975)
Vorwärts (Berlin) 1890 ff.

Wassin, W. G.: Die gegenwärtige Lage der Sozialdemokratie, in: Einheit, Heft 4, 1974
Weber, Hermann: Das Prinzip Links, o.O. 1973
Weisenborn, Günter: Der lautlose Aufstand, Bericht über die Widerstandsbewegung des deutschen Volkes 1933–1945, Hamburg 1954

Zeittafel

1859	Gründung des Deutschen Nationalvereins
1861	Koalitionsfreiheit in Sachsen
1861	Gründung der Fortschrittspartei in Preußen
1862	Weltausstellung in London
23. Mai 1863	in Leipzig Gründung des Allgemeinen Deutschen Arbeitervereins (ADAV). Sein Präsident wird Ferdinand Lassalle (1825–1864)
Juni 1863	Gründung des Verbandes deutscher Arbeitervereine
1864–1872 (1876)	Internationale Arbeiterassoziation (IAA)
1865	Gründung der Deutschen Volkspartei
1866	Gründung des Gauverbandes der sächsischen Arbeiterbildungsvereine
1866	Gründung der Sächsischen Volkspartei
1867	Johann Baptist von Schweitzer wird Präsident des Allgemeinen Deutschen Arbeitervereins
1868	Der 5. Vereinstag des Verbandes Deutscher Arbeitervereine übernimmt Teile aus den Statuten der Internationalen Arbeiterassoziation
1868	Gründung des Deutschen Arbeiterschaftsverbandes
8. August 1869	in Eisenach Gründung der Sozialdemokratischen Arbeiterpartei Deutschlands
1869	Selbstauflösung des Verbandes Deutscher Arbeitervereine
1869	Gründung der Internationalen Gewerksgenossenschaften
1870	Die Sozialdemokratische Arbeiterpartei erklärt ihre Übereinstimmung mit dem Beschluß des Baseler Kongresses der Internationalen Arbeiterassoziation über das Gemeineigentum an Grund und Boden
1871	Wilhelm Hasenclever wird Präsident des ADAV
22.–27. Mai 1875	in Gotha Gründung der Sozialistischen Arbeiterpartei Deutschlands
1878–1890	»Gesetz gegen die gemeingefährlichen Bestrebungen der Sozialdemokratie«
1883	Karl Marx gestorben
1884/85	Streit um die Dampfersubventionsvorlage
1891	Georg von Vollmar schlägt eine teilweise Revision der sozialdemokratischen Taktik vor
1891	Erfurter Programm

1894/1895	Diskussionen um ein Agrarprogramm
1895	Friedrich Engels gestorben
1896–1898	Eduard Bernstein schlägt in seiner Aufsatzreihe »Probleme des Sozialismus« eine Revision der sozialdemokratischen Programmatik und Strategie vor
1899	Bernstein faßt seine Position in dem Buch »Die Voraussetzungen des Sozialismus und die Aufgaben der Sozialdemokratie« zusammen
1903	Parteitag in Dresden: Verurteilung des Revisionismus
Mai 1905	Gewerkschaftskongreß in Köln: Ablehnung der Massenstreikdiskussion
September 1905	Parteitag in Jena: Massenstreikresolution
1905	Ausbruch der Revolution in Rußland
Januar 1906	Geheime Vereinbarung zwischen dem Parteivorstand der Sozialdemokratie und der Generalkommission der Gewerkschaften: die Gewerkschaften behalten in der Massenstreikfrage das letzte Wort
1906	Politischer Streik in Hamburg
1907/08	Die sozialdemokratischen Landtagsfraktionen in Baden, Bayern und Württemberg stimmen dem Budget zu
1910	Demonstrationen und Streiks gegen das preußische Dreiklassenwahlrecht
1912	Bei der Reichstagswahl erhält die Sozialdemokratie 34,8 Prozent der gültigen Stimmen
1913	Die sozialdemokratische Reichstagsfraktion stimmt der Deckungsvorlage für den Wehretat zu
1913	August Bebel gestorben
4. August 1914	Die sozialdemokratische Reichstagsfraktion stimmt den Kriegskrediten einstimmig zu
2. Dezember 1914	Karl Liebknecht stimmt gegen die Kriegskredite
März 1915	Gründung der »Gruppe Internationale«
Ab 1915	Internationale Konferenzen der sozialistischen Kriegsgegner (Zimmerwalder Konferenzen)
Januar 1916	Gründung der Spartakus-Gruppe
März 1916	18 sozialdemokratische Reichstagsabgeordnete stimmen neben Karl Liebknecht und Otto Rühle, welche der Fraktion nicht mehr angehören, gegen die Kriegskredite und werden aus der Fraktion gedrängt. Sie gründen die »Sozialdemokratische Arbeitsgemeinschaft«
Mai 1916	Massenstreiks gegen die Verhaftung Karl Liebknechts
Februar 1917	Bürgerliche Revolution in Rußland

April 1917	Spaltung der deutschen Sozialdemokratie: Mehrheitssozialdemokratische Partei Deutschlands (MSPD) und Unabhängige Sozialdemokratische Partei Deutschlands (USPD)
Juli 1917	Friedensresolution. Die MSPD bildet zusammen mit dem Zentrum und der Fortschrittlichen Volkspartei den »Interfraktionellen Ausschuß«
Juli/August 1917	Aufstandsversuch auf der Kriegsflotte
November 1917	Sozialistische Revolution in Rußland
1918	Januarstreiks
Oktober 1918	Die MSPD beteiligt sich an der Regierung des Prinzen Max von Baden
4. November	Beginn der Revolution in Kiel
9. November	Revolution in Berlin. Sturz der Monarchie. Max von Baden übergibt die Regierungsgeschäfte an Friedrich Ebert
10. November	Vollversammlung der Berliner Arbeiter- und Soldatenräte wählt den Rat der Volksbeauftragten (für die SPD: Ebert, Scheidemann, Landsberg. Für die USPD: Barth, Dittmann, Haase). Ebert schließt ein Bündnis mit der Obersten Heeresleitung (General Groener) gegen die Revolution
16.–20. Dezember	Reichskongreß der Arbeiter- und Soldatenräte in Berlin
24. Dezember	Gescheiterter Anschlag der Gegenrevolution auf die Volksmarinedivision in Berlin
29. Dezember	Ausscheiden der USPD aus dem Rat der Volksbeauftragten. Seit Ende Dezember zieht die Oberste Heeresleitung mit Billigung der Volksbeauftragten Freikorps um Berlin zusammen
30. Dezember	Der Spartakusbund und andere revolutionäre Gruppen bilden die Kommunistische Partei Deutschlands
1919	
4.–13. Januar	Januarkämpfe in Berlin. Die Berliner Arbeiter werden blutig niedergeschlagen. Eine berüchtigte Rolle spielt hierbei Gustav Noske
15. Januar	Karl Liebknecht und Rosa Luxemburg werden von der gegenrevolutionären Soldateska in Berlin ermordet. Die Volksbeauftragten versuchen die Morde zu vertuschen
19. Januar	Unter dem Vorzeichen der siegreichen Gegenrevolution finden die Wahlen zur Nationalversammlung statt

Februar	Die Nationalversammlung wählt Ebert zum Reichspräsidenten
1. Mai	Die Münchner Räterepublik wird zerschlagen
1920	
März	Kapp-Putsch. Der Generalstreik fegt die Putschregierung hinweg. Anschließend setzt die sozialdemokratisch geführte Reichsregierung die Reichswehr einschließlich von Putscheinheiten gegen die Arbeiter ein, die durchgreifende Maßnahmen gegen die Hintermänner des Putsches verlangen. Vor allem im Ruhrgebiet setzen sich die Arbeiter zur Wehr. Sie werden blutig niedergeschlagen
Oktober	Die Mehrheit des Parteitags der USPD in Halle entscheidet sich für den Anschluß an die Kommunistische Internationale. Die rechte Minderheit spaltet die Partei
Dezember	KPD und USPD-Linke vereinigen sich
1921	
September	Der SPD-Parteitag in Görlitz beschließt ein neues Parteiprogramm
1922	
September	Die Rest-USPD schließt sich der SPD an
1923	
Januar	Französische und belgische Truppen besetzen das Ruhrgebiet. Die SPD toleriert die reaktionäre Regierung Cuno, die mit ihrer »Katastrophenpolitik« die Besetzung des Ruhrgebiets provoziert hat
Sommer	Die Inflation treibt auf ihren Höhepunkt zu. Die Verelendung der werktätigen Bevölkerung nimmt katastrophale Ausmaße an. Die Unruhe in der Arbeiterklasse wächst. In der SPD erstarken linke Kräfte, die sich in Sachsen und Thüringen durchsetzen können
August	Generalstreik gegen die Regierung Cuno führt zu deren Sturz. Die SPD-Führung lehnt Kampfmaßnahmen und die Bildung einer Arbeiterregierung ab und tritt der neuen Reichsregierung unter Stresemann bei
September	Ebert verhängt den Ausnahmezustand und überträgt die vollziehende Gewalt auf den Reichswehrminister
Oktober	In Sachsen und Thüringen werden sozialdemokratisch-kommunistische Arbeiterregierungen gebildet. Ebert und die sozialdemokratischen Reichsminister stimmen dem Einsatz der Reichswehr gegen die verfassungsmäßigen Arbeiterregierungen in Sachsen und Thüringen zu. Gegen die pro-faschistische bayrische Landesregierung wird nicht vorgegangen

1925	
Februar	Tod Friedrich Eberts
März	Erster Wahlgang der Reichspräsidentenwahl
April	Die SPD zieht ihren Präsidentschaftskandidaten zurück. Der zweite Wahlgang der Reichspräsidentenwahl endet mit der Wahl Hindenburgs
September	Der SPD-Parteitag in Heidelberg beschließt ein neues Parteiprogramm
1926	
März	Volksbegehren für die entschädigungslose Fürstenenteignung
Juni	Volksentscheid für die entschädigungslose Fürstenenteignung
1927	
Mai	SPD-Parteitag in Kiel
1928	
Mai	Reichstagswahlen enden mit einem Erfolg der Arbeiterparteien. Die SPD tritt in eine Reichsregierung der Großen Koalition ein. Reichskanzler wird der Sozialdemokrat Hermann Müller
August	Die sozialdemokratischen Regierungsmitglieder stimmen dem Panzerkreuzerbau zu. Dies führt zu heftigen innerparteilichen Auseinandersetzungen
1929	
1. Mai	Berliner Blutmai. Der sozialdemokratische Polizeipräsident Zörgiebel läßt auf die verbotene Maidemonstration schießen
Mai	SPD-Parteitag in Magdeburg verabschiedet gegen heftige Opposition die »Richtlinien zur Wehrpolitik«
Herbst	Beginn der Weltwirtschaftskrise. Die Arbeitslosigkeit beginnt sprunghaft anzusteigen
1930	
März	Rücktritt der Regierung Hermann Müller. Bildung der ersten Präsidialregierung unter dem Zentrumspolitiker Brüning. Beginn der Notverordnungspolitik und der Zerstörung der parlamentarischen Ordnung
Oktober	Die sozialdemokratische Reichstagsfraktion geht zur Tolerierung Brünings über
1931	
März	Neun oppositionelle Reichstagsabgeordnete der SPD stimmen gegen Brüning

Mai/Juni	SPD-Parteitag in Leipzig.
September	Ausschluß führender Linker aus der SPD
Oktober	Gründung der Sozialistischen Arbeiterpartei Deutschlands
1932	
März/April	Der sozialdemokratische Parteivorstand ruft in beiden Wahlgängen der Reichspräsidentenwahl dazu auf, Hindenburg zu wählen
Mai/Juni	Ende der Regierung Brüning, Scheitern der Tolerierungspolitik, Ernennung einer halbfaschistischen Regierung unter Franz von Papen
20. Juli	Staatsstreich der Regierung Papen gegen die sozialdemokratisch geführte preußische Landesregierung Braun–Severing. Der SPD-Vorstand lehnt das Angebot der Kommunistischen Partei zur gemeinsamen Durchführung des Generalstreiks ab
November	Streik der Berliner Verkehrsarbeiter. Die NSDAP erleidet bei den Reichstagswahlen erhebliche Verluste. Die Linksentwicklung in der Arbeiterklasse bewirkt im Lager der Arbeiterbewegung starke Wählerverschiebungen zugunsten der Kommunistischen Partei. Führende Bankiers, Großindustrielle und Großagrarier drängen auf die Ernennung Hitlers zum Reichskanzler
November/Dezember	Rücktritt der Regierung Papen. Bildung einer neuen Reichsregierung unter dem General Kurt von Schleicher.
1933	
30. Januar	Einsetzung der Regierung Hitler–Hugenberg–Papen durch den Reichspräsidenten Hindenburg, dessen Wahl die SPD-Führung 1932 als das »kleinere Übel« empfohlen hatte. Die sozialdemokratische Parteiführung lehnt alle Kampfmaßnahmen gegen die faschistische Regierung ab. Sie weist erneut ein Angebot der Kommunistischen Partei zurück, gemeinsam den Generalstreik gegen den Faschismus zu führen
27. Februar	Reichstagsbrand. Unmittelbar danach Einsetzen einer Verfolgungs- und Verhaftungswelle, von der insbesondere Kommunisten, aber auch zahlreiche Mitglieder der SPD betroffen werden
23. März	Verabschiedung des Ermächtigungsgesetzes im Reichstag
Mai	Übersiedlung des SPD-Vorstandes nach Prag; Einrichtung des Sopade-Büros
17. Mai	Zustimmung der Reichstagsfraktion der SPD zur »Friedensresolution« Hitlers

22. Juni	Verbot der SPD
Januar 1934	Veröffentlichung des »Prager Manifests« durch den Emigrationsvorstand der SPD
Juni 1934	Röhm-Affäre
Oktober 1935	VII. Weltkongreß der Kommunistischen Internationale
Juni 1936	Bildung eines »Ausschusses zur Vorbereitung einer deutschen Volksfront« in Paris
1938	Übersiedlung der Sopade von Prag nach Paris
September 1938	Unterzeichnung des Münchner Abkommens
August 1939	Deutsch-sowjetischer Nichtangriffsvertrag
1. September 1939	Beginn des 2. Weltkrieges durch Überfall der faschistischen deutschen Wehrmacht auf Polen
März 1941	Überfall der deutschen Wehrmacht auf die Sowjetunion
Januar/Februar 1943	Historische Niederlage der deutschen Wehrmacht bei Stalingrad

1945

8. Mai	Bedingungslose Kapitulation der deutschen Wehrmacht
10. Juni	Zulassung von antifaschistischen Parteien und Massenorganisationen in der SBZ
11. Juni	Aufruf des ZK der KPD an das deutsche Volk
15. Juni	Aufruf des ZA der SPD zum demokratischen Neuaufbau Deutschlands
17. Juni	Erste Funktionärskonferenz der SPD in Berlin. Der ZA wird bestätigt und ein Parteistatut beschlossen
19. Juni	Vertreter des ZK der KPD und des ZA der SPD beschließen die Gründung eines Gemeinsamen Aktionsausschusses
17. Juli–2. August	Potsdamer Konferenz
27. August	Zulassung von politischen Parteien und Gewerkschaften auf Kreisebene in der amerikanischen Zone
September	Bildung des »Büros der Westzonen« der SPD unter Führung Schumachers
5./6. Oktober	Konferenz in Wennigsen bei Hannover. Schumacher wird zum politischen Beauftragten der Westzonen gewählt
20./21. Dezember	Konferenz von je 30 Funktionären der SPD und KPD (1. Sechziger-Konferenz) in Berlin erzielt Einigung über die Grundlinien einer noch zu erarbeitenden gemeinsamen Programmatik, wie eines Organisationsstatutes

1946	
Februar	Zulassung von Parteien und Gewerkschaften auf örtlicher Ebene in der britischen Zone
8. Februar	Schumacher lehnt in einer Besprechung mit Otto Grotewohl als Vertreter des ZA eine Reichskonferenz der SPD ab, die zur Vereinigung von SPD und KPD Stellung nehmen soll
11. Februar	ZA der SPD beschließt die Einberufung eines Parteitages der SPD für die SBZ, der über die Vereinigung von SPD und KPD beschließen soll
26. Februar	2. Sechzigerkonferenz. Annahme der »Grundsätze und Ziele« sowie des Parteistatutes. Umwandlung des Studienausschusses in einen Aktionsausschuß zur Vorbereitung der Vereinigung
31. März	Im Parteistatut nicht vorgesehene »Urabstimmung« in den Westsektoren Berlins über die Vereinigung von SPD und KPD. Eine große Mehrheit spricht sich für die Vereinigung bzw. Fortsetzung der Bündnispolitik aus
21./22. April	Vereinigungsparteitag der SPD und KPD. Gründung der SED
9.–11. Mai	SPD-Parteitag in Hannover. Schumacher wird 1. Vorsitzender
1947	
1. Januar	Bildung der Bizone
3. April	Generalstreik von 334 000 Ruhrbergarbeitern. Sie fordern u. a. Sozialisierung des Bergbaus, Entnazifizierung, einen demokratischen Behördenaufbau
Mai	SPD geht im Wirtschaftsrat in Opposition
6.–9. Mai	Ministerpräsidentenkonferenz in München. Ministerpräsidenten der SBZ verlassen Tagung, da Einheit Deutschlands von Tagesordnung abgesetzt wurde
29. Juni – 2. Juli	Nürnberger Parteitag der SPD. Verabschiedung der »Richtlinien für den Aufbau einer deutschen Republik«: Prinzip der Volkssouveränität ist zugunsten der Gewaltenteilung stark zurückgedrängt
21.–23. August	Ziegenhainer Konferenz. Offenes Abrücken der SPD-Führung vom wissenschaftlichen Sozialismus
Mai	In der 2. Phase der Londoner Konferenz zwischen den Westmächten und den Beneluxstaaten kommt es zu den Londoner Empfehlungen, die die Errichtung eines westdeutschen Staates vorsehen
23. Mai – 13. Juni	Über 14 Millionen Deutsche tragen sich in die Listen des Volksbegehrens über die Einheit Deutschlands ein
20. Juni	Separate Währungsreform in den Westzonen.

1. September	Konstituierung des Parlamentarischen Rates. Konrad Adenauer Vorsitzender, Carlo Schmid Vorsitzender der SPD-Fraktion
11./14. September	Parteitag der SPD in Düsseldorf. Trotz starker Opposition in Mitgliedschaft Zustimmung zur Bildung eines Weststaates, Forderung eines Besatzungsstatuts
12. November	24-stündiger Generalstreik von 12 Millionen in der Bizone gegen Währungsreform.
1949	
10. April	Die Militärgouverneure der Westzonen erlassen Besatzungsstatut
8. Mai	Der Parlamentarische Rat beschließt mit Stimmen der SPD das Grundgesetz
29./30. Mai	3. Deutscher Volkskongreß in Berlin. Annahme der Verfassung der Deutschen Demokratischen Republik
14. August	Wahlen zum 1. Bundestag.
29./30. August	SPD-Parteivorstand beschließt Dürkheimer 16 Punkte
7. September	Konstituierung des Bundestages. Fraktionsvorsitzender der SPD: Schumacher
15. September	Adenauer wird zum Bundeskanzler gewählt
7. Oktober	Gründung der DDR
22. November	Petersberger Abkommen
1950	
21.–25. Mai	Parteitag der SPD in Hamburg. Remilitarisierung und Einführung einer militärischen Dienstpflicht werden strikt abgelehnt
15. Juni	Bundestag beschließt gegen Stimmen der SPD Beitritt der BRD zum Europarat
25. Juni	Intervention der USA in Korea
August	Beginn einer verschärften Unterdrückungskampagne gegen KPD, FDJ und andere Organisationen
23. August	Adenauer tritt offen für die Errichtung einer westdeutschen Polizeitruppe und einer westeuropäischen Armee unter Einschluß westdeutscher Verbände ein
1951	
24. April	Trotz Verbot durch die Bundesregierung sprechen sich bis April 1952 9 Millionen gegen Remilitarisierung aus
30. Juni	Gründung der Sozialistischen Internationale in Frankfurt
11. Juli	Verabschiedung des sogen. Blitzgesetzes mit den Stimmen der SPD im Bundestag

22. November	Bundesregierung beantragt beim Bundesverfassungsgericht, die KPD für verfassungswidrig zu erklären
1952	
9.–10. Juli	SPD und KPD sprechen sich im Bundestag gegen Ratifizierung der Bonner und Pariser Verträge aus
19. Juli	Gegen die Stimmen von SPD und KPD wird das Betriebsverfassungsgesetz verabschiedet
20. September	Tod von Kurt Schumacher
24.–28. September	Parteitag der SPD in Dortmund. Ablehnung der Remilitarisierungspolitik der Bundesregierung. Verabschiedung eines Aktionsprogramms
1953	
19. März	Ratifizierung des Generalvertrages und des EVG-Vertrages. KPD und SPD stimmen dagegen
17. Juni	Unruhen in Berlin und der DDR, werden von außen zu Umsturzversuch ausgenutzt
6. September	Wahlen zum 2. Bundestag. Schwerer Rückschlag für die SPD
1954	
26. Februar	Gegen Stimmen der SPD wird das verfassungsändernde Gesetz zur Begründung der Wehrhoheit verabschiedet
20.–24. Juli	Parteitag der SPD in Westberlin. Nach heftigen Auseinandersetzungen kommt Beschluß zustande, in dem Bedingungen festgelegt sind, unter denen die SPD Remilitarisierung akzeptiert
1955	
22. Januar	24stündiger Proteststreik von 800 000 Berg- und Hüttenarbeitern gegen den Generaldirektor der Gutehoffnungshütte AG Reusch und gegen Pariser Verträge
29. Januar	Kundgebung in Frankfurter Paulskirche gegen die Pariser Verträge auf Initiative der SPD. Verabschiedung des »Deutschen Manifests«
27. Februar	Ratifizierung der Pariser Verträge gegen Stimmen der SPD
1956	
6. März	Gegen 20 Stimmen von SPD-Abgeordneten werden die wehrpolitischen Grundgesetzänderungen angenommen
7. Juli	Verabschiedung des Gesetzes über die Einführung der allgemeinen Wehrpflicht gegen Stimmen der SPD

10.–14. Juli	Parteitag der SPD in München. Vorschlag eines kollektiven Sicherheitssystems. Beschäftigung mit dem Problem der sogen. Zweiten Revolution
17. August	Verbot der KPD durch das Bundesverfassungsgericht
24. Oktober	Beginn des Metallarbeiterstreiks in Schleswig-Holstein
1957	
12. April	Göttinger Appell von 18 führenden Atomwissenschaftlern gegen die atomare Bewaffnung der Bundeswehr
15. September	Wahlen zum 3. Bundestag. CDU erringt absolute Mehrheit
1958	
10. März	Konstituierung des Arbeitsausschusses »Kampf dem Atomtod«
22.–25. März	Gegen die Stimmen der SPD beschließt Bundestag atomare Bewaffnung der Bundeswehr
27. März	SPD-Fraktion bringt einen Gesetzesentwurf für eine Volksbefragung über die atomare Bewaffnung im Bundestag ein
14. April	Bundesregierung erklärt eine Volksbefragung für verfassungswidrig
16.–19. April	Massenkundgebungen gegen Atombewaffnung in vielen Orten der BRD
7. und 8. Mai	Die Bürgerschaften von Hamburg und Bremen beschließen Volksbefragungsgesetze
18.–23. Mai	Parteitag der SPD in Stuttgart verurteilt die atomare Bewaffnung und befürwortet eine atomwaffenfreie Zone. Wichtige Änderungen des Organisationsstatutes. Entwurf eines neuen Parteiprogramms wird vorgelegt
30. Juli	Bundesverfassungsgericht erklärt Volksbefragungen für verfassungswidrig
14. Oktober	Beschluß der sozialdemokratischen Bundestagsfraktion fordert Mitglieder der SPD zum Eintritt in die Bundeswehr auf
1959	
18. März	Sozialdemokratischer Parteivorstand beschließt Deutschlandplan
13.–15. November	Außerordentlicher Parteitag der SPD in Bad Godesberg beschließt neues Grundsatzprogramm der SPD
1960	
30. Juni	Herbert Wehner erklärt in einer Rede im Bundestag die Aufgabe des Deutschlandplans der SPD und das Einschwenken auf die außenpolitische Linie der CDU/CSU

August/September	Versuche der SPD, nach der Schließung der Grenze in Berlin eine Allparteienregierung zu bilden
21.–25. November	Parteitag der SPD in Hannover. Der »Appell von Hannover« wird beschlossen
1961	
September	Bei den Bundestagswahlen erreicht die SPD mit ihrem Kanzlerkandidaten Willy Brandt einen Stimmenanteil von 36,2 Prozent
November	Der Parteivorstand der SPD erklärt die Unvereinbarkeit der SPD-Mitgliedschaft mit der Mitgliedschaft im SDS und seinen Fördergemeinschaften
1962	
26.–30. Mai	Parteitag der SPD in Köln
Dezember	Verhandlungen der SPD mit der CDU über die Bildung einer Großen Koalition scheitern
1963	Feiern zum 100jährigen Bestehen der deutschen Sozialdemokratie
Juli	Die Rede Egon Bahrs in Tutzing markiert den Beginn der Konzeption der »neuen Ostpolitik« der SPD
Oktober	Rücktritt Adenauers als Bundeskanzler. Der Bundestag wählt Ludwig Erhard zum Nachfolger
Dezember	Tod des SPD-Vorsitzenden Ollenhauer
1964	
Februar	Der a. o. Parteitag der SPD in Bad Godesberg wählt Willy Brandt zum Parteivorsitzenden und zum Kanzlerkandidaten für 1965
Juli	Die SPD stimmt in der Bundesversammlung für die Wiederwahl Heinrich Lübkes (CDU) zum Bundespräsidenten
23.–27. November	Parteitag der SPD in Karlsruhe
1965	
Mai	Bildung einer Regierung der Großen Koalition in Niedersachsen
September	Bei den Bundestagswahlen erringt die SPD 39,3 Prozent der Stimmen
1966	
März/April	Schriftwechsel zum Redneraustausch zwischen SED und SPD. Im Juli 1966 scheiterte der Versuch endgültig

Juni	Parteitag der SPD in Dortmund. In einer Entschließung zur Deutschlandpolitik werden erste Ansätze einer neuen Ostpolitik beschlossen. Mit einer Reihe von innenpolitischen Beschlüssen werden Vorbereitungen für die Große Koalition getroffen, über die jedoch nicht konkret diskutiert wird
28. November	Parteivorstand / Parteirat / Kontrollkommission und Bundestagsfraktion der SPD billigen den Eintritt in eine Große Koalition mit der CDU/CSU
1. Dezember	Die Regierung der Großen Koalition aus SPD und CDU/CSU wird gebildet. Kurt Georg Kiesinger (CDU) wird zum Bundeskanzler und Willy Brandt (SPD) zum Vizekanzler und Außenminister gewählt
8. Dezember	Im größten Bundesland NRW wird unter Ministerpräsident Heinz Kühn (SPD) eine Regierungskoalition mit der FDP gebildet, die die CDU-Landesregierung ablöst
17./18. Dezember	Bundeskonferenz der SPD in Bonn-Bad Godesberg, zum Thema: SPD in der Großen Koalition
1967	
14. Februar	Auf Einladung von Wirtschaftsminister Karl Schiller (SPD) tagt die erste Konzertierte Aktion
10. Mai	Der Bundestag verabschiedet das »Stabilitätsgesetz«, womit seit Bestehen der BRD das umfassendste Instrumentarium für den staatlichen Eingriff in den Wirtschaftsprozeß geschaffen wird
1968	
Januar	Der Parteivorstand der SPD beschließt den Entwurf der »Sozialdemokratischen Perspektiven im Übergang zu den siebziger Jahren«, ein Versuch der Fortschreibung des Godesberger Programms. Diese werden durch den Parteitag 1968 in geänderter Fassung verabschiedet
März	Parteitag der SPD in Nürnberg. Erstmals seit vielen Jahren wird stärkere Kritik an der Politik der Parteiführung geübt und bilden sich Ansätze einer innerparteilichen Opposition. Dies richtet sich insbesondere gegen die Große Koalition und die Regierungstätigkeit. Mit 173 zu 129 Delegiertenstimmen wurde der Eintritt in die Große Koalition nachträglich gebilligt
30. Mai	Mit 384 gegen 100 Stimmen werden im Bundestag die Notstandsgesetze beschlossen. Eine Minderheit der SPD-Fraktion stimmt dagegen
1969	
März	Mit den Stimmen von SPD und FDP wählt die Bundesversammlung Gustav Heinemann (SPD) zum Bundespräsidenten

April	Der außerordentliche Parteitag der SPD in Bad Godesberg beschließt ein Regierungsprogramm mit dem die SPD im Bundestagswahlkampf antreten will
2.–19. September	Mehr als 140 000 Arbeiter und Angestellte aus verschiedenen Industriezweigen (vor allem der Eisen- u. Stahlindustrie) beteiligen sich an spontanen Arbeitsniederlegungen, wie es sie seit Jahren nicht mehr in der BRD gegeben hatte. Diese Lohnkämpfe erlangten unter der Bezeichnung »Septemberstreiks« eine wichtige Bedeutung
28. September	Die Wahlen zum 6. Deutschen Bundestag bringen das Ende der Großen Koalition und ermöglichen eine Regierungskoalition aus SPD und FDP, wie sie bereits im Wahlkampf angestrebt wurde
5.–7. Dezember	Der Bundeskongreß der Jungsozialisten in der SPD in München vollzieht einen politischen Kurswechsel der sozialdemokratischen Jugendorganisation. Die Jusos werden zum wichtigsten Pol des innerparteilichen Differenzierungsprozesses und knüpfen teilweise wieder an die fortschrittlichen Traditionen der Partei an
1970	
Januar	Die SPD/FDP-Regierung verabschiedet ein Programm zur Konjunkturdämpfung
März/Mai	Treffen Bundeskanzler Brandts mit dem Ministerratsvorsitzenden der DDR, Stoph, in Erfurt und Kassel.
Mai	Der Parteitag der SPD in Saarbrücken beschließt die Ausarbeitung eines Langzeitprogramms für den Zeitraum bis 1985
August	Unterzeichnung des Vertrages der BRD mit der UdSSR
Dezember	Unterzeichnung des Vertrages der BRD mit der VR Polen
1971	
18.–20. November und 17.–18. Dezember	Außerordentlicher Parteitag der SPD in Bonn zu Fragen der Steuerpolitik und der Medien
Dezember	Der Außerordentliche Bundeskongreß der Jungsozialisten in Hannover verabschiedet »Thesen zur Politischen Ökonomie und Strategie«
1972	
Januar	Die Ministerpräsidenten und der Bundeskanzler beschließen die »Grundsätze für die Einstellung Radikaler in den öffentlichen Dienst«
Januar	Das von der SPD/FDP-Koalition vorgelegte neue Betriebsverfassungsgesetz tritt in Kraft

27. April	Mißtrauensantrag der CDU/CSU im Bundestag gegen Bundeskanzler Brandt scheitert. Politische Massendemonstrationen für die Ratifizierung der Ostverträge und den Erhalt der SPD/FDP-Regierung
Mai	Ratifizierung der Verträge mit der UdSSR und der VR Polen und gemeinsame Erklärung aller Parteien des Bundestages zur Ostpolitik. Auflösung des 6. Deutschen Bundestages und Ausschreibung von Neuwahlen
Juni	Aberkennung des Namens »sozialdemokratisch« für den SHB durch den SPD-Parteivorstand
19. November	Die Bundestagswahlen bringen der SPD ihren bis dahin größten Erfolg mit 45,8 Prozent der Stimmen
Dezember	Unterzeichnung des Grundlagenvertrages BRD–DDR
1973	
Januar	Regierungserklärung des zweiten Kabinetts Brandt/Scheel nimmt Reformversprechungen zurück
April	Der Parteitag der SPD in Hannover lehnt den ersten Entwurf des Langzeitprogramms ab
Februar/Mai	Die SPD/FDP-Regierung beschließt zwei Stabilitätsprogramme
Oktober	Gründungskongreß der »Arbeitsgemeinschaft für Arbeitnehmerfragen (AfA)« der SPD in Duisburg
1974	
Januar	Zweiter Münchener Bundeskongreß der Jungsozialisten
Frühjahr/Herbst	Bei Landtags- und Kommunalwahlen erleidet die SPD starke Stimmenverluste
Mai	Rücktritt Willy Brandts als Bundeskanzler und Wahl Helmut Schmidts als Nachfolger
November	Der Parteivorstand der SPD erläßt neue »Richtlinien für die Arbeit der Arbeitsgemeinschaften«, die deren Rechte erheblich einschränken
Dezember	Die Regierung Schmidt/Genscher verabschiedet ein Konjunkturprogramm
1975	
Herbst 1974/Frühjahr 1975	Die Bundesrepublik erlebt die schwerste ökonomische Krise ihrer Geschichte. Die Arbeitslosenzahl überschreitet die Millionengrenze.
Februar	Auf dem Bundeskongreß der Jungsozialisten in Wiesbaden wird deren Anpassung an die Parteilinie durchgesetzt
Februar	Vorlage des zweiten Entwurfs des Langzeitprogramms (»Orientierungsrahmen 85«) der SPD

Mai Bei den Landtagswahlen in Nordrhein-Westfalen kann sich die SPD/FDP-Koalition knapp behaupten, aber die CDU/CSU wird wählerstärkste Partei in den Ländern

Namensregister

Abendroth, Wolfgang 25, 28, 33, 98, 138, 142, 145, 219, 243, 254, 257, 292, 300, 364, 366, 370, 371, 426
Abshagen, Robert 218
Adenauer, Konrad 308, 309, 311, 312, 313, 314, 315, 318, 319, 320, 332, 337, 339, 342, 343, 345, 353, 369, 371, 380, 390
Agartz, Victor 275
Albertz, Heinrich 338
Arndt, Adolf 334, 341
Arndt, Klaus-Dieter 389
Arp, Erich 301
Aufhäuser, Siegfried 138, 213, 222, 229, 231, 250

Baade, Fritz 341
Bästlein, Bernhard 218
Bahr, Egon 392, 415
Bandholz, Emil 388
Barth, Emil 71
Barzel, Rainer Candidus 417
Bauer, Gustav 51, 64, 66, 107, 108, 109
Bauer, Heinrich 13
Bebel, August 21, 23, 24, 25, 26, 27, 33, 35, 46, 48, 289, 337
Becher, Johannes R. 143 f.
Beitz, Berthold 393
Benda, Ernst 383
Berija, L. P. 336
Bernstein, Eduard 18, 28, 35 f., 43, 62
Bethmann-Hollweg, Theobald von 53, 58
Bieligk, Fritz 90, 167, 202
Birkelbach, Willy 367
Bismarck, Otto von 17, 22, 23, 30
Blachstein, Peter 341, 367
Blanqui, Auguste 13
Blumenberg, Werner 200, 214
Böchel, Karl 213, 223, 229, 231, 250
Born, Max 353
Born, Stephan 14
Brandler, Heinrich 125
Brandt, Willy 272, 335, 338, 341, 342, 353, 369, 372, 379, 381, 383, 384, 385, 386, 392, 393, 394, 402, 404, 410, 411, 412, 416, 417, 418, 419, 428
Brass, Otto 214
Brauer, Max 233, 338, 341, 342
Braun, Max 231
Braun, Otto 109, 141, 155, 161 f., 174, 175, 177
Braunthal, Alfred 233
Breitscheid, Rudolf 146, 162 ff., 177, 181, 182, 183, 221, 231
Brentano, Heinrich von 380, 383
Brill, Hermann Louis 214
Brüning, Heinrich 153, 154, 157, 160 f., 161, 162, 164, 166, 167, 172, 173, 177, 230
Brundert, Willi 335
Buchwitz, Otto 219
Byrnes, James F. 280

Cabet, Etienne 14
Clay, Lucius D. 284
Cohen-Reuß, Emanuel gen. Max 51, 312
Corterier, Peter 397
Crispien, Artur 110, 111
Crummenerl, Siegmund 233
Cuno, Wilhelm 120, 121, 122, 123, 124

Däumig, Ernst 77, 112
Dahlem, Franz 267
Dahrendorf, Gustav 219, 248, 269
David, Eduard 51, 52, 55, 312
Dawes, Charles Gates 134
Dehler, Thomas 353
Deist, Heinrich 347, 357
Dietrich, Georg 235
Dimitroff, Georgi M. 227, 247
Dißmann, Robert 138
Dittmann, Wilhelm 71, 137, 148
Duncker, Hermann 143 f.

Ebert, Friedrich 48, 52, 67, 68, 69, 70, 71, 72, 87, 100, 106, 108, 109, 117, 124, 125, 141, 216
Eckstein, Ernst 90, 139, 167, 202
Ehmke, Horst 396, 402, 403, 404
Eichengrün, Ernst 397
Eichhorn, Emil 79
Eichler, Willi 371
Einstein, Albert 143 f.
Engels, Friedrich 14, 15, 23, 28, 30, 33, 34, 35
Engert, Otto 218

Erhard, Ludwig 371, 372, 377, 378, 380, 381
Erler, Fritz 338, 341, 342, 353, 372, 391, 394
Erzberger, Matthias 64, 104 f.
Ewerbeck, August Hermann 13

Fabian, Walter 122, 124, 125
Fechner, Max 216, 248, 251
Flechtheim, Ossip K. 366
Frieb, Hermann 217
Friedensburg, Ferdinand 290
Fritzsche, Friedrich Wilhelm 24

Gansel, Norbert 397
Genscher, Hans-Dietrich 418, 421
Gerlach, Hellmut von 143 f.
Germer, Karl J. 248, 269, 270
Gerstenmaier, Eugen 383
Geyer, Curt 186, 223, 233, 234, 237, 238
Gniffke, Erich W. 216, 248
Goerdeler, Carl 220
Göring, Bernhard 248
Göring, Hermann 158, 191
Gollwitzer, Helmut Hans 344
Gorz, André 425
Grebing, Helga 188, 273
Grezsinski, Albert 150, 231, 233
Groener, Wilhelm 56, 71
Grosz, George 143 f.
Grotewohl, Otto 216, 248, 251, 269
Grunner, Josef 341
Guilleaume, Günter 419
Guttenberg, Karl Theodor von und zu 380
Gutzkow, Karl 13

Haase, Hugo 71
Haenisch, Konrad 53
Hahn, Otto 353
Harnack, Arvid v. 218
Harnisch, Hermann 248
Hasenclever, Wilhelm 27
Hasselmann, Wilhelm 33
Hatzfeld, Sophie von 17, 22, 25
Haubach, Theodor 219
Heilmann, Ernst 51, 188
Heine, Fritz 233
Heine, Heinrich 13
Heine, Wolfgang 114, 312
Heinemann, Gustav 400, 415
Henßler, Fritz 305
Hertz, Paul 191, 226, 227, 233, 235
Heusinger, Adolf 319
Heydorn, Heinz-Joachim 366
Hilferding, Rudolf 42 f., 74, 85, 125, 135 ff., 146, 149, 158, 161 f., 163, 164, 165, 170, 233, 237, 238, 302
Hiller, Kurt 143 f.
Hindenburg, Paul v. 133, 141, 142, 155, 172, 185
Hitler, Adolf 126, 155, 164, 172, 177, 178, 181, 182, 183, 185, 192, 193, 195, 198, 223, 226, 237, 239, 246, 247
Hoegner, Wilhelm 221, 261
Hoffmann, Heinz 221
Huffschmid, Jörg 388, 421
Hugenberg, Alfred 177, 181, 226

Jacob, Franz 218, 220
Jacobsohn, Siegfried 143 f.
Jaksch, Wenzel 234
Jenssen, Otto 90, 167
Jogiches, Leo 80
Juchacz, Marie 235

Kaisen, Wilhelm 338
Kaiser, Jakob 383
Kapp, Wolfgang 106, 107, 110, 113
Katz, Rudolf 233
Kautsky, Karl 45, 47, 74
Kennedy, John F. 391
Kerr, Alfred 143 f.
Kiesinger, Kurt Georg 382, 383, 401
Kirschmann, Emil 191
Klingelhöfer, Gustav A. K. 267
Klönne, Arno 414
Knief, Johann 42
Knoeringen, Waldemar von 304, 342
Koch, Harald 303, 304
Knothe, Willi 261, 275
Köhler, Erich 295
Koenen, Wilhelm 111, 112
Kollwitz, Käthe 143 f.
Kresse, Kurt 218
Kriedemann, Herbert 295, 308
Krüger, Franz 88
Kuczynski, Robert René 143 f.
Kühn, Heinz 341, 342, 381, 384
Kuttner, Erich 229

Landsberg, Otto 71
Lassalle, Ferdinand 17–22, 28, 371
Laube, Heinrich 13
Laue, Max von 353
Laumann, Kurt 90, 167
Leber, Julius 219, 220
Legien, Carl 92, 110, 112
Lehmann, Helmut 248
Leibbrandt, Robert 305
Leipart, Theodor 51
Lenin, W. I. 38, 43, 46, 244, 302, 304
Lensch, Paul 53
Leuschner, Wilhelm 219, 220
Levi, Paul 120, 139
Liebknecht, Karl 54, 57, 61, 62, 80
Liebknecht, Wilhelm 23, 26, 27, 289
Lindau, Rudolf 80
Lipinski, Richard 138
Litke, Karl 248
Löbe, Paul 194, 195, 216, 290
Löwenheim, Walter 211, 212
Löwenthal, Richard 272, 427
Ludendorff, Erich 108
Lübke, Heinrich 369
Lücke, Paul 383, 391
Lüdemann, Hermann 77
Lüttwitz, Walther Freiherr von 107, 108
Luxemburg, Rosa 42, 45, 46, 47, 49, 57, 61, 80

Mann, Heinrich 235
Marx, Karl 14, 15, 19, 20, 23, 28, 30, 371, 376
Marx, Wilhelm 126, 128, 141 f.
Matthias, Erich 51, 64, 66, 70, 71, 72, 99, 164, 170 f., 174, 175, 178, 187, 188, 194, 198, 199, 200, 201, 205, 224
Max, Prinz von Baden 64, 66, 67, 68, 73, 100
Mazzini, Giuseppe 12
Mehring, Franz 20, 25, 27, 28, 33, 48
Meier, Otto 248
Menzel, Walter 286
Mierendorff, Carlo 219
Miller, Susanne 51, 70, 92, 262, 264, 265, 271, 278, 279, 315, 353, 359, 364, 366, 367, 370, 382, 400, 412
Möller, Alex 381, 408
Möller, Walter 349
Möller-Dostali, Walter 340, 341
Moll, Joseph 13
Most, Johann 33
Müller, August 56
Müller, Hermann 114, 137, 146, 155, 158 f.
Müller, Richard 68
Mundt, Theodor 13

Naphtali, Fritz 138
Nau, Alfred 417
Neubauer, Theodor 218, 219
Neubecker, Fritz 248
Neumann, Franz 270, 338, 353
Nölting, Ernst 285
Noske, Gustav 53, 67, 78, 79 f., 106, 108, 109, 114, 312

Oertzen, Peter von 367, 427
Ollenhauer, Erich 167, 233, 250, 275, 293, 334, 335, 339, 340, 342, 344, 349, 353, 369
Orlopp, Josef 248

Pannekoek, Anton 42
Papen, Franz von 153, 154, 157, 172 f., 174, 175, 177, 181, 196, 226
Pechstein, Max 143 f.
Pieck, Wilhelm 61
Pirker, Theo 368, 369, 370
Piscator, Erwin 143 f.
Poser, Magnus 218
Potthoff, Erich 239
Potthoff, Heinrich 70, 278

Radbruch, Gustav 125
Radek, Karl 42, 48, 80
Rathenau, Walther 55 f., 101, 104 f., 105, 119
Radtke, Olaf 341
Reichwein, Adolf 219, 220
Reusch, Hermann 344
Reuter, Ernst 229, 272
Reuter, Georg 344
Rinner, Erich 186
Rosenfeld, Kurt 139, 168, 169
Rück, Fritz 341
Rühle, Otto 62
Ruhnau, Heinz 367
Rusk, Dean 368

Saefkow, Anton 218, 219, 220
Sander, Wilhelm 233
Schapper, Karl 13
Scheel, Walter 411, 412, 414, 415, 418
Scheidemann, Philipp 52, 58, 64, 66, 68, 69, 71, 87, 100, 108
Schiff, Victor 229, 234
Schifrin, Alexander 163, 164
Schiller, Karl 341, 350, 372, 373, 381, 386, 387, 389, 398, 404
Schippel, Max 312
Schleicher, Kurt von 153, 157, 177
Schlicke, Alexander 56
Schlimme, Hermann 248
Schmid, Carlo 282, 289, 317, 319, 338, 350, 353, 384
Schmidt, Eberhard 399
Schmidt, Erich 187, 200
Schmidt, Helmut 380, 381, 393, 418, 419, 421, 422, 426
Schmidt, Robert 125
Schmitt, Carl 286
Schmücker, Kurt 377, 401
Schneppenhorst, Ernst 216
Schöfer, Fritz 261
Schröder, Gerhard 400
Schütz, Klaus 272
Schultheiss, Jakob 216
Schulze-Boysen, Harro 218
Schulze-Delitzsch, Hermann 16, 17, 18
Schumacher, Kurt 251, 258, 262, 263, 264, 265, 266, 269, 272, 274, 275, 276, 277, 278, 284, 286, 287, 291, 292, 293, 299, 305, 308, 309, 310, 314, 318, 319, 322, 330, 332, 333, 334, 339, 366, 368
Schumann, Georg 218, 219
Schweitzer, Albert 358
Schweitzer, Johann Baptist von 22, 23, 24, 25, 26, 27, 28
Seeckt, Hans von 107, 109, 114, 126
Seger, Gerhard 233
Severing, Carl 77, 114, 122, 124, 146, 150, 155, 161 f., 174, 265, 266, 273
Seydewitz, Max 139, 168, 169
Shirer, William L. 239
Singer, Paul 30
Solf, W. H. 51
Sollmann, Wilhelm 125, 167
Sonnemann, Leopold 21
Speidel, Hans 319
Stampfer, Friedrich 69, 80, 160, 170 f., 177, 186, 191, 224, 227, 229, 233, 234, 235, 238, 239, 241, 265
Staudinger, Hans 241
Steffen, Jochen 427
Stein, Werner 367
Stelzer, Theodor 383
Stinnes, Hugo 105
Stöcker, Helene 143 f.
Strasser, Johano 424, 425
Strauß, Josef 353
Strauß, Franz Josef 380, 383, 387, 422
Stresemann, Gustav 123
Südekum, Albert 53, 58

Tarnow, Fritz 138, 165 ff., 236, 253
Thälmann, Ernst 141 f., 143
Thalheimer, August 48
Tillich, Paul 235
Torgler, Ernst 170
Treviranus, Gottfried Reinhold 230
Tucholski, Kurt 143 f.

Uhrig, Robert 218
Ulbricht, Walter 415

Veit, Hermann 304
Vogel, Hans 233, 250, 265
Vollmar, Georg von 35

Wachenheim, Helene 233
Wager, Joseph 217
Wagner, Helmut 90, 167
Wassin, W. G. 405
Weber, Alfred 344
Wehner, Herbert 262, 321, 331, 334, 340, 341, 353, 356, 357, 358, 368, 372, 378, 379, 380, 381, 384, 391, 394
Weimann, Richard 248, 251
Weitling, Wilhelm 13, 14
Wels, Otto 93, 164, 170, 188, 189, 190, 191, 192, 203, 225, 233
Westphal, Max 216
Wilson, Woodrow 66
Wissell, Rudolf 78, 146, 149 f., 158

Zeigner, Erich 122, 238
Zetkin, Klara 45, 48
Zickler, Artur 80
Zille, Heinrich 143 f.
Zörgiebel, Karl 150
Zorn, Rudolf 300, 304, 305